DEUX MONDES

FOURTH EDITION

A Communicative Approach

Tracy D. Terrell
Late, University of California, San Diego

Mary B. Rogers
Friends University

Betsy J. Kerr
University of Minnesota, Minneapolis

Guy Spielmann
Georgetown University

Consultant: Françoise Santore
University of California, San Diego

McGraw Hill

Boston   Burr Ridge, IL   Dubuque, IA   Madison, WI   New York   San Francisco   St. Louis
Bangkok   Bogotá   Caracas   Kuala Lumpur   Lisbon   London   Madrid   Mexico City
Milan   Montreal   New Delhi   Santiago   Seoul   Singapore   Sydney   Taipei   Toronto

McGraw-Hill Higher Education 🖉

*A Division of The **McGraw-Hill** Companies*

This is an EBI book.

Deux mondes: A Communicate Approach

Published by McGraw-Hill, a business unit of The McGraw-Hill Companies, Inc., 1221 Avenue of the Americas, New York, NY 10020. Copyright © 2002, 1997, 1993, 1988 by The McGraw-Hill Companies, Inc. All rights reserved. No part of this publication may be reproduced or distributed in any form or by any means, or stored in a database or retrieval system, without the prior written consent of The McGraw-Hill Companies, Inc., including, but not limited to, in any network or other electronic storage or transmission, or broadcast for distance learning.

This book is printed on acid-free paper.

Student Edition   5 6 7 8 9 0 VNH/VNH 0 9 8 7 6 5 4 3
Instructor's Edition   1 2 3 4 5 6 7 8 9 0 VNH/VNH 0 9 8 7 6 5 4 3 2 1

ISBN 0-07-232070-2 (Student Edition)
ISBN 0-07-242164-9 (Instructor's Edition)

Vice president and editor-in-chief: *Thalia Dorwick*
Sponsoring editor: *Leslie Hines*
Freelance development editor: *Eileen LeVan*
Marketing manager: *Nick Agnew*
Project manager: *Jill R. Peter*
Media technology producers: *Matthew Mulvey/Yvette Raven*
Production supervisor: *Pam Augspurger*
Coordinator of freelance design: *David W. Hash*
Interior designer: *Tsela Barr*
Cover art: Sonia Delaunay, *"Composition 348,"* 1947, gouache over pencil on paper, 20 × 18 in.,
   © *L&M Services B.V. Amsterdam 200611*
Photo image: © *Christie's Images New York, 2000*
Photo research coordinator: *John C. Leland*
Photo research: *PhotoSearch, Inc.*
Supplement producers: *Louis Swaim/Tracey Knapp*
Compositor: *York Graphic Services, Inc.*
Typeface: *10/12 Legacy Serif Book*
Printer: *Von Hoffmann Press, Inc.*

The credits section for this book begins after the index and is considered an extension of the copyright page.

Library of Congress Cataloging-in-Publication Data

Deux mondes : a communicative approach / Tracy D. Terrell . . . [et al.].—4th ed.
      p.   cm.
   Includes index.
   ISBN 0-07-232070-2
   1. French language—Textbooks for foreign speakers—English. I. Title: 2 mondes.
II. Terrell, Tracy D.

PC2129.E5 D48   2001
448.2'421—dc21

00-066848
CIP

www.mhhe.com

CONTENTS

1 CHAPITRE 1
MA FAMILLE ET MOI

2 CHAPITRE 2
LA VIE QUOTIDIENNE ET LES LOISIRS

CHAPITRE 7
À TAble!

CHAPITRE 8
PARloNs dE lA TERRE!

11 CHAPITRE 11
LES MOYENS DE COMMUNICATION

12 CHAPITRE 12
LA SANTÉ ET LES URGENCES

13 CHAPITRE 13 ——————————————————— 391
LA FAMILLE ET LES VALEURS EN SOCIÉTÉ

14 CHAPITRE 14 ——————————————————— 417
LES ENJEUX DU PRÉSENT ET DE L'AVENIR

$\mathcal{T}$o the Instructor

Welcome to the Fourth Edition of *Deux mondes*! We are excited about our new edition, which we believe is our best ever. In this edition we have brought in fresh, new themes of current interest, updated existing themes, and integrated practical new ideas from the field of second-language teaching.

Keeping Pace with the Profession: From Proficiency to the National Standards

Built on the foundation of three highly successful editions, the Fourth Edition of *Deux mondes* offers a truly communicative approach that supports functional proficiency in all language skills. We believe that competent speakers must have an appropriate background knowledge of the communicative and cultural contexts in which language occurs. *Deux mondes* considers cultural competence to be an integral part of language learning and integrates it as part of developing communicative competence by providing natural contexts, and by offering many perspectives on Francophone culture through readings and authentic materials.

Moreover, *Deux mondes* supports the National Standards, as outlined in *Standards for Foreign Language Learning: Preparing for the 21ˢᵗ Century* (1996; National Standards in Foreign Language Education Project, a collaboration of the ACTFL, AATG, AATF, and AATSP). As presented in the Standards, the five "Cs" of Communication, Cultures, Connections, Comparisons, and Communities describe what students should know and be able to do as a result of their language study. *Deux mondes* provides a solid foundation for their implementation.

Communication: Deux mondes emphasizes communication in meaningful and personalized contexts in the target language. Throughout the program, students listen to and read comprehensible French and have ample opportunities to use French in guided and free conversation, interviews, information gap activities, role-plays, writing, and other kinds of activities that are theme-based, not grammar-driven.

Cultures: The *Info* and *Les francophones sur le vif* sections present various perspectives on the cultures of the French-speaking world. *Dans le monde francophone* offers communicative activities based on authentic materials. Throughout the book, students listen to,

read, and respond to texts written for or based upon interviews with native speakers.

Connections: Chapter themes and activities encourage and enable students to link their study of French with their personal lives and other subjects they are studying.

Comparisons: Recurring features such as *La langue en mouvement, Info, Les francophones sur le vif,* and *Espace vidéo,* and the activities in *Dans le monde francophone,* lead students to make comparisons between their world and that of French-speaking people.

Communities: The open-ended *Cliquez là!* and the *Deux mondes* website activities encourage students to use the Internet to make direct contact with the French-speaking world at home and abroad. The *Activités* in the student text and in the Instructor's Resource Kit (IRK) encourage students to work with classmates in situations requiring interpersonal and group dynamics.

Changes That Make a Difference

Throughout the review process, we received valuable input from instructors and students alike. As a result, we have made a number of changes in the Fourth Edition without altering the basic concept and approach of *Deux mondes.*

- *Activités et lectures* pages have been revised to present a clear system that facilitates easier lesson planning. Each activity is labeled by type, placing it into one of fourteen categories (for example, *Enquête, Discussion, Casse-tête, Récit*). Suggestions for teaching and sample lesson plans for each category can be found in the Instructor's Manual.
- Many *Activités* and the readings have been updated to reflect changes in the cultures of the French-speaking world.
- Chapter 8, *Parlons de la Terre!,* has been extensively revised to reflect the strong interest in environmental issues among Francophone people in Europe and, indeed, people throughout the world.
- Chapter 11, *Les moyens de communication,* has undergone a thorough revision to accommodate the technological advancements of the electronic age in the French-speaking world and elsewhere.

- The readings have been extensively revised and include two new features: (1) *Les francophones sur le vif* offers short narratives drawn from responses to our questions by native speakers, who relate their personal views and experiences, thus adding a fresh voice to the chapter theme. (2) *La langue en mouvement* highlights a particular aspect of the French language tied to current Francophone cultures, or the historical and ongoing links between the French and English languages.
- A new feature, *Exprime-toi!,* offers optional idiomatic vocabulary items for students to use in partner or group discussion activities.
- More visually based activities (some with new realia) have been added to each chapter.
- New web-based features now are integrated into each chapter. (1) *Cliquez là!* is a unique feature that enhances many oral activities and readings in each chapter, encouraging students to use the Francophone web on their own. They can learn more about the Francophone world, pursue their own interests, or experiment with performing tasks such as finding a hotel room or making a purchase. *Cliquez là!* activities can be assigned as homework or used for personal browsing. (2) The new *Deux mondes* website (www.mhhe.com/deux mondes) offers a wealth of task-based activities that require the use of selected current websites. They provide students with guided opportunities to practice their language skills as they experience authentic cultural contexts.
- A new video section, *Espace vidéo,* has been added to each chapter to highlight new, functional language video clips tied to each chapter theme.
- The fundamental scope of the grammar syllabus has been retained. However, some topics have been rearranged in accordance with communicative needs, and we have increased the amount of grammar practice in some cases.

A Guided Tour of Deux mondes, Fourth Edition

Deux mondes includes both oral and written activities that can be used as a starting point for communication. The student text consists of two preliminary *Étapes* and fourteen regular chapters. Each chapter explores a specific theme, introducing related language functions, vocabulary, and cultural information essential to communication at the beginning level. Functional language is supported by the *Grammaire* explanations and self-correcting exercises. Every regular chapter is divided into the following three parts:

- Activités et lectures
- Vocabulaire
- Grammaire et exercices

Our guided tour presents an overview of the chapter structure and features of *Deux mondes*.

Activités et lectures

The *Activités* are designed for oral communication and listening comprehension in the classroom. They are done with partners, in small groups, or by the whole class. The readings provide cultural information and add context for learning authentic language. A small number are adapted from accessible literary texts. Each *Lecture* is followed by comprehension questions, *Avez-vous compris?* and extension activities for partners or groups.

Vocabulaire

Chapter vocabulary is mostly summarized by its lexical or thematic groups as related to the chapter theme. The *Vocabulaire* presents words intended primarily for recognition. They are meant for student review and reference; students are not expected to learn all of the words for active use.

Grammaire et exercices

The *Grammaire* section can be used for at-home study, or if instructors so desire, it can be used in class. Its numbered sections provide explanations in English and are referenced in the *Activités et lectures* sections. Answer keys are provided in Appendix D to allow students to correct their own work.

Other exciting features include:

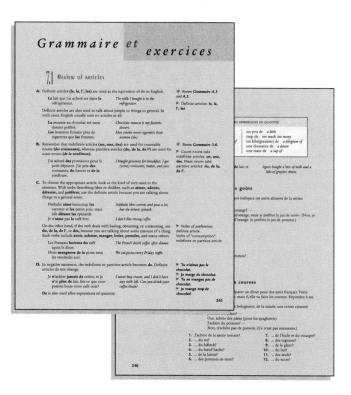

Allons plus loin! Pensez à des activités que vous aimiez faire et qui n'existaient pas quand vos grands-parents étaient enfants. Pourquoi est-ce que ces activités n'existaient pas?

Allons plus loin!

These activities encourage students to offer their own views on the topics raised in the *Activités* and *Lectures* and to approach the topic from other perspectives.

À vous la parole!

These activities are optional extensions of certain *Activités;* they encourage students to practice speaking French by doing engaging projects such as role-plays and interviews.

À vous la parole! **Situation:** Vous dinez avec des amis au restaurant «Chez Michel», un très bon restaurant parisien. Avec votre partenaire, jouez les rôles du client (de la cliente) et du serveur (de la serveuse).

LE SERVEUR: Vous désirez, (mademoiselle)?
VOUS: Comme hors-d'œuvre, je voudrais...
LE SERVEUR: Et comme salade... ?
VOUS: ...
LE SERVEUR: ...
LE SERVEUR: Et avec ça, c'est tout?
VOUS: ...

Info: Société

Gastronomie québécoise

Il y a beaucoup d'excellents restaurants de style français au Québec, mais on peut aussi y goûter une cuisine populaire et originale, à base d'ingrédients locaux.[1] Par exemple, la «tourtière» est une sorte de tarte à la viande et aux légumes; chaque famille a sa recette particulière. De nombreuses spécialités sont préparées avec le «sucre» (c'est le nom du sirop d'érable[2] au Québec), et notamment la fameuse «tarte au sucre». Le plat national populaire le plus insolite[3] est sans doute la «poutine», une assiette de frites avec des morceaux de viande de bœuf fumée et une sauce au fromage. Ce n'est pas très léger, mais c'est absolument délicieux!

[1] pluriel de **local**
[2] un arbre; le symbole du Canada est une feuille d'érable
[3] original et peu étrange

Dans la vieille ville de Québec

Info: Société, Histoire, Arts et lettres, Vie quotidienne

These illustrated boxes offer up-to-date information about everyday life and topics on broader social issues throughout the Francophone world.

La langue en mouvement

Starting in Chapter 3, these brief sections give insight into how the French language is changing, as well as into how it has developed historically. The sections include the origins of words and expressions, variations in language within the Francophone world, and other linguistic phenomena.

La langue en mouvement

Emprunts gastronomiques

Au cours des siècles, beaucoup de mots sont passés du français en anglais et vice versa. Par exemple, il est facile de reconnaître les origines françaises de mots comme «menu», «cuisine», «gastronomy» et «gourmet». Il est intéressant de remarquer que «cuisine» et «kitchen» viennent du même mot latin, mais que «kitchen» est arrivé par la route des langues germaniques. Reconnaissez-vous les mots français qui sont à l'origine des mots «puree», «saute» et «blanch»?

Ça fait penser

Quelques proverbes «alimentaires»

- On reconnaît l'arbre à ses fruits.
- Il vaut mieux aller au boulanger qu'au médecin.
- On ne fait pas d'omelette sans casser des œufs.
- Il faut garder une poire pour la soif.

Ça fait penser

Starting in Chapter 7, these margin boxes offer interesting facts that supplement a few *Activités* or readings in each chapter. They always open the door to further discussion of a particular topic.

Les francophones sur le vif

In this new feature, native speakers from France and the Francophone world give their personal views about a variety of issues and everyday events.

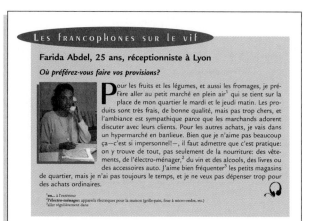

LES fRANCOPHONES SUR le vif

Farida Abdel, 25 ans, réceptionniste à Lyon

Où préférez-vous faire vos provisions?

Pour les fruits et les légumes, et aussi les fromages, je préfère aller au petit marché en plein air[1] qui se tient sur la place de mon quartier le mardi et le jeudi matin. Les produits sont très frais, de bonne qualité, mais pas trop chers, et l'ambiance est sympathique parce que les marchands adorent discuter avec leurs clients. Pour les autres achats, je vais dans un hypermarché en banlieue. Bien que je n'aime pas beaucoup ça—c'est si impersonnel!—, il faut admettre que c'est pratique: on y trouve de tout, pas seulement de la nourriture: des vêtements, de l'électro-ménager,[2] du vin et des alcools, des livres ou des accessoires auto. J'aime bien fréquenter[3] les petits magasins de quartier, mais je n'ai pas toujours le temps, et je ne veux pas dépenser trop pour des achats ordinaires.

[1]en... à l'extérieur
[2]l'électro-ménager: appareils électriques pour la maison (grille-pain, four à micro-ondes, etc.)
[3]aller régulièrement dans

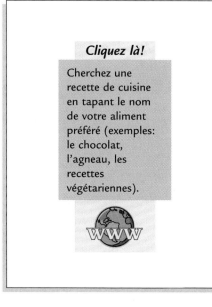

Cliquez là!

Cherchez une recette de cuisine en tapant le nom de votre aliment préféré (exemples: le chocolat, l'agneau, les recettes végétariennes).

Cliquez là!

This new web feature is integrated throughout the text as an optional activity. It is intended to help students to feel successful as they explore the web on their own while using French-language websites. *Cliquez là!* offers basic guidance for using the web to delve deeper into issues or topics raised in the text activities.

Espace vidéo

This activity introduces a functional language topic tied to the video clips in each chapter. Clips from the video—new to this edition—can be used as models for role-plays and skits in class.

Vidéothèque

Espace vidéo

Commander au restaurant. Dans ce segment vidéo, Aimée, Claire et Jacques prennent un verre au café. Aimée est en train de dessiner son copain Jacques. Qu'est-ce que le serveur demande à Aimée? Qui commande un citron pressé? Qui prend un café crème? Qu'est-ce que le serveur recommande? Est-ce qu'Aimée suit ses suggestions?

$\mathcal{P}$ROGRAM COMPONENTS

The instructional package of *Deux mondes,* Fourth Edition, includes the following materials, designed to complement your instruction and to enhance your students' learning experience. Please contact your local McGraw-Hill sales representative for information on availability and costs of these materials.

$\mathcal{A}$vailable to adopters and to students:

- **Student Edition.** Full-color textbook with activities, grammar explanations and exercises, and helpful appendices.
- **Listening Comprehension Program.** Available on either audio CD or audio-cassette, this program, with selections of readings from the *Info* boxes, *Les francophones sur le vif,* and *Lectures* sections, is offered free with each copy of the Student Edition.
- *Cahier d'exercices.* This combined workbook/laboratory manual contains both acquisition activities and learning exercises for use outside the classroom. New to this edition are a clearer organization and a new listening activity based on a *feuilleton.* In this edition we have included pre- and post-listening activities to accompany our new recorded "radio" serial program, called *Rencontres.*
- **Audio Program.** Available on audio CD or audiocassettes, this program contains pronunciation practice and listening comprehension texts, recorded dialogues, narratives, and a new *Rencontres* serial program starting in Chapter 1. The audio program corresponds to written *Cahier* activities. In addition, this program offers a complete introduction to basic phonetics and pronunciation, with accompanying practice exercises and *dictées.*
- Extensively revised! **Student CD-ROM.** A CD-ROM containing the vocabulary displays with pronunciation items, grammar and vocabulary practice, new video clips, a talking dictionary, and more!
- **New!** *Deux mondes* **website.** A web-based learning center with online activities and learning resources for students.
- **New!** *Sans-faute.* An interactive writing environment that offers students a high-performance search engine (on a dual-platform CD-ROM), a simple word processor, a comprehensive French-English dictionary (*Ultra Lingua;* see below), and convenient grammatical resources to create accurate, meaningful French compositions in beginning or intermediate French courses. *Sans-faute* can be purchased as a stand-alone product or packaged with the Student Edition of *Deux mondes.*
- **New!** *Ultra Lingua.* A thorough, yet compact French-English dictionary available on a dual-platform CD-ROM. *Ultra Lingua* contains nearly 250,000 indexed terms, complete with hints for usage, thousands of sample phrases, technical terms, slang words and phrases, and proverbs. It also contains complete online references for French and English grammar, sample letters for correspondence in French and English, and a reference for the expression of numbers, dates, etc. Designed to serve the needs of writers at varying levels of proficiency, *Ultra Lingua* provides a quick and complete reference for beginners and advanced writers alike.

- **McGraw-Hill Electronic Language Tutor.** Available in dual platforms, this software program contains vocabulary practice and single-response exercises from the blue pages of the text.
- *A Practical Guide to Language Learning: A Fifteen-week Program of Strategies for Success*, by H. Douglas Brown (San Francisco State University). A brief introduction to language learning written for beginning students.

Available to adopters only:

- **Annotated Instructor's Edition.** The main text containing marginal notes with suggestions for using and expanding every *Activité* in the text, it also offers additional cultural information, teaching hints for using all readings, photos, and realia, and tips on teaching selected grammar points in the Natural Approach classroom.
- **Instructor's Manual.** This guide offers more detailed teaching suggestions and theoretical background on the Natural Approach, including a fully illustrated guided tour of the *Première étape* and *Chapitre 1* that includes detailed comments on the function and organization of the materials. The Instructor's Manual now includes the Videoscripts to accompany the new functional language video program. (See *Espace vidéo* in the student text.)
- **New! Instructor's Resource Kit.** This kit provides supplementary activities, photocopy masters, games, and other resources that correspond to the themes in the student text.
- **Test Bank and Audio Testing Program.** This volume offers a variety of test components emphasizing listening, speaking, reading, writing, vocabulary, and grammar, allowing instructors to create tests according to the needs of their class. Listening comprehension passages are recorded on the accompanying audio CD or audiocassette.
- **Electronic Test Bank.** Available in a dual-platform format, this program contains the tests found in the printed Test Bank, but provides the flexibility of electronically modifying or adapting the tests to suit the needs of your students.
- **Audioscript.** A transcript containing all the material recorded in the Audio Program.
- **New!** Functional language **video program.** Filmed on location in France with additional footage from Francophone countries, this video contains functional language situations in video clips tied to the themes for each chapter in the text. The video program from the previous edition is also available to adopters and remains keyed to *Cahier* chapters.
- **Overhead Transparencies.** A set of 50 acetates for presentation of vocabulary, review and class activities.
- **Training/Orientation Manual.** For use with teaching assistants, this volume (by James F. Lee of Indiana University, Bloomington) offers practical advice for beginning language instructors and their coordinators.

The Natural Approach

Deux mondes is based on Tracy D. Terrell's Natural Approach, which drew on aspects of Stephen D. Krashen's "Monitor Model" and its five hypotheses on instructed second-language acquisition. These five hypotheses are discussed in detail in the Instructor's Manual to accompany *Deux mondes*. The following are among the most important aspects of the Natural Approach as applied in this program:

1. **Meaningful and comprehensible input is essential to language acquisition.** *Deux mondes* is designed to help the instructor provide this input and create a classroom atmosphere that is positive, stimulating, and nonthreatening.

2. **Comprehension precedes production.** Students must have repeated opportunities to hear and read new vocabulary and structures in meaningful contexts before they can produce them on their own. *Deux mondes* provides pre-text oral activities (*Mise en train*) for every chapter and numerous opportunities to enhance teacher input through art, realia, and illustrated presentations and readings within each chapter.

3. **Speech production emerges gradually.** *Deux mondes* is based on the principle that students move progressively from comprehending French to being able to express ideas on their own. The two introductory *Étapes* are devoted primarily to comprehension activities. Thereafter, each thematic presentation is designed so that students move gradually from comprehending input, to manipulating statements from the *Activités,* and finally, to expressing themselves on their own.

4. **Students acquire language only in a low-anxiety environment.** A low-anxiety atmosphere is easily created when the instructor provides students with interesting, culturally authentic, comprehensible input, along with communicative activities, and does not place an excessive emphasis on form. *Deux mondes* helps create a positive atmosphere by encouraging student involvement in activities relating to their own lives and to the French-speaking world.

5. **Some errors in grammar are to be expected in student speech, as a natural part of the acquisition process.** Students are unlikely to use particular linguistic elements accurately even by the end of the chapter in which they are introduced. Lasting acquisition depends primarily on reinforcement and opportunities to practice and experiment in an encouraging environment. During oral activities, we recommend that instructors respond naturally to students' communication, help students to clarify their meaning when it is unclear, and engage learners in negotiation of meaning. Direct correction of grammatical errors is best confined to written work or other contexts where the focus is on attaining accurate form.

6. **Group work fosters communication and creates community.** It engenders an atmosphere of familiarity and trust that, in turn, is conducive to self-expression and risk-taking, two essential elements in language learning. Group work gives students more opportunity to interact in French during class time. Most of the oral activities in *Deux mondes* are meant to be conducted by a group of two or more students. They are open-ended, since true communication is divergent and relies on negotiation of meaning. Students generally retain a measure of personal choice when engaging in any activity.

7. **Grammar study is a useful part of classroom language acquisition, but not the primary goal of the course.** Improvement in speech takes place primarily as the result of an increased ability to comprehend input. However, the study of grammar improves comprehension by focusing attention

on specific linguistic markers, and it provides forms and rules useful for self-monitoring. *Deux mondes* offers a complete grammar syllabus, arranged to coordinate functionally with the *Activités et lectures*. Many grammar points are spiralled, that is, reentered and developed after the initial presentation. It is our belief that most grammar lessons do not need to be explicitly presented in class, but that grammar should be clarified as necessary to facilitate comprehension and communication. However, the grammar treatment of *Deux mondes* is entirely flexible, so that you, the instructor, can choose the best way to deal with grammar in your own classroom.

8. **Acquisition involves an integration.** The traditional division of "four skills," though convenient, does not accurately reflect the reality of communication, since speaking, listening, reading, and writing are *all* communication activities and often work together in a complementary fashion. The Natural Approach and *Deux mondes* seek primarily to create an atmosphere where students will *want* to communicate by offering them the opportunity to do so in relation to stimulating subject matter. By focusing on meaning rather than on form, the Natural Approach strives to minimize obstacles to self-expression and to accommodate the complex nature of communication.

Acknowledgments

The authors would like to express their gratitude to the following members of the language-teaching profession whose valuable suggestions contributed to the preparation of this revised edition. The appearance of these names does not necessarily constitute an endorsement of *Deux mondes* or its methodology:

Susanne Akins
San Antonio College

Lois K. Beck
Messiah College

James E. Blackburn
Coastal Carolina University

Lois B. Cooper
Massachusetts College of Liberal Arts

Kathleen H. Doig
Georgia State University

Béatrice Dupuy
Louisiana State University

Shirley Flittie
Minneapolis Community and
Technical College

Charlotte E. Gifford
Greenfield Community College

Linda Goodyear-Stevenson
Rogue Community College

Floreen Barger Henry
Tarrant County Jr. College

Carol Hofmann
University of Southern California

Josée T. Jackman
Southern Seattle Community College

Ettien Koffi
Bethel College

Philip Lee
Macalester College

Jean-François Llorens
High Point University

Susan E. Lloyd
Cuesta Community College

Amy Lorenz-Ianke
Loras College

Céline Philibert
SUNY College at Potsdam

Claire Marrone
Sacred Heart University

Paul L. Ryan
Quinsigamond Community College

Patricia Mougel
University of Minnesota, Minneapolis

Atiyeh Showrai
University of Southern California

Anna Norris
University of Virginia

Nina Tanti
Santa Clara University

Irene Huk Panener
Manatee Community College

Roberta Tucker
University of South Florida

Georges Perla
Georgia State University

May G. Waggoner
University of Southwestern Louisiana

Many people contributed their time and talents to the preparation of this edition. In particular, we want to thank our development editors, Eileen LeVan and Rachèle Lamontagne, for their valuable suggestions and unstinting efforts to make *Deux mondes* a better book. We are especially grateful to Eileen for her hard work and insightful comments as we prepared the Fourth Edition. She played a major role in the extensive revision of the Second Edition and helped to make *Deux mondes* what it is today.

We have benefitted greatly from the tremendous dedication and professionalism of the editing, production, and design team at McGraw-Hill: Jill Peter, Nora Agbayani, John Leland, Pam Augspurger, Louis Swaim, Rich DeVitto, and David Hash. We also wish to acknowledge Julie Melvin for her work on the notes to the Instructor's Edition and *Lexique,* Veronica Oliva, our permissions editor, Nicole Dicop-Hineline for her native reading of the manuscript, and Melissa Gruzs for careful proofreading. Many thanks are owed to our editor, Leslie Hines, who followed the book through its writing and production phases and provided us with much needed encouragement and assistance, as well as our publisher, Thalia Dorwick, for her continuing support of and enthusiasm for *Deux mondes.*

Once again, the authors want to express our appreciation for the contributions of Françoise Santore and to offer her our sincere thanks for her comments on the manuscript. We very much value her encouragement and her loyalty to the Natural Approach.

We would also like to acknowledge our debt to Tracy Terrell. Tracy loved French and *Deux mondes.* He was very much involved in its creation and very eager to make the Natural Approach interesting and accessible for French instructors. We believe that he would be pleased with the book's evolution and proud of our Fourth Edition.

Finally, we want to tell our families how grateful we are for their encouragement and even their sacrifices to our work. To Ben, Semie and Lewis Rogers, Weldon and Alex Padgett, Robbie Steele, and Mary Radnofsky, we say "Thank you: your confidence and support have been much appreciated throughout this project."

To the Student

The course you are about to begin is based on a method called the Natural Approach, which is designed to help you learn to speak, read, write, and understand French. You will be learning not only about the French language, but also about French-speaking people and cultures all over the world: in Europe, North and West Africa, Quebec, the Caribbean, and elsewhere.

As you work with *Deux mondes,* keep in mind that you will be learning French in two very different but complementary ways. The first is experiential and mostly unconscious. It is the "feel" for the language that comes from hearing, reading, and speaking French in meaningful, everyday contexts. The second is a more deliberate and formal kind of learning, which comes from studying the rules of the French language, especially those of grammar and from doing written activities.

Both types of learning are necessary to become proficient in French. You need to hear and read authentic French in order to understand native speakers. You also need to think and express your ideas in French as much as possible. Exploring how the French language works by studying grammar can allow you to progress more rapidly. However, keep in mind that all learners inevitably make mistakes when they try to speak and write a new language. Your instructors and classmates will not expect you to speak "perfectly," and native speakers will appreciate your attempts to speak their language even if you do make some mistakes. Initially, then, you should concentrate on *what* you are saying rather than on *how* you are saying it. The experience of learning French should be enriching, stimulating, and even fun.

Make an effort to avoid translating the French you hear in class into your native language. You will acquire lasting proficiency by learning to understand French "from the inside," on its own terms. If you listen and watch carefully, you will discover that it is almost always possible to understand what is being conveyed without resorting to English.

In this course, most class time will be devoted to oral activities. Your instructor may request that you study grammar and vocabulary primarily on your own, at home. The grammar sections of *Deux mondes* (the blue pages) are designed to be self-explanatory. As you complete the exercises, you can confirm your understanding by using the Answer Key in Appendix D.

The *Cahier d'exercices* (workbook/laboratory manual), the audio program and the video program give you more opportunities to listen to French outside of class and to write about topics that you have discussed in class. The workbook also contains explanations and exercises on the pronunciation and spelling of French, as well as additional readings that will help you improve your skills and learn more about France and the Francophone world.

Tips for Effective Learning

Activités

The oral activities form the core of the *Deux mondes* program and your learning experience. They are designed to be done in class with your instructor and fellow students and always offer topics that relate to the chapter's theme. These activities will help you to comprehend and think in French, and to express your opinions in French from the beginning of the course. To enable you to make the most of your class time each day, we make the following suggestions:

- Remember to relax and to "go with the flow." You will enjoy an activity and gain the most from it when you focus on communicating, rather than on using specific words or forms.
- Working through an activity in class mechanically is both uninspiring and of little value; try to give it a personal twist and encourage your speaking partners to do the same.
- Don't worry when you do not understand every word your instructor says. Just focus on getting the main idea, and be on the alert for visual and aural clues (gestures, intonation, illustrations).
- Always listen to your instructor's feedback, and use it as a model. You will learn best by hearing and reading correct forms on a regular basis.
- Copy new vocabulary you encounter during class time into a vocabulary notebook. Review it often as you think in French at home.
- Before coming to class, review the previous day's oral activities and the corresponding sections of vocabulary in the chapter *Vocabulaire.*
- Many students find it beneficial to look over activities before class to get a quick "preview" of new words to be used when they participate in the day's activities.
- Finally, speak French and avoid English at all costs. If you don't know a certain expression, make an effort to paraphrase or find another way of explaining yourself. It is always better for you to express yourself in a roundabout fashion than to resort to using English.

Lectures

As you approach the readings in *Deux mondes,* remember that written language is more than just a transcription of speech. Most of the time, writing follows formal rules that are considerably more constraining than those governing speech. Most *Activités* in *Deux mondes* use fairly short sentences, whereas the *Lectures* and *Info* boxes give you the opportunity to work with more complex—though still comprehensible—French.

Keep in mind that reading means grasping the logic and meaning of the entire text, rather than figuring out individual words and sentences. Reading is a process of discovery: a text composed only of words and ideas with which you are already familiar, put together in an entirely predictable way, would not offer much interest.

You already have strategies for reading a text in English that you can apply immediately when you read French. In fact, you will find that you are able to read a level of French that is significantly more complex than the French you use when speaking and writing. Here are some suggestions that will help you with the readings in *Deux mondes.*

- Look first for what you can understand, then make educated guesses about unfamiliar content.
- Use the title and illustrations to deduce what a given reading is about.
- Skim the text to identify the main ideas. Read quickly through the introductory paragraph, the first sentences in the other paragraphs, and the concluding paragraph to get a general outline of the main ideas.

- **Look for cognates** (words that are similar in two languages). About a third of English words are drawn from French.
- In class, listen to the questions your instructor asks and **scan for particular information.** You often do not need to know every word to find the information you need.
- When you encounter words or phrases that you do not understand, make an effort to **infer meaning from the context,** using your own common sense. Quite often, it is possible to ignore unfamiliar words altogether and still arrive at a very accurate understanding, because language involves a great deal of redundancy.
- Unlike listening, which gives you only one or two chances to hear what the other person is saying, reading allows you to **go over a text many times.** Plan on reading the texts in *Deux mondes* several times. You will find that your understanding increases with each new reading.
- **Think in French.** If you look at a French text and think in English, you are not reading but translating. This is an extremely inefficient way of approaching a text, and it will *not* help you to become a proficient reader in French.

Vocabulaire

Each chapter contains a vocabulary list organized by topic or function. This list is primarily for reference and review. You should *recognize* the meaning of these words when you hear or read them in context; however, it is unlikely that you will be able to *produce* all of these words yourself until you have seen and heard them many times. Work with the *Vocabulaire* lists as your instructor suggests, and remember that the best way to learn French words is to **hear and read them as often as possible in a meaningful context.**

Grammaire et exercices

The final section of each chapter (the blue pages) is a reference manual, allowing you to study the rules of French grammar and to verify your understanding by doing the exercises.

- The beginning of each *Activités et lectures* section in the white pages has a reference keyed to the appropriate section in the grammar. As you begin each new topical section, **read the grammar section or sections indicated by** *Attention!*
- Be sure to **make use of the marginal notes** in the blue pages, which give you useful summaries, hints, and suggestions for reviewing.
- You will benefit the most from the blue pages by **completing the exercises in writing,** then confirming your answers using the Answer Key in the back of the text.

Getting to Know the Characters

You will get to know a number of characters in the *Deux mondes* text and *Cahier* and in other components of the program. They include people in North America and in France.

First you'll meet a group of young people from the University of Louisiana at New Orleans. They are fellow students in Professor Anne Martin's 8:00 A.M. beginning French class: Albert Boucher, Barbara Denny, Daniel Moninger, Denise

Allman, Jacqueline Roberts, and Louis Thibaudet. Louis is very proud of his Acadian ancestry. (The Acadians were French-speaking colonists who came to Louisiana from Acadie, now Nova Scotia.) Professor Martin was born in Montreal and is completely bilingual in French and English.

Albert   Barbara   Daniel   Denise   Jacqueline   Louis   Madame Martin

You will also meet Raoul Durand, a doctoral student in mechanical engineering. Raoul, too, comes from Montreal. As a Québécois, he was pleased to meet Madame Martin and has visited her class and gotten to know her students.

Raoul

The Lasalle-Colin family has three branches. The grandparents, Francis and Marie Lasalle, have always lived in Lyon, where they are now retired.

Francis Lasalle   Marie Lasalle

Victor Colin   Claudine   Bernard   Christine

Clarisse/Marise   Charles   Emmanuel   Joël   Camille   Marie-Christine   Nathalie

Bernard Lasalle is the son of Francis and Marie. He and his wife, Christine, live near Bernard's parents in Lyon. Bernard is an engineer and Christine works in a hospital as a nurse. They have three daughters, Nathalie (6), Marie-Christine (8), and Camille (11).

Claudine Colin is the daughter of Francis and Marie Lasalle. She and her husband, Victor Colin, live in Clermont-Ferrand with their five children. Marise and Clarisse (19) are twins. Marise is studying French literature at the Université Blaise-Pascal in Clermont-Ferrand and Clarisse is taking courses in hotel management at the École Victor Hugo. Charles (17) and Emmanuel (15) are both *lycée* (high school) students and their brother Joël (8) is in primary school.

Édouard and Florence Vincent are old friends of Francis and Marie Lasalle and live nearby in Lyon. They are an interesting couple, though somewhat old-fashioned in some of their views.

Another character you will meet is Julien Leroux, a native of Brussels who has lived in Paris for several years and who works in news broadcasting at *Télévision Française 1*. He has been friends with Bernard Lasalle since they were at the university together several years ago.

Also in Paris are Sarah Thomas, an American exchange student, Agnès Rouet, and Jean-Yves Lescart, friends at the Université de Paris.

Adrienne Petit lives in Marseille. She works as a secretary in an import-export firm and loves to travel. She is an active person and has a lively social life.

Getting Started with the Étapes

Listening skills

Your instructor will probably choose to address the class entirely in French from day one. Don't panic! It is possible to understand what someone is saying without knowing every word in advance. Here are some general techniques that will help you as you are doing the two preliminary chapters, or *Étapes*.

- Make educated guesses. Always pay attention to context. If someone you don't know says, *Bonjour, je m'appelle Robert,* you can infer from the context and from the key word "Robert" that he is introducing himself. If it is eight in the evening and someone greets you with *Bonsoir,* you can figure out that this probably means "Good evening" and not "Good morning" or "Good afternoon."
- Pay attention to gestures and "body language." If your instructor is pointing to the board, you can deduce that *Regardez le tableau* means "Look at the board" even if you are not already familiar with the words.
- Pay attention to intonation and key words. If your instructor is holding up a photo of a man and says in French, "Does this man have brown hair?", you will know from his or her tone of voice that a question is being asked. If you already know the words "brown" and "hair," and you look carefully at the photo, you can figure out what the question means even if you have never heard the other words.
- In terms of your ability to understand, it is most important for you to know key vocabulary words. You do not need to know specific grammatical forms in order to grasp the gist of what is being conveyed.

Vocabulary

Because your ability to understand depends on your recognizing key words in context, the two *Étapes* will help you become familiar with many new words in French. You need not be concerned about pronouncing these perfectly from the start; your pronunciation will become more accurate as you *hear* more and more spoken French. Here are some tips to help you learn vocabulary.

- Keep a vocabulary notebook. Your instructor will write key vocabulary words on the board; jot them down for future reference and study.
- Go over vocabulary frequently, and make an effort to visualize the person (for words such as "child" or "woman"), thing ("chair" or "pencil"), characteristics ("young" or "long"), activity ("stand up"), or situation ("is wearing") conveyed by each word.
- Follow your instructor's suggestions for working with these words. Concentrate on recognizing their meaning when you hear and see them, and when your instructor uses them in class.

Classroom activities

Here are the main types of activities you will be doing in the *Étapes*. Some may be new to you; all will help get you off to a running start in French.

- TPR. "Total Physical Response" is a technique developed by Professor James Asher at San José State University. In TPR activities, the instructor gives a command, which you then act out. Though TPR may seem somewhat "child-ish" at first, by relaxing and allowing your mind and your body to work to-gether, you will be able to absorb a large amount of French very quickly. In TPR, "cheating" is allowed! If you're not sure what a command means, figure it out by "sneaking" a look at your classmates.

- Description of classmates. You will be asked to get to know your classmates: to learn their names and to identify the person your instructor is describing. This is a fun and effective way for you to learn the names of colors, articles of clothing, and descriptive words such as "long," "pretty," "new," and so on.
- Description of pictures. Your instructor will bring a number of pictures to class and describe the people in them. Your goal will be to identify the picture being described.
- Using basic greetings and expressions of courtesy. You will have the oppor-tunity to learn how to say "Hello," "Good-bye," "How are you?", etc. in short dialogues with classmates. You do not need to memorize the dialogues; just have fun with them. Remember that your pronunciation will improve as your *listening skills* improve.

And now... *Au boulot* (Let's get to work)! Enjoy learning French and working with *Deux mondes*.

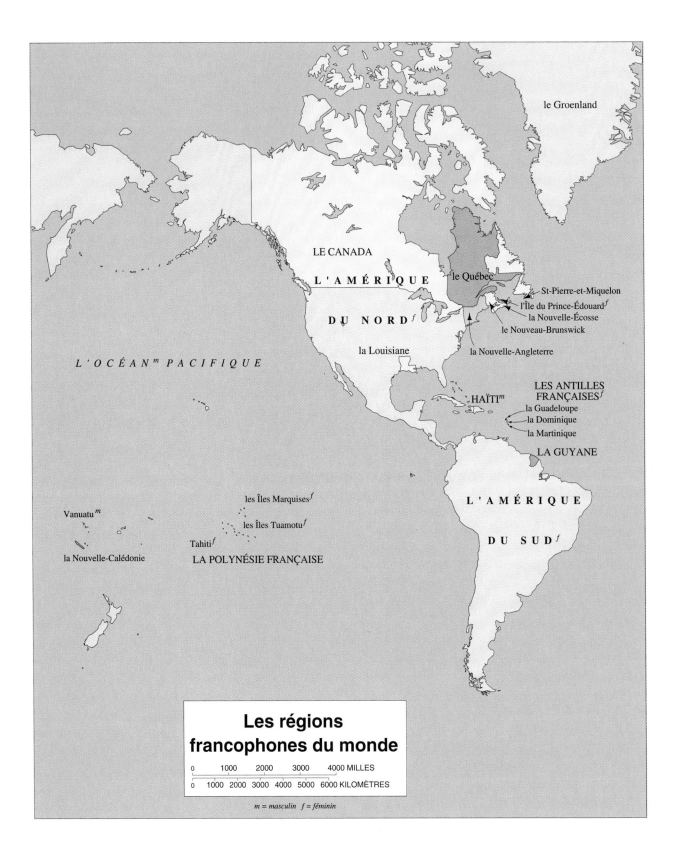

le Groenland

LE CANADA

L'AMÉRIQUE

le Québec

St-Pierre-et-Miquelon
l'Île du Prince-Édouard*f*
la Nouvelle-Écosse
le Nouveau-Brunswick

DU NORD*f*

la Nouvelle-Angleterre

la Louisiane

L'OCÉAN*m* PACIFIQUE

HAÏTI*m*

LES ANTILLES
FRANÇAISES*f*

la Guadeloupe
la Dominique
la Martinique

LA GUYANE

les Îles Marquises*f*

Vanuatu*m*

les Îles Tuamotu*f*

L'AMÉRIQUE

Tahiti*f*

la Nouvelle-Calédonie

LA POLYNÉSIE FRANÇAISE

DU SUD*f*

Les régions
francophones du monde

0   1000   2000   3000   4000 MILLES

0   1000 2000 3000 4000 5000 6000 KILOMÈTRES

m = masculin   f = féminin

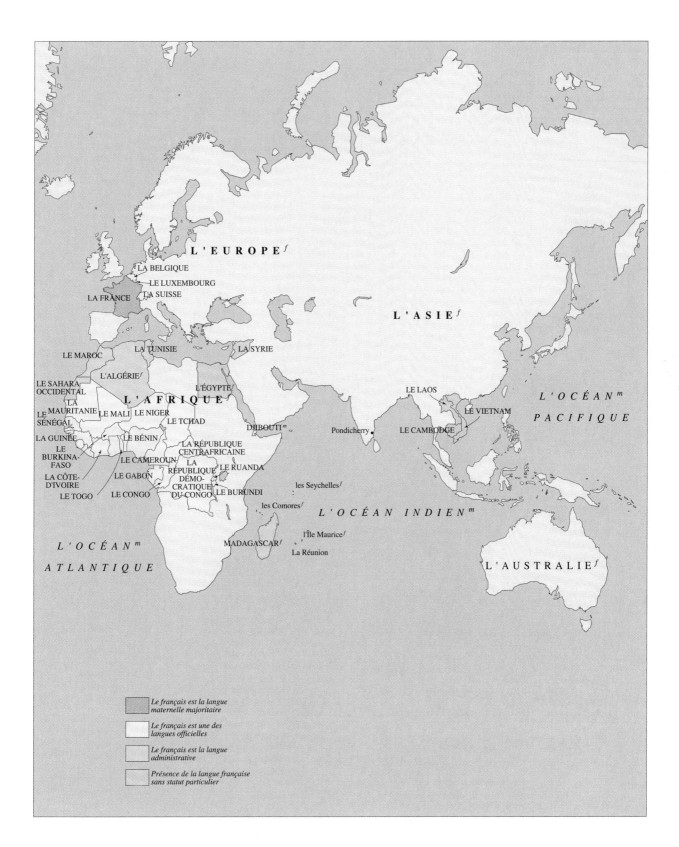

L'EUROPE *f*

LA BELGIQUE

LE LUXEMBOURG

LA FRANCE — LA SUISSE

L'ASIE *f*

LE MAROC   LA TUNISIE   LA SYRIE

L'ALGÉRIE *f*

LE SAHARA
OCCIDENTAL   L'ÉGYPTE *f*

LA
MAURITANIE   L'AFRIQUE *f*   LE LAOS   L'OCÉAN *m*

LE   PACIFIQUE
SÉNÉGAL   LE MALI   LE NIGER   LE VIETNAM

LA GUINÉE   LE TCHAD   DJIBOUTI *m*

LE BÉNIN   Pondicherry   LE CAMBODGE

LE
BURKINA-   LA RÉPUBLIQUE
FASO   CENTRAFRICAINE

LE CAMEROUN   LA
LA CÔTE-   RÉPUBLIQUE   LE RUANDA
D'IVOIRE   LE GABON   DÉMO-
CRATIQUE   les Seychelles *f*
LE TOGO   LE CONGO   DU CONGO   LE BURUNDI

les Comores *f*   L'OCÉAN INDIEN *m*

l'Île Maurice *f*

L'OCÉAN *m*   MADAGASCAR *f*
La Réunion   L'AUSTRALIE *f*
ATLANTIQUE

Le français est la langue
maternelle majoritaire

Le français est une des
langues officielles

Le français est la langue
administrative

Présence de la langue française
sans statut particulier

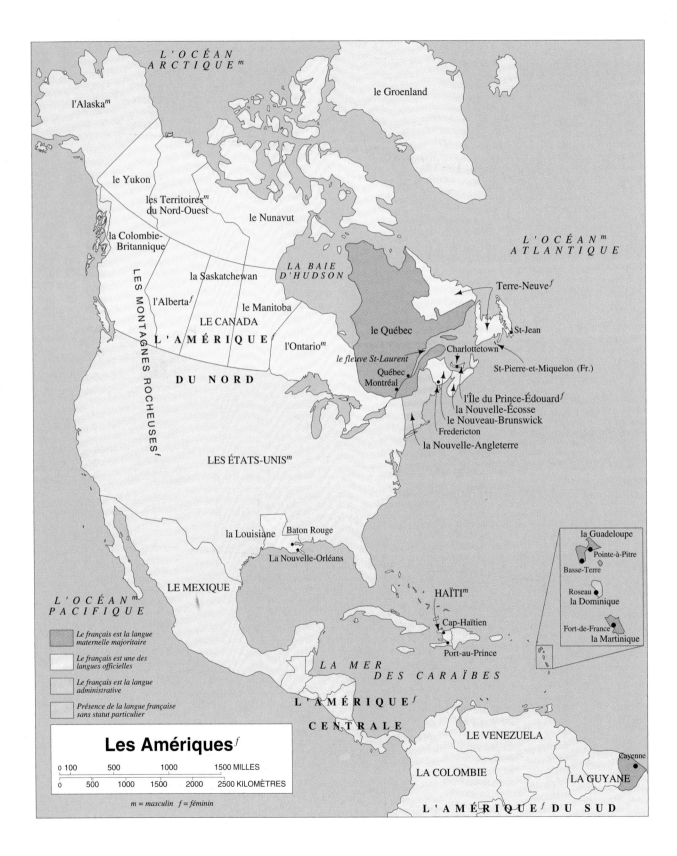

L'OCÉAN
ARCTIQUE ^m

le Groenland

l'Alaska^m

le Yukon

les Territoires^m
du Nord-Ouest

le Nunavut

L'OCÉAN^m
ATLANTIQUE

la Colombie-
Britannique

la Saskatchewan

LA BAIE
D'HUDSON

Terre-Neuve^f

LES MONTAGNES ROCHEUSES^f

l'Alberta^f

le Manitoba

LE CANADA

le Québec

St-Jean

L'AMÉRIQUE^f

l'Ontario^m

DU NORD

le fleuve St-Laurent

Charlottetown

St-Pierre-et-Miquelon (Fr.)

Québec

Montréal

l'Île du Prince-Édouard^f
la Nouvelle-Écosse
le Nouveau-Brunswick

Fredericton

la Nouvelle-Angleterre

LES ÉTATS-UNIS^m

la Louisiane

Baton Rouge

La Nouvelle-Orléans

la Guadeloupe

Pointe-à-Pitre

Basse-Terre

LE MEXIQUE

HAÏTI^m

Roseau
la Dominique

L'OCÉAN^m
PACIFIQUE

Cap-Haïtien

Fort-de-France
la Martinique

Port-au-Prince

Le français est la langue
maternelle majoritaire

Le français est une des
langues officielles

LA MER
DES CARAÏBES

Le français est la langue
administrative

L'AMÉRIQUE^f

Présence de la langue française
sans statut particulier

CENTRALE

LE VENEZUELA

Les Amériques ^f

Cayenne

0 100   500   1000   1500 MILLES

LA COLOMBIE

LA GUYANE

0   500   1000   1500   2000   2500 KILOMÈTRES

m = masculin   f = féminin

L'AMÉRIQUE^f DU SUD

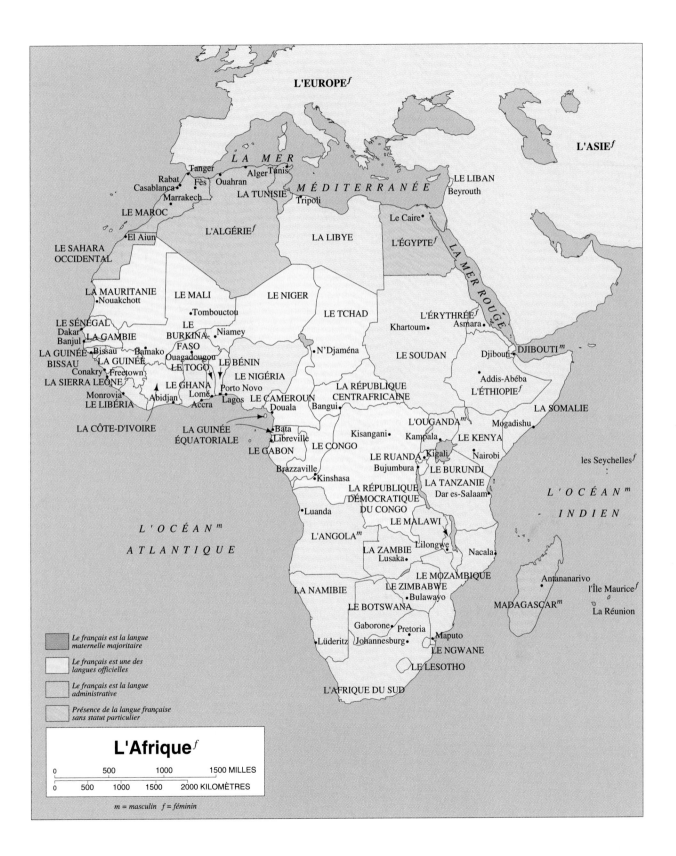

L'EUROPE*f*

L'ASIE*f*

LA MER
MÉDITERRANÉE

Tanger
Rabat · Alger Tunis
Casablanca Fès Ouahran
· Marrakech LA TUNISIE
LE MAROC Tripoli

LE LIBAN
Beyrouth

Le Caire·

LE SAHARA
OCCIDENTAL

· El Aiun

L'ALGÉRIE*f*

LA LIBYE

L'ÉGYPTE*f*

LA MER ROUGE

LA MAURITANIE
· Nouakchott

LE MALI

LE NIGER

LE TCHAD

LE SÉNÉGAL
Dakar·
Banjul· LA GAMBIE
LA GUINÉE· Bissau
BISSAU
Conakry· Freetown
LA SIERRA LEONE

· Tombouctou

LE
BURKINA·
FASO
Ouagadougou
LE TOGO
LA GUINÉE LE GHANA
Monrovia· Abidjan
LE LIBÉRIA Accra

Niamey

N'Djaména·

L'ÉRYTHRÉE*f*
Khartoum· Asmara·

LE SOUDAN
Djibouti· DJIBOUTI*m*

Addis-Abéba·
L'ÉTHIOPIE*f*

LA CÔTE-D'IVOIRE
LA GUINÉE
ÉQUATORIALE

LE BÉNIN
LE NIGÉRIA

Bamako·

Lomé·
Porto Novo
Lagos
LE CAMEROUN
Douala · Bangui·

LA RÉPUBLIQUE
CENTRAFRICAINE

LA SOMALIE
Mogadishu·

Bata·
Libreville
LE GABON

Kisangani·
LE CONGO

L'OUGANDA*m*
Kampala·
LE RUANDA Kigali·
Bujumbura· LE BURUNDI

Nairobi·
LE KENYA

les Seychelles*f*
:

Brazzaville·
· Kinshasa

LA RÉPUBLIQUE
DÉMOCRATIQUE
DU CONGO

LA TANZANIE
Dar es-Salaam·

L'OCÉAN*m*

INDIEN

· Luanda

LE MALAWI

L'OCÉAN*m*

ATLANTIQUE

L'ANGOLA*m*

LA ZAMBIE
Lusaka·

Lilongwe

· Nacala

Antananarivo·

LA NAMIBIE

LE MOZAMBIQUE
LE ZIMBABWE
· Bulawayo

l'Île Maurice*f*

MADAGASCAR*m*

La Réunion

LE BOTSWANA
Gaborone· Pretoria·
Lüderitz· Johannesburg·

Maputo·

LE NGWANE

LE LESOTHO

L'AFRIQUE DU SUD

Le français est la langue
maternelle majoritaire

Le français est une des
langues officielles

Le français est la langue
administrative

Présence de la langue française
sans statut particulier

L'Afrique*f*

| 0 | 500 | 1000 | 1500 MILLES |

| 0 | 500 | 1000 | 1500 | 2000 KILOMÈTRES |

m = masculin   f = féminin

L'Europe f

0 50 100 200 300 400 500 MILLES
0 100 200 300 400 500 600 700 800 KILOMÈTRES

m = masculin   f = féminin

Le français est la langue
maternelle majoritaire

Le français est une des
langues officielles

Le français est la langue
administrative

Présence de la langue française
sans statut particulier

Reykjavik
L'ISLANDE f

LA SUÈDE

LA NORVÈGE

LA FINLANDE

Helsinki
St-Pétersbourg
LA RUSSIE

Oslo
Tallinn
L'ESTONIE f
Moscou

Stockholm
LA MER BALTIQUE
Riga
LA LETTONIE

L'ÉCOSSE f

LA MER
DU NORD

LA LITUANIE
Vilnius
Minsk

L'IRLANDE DU NORD f

LA GRANDE-

LE DANEMARK

Copenhague
Tver

L'IRLANDE f Dublin

BRETAGNE

LA BIÉLORUSSIE

LE PAYS DE GALLES

L'ANGLETERRE f

Amsterdam
Berlin
Varsovie

Kyev

Londres
LES PAYS-BAS m
LA POLOGNE

LA BELGIQUE
L'ALLEMAGNE f

Jersey
Bruxelles Bonn
Prague
L'UKRAINE f

Luxembourg
LA RÉPUBLIQUE

LE LUXEMBOURG
TCHÈQUE
LA SLOVAQUIE

L'OCÉAN
ATLANTIQUE m

Paris
Bratislava
LA MOLDAVIE

Vienne
Budapest
Chisinau

LA FRANCE

Berne
L'AUTRICHE f
LA HONGRIE

Lausanne
LA SUISSE

Genève
Ljubljana
LA ROUMANIE

le Val d'Aoste
LA SLOVÉNIE
Zagreb
Belgrade
Bucarest

L'ITALIE f
LA CROATIE
LA MER
NOIRE

LA BOSNIE
LA MER

L'ANDORRE f
HERZÉGOVINE

LE PORTUGAL
Madrid
La Corse
Sarajevo
LA SERBIE
LA BULGARIE
Istanbul

Lisbonne
Ajaccio
Rome
LE MONTÉNÉGRO
Sofia

L'ESPAGNE f
Titograd
Skopje
LA MACÉDOINE

Tirana
LA TURQUIE

L'ALBANIE f

LA GRÈCE
LA MER
ÉGÉE

LA MER MÉDITERRANÉE

Athènes

L'AFRIQUE f
LA CRÈTE

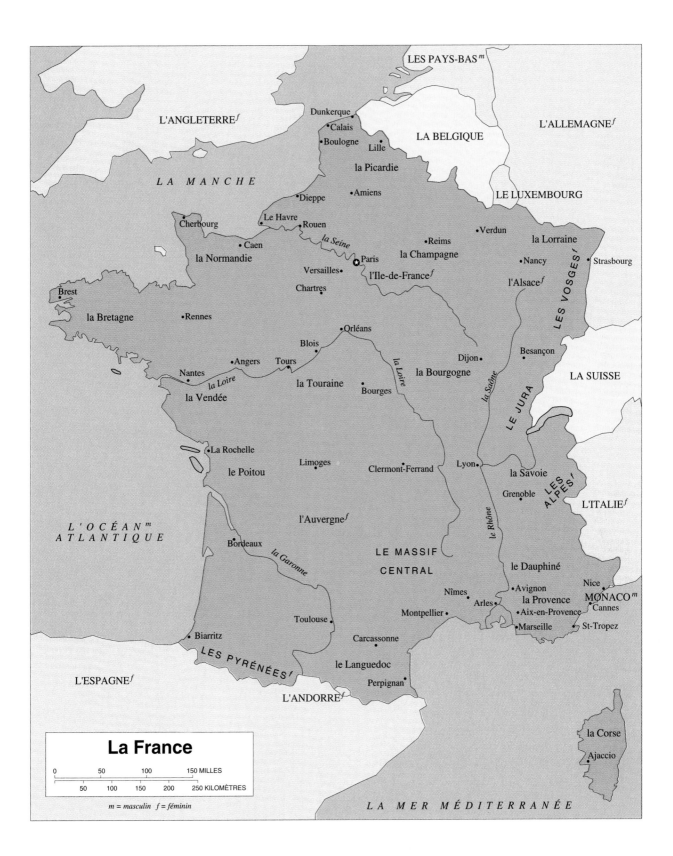

La France

LES PAYS-BAS^m

L'ANGLETERRE*f*

L'ALLEMAGNE*f*

LA BELGIQUE

Dunkerque
Calais
Boulogne
Lille

la Picardie

LE LUXEMBOURG

LA MANCHE

Dieppe
Amiens

Le Havre
Rouen
Cherbourg

Verdun
la Lorraine

Caen
la Normandie

la Seine
Reims
la Champagne
Nancy
Strasbourg

Paris
Versailles
l'Île-de-France*f*
l'Alsace*f*

Brest

Chartres

LES VOSGES*f*

la Bretagne
Rennes

Orléans
Blois

Dijon
la Bourgogne
Besançon

LA SUISSE

Angers
Tours
la Touraine

la Loire
la Saône

LE JURA

Nantes
la Loire
la Vendée

Bourges

L'OCÉAN*m*
ATLANTIQUE

La Rochelle
le Poitou

Limoges
Clermont-Ferrand
Lyon
la Savoie
LES ALPES*f*

Grenoble
L'ITALIE*f*

l'Auvergne*f*
le Rhône
le Dauphiné

Bordeaux
la Garonne

LE MASSIF
CENTRAL

Nice
MONACO*m*
Cannes

Nîmes
Avignon
la Provence
Arles
Aix-en-Provence
St-Tropez

Toulouse
Montpellier
Marseille

Biarritz
Carcassonne

LES PYRÉNÉES*f*
le Languedoc

L'ESPAGNE*f*
Perpignan

L'ANDORRE*f*

la Corse

Ajaccio

La France

| 0 | 50 | 100 | 150 MILLES |

| 50 | 100 | 150 | 200 | 250 KILOMÈTRES |

m = masculin   f = féminin

LA MER MÉDITERRANÉE

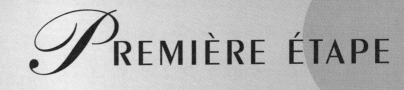

ℙremières rencontres

Des étudiantes à l'université de Paris

Objectifs
IN THE **PREMIÈRE ÉTAPE,** *you will learn to understand a good deal of spoken French and get to know your classmates. The listening skills you develop will enhance your ability to understand and speak French.*

activités

La communication en classe

Qui est-ce? Les camarades de classe

Comment sont-ils? La description des personnes

Les vêtements et les couleurs

Les nombres

Rencontres

grammaire

A.1 Giving instructions: Commands with **vous**

A.2 Identifying people: **C'est... , je m'appelle...**

A.3 Gender and articles

A.4 Describing people: **Être, subject pronouns, and ne... pas**

A.5 Plural nouns and articles

A.6 Addressing others: **Tu** and **vous**

Activités

Attention! Étudier Grammaire A.1

Activité 1 Associations: Les ordres

a. Tournez la page!
b. Ouvrez le livre!
c. Fermez le livre!
d. Regardez le tableau!
e. Écrivez votre nom!
f. Levez la main!
g. Prenez un stylo!

Qui est-ce? Les camarades de classe

Attention! Étudier Grammaire A.2

Activité 2 Dialogues: Les amis

—Comment s'appelle l'ami de _____?
—Il s'appelle _____.

—Comment s'appelle l'amie de _____?
—Elle s'appelle _____.

—Qui est-ce?
—C'est _____.

—Qui est-ce?
—C'est _____.

COMMENT SONT-ILS? **L**A DESCRIPTION DES PERSONNES

Attention! Étudier Grammaire A.3 et A.4

grand
blond
beau

vieux
une moustache
une barbe

petit
brun
jeune

brune
belle
petite

mince
brune
grande

vieille
forte

Charles Colin Édouard Vincent Emmanuel Colin Marise Colin Claudine Colin Marie Lasalle

Activité 3 **Discussion: Comment sont les camarades de classe?**

1. Dans la classe de français, qui est _____?
   a. grand et blond (grande et blonde)
   b. jeune et brun (jeune et brune)

2. Dans la classe de français, qui n'est pas _____?
   a. petit et brun (petite et brune)
   b. vieux (vieille)

Activité 4 **Discussion: Images stéréotypées**

Voici des personnages célèbres. Comment sont-ils?

MODÈLE: Catherine Deneuve est belle. Elle n'est pas jeune.

1. Mathusalem
2. Gérard Depardieu
3. Cléopâtre
4. Juliette Binoche
5. Céline Dion
6. Yves Saint Laurent

a. laid/laide ≠ beau/belle
b. vieux/vieille ≠ jeune
c. fort/forte ≠ mince
d. grand/grande ≠ petit/petite
e. -?-

LES VÊTEMENTS ET LES COULEURS

Attention! Étudier Grammaire A.5

Activité 5 Associations: Les couleurs

De quelle couleur est... ?

1. un pingouin
2. un éléphant
3. un tigre
4. une plante
5. une tragédie
6. un jean
7. une banane
8. une tomate
9. une carotte
10. le chocolat

a. vert/verte
b. noir/noire
c. gris/grise
d. brun/brune
e. orange
f. blanc/blanche
g. rouge
h. jaune
i. bleu/bleue

Gingerbread Gallery

Galerie d'art haïtien

Activité 6 Dans le monde francophone: Couleurs et vêtements

Dites *oui* ou *non*. Sur ce tableau, il y a...

1. un homme qui porte un pantalon bleu.
2. une femme qui porte une jupe rouge.
3. un homme qui porte un chapeau noir.
4. une femme qui porte une robe verte.
5. un homme qui porte une chemise orange.
6. un homme qui porte une veste grise.

Activité 7 Discussion: Mes camarades de classe

Regardez vos camarades de classe. Donnez le nom de l'étudiant(e), d'un vêtement et de la couleur du vêtement.

LE NOM	LE VÊTEMENT	LA COULEUR
1. Caroline	chemisier	jaune
2. _____	_____	_____
3. _____	_____	_____
4. _____	_____	_____

LES NOMBRES (0–34)

0	zéro	**10**	dix	**20**	vingt
1	un	**11**	onze	**21**	vingt et un
2	deux	**12**	douze	**22**	vingt-deux
3	trois	**13**	treize	**23**	vingt-trois
4	quatre	**14**	quatorze	**24**	vingt-quatre...
5	cinq	**15**	quinze	**30**	trente
6	six	**16**	seize	**31**	trente et un
7	sept	**17**	dix-sept	**32**	trente-deux
8	huit	**18**	dix-huit	**33**	trente-trois
9	neuf	**19**	dix-neuf	**34**	trente-quatre...

*A*ctivité 8 Discussion: Il y en a combien?

Comptez le nombre de vos camarades qui...

PORTENT...

un pantalon. _____
une jupe. _____
des chaussures noires. _____
un short. _____
une chemise. _____
?

ONT...

une barbe. _____
un chapeau/une casquette. _____
une moustache. _____
un livre de maths. _____
un stylo. _____
?

RENCONTRES

Attention! Étudier Grammaire A.6

Activité 9 Dialogue: Les salutations

1. Victor Colin parle au directeur du bureau.
   —Bonjour, monsieur. Comment allez-vous?
   —Très bien, merci. Et vous?
   —Bien, merci.

2. Après le match de foot, Charles Colin parle avec sa cousine Camille.
   —Salut, Camille. Ça va?
   —Je suis très fatiguée! Et toi?
   —Moi, ça va.

3. Louis présente Barbara à Raoul Durand, un étudiant canadien.
   —Raoul, je te présente une camarade de classe, Barbara.
   —Enchanté, mademoiselle.
   —Enchantée.

4. Claudine Colin parle au téléphone avec son père, Francis Lasalle.
   —Bonsoir, papa. Tu vas bien?
   —Comme ci, comme ça. Un peu fatigué.
   —Et maman? Elle va bien?
   —Elle va très bien.

5. Vous parlez avec un/une camarade de classe.
   É1*: Bonjour. Je m'appelle _____.
   É2: Enchanté(e). Je _____ _____.
   É1: Salut, _____. Ça va bien?
   É2: _____, et toi?
   É1: _____, merci.

---

*É1 et É2 = Étudiant(e) 1 et Étudiant(e) 2

Vocabulaire

See the *Lexiques* for a key to the abbreviations used in *Vocabulaire* lists.

Dans la classe de français

In French class

un/une camarade de classe	a classmate
un crayon	a pencil
un étudiant/une étudiante	a student
un livre	a book
un stylo	a (ballpoint) pen
un tableau	a blackboard

Mots apparentés: une activité, une conversation, la grammaire, une page, un professeur, une table, le vocabulaire

Asseyez-vous.	Sit down.
Attention!	Pay attention!
Écoutez.	Listen.
Écrivez votre nom.	Write your name.
Fermez le livre.	Close the book.
Levez la main.	Raise your hand.
Levez-vous. *Lay vay voo*	Stand up. (Get up.)
Lisez. *Lee zay*	Read.
Ouvrez le livre.	Open the book.
Prenez un stylo.	Get a pen.
Regardez le tableau.	Look at the board.
Tournez la page.	Turn the page.

Les personnes

People

un ami/une amie	a friend
une femme	a woman
un homme	a man

La description des personnes

Describing people

Qui est... ?	Who is . . . ?
Qui n'est pas... ?	Who isn't . . . ?
beau/belle	handsome/beautiful
blond/blonde	blond
brun/brune	dark-haired
fort/forte	heavy, plump
grand/grande	tall
jeune *Jen*	young
laid/laide *Lay*	ugly
mince *Mence*	thin
moyen/moyenne	average
petit/petite	small, little, short
vieux/vieille *veyah*	old, elderly
Qui a... ?	Who has . . . ?
Qui n'a pas... ?	Who doesn't have . . . ?
une barbe	a beard
les cheveux courts/longs	short/long hair
une moustache	a moustache
les yeux bleus	blue eyes

Les couleurs

Colors

blanc/blanche	white
bleu/bleue	blue
gris/grise	gray
jaune	yellow
marron (*inv.*)	brown
noir/noire	black
rose	pink
rouge	red
vert/verte	green

Mots apparentés: orange (*inv.*), violet/violette

Les vêtements

Clothing

Qui dans la classe porte... ?	Who in class is wearing . . . ?
Il/Elle porte...	He's/She's wearing . . .
Ils/Elles portent...	They're wearing . . .
un blouson	a jacket, windbreaker
des bottes (*f.*)	boots
un chapeau	a hat
des chaussures (*f.*)	shoes
une chemise	a man's shirt
un chemisier	a woman's blouse
un costume	a man's suit
une cravate	a necktie
une jupe	a skirt
un manteau	a coat
un pantalon	a pair of pants

— **une robe**	a dress
— **une veste**	a sportcoat, suitcoat
un vêtement	a piece of clothing

Mots apparentés: **un jean, un pull-over, des tennis** (*m.*)

MOTS ET EXPRESSIONS UTILES
Useful words and expressions

l'ami/l'amie de Daniel	Daniel's friend
aussi *oh see*	too, also
bien	well
dans *doh*	in
mais *may*	but
moi aussi	me too
ne... pas *verb goes here*	not
non	no
oui	yes
s'il vous plaît (s'il te plaît) *see vou play*	please
tout le monde	everybody
tu	you (*fam.*)
vous	you (*form. or pl.*)

LES ORDRES
Commands

Chantez.	Sing.
Courez.	Run.
Dites *bonjour.* *Deet*	Say *hello.* (Say *good morning.*)
Marchez.	Walk.
Sautez. *e dwct*	Jump.
Tournez à droite (à gauche).	Turn right (left).

SALUTATIONS ET FORMULES DE POLITESSE
Greetings and polite expressions

À bientôt.	See you soon.
aujourd'hui	today
Au revoir.	Good-bye.
Bonjour.	Hello; Good morning/ afternoon/day.
Bonsoir. *Bon swa*	Good evening; Good-bye (*in the evening*).
Ça va?	How's it going?
Moi, ça va. Et toi?	Fine. How about you?

Comment allez-vous?	How are you? (*form.*)
Très bien, merci. Et vous?	Fine, thanks, and you?
Pas mal, merci.	Not bad, thanks.
Je suis un peu fatigué/fatiguée.	I'm a little tired.
Comment vas-tu?	How are you? (*fam.*)
Bien, et toi?	Fine, and you? (*fam.*)
Je vous (te) présente...	I want you to meet . . .
Enchanté/Enchantée.	Delighted.
madame	madam, ma'am; Mrs.
mademoiselle	miss
monsieur	sir; Mr.
Salut!	Hi!; Good-bye. (*fam.*)

QUESTIONS
Questions

Combien de... ?	How many . . . ?
Comment est-il/elle?	What's he/she/it like?
Comment s'appelle... ?	What is . . . 's name?
Il/Elle s'appelle...	His/Her name is . . .
Comment sont-ils?	What are they like?
Comment va... ?	How is . . . ?
Il/Elle va bien/mal.	He's/She's fine/not well.
Comment vous appelez-vous?	What's your name? (*form. or pl.*)
Comment t'appelles-tu?	What's your name? (*fam.*)
Je m'appelle...	My name is . . .
De quelle couleur est... ?	What color is . . . ?
Est-ce que c'est un/une... ?	Is this a . . . ?
Oui, c'est un/une...	Yes, it's a . . .
Non, ce n'est pas un/une...	No, it's not a . . .
n'est-ce pas?	isn't it?, right?
Où est... ? *ooo ay*	Where's . . . ?
Qui est-ce? *key esss*	Who's that? (Who is it?)
C'est...	It's . . .
Y a-t-il... ?/Il y a...	Is/Are there . . . ?/There is/are . . .

MOTS APPARENTÉS
Cognate words

une banane, une carotte, le chocolat, un éléphant, un général, une image, un pingouin, une plante, un tigre, une tomate, une tragédie

Grammaire et exercices

INTRODUCTION

The **Grammaire et exercices** section of each chapter presents grammar points used in the preceding **Activités** section.

The **Attention!** notes that begin each new topic in the **Activités** section tell you which grammar point(s) you should study at that time. Study the grammar point(s) carefully, reading the examples out loud. Then do the exercises, both orally and in writing, and check your answers in the Appendix. Your instructor may choose not to discuss grammar in class because it is explained in nontechnical language in the book and because answers to the exercises are provided.

Keep in mind that successful completion of a grammar exercise indicates that you have understood the explanation. However, you are not immediately expected to use that grammar without error. As you listen to your instructor, your fellow students, and the audio program, and as you talk with others, you will gradually begin to assimilate that grammar point into your own speech and writing.

If you have trouble with an exercise or with a particular point, ask your instructor for assistance. In difficult cases, your instructor may want to go over the material in class to be sure that everyone understands. However, class time is best used for real experience in communicating in French.

A.1 Giving instructions: COMMANDS WITH VOUS

A. Commands are verb forms used without a subject pronoun to tell or ask someone to do something.

> Raise your hand.   Open your book, please.

B. The commands in the **Première étape** are all verb forms that end in **-ez.** This ending is associated with the pronoun **vous** and can refer to a single person or to a group of people.

> Louis, **ouvrez** la fenêtre, s'il vous plaît.
> *Louis, open the window, please.*
>
> Barbara et Denise, **regardez** le tableau.
> *Barbara and Denise, look at the board.*

C. Notice that some commands have the word **vous** attached to the verb, whereas others do not.

> **Asseyez-vous,** s'il vous plaît!   *Sit down, please!*

Definition: A verb conveys an action or a state: *sit, raise, be.*

Definitions: A subject performs the action or exists in the state conveyed by the verb. A noun represents a person or thing. A subject pronoun substitutes for a subject noun. *Joël sits. He sits.*

✴ *You will learn more about the pronoun* **vous** *in* **Grammaire A.6.**

✳ *You will learn more about verb endings in **Grammaire A.4** and following chapters.*

Verbs of this sort are called reflexive verbs and are presented in **Chapitre 2.** At this point, you need only understand the meaning of these commands.

Pronunciation Hint:

Most final consonants are not pronounced in French. For example: **ouvre̸z, françai̸s, asseye̸z, vou̸s, e̸t, écoute̸z**. In these hints, a slash through a letter indicates when a letter is not pronounced.

Exercice 1 Écoutez!

Are these commands given in a logical order? Answer **oui** or **non**.

1. Ouvrez le livre! → Lisez!
2. Asseyez-vous! → Courez!
3. Écrivez! → Prenez un stylo!
4. Tournez la page! → Regardez!
5. Levez-vous! → Marchez!
6. Regardez le tableau! → Écoutez!
7. Levez-vous! → Asseyez-vous!
8. Fermez le livre! → Regardez la page!

A.2 Identifying people: C'est... , je m'appelle...

A. To ask who someone is, use the interrogative (question) expression **Qui est-ce?** The usual reply is **C'est** and the name of a person, or simply the name of a person.

—**Qui est-ce?**	*Who's that?*
—**C'est** Denise.	*It's Denise.*

B. If you are not sure of someone's identity, you can use the expression **Est-ce que c'est... ?** with the name of a person. The reply is **oui** or **non**.

—**Est-ce que c'est** Jacqueline?	*Is that Jacqueline?*
—**Non,** c'est Barbara.	*No, it's Barbara.*

C. When you ask someone's name or give your own, use these patterns:

—Comment t'appelles-tu?	*What's your name?*
—Je m'appelle Barbara.	*My name is Barbara.*
—Comment vous appelez-vous?	*What's your name?*
—Je m'appelle Raoul Durand.	*My name is Raoul Durand.*
—Comment s'appelle-t-il?	*What's his name?*
—Il s'appelle Daniel.	*His name is Daniel.*
—Comment s'appelle-t-elle?	*What's her name?*
—Elle s'appelle Denise.	*Her name is Denise.*

Pronunciation Hint:

Qui es̸t-c̸e? C'es̸t… Commen̸t vous‿appele̸z-vous̸? Je m'appell̸e…

In this text the symbol (‿) indicates liaison (pronunciation and linking of a final consonant to a following vowel).

Exercice 2 Identités

Match the answers with the questions.

QUESTIONS	ANSWERS
1. Qui est-ce?	**a.** Non, c'est Jacqueline.
2. Est-ce que c'est Denise?	**b.** Je m'appelle Daniel Moninger.
3. Comment vous appelez-vous?	**c.** C'est Louis.
4. Comment s'appelle le professeur?	**d.** Elle s'appelle Mme Martin.

A.3 GENDER AND ARTICLES

A. All French nouns are classified as either masculine or feminine. However, the terms "masculine" and "feminine" are grammatical classifications only: French speakers do not perceive things such as shirts or windows as being inherently "male" or "female." On the other hand, nouns that refer to males are usually of the masculine gender, and nouns that refer to females are usually feminine. For example, **ami** refers to a male friend, whereas **amie** is used for a female friend.

> Raoul est **l'ami** de Daniel et Barbara est son **amie** aussi.

> *Raoul is Daniel's friend, and Barbara is also his friend.*

B. French adjectives change their endings to agree with the gender of the noun they modify. In many cases, this simply means adding **-e** to the adjective to agree with a feminine noun; in other cases, the adjective has two different forms.

> Joël est **petit** et Marise est **petite** aussi.
>
> Francis Lasalle est **vieux** et Marie Lasalle est **vieille** aussi.

> *Joël is short and Marise is also short.*
>
> *Francis Lasalle is old, and Marie Lasalle is also old.*

Definition: An adjective describes (modifies) a noun or pronoun: *Claudine is **tall**, but he is **short.***

✶ *You will learn more about adjective agreement in* **Grammaire A.5, B.6,** *and* **B.7.**

C. Articles in French also change form according to the gender of the nouns they accompany. Here are the definite and indefinite articles for singular nouns.

Definition: An article is a word like *a* or *the* that introduces a noun.

	DEFINITE (*the*)	INDEFINITE (*a, an*)
Masculine	**le** livre	**un** livre
Feminine	**la** page	**une** page

D. The definite articles **le** and **la** become **l'** before a word that starts with a vowel (a, e, i, o, u) or a mute **h;** this includes most (but not all) words that begin with the letter **h.** You will learn more about mute **h** in the **Cahier d'exercices (Prononciation et orthographe).**

l'étudiant(e)	the student
l'homme	the man
l'autre classe	the other class

Exercice 3 Descriptions

Complete these sentences with the correct adjective.

1. Louis est _____ et Jacqueline est _____ aussi. (petit/petite)
2. Barbara est _____ et Albert est _____ aussi. (grand/grande)
3. Mme Martin n'est pas _____. Elle est jeune. (vieux/vieille)
4. Mon acteur favori est très _____. (beau/belle)
5. Albert est _____. (noir/noire)
6. Daniel n'est pas grand. Il est _____. (moyen/moyenne)

Exercice 4 Les photos de Mme Martin

Today, Madame Martin's class is identifying people and things. Complete the sentences with **un, le,** or **l'.**

1. Regardez la photo. C'est _____ tigre. _____ tigre est beau, non?
2. Et voilà la photo d' _____ autre tigre. _____ autre tigre est très grand!
3. Regardez bien! Est-ce _____ livre ou _____ stylo? Oui, c'est _____ livre. C'est _____ livre de Daniel.

Complete the following sentences with **une, la,** or **l'.**

4. Est-ce _____ moustache ou _____ barbe? Bravo, c'est _____ barbe!
5. Est-ce que c'est _____ table? Oui, c'est _____ table de Mme Martin.
6. C'est _____ cathédrale. C'est _____ cathédrale Notre-Dame de Paris. Elle est très belle et très vieille, n'est-ce pas?

A.4 Describing people: ÊTRE, subject pronouns, and NE... pas

A. To describe yourself and others, use the verb **être.**

être (to be)		
je	**suis**	*I am*
tu	**es**	*you are* (familiar, singular only)
il/elle/on	**est**	*he/she/it/one is*
nous	**sommes**	*we are*
vous	**êtes**	*you are* (formal or plural)
ils/elles	**sont**	*they are*

➤ The terms below are sometimes used for forms of verbs and pronouns:

- 1st person singular (**je**)
- 2nd person singular (**tu**)
- 3rd person singular (**il/elle/on**)
- 1st person plural (**nous**)
- 2nd person plural (**vous**)
- 3rd person plural (**ils/elles**)

✷ *You will learn more about the pronoun* **on** *in* ***Grammaire 2.4.***

Marie Lasalle **est** petite.	*Marie Lasalle is short.*
Moi, je **suis** grand et brun.	*I'm tall and brown-haired.*

Pronunciation Hint:

Final consonants are not pronounced: **je suis̸, tu es̸, il es̸t̸, nous̸ somm̸es̸, vous̸ ᶻêt̸es̸, ils̸ sõn̸t̸.** The letter **e** with no accent, at the end of a word, is also silent: **nous somm̸es̸, vous êt̸es̸.** In these hints, the symbol ~ indicates a nasalized vowel.

B. Use **ne... pas** to make a sentence negative. **Ne** precedes the verb and **pas** follows it. **Ne** becomes **n'** if the verb begins with a vowel.

—Est-ce que tu es étudiant?	*Are you a student?*
—Non, je **ne** suis **pas** étudiant.	*No, I'm not (a student).*
—Est-ce que votre ami est français?	*Is your friend French?*
—Non, il **n'**est **pas** français.	*No, he's not French.*

Pronunciation Hint:

Il n'es̸t̸ pas̸ frãn̸çais̸, je ne suis̸ pas̸ ᶻétudiãn̸t̸.

C. There are two French words for expressing the English word *it* and two French words for *they*. This is because French classifies nouns as either masculine or feminine, as you have already seen.

➤ **il est** = *he is, it is*
elle est = *she is, it is*

➤ **ils sont** = *they are*
elles sont = *they are*

—Comment est la classe de français?	*What's the French class like?*
—**Elle** est grande.	*It's big.*
—Et le jean de Daniel?	*And Daniel's jeans?*
—**Il** est bleu.	*They're (It's) blue.*
—Comment sont les chaussures de Jacqueline?	*What are Jacqueline's shoes like?*
—**Elles** sont blanches.	*They're white.*

To refer to a mixed-gender group, use the pronoun **ils.**

—Comment sont Barbara et Albert?	*What do Barbara and Albert look like?*
—**Ils** sont grands.	*They're tall.*

★ *You will learn more about* **tu** *and* **vous** *in* **Grammaire A.6.**

D. French has two words to express the English word *you*. **Tu** always refers to only one person, but **vous** can be both singular and plural. The choice of **tu** or **vous** for the singular depends upon your relationship with the person to whom you are speaking.

Exercice 5 La classe de français

Daniel is telling you about his French teacher and classmates. Complete his sentences with **je, tu, il, elle, nous, vous, ils,** or **elles.**

1. _____ m'appelle Daniel et _____ suis américain.
2. Et Louis? _____ est américain aussi.
3. Le professeur s'appelle Mme Martin. _____ est canadienne. Beaucoup de* Canadiens parlent** anglais et français. _____ sont bilingues.
4. Denise et moi, _____ sommes dans le même† cours de maths.
5. Barbara et Jacqueline? _____ sont absentes aujourd'hui.
6. Et toi? _____ es aussi étudiant(e)?

Exercice 6 La famille Colin

Marise Colin is describing her family in a letter to Barbara, her new American correspondent. Choose the correct form of the verb **être: suis, es, est, sommes, êtes,** or **sont** to complete each sentence.

1. Moi, je _____ petite et brune.
2. Clarisse _____ petite et brune.
3. Clarisse et moi, nous _____ étudiantes à l'université.
4. Charles et Emmanuel _____ grands.
5. Et toi? Est-ce que tu _____ grande ou petite, brune ou blonde?
6. Combien _____ -vous dans la famille?

Exercice 7 Discussions dans la classe de français

Complete the following statements made by students in Mme Martin's French class while they were practicing descriptions. Use **ne... pas** and the verb **être.**

MODÈLE: Les roses sont rouges. Elles _____ orange! →
Les roses sont rouges. Elles *ne sont pas* orange!

---

*Beaucoup de = *Many*
**parlent = *speak*
†même = *same*

1. Les amis de Daniel sont jeunes. Ils _____ vieux!
2. Non, Jacqueline! Tu _____ grande. Tu es petite.
3. Ah non, Madame Martin! Vous _____ vieille! Vous êtes jeune!
4. Mme Martin: Non, je _____ américaine. Je suis canadienne.
5. Non, nous _____ une classe d'italien! Nous sommes une classe de français.
6. Albert est très grand! Il _____ petit.

A.5 PLURAL NOUNS AND ARTICLES

A. French and English nouns may be singular **(chemise)** or plural **(chemises)**. Most plural nouns in French end in **-s**. Articles that accompany French plural nouns must also be plural. Here are the plural articles.

SINGULAR		PLURAL	
un costume vert	*a green suit*	**des** costumes verts	*green suits*
une robe rouge	*a red dress*	**des** robes rouges	*red dresses*
la jupe blanche	*the white skirt*	**les** jupes blanches	*the white skirts*
le chapeau noir	*the black hat*	**les** chapeaux noirs	*the black hats*
l'autre chemise	*the other shirt*	**les** autres chemises	*the other shirts*

➤ singular noun + singular adjective

➤ plural noun + plural adjective

✷ *You will learn about irregular plurals like **chapeaux** in **Grammaire B.7.***

B. Notice in the preceding examples that adjectives are also plural when the nouns they modify are plural.

Pronunciation Hint:

Note that final **-s** on plural nouns is not pronounced. The **-s** of **des** and **les** is pronounced only if followed by a vowel or mute **h: des robes, les bottes**, but **des ͣ étudiants, les ͣ amis, des ͣ hommes.**

Exercice 8 Comment est votre université?

Fill in the blanks with **le, la, l',** or **les** and complete each sentence in a way that describes your university and your French class.

> MODÈLE: _____ campus est grand/petit. → Le campus est grand.
> (Le campus est petit.)

1. _____ université est grande/petite.
2. _____ professeurs sont compétents/incompétents.
3. _____ étudiants sont jeunes/vieux.
4. _La_ classe de français est grande/petite.
5. _Le_ professeur de français s'appelle...

Exercice 9 Test de mémoire

Louis has been blindfolded and must try to remember what his classmates are wearing. Fill in the blanks with **un, une,** or **des.**

1. —Est-ce que Barbara porte _une_ jupe noire?
   —Non, elle porte _une_ robe jaune.
2. —Est-ce qu'Albert porte _une_ chemise blanche et _un_ pantalon noir?
   —Non, il porte _____ pull-over bleu et _____ pantalon gris.
3. —Est-ce que Denise porte _des_ bottes noires?
   —Oui, elle porte _des_ bottes noires.
4. —Est-ce que Daniel porte _____ blouson vert et _____ chaussures noires?
   —Non, il porte _____ blouson violet et _____ chaussures blanches.
5. —Est-ce que Mme Martin porte _une_ robe rose et _un_ manteau violet?
   —Oui, elle porte _____ robe rose et _____ manteau violet.

A.6 Addressing others: Tu AND vous

A. In French, there are two pronouns that correspond to English *you*: **tu** and **vous.** In general, **tu** is used among peers, that is, with friends and other students and, in most cases, with family members. **Vous** is used with those older than you and with people you don't know well or with whom you wish to keep a certain distance. In general, **vous** is used in public with clerks, taxi drivers, waiters, and so on.

—Albert, **tu** vas bien?	*Albert, are you doing well?*
—Oui, très bien, merci.	*Yes, great, thanks.*
—Bonjour, madame. Comment allez-**vous**?	*Good morning (ma'am). How are you?*
—Très bien. Et vous?	*Fine. And you?*

Note that in French, the usual and polite practice is to follow **Bonjour** with one of the terms of address: **madame, monsieur,** or **mademoiselle.**

B. **Vous** is used for speaking to more than one person in both formal and informal contexts.

Joël et Emmanuel, êtes-**vous** fatigués?	*Joël and Emmanuel, are you tired?*

C. The use of **tu** and **vous** varies somewhat from country to country and even within a country. It is best to use **vous** with people you do not know personally or who are older than you. With other students or friends your own age, it is customary to use **tu.**

Exercice 10 **Tu ou vous?**

Choose the correct form, **tu** or **vous.**

Un étudiant français parle...

1. à un ami.
   a. Tu es fatigué aujourd'hui?
   b. Vous êtes fatigué aujourd'hui?
2. à un autre étudiant.
   a. Est-ce que tu portes un manteau aujourd'hui?
   b. Est-ce que vous portez un manteau aujourd'hui?
3. au professeur.
   a. Comment vas-tu aujourd'hui?
   b. Comment allez-vous aujourd'hui?   *ah joor dwee*
4. à un petit garçon de 9 ans.
   a. Tu portes un beau chapeau de cow-boy.
   b. Vous portez un beau chapeau de cow-boy.
5. à une dame de 50 ans.
   a. Comment t'appelles-tu?
   b. Comment vous appelez-vous?

Le monde étudiant

Le jardin du Luxembourg, près de la Sorbonne, à Paris

Objectifs IN THE **DEUXIÈME ÉTAPE,** *you will continue to develop your listening and speaking skills in French. You will learn more vocabulary to talk about your classes and friends, the calendar, and the clock. You will also learn more about your classmates.*

activités

Qu'est-ce qu'il y a dans la salle de classe?
La date et l'alphabet
Les nombres de 40 à 100 et l'heure
Les cours
La description des autres

grammaire

B.1 Expressing existence: **Il y a**
B.2 Asking questions
B.3 Spelling in French: The French alphabet
B.4 Telling time: **Quelle heure est-il?**
B.5 Expressing possession: The verb **avoir**
B.6 Describing with adjectives: More on gender
B.7 Irregular plurals

Activités

Attention! Étudier Grammaire B.1 et B.2

Activité 1 Discussion: Les objets

Qu'est-ce qu'il y a sur la table?

MODÈLE: Il y a une montre.
          Il n'y a pas de vase.

1. un cahier
2. une lampe
3. un livre
4. une plante
5. un chapeau
6. une montre
7. une brosse
8. une cravate
9. un stylo
10. un crayon

Activité 2 Discussion: Qu'est-ce qu'il y a dans la classe?

Dites *oui* ou *non*. Dans la classe de français, il y a...

1. des pupitres?
2. des chaises confortables?
3. une grande table?
4. une horloge digitale?
5. un grand bureau?
6. des tableaux bleus?
7. une petite fenêtre?
8. des crayons rouges?
9. une porte ouverte?
10. -?-

Activité 3 Échanges: Qu'est-ce que c'est?

MODÈLE: une fenêtre ou une porte? →
          —Est-ce que c'est une fenêtre
            ou une porte?
          —C'est une porte.

Est-ce que c'est... ?

1. un stylo ou un crayon
2. une chaise ou un pupitre
3. un pupitre ou un bureau
4. un livre ou un cahier
5. une horloge digitale ou une montre
6. une table ou un tableau

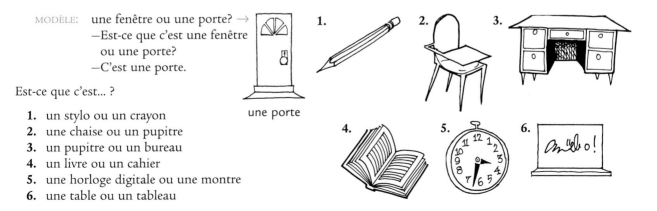

une porte

LA DATE ET L'ALPHABET

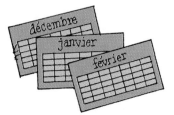

Attention! Étudier Grammaire B.3

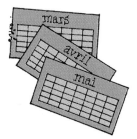

SEPTEMBRE						
lundi	mardi	mercredi	jeudi	vendredi	samedi	dimanche
		1	2	3	4	5
6	7	8	9	10	11	12
13	14	15	16	17	18	19
20	21	22	23	24	25	26
27	28	29	30			

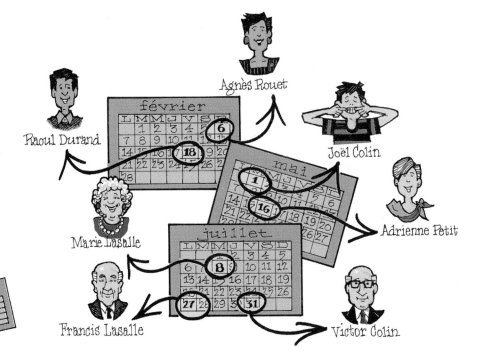

Activité 4 Interro: Les anniversaires

Regardez le dessin qui précède et posez des questions.

MODÈLE: É1: Quelle est la date de l'anniversaire de Joël?
         É2: C'est le premier mai.
         É1: Et cette année, c'est quel jour?
         É2: C'est un mardi.

Activité 5 Associations: Le calendrier

Qu'est-ce que vous associez avec les mois suivants?

1. septembre
2. juillet
3. décembre
4. mai/juin
5. février
6. avril
7. novembre
8. janvier

a. les résolutions du nouvel an
b. les examens finals
c. un manteau et des bottes
d. les vacances
e. les élections américaines
f. des sandales et un short

g. les tulipes
h. l'amour
i. les cours
j. Noël

Activité 6 Dialogue: Sarah Thomas arrive à Paris VII

Au bureau d'inscription à l'université.

L'EMPLOYÉE: Votre nom, s'il vous plaît.
SARAH: Sarah Thomas.
L'EMPLOYÉE: Sarah, c'est s-a-r-a?
SARAH: Ah non, c'est Sarah avec un h. S-a-r-a-h.
L'EMPLOYÉE: Merci, mademoiselle.

LES NOMBRES DE 40 À 100 ET L'HEURE

Attention! Étudier Grammaire B.4

40 quarante	**65** soixante-cinq...	**81** quatre-vingt-un...
41 quarante et un...	**70** soixante-dix	**90** quatre-vingt-dix...
50 cinquante	**71** soixante et onze...	**91** quatre-vingt-onze...
51 cinquante et un...	**77** soixante-dix-sept...	**93** quatre-vingt-treize...
60 soixante	**80** quatre-vingts	**100** cent
61 soixante et un...		

Quelle heure est-il?

Le matin

Il est neuf heures.

Il est neuf heures et demie.

Il est dix heures vingt-cinq.

L'après-midi

Il est midi.   Il est midi et demi.   Il est une heure.   Il est une heure et quart.

Le soir

Il est huit heures   Il est onze heures   Il est minuit.   Il est minuit et demi.
moins le quart.   moins vingt.

du soir   *Before*

Activité 7 Dialogue: Après le cours

Quelle heure est-il?

MME MARTIN: Quelle heure est-il, s'il vous plaît?
   ALBERT: Il est huit heures moins le quart.
MME MARTIN: Merci bien.
   ALBERT: De rien, madame. Au revoir.
MME MARTIN: Au revoir. À demain.

Activité 8 Interro: Quelle heure est-il?

MODÈLE: É1: Quelle heure est-il?
          É2: Il est _____.

Activité 9 **Discussion: Petite épreuve**

Il y a...

1. combien de minutes dans une heure?
2. combien de secondes dans une minute?
3. combien d'heures dans un jour?
4. combien de mois dans une année?
5. combien de lettres dans l'alphabet?
6. combien de crayons dans une douzaine?
7. combien de roses dans une demi-douzaine?
8. combien de jours dans une semaine?

LES COURS

ahvay vou Tray mes

Quels cours avez-vous ce semestre?

**Attention! Étudier
Grammaire B.5**

le dessin — la littérature — la gymnastique — la chimie

la géographie — l'économie — le commerce

la physique — la sociologie — la biologie — les mathématiques

le théâtre — l'informatique — l'histoire

la musique — la psychologie — le génie civil

Activité 10 Discussion: La semaine de cours

Certains étudiants de Mme Martin ont cours le même jour et à la même heure.
Regardez le tableau et dites si les phrases sont vraies ou fausses.

QUAND	LOUIS	JACQUELINE	ALBERT
8 h, lundi	gestion	philosophie orientale	géologie
9 h 30, mardi	comptabilité	informatique	art du XIXe siècle
13 h, vendredi	économie	chimie	dessin

1. Jacqueline a un cours d'informatique et un cours de philo.
2. Albert a un cours d'histoire africaine à 8 heures.
3. Louis n'a pas de cours de gestion.
4. Le cours de chimie de Jacqueline est à 13 h.
5. Albert et Louis ont un cours d'économie.
6. Le cours de géologie d'Albert est à 9 h 30.
7. Jacqueline a un cours de dessin.
8. Louis a un cours de comptabilité le vendredi.

Activité 11 Enquête: Points de vue

Quelle est votre opinion sur les cours suivants?
Est-ce que...

1. le français est difficile ou facile?
2. la chimie est pratique ou abstraite?
3. l'histoire est utile ou inutile?
4. la sociologie est importante ou superflue?
5. les maths sont compliquées ou faciles?
6. la littérature est passionnante ou ennuyeuse?
7. le marketing est intéressant ou ennuyeux?
8. la gymnastique est superflue ou importante?
9. le commerce est abstrait ou pratique?
10. la géographie est utile ou inutile?

Activité 12 Dialogue: Mon emploi du temps

1. É1: Tu as quels cours ce semestre?
   É2: J'ai un cours de _____, un cours de _____... Et toi?
   É1: Moi, j'ai _____.
   É2: Est-ce que tu as cours tous les jours?
   É1: Oui, j'ai cours tous les jours.
   (Non, je n'ai pas cours le _____.)

2. É2: Quel est ton cours préféré? Il est à quelle heure?

É1: C'est mon cours de _____. Il est à _____. Et toi?

É2: _____. _____.

É1: Tu as un cours difficile?

É2: Mon cours de _____ est très difficile. Et toi?
(Je n'ai pas de cours difficile ce semestre.)

É1: _____.

L A DESCRIPTION DES AUTRES

Attention! Étudier Grammaire B.6 et B.7

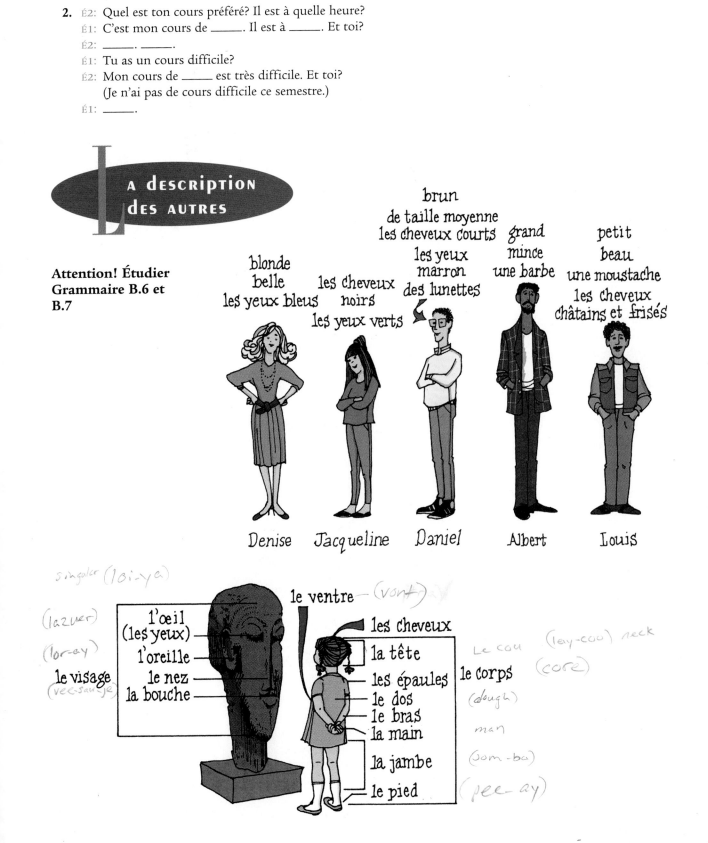

blonde
belle
les yeux bleus

les cheveux
noirs
les yeux verts

brun
de taille moyenne
les cheveux courts
les yeux
marron
des lunettes

grand
mince
une barbe

petit
beau
une moustache
les cheveux
châtains et frisés

Denise   Jacqueline   Daniel   Albert   Louis

singular (loi-ya)

(lazuer)

(lor-ay)

le visage
(vee-sauje)

l'œil
(les yeux)
l'oreille
le nez
la bouche

le ventre — *(vont)*

les cheveux

la tête

les épaules

le dos

le bras

la main

la jambe

le pied

Le cou *(lay-cou) neck*

le corps *(core)*

(dough)

man

(Jom-ba)

(pee-ay)

Activité 13 Associations: Qui est-ce?

Regardez les personnages suivants. Écoutez leur description et donnez leur nom.
Ce sont des dessins d'Uderzo. La bande dessinée s'appelle *Astérix*.

Obélix est l'inséparable
ami d'Astérix.

Idéfix est l'inséparable
ami d'Obélix.

Cliquez là!

Visitez un site
Astérix et regardez
les images d'Astérix
et de Jules César.
Décrivez ces deux
personnages
(cheveux, taille,
vêtements, etc.).

Astérix est le héros de ces aventures.

Assurancetourix, c'est le poète.

Le druide Panoramix prépare la potion magique.

Activité 14 Discussion: Les camarades de classe

Décrivez vos camarades de classe. Comment sont-ils?

1. Qui a les cheveux blonds, roux, châtains?
2. Qui a les cheveux longs, courts, mi-longs?
3. Qui a une barbe, une moustache?
4. Qui a les yeux bleus, marron, verts, gris, noirs?
5. Qui porte des lunettes, des verres de contact?

Activité 15 Enquête: Stéréotypes

Comment sont les étudiants suivants?

> MODÈLE: les étudiants en beaux-arts →
> Les étudiants en beaux-arts sont dynamiques.

1. les étudiants en maths
2. les étudiants en philosophie
3. les étudiants en art dramatique
4. les étudiants en physique
5. les étudiants en français
6. les étudiants en journalisme
7. les étudiants en informatique

a. dynamiques
b. enthousiastes
c. idéalistes
d. sociables
e. sympathiques
f. sérieux
g. intelligents
h. raisonnables

Activité 16 Dialogue: Une actrice ou un acteur

É1: Comment s'appelle ton actrice préférée (acteur préféré)?
É2: Elle/Il s'appelle _____.
É1: Comment est-elle/il?
É2: Elle/Il a les cheveux _____ et les yeux _____. Elle/Il est _____.

Vocabulaire

LA SALLE DE CLASSE

The classroom

Qu'est-ce qu'il y a dans... ?	What's in . . . ?
Il y a un/une...	There's a/an . . .
Il n'y a pas de...	There isn't a/an/ any . . .
Qu'est-ce que c'est?	What's that/this?
C'est un/une...	It's a/an . . .
Ce n'est pas un/une...	It's not a/an . . .

Est-ce que c'est un/une... ?	Is this a/an . . . ?
une brosse	a blackboard eraser
un bureau	a (teacher's) desk
un cahier	a notebook
une chaise	a chair
une fenêtre	a window
un morceau de craie	a piece of chalk
une dictée	a dictation
un dictionnaire	a dictionary
un étudiant/une étudiante	a student

une horloge	a clock
une lampe	a light fixture, lamp
une lumière	a light
un mur	a wall
le plafond	the ceiling
le plancher	the floor
une porte	a door
un pupitre	a classroom desk

Les cours

Courses/Classes

l'art (*m.*) **dramatique**	theater, drama
la chimie	chemistry
le commerce	business
la comptabilité	accounting
le dessin	graphic arts
le français	French
le génie civil	civil engineering
la gestion	management
l'informatique (*f.*)	computer science
la publicité	advertising

Mots apparentés: **la biologie, l'économie** (*f.*)**, la géographie, la gymnastique, l'histoire** (*f.*)**, le journalisme, la littérature, les mathématiques** (*f.*)**, la musique, la philosophie, la psychologie, les sciences** (*f.*)**, la sociologie**

Est-ce que tu as un cours de... ?	Do you have a . . . class/course?
Oui, j'ai un cours de...	Yes, I have a . . . class/course.
Non, je n'ai pas de cours de...	No, I don't have a . . . class/course.
Comment est ton cours de... ?	What's your . . . course like?
Il est/Il n'est pas...	It's/It's not . . .
ennuyeux	boring
facile	easy
passionnant	exciting

Mots apparentés: **abstrait/abstraite, compliqué/ compliquée, difficile, important/importante, intéressant/intéressante, inutile, pratique, le semestre, superflu/superflue, utile**

Le calendrier

The calendar

lundi, mardi, mercredi, jeudi, vendredi, samedi, dimanche	Monday, Tuesday, Wednesday, Thursday, Friday, Saturday, Sunday
aujourd'hui	today
demain	tomorrow

Les mois de l'année

janvier, février, mars, avril, mai, juin, juillet, août, septembre, octobre, novembre, décembre	January, February, March, April, May, June, July, August, September, October, November, December

L'heure

Telling time

À quelle heure... ?	At what time . . . ?
Quelle heure est-il?	What time is it?
Il est... heure(s).	It's . . . o'clock.
...et demi(e).	. . . thirty. (half past)
...et quart.	. . . fifteen. (a quarter past)
...moins le quart.	. . . a quarter to. (fifteen to/before/ until)
...du matin.	A.M., in the morning.
...de l'après-midi.	P.M., in the afternoon.
...du soir.	P.M., in the evening.
Il est midi/minuit.	It's noon/midnight.
À quelle heure commence... ?	What time does . . . begin?
Il/Elle commence à...	It begins at . . .
une minute	a minute
une seconde	a second

Les parties du corps

Parts of the body

la bouche	mouth
le bras	arm
les cheveux (*m.*)	hair

le corps	body
le dos	back
les épaules (*f.*)	shoulders
la jambe	leg
la main	hand
le nez	nose
l'œil (*m.; pl.* les yeux)	eye
l'oreille (*f.*)	ear
le pied	foot
la tête	head
le visage	face

La description des personnes

Describing people

Il/Elle porte...	He/She wears, is wearing . . .
des lunettes	glasses
Il/Elle a les cheveux...	He/She has . . . hair.
blonds	blond
bruns	brown
châtains	dark brown
mi-longs	medium-length
roux	red
Il/Elle est...	He/She is . . .
nerveux/nerveuse	nervous
raisonnable	sensible
sympathique (sap-a-tique)	nice

(de-mo-nique)

Mots apparentés: **amusant/amusante, dynamique, enthousiaste, idéaliste, intelligent/intelligente, optimiste, pessimiste, sérieux/sérieuse, sociable, timide** (Sair use) (So-see-ahb)

La description

Describing

dernier/dernière	last
fermé/fermée	closed
ouvert/ouverte	open
préféré/préférée	favorite
premier/première	first

Mots apparentés: **confortable, correct/correcte, digital/digitale, moderne, nécessaire, oriental/orientale, profond/profonde, superficiel/superficielle**

Substantifs

Nouns

une montre	a watch
un nom	a name
un nombre	a number
un personnage	a character (*in a novel, play, etc.*)
une semaine	a week
un siècle	a century

Mots apparentés: **un acteur/une actrice, une description, un dialogue, une lettre de l'alphabet, un objet, une opinion, le théâtre**

Mots et expressions utiles

Useful words and expressions

À demain.	See you tomorrow.
dans	in
Merci.	Thank you.
Moi, je...	I (*emphatic*)
Non, pas du tout!	No, not at all!
Oui, bien sûr!	Yes, of course!
S'il vous plaît.	Please. (*polite, pl.*)
S'il te plaît.	Please. (*fam.*)
sur	on
tous les jours	every day
tous les deux (trois)	both, all three
un peu	a little

Questions

Asking questions

Quelle est la date?	What's the date?
Quelle est votre opinion sur... ?	What's your opinion of . . . ?
Quel cours?	Which (What) course?
Quels jours?	Which (What) days?
Où est-il/elle?	Where is it? (he? she?)
Il/Elle est...	It's . . . He's . . . She's . . .
Combien?	How much?
Tu es... ?	Are you . . . ?
Et toi?	How about you (yourself)?

Grammaire et exercices

Expressing existence: Il y a

A. Use the expression **il y a** (*there is/there are*) to talk about the presence or existence of people or things. Use **Est-ce qu'il y a... ?** or **Y a-t-il... ?** to ask a question.

—**Est-ce qu'il y a** une horloge dans la salle de classe?	*Is there a clock in the classroom?*
—Oui, **il y a** une horloge.	*Yes, there's a clock.*
—**Y a-t-il** des tableaux noirs?	*Are there any blackboards?*
—Oui, et **il y a** des grandes fenêtres.	*Yes, and there are large windows.*

B. If the answer is negative, use **il n'y a pas de.**

—Est-ce qu'il y a des fenêtres ouvertes?	*Are there any windows open?*
—Non, **il n'y a pas de** fenêtres ouvertes.	*No, there aren't any windows open.*

✴ *You will learn more about the pronoun **en** in **Grammaire 7.3**.*

C. You may substitute the expression **il y en a** or its negation, **il n'y en a pas,** in answers where you wish to omit a plural noun.

—Est-ce qu'il y a des étudiants canadiens dans la classe?	*Are there any Canadian students in the class?*
—Oui, il y **en** a.	*Yes, there are (some).*
—Il y a aussi des étudiants suisses?	*Are there some Swiss students, too?*
—Non, il n'y **en** a pas.	*No, there aren't any.*

Exercice 1 La salle de classe

Complete the paragraph with **un, une, des,** or **de.**

Dans la salle de classe, il y a _____¹ étudiants intelligents et _____² professeur brillant. Il y a aussi _____³ chaises, _____⁴ grand bureau et _____⁵ tableaux noirs. Il n'y a pas _____⁶ télévision et il n'y a pas _____⁷ chaises confortables.

Exercice 2 Qu'est-ce qu'il y a dans votre chambre?

Say whether you have these objects in your bedroom.

MODÈLE: Est-ce qu'il y a une télévision? →
Oui, il y a une télévision. (Non, il n'y a pas de télévision.)

Est-ce qu'il y a...

1. une bicyclette?	4. une plante?	7. un téléphone?
2. une grande fenêtre?	5. un bureau?	8. un tableau noir?
3. une horloge?	6. une lampe?	

B.2 Asking questions

A. There are three simple ways to ask questions in French.

In everyday conversation, the most common way is to use a rising intonation.

> ➔
> —Salut Daniel! Ça va? *Hi, Daniel! Everything all right?*
> —Oui, ça va très bien, merci. *Yes, everything's going fine, thanks.*

➤ Intonation is the musical pitch of the voice.

Another common question form is the expression **est-ce que** (**est-ce qu'** before a vowel or mute **h**) plus a statement.

> —**Est-ce que** tu es dans la classe de Mme Martin? *Are you in Madame Martin's class?*
> —Oui, je suis dans sa classe. *Yes, I'm in her class.*
> —**Est-ce qu'**il y a des Français dans la classe? *Are there any French people in the class?*
> —Non, il n'y a pas de Français dans la classe. *No, there aren't any French people in the class.*

You can also add **n'est-ce pas?** to a sentence when you want someone to confirm the information in the statement.

> —Barbara et Denise sont amies, **n'est-ce pas?** *Barbara and Denise are friends, aren't they?*
> —Oui, elles sont amies. *Yes, they're friends.*

B. Both English and French use inversion to form questions, where the verb comes before the subject. (*Is he at home?*) In French, inversion questions are more commonly used in writing than in speaking. However, some common short questions are often expressed with inversion.

> Est-ce un crayon? *Is that a pencil?*
> Comment allez-vous? *How are you?*
> Où est la craie? *Where is the chalk?*
> Comment s'appelle ton ami? *What's your friend's name?*
> Êtes-vous américain(e)? *Are you American?*

Notice that when the subject is a pronoun, it is joined to its verb by a hyphen. Also, when the inversion of the subject and verb causes two vowels to come together, the letter **-t-** is added between them.

> Y a-**t**-il un autre stylo? *Is there another pen?*

Except for common short questions such as in the preceding examples, you do not need to use inversion questions at this time because you can always use **est-ce que** instead. You should, however, be able to understand inversion questions when you read or hear them.

C. The question **Qui est-ce?** is used to ask about people; the question **Qu'est-ce que c'est?** is used to ask about things.

> —**Qui est-ce?** *Who's that?*
> —C'est Jacqueline. *It's Jacqueline.*
> —**Qu'est-ce que c'est?** *What's that (this)?*
> —C'est un stylo. *say t'uh Stylo* *It's a pen.*

✴ *You will learn more about* ***c'est*** *and* ***ce sont*** *in* ***Grammaire 9.3.***

D. Ce (C') is a subject pronoun used to identify people and things. It refers to nouns, either masculine or feminine, singular or plural.

C'est le tableau.   *This is/That's the blackboard.*
Ce sont des crayons.   *These/Those are pencils.*

Exercice 3 Personne ou chose?

What's the correct question? Use **Qui est-ce?** or **Qu'est-ce que c'est?**

MODÈLES: _____? C'est Daniel. → Qui est-ce?
           _____? C'est une lampe. → Qu'est-ce que c'est?

1. _____? C'est le professeur.
2. _____? C'est un examen.
3. _____? Ce sont des amis.

4. _____? C'est Mme Martin.
5. _____? C'est une horloge.
6. _____? Ce sont des stylos.

Exercice 4 Qui est-ce?

Madame Martin is talking with a colleague in the university cafeteria. Find the logical answer to her colleague's questions.

1. Est-ce que c'est Barbara?
2. Elle est jolie, n'est-ce pas?
3. Est-ce aussi une bonne étudiante?
4. Et l'autre étudiant, comment s'appelle-t-il?
5. Est-ce qu'il est en cours de français?

a. Oui, elle est intelligente et très dynamique.
b. Il s'appelle Raoul Durand.
c. Non, c'est Jacqueline.
d. Non, il n'est pas en cours de français. Il est québécois.
e. Oui, elle est très jolie.

B.3 Spelling in French: THE FRENCH ALPHABET

✴ *See* ***La prononciation et l'orthographe, Chapitre 1*** *in* *the* ***Cahier d'exercices,*** *for more information on the alphabet, and to hear the letters pronounced on the laboratory tape.*

A. French uses the same 26-letter alphabet as English. Here, the French pronunciation of the letters is given in French spelling.

a	a	Arthur	**n**	enne	Nicolas
b	bé	Berthe	**o**	o	Olivier
c	cé	Cécile	**p**	pé	Pierre
d	dé	David	**q**	ku	Quintal
e	e	Eugène	**r**	erre	Raoul
f	effe	Françoise	**s**	esse	Suzanne
g	gé	Gérard	**t**	té	Thérèse
h	ache	Henri	**u**	u	Ursule
i	i	Isabelle	**v**	vé	Victor
j	ji	Joseph	**w**	double vé	William
k	ka	Karim	**x**	iks	Xavier
l	elle	Louis	**y**	i grec	Yassia
m	emme	Martine	**z**	zède	Zoé

B. French uses several accents or diacritical marks.

accent aigu (´)	fatigué, économie
accent grave (`)	très, à
accent circonflexe (^)	âge, être, île
tréma (¨)	Noël
cédille (¸/ç)	français

When spelling aloud, the accent is named *after* the letter: **café = c – a – f – e accent aigu.**

C. Also note:

B = bé majuscule, b = bé minuscule
. = point
' = apostrophe
, = virgule
la voyelle (a, e, i, o, u, y)
la consonne

B.4 Telling time: QUELLE HEURE EST-IL?

Kell ooher e t'dal

A. To ask what time it is, use **Quelle heure est-il?** The answer is **Il est... heure(s).**

—Quelle heure est-il?	*What time is it?*
—Il est dix heures. (Il est une heure.)	*It's ten o'clock. (It's one o'clock.)*

B. For *twelve o'clock, noon,* use **midi;** for *twelve o'clock, midnight,* use **minuit.** *min wee*

—Quelle heure est-il, s'il vous plaît?	*What's the time, please?*
—Il est **midi.** (Il est **minuit.**)	*It's twelve (noon). (It's midnight.)*

C. Fractions of the hour are expressed in the following ways:

- Minutes after the hour (up to 30) are simply indicated following the hour.

Il est dix heures vingt.	*It's 10:20.*

- The half hour is expressed by **et demi(e).** → *ed me*

Il est neuf heures et demie.	*It's 9:30.*
Il est midi et demi.	*It's 12:30.*

  ➤ **Demi** (not **demie**) is used with **midi** and **minuit.**

  ed me

- Minutes before the hour are expressed with **moins.**

Il est cinq heures moins dix.	*It's 4:50.*

- The quarter hour is expressed with **quart.**

Il est deux heures et quart.	*It's 2:15.*
Il est onze heures moins le quart.	*It's 10:45.*

D. For A.M. and P.M., use **du matin, de l'après-midi,** and **du soir.**

Il est une heure du matin.   *It's 1:00 A.M. (one in the morning).*
Il est trois heures de l'après-midi.   *It's 3:00 P.M. (three in the afternoon).*
Il est neuf heures du soir.   *It's 9:00 P.M. (nine in the evening).*

E. In official announcements, such as TV, radio, train, or plane schedules, and curtain times at the theater, the 24-hour system is used. The numbers one through twelve are used for the morning hours, thirteen through twenty-four for the afternoon and the evening.

Il est **sept heures (du matin).**   = Il est **7 h.**
Il est **midi.**   = Il est **12 h.**
Il est **trois heures et demie**   = Il est **15 h 30.**
   (de l'après-midi).
Il est **onze heures moins le**   = Il est **22 h 45.**
   quart (du soir).
Il est **minuit.**   = Il est **24 h.**

Exercice 5 Quelle heure est-il?

MODÈLE: 2 h 20 → Il est deux heures vingt.

1. 4 h 20   **6.** 5 h 30
2. 6 h 15   **7.** 9 h 53
3. 8 h 13   **8.** 3 h 40
4. 1 h 10   **9.** 12 h
5. 7 h 07   **10.** 10 h 45

Exercice 6 L'heure officielle

First read the time given, then convert it to the usual 12-hour system, indicating the time of day with the appropriate expression (**du matin, de l'après-midi, du soir, midi, minuit**). *morning   12:00 – 6:00*

MODÈLES: 14 h → Il est quatorze heures.
            Il est deux heures de l'après-midi.

            12 h 30 → Il est douze heures trente.
            Il est midi et demi.

1. 15 h   **6.** 10 h 45
2. 7 h 15   **7.** 18 h 20
3. 13 h 30   **8.** 19 h
4. 20 h   **9.** 16 h 45   *sank hur mein*
5. 22 h 30   **10.** 11 h 50

B.5 Expressing possession: The verb avoir

A. Use the verb **avoir** to say what someone has.

avoir (*to have*)		
j' **ai** — *I have*	nous **avons** — *we have*	
tu **as** — *you have* (fam.)	vous **avez** — *you have* (formal or plural)	
il/elle/on **a** — *he/she/it/one has*	ils/elles **ont** — *they have*	

Hélène **a** des stylos et des crayons.
—Louis, **as**-tu un cours de
    français?
—Oui, et j'**ai** aussi un cours
    d'anglais.

Hélène has some pens and pencils.
Louis, do you have a French class?

Yes, and I also have an English class.

Note that **je** contracts to **j'** before a word that begins with a vowel or a mute **h**.

> **je suis, je m'appelle,** but **j'ai**

Pronunciation Hint:

A consonant at the end of the verb form is silent, but at the end of the subject pronoun, it is pronounced because of liaison: **tu as, õn a, nous͡ avõns, vous͡ avez, ils͡ õnt, elles͡ õnt.**

B. When a sentence with **avoir** is negative, the preposition **de** replaces **un, une,** or **des.**

—Tu as une bicyclette?
—Non, je n'ai pas **de** bicyclette.

Do you have a bicycle?
No, I don't have a bicycle.

> Reminder: To make a sentence negative, put **ne** (or **n'**) and **pas** around the verb.

C. Note the insertion of **-t-** in inversion questions with **a.** It is inserted when the inverted pronoun begins with a vowel.

Y **a-t**-il un autre morceau de craie?

Is there another piece of chalk?

Exercice 7 Dans mon université

Complete Barbara's letter to her French correspondent, Marise Colin, by using the correct forms of the verb **avoir.**

Dans mon université, nous _____[1] cours cinq jours par semaine, mais nous _____[2] le week-end de libre. Moi, ce semestre, je n'_____[3] pas de cours le lundi, mais ma camarade de chambre _____[4] trois cours et un labo de biologie. Tous les étudiants _____[5] beaucoup d'examens chaque semestre. Tes amis et toi, dans votre université, est-ce que vous _____[6] cours le samedi? Combien de cours _____[7]-vous pendant une journée typique? Et toi, personnellement, tu _____[8] des cours difficiles ce semestre? Est-ce que tu _____[9] des professeurs intéressants?

Exercice 8 Un étudiant désorganisé

Complete these sentences describing a rather disorganized student by using **un, une, des, d'**, or **de.**

1. J'ai _____ stylos (*m.*), mais je n'ai pas _____ papier.
2. J'ai _____ examen (*m.*) demain, mais je n'ai pas _____ livre.
3. J'ai _____ vidéocassette (*f.*), mais je n'ai pas _____ magnétoscope.*
4. J'ai _____ ordinateur (*m.*),** mais je n'ai pas _____ disquettes.
5. J'ai _____ tableau noir (*m.*), mais je n'ai pas _____ craie.
6. J'ai _____ cours (*m.*) à 8 h, mais je n'ai pas _____ énergie.

Exercice 9 Qu'est-ce que tu as?

Say whether you have the following things by using **Oui, j'ai un/une...** or **Non, je n'ai pas de (d')...**

MODÈLE: Est-ce que tu as une voiture de sport? →
            Oui, j'ai une voiture de sport. (Non, je n'ai pas de voiture de sport.)

Est-ce que tu as...

1. un dictionnaire français?
2. un appartement?
3. une télévision dans ta chambre?

4. un ordinateur?
5. un cours de maths?
6. une guitare?

B.6 Describing with adjectives: MORE ON GENDER

A. As you know, French nouns that refer to a male are usually masculine and those that refer to a female are usually feminine. Some nouns are invariable (they don't change form) and are used for both sexes: **un professeur, une personne.** Nouns referring to things can be either masculine or feminine. The endings in the following table generally indicate masculine or feminine nouns.

➤ By learning these few general rules, you will almost always know the gender of other words with the same endings.

USUALLY MASCULINE		USUALLY FEMININE	
-eau	un bur**eau**	-ette	une tromp**ette**
-eur	un serv**eur**	-ie	la biolog**ie**
-ier	un cah**ier**	-tion	une composi**tion**
-ment	un apparte**ment**	-ure	la littérat**ure**
		-é	la beaut**é**

---

*__magnétoscope__ (*m.*) = VCR
**__ordinateur__ = computer

We recommend that you learn new nouns in combination with the appropriate indefinite article **un** or **une** since **le** and **la** become **l'** before a vowel or mute **h**.

B. Adjectives must agree in gender with the nouns they describe. They fall into several categories:

- Adjectives that end in **-e** (with no accent) agree with both masculine and feminine nouns.

> un homme minc**e**
> un pantalon roug**e** et jaun**e**

> une femme minc**e**
> une chemise roug**e** et jaun**e**

- Adjectives that do not end in **-e** in the masculine form usually add an **-e** to agree with a feminine noun.

> un chapeau noir
> un étudiant intelligent

> une jupe noir**e**
> une étudiante intelligent**e**

➤ A few adjectives that do not end in **-e** also do not change: **un pull-over marron, une jupe marron; un sac chic, une robe chic.**

Pronunciation Hint:

If the masculine form ends in a pronounced consonant or **-é**, the masculine and feminine forms are pronounced the same: **noir, noir~~e~~; fatigué, fatigué~~e~~.** If the masculine form ends in a silent consonant, this consonant is pronounced in the feminine form: **peti~~t~~, petit~~e~~; grã~~nd~~, grã~~nd~~~~e~~.**

- Some adjective types follow slightly irregular patterns. Adjectives ending in **-eux** change to **-euse,** and those ending in **-if** change to **-ive** in the feminine.

> un homme **sérieux**
> un garçon **sportif**

> une femme **sérieuse**
> une fille **sportive**

- Some adjectives have very different masculine and feminine forms. Here are the most common of this type.

> un **bon** livre
> un sac **blanc**
> un **vieux** monsieur
> un **beau** garçon
> un **nouveau** chapeau

> une **bonne** classe
> une robe **blanche**
> une **vieille** dame
> une **belle** fille
> une **nouvelle** chemise

> *(good)*
> *(white)*
> *(old, elderly)*
> *(handsome, beautiful)*
> *(new)*

Vieux, beau, and **nouveau** have a third form that is used before a masculine noun beginning with a vowel or mute **h: un** *vieil* **homme, un** *nouvel* **appartement, un** *bel* **enfant.** (These forms are pronounced like the feminine forms.)

★ *You will learn more about these forms in* **Grammaire 4.1.**

C. You may have noticed that some adjectives come before the noun and others after it. In general, French adjectives come after nouns, but there are several exceptions. This will be discussed further in **Chapitre 4.**

Exercice 10 Masculin ou féminin?

Give the correct indefinite article (**un** or **une**) for each noun.

1. _____ télévision
2. _____ acteur
3. _____ majorité
4. _____ chapeau
5. _____ clarinette

6. _____ département
7. _____ clinique
8. _____ pharmacie
9. _____ fracture
10. _____ quartier

Exercice 11 Les camarades de classe

Which adjectives can be used to describe the following people?

MODÈLE: Barbara: enthousiaste, blond, optimiste, petit →
Barbara est enthousiaste et optimiste.

1. Daniel: nerveuse, sympathique, intelligent, vieille
2. Barbara: sportive, beau, généreuse, grand
3. Louis: beau, raisonnable, sérieuse, sportive
4. Albert: grand, petite, mince, brune
5. Denise: blonde, petit, intelligent, belle
6. Jacqueline: brun, petite, intelligente, studieux

Exercice 12 Quelle est votre opinion?

Make a sentence for each noun, using the correct form of the adjective.

MODÈLE: intéressant/intéressante: le livre de français, la vie →
Le livre de français est (n'est pas) intéressant.
La vie est (n'est pas) intéressante.

1. beau/belle: Emmanuelle Béart, un tigre, une vieille Ford, une peinture de Matisse
2. bon/bonne: le chocolat, la programmation à la radio publique, la télévision, le fast-food
3. dangereux/dangereuse: une motocyclette, une bombe, le tennis, la politique
4. amusant/amusante: un livre de science-fiction, la politique, un examen de physique, un film avec Gérard Depardieu
5. vieux/vieille: l'astronomie, le Louvre, le président américain, l'université où je suis

B.7 IRREGULAR PLURALS

A. As you know, the plural of the written form of most nouns and adjectives is formed by adding **-s**:

un examen facile → des examen**s** facile**s**
le professeur américain → les professeur**s** américain**s**

B. There are several exceptions, however. Nouns and adjectives ending in **-s**, **-x**, or **-z** do not change in the plural. Some others have irregular plural endings. Here are some examples:

ENDINGS	SINGULAR	PLURAL
-s, -x, -z (no change)	un mauvai**s** cour**s** un enfant curieu**x** un ne**z** rouge	les mauvai**s** cour**s** les enfant**s** curieu**x** des ne**z** rouge**s**
-eau, -eu (add **-x**)	un b**eau** chap**eau** un j**eu** amusant	les b**eaux** chap**eaux** des j**eux** amusant**s**
-al, -ail (→ **-aux**)	un journ**al** radic**al** un trav**ail** municip**al**	des journ**aux** radic**aux** des trav**aux** municip**aux**

Pronunciation Hint:

Remember that this final **-s** or **-x** is usually not pronounced: **les bon$s$ restaurant$s$, des^z étudiant$s$ américain$s$.**

C. Remember that adjectives must agree in both gender and number with the nouns they modify. For this reason, an adjective may have as many as four different forms.

MASCULINE SING.	MASCULINE PLURAL	FEMININE SING.	FEMININE PLURAL
un pantalon noi**r** un petit chapeau	des pantalon**s** noir**s** des petit**s** chapeau**x**	une robe noir**e** une petit**e** moustache	des robe**s** noir**es** des petit**es** moustache**s**

Exercice 13 Descriptions

Choose the appropriate adjective and the correct form.

1. Comment sont les étudiants de votre université?
   sérieux/sérieuses   intelligents/intelligentes
   nerveux/nerveuses   amusants/amusantes

2. Comment est le professeur idéal?
   patient/patiente   raisonnable
   intéressant/intéressante   amusant/amusante

3. Comment est un examen difficile?
   long/longue   amusant/amusante
   compliqué/compliquée   intéressant/intéressante

4. Comment sont les hommes qui portent la barbe?
   beaux/belles   sportifs/sportives
   amusants/amusantes   individualistes

5. Comment est la langue française?
   beau/belle   facile
   compliqué/compliquée   mystérieux/mystérieuse

CHAPITRE 1

Ma famille et moi

Vacances en
famille sur la côte
atlantique

Objectifs

IN **CHAPITRE 1,** *you will discuss your family and favorite activities. You will learn how to give your address and phone number, and more ways to describe people.*

activités
La famille
Goûts personnels
Origines et renseignements personnels
La vie de famille

lectures
Info: Société   Portrait de famille
Info: Société   Qui sont les Français?
Les francophones sur le vif   Marie-Claire
   Schmitt
Lecture   Familles d'aujourd'hui

grammaire
1.1 Expressing relationships: Possessive adjectives
1.2 Expressing likes and dislikes: **Aimer +** infinitive
1.3 Talking about dates and personal data: Numbers beyond 100
1.4 Stating origin: The verb **venir**
1.5 Talking about actions: Present of **-er** verbs
1.6 Expressing relationship and possession: Contractions of **de**

Activités et lectures

L A FAMILLE

Attention! Étudier Grammaire 1.1

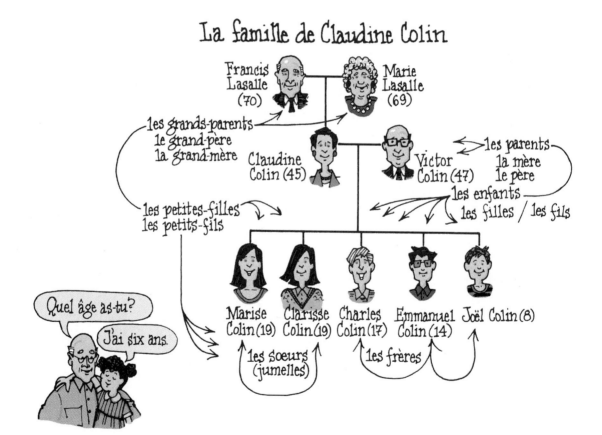

La famille de Claudine Colin

Activité 1 Interro: La famille de Claudine Colin

MODÈLE: É1: Comment s'appelle la mère de Claudine?
É2: Elle s'appelle Marie Lasalle.
É2: Quel âge a Charles?
É1: Charles a dix-sept ans.
É1: Qui est Joël?
É2: C'est le fils de Victor et Claudine et...
É2: -?-

Activité 2 Dialogue: Ma famille

É1: Combien de personnes y a-t-il dans ta famille?
É2: Il y a _____ personnes dans ma famille.
É1: Comment s'appellent les membres de ta famille?
É2: Mes _____ s'appellent _____ et _____, mon/ma _____ s'appelle _____ et
mon/ma _____ s'appelle _____.
É1: Quel âge ont-ils?
É2: Mon/ma _____ a _____, mes _____ ont _____ et _____.
É1: Comment est ta famille?
É2: Nous sommes _____ et _____. Nous ne sommes pas _____.
É1: Est-ce que ta famille a une maison ou un appartement?
É2: Nous avons _____. Il/Elle est _____.

Vocabulaire utile:

mon beau-père (beau-frère)   mon demi-frère
ma belle-mère (belle-sœur)   ma demi-sœur

Activité 3 Échanges: Ma famille et mes amis

Quelles sont les qualités importantes des membres de la famille?

MODÈLE: le petit frère
É1: Pour toi, comment est le petit frère idéal?
É2: Pour moi, le petit frère idéal est affectueux et amusant. En
général, il est calme et pas trop difficile. (Je ne sais pas. Je n'ai
pas de petit frère.)

Vocabulaire utile:

égoïste	strict(e)	sportif/sportive
raisonnable	patient(e)	réservé(e)
poli(e)	sérieux/sérieuse	décisif/décisive
intéressant(e)	flexible	compréhensif/compréhensive
sympathique	généreux/généreuse	réaliste

1. la sœur   3. la mère   5. le fiancé/la fiancée   7. le père
2. le frère aîné   4. l'ami(e)   6. le professeur   8. -?-

Info: Société

Portrait de famille

Les statistiques indiquent que la famille française a entre un et deux enfants. C'est une situation normale en Europe du nord. De plus, un tiers (1/3) des Français reste célibataire.[1] À Paris et dans les grandes villes, la proportion est beaucoup plus grande. Un couple sur dix vit en «union libre»,[2] mais la proportion double chez les 18–25 ans.

Grands-parents et leurs petits-enfants dans un jardin public

La famille reste une valeur solide. Neuf Français sur dix dînent en famille, et quatre sur cinq déjeunent à la maison tous les jours. Les aspects positifs de la famille selon les Français? Les fêtes,[3] les enfants, la joie d'être ensemble[4] et la solidarité.

[1] ≠ marié
[2] **vit...** habite ensemble, mais n'est pas marié
[3] célébrations
[4] en groupe

GOÛTS PERSONNELS

Attention! Étudier Grammaire 1.2

Moi, j'aime beaucoup jouer au tennis! Et toi?

Je n'aime pas étudier le vendredi soir.

Claudine Colin aime faire des courses.

Joël et ses amis aiment jouer au football.

J'adore conduire ma voiture de sport.

Charles aime lire un bon livre.

Emmanuel aime nager à la piscine municipale.

Marie Lasalle aime travailler dans le jardin.

*A*ctivité 4 Discussion: Portrait familial

Choisissez une réponse pour chaque liste ou donnez une réponse personnelle.

1. Dans ma famille, nous sommes...
   * petits, de taille moyenne, grands.
   * blonds, bruns, roux.
   * ambitieux, sportifs, très organisés.

2. Nous avons...
   * une maison moderne, un appartement.
   * un chat, un chien, un poisson rouge.
   * une voiture par personne, une voiture pour la famille.

3. Moi, j'ai...
   * un frère (un demi-frère), une sœur (une demi-sœur).
   * un appartement, une chambre chez mes parents.
   * une bicyclette, une motocyclette, une voiture.

4. Nous adorons...
   * les conversations avec nos amis, les promenades.
   * le cinéma, le théâtre.
   * le sport, la nature.

*A*ctivité 5 Discussion: Les activités favorites

Dites *oui* ou *non*.

1. Pendant les vacances, j'aime...
   a. voyager.
   b. dormir tard.
   c. aller à la plage.
   d. lire un bon livre.
2. Je n'aime pas...
   a. nager à la piscine.
   b. faire du ski à la montagne.
   c. jouer aux cartes.
   d. faire les courses.
3. Le week-end, mes parents (mes amis) aiment...
   a. regarder la télé.
   b. dîner au restaurant.
   c. sortir avec leurs amis.
   d. jouer aux cartes.
4. Le vendredi, mes amis et moi, nous aimons...
   a. rester à la maison.
   b. faire la fête.
   c. danser dans une discothèque.
   d. écouter la radio.

Exprime-toi!

Moi aussi!	C'est vrai?
Moi, non!	Pas possible!
Moi non plus!	Tiens! C'est intéressant!
Moi, si!	

MODÈLE: É1: Pendant les vacances, j'aime voyager.
ÉN2: Moi, aussi! J'aime beaucoup voyager. (Moi, non! Je n'aime pas voyager.)

*A*ctivité 6 Interro: Le week-end

MODÈLE: É2: Qu'est-ce que Julien Leroux aime faire le samedi?
É1: Il aime aller au cinéma.
É1: Et toi, tu aimes aussi aller au cinéma?
É2: Oui, j'adore aller au cinéma.

NOM	LE SAMEDI	LE DIMANCHE
Julien Leroux, 32 ans journaliste belge	aller au cinéma	lire le journal
Adrienne Petit, 28 ans secrétaire	cuisiner	nager dans la mer
Raoul Durand, 21 ans étudiant québécois	faire la fête	étudier
Charles Colin, 17 ans lycéen français	sortir avec ses copains	dormir tard
Agnès Rouet, 25 ans étudiante à Paris	faire les courses	inviter des amis

Exprime-toi!

Je déteste...
J'adore...
J'ai horreur de...
Je préfère...
Je ne sais pas...

Activité 7 Échanges: Qu'est-ce que tu aimes faire?

MODÈLE: É1: Est-ce que tu aimes étudier avec quelqu'un d'autre?
  É2: Non, je n'aime pas étudier avec quelqu'un d'autre. J'aime mieux étudier seul(e). Et toi?

1. jouer au billard
2. regarder des films d'aventures
3. faire la fête
4. cuisiner
5. faire du camping
6. dormir tard
7. danser
8. voyager

colloque
TOUS POUR LA LECTURE

ÉDITIONS MILAN
LA PASSION DES ENFANTS

Activité 8 Dans le monde francophone: Les leçons de ski

Regardez la publicité et dites si c'est *vrai* ou *faux*.
À l'école de ski français...

1. il y a des leçons particulières pour groupes de 3 à 5 personnes.
2. il y a des leçons de danse.
3. il n'y a pas de leçons pour enfants.
4. il y a des leçons de monoski.

Et encore...

1. Est-ce que vous aimez faire du ski? Comment s'appelle votre station de ski préférée?
2. Quel est votre sport favori? Quel sport est-ce que vous n'aimez pas faire?

Ecole de Ski Français
La Joue-du-Loup
Tél. saison 92.58.82.70 - Hors saison 92.58.84.63
Ski alpin - Fond - Monoski - Randonnées - Organisation courses

	Tarifs
Leçons particulières (l'heure) :	
1-2 personnes	120,00
3-5 personnes	140,00
Stages enfants et adultes *du lundi au samedi inclus :*	
6 x 1 heure 30	250,00
6 x 3 heures	425,00
Stages des neiges : de 3 à 5 ans	
Demi-journée (3 heures)	94,00
Journée (6 heures)	172,00
Du lundi au samedi inclus :	
6 x 1/2 journée	330,00
6 journées	540,00

Tarifs E.F.S. *Document non contractuel*

ORIGINES ET RENSEIGNEMENTS PERSONNELS

Attention! Étudier Grammaire 1.3 et 1.4

101	cent un	10.000	dix mille
102	cent deux	100.000	cent mille
200	deux cents	150.000	cent cinquante mille
201	deux cent un	1.000.000	un million
300	trois cents	2.000.000	deux millions
1.000	mille	1.000.000.000	un milliard
		2.000.000.000	deux milliards

D'où viens-tu?

Je suis belge. Je viens de Bruxelles mais j'habite à Paris maintenant.

J'habite 86 rue de la Convention, appartement 5A. Mon numéro de téléphone est le 01.48.74.94.23.

Je suis née en mille neuf cent cinquante-deux.

Activité 9 Interro: Carnet d'adresses

É1: Quel est le numéro de téléphone d'Agnès?
É2: C'est le 01.48.74.94.23.
É1: Où habite Adrienne?
É2: À Marseille.
É1: Quelle est l'adresse de Bernard?
É2: 88, quai Moulin.

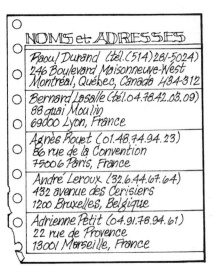

NOMS et ADRESSES

Raoul Durand (tél.(514)281-5024)
246 Boulevard Maisonneuve-West
Montréal, Québec, Canada H34-312

Bernard Lasalle (tél.04.78.42.03.09)
88 quai Moulin
69000 Lyon, France

Agnès Rouet (01.48.74.94.23)
86 rue de la Convention
75006 Paris, France

André Leroux (32.6.44.67.64)
432 avenue des Cerisiers
1200 Bruxelles, Belgique

Adrienne Petit (04.91.78.94.61)
22 rue de Provence
13001 Marseille, France

Activité 10 Dialogue: Renseignements personnels

É1: De quelle ville viens-tu?

É2: Je viens de _____. Et toi?

É1: Moi, je viens de _____.

É2: Quelle est ton adresse?

É1: J'habite à ___*Longhen*___ rue/avenue ___*hemlock*___. Et toi?

É2: _____.

É1: Quel est ton numéro de téléphone?

É2: C'est le _____.

É1: Quand et où est-ce que tu es né(e)?

É2: Je suis né(e) le _____, 19 _____, à _____.

Activité 11 Interro: Les origines et les nationalités

La langue française

PAYS *country*	NATIONALITÉ *reflects the person*	LANGUE(S) MAJORITAIRE(S)
l'Algérie	algérien, algérienne	l'arabe, le français
l'Allemagne	allemand, allemande	l'allemand
la Belgique	belge	le français, le flamand
le Canada	canadien, canadienne	le français, l'anglais
la Chine	chinois, chinoise	le chinois
l'Espagne	espagnol, espagnole	l'espagnol, le catalan
les États-Unis	américain, américaine	l'anglais, l'espagnol
la France	français, française *say*	le français
le Japon	japonais, japonaise	le japonais
le Sénégal	sénégalais, sénégalaise	le français, le wolof

La France

L'Allemagne

Les États-Unis

La Chine

Le Japon

Le Canada

Le Sénégal

La Belgique

MODÈLE: É1: De quelle nationalité est Yasmina Diouf?

　　　　É2: Elle est sénégalaise.

　　　　É1: Quelle langue est-ce qu'elle parle?

　　　　É2: Elle parle wolof et français.

1. Mario Desjardins, Chicoutimi, Québec (Canada)
2. Willy Maertens, Anvers (Belgique)
3. Francis Lasalle, Lyon (France)
4. Abdelkader El Akari, Blida (Algérie)
5. Yasmina Diouf, Dakar (Sénégal)
6. Wang Yu, Shangai (Chine)
7. Ulrike Schneider, Francfort (Allemagne)
8. Sarah Thomas, Eau Claire, Wisconsin (États-Unis)
9. Yuko Wanatabe, Osaka (Japon)
10. Marianna Vasco, Bilbao (Espagne)

Info: Société

Qui sont les Français?

Les jeunes de la banlieue parisienne

Jason Wang est un étudiant américain d'origine asiatique. Il passe une année en France, à l'université Louis Lumière de Lyon. Il pose des questions à son professeur d'histoire, M. Gondrand, sur la question de l'identité des Français.

Jason: On dit que le «Français typique» est un descendant des Gaulois.[1] C'est vrai?

M. Gondrand: Pas exactement... En réalité, la population de la France est très diverse: les Bretons sont celtiques, les Alsaciens, germaniques, les gens du Midi,[2] méditerranéens comme les Italiens et les Grecs. Et, naturellement, les Français des DOM-TOM[3] représentent une grande variété de races et de cultures.

Jason: Et les immigrés?

M. Gondrand: Sur une population totale de 59 millions, il y a, en France, à peu près[4] 4 millions d'immigrés, en majorité du Maghreb: l'Algérie, le Maroc et la Tunisie, anciennes[5] colonies françaises.

Jason: Et tous ces gens-là sont des «Français typiques»!

[1]groupe de 90 peuples celtiques installés sur le territoire actuel de la France
[2]sud de la France
[3]Départments et Territoires d'Outre-Mer: territoires administrativement français, mais situés à l'extérieur de l'Europe
[4]à... approximativement
[5]du passé

LA VIE DE FAMILLE

Attention! Étudier Grammaire 1.5 et 1.6

La famille de Bernard Lasalle

Voilà Bernard Lasalle avec sa femme, Christine. Elle est infirmière dans un hôpital à Lyon.

Les enfants de Bernard et Christine s'appellent Camille (11 ans), Marie-Christine (8 ans) et Nathalie (6 ans).

Voilà la sœur de Bernard, Claudine Colin, avec sa famille. Son mari, Victor, travaille dans un bureau.

Toute la famille passe le mois d'août ensemble dans une maison au bord de la mer.

Christine parle beaucoup avec sa belle-sœur, Claudine, et sa belle-mère, Marie Lasalle.

Les petites Lasalle adorent faire une promenade avec leur oncle Victor et leur tante Claudine.

Quelquefois, Victor Colin joue à la pétanque avec son beau-frère, son beau-père et ses neveux.

Activité 12 Définitions: La famille

Donnez la bonne définition.

MODÈLE: É1: Cette personne est la mère de la mère ou du père.
É2: C'est la grand-mère.

1. la mère du mari ou de la femme
2. le père du père ou de la mère
3. le fils du frère ou de la sœur
4. l'époux de la femme
5. le mari de la sœur
6. la femme du frère
7. le fils de l'oncle ou de la tante
8. l'épouse du mari
9. la sœur de la mère ou du père
10. -?-

a. le mari
b. la femme
c. le beau-frère
d. la belle-sœur
e. le neveu
f. le grand-père
g. le cousin
h. la belle-mère
i. la tante
j. -?-

LES FRANCOPHONES SUR LE VIF

Marie-Claire Schmitt, 37 ans, institutrice[1] à Obernai (Bas Rhin)

Quelle est votre définition de la famille?

« C'est un mode de vie, pas une institution. Je suis divorcée, avec une petite fille, et remariée avec un homme qui a un fils. Nous avons aussi adopté un troisième enfant. Nous formons donc une «famille recomposée», avec ses joies et ses problèmes. Les enfants passent une partie de leur temps avec leur père et mère biologiques, mais je pense que nous avons une vie de famille normale et équilibrée. Nous avons décidé de vivre ensemble,[2] et nos relations sont renforcées par ce choix.[3] »

[1] enseignante dans une école primaire
[2] **vivre**... former une famille
[3] décision

Activité 13 Enquête: Les activités de ma famille

Dans votre famille, qui fait les activités suivantes?

MODÈLE: _____ aime/aiment faire des achats sur Internet. →
Ma mère aime faire ses achats sur Internet. Elle déteste aller au
centre commercial.

1. _____ travaille/travaillent dans un bureau. *To work*
2. _____ achète/achètent beaucoup de vêtements neufs. *to buy*
3. _____ aime/aiment conduire vite. *To like*
4. _____ écoute/écoutent de la musique classique. *To listen*
5. _____ reste/restent à la maison le samedi soir. *To stay*
6. _____ rentre/rentrent tard très souvent. *To reenter (go back)*
7. _____ chante/chantent sous la douche. *Sing*
8. _____ parle/parlent beaucoup au téléphone dans la voiture. *speak*

À vous la parole! Posez les mêmes questions à un(e) partenaire.

MODÈLE: É1: Est-ce que tu travailles dans un bureau?
É2: Non, mais je travaille dans un restaurant. Et toi?

Activité 14 Enquête: La famille et les amis

Dites *oui* ou *non*. Si vous dites non, corrigez la phrase.

Suggestions: mon copain/ma copine   Je ne... avec personne
mon/ma camarade de chambre   seul(e)
mon petit ami/ma petite amie

1. Je parle avec ma cousine quand j'ai des problèmes.
2. Je téléphone souvent à mes grands-parents.
3. Je passe le samedi soir avec mes copains. *go to the Saturday. Evening with my friend*
4. Je regarde la télé avec mes camarades de chambre.
5. Je rigole avec mes frères.
6. J'étudie avec mes camarades de classe.
7. J'achète des vêtements avec ma mère.
8. J'écoute toujours les conseils de mon père.

Allons plus loin! Maintenant, comparez vos réponses avec les réponses de votre partenaire et expliquez quand vous dites non.

MODÈLE: Quand j'ai des problèmes, je parle avec ma tante. Elle est très
discrète et elle écoute attentivement.

> ### Cliquez là!
>
> Utilisez un moteur de recherche français et les mots-clés «site de la famille» pour visiter le site d'une famille française. Notez les noms des membres, leur âge, leurs intérêts et, s'il y a des photos, faites-en la description. Ensuite, présentez «votre» famille à la classe.

Activité 15 Entretien: Ma famille

Répondez aux questions. Ensuite, posez les questions à votre partenaire.

1. Est-ce que tu viens d'une famille nombreuse? Combien de personnes (approximativement) y a-t-il dans ta famille?
2. Est-ce que tes grands-parents sont vivants ou morts? Où habitent-ils? Quel âge ont-ils?
3. Qui est la personne que tu préfères dans ta famille? Comment est cette personne? Pourquoi est-ce que tu préfères cette personne?
4. Est-ce que tu discutes de tes problèmes importants avec tes parents? Pourquoi? Sinon, avec qui préfères-tu en parler?
5. À qui est-ce que tu ressembles physiquement? Et du point de vue personnalité?

Activité 16 Dans le monde francophone: L'agence matrimoniale «Espoir familial»

1. Est-ce que la personne de 31 ans est un homme ou une femme?
2. Est-ce que la personne qui aime faire de la planche à voile est veuve ou célibataire?
3. Quel âge a le «grand-père» dynamique?
4. Qui joue au tennis?
5. Qui vient d'un milieu médical?

À vous la parole! Vous désirez rencontrer une personne intéressante. Préparez une petite annonce pour l'agence matrimoniale «Espoir familial». Pour commencer, quel âge avez-vous? Et comment êtes-vous? Qu'est-ce que vous aimez faire?

> **AGENCE MATRIMONIALE «ESPOIR FAMILIAL»**
> 20, rue Paul Gourdon
>
> **RENCONTRES**
> 31 ans, célibataire, tendre, raisonnable, jolie et intelligente en plus! Milieu médical, elle désire faire des projets d'avenir avec jeune homme affectueux et protecteur.
>
> 58 ans, veuve, douce, un peu timide, elle aime la campagne, cuisiner; désire rencontrer compagnon simple mais gentil et affectueux.
>
> 36 ans, célibataire, dynamique, charmant, brun (1,78m), sportif (squash, tennis, randonnée, planche à voile...); désire fonder un foyer, avoir des enfants.
>
> Grand-père, veuf, 75 ans, aisé, dynamique, aimant nature, voyages et sorties; désire rencontrer une dame 65/70 ans, mêmes intérêts.

LECTURE

Familles d'aujourd'hui

On dit que la famille est en crise, mais elle reste[1] importante pour les Français. Cependant, sa définition change selon la classe sociale, la région, les origines.

Jean-Claude Dutourd, 26 ans, chômeur,[2] habite avec ses parents. Évidemment,[3] c'est difficile, mais il n'a pas de travail, alors c'est une solution acceptable pour le moment. Ses parents sont patients: ils comprennent que ce n'est

---

[1]*remains*   [2]*personne qui n'a pas de travail*   [3]<*évident*

Un repas en famille, c'est parfois un pique-nique en pleine nature!

pas sa faute. Naturellement, il y a parfois des frictions, mais, pour Jean-Claude maintenant, la famille est un refuge.

Pour Élise Martinelli, 55 ans, cadre[4] dans une grande entreprise, la famille est une valeur centrale. Elle a quatre enfants et sept petits-enfants; ils viennent la voir très souvent,[5] en général le dimanche. Ils discutent, ils chantent, ils jouent ensemble. Elle adore aller au zoo ou au parc avec ses petits-enfants. Son travail la passionne et elle est très occupée, mais la famille reste essentielle à son équilibre.

Amidou Traore, 17 ans, lycéen,[6] est originaire de Côte-d'Ivoire. Pour lui, la famille, ce n'est pas juste un père, une mère et des frères; c'est aussi des cousins, des oncles, des tantes... Chez lui, on a des relations très fortes, on forme un groupe uni. Dans sa cité,[7] il y a beaucoup d'Africains, alors c'est presque[8] comme un village. Si une personne a des problèmes, les autres sont solidaires.[9]

---

[4]Un cadre a un poste de responsabilité dans une entreprise. [5]fréquemment [6]étudiant dans un lycée, une école secondaire [7]une unité d'habitation dans une ville [8]approximativement (≠ exactement) [9]qui assistent les autres

Avez-vous compris? Déterminez qui parle.

MODÈLE: «Je n'ai pas de travail.»
C'est Jean-Claude Dutourd: il est chômeur.

1. «J'ai beaucoup d'intérêt pour mon travail.»
2. «Je ne suis pas d'origine française.»
3. «J'apprécie la patience de mes parents.»
4. «J'habite en banlieue.»
5. «J'ai une famille nombreuse.»
6. «Je considère la famille comme une ressource nécessaire.»

À vous d'écrire

Vous écrivez une lettre à l'agence Accueil France Famille parce que vous désirez passer deux mois dans une famille française. Dans votre lettre, décrivez comment vous êtes, les choses que vous aimez faire et le type de famille que vous préférez trouver.

ACCUEIL FRANCE FAMILLE

Séjours individuels en famille, toute l'année, sur toute la France.

A PARIS:
Chambre et Petit-Déjeuner ou Demi-Pension

EN PROVINCE:
Pension complète

5 rue François Coppée
75015 PARIS FRANCE

UN ACCUEIL QUI TIENT SES PROMESSES

MODÈLE:

*Accueil France Famille
5, rue François Coppée
75015 Paris*

Madame, Monsieur,

Je désire passer deux mois dans une famille française. Je m'appelle... , j'ai... ans, et je suis étudiant(e) en... à l'université de... Je suis une personne plutôt... J'aime beaucoup... Si possible, je préfère loger dans une famille...
En attendant votre réponse, je vous prie d'agréer l'expression de mes sentiments distingués.

(signature)

Vidéothèque

Espace vidéo

Décrire quelqu'un. Dans le premier épisode, vous allez rencontrer les trois personnages principaux de cette vidéo. Ce sont des étudiants. Écoutez leur conversation. Comment s'appellent-ils? Qui est Marc? Est-il individualiste? Qui est M. Dépétri? Qu'est-ce qu'il porte aujourd'hui? Qui est Anne? Comment est-elle? Quelle personne aime méditer en plein air? Qui étudie la philosophie? Qui est B.C.B.G.? (bon chic bon genre = traditionaliste)

www.mhhe.com/deuxmondes

À explorer: www.mhhe. com/deuxmondes/ pour obtenir plus d'informations sur les thèmes du chapitre.

Vocabulaire

La famille

The family

le beau-frère	brother-in-law
le beau-père	father-in-law; stepfather
la belle-mère	mother-in-law; stepmother
la belle-sœur	sister-in-law
le cousin/la cousine	cousin
le demi-frère	half-brother
la demi-sœur	half-sister
l'enfant (m., f.)	child
l'époux, l'épouse	spouse
la femme	wife
la fille	daughter
le fils	son
le frère	brother
la grand-mère	grandmother
le grand-père	grandfather
les grands-parents	grandparents
le mari	husband
la mère	mother
le neveu	nephew
la nièce	niece
l'oncle (m.)	uncle
le père	father
la petite-fille	granddaughter
le petit-fils	grandson
les petits-enfants	grandchildren
la sœur	sister
la tante	aunt

Mots descriptifs

Descriptive words

bon/bonne	good
célibataire	single, unmarried
compréhensif/compréhensive	understanding
de taille moyenne	of medium height
mort(e)	deceased, dead
nombreux/nombreuse	numerous
poli(e)	polite
roux/rousse	red-haired
seul(e)	alone
tout(e)	all
trop	too
vite	quickly
vivant(e)	living, alive

Mots apparentés: affectueux/affectueuse, ambitieux/ambitieuse, attentivement, calme, décisif/décisive, discret/discrète, égoïste, favori/favorite, flexible, généreux/généreuse, moderne, organisé(e), patient(e), physiquement, réaliste, réservé(e), sportif/sportive, strict(e)

Activités favorites et distractions

Favorite activities and entertainment

Qu'est-ce que tu aimes faire?	What do you like to do?
J'adore...	I love . . .
J'ai horreur de...	I hate . . .
J'aime...	I like . . .
J'aime mieux...	I prefer . . .
aller au cinéma (au théâtre, à la plage, à la montagne)	to go to the movies (to the theater, the beach, the mountains)
chanter sous la douche	to sing in the shower
conduire une voiture	to drive a car
cuisiner	to cook
danser	to dance
dîner au restaurant	to eat at a restaurant
dormir tard	to sleep late
écouter la radio	to listen to the radio
faire des courses	to go shopping
du camping	to go camping
la fête	to party
une promenade	to take a walk
du ski	to go skiing
inviter des amis	invite friends over
jouer aux cartes (au billard, au football, au tennis)	to play cards (pool, soccer, tennis)
lire (le journal)	to read (the newspaper)
nager à la piscine	to swim in the pool
parler au téléphone	to talk on the phone
passer la soirée ensemble	to spend the evening together
regarder la télévision	to watch television
rester à la maison	to stay home
rigoler	to laugh, have fun
sortir avec des ami(e)s	to go out with friends
travailler dans le jardin	to work in the yard
voyager	to travel

LES ENDROITS

Places

au bord de la mer	at the seashore
un bureau	an office
une maison	a house
à la montagne	in the mountains
une piscine	a swimming pool

Mots apparentés: **un centre commercial, une discothèque, un hôpital**

QUAND

Saying when

maintenant	now
quelquefois	sometimes
souvent	often

SUBSTANTIFS

Nouns

un/une camarade de chambre	a roommate
un chat/une chatte	a cat
un chien/une chienne	a dog
un copain/une copine	a close friend, pal
un infirmier/une infirmière	a nurse
une leçon particulière	a private lesson
un numéro de téléphone	a phone number
un petit ami/une petite amie	a boyfriend, girlfriend
un poisson rouge	a goldfish
un renseignement	a piece of information
une réponse	an answer
une ville	a city

Mots apparentés: **une adresse, une aventure, un film, un match, la musique, la nationalité, un sport, les vacances** (*f.*)

VERBES

Verbs

acheter	to buy
déjeuner	to eat lunch
discuter (de)	to discuss
étudier	to study
faire des achats	to make purchases
habiter	to live (inhabit)
passer (un mois)	to spend (a month)

rentrer	to return home
ressembler (à)	to resemble, to look like
travailler	to work
venir	to come

Mots apparentés: **adorer, détester, préférer, téléphoner**

MOTS ET EXPRESSIONS UTILES

Useful words and expressions

à	to, at
après	after
avec	with
beaucoup	a lot, many
C'est vrai?	Is that right (correct)?
chez moi (mes parents)	at my home (my parents' house)
D'où viens-tu? (... venez-vous?)	Where are you from?
Je suis né(e)...	I was born . . .
Moi aussi!	Me too!
Moi non!	Not me!
Moi non plus!	Me neither!
Moi si!	Yes (*I* do)!
mon/ma meilleur(e) ami(e)	my best friend
où	where
Pas possible!	Not possible!
pour	for
pourquoi	why
Quel âge avez-vous? (... as-tu?)	How old are you?
J'ai... ans.	I'm . . . (years old).
Tiens!	Well!
voilà	there is/are

LES PAYS ET LES NATIONALITÉS

Countries and nationalities

l'Allemagne (*f.*)	allemand(e)	Germany/German
la Belgique	belge	Belgium/Belgian
la Chine	chinois(e)	China/Chinese
l'Espagne (*f.*)	espagnol(e)	Spain/Spanish
les États-Unis (*m.*)	américain(e)	the United States/ American
la France	français(e)	France/French
le Québec	québécois(e)	Quebec/Quebecker

Mots apparentés: **l'Algérie** (*f.*), **algérien/algérienne; le Canada, canadien/canadienne; le Japon, japonais/japonaise; le Sénégal, sénégalais/sénégalaise**

Grammaire et exercices

1.1 Expressing relationships: Possessive adjectives

A. Here are the forms of the possessive adjectives in French.

> **Definition:** Possessive adjectives modify nouns by indicating ownership or relationship: *my book, your sister.*

ENGLISH	BEFORE SINGULAR NOUNS	BEFORE PLURAL NOUNS
	(masc) (Feminine)	
my	**mon, ma**	**mes**
your (**tu**)	**ton, ta**	**tes**
his, her, its	**son, sa**	**ses**
our	**notre**	**nos** *NO*
your (**vous**)	**votre**	**vos** *VO*
their	**leur**	**leurs** *lear*

Voici une photo de **mon** frère avec **sa** femme et **leurs** enfants.

Here's a photo of my brother with his wife and their children.

Pronunciation Hint:

Final **-s** and **-n** are pronounced when the following word begins with a vowel: **mes ᶻ enfants** but **mes filles**, **mon ami** but **mon fils**.

B. French possessive adjectives agree in gender and number with the nouns they modify. Exception: the possessive form ending in **-n** (**mon, ton, son**) is always used before a singular noun or adjective starting with a vowel or mute **h**, even if the noun is feminine.

※ Reread

> **mon** cousin Charles   **ma** cousine Clarisse   **mon** autre cousine Marise

C. Keep in mind that the number and gender of the possessive adjective are determined *by what is possessed*, not by the possessor. This is why **son, sa,** and **ses** can all correspond to *his, her,* or *its,* depending on the context.

Voilà Victor Lasalle avec **sa** femme Claudine et **son** fils Charles.
Mme Martin regarde **son** livre.

There's Victor Lasalle with his wife Claudine and his son Charles. Madame Martin is looking at her book.

> ✱ Review **Grammaire A.3** and **A.5.**
>
> ➤ "Number" refers to whether a word is singular or plural.

Exercice 1 En famille

Denise et Jacqueline parlent de leur famille. Remplacez les tirets par un des adjectifs possessifs: **mon, ma, mes; ton, ta, tes; son, sa, ses.**

1. —Jacqueline, comment est __ta__ famille? Est-ce que __tes__ frères et sœurs sont jeunes?
—Non, pas trop. __mon__ frère a 19 ans et __mes__ sœurs ont 12 et 14 ans.

2. —Est-ce que _Tes_ grands-parents habitent dans la même ville que toi?
   —_Ma_ grand-mère habite chez nous, mais _mon_ grand-père est mort.
3. —Est-ce que _Ta_ mère est une personne active?
   —Oui. Avec _Son_ job (*m.*) et _Ses_ enfants, elle est très occupée.
4. —_Ton_ frère habite encore chez toi?
   —Non, il a _Son_ propre* appartement (*m.*).

Exercice 2 Votre classe de français

Répondez aux questions avec **notre** ou **nos**.

> MODÈLE: Combien d'étudiants y a-t-il dans votre classe? →
> Il y a vingt étudiants dans notre classe.

1. Combien d'hommes y a-t-il dans votre classe?
2. Est-ce que vos camarades de classe sont timides ou extravertis?
3. Comment s'appelle votre professeur?
4. À quelle heure est votre cours?
5. Est-ce que vos devoirs sont difficiles ou faciles?

Exercice 3 Une nouvelle amie

Vous avez une nouvelle correspondante, Evelyne Casteret. Dans un message électronique, elle décrit sa famille. Qu'est-ce qu'elle dit? Changez les adjectifs possessifs.

> MODÈLE: *Ma* grand-mère s'appelle Marie. →
> *Sa* grand-mère s'appelle Marie.

1. *Mes* parents sont jeunes et énergiques.
2. *Ma* sœur Madeleine est très amusante.
3. *Mon* père travaille avec *mon* oncle.
4. *Notre* maison est très vieille et très grande.   ← start w/ vowel
5. En général, *mes* amis sont très sympathiques. *Mon* amie Sabrine est très intelligente aussi.

1.2 Expressing likes and dislikes: AIMER + infinitive

A. The verb **aimer** is used to say that you like or love something or someone.

J'**aime** mon cours de français.	*I like my French class.*
Nous **aimons** beaucoup le professeur.	*We really like the teacher.*

*propre = own

Est-ce que tu **aimes** ton cours
d'informatique?

*Do you like your computer science
class?*

B. Like **être** and **avoir, aimer** has different forms depending on the subject
(noun or pronoun) used with the verb. The word **aimer** itself is the infinitive
form. Most French infinitives end in **-er,** like **aimer;** they are called regular **-er**
verbs. Their present-tense forms are created by dropping **-er** and adding the
endings shown in the following chart.

Definition: The infinitive
form corresponds to the
English "to" form: *to do, to
sing,* etc. In French
dictionaries, verbs are listed
in the infinitive form.

aimer *(to like; to love)*	
j'aime	nous aim**ons**
tu aim**es**	vous aim**ez**
il/elle/on aime	ils/elles aim**ent**

Notice that all the forms in the yellow L-shaped area are pronounced the same.

Pronunciation Hint:

aime*r*: j'aim*e*, tu aim*es*, il aim*e*, nous ᶻaimõ*ns*, vous ᶻaime*z*, ils/elles ᶻaim*ent*

C. Use **aimer** + infinitive to say what someone likes to do. Use **aimer** with **ne...
pas** to indicate what someone doesn't like to do.

J'**aime dîner** au restaurant.
Joël **n'aime pas danser.**
Mes amis **aiment jouer** au football.

I like to eat dinner in a restaurant.
Joël doesn't like to dance.
My friends like to play soccer.

D. Other groups of regular French verbs have infinitives that end in **-ir** (**finir,** *to
finish*) and **-re** (**répondre,** *to answer*). Still others have irregular infinitives, like
être and **avoir.** You will learn more about these verbs in later chapters.

E. **Détester** and **adorer** are conjugated like **aimer** and are also used to express
feelings.

Je **déteste** étudier le samedi soir.
J'**adore** dormir tard le dimanche
matin.

I hate to study on Saturday nights.
*I love to sleep late on Sunday
mornings.*

✳ *You will learn more about
-er verbs in* **Grammaire 1.5.**

Exercice 4 Le dimanche d'Albert

Remplacez les tirets par une forme du verbe **aimer.**

1. Ma sœur _____ dormir jusqu'à midi.
2. Mes parents _____ aller à l'église.*
3. Daniel et moi, nous _____ jouer au tennis.
4. Moi, j'_____ lire le journal.
5. Tes amis et toi, qu'est-ce que vous _____ faire?
6. Et toi, tu _____ faire les mêmes choses?

*****église** = *church*

For Monday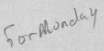

Exercice 5 Passe-temps préférés

Répondez, et puis indiquez un autre passe-temps préféré.

MODÈLE: Est-ce que vos amis aiment cuisiner? →

Mes amis aiment cuisiner, mais ils aiment aussi dîner au restaurant. (Mes amis n'aiment pas cuisiner, mais ils aiment dîner au restaurant.)

1. Est-ce que vos amis aiment surfer sur Internet?
2. Est-ce que votre mère aime jouer du piano?
3. Est-ce que votre père aime écouter du rock?
4. Est-ce que votre petit ami/petite amie aime faire une promenade?
5. Est-ce que votre professeur de français aime aller au cinéma?
6. Est-ce que vous aimez jouer au tennis le week-end?

Suggestions:

aller au cinéma	jouer aux cartes *to play cards*
danser	lire des livres/le journal *read books or magazines*
dormir tard	regarder la télé
écouter de la musique classique	surfer sur Internet

1.3 Talking about dates and personal data: NUMBERS BEYOND 100

➤ The day always comes before the month:
25.12.01 = le 25 décembre 2001.

➤ Use **le premier** to say the first of the month.

➤ **avoir**

j'ai	**nous avons**
tu as	**vous avez**
il a	**ils ont**

A. To talk about the date, use one of these expressions.

Quelle est la date aujourd'hui?	*What's today's date?*
Aujourd'hui **c'est le** vingt (le huit, etc.) avril.	*Today is April 20 (8, etc.).*
Aujourd'hui **nous sommes le** premier janvier.	*Today is January 1 (first).*

B. To express age, use **avoir** (*to have*) + number + **ans**.

—Joël, quel âge **as**-tu?	*Joël, how old are you?*
—J'**ai** huit **ans**.	*I'm eight.*
—Et ton frère Emmanuel?	*How about your brother, Emmanuel?*
—Il **a** quinze **ans**.	*He's fifteen.*

C. Here is how to tell your birthday and birthdate.

Mon anniversaire est le vingt et un septembre.	*My birthday is September 21st.*
Je suis né(e) en 1983.	*I was born in 1983.*

D. Years before 2000 can be expressed in two ways in French. For 2000 and after, there is just one way.

> 1998 = dix-neuf cent quatre-vingt-dix-huit
>   mille neuf cent quatre-vingt-dix-huit
> 2000 = deux mille
> 2001 = deux mille un

E. Here are the numbers from 101 to two billion.

101 cent un	400 quatre cent**s**	1.000	mille
102 cent deux	500 cinq cent**s**	10.000	dix mille
200 deux cent**s**	600 six cent**s**	100.000	cent mille
201 deux cent un	700 sept cent**s**	1.000.000	un million (de)
202 deux cent deux	800 huit cent**s**	2.000.000	deux millions (de)
300 trois cent**s**	900 neuf cent**s**	1.000.000.000	un milliard (de)
		2.000.000.000	deux milliards (de)

➤ The **-s** of **cents** is dropped if it is followed by another number: **deux cents, deux cent un. Mille** never takes an **-s: deux mille.**

➤ In French, a period (not a comma) is used in higher numbers.

Exercice 6 La famille Colin

Dites l'âge de chaque membre de la famille.

MODÈLE: Joël / 8 →
          Quel âge a Joël? Il a huit ans.

1. Francis Lasalle / 70
2. Claudine Colin / 45
3. Victor Colin / 47
4. Marise et Clarisse / 19
5. Charles / 17
6. Emmanuel / 14

Exercice 7 Au téléphone

Lisez à haute voix ces numéros de téléphone français.

MODÈLE: 01.42.68.13.03 →
          zéro un, quarante-deux, soixante-huit, treize, zéro trois

1. 02.65.10.80.30
2. 03.87.53.40.16
3. 05.20.55.70.81
4. 01.98.75.21.60
5. 02.77.38.82.97
6. 05.91.18.39.78
7. 04.45.62.86.43
8. 03.83.76.64.90
9. 02.53.67.07.11

Exercice 8 Codes postaux

Lisez les codes postaux de certaines villes françaises à haute voix.

MODÈLE: 29200 Brest → vingt-neuf mille deux cents

1. 44000 Nantes
2. 67000 Strasbourg
3. 69009 Lyon
4. 13002 Marseille
5. 59000 Lille
6. 64200 Biarritz
7. 75015 Paris (15e)
8. 33000 Bordeaux

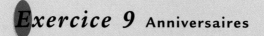

Exercice 9 Anniversaires

Posez la question et répondez avec les renseignements donnés entre parenthèses.

MODÈLE: Francis Cabrel (23.11.53) → Quelle est la date de naissance de Francis Cabrel?
C'est le 23 novembre 1953 (le vingt-trois novembre mille neuf cent cinquante-trois).

1. Elvis Presley (8.1.35)
2. Martina Hingis (30.9.80)
3. Frédéric Chopin (1.3.1810)
4. Ringo Starr (7.7.40)
5. Margaret Thatcher (13.10.25)
6. Mickey Mouse (18.11.28)
7. Magic Johnson (14.8.59)
8. Yves Saint-Laurent (1.8.36)
9. Pete Rose (14.4.41)
10. B.B. King (16.9.25)

1.4 Stating origin: THE VERB VENIR

A. Here are the forms of **venir.**

> ➤ Note that most French verbs have the same plural endings: **-ons, -ez, -ent.** With a few exceptions, verbs other than **-er** verbs have the same singular endings: **-s, -s, -t.**

venir *(to come)*	
je **viens**	nous **venons**
tu **viens**	vous **venez**
il/elle/on **vient**	ils/elles **viennent**

Use the verb **venir** and the preposition **de** to ask or say where someone is from.

—**D'où vient** Mᵐᵉ Martin?	*Where's Madame Martin from?*
—Elle **vient de** Montréal.	*She's from Montreal.*
—Et **d'où viens**-tu?	*And where are you from?*
—Moi, je **viens de** Kansas City.	*I'm from Kansas City.*

Pronunciation Hint:

All singular forms of **venir** are pronounced alike: **viẽɲs.** The pronunciations of the plural forms are **venõɲs, veneɹ, vienɲeɲt.**

B. To ask for a specific country or city of origin, use **De quel pays... ?** or **De quelle ville... ?**

—**De quel pays** vient Julien Leroux?	*What country does Julien Leroux come from?*
—Il vient de Belgique.	*He comes from Belgium.*
—**De quelle ville** viennent les Lasalle?	*What city do the Lasalles come from?*
—Ils viennent de Lyon.	*They come from Lyon.*

C. In some cases, **de** is replaced by **du** or **des** when speaking of countries.

de+le = du
de+les = des *pg 72*

- Use **du** when the name of a country is masculine.

—De quel pays viennent ces étudiants?	*What country are these students from?*
—Ils viennent **du** Japon (**du** Brésil, **du** Portugal).	*They're from Japan (Brazil, Portugal).*

- Use **des** if the name of a country is plural.

—D'où venez-vous?	*Where are you from?*
—Je viens **des** États-Unis.	*I'm from the United States.*

✳ *You will learn more about country names in **Grammaire 8.2.***

Exercice 10 À la maison internationale

Utilisez les formes du verbe **venir**.

1. Voici mon ami Jean-Michel. Il _____ du Canada et il parle français.
2. Voilà Julie et Mark. Ils _____ des États-Unis.
3. Voilà Mohammed. Il _____ d'Algérie, et sa femme Natacha _____ de Russie.
4. Voilà Carmen et José. Ils _____ de Madrid, en Espagne.
5. Et vous, d'où _____ -vous? —Nous _____ de Côte-d'Ivoire. Moi, je m'appelle Madi et mon amie s'appelle Ramatou.
6. Christiane, tu _____ de Suisse, n'est-ce pas? —Oui, je _____ de Genève.

1.5 Talking about actions: PRESENT OF -ER VERBS

A. Infinitives ending in **-er** are conjugated like **aimer.** (The only exception is **aller,** *to go.*) To conjugate these verbs, drop **-er** from the infinitive and add the endings **-e, -es, -e, -ons, -ez, -ent.**

✳ *You will learn more about **aller** in **Grammaire 2.3.***

Regular verb endings

drop the "er" and add the proper ending. That's how they get the name "Regular" verb. Could instead be called "normal"

ille = y or I or eye

travailler (*to work*)	
je travaille	nous travaill**ons**
tu travaill**es**	vous travaill**ez**
il/elle/on travaill**e**	ils/elles travaill**ent**

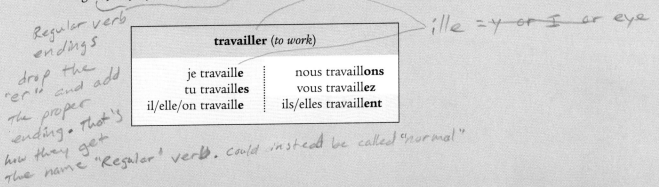

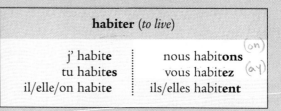

habiter (*to live*)	
j' habit**e**	nous habit**ons** (on)
tu habit**es**	vous habit**ez** (ay)
il/elle/on habit**e**	ils/elles habit**ent**

Remember that the forms of **-er** verbs in the yellow L-shaped area are pronounced the same, because their endings are silent.

Pronunciation Hint:

In **travailler,** the letters **aill** sound like English "eye." Also note that because the initial **h** in **habiter** is silent, **je** contracts to **j',** and you must make the liaison with all the plural forms: **j'habite, nous ͫ habitons, vous ͫ habitez, ils ͫ habitent, elles ͫ habitent.** This applies to all verbs beginning with vowels: **étudier** (*to study*): **j'étudie, nous ͫ étudions,** etc.

➤ **j'étudie** = I study, I am studying, *or* I do study

B. Notice that the French present tense is equivalent to three different meanings in English.

Daniel travaille à la bibliothèque ce soir.	Daniel **is working** at the library tonight.
Denise travaille à la bibliothèque tous les samedis.	Denise **works** at the library every Saturday.
Oui, Denise travaille quelquefois le dimanche après-midi.	Yes, Denise **does work** on Sunday afternoons sometimes.

C. Here are some **-er** verbs you can use to talk about activities and actions.

chanter *to sing*	**dîner** *to eat dinner*	**parler** *to talk, speak*
chercher *to look for, go get*	**donner** *to give*	**regarder** *to look at*
	écouter *to listen to*	**rencontrer** *to meet*
cuisiner *to cook*	**inviter** *to invite*	**rentrer** *to return, come back*
danser *to dance*	**jouer** *to play*	
déjeuner *to eat lunch*	**manger** *to eat*	**rester** *to stay*
dessiner *to draw*	**nager** *to swim*	**voyager** *to travel*

D. Some **-er** verbs like **préférer, acheter,** and **appeler** have a spelling change in their present-tense forms before the silent endings **(-e, -es, -ent).** Verbs like **manger** and **commencer** have a spelling change in the **nous** form. See the charts in **Appendices A** and **C.3** for more information about spelling changes in **-er** verbs.

Exercice 11 La vie de Joël

Joël décrit les activités de sa famille et de ses amis. Complétez ses phrases avec la forme appropriée du verbe.

1. Moi, je _____ à la piscine le samedi. (nager)
2. Ma sœur Clarisse _____ beaucoup au téléphone. (parler)
3. Et toi aussi, Marise, tu _____ souvent au téléphone, non? (parler)
4. Nous _____ à huit heures, d'habitude. (dîner)
5. Ma tante Christine _____ dans un hôpital. (travailler)
6. Mes grands-parents _____ dans la même ville que nous. (habiter)
7. Mes amis et moi, nous _____ souvent. (chanter)
8. Mon copain Malik _____ beaucoup avec sa famille. (voyager)
9. Mes copines Sophie et Lourdes _____ au football. (jouer)
10. Et mes parents _____ beaucoup d'amis pendant le week-end. (inviter)

Exercice 12 Ma vie

Complétez par la forme correcte et dites si la phrase correspond à votre situation.

MODÈLE: Tu *travailles* beaucoup. →
Oui, je travaille beaucoup. (Non, je ne travaille pas beaucoup.)

1. C'est l'opinion de mes parents:
   a. «Tu _____ excessivement!» (travailler)
   b. «Tu _____ trop au téléphone.» (parler)
2. Dans ma famille,
   a. nous _____ beaucoup la télé. (regarder)
   b. nous _____ ensemble. (dîner)
3. Mes amis sont intéressants.
   a. Ils _____ toutes sortes de musique. (écouter)
   b. Ils _____ au bridge. (jouer)
4. C'est l'opinion de notre professeur:
   a. «Vous _____ beaucoup!» (étudier)
   b. «Vous _____ vos devoirs tous les jours.» (préparer)
5. Moi,
   a. j' _____ dans une résidence universitaire. (habiter)
   b. je _____ normalement à l'université. (déjeuner)
6. C'est mon opinion:
   a. Mes professeurs _____ trop de devoirs. (donner)
   b. Mon professeur de français _____ vite! (parler)

1.6 Expressing relationships and possession: CONTRACTIONS of de

A. You have already learned how to express relationships using possessive adjectives like **mon** and **votre.** To express a relationship to someone using that person's name, use **de** + name. This is the equivalent of *-'s* in English.

✶ *Review Grammaire 1.1.*

—Est-ce que c'est la sœur **de Denise?**
—Oui, c'est sa sœur.

Is that Denise's sister?

Yes, that's her sister.

B. To express a relationship to a person who is not named directly, use **de** + definite article + noun.

★ Review the use of **l'** *in*
Grammaire A.3.D.

➤ **de + le = du**
   de + les = des

de = of / from

C'est le chat de la sœur de Paul.   *It's Paul's sister's cat.*
La femme de l'oncle Victor a 43 ans.   *Uncle Victor's wife is 43 years old.*

If **de** is followed by **le** or **les,** the two words combine. **De + le** is replaced by **du,** and **de + les** becomes **des.**

Voici les livres **du** professeur.   *Here are the instructor's books.*
C'est la voiture **des** amis de Patrick. *It's Patrick's friends' car.*

Exercice 13 L'album de Raoul

Raoul Durand montre son album de photos à Barbara. Terminez les phrases par **de, du, des,** etc. et les informations entre parenthèses.

> MODÈLE: (les enfants) Voici la nouvelle bicyclette _____. →
> Voici la nouvelle bicyclette *des enfants.*

1. (Paul) Voici la voiture _____. Elle est rapide.
2. (les petites filles) La femme blonde est notre amie Marie. C'est la mère _____.
3. (la femme blonde) Ça, c'est le mari _____. Il s'appelle Albert.
4. (Mme Haddad) Voilà la belle maison _____. Quel beau jardin!
5. (le cousin de mon père) Voici la fille _____. Elle s'appelle Claire.
6. (Claire) Voici l'ami _____. Il est beau, n'est-ce pas?

Exercice 14 Relations familiales

Répondez à ces questions sur les relations familiales.

> MODÈLE: Le grand-père, c'est le mari de qui? →
> Le grand-père, c'est le mari de la grand-mère.

1. La grand-mère, c'est la femme de qui?
2. La tante, c'est la femme de qui?
3. Le cousin, c'est le fils de qui?
4. La belle-sœur, c'est la femme de qui?
5. Le grand-père, c'est le père de qui?
6. L'oncle, c'est le père de qui?

CHAPITRE 2

*L*a vie quotidienne et les loisirs

Joueurs de cartes
dans un petit café
en Bretagne

Activités et lectures

LE TEMPS, LES SAISONS ET LES LOISIRS

Attention! Étudier Grammaire 2.1

En hiver, il fait froid. Jean-Yves fait du ski dans les Alpes, à Chamonix.

Au printemps, il fait du vent et il fait frais.

Francis Lasalle pêche dans une rivière.

En été, il fait chaud.

Quand il fait beau, Adrienne fait de la planche à voile.

En automne, Emmanuel et ses amis font des promenades à la campagne.

Activité 1 Interro: L'hiver en France

Regardez la carte et répondez.

MODÈLE: É1: Quel temps fait-il à Lille?
É2: Il pleut et il fait frais.

Activité 2 Discussion: Les quatre saisons

Quels sont vos passe-temps préférés? Écoutez votre professeur et dites *oui* ou *non*.

MODÈLE: É1: Moi, je fais du camping avec ma famille.
É2: Pas moi! J'ai horreur de ça.

1. En été quand il fait très chaud, je...
   a. fais du camping avec des copains.
   b. nage à la piscine.
   c. fais de la planche à voile.
   d. fais du ski nautique.
2. Au printemps, s'il fait beau, mes amis et moi, nous...
   a. pique-niquons à la campagne.
   b. étudions sous les arbres.
   c. jouons souvent au frisbee.
   d. faisons des promenades.
3. En automne, très souvent, je...
   a. regarde des matchs à la télé.
   b. fais du vélo.
   c. fais des promenades en voiture.
   d. joue au basket au gymnase.
4. Quand il neige, en hiver, ma famille et moi, nous...
   a. faisons du ski.
   b. passons des vacances dans un endroit chaud.
   c. allumons un grand feu dans la cheminée.
   d. invitons des amis chez nous.

Exprime-toi!

C'est vrai?
Moi, aussi!
Moi, jamais!
J'aime ça.
Je n'aime pas ça.
— C'est barbant!
— C'est génial!
C'est super!
C'est nul!

Info: Société

Les sports

La victoire de l'équipe[1] française de football contre le Brésil dans la Coupe du monde de 1998 a causé un enthousiasme extraordinaire en France, et dans le monde francophone en général. Le capitaine, Zinedine Zidane, est d'origine algérienne, Youri Djorkaeff a des parents russes et arméniens et Lilian Thuram vient de la Guadeloupe.

Le football est de toute évidence le sport préféré en Europe et en Afrique, mais le tennis et le cyclisme ont aussi une grande notoriété. Le tournoi[2] Open de Roland-Garros se joue à Paris en juin. Le fameux Tour de France (juillet) est une compétition extrêmement difficile, parce que les cyclistes font des milliers[3] de kilomètres en trois semaines.

Au Québec, la situation est très différente. Le baseball et le hockey sur glace sont les sports préférés et sont pratiqués par des milliers de gens. Les équipes professionnelles font partie des ligues nord-américaines: les Canadiens de Montréal et les Expos de Montréal (*Major League Baseball*).

[1]groupe de joueurs
[2]compétition sportive
[3]un millier = mille (1.000)

Zinedine Zidane, capitaine de l'équipe de France, dans la finale de la Coupe du monde de football contre les Brésiliens

Cliquez là!

Cherchez un site Zinédine Zidane (Zizou) ou le site officiel de la Coupe du monde pour obtenir plus de détails. Comment s'appellent les membres de l'équipe française? Quels pays ont participé aux jeux mondiaux de 1998? Et d'où vient «Zizou»? Qui sont les membres de sa famille?

Activité 3 Échanges: Mes activités préférées

MODÈLE: É1: Tu aimes mieux danser ou faire une promenade?
É2: Moi, j'aime mieux... Et toi?

1. aller à la plage ou aller à la montagne?
2. jouer aux cartes ou faire du sport?
3. lire un bon livre ou regarder la télé?
4. pêcher ou pique-niquer?
5. faire du vélo ou faire une promenade?
6. dîner au restaurant ou dîner à la maison?
7. danser ou jouer aux cartes?
8. écouter la radio ou aller au cinéma?
9. faire des courses ou sortir avec tes amis?

Activité 4 Associations: Distractions et obligations

Cherchez les endroits logiques.

MODÈLE: Nous y regardons des films. →
Nous regardons des films au cinéma.

LES ACTIVITÉS

1. On y fait du ski en hiver.
2. Nous y faisons des courses.
3. On y fait des longues promenades.
4. On y pêche très souvent.
5. Nous y pique-niquons parfois.
6. Beaucoup d'étudiants y font la fête.
7. On y allume un feu quand il fait froid.
8. Nous y étudions et regardons la télé.
9. On aime y aller pour regarder des films.
10. Beaucoup de gens y font de la gym.

LES ENDROITS

a. à la maison
b. dans la cheminée
c. au gymnase
d. au cinéma
e. au centre commercial
f. à la campagne
g. dans une rivière
h. à la discothèque
i. sous un arbre
j. à la montagne

LES ACTIVITÉS QUOTIDIENNES

Attention! Étudier Grammaire 2.2

*Une journée typique chez la famille Lasalle
(à Lyon)*

Christine se lève tous les
jours de bonne heure.

Bernard se rase devant
le miroir.

Camille s'habille toujours très
rapidement pour aller à l'école.

Bernard s'entraîne au gymnase trois fois par semaine.

Marie-Christine se brosse les dents.

Marie-Christine et Nathalie se couchent tôt les jours de classe.

Activité 5 Ordre logique: La toilette et les habitudes

Mettez ces activités dans le bon ordre.

Vocabulaire utile: d'abord, ensuite, puis

> MODÈLE: je m'habille / je me douche / je me lève →
> D'abord je me lève, ensuite je me douche et puis je m'habille.

1. je m'habille / je me sèche / je me douche
2. je me couche / je me douche / je me déshabille
3. je me rase / je me réveille / je me lave le visage
4. je me douche / je me brosse les cheveux / je me lave les cheveux
5. je me brosse les dents / je me maquille / je me lève
6. je me dépêche / je me lève / je m'habille
7. je dîne / je me couche / j'étudie
8. je me douche / je fais de la gym / je me lave les cheveux

Activité 6 Échanges: La vie chez moi

> MODÈLE: É1: Chez toi, qui se douche le matin?
> É2: Tout le monde se douche le matin.

Chez toi, qui...

1. se couche tard? (À quelle heure?)
2. chante sous la douche?
3. s'entraîne au gymnase? (Combien de fois par semaine?)
4. se lave les cheveux tous les jours?
5. fait les courses?
6. se lève le premier/la première? (À quelle heure?)

7. se dépêche tous les matins?
8. s'habille vite et laisse ses affaires par terre?

Suggestions:

mes parents
mon frère/ma sœur

mon/ma camarade de chambre
tout le monde

Activité 7 **Enquête: Une semaine typique**

Est-ce que les déclarations suivantes s'appliquent à vos habitudes?

Vocabulaire utile: toujours (T), souvent (S), quelquefois (Q), rarement (R), jamais (J)

_____ **1.** Les jours de classe, je me lève de bonne heure.
_____ **2.** Je prends un petit déjeuner nourrissant.
_____ **3.** Je m'habille avant de prendre le petit déjeuner.
_____ **4.** Le matin, je suis en retard et je me dépêche.
_____ **5.** Je fais mon lit et je laisse ma chambre en ordre le matin.
_____ **6.** Je préfère me doucher et me laver les cheveux le soir.
_____ **7.** Le soir, je prépare mes vêtements pour le lendemain.
_____ **8.** Avant de m'endormir, j'aime lire un peu.
_____ **9.** J'aime aller à l'université en voiture.
_____ **10.** J'ai un emploi et je travaille après les cours.

Activité 8 **Entretien: Questions personnelles**

1. À quelle heure est-ce que tu te lèves et tu te couches? Tu aimes dormir avec la fenêtre ouverte?
2. Est-ce que tu prends un bain ou est-ce que tu te douches? Tu utilises du savon ou du gel douche?
3. Tu te laves les cheveux tous les jours? Quelle est ta marque de shampooing préférée?
4. Est-ce que tu te rases tous les jours? Avec un rasoir mécanique ou électrique?
5. Est-ce que tu te maquilles/tu te rases tous les jours ou seulement pour les grandes occasions?
6. Combien de fois par jour est-ce que tu te brosses les dents? Tu achètes souvent une nouvelle brosse à dents?

Allons plus loin! Vous voulez probablement en savoir plus sur les habitudes de votre professeur. Alors, posez les mêmes questions à votre professeur.

MODÈLE: À quelle heure vous couchez-vous, monsieur/madame?

LES HABITUDES ET LES PROJETS

Attention! Étudier Grammaire 2.3

Christine va au parc après le dîner. Elle aime se promener.

M. et Mme Martin vont à leur restaurant favori le vendredi soir.

La semaine prochaine, Jean-Yves va faire de la voile.

Ce week-end, Camille va lire un bon roman.

Demain, Bernard et Christine vont dîner chez des amis.

Ce soir, Nathalie va prendre un bain avant d'aller au lit.

Activité 9 Discussion: Les projets

Dites *oui* ou *non*.

1. Ce soir, je vais...
   a. faire des courses.
   b. travailler.
   c. préparer mes cours.
   d. -?-

2. Ce week-end, je vais...
   a. faire la sieste.
   b. inviter des amis chez moi.
   c. aller au centre commercial.
   d. -?-

3. À la fin du semestre, mes amis et moi, nous allons...
  a. partir dans un autre pays.
  b. chercher un travail.
  c. faire la fête.
  d. -?-

4. Le semestre prochain, je ne vais pas...
  a. étudier le week-end.
  b. sortir pendant la semaine.
  c. regarder la télé.
  d. -?-

MODÈLE: É1: Ce soir, je vais travailler et préparer mes cours.
  É2: Quelle coïncidence! Moi aussi!

Exprime-toi!

Quelle chance!
Bonne idée!
Quel dommage!
Ah! le/la pauvre!
Moi non plus!
Quelle coïncidence!
Tu parles!
Tiens! C'est rigolo!

Activité 10 Dialogue: Le Salon de l'auto

Julien Leroux parle avec un ami.

JULIEN: On va au Salon de l'auto ce soir?
L'AMI: Je ne sais pas. Je suis fauché.
JULIEN: Pas de problème, j'ai deux billets de promotion.
L'AMI: Tu as des billets gratuits? Ah, ça, c'est formidable!
JULIEN: Alors, je passe chez toi vers 7 h 30? Ça te va?
L'AMI: Parfait. Ciao! À ce soir!

Activité 11 Récit: Les projets de Clarisse

Qu'est-ce que Clarisse Colin va faire vendredi prochain?

Vocabulaire utile: prendre l'autobus, à la librairie, au théâtre, payer

Activité 12 Entretien: Les habitudes

1. Où vas-tu d'habitude pour fêter ton anniversaire? Pourquoi est-ce que tu aimes y aller?
2. Où est-ce que tu vas pour acheter des vêtements? Tu préfères y aller seul(e) ou avec quelqu'un d'autre? Pourquoi?
3. Tu vas souvent au cinéma? Avec qui? À quel cinéma? Tu achètes toujours du pop-corn et un coca?
4. Est-ce que tu aimes explorer ta ville? Où vas-tu pour changer ta routine?
5. Où vas-tu le week-end pour te détendre? Qu'est-ce que tu fais, d'habitude? Avec qui?

APTITUDES ET RÊVES

Attention! Étudier Grammaire 2.4 et 2.5

La réalité

Barbara et Denise savent faire du canoë.

Jacqueline sait faire de l'escalade.

Daniel ne peut pas courir parce qu'il a la jambe cassée.

Les Martin ne peuvent pas dîner dans leur restaurant favori.

Le rêve

Charles veut apprendre à
conduire cette année.

Agnès et Sarah veulent partir
dans un pays tropical.

Activité 13 Échanges: Qu'est-ce que tu sais faire?

MODÈLE: É1: Est-ce que tu sais faire de la planche à voile?
         É2: Non, pas du tout, mais je sais nager. Et toi?

1. faire du canoë
2. faire de l'escalade
3. cuisiner
4. surfer sur Internet
5. conduire une voiture
6. réparer ton ordinateur
7. jouer au bridge
8. jouer d'un instrument de
   musique

Suggestions

très bien   plus ou moins   mal
un peu   très peu   pas du tout

«L'escargot alpiniste»

L'escargot à l'escalade
Sac au dos s'est mis en campagne
L'escargot à l'escalade
Va digérer la montagne.

Paul Claudel

LES FRANCOPHONES SUR LE VIF

Kévin Vanderelst a 17 ans. Il est élève en seconde au Lycée Dachsbeck, à Bruxelles.

Pour vous, qu'est-ce que ça signifie les vacances?

« Les vacances, c'est pour s'éclater[1]! Il me faut[2] de l'action et des sensations fortes. Je pratique des tas de[3] sports: du VTT,[4] du kayak, de la planche à voile en été, et en hiver, du surf des neiges. Toujours des sports d'extérieur: j'adore la nature et je ne veux pas rester enfermé!»

[1] avoir du plaisir
[2] **Il...** Pour moi, il est nécessaire d'avoir
[3] **des...** beaucoup de
[4] vélo tout-terrain

Activité 14 Échanges: Qu'est-ce qu'on peut faire?

Avec votre partenaire, suggérez des choses qu'on peut faire dans ces situations.

MODÈLE: La télé est cassée jusqu'à la semaine prochaine. →
On peut jouer aux cartes, on peut lire, on peut...

1. C'est le week-end et on est fauché.
2. Il fait beau, mais on est très fatigué.
3. Pas de cours aujourd'hui! Il y a trop de neige.
4. On veut pique-niquer, mais il pleut.
5. Aujourd'hui, des amis arrivent en visite et veulent voir la ville.
6. On fait du camping dans des conditions très primitives.
7. On est obligé de rester au lit pendant deux jours.

Cliquez là!

Visitez un site sur les Pyrénées. Quels types d'activités est-ce qu'on peut pratiquer dans cette région? Est-ce qu'on y trouve une carte de la région ou des informations sur la météo? Est-ce qu'on donne des informations aux visiteurs sur le shopping et les hôtels?

Activité 15 Récit: Les vacances de rêve de Julien

Julien va aller à la Martinique cette année. Qu'est-ce qu'il veut faire pendant sa visite?

MODÈLE: Julien veut dormir tard tous les matins.

Vocabulaire utile: un aquarium, des fruits, un marché, des poissons

Activité 16 **Dans le monde francophone: Les Français en vacances**

Voici quelques activités préférées des Français, classées en trois catégories.

VACANCES SPORTIVES	VACANCES CULTURELLES	VACANCES DÉTENTES
faire du VTT (vélo tout-terrain)	visiter un musée	bronzer à la plage
apprendre à jouer au golf	visiter un monument historique	faire des mots croisés
faire un stage intensif de tennis	s'initier à la poterie	partir en croisière
faire des randonnées	lire des romans	faire la sieste tous les jours
pratiquer des sports «extrêmes»:	assister à un festival de théâtre	dîner dans des restaurants
le deltaplane, le parachutisme		visiter des caves à vins

Qu'est-ce que vous recommandez à ces vacanciers?

MODÈLE: Jean-Paul Dubrac est sédentaire et n'a pas beaucoup d'argent. →
Il peut bronzer à la plage, faire des mots croisés et lire des romans.

1. Karine Halimi est une jeune femme plutôt intellectuelle.
2. M. et Mme Delaunay sont extrêmement actifs et ont la passion de l'aventure.
3. Anne-Marie Bonno n'a pas beaucoup d'argent mais elle est très cultivée.
4. Frédéric Lopez adore le risque.

Allons plus loin! Vous allez partir en vacances avec votre camarade de classe. Choisissez des activités que vous allez prendre plaisir à faire ensemble. (*Nous pouvons...*)

LECTURE

À chacun ses loisirs

Mme Lescure et M. Durbec sont voisins et amis. Comme beaucoup de Français, ils n'ont pas le culte[1] du travail: pour eux, les loisirs sont sacrés.

Leur conception du temps libre est très différente. Mme Lescure veut toujours être active: elle fait de la gym tous les après-midi et joue au tennis le samedi matin. Quand le temps est clément, elle va faire de longues promenades à bicyclette sur de petites routes de campagne.

«Quelle énergie!» pense M. Durbec. Lui, c'est un intellectuel: son «sport» préféré? Lire un bon classique (Proust, Molière, Rimbaud) ou regarder un documentaire politique ou artistique sur Arte, la chaîne culturelle franco-allemande. Le week-end, il aime aller en ville pour voir une exposition de peinture ou flâner[2] dans les librairies. Son rêve, c'est de visiter tous les monuments de l'Hexagone:[3] châteaux de la Renaissance, églises romanes,[4] cathédrales, ruines romaines.

Ils parlent souvent d'aller passer des vacances ensemble, mais leurs goûts[5] ne sont pas vraiment compatibles. Mme Lescure trouve une solution: ils vont aller ensemble visiter les châteaux de la Loire... à vélo!

Vacances sportives et culturelles: cyclistes dans le Val de Loire (Chambord)

[1]**le**... la passion
[2]se promener tranquillement
[3]l'... = la France
[4]dans le style architectural des Xe–XIIe (dixième au douzième) siècles
[5]préférences

Avez-vous compris?

A. Vrai ou faux? Si c'est faux, donnez la solution correcte.

1. Mme Lescure et M. Durbec habitent ensemble.
2. Ils aiment tous les deux le temps libre.
3. Mme Lescure n'aime pas faire du vélo quand il ne fait pas beau.
4. M. Durbec a généralement beaucoup d'énergie.
5. M. Durbec préfère la lecture au sport.
6. Mme Lescure veut aller en vacances avec M. Durbec.

B. Et ça veut dire... ?

1. avoir le culte (du travail)
2. les loisirs
3. une librairie
4. flâner
5. l'Hexagone

a. le contraire de se dépêcher
b. avoir une obsession
c. entreprise où on peut acheter des livres
d. la France
e. le temps libre

À vous la parole!

Mme Lescure et M. Durbec veulent passer un week-end ensemble, mais leurs opinions divergent sur le genre d'activité à faire. Imaginez la suite de leur dialogue.

MME LESCURE: Si vous voulez, on peut aller faire une promenade à la campagne.

M. DURBEC: Quoi? Nous sommes en janvier, il fait trop froid! J'ai une autre idée: nous pouvons aller à Paris en train pour voir l'expo Van Gogh au Grand Palais.

MME LESCURE: Encore une exposition! C'est monotone...

À vous d'écrire

Écrivez une lettre à un étudiant français/une étudiante française qui se prépare à passer un an dans votre université. Il/Elle demande des renseignements avant de choisir ses vêtements pour le séjour. Parlez-lui du climat, des saisons et de quelques activités typiques des étudiants.

MODÈLE: *Cher/Chère... ,*

Tu te prépares déjà pour ton année ici à... ? Bon, je vais répondre à tes questions. Ici à... , nous avons un climat... En été, il fait... En général, les étudiants (font du sport)... Ils portent...

Bonne chance avec tes préparatifs. À bientôt et amitiés,

www.mhhe.com/deuxmondes

À explorer: www.mhhe. com/deuxmondes/ pour obtenir plus d'informations sur les thèmes du chapitre.

Vidéothèque

Espace vidéo

Parler de la température. Dans ce segment, vous allez rencontrer Aimée. Elle est étudiante en beaux arts. Est-ce qu'elle aime étudier? Qu'est-ce qu'elle aime faire quand il fait froid et qu'il pleut? Est-ce qu'elle est attentive quand il fait très beau? Qu'est-ce que le professeur propose à Aimée? Est-ce qu'elle accepte? Où va-t-elle retrouver ses amis? Qu'est-ce qu'ils vont étudier ensemble?

Vocabulaire

LE TEMPS ET LES SAISONS

Weather expressions and seasons

Quel temps fait-il?	What's the weather like?
Il fait beau.	It's nice.
Il fait chaud.	It's warm.
Il fait du soleil.	It's sunny.
Il fait du vent.	It's windy.
Il fait frais.	It's cool.
Il fait froid.	It's cold.
Il neige.	It's snowing.
Il pleut.	It's raining.
Il y a du brouillard.	It's foggy.
Le ciel est couvert.	It's cloudy.
la boue	mud
le ciel	sky
le climat	climate
la neige	snow
le soleil	sun
en automne (*m.*)	in autumn
en été (*m.*)	in summer
en hiver (*m.*)	in winter
au printemps (*m.*)	in spring

[handwritten notes: "adjectives", "ill fay dü vän", "masculin", "'Le' contracted to 'du'"]

LES ENDROITS

Places

à la maison	at home
la campagne	the country
une école	a school
une librairie	a bookstore
un marché	a market
une rivière	a river
sous un arbre	under a tree

Mots apparentés: **un café, le cinéma, un gymnase, un parc, une université**

SPORTS ET LOISIRS

Sports and leisure

allumer un feu	to light a fire
apprendre à (nager)	to learn (to swim)
bavarder avec des amis	to chat with friends
chanter	to sing
courir	to run
se détendre	to relax
s'entraîner	to work out, train
faire de l'escalade	to do rock climbing
du canoë	to go canoeing
de la gymnastique	to do exercises
de la planche à voile	to sailboard
la sieste	to take a nap
du ski nautique	to waterski
du sport	to do sports
du vélo	to bicycle
de la voile	to sail
jouer du piano	to play the piano
passer chez quelqu'un	to go by someone's house
pêcher	to fish
prendre l'autobus	to take the city bus
se promener	to take a walk
rencontrer des amis	to meet (run into) friends
surfer sur Internet	to surf the Internet

Mots apparentés: **changer de routine, explorer, pique-niquer**

LA ROUTINE ET LES SOINS CORPORELS

Routine activities and personal care

une brosse à dents	a toothbrush
une marque de shampooing	a brand of shampoo
un miroir	a mirror
un rasoir (mécanique)	a razor
se brosser les dents	to brush one's teeth
se coucher	to go to bed
se dépêcher	to hurry
se déshabiller	to undress
se doucher	to take a shower
s'habiller	to dress
se laver le visage	to wash one's face
se lever	to get up
se maquiller	to put on makeup
prendre un bain	to take a bath
se raser	to shave
se réveiller	to wake up
se sécher	to dry oneself

La description

Describing people, things, actions

cassé(e)	broken
chaque	each
cher/chère	expensive; dear
ensemble	together
fauché(e)	broke, out of money
formidable	great
gratuit(e)	free (*no cost*)
mal	badly
nourrissant(e)	nutritious
parfait(e)	perfect
pas du tout	not at all
quotidien(ne)	daily
très peu	very little
un peu	a little

Mots apparentés: **cultivé(e), électrique, primitif/ primitive, rapidement, tropical(e), typique**

Substantifs

Nouns

un billet	a ticket
une chambre	a bedroom
une cheminée	a fireplace
un emploi	a job
un lit	a bed
un ordinateur	a computer
le petit déjeuner	breakfast
un poisson	a fish
un rêve	a dream
un roman	a novel
un travail	a job

Mots apparentés: **un aquarium, un autobus, une aventure, une loterie, une option, la réalité**

Verbes

Verbs

allumer un feu	to light a fire
chercher	to search, look for
coûter	to cost
fêter	to celebrate
laisser	to leave behind
pouvoir	to be able (to)
prendre	to take (*eat, drink*)
savoir	to know
voir	to see
vouloir	to want, wish

Mots apparentés: **arriver, changer, commencer à, partir, préférer, réparer, signifier, visiter**

Quand et avec quelle fréquence

Saying when and how often

avant (de)	before
ce (matin, soir)	this (morning, evening)
de bonne heure	early
demain	tomorrow
d'habitude	usually
en retard	late
ensuite	next
le lendemain	the next day
le (vendredi soir)	on (Friday evenings)
parfois	sometimes
pendant la semaine	during the week
rarement	rarely
la semaine prochaine	next week
tard/tôt	late/early
toujours/jamais	always/never
trois fois (par semaine)	three times (a week)

Mots et expressions utiles

Useful words and expressions

Bonne idée!	Good idea!
Ça te va?	Does that suit you?
–**Parfaitement.**	–Perfectly.
C'est barbant!	It's really boring!
C'est génial! Super!	Cool! Awesome!
C'est nul!	It's awful!
C'est rigolo!	That's funny! (amusing)
chez toi (des amis)	at your house (some friends' place)
Ciao! À ce soir.	So long! See you tonight.
Le/La pauvre!	Poor guy/woman!
Pas grand-chose.	Not much.
personne... ne	nobody
Quel dommage!	What a shame!
Quelle chance!	What (good) luck!
Tu aimes mieux...	You prefer . . .
Tu parles!	You don't say!

Grammaire et exercices

 2.1 Talking about activities and weather: THE VERB FAIRE

A. **Faire** is one of the most frequently used verbs in French. In addition to its basic meanings, it is used in many idiomatic expressions. Here are the present-tense forms.

faire *(to do; to make)*	
je **fais**	nous **faisons**
tu **fais**	vous **faites**
il/elle/on **fait**	ils/elles **font**

Pronunciation Hint:

fai~~s~~, fai~~t~~, faisõ~~ns~~, fait~~es~~, fõ~~nt~~

B. Use the verb **faire** to ask what someone is doing or what work people do.

—Qu'est-ce que tu **fais** ce soir?   *What are you doing tonight?*
—J'écoute un nouveau CD.   *I'm listening to a new CD.*

—Que **fait** ton frère?   *What does your brother do?*
—Il travaille dans un restaurant.   *He works in a restaurant.*

C. Another important use of **faire** is to talk about the weather.

—Quel temps **fait**-il?   *What's the weather like?*
—Il **fait** mauvais.   *It's bad weather.*

D. **Faire** is used in many idiomatic expressions that name specific activities (**faire une promenade, faire du camping**).

Au lac, nous **faisons du bateau.**   *At the lake, we go boating.*
Je **fais de l'anglais** pour être professeur d'anglais.   *I'm studying English in order to be an English teacher.*

> ✳ *Review vocabulary for weather in the **Vocabulaire, Chapitre 2.**

> ✳ *Review idioms with **faire** in the **Vocabulaire, Chapitres 1 and 2.**

Exercice 1 Les activités

Complétez les questions par la forme correcte de **faire,** et puis répondez.

1. Est-ce que tes copains aussi _____ du français? Ou est-ce qu'ils _____ de l'espagnol?
2. Qu'est-ce que tu _____ comme études? Tu _____ de la chimie, de l'économie, de la littérature?
3. Que _____ ta mère? Elle travaille dans un bureau?
4. Que _____ ton père? Où est-ce qu'il travaille?

5. Toi et tes copains, qu'est-ce que vous _____ ensemble le week-end? Vous _____ du camping? Vous jouez aux cartes?

6. Toi et ta famille, est-ce que vous _____ des voyages ensemble?

2.2 Talking about everyday activities: REFLEXIVE VERBS

A. Reflexive pronouns are used whenever the object of the verb is the same as the subject.

> *He cut **himself** while shaving.*   *She taught **herself** to play the violin.*

> **Definition:** The object of a verb is the person or thing affected by the action expressed by the verb. He cut <u>his finger</u>.

B. Many verbs that require reflexive pronouns in French do not require them in English.

> —Comment **s'appelle** cet étudiant?   *What is that student's name?*

> —Il **s'appelle** Daniel.   *His name is Daniel.*

> Je **me lève** toujours à sept heures du matin.   *I always get up at seven o'clock in the morning.*

Here are the reflexive pronouns and examples of their use with two reflexive verbs. Note that the **e** of **me, te,** and **se** is dropped before a verb beginning with a vowel or a mute **h.**

> ➤ je *m'*appelle
> tu *t'*appelles
> il/elle *s'*appelle

	se promener *(to take a walk)*		**s'amuser** *(to have fun)*	
me/m'	je **me**	promène	je **m'**	amuse
te/t'	tu **te**	promènes	tu **t'**	amuses
se/s'	il/elle/on **se**	promène	il/elle/on **s'**	amuse
nous	nous **nous**	promenons	nous **nous**	amusons
vous	vous **vous**	promenez	vous **vous**	amusez
se/s'	ils/elles **se**	promènent	ils/elles **s'**	amusent

> ✳ See **Appendices A** and **C** for spelling changes in **s'appeler, se lever,** and **se promener.**

> Raoul et moi, **nous nous amusons** avec nos amis français.   *Raoul and I have a good time with our French friends.*

Pronunciation Hint:

nou$ nou$ prom¢nõ$$, vou$ vou$ prom¢ne₹, but nou$ nous ˮamusõ$$, vou$ vous ˮamuse₹

C. Here are some common reflexive verbs:

> **s'amuser** *to have a good time, enjoy oneself*
> **se baigner** *to take a bath; to swim; to bathe*
> **se coucher** *to go to bed; to lie down*
> **s'habiller** *to get dressed*

> **se laver** *to wash oneself, bathe*
> **se lever** *to get up*
> **se promener** *to take a walk*
> **se reposer** *to rest*
> **se réveiller** *to wake up*
> **se sécher** *to dry oneself*

> ✳ See **Appendices A** and **C** for spelling changes in **sécher** (like **préférer**).

D. In negative sentences, **ne** always precedes the reflexive pronoun.

M. Vincent **se réveille** de bonne heure, mais il **ne se lève pas** tout de suite.

Mr. Vincent wakes up early, but he doesn't get up immediately.

E. If an infinitive with a reflexive pronoun follows another verb (such as **aimer**, **préférer**), the reflexive pronoun comes before the infinitive. The reflexive pronoun must agree with the subject.

—Est-ce que vous aimez **vous** promener en ville?

Do you like to take walks in the city?

—Non, je préfère **me** promener à la campagne. Adrienne aime rester chez elle et **se** reposer.

No, I prefer to take walks in the country. Adrienne likes to stay at home and rest.

Exercice 2 Les habitudes et les préférences

Posez des questions et répondez en suivant l'exemple.

MODÈLE: se lever à 8 h →
—Est-ce que tu te lèves à 8 h?
—Oui, je me lève à 8 h. (Non, je me lève à 7 h.)

1. se lever tôt
2. se maquiller tous les jours
3. se laver les cheveux tous les jours
4. se brosser les dents trois fois par jour

MODÈLE: aimer se coucher tôt →
—Tu aimes te coucher tôt?
—Oui, j'aime me coucher tôt. (Non, je n'aime pas me coucher tôt.)

5. aimer se coucher tard
6. préférer se doucher le soir
7. aimer se reposer après les cours
8. préférer se lever tard le week-end

Exercice 3 Êtes-vous des étudiants typiques?

D'abord, dites si vous êtes d'accord, puis indiquez si c'est vrai pour vous et vos copains.

MODÈLE: Les étudiants se couchent tard. →
Oui, en général, les étudiants se couchent tard.
Mes copains et moi, nous nous couchons tard (nous ne nous couchons pas tard).

1. Les étudiants s'amusent beaucoup le vendredi soir.
2. Les étudiants s'habillent toujours en jean.
3. Les étudiants ne se reposent pas assez.*
4. Les étudiants se couchent après minuit.
5. Les étudiants se lèvent tard le week-end.

---

*enough

2.3 Going places and future actions: THE VERB **aller**, CONTRACTIONS OF **à**

A. To talk about going places, use the irregular verb **aller**.

aller (to go)	
je **vais**	nous **allons**
tu **vas**	vous **allez**
il/elle/on **va**	ils/elles **vont**

—Qu'est-ce que vous faites ce soir? *What are you doing tonight?*
—Nous **allons** chez Raoul. *We're going to Raoul's.*

Mes parents **vont** à l'église tous *My parents go to church every*
les dimanches. *Sunday.*

Pronunciation Hint:

je vais̸, tu vas̸, nous ᶻallõn̸s̸, vous ᶻalle̸z, il̸s̸ võn̸t̸

B. When talking about going *to* a place, the most frequently used preposition is **à** (*to*). Like **de**, **à** contracts with some of the definite articles: **à + le = au**; **à + les = aux**.

➤ **à + le = au**
➤ **à + les = aux**

—Où va Clarisse après le cours? *Where is Clarisse going after class?*
—Elle va **au** café avec ses amis. *She's going to the café with her friends.*

Sarah aime aller **aux** Halles. *Sarah likes to go to the underground*
  mall in Paris.

C. The pronoun **y** can replace the preposition **à** + a noun referring to a place, and phrases with **dans** or **chez. Y** is always placed just before the verb.

➤ **Vas-y! Allez-y!** =
Go ahead!
➤ **Allons-y!** = Let's go!

—Est-ce que Fatima va **à la** *Is Fatima going to the library today?*
  bibliothèque aujourd'hui?
—Oui, elle **y** va après ses cours. *Yes, she's going (there) after her*
  classes.

—Tu vas **chez Denise** ce soir? *Are you going to Denise's this*
  evening?
—Oui, j'**y** vais. *Yes, I'm going (there).*

D. Use **aller** followed directly by an infinitive to express future actions. This construction is called the **futur proche**.

—Où est-ce que vous **allez dîner** *Where are you going to have dinner*
  ce soir? *tonight?*
—Je **vais dîner** chez Michèle. *I'm going to have dinner at Michele's.*

E. Here are some expressions for talking about the future:

demain	*tomorrow*
demain matin/soir	*tomorrow morning/evening*
samedi prochain	*next Saturday*
la semaine/l'année prochaine	*next week/year*
dans un mois	*in a month*

(luh-nay)

Exercice 4 Dans la classe de Mme Martin

Remplacez les tirets par la forme correcte du verbe **aller.**

1. Moi, je _____ à la bibliothèque pour travailler jusqu'à sept heures ce soir.
2. Ce soir, nous _____ tous chez Daniel écouter de la musique.
3. Mme Martin, vous _____ au nouveau restaurant italien ce soir, n'est-ce pas? *(Isn't it?)*
4. Louis et Albert _____ au café maintenant, comme d'habitude.
5. Daniel, tu _____ au cinéma demain avec une nouvelle amie, n'est-ce pas?
6. Et Raoul _____ à Montréal ce week-end. Il a de la chance!

Exercice 5 Où vas-tu?

Faites des questions et répondez avec **y.**

MODÈLE: le restaurant →
—Tu vas au restaurant?
—Oui, j'y vais souvent/quelquefois. (Non, je n'y vais pas.)

1. la piscine *swimming pool*
2. le théâtre
3. le bar
4. l'hôpital
5. le gymnase
6. la banque
7. le café
8. l'église *church*

Exercice 6 Les projets

Répondez en employant le futur proche.

MODÈLE: Ce soir, est-ce que vous allez...
a. faire la cuisine?   **b.** dîner au restaurant? →
Ce soir, je vais dîner au restaurant. (Ce soir, je ne vais pas manger. Je n'ai pas faim.)

1. Ce soir, est-ce que vous allez...
   a. faire vos devoirs? *to do your habits?*   **b.** sortir avec des amis?

Tomorrow

2. Demain matin, allez-vous...
   a. vous lever à 7 h?   **b.** dormir jusqu'à 9 h?
3. Demain soir, est-ce que vous allez...
   a. regarder votre émission favorite   **b.** vous coucher de bonne heure?
   à la télé?
4. Ce week-end, est-ce que vos amis vont...
   a. faire du ski nautique?   **b.** regarder un film ensemble?
5. Samedi soir, est-ce que votre camarade de chambre (mari, femme) va...
   a. rester à la maison et jouer aux   **b.** aller à un concert
   cartes?   symphonique?

2.4 Making general statements: THE SUBJECT PRONOUN ON

A. The subject pronoun **on** is similar in meaning to the impersonal English uses of *you, people, they*. Because the form **on** is grammatically singular, it is always used with the same verb form as **il** and **elle**.

En France, **on fait** les courses   *In France, people (they) do their*
tous les jours.   *shopping every day.*
En France, **on ne trouve pas** de   *In France, you don't find medicine at*
médicaments au supermarché.   *the supermarket.*

B. In everyday conversation, French speakers often use **on** in place of the subject pronoun **nous**.

—Vous rentrez à quelle heure,   *What time are you and Monique*
Monique et toi?   *coming home?*
—**On** rentre tard, après le film.   *We'll be home late, after the movie.*

Albert et moi, **on** aime le cinéma.   *Albert and I like the movies.*

Pronunciation Hint:

The **-n** of õn̸ is a liaison consonant: õn̸ fait̸, but õn_achèt̸e.

Exercice 7 Aux États-Unis

Un Français curieux vous pose des questions sur les habitudes des Américains. Répondez par **oui** ou **non**.

MODÈLE: Aux États-Unis, est-ce qu'on va à l'école le samedi? →
       Non, on ne va pas à l'école le samedi.

1. Aux États-Unis, est-ce qu'on regarde beaucoup la télévision?
2. Est-ce qu'on mange toujours des hamburgers?
3. Est-ce qu'on va au restaurant tous les jours?
4. Est-ce qu'on dîne à huit heures du soir?
5. Est-ce qu'on aime les films français?
6. Est-ce qu'on fait des promenades en famille le dimanche après-midi?
7. Est-ce qu'on aime parler de la politique?
8. Est-ce qu'on étudie beaucoup la géographie?

2.5 Abilities and desires: THE VERBS pouvoir, vouloir, AND savoir

A. To talk about what you can do or have permission to do, use **pouvoir**. **Vouloir** is used to indicate wishes or desires. These two irregular verbs are very similar in their conjugation patterns. Like **aimer,** they are often followed by an infinitive.

Je veux dire
(Je vou dray)

➤ **vouloir** = to want to
Je veux manger.
➤ **pouvoir** = can, be able to
Tu peux sortir ce soir?

pouvoir (*to be able, can*)		**vouloir** (*to want*)	
je p**eux**	nous p**ouv**ons	je v**eux**	nous v**oul**ons
tu p**eux**	vous p**ouv**ez	tu v**eux**	vous v**oul**ez
il/elle/on p**eut**	ils/elles p**euv**ent	il/elle/on v**eut**	ils/elles v**eul**ent

vella

➤ **négatif** = **Je ne veux pas sortir. Je ne peux pas dormir.**

—Tu **veux** aller au cinéma ce soir?

Do you want to go to the movies tonight?

—Je ne **peux** pas. Je suis fauché(e).

I can't. I'm broke.

Pronunciation Hint:

pe**ux**, pe**ut**, pouvõ**ns**, pouve**z**, peuv**ent**; ve**ux**, ve**ut**, voulõ**ns**, voule**z**, veul**ent**

B. **Savoir** is used to talk about knowing facts.

➤ **savoir** = to know (*a fact*)
Je sais la réponse.

acquired knowledge or information

pg 159 the verb __connaître__ to be acquainted with

savoir (*to know*) *how*	
je **sais**	nous **savons**
tu **sais**	vous **savez**
il/elle/on **sait**	ils/elles **savent**

Sa Va

—Tu **sais** la date d'aujourd'hui?

Do you know the date today?

—Non, je ne la **sais** pas.

No, I don't know it.

Pronunciation Hint:

sai**s**, sai**t**, savõ**ns**, save**z**, sav**ent**

➤ **savoir** + infinitive = to know how to (*do something*)
Je sais nager. Je ne sais pas danser.

C. When **savoir** is used with an infinitive, it conveys the notion of knowing how to do something.

Je ne **sais** pas nager.

I don't know how to swim.

Tu **sais** cuisiner, n'est-ce pas?

You know how to cook, don't you?

(Vou dray)

➤ **je voudrais, j'aimerais** = I would like (to)
Je voudrais dormir maintenant!

D. The expressions **je voudrais** and **j'aimerais** are used to express polite wishes. Other useful forms: **tu voudrais; il/elle/on voudrait.** (These are forms of the conditional mood. For now, you need only know their meaning.)

—Où est-ce que tu **aimerais voyager?**	*Where would you like to travel?*
—Je **voudrais aller** en France.	*I'd like to go to France.*

★ *You will learn more about the conditional in* **Grammaire 8.5** *and* **11.1.**

Pronunciation Hint:

voudrai$, voudrai$

Exercice 8 Désirs et possibilités

Dites d'abord si la personne *veut* faire l'activité, et puis, dites si elle *peut* la faire.

MODÈLE: moi / sortir tous les soirs →
Oui, je veux sortir tous les soirs. (Non, je ne veux pas...)
Oui, je peux sortir tous les soirs. (Non, je ne peux pas...)

1. moi / aller en Europe l'été prochain
2. mes parents / passer l'hiver en Floride
3. le professeur / se lever tard en semaine
4. nous / comprendre un film en français
5. mon ami(e) _____ / m'aider avec mes devoirs de français

Exercice 9 Qu'est-ce que tu aimerais vraiment faire?

Voudrais-tu faire ces activités?

MODÈLE: faire du ski nautique →
Oui, je voudrais faire du ski nautique. (Non, je ne voudrais pas...)

1. dîner dans un bon restaurant français
2. manger des escargots
3. habiter à Paris
4. faire de la plongée sous-marine
5. visiter une autre planète
6. être président(e) des États-Unis

Exercice 10 Savoir-faire

Complétez la question par une forme du verbe **savoir,** et répondez à la question.

MODÈLE: Est-ce que votre professeur de français _____ parler russe? →
Est-ce que votre professeur de français *sait* parler russe?   Oui, il/elle sait parler russe. (Non, il/elle ne sait pas parler russe.)

1. Est-ce que vous _____ faire du ski nautique?
2. Est-ce que votre père _____ faire la cuisine?
3. Est-ce que votre sœur _____ réparer une voiture?
4. Est-ce que vos amis et vous, vous _____ jouer au bridge?
5. Est-ce que vos parents _____ utiliser un ordinateur?
6. _____ -vous parler grec?

CHAPITRE 3

*E*n ville

Des visiteurs et des Parisiens convergent sur les Champs-Élysées

Objectifs

IN **CHAPITRE 3,** *you will talk about things to do in the city. You will learn names of places, how to ask for and give directions, and expressions useful for shopping. You will also learn how to say what you have to do.*

activités

S'orienter en ville
La ville et les transports
Les achats
Les distractions

lectures

La langue en mouvement   Hôtel de ville
Info: Société   Le centre-ville
Les francophones sur le vif   Marc-André
   Hébert
Lecture   Découvrez le Vieux Montréal

grammaire

3.1   Saying where things are: Prepositions
of location
3.2   Asking questions: Interrogative words
3.3   Verbs like **prendre**
3.4   Expressing necessity: **Il faut** and the
verb **devoir**
3.5   Pointing things out: Demonstrative
adjectives
3.6   Expressing quantities: Partitive articles
3.7   The verbs **sortir** and **dormir**
3.8   The verb **courir**

Activités et lectures

S'ORIENTER EN VILLE

Attention! Étudier Grammaire 3.1 et 3.2

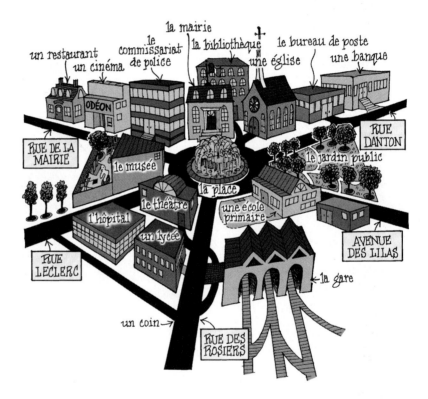

Activité 1 Discussion: Où se trouvent ces endroits?

Regardez le plan de la ville et dites si ces descriptions sont vraies ou fausses.

1. Le bureau de poste est dans la rue Danton.
2. La mairie est à côté d'un lycée.
3. Il y a une église en face du jardin public.
4. Le théâtre est loin de la banque.
5. La bibliothèque est devant la mairie.
6. Il y a une sculpture sous un arbre, sur la terrasse du musée.
7. L'hôpital est derrière le théâtre.
8. L'école primaire est près du jardin public.
9. Il y a une cheminée sur le toit de l'église.
10. Il y a un café entre le lycée et la gare.

*A*ctivité 2 **Interro: Les endroits publics**

Situez les bâtiments et endroits publics sur le dessin.

> MODÈLE: É1: Où est le bureau de poste?
> É2: Le bureau de poste est dans la rue Danton, à côté de l'église.
> É1: Est-ce que c'est loin de la mairie?
> É2: Non, c'est près de la mairie.

Vocabulaire utile:

en face de/devant ≠ derrière	à côté de
près de ≠ loin de	dans
sur ≠ sous	entre

Info: Société

Le centre-ville

Le village de Bitche, en Lorraine

Les villes d'Europe, et de France en particulier, sont gé-néralement vieilles de plusieurs siècles.[1] Fortifiées à l'origine, beaucoup de ces villes gardent[2] aujourd'hui leur structure concentrique. Au centre-ville, il y a sou-vent une grande place avec un monument ou une fon-taine, et des bâtiments publics, comme l'église, l'hôtel de ville[3] et le bureau de poste. Le centre-ville regroupe aussi des commerces traditionnels: une boulangerie[4]—indispensable!—une pâtisserie, un bureau de tabac et, bien sûr, au minimum un café. C'est un point de rendez-vous pour les habitants, le cœur de l'identité d'une ville ou d'un village. Dans les grandes villes, il y a aussi une gare et un bureau d'information pour les visiteurs et les touristes, appelé le «syndicat d'initiative».

[1]périodes de 100 ans
[2]conservent
[3]**l'hôtel...** bâtiment administratif principal
[4]*bakery*

La langue en mouvement

Hôtel de ville

«Hôtel de ville» vous semble peut-être une désignation étrange pour une mairie. En fait, dans une de ses significations, le mot *hôtel* désigne un grand édifice destiné à un établissement public. Au Moyen Âge, *hôtel* signifiait simplement *maison*.

Activité 3 Associations: Qu'est-ce qu'on peut y faire?

Qu'est-ce qu'on peut faire dans les endroits suivants?

> MODÈLE: É1: Qu'est-ce qu'on peut faire au musée?
> É2: On peut y regarder des peintures et des sculptures.

1. à la banque
2. à la bibliothèque
3. au bureau de poste
4. au théâtre
5. au restaurant
6. à la gare
7. à la piscine
8. à la mairie (en France)
9. au centre commercial
10. à l'église, au temple ou à la mosquée

acheter des timbres
envoyer des lettres
voir une pièce
chanter et prier
déposer de l'argent
emprunter des livres
faire des achats
lire un journal
manger avec des amis
prendre le train
se marier
-?-

Activité 4 Échanges: Le plan de Paris

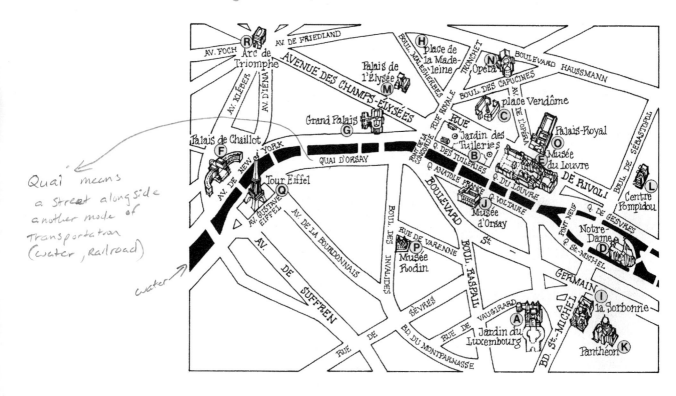

Quai means a street alongside another mode of Transportation (water, Railroad)

water →

Utilisez le plan de Paris pour compléter les instructions.

MODÈLE: É1: Qu'est-ce que je fais pour aller de la cathédrale Notre-Dame jusqu'à mon hôtel derrière la Sorbonne (D → I)?

É2: Tu traverses la Seine et tu tournes à gauche au quai St-Michel. Puis, tu tournes à droite au boulevard St-Michel et tu tournes à gauche au boulevard St-Germain.

1. de l'Opéra jusqu'au Musée national d'art moderne au Centre Pompidou (N → L)
2. du jardin des Tuileries jusqu'à l'Arc de triomphe (B → R)
3. du musée Rodin jusqu'au jardin du Luxembourg (P → A)
4. du Palais-Royal jusqu'au musée du Louvre (O → E)
5. de la cathédrale de Notre-Dame à la tour Eiffel (D → Q)
6. -?-

Vocabulaire utile:

Tu vas tout droit.
Tu prends (la rue Royale).
Le musée est (sur ta droite).

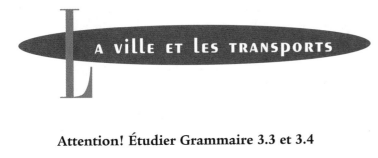

LA VILLE ET LES TRANSPORTS

Attention! Étudier Grammaire 3.3 et 3.4

Les transports

Adrienne prend l'autobus au coin de la rue. Pour elle, c'est commode.

Sarah et Agnès prennent le métro pour aller à la fac. C'est très rapide.

La sécurité et les précautions

Il ne faut pas prendre le train
aux heures de pointe.

Pour rouler en scooter, il faut
porter un casque.

On doit avoir de la patience dans
un embouteillage.

Parfois, certains citadins
oublient d'obéir aux règles!

Activité 5 Définitions: Qu'est-ce que c'est?

MODÈLE: É1: Qu'est-ce que c'est qu'un autobus?
            É2: C'est un grand véhicule automobile de transport en commun.

1. un scooter
2. une foule
3. le métro
4. une voiture
5. l'heure de pointe
6. un feu de signalisation
7. un arrêt
8. un coin
9. un embouteillage
10. un casque

a. l'endroit à l'intersection de
   deux rues
b. un véhicule routier à moteur
c. l'endroit où on prend l'autobus
d. un arrêt de la circulation
e. une protection pour la tête
f. un grand nombre de personnes
g. une bicyclette motorisée
h. un train souterrain
i. le moment où la circulation est
   très intense
j. un signal lumineux

Activité 6 Enquête: Comment se débrouiller en ville

Dites *oui* ou *non* à ces propositions. Ensuite, comparez vos réponses aux réponses de votre partenaire.

MODÈLE: En ville, est-ce une bonne idée de... prendre l'autobus? →
Oui, parce qu'il y a trop de voitures dans les villes.

En ville, est ce une bonne idée de/d'...

_____ lire quand on est dans un embouteillage?
_____ prendre le métro aux heures de pointe?
_____ se promener seul(e) dans un jardin public à minuit?
_____ porter un casque si on roule en scooter?
_____ utiliser les transports en commun?
_____ rouler en voiture tout le temps?
_____ ne pas respecter les feux de signalisation?
_____ regarder dans les deux sens avant de traverser la rue?
_____ stationner dans une zone interdite?
_____ téléphoner pendant qu'on conduit?

Exprime-toi!

Je suis d'accord. C'est (dangereux).
Pourquoi pas? Tout le monde le fait.
Pas du tout! C'est trop (risqué).
C'est fou! On risque d'avoir (un accident).

Les francophones sur le vif

Marc-André Hébert, 34 ans, habite à Paris, dans le 14e arrondissement (à Montparnasse). Il prend les transports en commun tous les jours.

Que nous conseillez-vous pour circuler facilement à Paris?

«Mon conseil: laissez votre voiture au garage! Déplacez-vous[1] en bus ou en métro, c'est rapide, économique et pratique. Si vous restez une semaine, la carte orange est la solution idéale. Demandez la carte dans une station de métro, au guichet[2] où on vend les tickets, écrivez votre nom et votre adresse et mettez une photo d'identité. Ensuite, achetez un «coupon», un ticket spécial, valable[3] pour trois jours, une semaine ou un mois. Voilà! Vous pouvez circuler librement[4] dans tout Paris. Regardez la carte du réseau:[5] il y a 14 lignes et 286 stations. Le métro n'est jamais loin. Le système vous semble compliqué? Pas de problème, il y a des cartes dans toutes les stations, et vous pouvez toujours demander votre chemin[6] à un autre passager!»

[1]Circulez, allez d'un point à un autre
[2]petite fenêtre où on vend des billets de cinéma, de train, des tickets de métro...
[3]valide
[4]sans restriction
[5]système
[6]**votre...** des directions, un itinéraire

Cliquez là!

Vous êtes dans un hôtel convenable et pas cher dans la rue Raymond Losserand. Aujourd'hui vous allez visiter le musée du Louvre et demain matin vous voulez aller au Centre Pompidou. Consultez le site du métro parisien pour identifier votre chemin souterrain.

Activité 7 Discussion: Situations et choix

En visite à Paris, on peut se trouver devant les situations suivantes. À votre avis, qu'est-ce qu'il faut faire? Choisissez une des suggestions ou proposez-en une autre.

1. Le feu de signalisation passe au rouge juste au moment où vous désirez traverser la rue.
   a. Il faut courir très vite pour traverser la rue.
   b. On doit s'arrêter et attendre.
2. Votre taxi est coincé dans un embouteillage impossible.
   a. On doit rester calme.
   b. Il faut descendre du taxi et prendre le métro.
3. Vous êtes horrifié(e)! Votre chauffeur de taxi conduit comme un fou.
   a. Il faut penser: «Bon! Voilà une expérience typiquement parisienne!»
   b. Il faut descendre du taxi.
4. Vous bousculez une autre personne au moment où vous montez dans un autobus.
   a. On doit dire pardon à l'autre personne.
   b. Il faut oublier la situation parce que c'est normal dans une grande ville.
5. Le chauffeur de la voiture à côté de vous vous insulte parce qu'il n'aime pas votre façon de conduire.
   a. Il faut regarder droit devant vous.
   b. Vous devez aussi l'insulter.

"Équipage à navette: télétransportez-moi ailleurs, il n'y a pas de trace de vie intelligente ici."

Activité 8 Entretien: Ma ville préférée

1. Quelle est ta ville préférée? Tu y vas souvent? Quand?
2. Pourquoi aimes-tu cette ville? (L'ambiance? Le shopping? Les distractions? La vie culturelle?)
3. Comment t'y déplaces-tu d'habitude? (En bus? En métro? En taxi? À pied?)
4. Tu aimes te balader dans les rues? À quel moment de la journée? Tu fais souvent les vitrines?
5. Qu'est-ce que tu aimes faire quand tu sors le soir? Tu dînes dans un restaurant spécial? Tu vas au théâtre ou au spectacle?

Attention! Étudier Grammaire 3.5 et 3.6

Les commerces

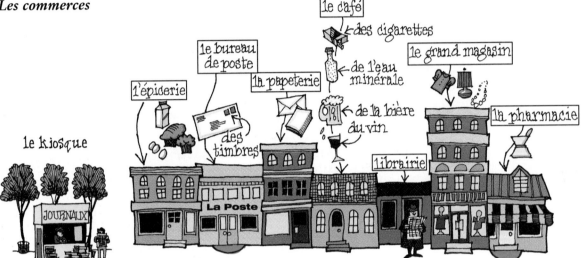

le café

des cigarettes

le bureau
de poste

le grand magasin

l'épicerie

de l'eau
minérale

la papeterie

la pharmacie

de la bière
du vin

le kiosque

des
timbres

librairie

JOURNAUX

La Poste

Dans une boutique

—Vous désirez, mademoiselle?
—Je voudrais voir cette robe que vous avez en vitrine.
—Laquelle, mademoiselle?
—La bleue, s'il vous plaît.

—Nous avons ces deux modèles.
—Ils sont dans ma taille, madame?
—Oui, madame.
—Bon, j'en prends deux, un vert et un rose.

Activité 9 Associations: Les magasins et les produits

Dans quel magasin ou établissement est-ce qu'on peut trouver ces articles?

MODÈLE: du shampooing →
    É1: Où est-ce qu'on peut trouver du shampooing?
    É2: On peut trouver du shampooing dans une pharmacie.

1. du jus d'orange et des biscuits
2. un roman policier
3. le journal *Le Monde*
4. un café ou une bière
5. du dentifrice et une brosse à dents
6. des timbres
7. du papier à lettres
8. des médicaments
9. des cartes postales
10. un cahier et des crayons

une épicerie
un bureau de poste
une pharmacie
une papeterie
une librairie
un café-tabac
un grand magasin
un kiosque à journaux

Activité 10 **Dans le monde francophone:
Cadeaux sur Internet**

Sur Internet, vous trouvez des possibilités de cadeaux intéressants. Décidez à qui vous pouvez offrir chaque objet et pourquoi.

1. une amie intellectuelle, un peu forte, qui fait du jogging
2. votre grand-mère, qui habite seule et souffre de rhumatismes
3. votre cousin, qui adore lire
4. votre oncle, qui invite ses amis à des dîners de luxe
5. ?

Les cadeaux

Idéal'cav: Pour la conservation et le vieillissement de vos vins.
3549FF/544,33€

Télécommande universelle:
Pilote tous vos appareils commandables (télévision, chaîne-stéréo, lecteur C-D, magnétoscope...)
595FF/91,25€

Portier éléctronique:
Vous permet d'identifier les personnes qui sonnent à votre porte, même la nuit.
2990FF/458,59€

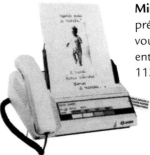

Mini-fax: Rend de précieux services chez vous ou dans votre entreprise. 7390FF/1133,43€

Lecteur CD portable:
Lecteur laser
s'emporte partout.
Se branche sur
une chaîne ou un
autoradio.
1290FF/197,85 €

Baladeur enregistreur: Très
pratique pour enregistrer
vos pensées ou vos
messages. 275FF/42,17 €

Calorie pédomètre:
Pour le jogging ou la marche.
Affiche la distance parcourue,
le nombre de pas, la vitesse
et les calories dépensées.
699FF/107,21 €

Affichage des
calories dépensées

Pour acquérir une mémoire
exceptionnelle en 21 jours.
Livre et cassette.
145FF/22,24 €

Activité 11 Entretien: Pour faire des économies

Vous allez en ville pour faire des achats. Dans chaque magasin, on voudrait vous vendre des produits chers, mais vous avez très peu d'argent et vous inventez des excuses pour acheter les produits les moins chers.

MODÈLE: VENDEUR: Vous désirez, monsieur (madame/mademoiselle)?

VOUS: Du papier à lettres, s'il vous plaît.

VENDEUR: J'ai ce papier à 16 F 50 et j'ai cet autre papier à 50 F. Le papier à 50 F est de très bonne qualité.

VOUS: C'est vrai, mais je préfère le papier à 16 F 50. J'adore le papier orange!

1. du shampooing (un shampooing à 12 F 30 ou un gel-shampooing démêlant à 40 F)
2. du parfum (un parfum à 42 F ou un parfum de bonne marque à 180 F)
3. des fleurs (des marguerites en solde à 18 F ou des roses à 80 F 90)
4. une chemise pour un copain (un modèle à 72 F ou un autre en coton égyptien à 239 F)
5. un dictionnaire espagnol (un mini à 75 F ou un grand format à 240 F)
6. un portable (un modèle à 439 F ou un autre avec toutes les options à 890 F)

Exprime-toi!

La bouteille (boîte) est si chic!
L'odeur est (exquise).
Le modèle est trop (compliqué).
Les produits importés sont si (exotiques).

ES distractions

Attention! Étudier Grammaire 3.7

Le samedi matin, Marise et
Clarisse courent dans le parc.

Elles font souvent les vitrines
au centre-ville.

Les Colin vont au théâtre quand
ils partent en week-end.

Parfois Julien danse toute la nuit
et s'endort au petit matin.

Francis sait faire de l'exercice
et s'amuser en même temps.

De temps en temps, Sarah part à
la montagne avec ses copains.

Activité 12 Associations: Clichés du monde étudiant

En groupes, organisez les phrases pour créer des profils stéréotypés: (1) la bonne vivante et (2) l'intellectuelle.

- Elle sort tous les soirs.
- Elle part souvent en week-end.
- Le soir, elle reste à la maison.
- Elle déteste faire les magasins.
- Elle préfère les films étrangers.
- Elle étudie souvent en écoutant du rock.

- Elle n'a pas de portable.
- Elle aime faire la fête.
- Elle surfe sur Internet.
- Elle va très souvent au musée.
- Elle dort à la bibliothèque.
- Elle étudie les maths avancées.

Allons plus loin! Créez d'autres clichés. **Idées:** les non-conformistes, les sportifs, les casse-pieds

Activité 13 Récit: Un week-end à Paris

Bernard et Christine Lasalle vont passer un week-end à Paris. Maintenant, ils font leurs projets. Racontez ce qu'ils vont faire.

Vocabulaire utile: un appareil photo, prendre des photos, chercher un cadeau

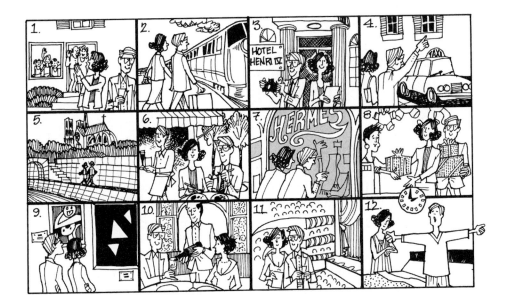

Cliquez là!

Visitez le site *Pariscope.* Qu'est-ce qui se passe à Paris cette semaine? Qu'est-ce qu'on peut voir au cinéma? au théâtre? Quoi de neuf sur les sports? Y a-t-il une exposition intéressante? Où voudriez-vous dîner?

Activité 14 Dans le monde francophone: Les Français et le week-end

À la question «Pour vous, qu'est-ce qui symbolise le plus le week-end?» les Français répondent:

• le déjeuner en famille	• la grasse matinée
• les moments passés avec les enfants et les petits-enfants	• la sortie du samedi soir
• la promenade à la campagne	• les câlins à deux
• les travaux ménagers, le bricolage et le jardinage	• les courses du samedi
	• la messe
	• le jogging du matin

Trouvez l'équivalent de ces activités parmi les activités préférées des Français.

1. dormir tard
2. assister à un service religieux
3. aller au cinéma, au théâtre, au restau, etc.
4. faire du shopping
5. travailler à la maison
6. manger tous ensemble
7. faire l'amour
8. être simplement en famille
9. courir
10. marcher dans la nature

Allons plus loin! Qu'est-ce que vous aimez faire le week-end? Est-ce que vous avez les mêmes priorités que les Français?

LECTURE

Découvrez[1] le Vieux Montréal!

Certains lieux inspirent à leurs visiteurs des commentaires enthousiastes: «C'est à voir et revoir!». Témoin[2] de l'évolution d'une métropole et d'un pays—un cas unique en Amérique dans ces proportions—le Vieux Montréal mérite certainement ces éloges.[3] Une visite au cœur de la plus grande ville francophone après Paris évoque un passé riche et vibrant.

Commencez par le magnifique hôtel de ville. Sous son apparence paisible,[4] il garde la mémoire d'heures agitées. Erigé[5] entre 1872 et 1878, il est ravagé par le feu en 1922. Et en 1967, c'est de son balcon que le général de Gaulle, alors

[1]Explorez
[2]*Witness*
[3]compliments
[4]tranquille
[5]*Erected*

président de la France, lance son célèbre «Vive le Québec libre!» L'écho des cris de la foule s'entend encore.

Tout près, le château Ramezay est l'un des premiers édifices classés monuments historiques au Québec. Il tire son nom du gouverneur de Montréal, Claude de Ramezay. Construit en 1705, il est vendu à la Compagnie des Indes, spécialisée dans l'exportation des fourrures.[6] Plus tard, on y installe un quartier général militaire, puis un palais de justice; enfin, il devient musée en 1895.

La place Jacques Cartier au coucher du soleil (Montréal)

Il y a encore la magnifique place Jacques-Cartier, avec ses bâtiments du XVIIIe siècle, la célèbre basilique Notre-Dame, le vieux port, l'impressionnante place d'Armes, ou la pittoresque rue Bonsecours et son marché. Visitez le Vieux Montréal à pied, pour profiter aussi des boutiques, des galeries d'art et naturellement des restaurants et des cafés...

[6]peau d'animaux

Avez-vous compris? Les phrases suivantes s'appliquent à un des sites ou monuments du Vieux Montréal; déterminez lesquels.

1. Les bateaux s'arrêtent à cet endroit.
2. Ce bâtiment est célèbre à cause de la visite d'un président français.
3. On regarde et on achète des tableaux et des sculptures à cet endroit.
4. Le maire a son bureau dans ce bâtiment.
5. On trouve des objets historiques dans cet édifice.
6. Cette place publique est entourée de bâtiments anciens.
7. On va à cet endroit pour faire des achats.

À vous la parole! Imaginez que vous allez visiter Montréal avec vos camarades de classe. Pour établir un itinéraire, donnez des raisons pour visiter (ou ne pas visiter) 4 ou 5 des endroits suivants.

- la promenade du vieux port, le long du fleuve
- le parc d'attractions du vieux port, avec son cinéma géant IMAX
- le Quartier latin, près de l'Université du Québec (UQAM), avec ses librairies et ses cafés
- le parc botanique et la biosphère, à l'est de la ville

- le quartier branché de la rue Saint-Denis, avec ses boutiques «underground» de vêtements ou de disques
- l'oratoire Saint-Joseph, un des plus grands sanctuaires catholiques du monde
- le Musée d'archéologie et d'histoire de Pointe-à-Callières
- le Musée des beaux-arts, dans la rue Sherbrooke

MODÈLE: É1: J'ai envie d'aller au cinéma IMAX voir un film en français.

É2: Moi, je préfère rester dehors. Allons faire une promenade le long du fleuve.

À vous d'écrire!

Écrivez une réclame pour la firme *Alpha Taxis*. Utilisez votre imagination, mais n'oubliez pas de donner certains renseignements: les avantages de prendre le taxi, la compétence des chauffeurs, les tarifs, les heures et, bien sûr, pourquoi les taxis *Alpha* sont supérieurs aux autres taxis.

Suggestions

Vous allez trouver (admirer, arriver, rencontrer)...
Vous n'allez pas payer...
Nos taxis sont propres (des modèles de luxe, bien entretenus...)
Les chauffeurs sont/savent...

www.mhhe.com/deuxmondes

À explorer: www.mhhe.com/deuxmondes/ pour obtenir plus d'informations sur les thèmes du chapitre.

Vidéothèque

Espace vidéo

Acheter des timbres et poster un colis. Dans ce segment, Jacques va à la poste pour envoyer un colis et une carte postale. Il peut envoyer le colis en service prioritaire (courrier recommandé) ou en service économique. Est-ce que le colis de Jacques a beaucoup de valeur? Il doit peut-être l'assurer. Est-il fragile? Quel service recommande l'employée? Combien est-ce que Jacques doit payer? Où est-ce que Jacques va envoyer le colis? Et la carte postale? Combien coûte le timbre?

Vocabulaire

Les endroits dans une ville

Places in a city

une bibliothèque	a library
un bureau de poste	a post office
le commissariat de police	the police station
une école primaire	a primary school
une église	a church
une épicerie	a grocery store
la faculté (la fac)	the university
une gare	a station (*train, bus*)
un grand magasin	a department store
un jardin public	a park
un kiosque	a newsstand
une librairie	a bookstore
un lycée	a high school
un magasin	a store
la mairie	city hall
une mosquée	a mosque
une papeterie	a stationery store
une place	a public square
une terrasse de café	a sidewalk café

Mots apparentés: une avenue, une banque, un boulevard, une cathédrale, le centre-ville, un hôpital, un hôtel, un musée, une pharmacie, un temple

Les courses et les distractions

Errands and entertainment

s'amuser	to have fun
assister à un spectacle	to attend a show
déposer de l'argent	to deposit money
emprunter un livre	to borrow a book
s'endormir	to fall asleep
envoyer une lettre	to send a letter
faire les magasins	to shop
faire les vitrines	to windowshop
manger avec des amis	to eat with friends
profiter de la vie culturelle	to enjoy the cultural life
prendre des photos	to take pictures
sortir	to go out
voir une pièce de théâtre	to see a play

Pour indiquer le chemin

Giving directions

à côté de	beside
coincé(e)	stuck, squeezed (into)
dans	in, inside
derrière	behind
devant	in front of
en face de	opposite
entre	between
loin de	far (from)
près de	near (to)
sous	under
sur	on, upon

aller tout droit	to go straight ahead
le coin de la rue	the street corner
tourner à droite (à gauche)	to turn right (left)
traverser un pont	to cross a bridge

Pour se déplacer en ville

Getting around in a city

un arrêt d'autobus	a bus stop
la circulation intense	heavy traffic
un embouteillage	a traffic jam
le métro	the subway
un quai	a (station) platform
les transports (*m.*) en commun	public transportation
un wagon	a (train) car

Mots apparentés: un chauffeur de taxi, un moteur, motorisé(e), un véhicule routier

descendre d'un taxi	to get out of a taxi
monter dans un autobus	to get on a bus
porter un casque	to wear a helmet
prendre un train	to take a train
rouler en voiture	to travel by car
stationner dans une zone interdite	to park in a no-parking zone
utiliser un plan	to use a (city) map

115

SE promener en ville

Walking in the city

un feu de signalisation	a traffic light
une foule (de gens)	a crowd (of people)
les heures de pointe	rush hour
s'arrêter	to stop (oneself)
avoir de la patience	to be patient
se balader	to stroll
se débrouiller	to manage, get along
se déplacer	to move about
faire face à un problème	to deal with a problem
obéir au signal lumineux	to obey a flashing sign
obéir aux règles	to obey the rules
s'orienter	to get oriented
penser à	to think about
regarder dans les deux sens	to look both ways
risquer	to risk

POUR faire des achats

Shopping

ce, cette, ces	this, that, these, those
celle/celui-ci, celle/celui-là	this one, that one
J'en prends (deux).	I'll take (two).
laquelle, lequel	which one
plein(e) d'options	with lots of options
acheter	to buy
coûter	to cost
demander	to ask (for)
faire des économies	to save money
vendre	to sell
une boîte	a box
une bouteille	a bottle
un cadeau	a gift
une carte postale	a postcard
un choix	a choice
l'eau (f.) minérale	mineral water
un euro	a euro (*European currency unit*)
une marque	a brand
un modèle	a style

le prix	the price
un produit étranger	a foreign product
une serviette	a briefcase
un shampooing démêlant	a conditioning shampoo
un timbre (-poste)	a (postage) stamp
un vendeur/une vendeuse	a salesman/woman
le vin	wine

Mots apparentés: **une bière, un biscuit, chic, une cigarette, compliqué(e), le coton, désirer, économique, exotique, un franc, importé(e), le jus d'orange, un médicament, le papier à lettres, le parfum, le portable, la qualité**

LA description des personnes

Describing people

bon vivant, bonne vivante	pleasure-loving
un citadin, une citadine	a city dweller
un/une casse-pieds	a bore
fou/folle	crazy, nuts

Mots apparentés: **intellectuel/intellectuelle, non-conformiste, normal(e)**

QUAND

Saying when

à chaque fois	(at) each time
au moment de	at the time of
au petit matin	in the early morning
de temps en temps	from time to time
d'habitude	usually
tout le temps	all the time

MOTS ET EXPRESSIONS utiles

Useful words and expressions

C'est commode.	It's convenient.
D'accord.	OK, Agreed.
en famille	together as a family
Qu'est-ce que je fais?	What do I do?
Stationnement interdit	No parking
tous ensemble	all/everyone together

Grammaire et exercices

3.1 Saying where things are: Prepositions of location

A. Here are the most common prepositions of location in French.

dans	*in, inside*	**entre**	*between*
à côté de	*beside, next to*	**en face de**	*opposite*
sur	*on, on top of*	**sous**	*under*
devant	*in front of*	**derrière**	*behind*
près de	*near (to)*	**loin de**	*far from*
à gauche de	*to the left of*	**à droite de**	*to the right of*

—Où est le gymnase? *Where's the gym?*
—**Entre** le restaurant universitaire *Between the student restaurant and*
et le stade. *the stadium.*

Definition: Prepositions are used before nouns and can express spatial or temporal relationships: **near** the bank; **after** midnight.

✷ Review **Grammaire 1.6.**

B. Notice that some prepositions end with **de.** When they are followed by **le** or **les,** you need to use the appropriate contraction (**du** or **des**).

—Où est la bibliothèque? *Where's the library?*
—**À côté du** bureau de poste. *Next to the post office.*
—Est-ce que la faculté des sciences *Is the Natural Sciences Department*
naturelles est **en face des** *across from the labs?*
laboratoires?
—Non, elle est **à côté des** laboratoires. *No, it's next to the labs.*

➤ près de + le = près du

➤ en face de + les = en face des

Exercice 1 Dans la salle de classe

Denise décrit sa salle de classe. Choisissez la préposition correcte, et employez des contractions si nécessaire.

> MODÈLE: Le pupitre de Barbara est (dans/à côté de) la fenêtre. →
> Le pupitre de Barbara est à côté de la fenêtre.

1. Le bureau de Mme Martin est (devant/derrière) le tableau noir.
2. Les livres de Mme Martin sont (sous/sur) son bureau.
3. Mme Martin écrit*au tableau noir, puis elle regarde les étudiants. Elle est (devant/sous) la classe.
4. Jacqueline écrit au tableau noir. Elle est (près de/loin de) le tableau.
5. Albert travaille avec Daniel, son voisin. Le pupitre de Daniel est (sur/à côté de) le pupitre d'Albert.
6. Louis regarde par la fenêtre. Il regarde un match de football dans le parc (en face de/loin de) le bâtiment des cours.
7. Barbara est trop (loin de/près de) le tableau noir; elle ne peut pas lire les mots au tableau.
8. La salle 300A se trouve (devant/entre) les salles 300 et 301.

---

*writes

3.2 Asking questions: INTERROGATIVE WORDS

A. Here are the most commonly used interrogative (question) words in French.

combien (de)?	*how many?*	**quand?**	*when?*
comment?	*how?*	**que?**	*what?*
où?	*where?*	**qui?**	*who? whom?*
pourquoi?	*why?*		

—**Qui** est ce jeune homme là-bas?   *Who is that young man over there?*
—Il s'appelle Raoul Durand.   *His name is Raoul Durand.*

—**Où** est le bureau de poste?   *Where is the post office?*
—Il est en face de la mairie.   *It's across from the city hall.*

✳ *Review* **Grammaire B.2.**   **B.** To ask a question, use an interrogative word + **est-ce que.**

—**Quand est-ce que** tu vas à la mairie?   *When are you going to city hall?*
—Dans un petit moment.   *In a little while.*

C. In short, simple questions, reversing the order of the subject and verb can be used instead of **est-ce que.** This is called an inversion question.

Comment va Claudine?   *How is Claudine?*
Où habite ton ami?   *Where does your friend live?*
Que fait Adrienne ce soir?   *What's Adrienne doing tonight?*
Comment est Sylvie?   *What is Sylvie like?*

➤ **Qu'est-ce que... ?**
What... ?

[handwritten: Que va faire Julien]

➤ **Qui (est-ce que)... ?**
Who... ?

[handwritten: Que va tu retrouver en ville?]

[handwritten: (Inversion question)]

[handwritten: In french you can invert any verb]

D. **Que** + **est-ce que** contracts into **Qu'est-ce que. Qui** is never contracted.

Qu'est-ce que Julien va faire cet après-midi?   *What's Julien going to do this afternoon?*

Qui est-ce que tu vas retrouver en ville?   *Who are you going to meet in town?*

E. To ask *which* or *what*, use the appropriate form of **quel (quelle, quels, quelles)** in front of the noun. Use **quel(le)** + **être** to ask for a name, a date, etc.

Le bureau de poste se trouve dans **quelle rue?**   *What street is the post office on?*

Quelles lignes d'autobus est-ce qu'il faut prendre?   *Which bus lines do we (you) have to take?*

Quelle est la bonne **réponse?**   *What's the right answer?*

Pronunciation Hint:

All forms of **quel** are pronounced the same except when there is a liaison: **quel, quellℓé, quelƀ, quellℓéƀ,** but **quelsᶻ étudiãñƀƀ.**

Exercice 2 Les dernières nouvelles

Agnès Rouet téléphone chez elle pour avoir des nouvelles de sa famille. Voici les réponses de sa sœur, Mireille. Quelles sont les questions posées par Agnès?

MODÈLE: Tout le monde va *bien*. → Comment va tout le monde?

Vocabulaire utile: Comment? Que? Où? Qui? Quand?

1. Maman va *bien.*
2. Charles *ne fait rien.*
3. Papa est *à Genève.*
4. Jean-Claude *joue en ce moment avec Michel.*
5. Michel? *C'est mon nouveau petit ami.*
6. Il est très *sympa—et beau!*
7. Le nouveau bébé des voisins s'appelle *Marc.*
8. Ce bébé? Il est *petit, avec beaucoup de cheveux noirs.*
9. Sa mère? *Elle va très bien.*
10. Mes vacances commencent *dans quinze jours.*

*E*xercice 3 Visite à Paris

Des amis de Sarah Thomas viennent visiter Paris. Posez la question qui correspond à chaque réponse.

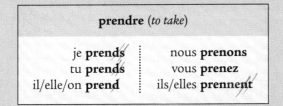

MODÈLE: Ils restent *huit jours* à Paris. →
Combien de temps est-ce qu'ils restent à Paris? (Combien de temps restent-ils à Paris?)

1. Ils logent *dans un hôtel du Quartier latin.*
2. Ils veulent visiter *tous les monuments.*
3. Ils visitent le musée *du Louvre et le musée d'Art moderne.*
4. Ils se déplacent *en autobus.*
5. Ils sont contents *parce qu'il fait beau.*
6. Ils préfèrent les restaurants *grecs et tunisiens.*
7. Ils achètent *des souvenirs* pour leurs amis.
8. Ils quittent Paris *lundi prochain.*

3.3 Verbs like prendre

A. The irregular verb **prendre** is very useful for talking about transportation.

prendre *(to take)*	
je **prends**	nous **prenons**
tu **prends**	vous **prenez**
il/elle/on **prend**	ils/elles **prennent**

—Comment viens-tu à la faculté?   *How do you come to campus?*
—Je **prends** toujours le bus.   *I always take the bus.*

Pronunciation Hint:

All the singular forms are pronounced with a nasal vowel and sound the same: prends, prend. In the plural forms, the stem vowel is nonnasal: prenons, prenez, prennent.

B. Use **prendre** to express *to have (something) to eat or drink.*

—Que **prenez**-vous quand il fait froid?   *What do you drink when it's cold?*

—J'aime **prendre** un chocolat chaud.   *I like to have a hot chocolate.*

Raoul ne **prend** jamais de déjeuner.   *Raoul never has lunch.*

C. **Apprendre** (*to learn*) and **comprendre** (*to understand*) are conjugated like **prendre.**

Nous **apprenons** tous le français, mais Albert **apprend** aussi le japonais.   *We're all learning French, but Albert is also learning Japanese.*

Les étudiants ne **comprennent** pas toujours le professeur.   *The students don't always understand the instructor.*

Exercice 4 En faveur des transports en commun

Daniel parle du choix de moyens de transport. Utilisez le verbe logique, à la forme correcte.

Verbes à utiliser: prendre, apprendre, comprendre

Moi, je (j') ———¹ toujours l'autobus pour aller à la fac. En général, mes camarades ———² leur voiture, au lieu de prendre (*instead of taking*) le bus. Moi, je n'ai pas mon permis de conduire. Je (J') ———³ seulement à conduire maintenant. Mais ça ne me dérange (*bother*) pas de prendre le bus. Au contraire! Je ne (n') ———⁴ pas pourquoi mes amis ne veulent pas ———⁵ le bus. Quand on vient à la fac en voiture, il faut payer le parking, si on arrive déjà à trouver une place! Et puis, les gens ne (n') ———⁶ pas que l'emploi excessif de l'automobile risque d'avoir des conséquences très graves pour la planète. Nous ———⁷ maintenant toutes les conséquences de cette dépendance. Et vous? ———⁸-vous toujours la voiture pour aller à la fac, ou bien, comme moi, pensez-vous à l'environnement?

Exercice 5 Questions et réponses

Répondez aux questions et dites si vous faites les mêmes actions, et quand.

MODÈLE: Qui prend l'autobus? →
Barbara prend l'autobus. Moi, je prends l'autobus tous les jours.
(Moi, je ne prends jamais l'autobus.)

Barbara

Julien et son amie

Joël

Denise

Barbara

Nathalie

Raoul et ses camarades

1. Qui prend du vin?
2. Qui voudrait apprendre à faire du ski?
3. Qui prend trop de risques?

4. Qui ne comprend pas la leçon?
5. Qui prend un café?
6. Qui prend un bain?

3.4 Expressing necessity: Il faut and the verb devoir

A. One way to express necessity is with the impersonal expression **il faut** (*it is necessary*) + infinitive. In this case, the obligation applies to people in general, or the context indicates the particular persons concerned.

> Quand on prend le métro, **il faut acheter** un ticket à l'entrée.
> Charles, tu vas au cinéma ce soir? **Il ne faut pas rentrer** tard.

> *When you take the metro, you must buy a ticket at the entrance.*
> *Charles, are you going to the movies tonight? You musn't come home late.*

Definition: In an impersonal expression, the subject pronoun (*it* or **il**) does not refer to a specific person or thing.

B. To express an obligation with respect to a particular person, you can also use the verb **devoir** + infinitive.

> ➤ **il faut/devoir + ne... pas** = must not

devoir (*to have to*) Homework	
je **dois**	nous **devons**
tu **dois**	vous **devez**
il/elle/on **doit**	ils/elles **doivent**

Nous **devons prendre** le train à 10 h.	*We have to take the train at 10:00.*
Tu **ne dois pas être** en retard.	*You must not be late.*

Pronunciation Hint:

The letters **oi** are pronounced /wa/: **dois** (/dwa/), **doit** (/dwa/), **doivent** (/dwav/).

C. Note that **devoir** can also express probability or supposition.

Charlotte n'est pas au travail; elle **doit** être malade!	*Charlotte isn't at work; she must be sick!*

D. Other impersonal expressions can also be used to express necessity: **il est nécessaire (essentiel, important, obligatoire) de** + infinitive.

Avant de prendre le métro, **il est nécessaire** d'étudier le plan du métro.	*Before taking the metro, it is necessary to study the metro map.*
Il **n'est pas nécessaire** d'appeler le taxi avant 8 h.	*You don't have to call the taxi before 8:00.*

Exercice 6 Problèmes de transport

Quelle est la solution à chacun de ces problèmes? Qu'est-ce qu'on doit faire? Utilisez la forme correcte du verbe **devoir.**

> MODÈLE: Je ne peux pas aller au travail à pied. C'est trop loin. →
> Tu dois prendre le bus.

Suggestions

aller au travail à pied	se déplacer à bicyclette
appeler un taxi	arriver plus tôt*
prendre le bus	étudier le plan du métro de la ville

1. Je n'ai pas de voiture.
   Alors, tu...
2. Nous devons être à l'aéroport dans une demi-heure et nous avons beaucoup de bagages.
   Vous...
3. Je ne sais pas prendre le métro.
   Bon, vous...
4. À la fac, il n'y a jamais assez de place sur les parkings et les étudiants arrivent souvent en retard.
   On...
5. Mon frère a besoin de faire plus d'exercice.
   Il...

---

*plus... *earlier*

3.5 Pointing things out: DEMONSTRATIVE ADjECTIVES

A. Demonstrative adjectives agree in number and gender with the noun modified. Note the special form **cet** for masculine nouns beginning with a vowel or mute **h.**

Definition: Demonstrative adjectives point out a certain object or person: *this bus, that girl.*

➤ *ce* garçon but *cet* **homme,** *cet* **anorak**

	SINGULIER	PLURIEL
MASCULIN	**ce** livre (*this/that*)	**ces** livres (*these/those*)
	cet ami (*this/that*)	**ces** amis (*these/those*)
FÉMININ	**cette** table (*this/that*)	**ces** tables (*these/those*)
	cette amie (*this/that*)	**ces** amies (*these/those*)

—Combien coûtent **ces** biscuits?   *How much do these cookies cost?*
—Un euro dix le paquet.   *One euro ten a package.*

—Tu aimes **cette** carte postale?   *Do you like this postcard?*
—Oui, beaucoup.   *Yes, very much.*

Pronunciation Hint:

cet_ami (*m.*), **cet̸t̸e̸_ami̸e̸** (*f.*), **ces͟_ami̸s̸, ce̸s̸ livr̸e̸s̸**

B. These forms can mean either *this* or *that, these* or *those;* this difference is usually clear from the context. However, to emphasize the distinction, you can add **-ci** after the noun for *this/these* or **-là** for *that/those.*

➤ **ce livre-ci** = this book
➤ **ce livre-là** = that book

—N'oublie pas de prendre le plan   *Don't forget to take the city map.*
   de la ville.
—**Ce plan-ci** en noir et blanc?   *This map in black and white?*
—Non, **ce plan-là** en couleurs.   *No, that map in color.*

Exercice 7 Sarah fait les vitrines

Remplacez les tirets par **ce, cet, cette** ou **ces.**

1. _____ magasin est très élégant. Oh, _____ chaussures sont belles!
2. _____ livres sont très intéressants mais _____ prix sont ridicules!
3. _____ montre est jolie, n'est-ce pas?
4. _____ vêtements sont trop chers! _____ jolie robe coûte 660 F et _____ anorak bleu coûte 750 F!
5. _____ chemises sont si belles et _____ cravate est très belle aussi!
6. _____ autre chemise verte est très pratique.

Exercice 8 Choix de chaussures

Avec une amie, vous regardez la vitrine d'un magasin de chaussures. Utilisez **-ci** ou **-là** avec l'adjectif démonstratif (selon la distance entre vous et les chaussures).

1. Ces sandales _____ sont bonnes pour la marche.
2. Ces chaussures _____ ne sont sûrement pas confortables, avec ces hauts talons (*high heels*).
3. Ces bottes _____ sont très à la mode, mais chères.
4. Ces chaussures _____ à 160 F sont jolies et pas chères.
5. Moi, je préfère ces tennis _____.

3.6 Expressing quantities: PARTITIVE ARTICLES

✳ *Review **Grammaire A.3, A.5,** and **1.6.***

A. You are already familiar with the definite articles (**le, la, l', les**) and indefinite articles (**un, une, des**) in French. There is a third type of article, called the partitive article. Its forms are identical to the combination of **de** + the singular definite article: **du, de la, de l'.**

On peut acheter **du** dentifrice au supermarché.	*You can buy toothpaste at the supermarket.*
Nous préparons **de la** soupe.	*We are making soup.*
Je prends **de l'**eau minérale.	*I'm having mineral water.*

Definitions: A mass noun cannot be counted: *sand, sugar*. A count noun can be counted: *tables, lamps, children*.

B. The partitive article indicates an unspecified quantity of a *mass noun*. It is roughly equivalent to *some* in English.

du café	*(some) coffee*
de la confiture	*(some) jelly*
de l'huile	*(some) oil*

C. Note that the partitive article is always required in French, though *some* is often omitted in English.

—Qu'est-ce que tu dois acheter à la pharmacie?

What do you have to buy at the pharmacy?

—**Du** dentifrice et **de l'**aspirine.

(Some) toothpaste and (some) aspirin.

D. In negative sentences, partitive articles and indefinite articles **(un, une, des)** become **de** or **d'**.

J'ai des cartes postales, mais je **n'**ai **pas de** papier à lettres ou **d'**enveloppes.

I have some postcards, but I don't have any stationery or any envelopes.

E. Expressions of quantity are also followed by **de**.

un peu **de**	*a little*	beaucoup **de**	*a lot, many*
assez **de**	*enough*	trop **de**	*too much, too many*
une tasse **de**	*a cup of*	un verre **de**	*a glass of*
combien **de**	*how much, how many*		

➤ J'ai *des* biscuits. →
J'ai *beaucoup de* biscuits.
Je *n'*ai *pas de* biscuits.

Combien de coca-cola faut-il acheter?

How much Coke do we need to buy?

Veux-tu **un peu de lait** avec ton thé?

Do you want a little milk with your tea?

Exercice 9 Petits achats

Vous faites des courses en ville. Utilisez l'article partitif **(du, de la, de l')**, l'article indéfini **(un, une, des)** ou **de**.

1. Je vais d'abord à la papeterie pour chercher _____ papier (*m.*) à lettres et _____ cartes postales.
2. Ensuite, je vais à la poste pour envoyer mes lettres et acheter _____ timbres.
3. À l'épicerie, j'achète _____ eau minérale, _____ café (*m.*), _____ sucre (*m.*) et _____ confiture (*f.*).
4. Je n'achète pas _____ viande, puisque je suis végétarien(ne).
5. À la pharmacie, je prends _____ dentifrice (*m.*) et _____ aspirine.
6. Il faut aussi acheter _____ pain (*m.*); je passe donc à la boulangerie.

Exercice 10 Qu'est-ce que vous prenez comme boisson?

Répondez en employant l'article partitif approprié **(du, de la, de l')** ou **de (d')**.

MODÈLE: Qu'est-ce que vous prenez d'habitude avec le déjeuner?
—D'habitude je prends...
a. eau **b.** lait (*m.*) **c.** café (*m.*) **d.** coca (*m.*) **e.** -?- →
D'habitude je prends *de l'eau.*

1. Que prenez-vous quand vous ne pouvez pas dormir? —Je prends...
   a. lait (*m.*) **b.** café (*m.*) **c.** vin (*m.*) **d.** eau minérale **e.** -?-
2. Que prenez-vous le matin d'habitude? —Je prends une tasse...
   a. thé (*m.*) **b.** café **c.** chocolat chaud (*m.*) **d.** eau chaude (*f.*) **e.** -?-
3. Qu'est-ce que vous ne prenez jamais? —Je ne prends jamais...
   a. whisky (*m.*) **b.** champagne (*m.*) **c.** coca **d.** café **e.** -?-
4. Qu'est-ce que vous aimez commander quand vous sortez avec des amis?
   —J'aime commander...
   a. bière (*f.*) **b.** vin **c.** coca **d.** jus de fruits (*m.*) **e.** -?-
5. Qu'est-ce que vous aimez prendre en été quand il fait chaud? —J'aime
   prendre un verre...
   a. thé glacé **b.** coca **c.** eau froide **d.** jus de fruits **e.** -?-
6. Qu'est-ce que vous prenez quand vous êtes malade? — Je prends...
   a. eau **b.** jus de fruits **c.** thé **d.** coca **e.** -?-

[handwritten margin note: negative use d']

3.7 THE VERBS **SORTIR** AND **DORMIR**

A. Though verbs like **sortir** and **dormir** are not considered regular verbs, there is
a common pattern to their forms.

sortir (*to go out*)		**dormir** (*to sleep*)	
je sor**s**	nous sor**tons**	je dor**s**	nous dor**mons**
tu sor**s**	vous sor**tez**	tu dor**s**	vous dor**mez**
il/elle/on sor**t**	ils/elles sor**tent**	il/elle/on dor**t**	ils/elles dor**ment**

Pronunciation Hint:

sors̸, sor̸t, sortõn̸s, sortez̸, sort̸en̸t. Note that only the singular forms are
pronounced the same. The third-person plural form (**ils/elles**) differs from the
singular in that the final consonant of the stem is pronounced.

Note that the singular forms have the **-s, -s, -t** pattern of endings. Note also that
the stem derived from the infinitive (**sort-** and **dorm-**) loses its final consonant in
the singular forms (**sor-** and **dor-**).

Je **sors** avec ma camarade de chambre ce soir.	*I'm going out with my roommate tonight.*
Est-ce que vous **dormez** plus de huit heures?	*Do you sleep more than eight hours?*

B. Other verbs like **sortir** and **dormir**:

s'endormir	*to fall asleep*
mentir	*to lie*
partir	*to leave, go away*
sentir	*to smell*
servir	*to serve*

Exercice 11 Qu'est-ce que tu fais?

Posez des questions et donnez les réponses.

MODÈLE: sortir souvent avec des amis →
Tu sors souvent avec des amis?
Oui, je sors souvent avec des amis. (Non, je ne sors pas souvent avec des amis.)

1. partir en vacances en été
2. sortir du cinéma si un film est mauvais
3. dormir bien la nuit
4. servir du vin chez toi
5. mentir quand tu ne veux pas révéler un secret
6. sentir les fruits au supermarché
7. sortir souvent le samedi soir
8. dormir pendant la journée quelquefois

Maintenant, imaginez que vous interviewez le président et sa femme (la présidente et son mari). Posez les questions et donnez leurs réponses probables.

MODÈLE: VOUS: Vous sortez souvent?
EUX: Non, nous ne sortons pas souvent... Nous sommes très occupés.

Exercice 12 Généralisations

Une Française vous pose des questions sur les habitudes des Américains. Répondez d'abord avec une généralisation sur les Américains, puis expliquez vos propres habitudes (ou les habitudes de vos amis, de votre famille, etc.).

MODÈLE: Les jeunes Américains ne sortent jamais en groupe, n'est-ce pas? →
Si, ils sortent souvent en groupe.
Moi, je sors tout le temps avec mes amis.

1. Les habitants des grandes villes américaines ne sortent pas seuls la nuit parce que c'est dangereux, n'est-ce pas?
2. Au printemps, la grande majorité des étudiants américains partent en vacances en Floride, n'est-ce pas?
3. La plupart des Américains partent en Europe en été, n'est-ce pas?
4. Les étudiants américains sortent tous les soirs, n'est-ce pas?
5. C'est vrai que tous les petits Américains s'endorment vers minuit?
6. C'est vrai que les Américains ne servent jamais de vin au dîner?

3.8 THE VERB COURIR

The verb **courir** has a simpler pattern than the other **-ir** verbs you have seen so far. The stem for all forms is **cour-**. The singular endings are those you have seen for most verbs other than -er verbs: **-s, -s, -t.**

courir (*to run*)	
je cours	nous courons
tu cours	vous courez
il/elle/on court	ils/elles courent

Exercice 13 Sondage sur la course

Répondez par des phrases complètes, avec autant de détails que possible.

1. Courez-vous régulièrement?
   a. Si oui, quand courez-vous? Courez-vous en toute saison? À quel moment de la journée? Combien de fois par semaine? Où? Quelle distance courez-vous?
   b. Si non, expliquez pourquoi vous ne courez pas.
2. Est-ce qu'il y a des membres de votre famille qui courent régulièrement? Lesquels? (Répondez aux questions (1)(a) et (b) pour ces personnes.)
3. Vos amis courent-ils? Courez-vous ensemble quelquefois?
4. Selon vous, pour quelles raisons court-on? Pour rester en forme? Pour vivre plus longtemps? Pour réduire son stress? Pour quelles autres raisons?

CHAPITRE 4

La maison et le quartier

La cuisine d'un
petit appartement
français

Objectifs

IN **CHAPITRE 4,** *you will learn to describe your home
and neighborhood and to talk about what you do there.*

activités

Les pièces et les meubles
Le logement
Les tâches et les loisirs
La vie de quartier

lectures

Info: Société   Villes, quartiers, villages
Les francophones sur le vif   Élodie
   Montaygnac
Lecture   Culture des banlieues?
La langue en mouvement   Le verlan

grammaire

4.1 Describing: Placement of adjectives
4.2 Making comparisons
4.3 Regular **-ir** verbs
4.4 Regular **-re** verbs, **mettre**
4.5 Direct object pronouns
4.6 Talking about knowing: The verb
   connaître
4.7 Describing states of being: Idioms with
   avoir

Activités et lectures

LES PIÈCES ET LES MEUBLES

Attention! Étudier Grammaire 4.1 et 4.2

1a chambre à coucher — la table de nuit — 1a salle de bains

le miroir — la lampe — le lavabo — 1a douche

les rideaux — le lit — 1es W.C. — 1a baignoire

1a commode

1a salle à manger — le lave-vaisselle — 1a cuisine

les chaises — 1a table — 1a cuisinière — les placards

le buffet — le réfrigérateur — l'évier

le tableau

1a table basse — le canapé

1a salle de séjour

le fauteuil
1e tapis

Activité 1 Discussion: Qu'est-ce qu'il y a chez vous?

it there has house you

Écoutez le professeur et dites *oui* ou *non*.

1. Chez moi, il y a...
   a. trois chambres.
   b. une terrasse.
   c. un garage pour deux voitures.
   d. une baignoire avec une douche.
   e. -?-
2. Dans la chambre où je dors, il y a...
   a. un grand lit.
   b. une commode.
   c. un lavabo.
   d. un radio-réveil.
   e. -?-
3. Dans la cuisine, il y a...
   a. une cuisinière à gaz.
   b. une table et des chaises.
   c. deux éviers.
   d. un four à micro-ondes.
   e. -?-
4. Dans la salle de séjour, il y a...
   a. un grand canapé.
   b. un tapis persan.
   c. des fauteuils confortables.
   d. de beaux rideaux.
   e. -?-

Maintenant, c'est à vous

Tu as de la chance!
Tiens! C'est original!
Ça, c'est super!

Ça, c'est (pratique)! Tu l'aimes?
Je ne l'aimes pas.

MODÈLE: É1: Je n'ai pas de lavabo dans ma chambre, mais j'ai une salle de bains pour moi.
É2: Tu as de la chance! Moi, je dois partager avec mes sœurs.

Activité 2 Associations: À quoi ça sert?

Dites à quoi servent les meubles et les appareils suivants.

MODÈLE: (une lampe) On se sert d'une lampe pour lire.

Les objets:

une bouilloire électrique
un aspirateur
un réfrigérateur
une baignoire
un fer à repasser
un grille-pain
un lit
un lave-vaisselle
un four à micro-ondes
une commode

Les usages:

nettoyer un tapis
conserver la nourriture
se reposer ou dormir
repasser les vêtements
ranger les vêtements
cuisiner
faire la vaisselle
faire bouillir de l'eau
faire des toasts
prendre un bain

Activité 3 Échanges: Décisions

un four à micro-ondes
265€/1740FF

un grille-pain
85€/560FF

un coussin
39€/258 FF

un ventilateur
45€/298 FF

un balai
17€/110 FF

une bouilloire électrique
62€/410 FF

un fer à repasser
49€   320 FF

une cafetière
expresso
57€/370 FF

un répondeur
téléphonique
56€/390 FF

un aspirateur
227€/1490 FF

Vous allez partager un deux-pièces meublé avec votre camarade de classe. Ensemble, vous avez un budget de 3.000 F (460 euros). Vous devez décider ce que vous allez acheter et expliquer pourquoi.

MODÈLE: É1: Je voudrais une cafetière expresso, parce que j'adore le café fort.

É2: Moi, je préfère le thé, achetons une bouilloire. Mais la bouilloire est beaucoup plus chère que la cafetière expresso.

É1: Si nous achetons un four à micro-ondes...

Cliquez là!

Vous voulez acheter une commode en pin pour votre chambre. Faites des recherches sur Internet en utilisant les mots «meubles en pin».

Activité 4 Entretien: Chez toi

1. Est-ce que tu aimes l'endroit où tu habites? Pourquoi?
2. Dans quelle pièce est-ce que tu étudies d'habitude? Où regardes-tu la télé?
3. Comment est ta chambre? Est-ce qu'elle est grande ou de taille moyenne? Y a-t-il un placard, des étagères pour tes livres, des plantes? Ton lit est confortable?
4. Est-ce que ta cuisine est bien équipée? Qu'est-ce qu'il y a comme équipement?
5. As-tu ta propre salle de bains? Si non, avec qui partages-tu? Y a-t-il parfois des conflits? Quand et pourquoi?
6. À ton avis, quelle est la pièce la plus importante d'une maison? Pourquoi?
7. Comment est la maison que tu voudrais avoir plus tard?

LE LOGEMENT

Attention! Étudier Grammaire 4.3

Ces architectes finissent les plans d'un immeuble dans un nouveau parc résidentiel.

On démolit une vieille maison.

Les constructeurs bâtissent de nouveaux édifices.

Les futurs locataires choisissent leurs appartements.

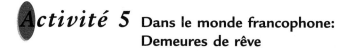

Activité 5 Dans le monde francophone: Demeures de rêve

GEMENOS 439M57
Splendide villa luxe, 180m² + salle de jeux 30m², déco et prest. soignées, très gd séjour, cuis. éq., 5 chbres, 3 bains, sur très beau jardin paysager 1200m², piscine, à voir absolument. **2 700 000**

CASSIS 307M54
Rare emplacement et demeure d'exception, maison de maître, charme et caractère, 300m², grande réception, séj. et SàM, 5 chbres, 3 SdB, maison de gardien, terrain plat 3000m². **5 300 000 F**

EOURES/CAMOINS 440M57
Cadre de camp. superbe villa provençale, proche comm., 180m² + 30m² studio indép., gd séj. chem., SàM, cuis. éq., 5 chbres, 3 bains, sur terrain plat, vue dégagée, piscine et nbrses dép. **2 700 000 F**

Regardez ces propriétés à vendre près d'Aubagne, pas loin de Marseille. Dites si les phrases sont vraies ou fausses.

1. La villa à Cassis a trois salles de bains.
2. La maison à Eoures/Camoins a un studio indépendant.
3. La villa à Gemenos a une piscine impressionnante.
4. La maison à Cassis a deux réceptions.
5. Les trois maisons ont une piscine.
6. La villa à Eoures/Camoins a un terrain plat.
7. La villa à Gemenos a un très petit jardin.
8. La maison à Cassis a une maison de gardien.
9. Deux de ces maisons ont une salle à manger.
10. La villa à Gemenos coûte le plus cher.

Cliquez là!

Cherchez un appartement pour deux étudiants dans les environs de Grenoble. Ensuite, comparez les résultats de vos recherches à ceux de votre partenaire. Ensemble, choisissez un appartement.

Activité 6 Associations: Qui est-ce?

Les Duclos louent un studio au 10ᵉ étage d'un grand immeuble. Les Martin vivent dans une maison. À quelle famille font allusion les phrases suivantes?

- Ils dînent à la salle à manger.
- Ils finissent vite le ménage.
- Leurs enfants jouent dans le jardin.
- Ils ont seulement une salle de bains.
- Ils prennent l'ascenseur tous les jours.
- Leurs invités dorment dans la chambre d'amis.
- Ils mangent et dorment dans la même pièce.
- Ils adorent la belle vue sur la ville.
- Ils paient le loyer tous les mois.
- Ils allument un feu dans la cheminée en hiver.

Allons plus loin! Comment est le logement de votre professeur? Posez-lui des questions pour découvrir tous les détails.

MODÈLE: Vous avez une cheminée chez vous, madame/monsieur?

*A*ctivité 7 Ordre logique: Pour louer un appartement

Quelles sont les démarches à faire pour louer un appartement? Mettez les étapes en ordre.

_____ On prend une décision.
_____ On demande le prix du loyer.
_____ On signe un contrat.
_____ On prend rendez-vous pour voir des appartements.
_____ On visite les appartements intéressants.
_____ On cherche des appartements dans le journal.
_____ On réfléchit aux avantages et aux inconvénients de chaque appartement.
___1___ On décide dans quel quartier on voudrait vivre.
_____ On paie le loyer.
_____ -?-

> ### L'Escargot
>
> *Tout au fond de
> l'escargot vide,
> Se trouve un palais
> splendide,
> Orné d'un miroir si petit
> Que, pour voir comme
> on est mis,
> Il faut être une fourmi.*
>
> *Paul Claudel*

LES FRANCOPHONES SUR LE VIF

Élodie Montaygnac est française. Elle a 23 ans et elle vient de terminer une maîtrise de Gestion à l'université Montesquieu (Bordeaux IV).

Où habitez-vous, et pourquoi?

En ce moment, je travaille à la FNAC de Bordeaux, et les loyers du centre-ville sont vraiment très chers pour moi, parce que je ne gagne pas beaucoup d'argent. Pour l'instant, je loue une chambre dans un grand appartement sur la cours Victor Hugo avec d'autres personnes de mon âge. Il n'y a qu'une seule[1] cuisine, mais j'ai ma propre salle de bains. Ce n'est pas idéal, parce que n'aime pas beaucoup vivre[2] en communauté! Mais pour le moment, c'est une solution acceptable.

Je préfère rester au centre-ville. Comme ça, je n'ai pas besoin de voiture, et j'ai tout à proximité: les commerces, les théâtres et les cinémas, des cafés et des restaus sympa.[3] Et puis, j'aime habiter dans un vieil immeuble qui a du caractère.

[1]unique [2]exister, habiter [3]plaisants, agréables

La banlieue, c'est vraiment trop sinistre: bonjour la déprime![4] Acheter un pavillon[5] avec un jardin dans une banlieue résidentielle, c'est une autre vie. Pour le moment, j'aime trop ma liberté, et le rythme de la ville; bien sûr, je risque de changer d'avis...[6] Dans dix ou vingt ans, si je me marie, si j'ai des enfants, un chien, pourquoi pas? Mais pour l'instant, pas question!

[4]**bonjour...** c'est vraiment triste!   [5]villa, maison indépendante   [6]opinion

*A*ctivité 8 Échanges: La nouvelle maison

La famille Colin doit choisir entre ces deux villas. Laquelle est la plus pratique pour eux et pourquoi? Dans cette famille, il y a sept personnes: les parents, Marise et Clarisse (jumelles, 19 ans), Charles (17 ans), Emmanuel (15 ans) et Joël (9 ans).

LES ORMES
5 chambres à coucher
1 salon
1 salle à manger
1 bureau
2 salles de bains

LES MYRTILLES
4 chambres à coucher
1 salon-salle à manger
3 salles de bains
1 bureau
   sous-sol

*A*ctivité 9 Dans le monde francophone: Les petites annonces

En groupes, choisissez un appartement pour les personnes qui cherchent à louer. Ensuite, expliquez vos choix à la classe.

À vous la parole! Imaginez que vous allez partager un appartement avec des camarades de classe l'année prochaine. Ensemble, écrivez l'annonce que vous allez envoyer au journal. Ensuite, lisez-la à la classe.

TRANSACTIONS IMMOBILIÈRES

Locations vides (demandes)

Cherche grand studio, 40 m2, ou 2 pièces, ascenseur, calme. Tél. 93.62.11.10.

Personne sérieuse cherche 2 pièces avec jardin, Nice/ouest, loyer, maxi 2.500 F. Tél. 04.45.65.20.71.

Couple italien recherche 3-4 pièces pour se loger Nice Est. CERUTI, 63.09.77.20.

Locations vides (offres)

Mini. studio kitchen, WC. Douche 1.700 F. mensuel. Tél. 93.58.72.23 (répondeur).

Exceptionnel, Nice centre: vaste studio, terrasse, Sud, cuisine indépendante, 2.200, NISSIMO PAGANINI 93.08.85.23.

Centre Nice: 2 pièces, balcon, ascenseur, calme, urgent, 3.100 CABINE-TORY. 93.80.19.00.

Nice Est, superbe 3 pièces, duplex, petite résidence, frais réduits, 4.750 charges comprises. SUD CONTACT 93.20.25.10.

Nice Ouest: magnifique, cuisine équipée, terrasse, parking, piscine, 5.000 + charges. MAISON DE L'IMMOBILIER 93.96.34.15.

LES TÂCHES ET LES LOISIRS

Attention! Étudier Grammaire 4.4 et 4.5

Le week-end chez les Lasalle

Samedi matin, avant le déjeuner

Bernard tond le gazon.

Camille passe l'aspirateur.

Après le déjeuner

Camille fait la vaisselle.

Marie-Christine essuie les assiettes, puis elle les met dans le placard.

Nathalie sort les ordures.

Bernard aime bricoler.

Christine répond à la lettre d'une amie.

*A*ctivité 10 Échanges: Les tâches domestiques

Dans votre famille, qui fait ces activités le plus souvent? Et vous, aimez-vous les faire? Pourquoi?

MODÈLE: nettoyer la salle de bains →
Ma sœur nettoie la salle de bains. Moi, je déteste faire ça.

1. faire le ménage
2. aller au supermarché
3. bricoler
4. tondre le gazon
5. cuisiner
6. faire la lessive
7. s'occuper des animaux
8. faire réparer la voiture
9. -?-

Exprime-toi!

Personne ne fait ça.
C'est dégoûtant!
Je n'aime pas le faire.
Je refuse de faire ça.
J'adore le faire.

[handwritten notes: Personne ne = no body / Je refuse de faire ça / (I refuse to do this) / ça = this]

*A*ctivité 11 Casse-tête: Qu'est-ce que c'est?

Vocabulaire utile: l'aspirateur, le gazon, la lessive, le lit, le ménage, les ordures, la vaisselle

1. On la fait après les repas si on n'a pas de machine.
2. On le tond et quelquefois, on l'arrose.
3. On la fait quand on a trop de vêtements sales.
4. On le passe pour nettoyer les tapis et la moquette.
5. On peut le faire toutes les semaines ou très rarement. Normalement, on le fait avant d'avoir des invités à la maison.
6. On les sort après les repas. Ce n'est pas une tâche très agréable.
7. On le fait chaque matin si on n'est pas trop pressé(e).
8. -?-

*A*ctivité 12 Récit: Un samedi chargé

Racontez la journée d'Adrienne.

Vocabulaire utile: repasser, arroser

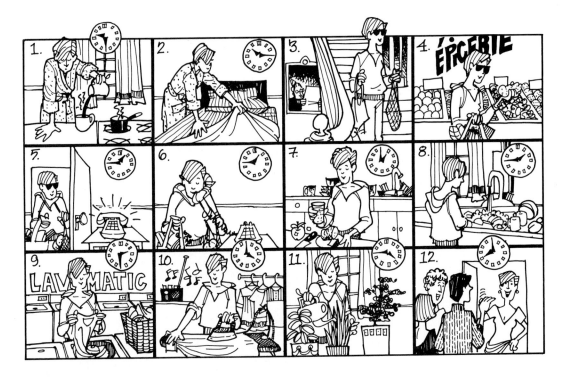

*A*ctivité 13 Dans le monde francophone: Perceptions

Voici les résultats d'une enquête sur le niveau de participation de l'époux au travail ménager. Lisez le tableau et les conclusions suivants, puis dites si vous êtes d'accord ou pas, et pourquoi.

EST-CE QUE L'ÉPOUX «FAIT QUELQUE CHOSE»?		
tâches	**réponse de l'époux**	**réponse de l'épouse**
Marché/achats	54	48
Vaisselle	48	44
Véhiculer les enfants	49	49
Habiller les enfants	38	31
Cuisine	37	27
Ménage	35	24
(Francoscopie 1999)		

Conclusions. Etes-vous d'accord?

1. Presque 50% des hommes aident à conduire les enfants.
2. Il semble que les hommes aiment mieux faire les achats que cuisiner.
3. Seulement un tiers (1/3) des hommes participent à faire le ménage.
4. On ne précise pas si l'épouse ou l'époux travaille hors de la maison.
5. Les femmes pensent que leurs époux ne font pas beaucoup le ménage.
6. Les femmes sont injustes envers leurs époux.
7. Dans cette enquête, les hommes exagèrent dans tous les domaines.

LA VIE DE QUARTIER

Attention! Étudier Grammaire 4.6 et 4.7

Dans le quartier de Jean-Yves Lescart

Jean-Yves va au lavomatic parce qu'il a besoin de faire la lessive.

Il va au café parce qu'il a soif et qu'il a envie de voir ses copains.

Quand il a faim et qu'il est pressé, il mange au self-service.

Il connaît beaucoup de gens dans le quartier.

Tous les voisins le connaissent aussi.

*A*ctivité 14 Associations: Les courses et les commerces

Où est-ce qu'on peut faire les courses ou les activités suivantes?

LES COURSES

1. envoyer une lettre
2. faire réparer des chaussures
3. faire la lessive
4. faire nettoyer un vêtement délicat
5. se faire couper les cheveux
6. faire réparer une montre cassée
7. acheter du détergent
8. acheter une carte Michelin d'Italie
9. un film en DVD
10. prendre un pot avec des copains

LES ENDROITS

a. chez le cordonnier
b. au lavomatic
c. chez le coiffeur/la coiffeuse
d. dans une brasserie
e. au pressing
f. au bureau de poste
g. à la bijouterie
h. dans une librairie
i. dans un magasin d'électronique
j. dans une grande surface

Info: Société

Villes, quartiers, villages

Petits commerces dans le Marais, quartier parisien

Une ville européenne est traditionnellement divisée en «quartiers», souvent avec un nom de saint (Sainte-Marthe, Saint-Marcel) parce qu'autrefois[1] l'église était le centre de la vie collective. Le nom d'un quartier évoque parfois aussi un monument (la Bastille), une activité (les Halles, le Quartier latin), ou peut refléter la topographie d'un endroit (le Marais, Montmartre). À Paris, il y a aussi un quartier chinois (13e arrondissement), un quartier juif (le Sentier) et plusieurs quartiers à dominance maghrébine,[2] comme Barbès. Chaque quartier a une personnalité particulière: il existe encore des fêtes et des traditions culinaires qui changent d'un quartier à l'autre, car nombre de[3] «Parisiens» gardent leurs racines[4] culturelles provinciales.[5]

[1] ≠présent
[2] originaire d'Afrique du nord, du Maghreb
[3] **nombre...** beaucoup de
[4] origines
[5] de la province, l'ensemble des régions françaises, à l'exception de Paris (en province ≠ à Paris)

Activité 15 Enquête: Connaissez-vous votre quartier?

Dites *oui* ou *non*. Ensuite, comparez vos réponses avec celles de votre partenaire.

1. Je connais mes voisins.
2. Je fais mes achats chez les commerçants du quartier.
3. Beaucoup de mes voisins me connaissent et me saluent.
4. Je sais le nom des agents de police qui travaillent dans le quartier.
5. Je reconnais les gens qui passent devant chez moi.
6. Je me promène dans le quartier de temps en temps.
7. Je peux contacter un de mes voisins si j'ai des ennuis.
8. Je sais où prendre l'autobus dans mon quartier.
9. Je connais certains des enfants du quartier.
10. Je sais où se trouve le bureau de poste le plus proche.

MODÈLE: É1: Moi, je sais le nom du facteur. Et toi?
É2: Aucune idée! Je suis en cours quand le facteur arrive chez nous.

Exprime-toi!

Bien sûr!
Aucune idée!
Pas du tout!
Sans blague?

Activité 16 Échanges: Pour choisir un appartement

Voici des facteurs qui influencent souvent le choix d'un appartement. Si vous décidez de partager un «appart» avec des copains, quelle importance ont les considérations suivantes pour vous?

(1) très important (2) important (3) indifférent (4) sans importance

_____ le calme
_____ un logement qui me plaît
_____ des parcs à proximité
_____ des voisins d'origines variées
_____ des transports en commun à proximité
_____ l'absence d'activité criminelle
_____ des restaurants à proximité

_____ des distractions à proximité
_____ des habitants de mon âge
_____ des commerces à proximité
_____ un prix raisonnable
_____ le prestige du quartier
_____ la proximité de mon travail
_____ le décor du logement

LECTURE

Culture des banlieues?

Aton-Râ (de son vrai nom Jean-Claude Kouamé) est chanteur de rap originaire de la Seine-Saint-Denis, en banlieue parisienne. Il est interviewé sur M6 à l'émission de télévision «Planète Jeunes» par l'animateur Cédric LeGoff.

Cédric LeGoff: Tout le monde aujourd'hui parle d'une «culture de banlieue», mais est-ce que tu ne penses pas que c'est une légende, un truc[1] publicitaire pour vendre des disques?

[1](fam.) une stratégie, une idée

Un cité près de Paris: «d'immenses immeubles complètement impersonnels, de véritables cages à lapins»

Aton-Râ: Ah, non! Ce n'est pas une légende, mais ce n'est pas non plus ce que montrent les films ou la télé: les gens des banlieues ne sont pas tous chômeurs[2] et délinquants! En fait, on y trouve aussi des gens honnêtes qui travaillent dur.

Cédric LeGoff: Quelques-uns, mais pas beaucoup...

Aton-Râ: Bien sûr, la banlieue c'est le ghetto des exclus, de tous ceux que la «bonne société» française ne veut pas voir, c'est clair. Regarde comment on a construit les cités: d'immenses immeubles complètement impersonnels. Il n'y a plus de commerces de proximité, pas d'espace pour jouer, pour se promener, pas de centres culturels, pas de cinémas. Pas étonnant que les jeunes se tournent vers le trafic et la délinquance, avec un cadre de vie pareil.[3] Pas de travail, pas d'espaces verts, pas d'espoir.[4] C'est la galère[5] totale!

Cédric LeGoff: Bon, c'est certain que les conditions de vie dans les cités ne sont pas roses; mais est-ce que cela crée[6] une culture propre?

Aton-Râ: Oui, parce que les gens sont unis par une expérience commune de l'exclusion au quotidien, tu vois. Ils partagent le même langage et une musique qui exprime[7] leur révolte... Le rap n'est pas toujours violent, mais il reflète[8] toujours des conditions de vie difficiles, la marginalisation. Il exprime une frustration, et les jeunes des cités s'identifient très profondément à ce discours.

Cédric LeGoff: Oui, mais est-ce que vous, les rappeurs, vous n'êtes pas tentés de renier[9] votre banlieue quand vous devenez riches et célèbres?

Aton-Râ: À mon avis non; si on fait ça, on va aliéner notre public immédiatement. Il est indispensable de ne pas oublier son quartier d'origine, même si on gagne des millions. On est enfant de la banlieue, et on le reste.

---

[2] personnes qui n'ont pas de travail
[3] **cadre...** environnement de ce genre
[4] <espérer: penser que la situation va s'améliorer
[5] (fam.) situation difficile

[6] <la création
[7] parle de
[8] <la réflexion
[9] désavouer, refuser

Avez-vous compris?

A. Expliquez les mots ou expressions suivants:
1. des espaces verts
2. les conditions de vie ne sont pas roses
3. au quotidien
4. des commerces de proximité

B. Dans une autre interview, l'animateur suggère les idées suivantes. Dites si à votre avis Aton-Râ va être d'accord ou non avec ces phrases.

1. «Les jeunes habitants des banlieues sont tous des délinquants.»
2. «La culture des banlieues n'est pas une invention des médias.»
3. «Le rap est nécessairement une musique violente.»
4. «L'environnement des banlieues provoque des frustrations chez leurs habitants.»
5. «Si on a assez d'argent, il est préférable d'oublier la banlieue.»

À vous la parole! Avec un groupe de deux ou trois camarades, déterminez les avantages et les inconvénients d'habiter (1) en ville, (2) dans une cité de banlieue, (3) dans une banlieue résidentielle et (4) à la campagne.

La langue en mouvement

Le verlan

Les jeunes qui habitent les cités parlent un français qui possède beaucoup de mots qui n'existent pas en français standard. Une des particularités de leur vocabulaire, c'est le «verlan». Les mots du verlan sont formés par l'inversion des syllabes d'un mot de français standard. Par exemple, femme, rap et noir deviennent en verlan meuf, peura et renoi, respectivement. Pouvez-vous deviner l'équivalent standard de tromé et saifran?

À vous d'écrire!

Vous allez passer quelques mois à l'université de Toulouse et vous désirez partager un appartement avec des étudiants français. Écrivez une petite annonce qui décrit ce que vous recherchez: le type de logement, le nombre et le type de colocataires (camarades de chambre) que vous cherchez, le loyer maximum que vous pouvez payer et d'autres renseignements qui vous semblent importants. N'oubliez pas de dire comment on peut vous contacter.

MODÈLE: Étudiant(e) américain(e) cherche... pour... mois.

Espace vidéo

Chercher un appartement. Dans cet épisode, Aimée n'est pas contente de sa colocataire (camarade de chambre). Elle explique pourquoi à sa copine Claire, qui offre de l'aider à trouver un autre logement. Quel type de logement est-ce qu'Aimée voudrait trouver? Comment est le logement que Claire lui propose? Est-ce que Claire connaît une personne qui cherche une colocataire? Qui est-ce?

www.mhhe.com/deuxmondes

À explorer: www.mhhe. com/deuxmondes/ pour obtenir plus d'informations sur les thèmes du chapitre.

Vocabulaire

LES PIÈCES ET LES AUTRES PARTIES DE LA MAISON

Rooms and other places in the house

la chambre à coucher	the bedroom
la cheminée	the fireplace
la cuisine	the kitchen
l'escalier (*m.*)	the stairs, staircase
le jardin	the yard, garden
la salle à manger	the dining room
la salle de bains	the bathroom
la salle de séjour	the living room
le sous-sol	the basement
le toit	the roof
un volet	a shutter

Mots apparentés: le salon, la terrasse

LES MEUBLES ET L'ÉQUIPEMENT MÉNAGER

Household furnishings

un appareil	an appliance
une baignoire	a bathtub
un balai	a broom
une bouilloire	a teakettle
un canapé	a sofa
une commode	a dresser
un coussin	a cushion
une cuisinière	a kitchen range, stove
une douche	a shower
un évier	a kitchen sink
un fauteuil	an easy chair
un fer à repasser	an iron
un four à micro-ondes	a microwave oven

grée pon [handwritten]

un grille-pain	a toaster
un lavabo	a lavatory, sink
un lave-vaisselle	a dishwasher
un lit	a bed
une machine à laver	a washing machine
un placard	a closet, cupboard
un radio-réveil	a clock radio
des rideaux (*m.*)	curtains
un tableau	a picture
une table basse	a coffee table
une table de nuit	a bedside table
un tapis persan *(Tă-pee)* [handwritten]	a Persian rug
les w.c. *(Vey-Say)* [handwritten]	a toilet

une moquette — *wall to wall carpet* [handwritten]

Mots apparentés: **un buffet, un détergent, un DVD, une lampe, un miroir, une radio, un réfrigérateur, un sauna, une table, un ventilateur**

une parquet *(fen)* [handwritten]

LE LOGEMENT

Housing-related terms

un ascenseur	an elevator
la cité universitaire	university residence halls
un deux-pièces meublé	a furnished one-bedroom apartment
un immeuble	an apartment building, a highrise
un(e) locataire	a tenant
le rez-de-chaussée	the ground floor
le premier étage	the second floor
le (douzième) étage	the (thirteenth) floor
louer an appartement	to rent an apartment
payer le loyer	to pay the rent

Mots apparentés: **un balcon, un court de tennis, un édifice, un parc résidentiel, une résidence, un studio, une villa, une vue**

LE QUARTIER

The neighborhood

un agent de police	a police officer
une bijouterie	a jewelry store
une brasserie	a tavern, pub
un(e) commerçant(e)	a shopkeeper
un coiffeur/une coiffeuse	a hairdresser
un cordonnier/une cordonnière	a shoemaker, repairer
un facteur	a mail carrier

une grande surface	a supermarket
un lavomatic	a laundromat
un marchand de vins	a wine seller
un(e) voisin(e)	a neighbor

Mots apparentés: **un(e) employé(e), un(e) fleuriste, un garage, un pressing, un self-service**

LES TÂCHES MÉNAGÈRES

Household tasks

arroser *(Remember to conjugate)* [handwritten]	to water (*plants*)
bouillir *(boo yeer)* [handwritten]	to boil
bricoler	to putter, tinker
conserver la nourriture	to preserve food
essuyer la vaisselle	to wipe the dishes
faire la lessive	to do laundry
faire la poussière	to dust
faire la vaisselle	to wash dishes
faire le ménage	to do housework
jardiner	to garden
nettoyer *nay twoi yay* [handwritten]	to clean
s'occuper de	to take care of
passer l'aspirateur	to vacuum
ranger	to put in order
repasser	to iron
sortir les ordures	to empty the garbage
tondre le gazon	to mow the lawn

qui s'occuper de — who takes care of (who does) [handwritten]

LES CONDITIONS MENTALES ET PHYSIQUES

Physical and mental states

avoir besoin (de)	to need
chaud	to feel warm, hot
envie (de)	to want
faim	to be hungry
froid	to be cold
honte	to be ashamed
peur (de)	to be afraid (of)
raison	to be right
soif	to be thirsty
sommeil	to be sleepy
tort	to be wrong
être content(e)	to be happy
de mauvaise humeur	to be in a bad mood
fâché(e)	to be angry
triste	to be sad

La description

Description

dur(e)	hard, difficult
original(e)	unusual, special
pressé(e)	in a hurry
proche	near, nearby
propre	own (my own . . .); clean
sale	soiled, dirty

Mots apparentés: **calme, confortable, criminel(le), délicat(e), électronique, équipé(e), pratique, rarement, sale, varié(e), vaste**

Verbes

Verbs

apporter	to bring
bâtir	to build
bavarder	to chat
choisir	to choose
connaître	to be acquainted with
entendre	to hear
partager	to share
prendre une décision	to make a decision
réfléchir	to think, reflect
répondre	to answer
se reposer	to rest
vendre	to sell
vivre	to live

Mots apparentés: **aider,** to help **comparer, conserver, considérer, démolir, finir, payer, refuser, réparer, signer, téléphoner**

Mots et expressions utiles

Useful words and expressions

à proximité	close by
Aucune idée!	I've no idea!
C'est dégoutant!	That's disgusting!
en plus	also, furthermore
pas du tout	not at all
Sans blague!	No kidding!
toutes les semaines	every week
Tu as de la chance!	You're lucky!

Grammaire et exercices

4.1 Describing: PLACEMENT OF ADJECTIVES

⭐ Most of these adjectives can be arranged in pairs of opposites: **bon ≠ mauvais.** Look for the other pairs.

A. Most French adjectives follow the noun they modify.

Nos voisins ont une maison **énorme.**   *Our neighbors have a huge house.*

B. A few adjectives, however, generally precede the noun they modify. Here are the most common of these.

PRE-NOUN ADJECTIVES			
autre	*other*	mauvais(e)	*bad*
beau/belle	*beautiful*	même	*same*
bon(ne)	*good*	nouveau/nouvelle	*new*
grand(e)	*big; tall*	petit(e)	*small, short*
jeune	*young*	vieux/vieille	*old*
joli(e)	*pretty*		

Il y a un **beau** tapis dans le salon.   *There's a beautiful rug in the living room.*

Mes grands-parents habitent dans une **jolie** maison blanche.   *My grandparents live in a pretty white house.*

C. Beau, nouveau, and **vieux** have irregular forms used with masculine nouns beginning with a vowel or a mute **h.**

MASCULINE (*s./pl.*)	FEMININE (*s./pl.*)	before a masculine singular noun beginning with a vowel or mute **h**
beau/beaux	belle/belles	bel
nouveau/nouveaux	nouvelle/nouvelles	nouvel
vieux/vieux	vieille/vieilles	vieil

Leur **nouvel** appartement est dans un **bel** immeuble.   *Their new apartment is in a lovely building.*

Édouard Vincent est un **vieil** homme sympathique.   *Édouard Vincent is a nice old man.*

Pronunciation Hint:

The plural endings **-s** and **-x** are always pronounced before a vowel or a mute **h: vieux͡ amis, belles͡ étagères, nouveaux͡ hôtels.**

Exercice 1 La nouvelle maison de Julien Leroux

Julien Leroux parle avec un ami. Terminez ses réponses avec le nom suggéré et le même adjectif. Faites attention à l'accord de l'adjectif.

MODÈLE: Tu as une *grande* chambre, n'est-ce pas? (lit, *m.*) →
Oui, et j'ai aussi un grand lit.

1. C'est un *vieux* quartier, n'est-ce pas? (maison, *f.*)
Oui, mais ce n'est pas ___vieille___
2. Tu as un *beau* buffet, n'est-ce pas? (cheminée, *f.*)
Oui, et j'ai aussi ___belle___.
3. Tu as une *petite* cuisine, n'est-ce pas? (réfrigérateur, *m.*)
Oui, et c'est pourquoi j'ai ___un petit___
4. Il y a un *bon* four, n'est-ce pas? (cuisinière, *f.*)
Oui, et il y a aussi ___bonne___
5. Tu as une *grande* baignoire, n'est-ce pas? (sauna, *m.*)
Oui, et j'ai aussi ___grand___
6. Tu as une *nouvelle* adresse, n'est-ce pas? (numéro de téléphone, *m.*)
Oui, bien sûr. Et j'ai aussi ___nouveau___.

Exercice 2 Au contraire!

Faites des questions et répondez en utilisant l'adjectif contraire. Attention aux formes des adjectifs.

MODÈLE: une petite cuisine →
Tu as une petite cuisine, n'est-ce pas?
Mais non, j'ai une grande cuisine.

1. une petite chambre
2. un nouvel appartement
3. un vieux jean
4. de nouvelles chaussures
5. une grande étagère
6. un bon dictionnaire de français
7. un jeune professeur de français
8. de nouveaux amis

(a-tā-jer)

*use "de" in a negative
de ne - pas → de*

4.2 MAKING COMPARISONS

A. To make comparisons of qualities with adjectives or adverbs, use the following phrases.

COMPARING QUALITIES	
aussi... que	*as . . . as*
plus... que	*more . . . than*
moins... que	*less . . . than*

➤ In comparisons, as always, the adjective agrees with the noun it modifies: *Barbara* est plus grande que Louis.

Un réfrigérateur est **aussi utile qu'**un lave-vaisselle.
A refrigerator is as useful as a dishwasher.

Une baignoire est **plus pratique qu'**un sauna.
A bathtub is more practical than a sauna.

Bernard dort **moins bien que** Christine.
Bernard sleeps less soundly than Christine.

➤ Comparative expressions are one type of quantity expressions. These usually take **de** before the noun: **beaucoup de livres.** (See **Grammaire 3.6E** and **7.1.D.**)

B. To compare quantities (of nouns), use these phrases:

COMPARING QUANTITIES	
autant de... que	*as much, as many as*
plus de... que	*more than*
moins de... que	*less, fewer than*

Il y a **plus de chaises** dans la salle à manger **que** dans le salon.
There are more chairs in the dining room than in the living room.

Ton appartement a **autant de pièces que** notre maison.
Your apartment has as many rooms as our house.

J'ai **moins d'argent que** toi.
I have less money than you (do).

Pronunciation Hint:

In general, the **s** in **plus** is not pronounced before a consonant: **J'ai plus̸ de livres que vous.** It is pronounced **z** before a vowel: **Il est plus ᶻorganisé que moi.** The **s** *is* pronounced (as an **s**) at the end of a phrase or sentence: **Mangez plus!**

C. **Bon** and **mauvais** are adjectives (they modify nouns and pronouns): **un** *bon* **livre, un** *mauvais* **exemple. Bien** and **mal** are adverbs (they modify verbs): **elle parle** *bien* **l'anglais, il chante** *mal.* Here are their comparative forms. Notice that some of their comparative forms are irregular.

✷ *Review the definition of an adjective, p. 13.*

	ADJECTIVES		
bon(ne) (*good*)	moins bon(ne)	aussi bon(ne)	**meilleur(e)**
mauvais(e) (*bad*)	moins mauvais(e)	aussi mauvais(e)	plus mauvais(e)/pire

[handwritten annotations: "Less good" above ADJECTIVES; "not plus bon better" above meilleur(e)]

Definition: An adverb modifies a verb, i.e., it tells *how* something is done: Barbara talks *fast,* and I write *slowly.*

	ADVERBS		
bien (*well*)	moins bien	aussi bien	**mieux**
mal (*badly, poorly*)	moins mal	aussi mal	plus mal

[handwritten annotation: "Less well" above moins bien]

Cette table est de **meilleure** qualité que l'autre.
This table is of better quality than the other one.

Ces rideaux vont **mieux** avec les couleurs de ma chambre.
These curtains go better with the colors in my room.

[handwritten: Penser = To think]

[handwritten: quest-ce que vous pensez]

Exercice 3 À votre avis

Comparez les objets, selon le modèle.

MODÈLE: une voiture et une bicyclette →
Une voiture est plus confortable qu'une bicyclette, mais une bicyclette est moins chère.

1. un lave-vaisselle et un réfrigérateur *[handwritten: Dishwasher]*
2. un appartement et une maison
3. un aspirateur et un four à micro-ondes *[handwritten: microwave]*
4. un immeuble moderne et un vieil immeuble
5. une chaîne stéréo et une radio
6. un répondeur téléphonique et un magnétoscope* *[handwritten: VCR]*

[handwritten: aspirateur - Vacuume]
[handwritten: Immeuble - apartment (É-moo-blah)]
[handwritten: Answering machine]

Suggestions

cher/chère	pratique	utile	charmant(e)
important(e)	agréable	confortable	intéressant(e)
amusant(e)	économique	beau/belle	important(e)
			-?-

Exercice 4 Maisons bien équipées

Comparez l'équipement électronique chez Daniel, Albert et Louis. Employez **plus de, moins de** ou **autant de.**

[handwritten: CD Player]

	RADIO-RÉVEILS	TÉLÉVISIONS	JEUX CD-ROM	CHAÎNES STÉRÉOS
Chez Daniel	2	1	8	2
Chez Albert	3	2	5	4
Chez Louis	4	0	4	4

[handwritten: plus = ploo. when compare a quality do not pronounce the "s" in "plus". when adding things ex 2+2=4 Pronounce the "s" plus. Oui d'accord = okay]

MODÈLE: Daniel a _____ radio-réveils qu'Albert et Louis. →
Daniel a moins de radio-réveils qu'Albert et Louis.

1. Daniel a _____ jeux CD-ROM que Louis.
2. Albert a _____ chaînes stéréos que Louis.
3. Daniel a _____ chaînes stéréos qu'Albert et Louis.
4. Albert a _____ radio-réveils que de télévisions.
5. Louis a _____ chaînes stéréos que de radio-réveils.
6. Louis a _____ jeux CD-ROM que de télévisions.

---

*un magnétoscope = a VCR

Exercice 5 Ambiance universitaire

Complétez les phrases suivantes avec un adjectif (**bon** ou **mauvais**) ou un adverbe (**bien** ou **mal**), selon votre propre expérience.

1. Le quartier de l'université est un _____ quartier pour trouver un logement.
2. En général, les logements loués aux étudiants sont en _____ condition.
3. Les résidences universitaires offrent une _____ ambiance pour un nouvel étudiant.
4. Dans les restaurants universitaires, on mange très _____.
5. Les étudiants sont souvent en _____ santé, parce qu'ils ne dorment pas assez.
6. Je dors _____ la nuit, si je bois du café le soir.
7. Je travaille _____, allongé sur le canapé.

Exercice 6 Opinions

Êtes-vous d'accord? Sinon, changez la phrase.

MODÈLE: Je me sens mieux quand je bois du café. →
Oui, je me sens mieux quand je bois du café. (Non, je me sens moins bien quand je bois du café.)

1. Les étudiants d'aujourd'hui sont moins bons que les étudiants d'il y a vingt ans (*20 years ago*).
2. Les diplômés d'aujourd'hui sont moins bien préparés pour le monde du travail que leurs parents.
3. Mes notes en maths sont meilleures que mes notes en français.
4. En général, les petites universités sont moins bonnes que les grandes.
5. Je travaille mieux à la bibliothèque que chez moi.
6. Les jeunes professeurs sont meilleurs que les professeurs plus âgés.

4.3 Regular -ir verbs

A. The second group of regular verbs in French has infinitives ending in **-ir.** These verbs add **-iss-** between the stem and the endings in the plural forms.

finir (*to finish*)	
je finis	nous fin**iss**ons
tu finis	vous fin**iss**ez
il/elle/on finit	ils/elles fin**iss**ent

Albert **finit** toujours ses devoirs.   *Albert always finishes his homework.*

Pronunciation Hint:

fini~~s~~, fini~~t~~, finiss~~ent~~

B. Other verbs conjugated like **finir: bâtir** (*to build*), **choisir** (*to choose*), **démolir** (*to demolish*), **obéir** (**à**) (*to obey*), **punir** (*to punish*), **réfléchir** (**à**) (*to think [about]*), **réussir** (**à**) (*to succeed [at]*).

Je reussir à la exam

> Raoul? Il **choisit** un vin.   Raoul? He's choosing a wine.
> Les jeunes ne **réfléchissent** pas   Young people don't always think
>   toujours avant d'agir.   before acting.

C. **Obéir, réfléchir,** and **réussir** generally require **à** before their objects.

> Elle **réfléchit à** la question.   She's thinking about the question.
> Je **réussis** toujours **aux** examens.   I always pass exams.

D. **Finir** and **choisir** require **de** only when followed by an infinitive.

> Nous **finissons** souvent **de**   We often finish working at 8:00.
>   **travailler** à 8 h.
> On peut **choisir de rester** à la   One can choose to stay at home.
>   maison.

✴ See **Appendix B** for more on verbs and prepositions.

E. Though their infinitives end in **-ir, offrir** and **ouvrir** are conjugated like **parler.**

✴ Review **Grammaire 1.5.**

offrir (*to offer, give*)	
j'offr~~e~~	nous offr**ons**
tu offr**es**	vous offr**ez**
il/elle/on offr~~e~~	ils/elles offr**ent**

To open

Other verbs like **offrir** and **ouvrir: couvrir** (*to cover*), **découvrir** (*to discover*).

Pronunciation Hint:

offr~~es~~, õn_offr~~e~~, nous ͜ offrõ~~ns~~, vous ͜ offre~~z~~, ils ͜ offr~~ent~~

Exercice 7 La classe de Mme Martin

Complétez les phrases suivantes et dites si vous faites la même chose.

> MODÈLE: Albert _____ ses cours à 14 h. (finir) →
>   Albert finit ses cours à 14 h. Moi, je finis à midi.

1. Daniel est sérieux. Il _____ avant de parler. (réfléchir)
2. Louis ne _____ pas toujours ses devoirs. (finir)
3. Barbara _____ toujours à sa conscience. (obéir)

Je suis mérchant

Complétez les phrases suivantes et dites si votre classe de français fait comme la classe de Mme Martin.

MODÈLE: Dans les activités TPR, les étudiants _____ aux ordres. (obéir) →
Les étudiants obéissent aux ordres. Dans notre classe, nous
obéissons aux ordres.

4. Les étudiants _____ leurs partenaires pour travailler en groupes. (choisir)
5. En général, les étudiants _____ à leurs examens. (réussir)
6. Ils vont au café quand ils _____ leurs cours. (finir)

ou a le vous

4.4 REGULAR -RE VERBS, METTRE

A. The third and final group of regular verbs in French has infinitives ending in
-re. Note that the **-d** at the end of the stem **(attend-)** is pronounced only in
the plural forms. Thus, the three singular forms sound the same.

attendre (*to wait [for], expect*)	
j'attends	nous attend**ons**
tu attends	vous attend**ez**
il/elle/on attend	ils/elles attend**ent**

—Qui **attendez**-vous?   *Whom are you waiting for?*
—J'**attends** Salam.   *I'm waiting for Salam.*

Pronunciation Hint:

attẽnds, attẽnd; attẽndõns, attẽndez, attẽndẽnt

B. Other verbs like **attendre: descendre** (*to get out of a vehicle; to go down*),
entendre (*to hear*), **perdre** (*to lose; to waste*), **rendre** (*to give back*), **répondre (à)**
(*to answer*), **tondre** (*to mow*), **vendre** (*to sell*).

J'**entends** un chien.   *I hear a dog.*
Rendez-moi mes livres!   *Give me back my books!*

✶ *Review* **Grammaire 3.3.**

C. Notice the difference between the regular **-re** verbs like **attendre** and the
irregular **-re** verbs like **prendre:** the singular forms are the same, but the
plural forms are different.

REGULAR	IRREGULAR
nous entend**ons**	nous prenons
vous entend**ez**	vous prenez
ils entend**ent**	ils prennent

D. **Mettre** is similar in conjugation to **attendre.** Notice that there is only one **t** in
the stem of the singular forms.

mettre (*to put [on]*)	
je mets	nous me**tt**ons
tu mets	vous me**tt**ez
il/elle/on me**t**	ils/elles me**tt**ent

En classe, nous **mettons** nos affaires par terre.

In class, we put our things on the floor.

Je **mets** un jean pour aller en cours.

I put jeans on to go to class.

Other verbs conjugated like **mettre: permettre** (*to permit*), **promettre** (*to promise*), **remettre** (*to put back, hand in*).

many verbs put re in front means to do again

Pronunciation Hint:

The final **t** in the stem is pronounced in the plural forms only: me~~ts~~, me~~t~~, me**tt**on~~s~~, me**tt**ez~~, me**tt**en~~t~~.

Exercice 8 Chez toi

(shay)

se moi qui mettre la table

MODÈLE: entendre les voisins →
Chez toi, est-ce que tu entends les voisins?
Oui, j'entends les voisins. (Non, je n'entends pas les voisins.)

1. mettre la table pour dîner *set the table*
2. prendre le petit déjeuner dans la cuisine *Take breakfast in the kitchen (not) eat breakfast* *Remember!*
3. tondre le gazon en été
4. permettre au chien de dormir sur ton lit
5. apprendre à surfer le Net
6. mettre ta chambre en ordre tous les jours
7. répondre toujours au téléphone *always answers telephone*
8. perdre souvent tes livres

Maintenant, posez les mêmes questions au professeur.

MODÈLE: Chez vous, est-ce que vous entendez les voisins?

Exercice 9 Comparaisons: ici et ailleurs

for Friday 4/15/05

Complétez les descriptions d'une université nord-américaine typique. Ensuite, dites si c'est vrai pour votre université et pour votre classe de français.

agree if it is true for your + for your

1. Les étudiants _____ leurs livres à la fin du semestre. (vendre) *sell*
   a. Dans cette université, on...
   b. Dans notre classe de français, nous...
2. Les étudiants _____ si le professeur arrive en retard. (attendre)
   a. Dans cette université, on...
   b. Dans notre classe de français, nous...
3. Les étudiants ne _____ pas toujours les devoirs. (remettre) *Homework*
   a. Dans cette université, on...
   b. Dans notre classe de français, nous...

Choose either A or B not Both

Completed 4-16

4. Certains étudiants _____ du temps devant la télé. (perdre)
  a. Dans cette université, on...
  b. Mes copains et moi, nous...
5. Les professeurs ne _____ pas aux étudiants de dormir en classe. (permettre)
  a. Dans cette université, on...
  b. Mon professeur de français...
6. Les professeurs ne _____ pas toujours les examens corrigés le lendemain. (rendre)
  a. Dans cette université, on...
  b. Mon professeur de français...

4.5 DIRECT OBJECT PRONOUNS

Definition: A direct object follows the verb without a preposition before it: **Je fais mon lit.**

A. Direct object pronouns are used in place of direct object nouns. The following forms can refer to people or things. Like reflexive pronouns, they are placed before the verb.

le (*him, it*)	replaces masculine singular nouns
la (*her, it*)	replaces feminine singular nouns
l' (*him, her, it*)	replaces masculine or feminine singular nouns before verbs beginning with a vowel or a mute **h**
les (*them*)	replaces masculine and feminine plural nouns

—Aimez-vous ces rideaux?   *Do you like these curtains?*
—Oui, je **les** aime beaucoup.   *Yes, I like them a lot.*

—Tu entends ton père qui t'appelle?   *Do you hear your father calling you?*
—Oui, je **l'**entends.   *Yes, I hear him.*

Pronunciation Hint:

je les ͝ aimé, nous les ͝ aimõ̸ǹ$, etc.

B. Here are the other direct object pronouns. Note that **me** and **te** become **m'** and **t'** before a vowel or a mute **h**.

me (**m'**) (*me*)	**nous** (*us*)
te (**t'**) (*you*, informal sing.)	**vous** (*you*, formal/pl.)

Bernard, tes parents **nous** invitent au concert.   *Bernard, your parents are inviting us to the concert.*

—Allô, maman. Tu **m'**entends bien?   *Hello, Mom. Can you hear me OK?*
—Oui, je **t'**entends parfaitement.   *Yes, I can hear you perfectly.*

C. In negative sentences, **ne** precedes object pronouns.

J'aime lire le journal, mais je **ne** **l'**achète pas souvent.   *I like to read the paper but I don't buy it often.*

verb
(to buy)

D. If a verb is followed by an infinitive, the direct object pronoun usually precedes the infinitive of which it is the object.

—Est-ce que tu voudrais **m'accompagner** à la banque?

Would you like to go with me to the bank?

—Oui, je passe **te chercher** à 3 h.

Yes, I'll come by to get you at 3:00.

E. Direct object pronouns are often used with **voici** and **voilà**.

—Bernard? Bernard? Où es-tu?

Bernard? Bernard? Where are you?

—**Me voici!** J'arrive tout de suite.

Here I am! I'm coming right away.

J'attends mes parents. Ah, **les voilà!**

I'm waiting for my parents. Oh, there they are!

F. Some common verbs take direct objects in French whereas the equivalent English verb takes a preposition: **chercher** (*to look for*), **écouter** (*to listen to*), **regarder** (*to look at, watch*), **attendre** (*to wait for*).

—**Regardez**-vous les **informations** à la télé?

Do you watch the news on TV?

—Non, je **les écoute** à la radio.

No, I listen to it on the radio.

Tu **m'attends** un instant? Je **cherche mes clés.**

Would you wait for me a moment? I'm looking for my keys.

Exercice 10 Un matin difficile

C'est lundi matin, et Bernard Lasalle est distrait, comme tous les matins. Christine doit l'aider à trouver toutes ses affaires.

MODÈLE: BERNARD: Où est ma chemise jaune? →
CHRISTINE: La voilà!

1. Où est ma cravate verte?
2. Où sont mes lunettes?
3. Où est ma ceinture marron?
4. Où est le journal?
5. Où sont mes tickets d'autobus?
6. Où est ma brosse à dents?

Exercice 11 Le travail ménager

Un(e) camarade vous demande si vous faites les tâches suivantes chez vous. Répondez selon le modèle.

MODÈLE: Tu tonds le gazon? → *sometimes*
Oui, je le tonds quelquefois (souvent, une fois par semaine). (Non, moi, je ne le tonds jamais, mais ma sœur le tond.)

1. Tu arroses les plantes dans le jardin? *Oui, Je les un fois par semaine*
2. Tu fais la cuisine? *[make food] Oui, Je la Fais*
3. Tu fais ton lit? *Oui, Je le fais Toujour*
4. Tu repasses tes vêtements? *Oui, Je les repasses quelquefois*
5. Tu fais le ménage? *Oui, Je le fais quelquefois Tois fois par semaine*
6. Tu nettoies la salle de bains? *Non, J*
7. Tu achètes les provisions? *Oui Je l'achètes toujours*
8. Tu passes l'aspirateur?

Je n'ai pas la Ton [handwritten]

Exercice 12 Une mère très curieuse

Votre mère vous téléphone un samedi matin et vous pose beaucoup de questions. Répondez en employant un pronom objet direct.

MODÈLE: Tu vas nettoyer ta chambre aujourd'hui? →
Oui, je vais la nettoyer cet après-midi. (Non, je ne vais pas la nettoyer. Ce n'est pas nécessaire.)

(138) [handwritten]

1. Tu vas ranger ta chambre ce matin? *to go put in order your room* [handwritten]
2. Tu vas faire la lessive aujourd'hui? *wash today* [handwritten]
3. Tu vas repasser tes vêtements?
4. Tu vas faire tes devoirs ce soir?
5. Tu aimes les repas du restaurant universitaire?
6. Tu prends tes vitamines tous les jours?
7. Tu vas venir nous voir demain? *to go to come to see* [handwritten]
8. Quand vas-tu inviter ton nouveau petit ami/ta nouvelle petite amie à la maison?

Je ne vas pas la faire [handwritten]
Oui je vas le repasser [handwritten]

non, Je ne les prends pas [handwritten]

Exercice 13 Nathalie pose des questions

Complétez ses questions et donnez les réponses de ses parents, Bernard et Christine.

MODÈLE: Tu _____ aimes beaucoup, papa? →
Tu m'aimes beaucoup, papa?
Oui, je t'aime beaucoup!

1. Tu _me_ trouves belle, maman?
2. Tu _m'_ écoutes quand je parle, papa?
3. Tu _me_ trouves intelligente, papa?
4. Tu veux _m'_ aider à faire mes devoirs, maman?
5. Tu _me_ préfères à toutes les autres petites filles du monde, papa? *world* [handwritten]
6. Tu ne _me_ trouves pas difficile, maman?
7. Tu vas toujours _m'_ aimer, maman?

Je t'écoutes quelquefois [handwritten]

Je veux t'aider [handwritten]
Je te préfère [handwritten]
Je ne te trouves pas [handwritten]

4.6 Talking about knowing: THE VERB CONNAÎTRE

✱ *Review Grammaire 2.5.*

A. You already know how to use **savoir** (*to know*) to say you know a piece of information or how to do something.

Je **sais** qu'il est tard, mais je ne veux pas rentrer.

I know it's late, but I don't want to go home.

Ma camarade de chambre ne **sait** pas **faire** la cuisine.

My roommate doesn't know how to cook.

B. **Connaître** means *to know* in the sense of being acquainted with someone or something.

connaître (*to know, be familiar with*)	
je connais	nous connaissons
tu connais	vous connaissez
il/elle/on connaît	ils/elles connaissent

Je ne **connais** pas encore mes voisins.

Connaissez-vous le restaurant «Chez Alfred» dans la vieille ville?

I don't know (haven't met) my neighbors yet.

Do you know (Are you familiar with) the restaurant "Chez Alfred" in the old part of town?

Pronunciation Hint:

connais, connaît, connaissent

Exercice 14 Une soirée chez Julien

Don't do

Julien Leroux parle avec ses invités. Utilisez la forme correcte du verbe **connaître.**

1. Charles et Martine, _____-vous Mme Michaud? —Oui, nous la _____ très bien.
2. Jacques, _____-tu Sylvie? —Bien sûr, je la _____. C'est ma cousine!
3. Est-ce que Bintou _____ Jacques et Odette Dupont? —Oui, elle les _____ bien.
4. Mme Cartier, _____-vous le fiancé de Fatima? —Non, je ne le _____ pas encore.
5. Est-ce que les Michaud _____ les Haddad? —Oui, ils les _____ très bien. Ils sont voisins.

Exercice 15 La classe de Mme Martin

for wednesday 4-27-05

each *pg 96*

Complétez chaque phrase avec la forme correcte de **savoir** ou de **connaître.** Ensuite, formulez une réponse d'après le modèle.

MODÈLE: Mme Martin _____ tous ses voisins. Et toi? →
   Mme Martin *connaît* tous ses voisins.
   Moi, je ne connais pas tous mes voisins. (Moi aussi, je connais...)

1. Barbara _____ faire du canoë. Et toi?
2. Albert _____ la date de l'anniversaire de sa mère. Et toi?
3. Jacqueline _____ faire de l'escalade. Et toi?
4. Mme Martin _____ bien La Nouvelle-Orléans. Et toi?
5. Louis _____ l'histoire de sa famille. Et toi?
6. Denise _____ bien les poèmes de Jacques Prévert. Et toi?

4.7 Describing states of being: Idioms with AVOIR

✳ *Review **Grammaire B.5.***

A. As in English, most descriptions are expressed in French with an adjective and the verb **être.**

Karim **est** très **content** de sa nouvelle chaîne stéréo.	*Karim is very happy with his new stereo.*

B. In French, however, many states are expressed with the verb **avoir** followed by a *noun.*

J'ai froid. Le chauffage ne marche pas dans ma chambre.	*I'm cold. The heat isn't working in my room.*

Here are some other useful combinations of **avoir** + noun.

avoir chaud	*to be hot, warm*	**avoir froid**	*to be cold*
avoir faim	*to be hungry*	**avoir soif**	*to be thirsty*
avoir raison	*to be right*	**avoir tort**	*to be wrong*
avoir sommeil	*to be sleepy*	**avoir honte**	*to be ashamed*
avoir de la chance	*to be lucky*		

En été, quand j'**ai chaud,** je vais à la piscine.	*In summer, when I'm hot, I go to the pool.*
Jean-Paul pense qu'il **a raison.**	*Jean-Paul thinks he's right.*

C. Several idioms with **avoir** require **de** before an object or an infinitive.

avoir besoin de (papier/dormir)	*to need (paper/to sleep)*
avoir envie de (chocolat/sortir)	*to want (chocolate)/to feel like (going out)*
avoir honte de (sa conduite)	*to be ashamed of (one's conduct)*
avoir peur de (l'eau/voler)	*to be afraid of (water/flying)*
avoir raison de (refuser)	*to be right (to refuse)*
avoir tort de (fumer)	*to be wrong (to smoke)*

Nous **avons besoin d'**une nouvelle voiture.	*We need a new car.*
Raoul, tu **as envie de** faire du jogging demain matin?	*Raoul, do you feel like jogging tomorrow morning?*
Est-ce que tu **as peur du** chien?	*Are you afraid of the dog?*
Il **a tort de** se mettre en colère.	*He's wrong to get angry.*

D. Avoir l'air (*to seem*) is followed by an adjective.

Albert, tu **as l'air fatigué** ce matin.	*Albert, you look tired this morning.*
Ce pauvre chien **a l'air triste.**	*That poor dog looks sad.*

for wednesday

Exercice 16 Un étudiant québécois

Complétez le portrait de Raoul Durand avec **peur, tort, besoin, l'air, envie** ou **honte**.

1. Raoul n'est pas brillant. Il a _____ d'étudier.
2. Quelquefois, il pense au Québec et il a _____ de voir sa famille.
3. Il est toujours très calme. Il n'a jamais _____ nerveux.
4. Il est très ponctuel. Il a _____ s'il arrive en retard.
5. En général, il est courageux, mais il a _____ quelquefois.
6. Il est réaliste. Il admet qu'il a _____ quelquefois.

Exercice 17 Interruptions

Jean-Yves essaie de travailler chez lui, mais il trouve beaucoup d'autres choses à faire. Utilisez une expression avec **avoir**.

Quand... , Jean-Yves se fait un sandwich.

Quand... , il prend un verre d'eau.

Quand... , il fait la sieste.

Quand... , il ouvre la fenêtre.

Quand... , il prend une
tasse de thé très chaud.

Quand... de parler
avec quelqu'un, il
appelle un copain.

Quand... de
vêtements propres,
il va au lavomatic.

Il travaille plus dur
quand... d'avoir
une mauvaise note.

CHAPITRE 5

Dans le passé

Gustave
Caillebotte
(1848–1894), *Rue
de Paris, temps de
pluie*, 1876–77

Objectifs

IN **CHAPITRE 5**, *you will hear and talk about things that
happened in the past, both your own experiences and those of other people.*

Activités et lectures

L A VIE QUOTIDIENNE

Attention! Étudier Grammaire 5.1

Hier soir, chez les Colin

Charles a rendu son devoir
de physique.

Marise a assisté à une conférence
à la fac.

La famille Colin a dîné ensemble.

Claudine a déjeuné à la cantine
de son lycée.

(lee-say)

Clarisse a attendu l'autobus
pendant une demi-heure.

Joël a fini ses devoirs vers 9 h.

Emmanuel a choisi des
nouveaux tennis.

Claudine et Charles ont
joué aux échecs.

Activité 1   Enquête: La vie d'étudiant

Dites si vous avez fait les actions suivantes la semaine dernière.

La semaine dernière...
1. j'ai déjeuné au restaurant. (Où? Qu'est-ce que vous avez mangé?)
2. j'ai étudié le français. (Quand?)
3. j'ai passé un examen difficile. (Avez-vous réussi à l'examen?)
4. j'ai perdu les clés de ma voiture. (Où?)
5. j'ai fini un devoir important. (Pour quel cours? Quand avez-vous rendu le devoir?)
6. j'ai travaillé. (Où? Combien d'heures?)
7. j'ai discuté de la politique. (Où? Avec qui?)
8. j'ai attendu un professeur. (Qui? Où?)
9. j'ai assisté à une conférence fascinante. (Laquelle?)
10. j'ai oublié mon manteau. (Où?)

Maintenant, c'est à vous!

Comparez vos réponses à celles de votre partenaire.

> MODÈLE: J'ai séché un cours. (Quel cours?) →
> > É1: Moi, j'ai séché mon cours de maths mardi dernier. (Moi, je n'ai pas séché de cours la semaine dernière.) Et toi?
> > É2: Moi,...

Activité 2   Interro: L'été dernier

Décrivez les activités des quatre personnes suivantes.

> MODÈLE: É1: Qu'est-ce que Sarah et Agnès ont fait en juillet?
> > É2: Elles sont allées à Bordeaux.
> > É1: Qu'est-ce qu'elles ont fait pendant leur visite?
> > É2: Elles ont visité des caves à vin dans la région de Bordeaux.

	AU MOIS DE JUIN	AU MOIS DE JUILLET	AU MOIS D'AOÛT
JULIEN	a acheté un appart au 14ème étage d'un nouvel immeuble	a beaucoup voyagé pour monter une émission spéciale	a passé ses vacances à la Réunion
ADRIENNE	a rendu visite à ses parents en Auvergne	a suivi un stage intensif de tennis à Marseille	a assisté au mariage d'une amie d'enfance
SARAH ET AGNÈS	ont fait un voyage organisé en Égypte	ont visité des caves à vin dans la région de Bordeaux	ont dormi tard aussi souvent que possible

Activité 3   Entretien: Ma journée d'hier

Hier matin...
1. À quelle heure as-tu quitté la maison?
2. Quels vêtements as-tu portés?
3. As-tu assisté à des cours à la fac? Si oui, à quels cours?

Hier après-midi...
4. Où as-tu déjeuné? Avec qui?
5. Est-ce que tu as étudié? Qu'est-ce que tu as étudié?
6. Tu as travaillé? Où? À quelle heure as-tu commencé à travailler?

Hier soir...
7. Tu as rencontré tes amis? Combien de temps avez-vous passé ensemble?
8. Est-ce que tu as téléphoné à quelqu'un? De quoi avez-vous parlé?
9. À quelle heure as-tu fini la journée? Est-ce que tu as regardé la télé avant de te coucher?

Activité 4   Casse-tête: Le cadeau d'Adrienne Petit

Ce matin, quelqu'un a envoyé des roses à Adrienne pour son anniversaire. Mais... quel mystère! L'ami généreux a oublié de signer la carte! Il y a trois personnes possibles. Qui est-ce?

1. Bernard travaille chez un fleuriste et il a touché sa paie.
2. Hier, Robert a parlé de l'anniversaire d'Adrienne.
3. Jean-François a noté la date de l'anniversaire dans son carnet d'adresses, mais il a perdu le carnet.
4. Robert est allergique aux fleurs. Il ne va jamais chez le fleuriste.
5. Bernard ne sait pas la date de l'anniversaire d'Adrienne.
6. Jean-François n'est pas en France. Il est en Italie cette semaine.

MODÈLE: É1: C'est peut-être Bernard. Il travaille chez un fleuriste.
             É2: D'accord, mais Robert a parlé de son anniversaire hier.

Exprime-toi!

Tu ne penses pas que... ?
Tu as raison.
D'accord, mais...
Un instant, s'il te plaît!
Je ne suis pas d'accord!
Ça ne prouve rien!

Cliquez là!

Visitez un site sur la langue créole pour apprendre davantage sur les créoles et les gens qui les parlent. Dans quels pays est-ce qu'on parle créole?

www

Info: Histoire

Toussaint-Louverture

Au XVIIe (dix-septième) siècle, les Français ont établi une colonie sur l'île d'Hispaniola dans les Antilles: Saint-Domingue. Ils y ont établi des plantations de canne à sucre très profitables, grâce au[1] travail forcé des esclaves.[2] En 1791, les esclaves, commandés par Toussaint-Louverture, se sont révoltés[3] avec succès contre les Français. Quand, à Paris, le gouvernement révolutionnaire[4] a décidé d'abolir l'esclavage en 1794, Toussaint-Louverture a arrêté le combat. Pourtant,[5] en 1802, Napoléon Bonaparte a rétabli[6] l'esclavage et a envoyé une armée à Saint-Domingue. Les Français ont capturé Toussaint-Louverture et l'ont emprisonné; il est mort en captivité l'année suivante. Son lieutenant, Dessalines, a continué la lutte[7] et, en 1804, a proclamé l'indépendance du pays, sous le nom d'Haïti. Toussaint-Louverture est considéré comme un symbole universel de libération pour tous les esclaves.

Toussaint-Louverture (1743–1803), héros de l'indépendance haïtienne`

[1]**grâce...** avec le
[2]personnes captives forcées à travailler
[3]rebellés

[4]La France a eu trois révolutions: en 1789, en 1830 et en 1848.
[5]Mais

[6]réinstitué
[7]**la...** le combat

LES EXPÉRIENCES

Attention! Étudier Grammaire 5.2

On a volé la voiture de Julien pendant ses vacances en Corse. Il a dû passer au commissariat.

Pendant son séjour à Tahiti, Louis a appris à faire de la plongée sous-marine.

À 80 ans, Édouard Vincent et son frère ont découvert la maison où ils sont nés.

Nathalie a eu un accident. Elle va bien, mais elle a cassé sa poupée.

Quand Raoul a ouvert sa porte, quelle surprise! Ses amis ont crié «Bon anniversaire!».

Les parents de Joël lui ont offert un chien comme cadeau de Noël cette année.

Activité 5 Associations: Comment réussir dans la vie

Nous citons ici les réponses enregistrées par Julien Leroux pendant des interviews qu'il a faites pour TF 1. Pour chaque personnalité, identifiez les décisions et les actions qui ont contribué plus tard à sa réussite.

Édith Cresson, ancien premier ministre français (1991–1992)
MC Solaar, rappeur français
Patricia Kaas, chanteuse française
Zinedine Zidane, footballeur français-algérien

1. J'ai couru tous les jours.
2. J'ai voulu absolument réussir.
3. J'ai appris à me discipliner.
4. J'ai suivi les actualités avec passion.
5. J'ai suivi des cours de chant et de danse.
6. J'ai appris à faire des exercices pour me relaxer.
7. J'ai participé aux campagnes de mes candidats préférés.
8. J'ai regardé des clips pour apprendre des techniques.
9. J'ai assisté à autant de matchs que possible.
10. J'ai bien mangé et je n'ai pas bu d'alcool.
11. J'ai lu énormément sur l'histoire.
12. J'ai fait un entraînement physique rigoureux.

Cliquez là!

Découvrez des chanteurs français. Cherchez les sites de Patricia Kaas et MC Solaar. Écoutez un peu leur musique; vous allez trouver les paroles de leurs chansons sur Internet. Quels genres de musique font ces deux chanteurs?

Activité 6 Échanges: La dernière fois

Avec votre camarade de classe, répondez aux questions suivantes en expliquant un peu votre réponse.

MODÈLE: É1: Quelle est la dernière fois que tu as passé un examen difficile?
É2: J'ai passé un examen difficile vendredi dernier, en cours de grammaire russe. Et toi?

Quelle est la dernière fois que...

1. tu as mangé dans ta voiture?
2. tu as voulu manger de la pizza à minuit?
3. tu as lu le journal?
4. tu as perdu un objet important?
5. tu as reçu un cadeau?

6. tu as rendu un devoir important?
7. tu as dormi pendant un cours ennuyeux?
8. tu as rangé ta chambre?
9. tu as conduit beaucoup trop vite?
10. tu as réussi à un examen difficile?

Vocabulaire utile:
hier (soir)
la semaine dernière
(lundi) dernier
il y a (deux jours)

LES FRANCOPHONES SUR LE VIF

Paul Boudrault, 48 ans, menuisier, Bangor, ME

Vous avez un nom français. Quelles sont vos origines?

Ma famille fait partie d'un groupe qu'on appelle les «Franco-Américains», ou «Francos»; nous sommes plusieurs dizaines de milliers en Nouvelle-Angleterre, mêlés à[1] la population anglophone, depuis le XVIIIe siècle. Nous n'avons jamais cessé[2] de parler français à la maison, mais cela devient de plus en plus difficile de maintenir notre langue et notre patrimoine[3] culturel.

J'ai parfois l'impression que nous sommes invisibles: beaucoup de gens ignorent que[4] nous existons! Peut-être est-ce parce que nous n'avons pas de grande manifestation folklorique comme le Mardi-Gras, ni de musique ou de cuisine particulièrement médiatiques, comme les Acadiens de Louisiane. De plus, notre français est considéré comme «impur» parce que nous y incluons des mots et structures de l'anglais; en fait, c'est une langue originale et créatrice—et tant pis si l'Académie française n'est pas d'accord! Notre défi[5] à nous, les Francos, c'est de redevenir fiers de notre langue et de notre particularisme, et de résister à l'assimilation à la culture anglo-saxonne sans prétendre devenir Français; vous voyez, ce n'est pas simple...

[1]**mêlés...** intégrés dans   [2]arrêté   [3]héritage   [4]**ignorent...** ne savent pas que   [5]difficulté

La langue en mouvement

Mots américains d'origine française

Les explorateurs et colonisateurs français qui sont venus en Amérique du Nord ont laissé des traces non seulement au Canada, mais aussi aux États-Unis, où les noms de lieu d'origine française sont encore nombreux. Pour en nommer seulement quelques-uns, il y a Detroit, Des Moines, Lake Champlain, Baton Rouge, Joliet et Montpelier. L'influence française est évidente aussi dans l'existence de certains mots de l'anglais américain qui sont venus du français, quelquefois par l'intermédiaire du français canadien, tels que *chute* (apparemment à l'origine de l'expression "to shoot the rapids"), *cache, coulee, levee, depot, lacrosse* et *portage*.

Activité 7 **Dans le monde francophone: Aventures extraordinaires**

Ces images nous montrent nos héros gaulois Astérix et Obélix. Identifiez le livre où l'on peut probablement trouver les aventures suivantes.

Astérix légionnaire

La grande traversée

1. Astérix et Obélix ont séjourné dans une tribu de Peaux-Rouges.
2. Pour sauver un jeune Gaulois enlevé de force par les Romains, ils ont combattu parmi les légionnaires de Jules César.
3. En traversant l'Atlantique, ils ont dû affronter des pirates.
4. Ils ont provoqué une bataille entre les troupes de César et celles du traître Scipion.
5. Ils ont participé à la chasse au bison.
6. En retraversant l'océan, ils ont été attaqués par des Vikings féroces.

7. Obélix a beaucoup plu à la fille du chef de la tribu indienne.
8. Après sa victoire, Jules César leur a offert la liberté de Tragicomix.
9. Obélix n'a pas voulu se marier. Ils sont donc rentrés en Gaule.

Un orchestre acadien à La Nouvelle-Orléans

*A*ctivité 8 Discussion: Vous avez déjà vu ça?

Vous aimez les excentricités? Alors, écoutez, puis dites si ces personnes et ces animaux se sont conduits d'une manière normale ou extraordinaire.

1. un bébé qui a pris un café
2. un chat qui a bu de la crème
3. un chien qui a appris à parler
4. un adolescent qui a voulu tondre le gazon
5. des étudiants qui ont vu la Joconde au musée du Louvre
6. un professeur qui a conduit trop vite et qui a reçu une contravention
7. un enfant qui a mis ses affaires en ordre sans un mot de ses parents
8. une grand-mère qui a fait du ski
9. un poisson rouge qui a mangé un serpent
10. -?-

MODÈLE: un chat qui a chanté à la télé →
C'est extraordinaire! Les chats ne peuvent pas chanter.

LE WEEK-END ET LES LOISIRS

Attention! Étudier Grammaire 5.3 et 5.4
Le samedi d'Agnès

Samedi matin, je me suis réveillée tard.

Je me suis douchée et je me suis lavé les cheveux.

Ensuite, je suis partie faire des courses.

À 13 h, je suis allée
au café pour déjeuner
avec des amis.

Samedi soir, je suis
sortie avec Jean-Yves
et Sarah.

Nous sommes allés
voir «Merci pour le
chocolat».

Après, Jean-Yves est
rentré avec nous.

Jean-Yves est resté deux
heures chez nous et on
a discuté.

Je me suis couchée vers
deux heures et demie
du matin.

Activité 9 Discussion: Le week-end dernier

Dites si vous avez fait ces activités ou non.

1. Samedi matin...
   a. je me suis levé(e) tard.
   b. j'ai pris mon petit déjeuner.
   c. j'ai rangé ma chambre.
   d. j'ai fait ma lessive.
2. Samedi après-midi...
   a. j'ai étudié.
   b. j'ai regardé des matchs à la télé.
   c. je me suis promené(e) dans le parc.
   d. je suis sorti(e) avec des amis.
3. Samedi soir...
   a. j'ai loué des vidéos.
   b. je suis allé(e) au concert.
   c. j'ai invité des amis chez moi.
   d. mon copain et moi, nous avons joué au Monopoly.
4. Dimanche...
   a. je suis allé(e) à la messe.
   b. je me suis entraîné(e) au gymnase.
   c. j'ai lu le journal.
   d. je me suis couché(e) de bonne heure.

Et maintenant, c'est à vous!

Comparez votre week-end avec celui de votre partenaire.

MODÈLE: É1: Je me suis levé(e) très tard samedi matin, vers 11 h 30.
É2: Tu as de la chance! Moi, j'ai dû me lever de bonne heure pour aller au travail.

*A*ctivité **10** Entretien: Une occasion importante

Qu'est-ce que vous avez fait la dernière fois que vous êtes allé(e) à une fête (un mariage, une réception...)? Répondez aux questions suivantes.

MODÈLE: É1: Est-ce que tu t'es douché(e) avant d'y aller?
É2: Oui, je me suis douché(e). (Non, je ne me suis pas douché[e].)

1. Est-ce que tu t'es lavé les cheveux?
2. Est-ce que tu t'es maquillée (rasé)?
3. Comment y es-tu allé(e), en voiture ou à pied?
4. Es-tu arrivé(e) à l'heure ou en retard?
5. Est-ce que tu t'es bien amusé(e) ou est-ce que tu t'es ennuyé(e)?
6. À quelle heure est-ce que tu es parti(e)?
7. Qu'est-ce que tu as fait après la fête (le mariage...)?
8. À quelle heure es-tu rentré(e) chez toi?
9. Est-ce que tu t'es endormi(e) tout de suite?
10. À quelle heure t'es-tu réveillé(e) le lendemain matin?

*A*ctivité **11** Dans le monde francophone: Les distractions de Paris

Julien Leroux a monté une émission spéciale pour TF 1 sur certaines brasseries de Paris. Lisez les commentaires de Julien et dites de quelle brasserie il parle.

1. Je me suis bien amusé à regarder la clientèle «de l'après-spectacle».
2. Je suis vite parti de cet établissement à cause du bruit excessif!
3. On m'a servi des plats tex-mex délicieux.
4. Les premières bières d'Alsace y sont arrivées il y a plus d'un siècle.
5. J'y suis allé pour essayer un fast-food de luxe et quel plaisir! Des plats frais, mes amis!
6. Les premiers clients y sont entrés en 1864.

À vous la parole!

En groupes, imaginez un restaurant extraordinaire. Préparez une description du restaurant (le décor, la clientèle, l'ambiance, la qualité de la cuisine...) et utilisez votre description pour essayer de persuader la classe d'y aller.

les brasseries

BRASSERIE FLO
7, cour des Petites-Ecuries, 75010. Dans un décor 1925, la clientèle du quartier croise celle de l'après-spectacle. Carte classique et plats copieux (environ 250 F).

CHEZ BOFINGER
3, rue de la Bastille, 75004. Jusqu'à 1h du matin. Créée en 1864, cette brasserie au décor art nouveau (l'un des plus beaux de Paris) a vu arriver les premières bières d'Alsace. Une institution ua-dessus des modes.

les jeunes

VIRGIN CAFÉ
56, avenue des Champs-Elysées, 75008, au-dessus du Mégastore. Jusqu'à 23h. Un fast-food de luxe qui sait proposer des plats frais. Musique et vidéo (environ 70 F).

CACTUS CHARLY
68, rue de Ponthieu, 75008. Jusqu'à 2h. Ranch et pub, cuisine tex-mex, ambiance estudiantine. Très bruyant, malheureusement.

Activité 12 Récit: L'invitation à dîner

Francis et Marie Lasalle ont invité des amis samedi dernier. Racontez leur journée du matin au soir.

Vocabulaire utile: d'abord, ensuite, puis, finalement

Faits personnels et historiques

Attention! Étudier Grammaire 5.5

Francis Lasalle et sa femme Marie se sont rencontrés au théâtre.

Ils sont tombés amoureux, mais Francis a dû faire son service militaire.

De retour à la vie civile, Francis a épousé Marie à Lyon.

Les Lasalle n'ont eu que deux enfants, un fils et une fille.

Claudine est née en 1958. Elle est devenue professeur de lycée.

Personne n'a fait fortune chez les Lasalle, mais c'est une famille très unie.

Francis n'a jamais fait d'études universitaires mais son fils Bernard est devenu ingénieur.

Aujourd'hui, Francis ne travaille plus. Il a pris sa retraite.

Activité 13 Entretien: Que savez-vous sur votre famille?

MODÈLE: É1: Mon père est né en 1952.
É2: Ça, c'est rigolo! Mon père aussi est né en 1952!

Exprime-toi!

Pas encore! Rien!
Personne! Tu es sûr(e)?
C'est vrai? Pas possible!
Génial! Ça, c'est rigolo!

1. En quelle année est-ce que tes parents se sont mariés?
2. Est-ce que quelqu'un dans ta famille a été militaire?
3. Est-ce qu'un membre de ta famille est devenu célèbre?
4. Combien d'enfants est-ce que tes grands-parents ont eus?
5. Où est-ce que tes parents se sont rencontrés?
6. Qui dans ta famille est né avant 1920? Et après 1990?
7. Est-ce que quelqu'un dans ta famille a pris la retraite?
8. Quel membre de ta famille a fait des études à l'université?
9. D'où sont venus tes ancêtres? Sais-tu pourquoi ils ont émigré?
10. -?-

Info: Arts et lettres

«Déjeuner du matin»

Il a mis le café
Dans la tasse
Il a mis le lait
Dans la tasse de café
Il a mis le sucre
Dans le café au lait
Avec la petite cuiller[1]
Il a tourné
Il a bu le café au lait

Et il a reposé la tasse
Sans[2] me parler
Il a allumé
Une cigarette
Il a fait des ronds
Avec la fumée
Il a mis les cendres[3]
Dans le cendrier
Sans me parler
Sans me regarder
Il s'est levé

Il a mis
Son chapeau sur sa tête
Il a mis son manteau de pluie
Parce qu'il pleuvait[4]
Et il est parti
Sous la pluie
Sans une parole
Sans me regarder
Et moi j'ai pris
Ma tête dans ma main
Et j'ai pleuré.[5]

Jacques Prévert, *Paroles*

[1]*spoon* [2]*Without* [3]*ashes* [4]**il...** *it was raining* [5]*cried*

Activité 14   Enquête: L'histoire de ma vie

Complétez les phrases. Ensuite, comparez vos réponses à celles de votre camarade.

1. Je suis allé(e) à l'école...
2. J'ai conduit une voiture pour la première fois...
3. J'ai reçu ma première montre...
4. J'ai mis une robe du soir (ou un smoking) pour la première fois...
5. Je suis entré(e) à la fac...
6. Je suis tombé(e) amoureux (amoureuse)...
7. Je suis devenu(e) une personne raisonnable...

MODÈLE: É1: J'ai mangé du caviar pour la première fois au mariage de mon cousin, vers l'âge de 15 ans. Et toi?
          É2: Moi, je n'ai jamais mangé de caviar. Je n'aime pas l'odeur!

Exprime-toi!

À (Vers) l'âge de (cinq) ans...
Je ne me souviens plus.
Je n'ai pas encore...
Je ne suis (n'ai) jamais...
-?-

Activité 15   Dans le monde francophone: Quelques faits du passé

Quel dessin correspond à chacun de ces faits historiques?

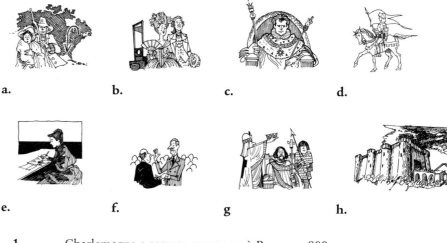

a.   b.   c.   d.

e.   f.   g   h.

1. _____ Charlemagne a reçu sa couronne à Rome en 800.
2. _____ Jeanne d'Arc a libéré Orléans en 1429.
3. _____ Les Acadiens (Cajuns) sont arrivés en Louisiane en 1755.
4. _____ Le peuple de Paris a pris la Bastille le 14 juillet 1789.
5. _____ Napoléon a pris le titre d'empereur en 1804.
6. _____ Marie Curie a reçu le prix Nobel de physique en 1903 et le prix Nobel de chimie en 1911.
7. _____ Louis XVI et Marie-Antoinette ont été guillotinés en 1793.
8. _____ Le général de Gaulle est devenu président de la Vᵉ République en 1959.

Activité 16 Discussion: À votre avis… ?

Savez-vous séparer le mythe de la réalité? Choisissez la phrase qui exprime votre opinion ou inventez-en une autre.

1. On entend parler de l'île d'Atlantide.
   a. Quelle bêtise! Elle n'a jamais existé.
   b. Elle a existé, mais elle n'existe plus.
   c. On n'a rien trouvé jusqu'à présent.
2. Il y a des gens qui croient aux licornes. Qu'en pensez-vous?
   a. Elles n'existent que dans des zoos.
   b. Elles n'existent plus; c'est une espèce disparue.
   c. Elles n'ont jamais existé.
3. Et puis certains disent que la Terre n'est pas ronde, mais plate.
   a. Personne ne croit plus à cette idée.
   b. Personne n'a jamais cru ça.
   c. Certaines personnes y croient encore aujourd'hui.
4. Est-ce que la vie existe sur d'autres planètes ou dans d'autres systèmes solaires?
   a. La vie n'existe que sur la Terre.
   b. Elle y a existé, mais elle n'y existe plus.
   c. Personne n'en sait rien.

LECTURE

Les mémoires de Jacques Cartier

*L*es peuples indigènes du Canada actuel ont eu des contacts avec des Européens (des marins vikings) avant l'an 1000. Pendant la Renaissance, les Italiens Giovanni Cabot (1497) et Giovanni Verrazzano (1524) et le Français Jacques Cartier (1534–1536) ont été parmi les premiers explorateurs célèbres de ce territoire. C'est Cartier qui est surnommé «découvreur du Canada». Voici ses «Mémoires», comme on peut les imaginer, écrites l'année de sa mort (vers 1557).

Aujourd'hui, peu de gens connaissent encore mon nom, mais j'ai été très célèbre. C'est moi qui, le premier, ai exploré la Nouvelle France. En 1534, notre roi François Ier a financé une expédition pour trouver un passage vers la Chine et des territoires riches en métaux[1] précieux. Avec deux bateaux, nous sommes partis de Saint-Malo, ma ville natale en Bretagne, et nous avons traversé l'Atlantique en vingt jours. À notre arrivée en Amérique, nous avons trouvé une île immense, une très vaste baie et une péninsule. Là, j'ai pris possession du pays au nom du roi. Nous avons aussi rencontré les habitants de cette région, nommés

---

[1]pluriel de *métal* (m.)

«Iroquois»; ils forment une sorte de république parfaitement organisée avec d'autres nations indiennes.

Je suis rentré en France, où tout le monde a été enthousiasmé par ces premières découvertes, surtout le roi: il a immédiatement ordonné un deuxième voyage, en 1535. Nous avons continué vers le sud-ouest, sur un fleuve large et majestueux que j'ai baptisé «Saint-Laurent». Finalement, nous avons atteint[2] une grande île et des rapides impressionnants. Nous avons alors exploré l'île et visité une ville indienne nommée «Hochelaga». Nous sommes montés sur une colline,[3] pour observer les environs. En l'honneur de François Ier, j'ai nommé cette colline le «Mont-Royal».

Je suis retourné en France avec le chef Iroquois Donnacona. Il a raconté des histoires extraordinaires, et le roi a pensé que le «Canada», comme l'Eldorado, était un pays de trésors[4] fabuleux. À mon troisième et dernier voyage, en 1541, j'ai emmené[5] des colons[6] pour établir des postes permanents au Canada. Enfin, j'ai trouvé des diamants et de l'or[7]! Je suis rentré en France pour les montrer au roi. Malheureusement, j'ai fait erreur: ces «trésors» étaient en réalité des pierres et des métaux sans valeur. L'entourage du roi est cruel, et on m'a ridiculisé... Ma consolation, c'est que mon nom va rester associé à la création d'un pays nouveau, beaucoup plus grand que la France!

Jacques
Cartier
(1491–1557)

[2]**avons...** sommes arrivés sur
[3]petite montagne
[4]choses précieuses
[5]pris avec moi
[6]personnes qui colonisent un territoire
[7]métal jaune précieux

Avez-vous compris?   Vrai ou faux? Si c'est faux, corrigez la phrase.

1. À l'origine, Cartier est allé au Canada pour établir une colonie.
2. Il a remonté le Saint-Laurent pendant son premier voyage.
3. Son impression initiale des Iroquois a été très favorable.
4. Sa deuxième expédition s'est arrêtée sur le site actuel de Montréal.
5. Jacques Cartier a fondé Montréal.
6. Finalement, il a trouvé de l'or et des diamants.

À vous la parole!   Changement de perspective. Vous êtes un Iroquois qui raconte à ses enfants l'arrivée des Français en 1534. Les enfants, très curieux, vous posent beaucoup de questions.

MODÈLE: ENFANTS: Comment est-ce que les Français sont arrivés?
            VOUS: Sur de grands canoës en bois, appelés «bateaux»...

Suggestions:

> parler dans une langue incompréhensible
> admirer nos villages fortifiés
> chercher des pierres précieuses
> s'émerveiller de nos coiffures
> poser des questions bizarres sur un endroit appellé «Lachine»
> utiliser des armes cruelles et bruyantes
> (ne pas) comprendre nos coutumes

À vous d'écrire!

C'est Noël et vous êtes très occupé(e). Vous voulez rester en contact avec vos amis, mais vous ne pouvez pas écrire une lettre personnelle à tout le monde. Composez une lettre que vous pouvez envoyer à toutes les personnes sur votre liste. Vous voulez raconter les événements les plus importants de l'année.

MODÈLE: *Mes chers amis,*

Cette année a été très... pour moi. D'abord...
Je vous embrasse très affectueusement en vous souhaitant une bonne et prospère année 200 _____.

Vidéothèque

Espace vidéo

Raconter des événements. Dans cet épisode, Jacques, Claire et Aimée ont passé un week-end mouvementé! Jacques est parti à la montagne et les filles ont gardé son petit chien. Qu'est-ce que Jacques a fait pendant le week-end? Pourquoi est-ce que Claire lui a parlé d'un ton très sarcastique dès son retour? Qu'est-ce qu'elle a fait pendant le week-end? Qu'est-ce qu'Aimée a fait samedi matin? Et le chien, a-t-il passé un bon week-end, à votre avis?

www.mhhe.com/deuxmondes

À explorer: www.mhhe.com/deuxmondes/ pour obtenir plus d'informations sur les thèmes du chapitre.

Vocabulaire

La vie quotidienne

Daily life

déjeuner à la cantine	to eat lunch in the cafeteria
discuter de la politique	to discuss politics
s'ennuyer	to get bored
essayer (de)	to try
oublier (de)	to forget
passer un examen	to take a test
perdre ses clés	to lose (one's) keys
poser des questions	to ask questions
ouvrir la porte	to open the door
quitter la maison	to leave the house
ranger sa chambre	to clean up one's bedroom
rendre un devoir	to turn in a piece of homework, a report
rendre visite (à)	to pay a visit (to)
réussir à un examen	to pass a test
sécher un cours	to cut a class
toucher sa paie	to get paid
trouver	to find

Mots apparentés: **commencer, découvrir, se discipliner, discuter, exister, offrir, se relaxer, satisfaire, signer**

Les expériences

Special experiences

s'amuser	to have fun
assister à une conférence	to attend a lecture
envoyer des fleurs	to send flowers
faire de la plongée sous-marine	to scuba dive
jouer aux échecs	to play chess
louer une vidéo	to rent a video
prouver	to prove
recevoir une contravention	to get a traffic ticket
regarder des clips	to watch music videos
suivre les actualités	to keep up with the news
visiter une cave à vins	to visit a winery

Faits personnels et historiques

Personal and historical facts

croire aux licornes (*f.*)	to believe in unicorns
entendre parler de	to hear about
épouser	to get married (to)
faire des études	to take a course of study
faire fortune	to make a fortune
prendre sa retraite	to retire
recevoir un diplôme	to get a degree
tomber amoureux (amoureuse) de	to fall in love with

Quand

Saying when

aussi souvent que possible	as often as possible
cette semaine	this week
déjà	already
enfin	finally
hier *(eee-air)*	yesterday
hier soir	last night
il y a deux jours	two days ago
le week-end dernier	last weekend

La description

Descriptive words

absolument	absolutely
ennuyeux/ennuyeuse	boring
énormément	enormously
inoubliable	unforgettable
rond(e)	round
plat(e)	flat
uni(e)	united

Mots apparentés: **allergique, capturé(e), charmant(e), délicieux/délicieuse, excessif/excessive, frais/fraîche, intensif/intensive, personnel(le), raisonnable, rigoureux/rigoureuse, romain(e), social(e), terminé(e), universitaire**

Substantifs

Nouns

une brasserie	a pub, bar
un carnet d'adresses	an address book
un chien	a dog
une couronne	a crown
un événement	an event
un/une fleuriste	a florist
une journée	a day, duration of a day
un lycée	a high school
un mot	a word
la physique	physics
le plaisir	pleasure
un prix	a prize
un siècle	a century
un smoking	a tuxedo
la Terre	the planet Earth
un titre	a title
la vie privée	private life

Mots apparentés: **l'alcool, une ambiance, un/une ancêtre, un/une candidat(e), un continent, le décor, un diplôme, l'empereur (*m.*), un légionnaire, un mystère, un objet, le peuple, une planète, une spécialité, le système solaire, une technique, un zoo**

Verbes

Verbs

devenir	to become
écrire	to write

Mots apparentés: **arranger, combattre, exister, libérer**

Mots et expressions utiles

Useful words and expressions

à cause de	because of
autant que possible	as much as possible
avoir de la chance	to be lucky
Ça ne prouve rien.	That doesn't prove anything.
C'est rigolo!	That's funny!
d'accord	OK, agreed
de plus en plus	more and more
donc	therefore
Génial!	Great!
Je ne me souviens plus.	I don't remember!
pas encore	not yet
peut-être	perhaps
Quelle bêtise!	How silly!
Quel plaisir!	What a pleasure!
quelque chose d'important	something important

Grammaire et exercices

5.1 Saying what you did: PASSÉ COMPOSÉ WITH AVOIR

➤ passé composé =
avoir + past participle
(most verbs)

➤ negative: ne + avoir +
pas + past participle

A. The **passé composé** is a compound past tense: It has two parts, an auxiliary (helping) verb and a past participle. Most verbs use **avoir** as the auxiliary verb. Here is the complete conjugation of **travailler** in the **passé composé.**

PASSÉ COMPOSÉ: **travailler** (*to work*)	
j'ai travaillé	nous avons travaillé
tu as travaillé	vous avez travaillé
il/elle/on a travaillé	ils/elles ont travaillé

Mᵐᵉ Martin **a travaillé** à la
bibliothèque hier soir.
Barbara et Jacqueline sont très
fatiguées; elles **ont travaillé**
dur hier soir.

*Madame Martin worked at the
library last night.*
*Barbara and Jacqueline are very
tired; they worked hard last night.*

B. Here are the past participles for the three types of regular verbs. To form the past participle, drop the infinitive ending (**-er, -ir, -re**) and add the past participle ending: **-é, -i, -u.**

PAST PARTICIPLES OF REGULAR VERBS		
-er *verbs* → **-é**	**-ir** *verbs* → **-i**	**-re** *verbs* → **-u**
parler → parlé	choisir → choisi	attendre → attendu
étudier → étudié	finir → fini	perdre → perdu
habiter → habité	réussir → réussi	répondre → répondu

Sarah **a téléphoné** à sa famille
aux États-Unis.
Agnès **a fini** ses devoirs à minuit.

Jean-Yves **a perdu** ses clés hier.

Sarah called her family in the U.S.

*Agnès finished her homework at
midnight.*
Jean-Yves lost his keys yesterday.

C. To make verbs in the **passé composé** negative, put **ne... pas** around the auxiliary verb.

Je **n'**ai **pas** retrouvé mes amis au
café.
Cette année, mon équipe de
basket-ball préférée **n'**a **pas**
gagné une seule fois!

I didn't meet my friends at the café.

*This year, my favorite basketball team
hasn't won (didn't win) once!*

D. The **passé composé** is used to tell about an event completed in the past. It has several possible English equivalents: **j'ai étudié** can mean *I studied, I did study, I have studied.*

J'**ai étudié** l'espagnol au lycée.	*I studied Spanish in high school.*
Tu **as nettoyé** ta chambre samedi?	*Did you clean your room on Saturday?*
Nous **avons** déjà **fini** ce livre.	*We've already finished this book.*

E. Use **pendant** + time expression to say how long someone did something in the past.

Hier soir, j'ai étudié le français **pendant deux heures.**	*Last night, I studied French for two hours.*
Louis a étudié l'espagnol **pendant trois ans** au lycée.	*Louis studied Spanish for three years in high school.*

F. In conversation, past-tense questions are often formed with **est-ce que** or intonation. You can also ask past-tense questions by inverting the helping verb and its subject.

Est-ce que Louis a déjà fini?	*Has Louis already finished?*
Tu n'as pas téléphoné ce matin?	*You didn't (Didn't you) call this morning?*
Avez-vous oublié de faire le devoir?	*Did you forget to do the assignment?*

⋆ *You will learn more about the **passé composé** throughout this chapter and in **Grammaire 6.8, 8.6,** and **12.2.***

Exercice 1 Qu'avez-vous fait hier?

Posez des questions et donnez les réponses.

MODÈLE: étudier → Est-ce que tu as étudié hier?
Oui, j'ai étudié hier. (Non, je n'ai pas étudié hier.)

1. acheter le journal
2. écouter de la musique
3. parler français avec des amis
4. manger un hamburger
5. préparer le dîner
6. promener ton chien
7. téléphoner à un ami/une amie
8. regarder un film
9. travailler à la bibliothèque
10. nettoyer ta chambre

Exercice 2 Événements d'hier

Voici ce qu'Agnès Rouet a fait hier. Avez-vous fait les mêmes activités?

MODÈLE: Agnès a perdu son livre de grammaire. →
Moi, je n'ai pas perdu de livre. (Moi aussi, j'ai perdu un livre. J'ai perdu mon livre de maths...)

Agnès...

1. a rendu visite à une amie.
2. a fini un devoir pour son cours d'anglais.
3. a choisi un nouveau CD-ROM.
4. a répondu à son courrier électronique.
5. a perdu ses clés.
6. a dormi pendant un cours ennuyeux. *(on-we-you)*
7. a attendu le bus pendant une demi-heure.
8. a réussi à un examen.
9. a servi du thé à ses amis.

for wednesday
5-4-05

Exercice 3 Soirée d'adieux

To give a party for

Les étudiants de Mme Martin ont donné une fête pour Pierre, l'assistant de français, qui va rentrer en France. Albert raconte ce que tout le monde a fait. Qu'est-ce qu'il dit?

MODÈLE: la soirée / commencer à 7 h 30 →
La soirée a commencé à 7 h 30.

1. Daniel et Louis / acheter des boissons
2. nous / manger des crêpes
3. Barbara et Jacqueline / apporter des CD français
4. tout le monde / parler français
5. même Mme Martin / danser
6. nous / regarder des photos de cette année
7. Denise / donner un album de photos à Pierre
8. quelques étudiants / pleurer

5.2 IRREGULAR PAST PARTICIPLES

A. Most irregular verbs have past participles that fall into four different groups. Use the following charts as reference lists when you do the exercises in this chapter and in your **Cahier d'exercices.**

PAST PARTICIPLES ENDING IN **-U**			
boire (*to drink*)	**bu**	pleuvoir (*to rain*)	**plu**
connaître (*to know*)	**connu**	pouvoir (*to be able*)	**pu**
courir (*to run*)	**couru**	recevoir (*to receive*)	**reçu**
devoir (*must, to have to*)	**dû**	voir (*to see*)	**vu**
lire (*to read*)	**lu**	vouloir (*to want*)	**voulu**
obtenir (*to obtain*)	**obtenu**		

—Agnès, est-ce que tu **as vu** Sarah
hier? *(he-ay)*

—Non, il **a plu** et elle n'**a pas pu**
sortir.

Agnès, did you see Sarah yesterday?

No, it rained and she couldn't go out.

PAST PARTICIPLES ENDING IN **-IT, -IS**			
conduire (*to drive*)	**conduit**	prendre (*to take*)	**pris**
dire (*to say*)	**dit**	apprendre (*to learn*)	**appris**
écrire (*to write*)	**écrit**	comprendre (*to understand*)	**compris**
faire (*to do, make*)	**fait**	mettre (*to put, put on*)	**mis**

—Qu'est-ce que tu **as fait** ce
matin?

—J'**ai écrit** une lettre à mes amis
canadiens.

What did you do this morning?

*I wrote a letter to my Canadian
friends.*

Marise et Clarisse **ont mis** une
robe pour sortir hier soir.

*Marise and Clarisse put on dresses to
go out last night.*

PAST PARTICIPLES ENDING IN **-ERT**	
offrir (*to offer, give*)	**offert**
ouvrir (*to open*)	**ouvert**
découvrir (*to discover*)	**découvert**

Mme Martin **a ouvert** son livre.

Sarah **a offert** des fleurs à
Mme Rouet.

Madame Martin opened her book.

*Sarah gave some flowers to
Madame Rouet.*

Pronunciation Hint:

Liaison is always made between a plural subject pronoun and the helping verb
avoir; the final consonant of the past participle is never pronounced:
nous ᶻ avõn̸s̸ fai̸t, vous ᶻ ave̸z̸ di̸t, elles ᶻ õn̸t cõm̸pri̸s̸.

B. The past participles of **avoir** and **être** are irregular. Both of these verbs use
avoir as their helping verb.

I have had = I had

avoir (*to have*)	**eu**
être (*to be*)	**été**

➤ avoir: j'**ai eu**
être: j'**ai été**

*I have am
or
I have been
I was*

J'**ai eu** un problème avec ma
voiture hier soir.

J'**ai été** très content de vous revoir
à cette fête.

*I had a problem with my car last
night.*

*I was very happy to see you again at
that party.*

Indefinite pronoun
un - une - des   *use (en*

ch?

Exercice 4 Qu'est-ce que tu as fait ce matin?

Répondez aux questions d'un(e) camarade.

MODÈLE: Est-ce que tu as bu un café ce matin? →
Oui, j'ai bu un café. (Non, je n'ai pas bu de café.)

Je ne l'ai pas pris
Oui, je l'ai lu
Oui, j'en ai bu

1. Est-ce que tu as fait ton lit?
2. Est-ce que tu as pris le petit déjeuner? *Is it that you take Breakfast*
3. Est-ce que tu as lu le journal?
4. Est-ce que tu as bu un coca?
5. Est-ce que tu as reçu un coup de téléphone? *recieve*
6. Est-ce que tu as dû chercher tes affaires?
7. Est-ce que tu as conduit ta voiture?
8. Est-ce que tu as eu un accident?
9. Est-ce que tu as été en retard pour un cours?
10. Est-ce que tu as mis un manteau pour sortir?

Maintenant, posez les mêmes questions à votre professeur.

MODÈLE: Est-ce que vous avez bu un café ce matin?

Exercice 5 Qu'est-ce qu'ils ont fait?

Écrivez les activités logiques des personnes suivantes.

MODÈLE: les chauffeurs de taxi →
Les chauffeurs de taxi ont conduit leur taxi.

1. les clients dans un bar
2. les personnes devant un cinéma
3. l'explorateur célèbre
4. les bons étudiants
5. le fils affectueux
6. les acteurs
7. l'auteur connu
8. la femme élégante

a. lire leurs leçons
b. découvrir une ville perdue
c. offrir un cadeau à sa mère
d. mettre une nouvelle robe
e. écrire un nouveau livre
f. voir un film
g. prendre un cocktail
h. apprendre leur rôle

Exercice 6 Le samedi de Jean-Yves

Mettez le récit de Jean-Yves Lescart au passé composé.

MODÈLE: J'ai de la difficulté à me lever. →
Samedi dernier, j'ai eu de la difficulté à me lever.

1. Je reçois un coup de téléphone d'Agnès.
2. Je rencontre Agnès et Sarah dans un petit café près du Forum des Halles.
3. Sarah nous offre un café.
4. Nous avons une grande discussion au sujet du cinéma des années 50.
5. Enfin, nous prenons la décision d'aller au cinéma où on passe un film de Spike Lee.

6. Je leur dis au revoir et je dois courir pour prendre le métro.
7. J'ouvre ma porte et je vois tous mes livres de classe. À la vue de tout ce travail, je suis découragé.
8. Je mets mon pyjama et je fais la sieste.

5.3 Saying what you did: PASSÉ COMPOSÉ WITH ÊTRE

A. Most French verbs use **avoir** as the auxiliary in the **passé composé.** However, a few use **être** instead. The past participles of these verbs agree with the subject in gender and number.

➤ **Raoul est allé...**
Agnès est allée...
Ils sont allés...

PASSÉ COMPOSÉ: **aller** *(to go)*	
je **suis** allé**(e)**	nous **sommes** allé**(e)s**
tu **es** allé**(e)**	vous **êtes** allé**(e)(s)**
il/on **est** allé	ils **sont** allé**s**
elle **est** allé**e**	elles **sont** allé**es**

Sylvie Legrand **est allée** en Louisiane la semaine dernière.

Sylvie Legrand went to Louisiana last week.

Son frère et sa belle-sœur **sont allés** en France.

Her brother and sister-in-law went to France.

Pronunciation Hint:

Because final **-e** and **-s** are silent, the feminine and plural agreement endings on participles are not pronounced, and for most participles, all forms sound the same: **allé~~e~~ = allé, resté~~s~~ = resté.**

B. Many verbs conjugated with **être** in the **passé composé** denote a change in location.

PAST PARTICIPLE ENDING IN...	
-é	**-u**
aller → **allé(e)**	descendre → **descendu(e)**
arriver → **arrivé(e)**	venir → **venu(e)**
entrer → **entré(e)**	revenir → **revenu(e)**
monter → **monté(e)**	
rentrer → **rentré(e)**	**-i**
retourner → **retourné(e)**	partir → **parti(e)**
tomber → **tombé(e)**	sortir → **sorti(e)**

To go up → monter

Les parents de Raoul **sont venus** lui rendre visite le week-end passé. Ils **sont arrivés** vendredi soir.

Raoul's parents came to visit him last weekend. They arrived Friday night.

C. Here are a few verbs conjugated with **être** that do not denote a change in location. Note that they do denote a change in state.

rester	→ **resté(e)**
devenir	→ **devenu(e)**
naître (*to be born*)	→ **né(e)**
mourir (*to die*)	→ **mort(e)**

To become (handwritten note)

Je **suis né** en 1977, et ma
grand-mère **est morte** l'année
suivante.

*I was born in 1977, and my
grandmother died the following
year.*

Pul wed 8-4-05 (handwritten note)

Exercice 7 La dernière fois

Parlez de la dernière fois que vous avez fait les actions suivantes.

> MODÈLE: Quelle est la dernière fois que vous êtes monté(e) à cheval? →
> Je suis monté(e) à cheval à l'âge de 7 ans. (Je ne suis jamais monté[e]
> à cheval.) (Je ne me rappelle pas la dernière fois que je suis...)

Quelle est la dernière fois que...

1. vous êtes sorti(e) sans prendre le petit déjeuner?
2. vous êtes allé(e) faire des courses au supermarché?
3. vous êtes monté(e) dans un ascenseur? (dans quel bâtiment?)
4. vous êtes tombé(e)? (où?)
5. vous êtes parti(e) pour le week-end? (où?)
6. vous êtes arrivé(e) en classe en retard?
7. vous êtes devenu(e) furieux/furieuse contre un agent de police? *(against)*
8. vous êtes entré(e) dans une discothèque?
9. vous êtes resté(e) au lit jusqu'à midi?
10. vous êtes rentré(e) après minuit?

Exercice 8 Un week-end de ski

Les Colin sont allés faire du ski dans les Alpes. Mettez les verbes au passé composé.

> MODÈLE: nous / aller passer le week-end à Megève →
> Nous sommes allés passer le week-end à Megève.

1. nous / partir à cinq heures vendredi soir
2. nous / arriver à Megève vers dix heures
3. samedi matin, les enfants / aller sur les pistes (*slopes*) de bonne heure
4. Victor et moi, nous / rester au lit un peu plus longtemps
5. Marise et Clarisse / monter et descendre plusieurs fois
6. elles / ne pas tomber, heureusement
7. samedi soir, nous / revenir au chalet pour dîner
8. dimanche matin, les enfants / retourner sur les pistes à 9 h
9. nous / rentrer à Clermont-Ferrand dimanche soir, fatigués mais très
contents de notre week-end

5.4 Passé composé of reflexive verbs

A. The **passé composé** of reflexive verbs is always formed with **être**. The reflexive pronoun precedes the helping verb.

➤ Reflexive pronouns *precede* the helping verb: **Je me suis couché(e).**

—Bernard, tu as l'air fatigué. À quelle heure tu **t'es levé** ce matin?

Bernard, you look tired. What time did you get up this morning?

—Je **me suis couché** après minuit et **je me suis levé** à 7 h.

I went to bed after midnight and I got up at 7:00.

B. Because their past tense is formed with **être**, participles used in past reflexive constructions usually agree in gender and number with the subject.

Marie **s'est levée** à 8 h.
Nathalie et Camille **se sont levées** à 10 h.

Marie got up at 8:00.
Nathalie and Camille got up at 10:00.

Exercice 9 Préparatifs

Bernard et Christine Lasalle sont allés à une grande soirée le mois dernier. Lisez ce qu'ils ont fait avant d'y aller. Est-ce que vous avez fait les mêmes choses la dernière fois que vous êtes sorti(e)?

MODÈLE: Bernard s'est lavé les cheveux. →
Moi aussi, je me suis lavé les cheveux. (Je ne me suis pas lavé les cheveux.)

1. Christine est allée chez le coiffeur.
2. En fin d'après-midi, Bernard et Christine se sont reposés.
3. Bernard s'est douché.
4. Ils se sont brossé les dents.
5. Christine s'est maquillée et Bernard s'est rasé avec son rasoir électrique.
6. Ils se sont habillés en vitesse.
7. Ils se sont bien amusés et ils sont rentrés après minuit.
8. Ils se sont couchés et ils se sont tout de suite endormis.

Exercice 10 La fête

Caroline est sortie avec Albert. Écrivez des phrases au passé composé.

MODÈLE: (Numéro sept) Caroline et Albert sont partis à 2 h du matin.

Les activités: arriver à la fête   s'endormir
arriver chez elle   partir
se baigner   rentrer tard
se brosser les dents   se sécher
se coucher   sortir ensemble
se déshabiller

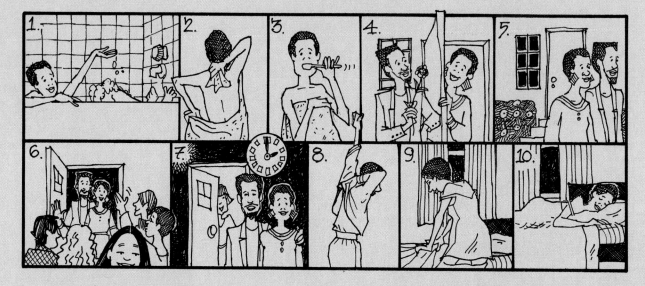

5.5 NEGATIVE EXPRESSIONS

A. So far you have most often used the expression **ne... pas** to negate sentences. Here are several other negative expressions, grouped with the corresponding affirmative expressions.

AFFIRMATIVE	NEGATIVE
quelque chose (*something*)	**ne... rien** (*nothing*)
tout (*everything*)	**rien... ne** (*nothing*)
quelqu'un (*somebody*)	**ne... personne** (*nobody*)
tout le monde (*everybody*)	**personne... ne** (*nobody*)
quelquefois (*sometimes*)	**ne... jamais** (*never*)
toujours (*always*)	
un jour (*someday*)	
déjà (*already*)	**ne... pas encore** (*not yet*)
encore (*still*)	**ne... plus** (*no longer*)
toujours (*still*)	

(handwritten annotations: "verb goes here", "obj", "subj", "rien ne", "personne ne", "no verb in between")

Note that these expressions occur in the same position as **ne... pas.** They are placed around the first verb (i.e., the helping verb in **passé composé**).

Toujours = always
Toujours = still

—Est-ce que ta sœur fume toujours?	*Does your sister still smoke?*
—Non, elle **ne** fume **plus.**	*No, she doesn't smoke anymore.*
Moi, je **n'**ai **jamais** fumé.	*I have never smoked (I never smoked).*
Nous **ne** sommes **pas encore** allés en Tunisie.	*We haven't been to Tunisia yet.*

Exception: **Personne** is placed *after* the past participle in the **passé composé.**

Je **n'**ai rencontré **personne** au café.	*I didn't meet anyone at the cafe.*

B. The words **rien** and **personne** can be used as subjects as well as objects of the verb. In both cases, **ne** is used before the verb.

Sub · V

Nous ne sommes pas prêts. **Rien n'**est terminé.	*We aren't ready. Nothing is finished.*
Personne n'est venu me voir.	*No one came to see me.*
Je **n'**ai **rien** dit à Mme Martin.	*I didn't say anything to Madame Martin.*

Je ne rien dit

C. As with **ne... pas,** the indefinite and partitive articles (**un, une, des; du, de la, de l'**) usually become **de (d')** after any negative expression.

⭐ *Review* **Grammaire 3.6.**

Je **n'**ai **jamais** mangé **d'**escargots.	*I have never eaten (any) snails.*
Nous **n'**avons **plus d'**amis à Strasbourg.	*We no longer have (any) friends in Strasbourg.*

D. The expression **ne... que** is not negative, but rather is used to express the notion of restriction. It is usually synonymous with **seulement** *(only).*

> EXPRESSING RESTRICTION (ONLY)
> **ne... que = seulement**

Je **n'**ai **que** dix francs.	*I have only ten francs.*
Nous **n'**avons visité **que** la tour Eiffel.	*We visited only the Eiffel Tower.*

E. Unlike English, French allows more than one negative in a sentence.

Personne ne fait **jamais rien!**	*Nobody ever does anything!*

Exercice 11 Deux villes imaginaires

Lisez la description d'une ville où *tout va bien* et écrivez la description d'une ville où *tout va mal.*

MODÈLE: Dans la ville où tout va bien, *tout le monde* est content. →
Dans la ville où tout va mal, *personne n'*est content.

Dans la ville où tout va bien,...

1. les enfants obéissent *toujours* à leurs parents.
2. *tout* est simple et calme.
3. *tout le monde* est dynamique.
4. on fait *souvent* la fête.   *on ne fait jamais la fête*
5. on a *déjà* éliminé la pollution de l'air.
6. les habitants aiment *tout le monde.* — *les habitants n' aiment personne*
7. on a *quelque chose* d'intéressant à faire. *on n'a rien d'interessant à faire*
8. la ville est *toujours* prospère. *la ville ne est jamais prospère*

Exercice 12 Fausses impressions

Un ami français vous pose des questions sur votre vie. *your life* Répondez avec **ne... que** et l'expression indiquée.

MODÈLE: Tu as beaucoup de frères et sœurs? (un frère) →
Non, je n'ai qu'un frère.

1. Tu as un appartement? (une chambre)
2. Tu as une voiture? (une bicyclette)
3. Tes parents ont une maison? (un appartement)
4. Il y a un métro dans ta ville? (des autobus)
5. Tes parents ont un mois de vacances? (quinze jours de vacances)   *ils n'ont que quinze jours de vacances*
6. Tu as étudié d'autres langues étrangères? (le français)   *Je n'as étudié que le français*
7. Tu as visité la Californie? (la côte est)

Je n' visite que la côte est

CHAPITRE 6

L'enfance et la jeunesse

Marseille: Trouvez la fève, et vous êtes roi ou reine!

Objectifs

IN **CHAPITRE 6**, you will learn to talk about what you used to do and how you felt in the past.

Activités et lectures

LES ACTIVITÉS DE L'ENFANCE

Quand j'étais petite...

**Attention! Étudier
Grammaire 6.1 et 6.2**

En hiver, je faisais du ski à la montagne avec mes camarades de classe.

En été, je jouais à cache-cache dans le jardin avec mes amis.

Le dimanche, je lisais dans ma chambre.

Je courais avec mon chien.

Je bâtissais des châteaux de sable sur la plage.

Quelquefois, mes amis et moi, nous montions des spectacles.

Activité 1 **Associations: L'enfance de quelques célébrités**

Associez chacune des actions à l'enfance d'une de ces personnes célèbres.

Dominique Voynet, ministre de l'environnement
Thierry Dubois, navigateur
Surya Bonaly, patineuse
Guillaume Depardieu, acteur

Qui...

1. travaillait avec un entraîneur?
2. adorait la mer?
3. savait beaucoup sur le cinéma?
4. lisait beaucoup sur la nature?
5. patinait tous les jours?
6. étudiait la danse?
7. adorait les animaux?
8. étudiait la géographie?
9. voulait protéger les forêts?
10. regardait les films de son père?
11. recyclait les vieux journaux?
12. rêvait de tourner un film?
13. prenait des leçons de chant?
14. adorait les courses à voile?

*A*ctivité 2 Récit: **Le monde des enfants**

Regardez le tableau et écoutez les descriptions de votre professeur. Dites si les phrases sont vraies ou fausses.

Vocabulaire utile: grimper aux arbres, jouer au ballon, pêcher

Allons plus loin!

Posez des questions à votre partenaire, en utilisant le tableau.

MODÈLE: É1: Que faisait Raoul quand il était enfant?
      É2: D'habitude, il jouait avec ses petites voitures. Souvent...

> **Cliquez là!**
>
> Connaissez-vous *Sur le pont d'Avignon* et *Frère Jacques?* Visitez un site de Chansons populaires et enfantines, et écoutez les chansons aimées par les enfants français depuis plusieurs générations.

LES FRANCOPHONES SUR LE VIF

Jean-Marc Dubosc, 30 ans, ingénieur à Lyon

Comment passiez-vous vos vacances d'été quand vous étiez jeune?

«Nous avions trois mois de vacances, mais comme ma famille était assez pauvre, je ne pouvais pas partir en voyage, et même les colonies[1] étaient trop chères. J'ai donc adhéré aux[2] «Éclaireurs de France», un mouvement comparable aux Scouts, mais laïque.[3] Tous les étés, pour un mois, la troupe partait faire un camp dans les Alpes. Nous voyagions en train, avec d'immenses sacs à dos, et à pied—on marchait beaucoup! Certaines années, nos camps n'avaient presque aucune installation: il fallait faire un feu de bois pour manger, et dormir dans des tentes achetées à un surplus militaire. Nous nous lavions à l'eau froide, parfois dans une rivière de montagne à l'eau glaciale. Finalement, nous étions tous très heureux d'être loin de la ville, et d'avoir l'impression de vivre comme des nomades pendant un mois; ces camps valaient[4] bien un club cinq étoiles[5]!»

[1]centres de vacances pour les enfants
[2]**J'ai...** Je suis devenu membre d'une association
[3]≠ religieux

[4]étaient équivalents à
[5]**cinq...** de grand luxe

Activité 3 Entrevue: Quand j'étais petit(e)

1. Est-ce que tu habitais dans une maison? (Dans quelle ville?)
2. À quelle école allais-tu? (Tu aimais cette école?)
3. Est-ce que tu te couchais de bonne heure? (À quelle heure, d'habitude?)
4. Qu'est-ce que tu aimais manger? (De la pizza? Des bonbons?)
5. Est-ce que tu avais un chien ou un chat? (Comment s'appelait-il?)
6. Est-ce que tu prenais des leçons de piano? (Pourquoi?)
7. Tu faisais des tâches ménagères à la maison? (Lesquelles?)
8. Tu regardais les dessins animés le samedi? (Lesquels?)
9. Est-ce que quelqu'un te lisait des bandes dessinées? (Lesquelles?)

Allons plus loin! Pensez à des activités que vous aimiez faire et qui n'existaient pas quand vos grands-parents étaient enfants. Pourquoi est-ce que ces activités n'existaient pas?

LA JEUNESSE

**Attention! Étudier
Grammaire 6.3 et 6.4**

*L'album de photos
de Marie Lasalle*

J'avais quinze ans et j'allais à l'école de filles. Moi, j'avais de la chance. J'aimais l'école et j'avais beaucoup d'amies.

Mme Kaffès était une personne stricte qui savait discipliner ses élèves.

Madeleine et Emma étaient les camarades que je préférais. C'étaient les pitres de la classe.

Florence riait tout le temps. Odile apprenait très vite et Reine avait peur de parler en classe.

Activité 4 Échanges: Les camarades de classe

Est-ce que vous connaissiez ces genres de personnes au lycée? Comment s'appelaient-elles? Expliquez vos réponses.

MODÈLE: É1: Au lycée, est-ce que tu connaissais quelqu'un qui séchait les cours?

É2: Oui, Benny Roberts séchait souvent les cours. Il allait jouer au billard avec ses copains. Et toi, tu connaissais quelqu'un comme ça?

1. quelqu'un qui était doué en musique
2. quelqu'un qui rouspétait souvent
3. quelqu'un que tes parents n'aimaient pas
4. quelqu'un que tout le monde admirait
5. quelqu'un qui pouvait sortir quand il/elle voulait
6. quelqu'un qui se passionnait pour les ordinateurs
7. quelqu'un qui était toujours en retard
8. quelqu'un qui dépensait beaucoup d'argent
9. quelqu'un qui...

Activité 5 Récit: L'adolescence de Barbara

Voici certaines activités de Barbara vers l'âge de 15 ans. Posez à votre partenaire des questions basées sur le tableau et demandez-lui s'il (si elle) faisait la même chose à cet âge-là.

MODÈLE: É1: Que faisait Barbara le week-end?
É2: Elle montait à cheval.
É1: Toi, tu montais à cheval à cet âge-là?
É2: Ah non, je ne montais pas à cheval. J'avais peur des chevaux!

Après les cours

Le week-end

En été

À Noël

Vocabulaire utile: une colonie de vacances, monter à cheval, ranger sa chambre, la veille de Noël, la messe de minuit

Activité 6 Entretien: La vie au lycée

1. Au lycée, est-ce que tu arrivais à l'heure ou en retard le matin, normalement? Pourquoi?
2. Tu lisais beaucoup? Qu'est-ce que tu aimais lire?
3. Qu'est-ce que tu faisais le week-end? (Tu allais au cinéma? Tu te promenais au centre commercial?)
4. Tu étais membre d'une organisation? (l'orchestre? un club? une équipe?) Pourquoi?
5. Tu travaillais après les cours? (Où? Combien d'heures par semaine?)
6. Quels sont tes meilleurs souvenirs de tes années au lycée?

Info: Arts et lettres

Les voix de la francophonie

Langue de la littérature et de la diplomatie, le français est aussi celle de la chanson, comme le prouvent les carrières très différentes de deux célèbres chanteurs contemporains. MC Solaar (Claude M'Barali) est né au Sénégal en 1969 et a grandi[1] dans la banlieue de Paris où il a fait ses études supérieures. En 1990, il connaît le succès[2] avec la chanson «Bouge de Là» et l'album «Qui sème le vent récolte le tempo» (1991). Ses textes raffinés le distinguent des autres rappeurs francophones d'inspiration américaine. Poétique, ironique, MC Solaar aime les allusions à la littérature et au cinéma. Au rap violent et politique pratiqué par les groupes NTM et Ministère Amer, il préfère le commentaire sociologique, comme dans un de ses derniers succès, «Les temps changent».

Céline Dion, Québécoise née en 1968, a commencé sa carrière à l'âge de treize ans. Elle est devenue une grande vedette[3] au Canada, puis en Europe; en 1988, elle a obtenu le Grand Prix de l'Eurovision avec une chanson en français, «Ne partez pas sans moi». Aujourd'hui, elle chante aussi en anglais avec les plus grands vocalistes mondiaux comme Barbra Streisand ou Pavarotti. Pourtant, Céline reste attachée à sa langue maternelle, et continue de collaborer avec des artistes français comme Jean-Jacques Goldman. En dépit de son extraordinaire succès dans le monde anglophone, Céline reste la voix d'or mondiale de la chanson française— et une véritable idole au Québec!

[1] passé sa jeunesse
[2] **connaît...** réussit
[3] une personne célèbre dans le domaine de la musique, du cinéma ou du sport

La langue en mouvement

L'accent québécois

Le français parlé dans d'autres pays du monde diffère du français de France, surtout par son vocabulaire et sa prononciation. Au Québec, par exemple, on peut entendre un accent très différent de l'accent parisien. Le trait le plus remarquable, c'est la prononciation de «t» comme «ts» et de «d» comme «dz» devant les voyelles «i» et «u»: «petsit» pour «petit», et «dzur» pour «dur». Bien sûr, les Québécois ne parlent pas toujours avec un accent très fort, particulièrement s'ils font des études. Ils apprennent alors l'accent standard, et ils peuvent adapter leur accent à la situation. Pourtant, certains Québécois sont très fiers de cette différence!

LES RAPPORTS AVEC LES AUTRES

Attention! Étudier Grammaire 6.5 et 6.6

Raoul Durand parle de sa famille.

Dans ma famille, c'était ma mère qui s'occupait des finances.

Mon père s'énervait quand nous ne voulions pas participer aux tâches ménagères.

Mon petit frère s'en allait quand il se fâchait.

Ma grand-mère m'offrait souvent des petits gâteaux.

Je m'entendais très bien avec ma sœur. Parfois, je lui donnais de l'argent pour faire la vaisselle à ma place.

Nous avions trois chats. Celui que je préférais, c'était Tibert. Il se battait avec les autres chats du quartier.

Activité 7 Discussion: Les autres et moi

Qu'est-ce que vous faisiez dans ces situations quand vous étiez au lycée?

1. Quand quelqu'un voulait m'emprunter un vêtement,...
   a. j'hésitais et je cherchais des excuses.
   b. je m'énervais et je refusais.
   c. je lui prêtais le vêtement.
2. Si mes parents me demandaient d'aider à la maison,...
   a. je me fâchais et je leur disais que c'était injuste.
   b. je leur disais que j'avais trop de devoirs.
   c. je leur obéissais tout de suite.
3. Les jours où je ne voulais pas aller en cours,...
   a. je disais que je ne me sentais pas bien.
   b. je faisais l'école buissonnière.
   c. je faisais des courses pour ma mère.
4. Si (mon père) ne me permettait pas de sortir,...
   a. je sortais sans rien lui dire.
   b. je me disputais avec lui.
   c. je pleurais.
5. Si un(e) de mes ami(e)s se moquait de moi,...
   a. je faisais la tête et refusais de lui parler.
   b. je me battais avec lui (elle).
   c. je ne le (la) prenais pas au sérieux. Ça me faisait rire.

Maintenant, c'est à vous!

Moi aussi!   Ça, c'est une bonne idée!
Moi non, je...   Qu'est-ce qui se passait ensuite?
Ça, c'est rigolo!   Et tu n'avais jamais d'ennuis?

MODÈLE: É1: Quand mon père ne me permettait pas de sortir, je rouspétais.
           É2: Et qu'est-ce qui se passait ensuite?

Activité 8 Sondage: La famille

À votre avis, est-ce qu'on observe les situations suivantes *souvent, quelquefois* ou *rarement* dans une famille moderne? Pourquoi?

MODÈLE: un père qui s'occupe du ménage →
           On ne voit pas ça très souvent, mais je connais des pères qui font le
           ménage.

1. des parents qui s'intéressent aux amis de leurs enfants
2. des enfants qui se disputent parce qu'ils veulent tous faire la vaisselle
3. des parents qui s'inquiètent quand les enfants rentrent trop tard

4. des enfants qui se fâchent parce que leurs parents leur donnent trop d'argent de poche
5. des enfants qui se battent quelquefois
6. une mère qui s'occupe de la voiture
7. un mari qui s'énerve parce que sa femme veut travailler hors de la maison
8. une famille où tout le monde s'entend bien et où il n'y a jamais de problèmes

Activité 9 Sondage: La politesse

Que pensez-vous des suggestions suivantes? Décidez avec votre partenaire si vous êtes d'accord ou non, ou si ça dépend des circonstances.

1. On doit s'excuser quand on bouscule une autre personne.
2. Il est acceptable de crier très fort quand on s'énerve.
3. Si quelqu'un dit «merci», il est poli de répondre «de rien».
4. Il est prudent de s'occuper des affaires de ses voisins.
5. En voiture, on peut klaxonner quand on est pressé.
6. On ne doit pas parler et mâcher du chewing-gum en même temps.
7. Il vaut mieux éviter de se disputer avec un étranger.
8. Les hommes doivent ouvrir la porte pour les femmes.
9. On peut mettre la télé si la conversation n'est pas intéressante.
10. Il est impoli d'utiliser son portable au restaurant quand on dîne seul.

Activité 10 Dans le monde francophone: Pourquoi y a-t-il des méchants?

Lisez la question d'Ève-Marie et la réponse de la revue *Astrapi* à la page 203. Ensuite, dites si les phrases suivantes font partie de la réponse.

1. On devient méchant parce qu'on est mal nourri.
2. Parfois, on devient méchant parce qu'on cherche à se défendre.
3. Dans certains cas, on ne sait pas pourquoi les gens sont méchants.
4. Le monde est divisé en deux groupes: les bons et les méchants.
5. L'amour joue peut-être un rôle dans la formation de notre caractère.
6. On est influencé par les cycles de la lune.

Allons plus loin!

Avec un(e) partenaire, faites une liste de situations qui peuvent influencer l'humeur et la conduite des gens. Par exemple: *On dit que les gens sont de mauvaise humeur et qu'ils conduisent mal quand il pleut.*

Pourquoi y a-t-il des méchants ?

J'ai horreur d'être gentil !

Cette question est posée par Eve-Marie (8 ans). Voici la réponse d'Astrapi.

Dans certains films à la télé, il y a les gentils,
qui sont toujours très gentils,
et les méchants, qui sont vraiment très méchants.

Mais dans la vie, est-ce qu'on peut aussi facilement
partager le monde en bons et en méchants ?

Souvent, on devient méchant
parce qu'on se sent attaqué
et qu'on cherche à se défendre.
Souvent, on devient méchant
parce qu'on n'est pas assez aimé
ou on croit qu'on n'est pas aimé.
Mais il y a aussi des cas où on ne sait pas
du tout pourquoi certains
deviennent aussi méchants que ça !

Au fond, chacun de nous a tout à la fois
du bon et du méchant en soi.

*As-tu une autre réponse ? Si tu veux, tu peux aussi nous envoyer
d'autres questions sur d'autres sujets.*

SOUVENIRS ET ÉVÉNEMENTS DU PASSÉ

Les fêtes et les jours fériés

Attention! Étudier Grammaire 6.7 et 6.8

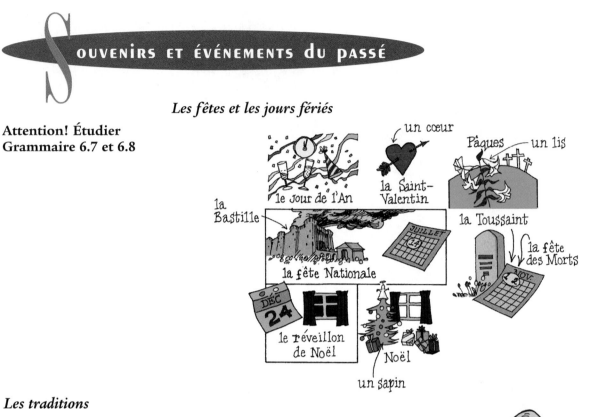

Les traditions

Le 6 janvier (la fête des Rois), Emmanuel a trouvé la fève dans son morceau de galette.

Le 2 février, Nathalie a réussi à faire sauter sa crêpe pour la Chandeleur.

L'année dernière, Bernard et Christine Lasalle ont vu le défilé pendant la fête du mardi gras à Nice.

Le premier avril, ses camarades de classe ont attaché un poisson d'avril au dos de Joël.

Le premier mai, Francis Lasalle a offert un brin de muguet à Marie.

Tous les ans, la famille Lasalle va voir le feu d'artifice le 14 juillet.

Activité 11 Définitions: Les fêtes

Associez les fêtes annuelles à leur définition.

la fête des Rois	la Saint-Valentin	le mardi gras	Hanoukka
la Saint-Sylvestre	la fête du Travail	le Ramadan	Noël

1. La fête islamique qui commémore la révélation du Coran à Mahomet.
2. La fête juive qui commémore la purification du Temple en 164 av. J-C.
3. La soirée où on attend l'arrivée du nouvel an.
4. La fête qui reconnaît la contribution des ouvriers.
5. Une fête romaine devenue chrétienne et, de nos jours, la fête des amoureux.
6. La fête chrétienne célébrant la naissance de Jésus-Christ.
7. Le dernier jour pour bien manger avant les privations du carême.
8. La fête célébrant la manifestation du Christ aux Rois mages.

Activité 12 Associations: Les fêtes et les coutumes

Associez les fêtes aux traditions dans la liste. À quelles autres traditions pensez-vous quand vous pensez à ces fêtes?

1. un bon dîner et des crêpes
2. des feux d'artifice et des défilés
3. un sapin et des cadeaux
4. les Rois mages et une galette
5. des œufs décorés et des lapins
6. des costumes extravagants et des bals
7. des bougies allumées dans le menora
8. des Cupidons et des cœurs
9. des cartes de vœux et des cadeaux
10. des résolutions et du champagne
11. des orchestres et des fêtes dans la rue
12. -?-

la Saint-Valentin
la fête nationale
la Chandeleur
Noël
la fête des Rois
mardi gras
Pâques
Hanoukka
le nouvel an

La Saint-Sylvestre au Casino Municipal d'Aix-en-Provence

- Un menu traditionnel
- Une nuitée dansante, un grand orchestre
- Un spectacle digne des plus grands cabarets
- Le droit d'entrer dans les salons des jeux
- Le champagne Alain-Delon

Activité 13 Entretien: Les traditions américaines

Répondez aux questions en disant quelles autres coutumes et traditions existaient dans votre famille quand vous étiez petit(e).

MODÈLE: É1: Est-ce que tu cherchais des œufs le jour de Pâques?
É2: Oui, toujours. Et avant, nous allions à la messe dans nos beaux vêtements neufs. Moi, j'avais toujours très froid.

Quand tu étais petit(e), est-ce que...

1. tu croyais au père Noël? Tu lui laissais des petits gâteaux et du lait la veille de Noël?
2. tu te déguisais pour aller chez les voisins pour Halloween?
3. tu pique-niquais et est-ce que tu allais voir un feu d'artifice le jour de la fête nationale?
4. tu mangeais trop de bonbons avant le petit déjeuner le jour de Pâques?
5. tu avais un gâteau avec des bougies pour ton anniversaire?
6. tu aidais à préparer le petit déjeuner pour ta mère le jour de la fête des Mères?
7. tu aidais à allumer les bougies du menora pendant Hanoukka?
8. ta famille mangeait de la dinde et regardait des matchs de football américain le jour d'Action de grâce?
9. tu offrais une cravate à ton père pour la fête des Pères?
10. tu échangeais des cartes et des bonbons avec tes camarades de classe à la Saint-Valentin?

La maison de vacances en Provence

Cliquez là!

Visitez Provence Web pour connaître la Provence et Aubagne, la ville natale de Marcel Pagnol. Dans quels départements se trouvent les villes de Nice, Cannes, Marseille et Avignon?

Quand il était jeune, le célèbre écrivain et cinéaste Marcel Pagnol habitait en ville, à Marseille. Dans ses Souvenirs d'enfance, *il décrit la maison de campagne, la «bastide», où il passait ses vacances d'été avec sa famille, au début du XXe (vingtième) siècle.*

La maison s'appelait La Bastide Neuve,[1] mais elle n'était plus neuve depuis bien longtemps. C'était une ancienne ferme en ruine, restaurée trente ans plus tôt par un monsieur de la ville. Mon père et mon oncle lui payaient un loyer de 80 francs par an, que leurs femmes trouvaient un peu exagéré. Mais la maison avait l'air d'une villa—et il y avait «l'eau à la pile»: c'est-à-dire que l'audacieux propriétaire avait fait construire une grande citerne, et il suffisait d'ouvrir un robinet de cuivre,[2] placé au-dessus de l'évier, pour voir couler[3] une eau limpide et fraîche.

C'était un luxe extraordinaire, et je n'ai compris que plus tard le miracle de ce robinet: depuis la fontaine du village jusqu'aux lointains sommets de l'Étoile,[4]

[1]nouvelle
[2]**robinet...** *copper faucet*
[3]passer
[4]une chaine de montagnes au nord de Marseille

Un «mas», bâtiment typique de la campagne provençale

c'était le pays de la soif. Sur vingt kilomètres, on ne rencontrait qu'une douzaine de puits,[5] et trois ou quatre sources.[6] C'est pourquoi, quand une paysanne venait nous apporter des œufs ou des pois chiches[7] et qu'elle entrait dans la cuisine, elle regardait, en hochant la tête, le brillant Robinet du Progrès.

Il y avait aussi, au rez-de-chaussée, une immense salle à manger (qui avait bien cinq mètres sur quatre) que décorait grandement une petite cheminée en marbre véritable. Par un raffinement moderne, les fenêtres des chambres étaient équipées de cadres[8] avec une fine toile[9] métallique pour arrêter les insectes de la nuit. L'éclairage[10] était assuré par des lampes à pétrole et quelques bougies de secours.[11] Mais comme nous prenions tous nos repas sur la terrasse, sous le figuier,[12] il y avait surtout la lampe tempête.[13]

Adapté de *La Gloire de mon père* de Marcel Pagnol, Paris, De Fallois, 1988.

[5]*wells*
[6]*springs*
[7]**pois...** *chick peas*
[8]il y a un cadre autour d'un tableau
[9]*screen*

[10]éclairage> éclairer = donner de la lumière
[11]**bougies...** chandelles à utiliser en cas d'urgence
[12]l'arbre qui produit des figues
[13]**lampe...** lampe à pétrole spéciale, qui résiste au vent et à la pluie

Avez-vous compris?

1. Le père et l'oncle de Marcel...
   a. ont acheté la bastide.
   b. ont loué la bastide.
   c. ont modernisé la bastide.
2. L'attitude de la paysanne vis-à-vis du robinet en cuivre était...
   a. admirative.
   b. indifférente.
   c. soupçonneuse.
3. La toile de métal sur les fenêtres servait à...
   a. protéger la maison des regards indiscrets.

b. protéger les enfants.

c. protéger la maison des insectes.

4. La famille de Marcel prenait la majorité de ses repas...

a. à l'extérieur.

b. à la campagne.

c. dans un café.

À vous la parole!   Au début du siècle, la Bastide Neuve semblait ultra-moderne à Marcel Pagnol; aujourd'hui, les progrès techniques ont changé notre conception du «moderne». Pensez à la chambre, à la maison ou à l'appartement où vous habitez, et imaginez-le il y a cent ans pour faire des comparaisons. Quelques suggestions:

IL Y A CENT ANS...

- on s'éclairait à la lampe à pétrole et à la bougie.
- l'hiver, on avait besoin d'une cheminée pour se chauffer.
- l'été, on gardait les fenêtres ouvertes pour avoir moins chaud.

DE NOS JOURS...

- on a l'électricité et des lampes à halogène.
- il y a souvent le chauffage central.
- la maison a l'air climatisé.

www.mhhe.com/deuxmondes

À explorer: www.mhhe.com/deuxmondes/ pour obtenir plus d'informations sur les thèmes du chapitre.

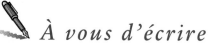

À vous d'écrire

Il y a un siècle, la vie était bien différente de la vie d'aujourd'hui. Comparez la vie dans votre ville il y a 100 ans et la vie d'aujourd'hui. Avant de commencer, faites une liste des choses qui étaient différentes en 19—.

MODÈLE: Il y a cent ans, les gens n'avaient pas de télévision. Aujourd'hui, tout le monde a la télé (et la regarde trop!).

Vidéothèque

Espace vidéo

Décrire des événements au passé. Dans ce segment, Aimée raconte un accident qu'elle a eu sur sa mobylette. Elle explique ce qui se passait au moment de l'accident et pourquoi cet accident a eu lieu. Sa copine Claire imagine le pire! Que faisait Aimée au moment de l'accident? Est-ce que l'accident était grave? Pourquoi est-ce que le casque d'Aimée est éraflé?

Vocabulaire

L'enfance

l'argent (*m.*) de poche	pocket money
une bande dessinée	a (printed) cartoon
un bonbon	a piece of candy
un jeu	a game
avoir de bonnes notes	to make good grades
avoir peur (de)	to be afraid (of)
bâtir un château de sable	to build a sand castle
dessiner	to draw
jouer à cache-cache	to play hide-and-seek
jouer au ballon	to play ball
monter à cheval	to ride a horse
monter dans les arbres	to climb trees
monter un spectacle	to put on a play
obéir à ses parents	to obey one's parents
patiner	to skate
pleurer	to weep, cry
prendre une leçon particulière	to take a private lesson
regarder les dessins animés	to watch cartoons
taquiner	to tease
tomber	to fall

Mots apparentés: **un camp, un costume, un tricycle, un zoo**

L'adolescence

améliorer ses notes	to improve one's grades
chercher des excuses	to make excuses
dépenser de l'argent	to spend money
faire la tête	to sulk, pout
faire l'école buissonnière	to play hookey
faire le pitre	to act silly
faire partie d'une équipe	to be on a team
faire un devoir	to do homework
mâcher du chewing-gum	to chew gum
prêter (un livre)	to lend (a book)
sécher un cours	to cut a class

Les sentiments, les émotions et la conduite

avoir des ennuis	to have problems
se battre (avec qqn)	to fight (with someone)
crier fort	to scream loudly
s'énerver	to get irritated
s'ennuyer	to get bored
s'entendre	to get along (with)
être de bonne humeur	to be in a good mood
être impoli(e)	to be impolite
s'excuser	to apologize
se fâcher	to get angry
s'inquiéter (de)	to worry (about)
s'intéresser à	to be interested in
se moquer de	to make fun of
se passionner (pour)	to be excited (about)
prendre au sérieux	to take seriously
rouspéter	to grumble

Les fêtes et les traditions

Holidays and traditions

la Chandeleur	Candlemas
la fête des Mères (Pères)	Mother's (Father's) Day
la fête des Rois	Epiphany (January 6)
la fête nationale	the national holiday
Hanoukka (*f.*)	Hanukkah
le jour d'Action de grâce	Thanksgiving (*U.S.*)
le jour de l'an	New Year's Day
le mardi gras	Mardi Gras
Noël (*m.*)	Christmas
le nouvel an	New Year's
Ramadan (*m.*)	Islamic holy period
la Saint-Valentin	Valentine's Day
la Toussaint	All Saints' Day
les amoureux	lovers
des bougies (*f.*)	candles
un brin de muguet	lily-of-the-valley (sprig)
le carême	Lent
une carte de vœux	a greeting card
un cœur	a heart
le Coran	the Koran

un défilé	a parade
un feu d'artifice	firework
une fève	a bean; charm hidden in a *galette des Rois*
la galette des Rois	special cake for Epiphany
un lapin	a rabbit
un lis	a lily
un menora	a menorah
un morceau de (gâteau)	a piece of (cake)
un œuf de Pâques	an Easter egg
le père Noël	Santa Claus
un poisson d'avril	an April fool's joke
le réveillon de Noël	Christmas Eve
les Rois mages	the Wise Men
un sapin	a fir tree
des souvenirs (*m.*)	memories
la veille	eve, day before
la Vierge	the Virgin Mary
cacher des œufs	to hide eggs
se déguiser	to wear a costume
manger de la dinde	to eat turkey
offrir un cadeau	to give a gift
faire sauter des crêpes	to flip crepes
regarder un feu d'artifice	to watch fireworks

Mots apparentés: **un bal, célébrer, commémorer, une crêpe, Cupidon, une résolution**

LES ADJECTIFS

chrétien/chrétienne	Christian
doué(e)	gifted
juif/juive	Jewish
méchant(e)	bad, evil
nourri(e)	nourished
orageux/orageuse	stormy
romain(e)	Roman
sale	dirty

Mots apparentés: **acceptable, extravagant(e), injuste, normalement, professionnel/ professionnelle, prudent(e), strict(e)**

LES SUBSTANTIFS

un chanteur/une chanteuse	a singer
un/une élève	a pupil
une émission	a broadcast
un entraîneur/une entraîneuse	a trainer, coach
un footballeur	a soccer player
un jardin	a yard, garden
un ministre	a minister
un patineur/une patineuse	a skater

Mots apparentés: **un centre de recyclage, la Coupe du monde, les finances** (*f.*), **la nature, un orchestre, un (téléphone) portable**

LES VERBES

échanger	to exchange
faire le ménage	to do housework
klaxonner	to blow a horn
laisser	to forget, leave
s'occuper de	to take care of
protéger	to protect
rêver (de)	to dream (about)
rire	to laugh

Mots apparentés: **discipliner, interpréter, participer, permettre, recycler**

MOTS ET EXPRESSIONS UTILES

à notre époque	nowadays
Ça me faisait rire.	That used to make me laugh.
De rien.	You're welcome.
hors de la maison	outside the house
il vaut mieux	it's better (+ inf.)
Qu'est-ce qui se passe?	What's going on?

Grammaire et exercices

6.1 THE VERBS dire, lire, écrire

These verbs have similar, but not identical, irregularities in the present tense.

	dire (*to say*)	**lire** (*to read*)	**écrire** (*to write*)
je/j'	dis	lis	écris
tu	dis	lis	écris
il/elle/on	dit	lit	écrit
nous	disons	lisons	écrivons
vous	dites	lisez	écrivez
ils/elles	disent	lisent	écrivent
PASSÉ COMPOSÉ	j'ai **dit**	j'ai **lu**	j'ai **écrit**

Les jeunes Français **disent** souvent «Ciao».

Est-ce que vous **lisez** régulièrement le journal?

Mes parents m'**écrivent** souvent.

Young French people often say "Ciao."

Do you read the newspaper regularly?

My parents write to me often.

➤ Comment dit-on... ?
= How do you say . . . ?

Pronunciation Hint:

Note that final -**s** and -**t** in the singular forms are always silent: **je di~~s~~, elle écri~~t~~,** etc. As always, final -**ent** in the plural forms is silent, but the preceding consonant (-**s**- or -**v**-) is pronounced: **ils lis~~ent~~.** (This -**s**- is pronounced **z**.)

Exercice 1 À l'université

Complétez les phrases et dites si vous faites ces activités dans votre classe de français.

1. Nous _____ les explications grammaticales. (lire)
2. Nous _____ des rédactions. (écrire)
3. Le professeur nous _____ des poèmes en français. (lire)
4. Moi, je _____ un journal ou un magazine français. (lire)
5. Je _____ bonjour au professeur quand j'entre dans la classe. (dire)
6. Tous les étudiants _____ des choses intéressantes. (dire)
7. J'_____ des phrases au tableau quelquefois. (écrire)
8. Le professeur _____ les mots de vocabulaire au tableau. (écrire)

6.2 Saying what you used to do: THE IMPERFECT

➤ The imperfect often denotes "used to."

✳ *You will learn more about the imperfect in **Grammaire 6.3, 6.8, 8.6, 11.5, 12.2,** and **12.5.***

A. The imperfect (**l'imparfait**) is a past tense used to describe actions or conditions that occurred repeatedly or habitually in the past. It is often used where English speakers use the phrases *used to* and *would*, or just a simple past-tense form.

Chaque fois que j'**allais** à Paris, j'**envoyais** beaucoup de cartes postales à mes amis aux États-Unis.	*Each time I went to Paris, I used to (would) send a lot of postcards to my friends in the United States.*
—Que **faisait** Adrienne le dimanche quand elle **était** petite?	*What did Adrienne do on Sundays when she was little?*
—Elle **allait** toujours à la messe avec ses parents.	*She always went with her parents to Mass.*

➤ Imperfect stem = present-tense **nous** stem.

B. The endings used to form the imperfect are the same for all verbs. The stem is the same as that of the **nous** form of the present tense.

➤ Spelling changes in the imperfect: **c → ç** and **g → ge** before **-a**:
je commençais, je mangeais

L'IMPARFAIT		
parler parl*ons* → parl-	**finir** finiss*ons* → finiss-	**vendre** vend*ons* → vend- *to sell*
je parl**ais**	je finiss**ais**	je vend**ais**
tu parl**ais**	tu finiss**ais**	tu vend**ais**
il/elle/on parl**ait**	il/elle/on finiss**ait**	il/elle/on vend**ait**
nous parl**ions**	nous finiss**ions**	nous vend**ions**
vous parl**iez**	vous finiss**iez**	vous vend**iez**
ils/elles parl**aient**	ils/elles finiss**aient**	ils/elles vend**aient**

Pronunciation Hint:

The endings **-ais, -ait,** and **-aient** are all pronounced the same: **-ai$, -ai$, -ai$$$.**

C. The verb **être** has an irregular stem in the imperfect: **ét-.**

être	
j' ét**ais**	nous ét**ions**
tu ét**ais**	vous ét**iez**
il/elle/on ét**ait**	ils/elles ét**aient**

Quand j'**étais** petit, je prenais toujours un chocolat chaud au petit déjeuner.	*When I was little, I always used to drink hot chocolate at breakfast.*

D. All other verbs with irregular present-tense forms follow the regular conjugation pattern for the imperfect. Here are some examples.

aller: nous allons → **all-**	j'all**ais**	nous all**ions**
avoir: nous avons → **av-**	j'av**ais**	nous av**ions**
devoir: nous devons → **dev-**	je dev**ais**	nous dev**ions**
dire: nous disons → **dis-**	je dis**ais**	nous dis**ions**
écrire: nous écrivons → **écriv-**	j'écriv**ais**	nous écriv**ions**
faire: nous faisons → **fais-**	je fais**ais**	nous fais**ions**
lire: nous lisons → **lis-**	je lis**ais**	nous lis**ions**
prendre: nous prenons → **pren-**	je pren**ais**	nous pren**ions**
venir: nous venons → **ven-**	je ven**ais**	nous ven**ions**
vouloir: nous voulons → **voul-**	je voul**ais**	nous voul**ions**

À cette époque, mes deux grand-mères **venaient** toujours chez nous le dimanche.

At that time, my two grandmothers always came to our house on Sundays.

Exercice 2 **Au lycée**

Regardez les dessins et complétez les phrases pour dire ce que faisait chaque personne pendant ses années au lycée.

MODÈLE: *Julien et ses copains* jouaient au volley-ball.

Agnès

Jean-Yves

Julien

1. _____ lisait le journal tous les jours.
2. _____ et ses amis dansaient très souvent.
3. _____ écoutait de la musique dans la nature.
4. Chaque soir, _____ regardait les actualités.
5. En été, _____ participait à des courses de vélo.
6. _____ et ses amis allaient souvent à la plage.
7. Le week-end, _____ et ses copains sortaient ensemble.
8. _____ bavardait avec ses amis au café.
9. _____ étudiait beaucoup et préparait tous ses examens.

Exercice 3 Souvenirs d'enfance

Que faisait Barbara quand elle était petite? Terminez ses phrases en utilisant l'imparfait.

Quand j'étais petite,...

MODÈLE: faire mes devoirs le soir → je faisais mes devoirs le soir.

1. aller à l'école à pied
2. adorer mes institutrices
3. aimer beaucoup les activités en classe
4. s'amuser avec mes camarades pendant la récréation
5. rentrer chez moi à midi pour déjeuner

Tous les dimanches, mes frères, mes sœurs et moi,...

MODÈLE: se lever de bonne heure → nous nous levions de bonne heure.

6. aller à l'église à 9 h
7. faire un grand repas à midi
8. se promener dans la forêt l'après-midi
9. faire la sieste après la promenade
10. finir nos devoirs pour le lendemain

Exercice 4 Les inconvénients d'une grande ville

Quand Agnès Rouet avait dix ans, ses parents ont décidé de quitter la grande ville. Vous allez savoir pourquoi. Utilisez l'imparfait.

MODÈLE: Autrefois, les Rouet / louer un appartement en banlieue →
Autrefois, les Rouet louaient un appartement en banlieue.

1. tous les matins, M. et Mme Rouet / se lever à cinq heures
2. Mme Rouet / prendre le bus pour aller au travail
3. elle / devoir attendre l'autobus une demi-heure
4. M. Rouet / aller au travail en voiture, dans sa vieille Deux Chevaux
5. il / y avoir toujours beaucoup de circulation
6. M. Rouet / arriver au bureau furieux
7. il / être obligé de déjeuner en ville et ça / coûter cher
8. leurs enfants / aller à l'école en bus
9. ils / finir les cours à 16 h 30
10. ils / rentrer à la maison et / rester seuls jusqu'à 19 h

6.3 Describing past states: MORE ON THE IMPERFECT

Some verbs describe actions (*run, jump, put, eat*) and others describe states of being (*want, know, have, be, can*). You already know how to express a variety of states with **être** plus an adjective (**être fatigué**), or with **avoir** plus a noun (**avoir sommeil**). You also know the following verbs that describe states of being: **aimer, vouloir, pouvoir, connaître, savoir,** and **devoir.**

To describe a state of being *in the past*, French normally uses the imperfect tense. This is because the imperfect presents a situation as existing at some time in the past, without suggesting a definite beginning or end.

> ★ Review **Grammaire 4.7.**

Je ne me **sentais** pas bien hier. Je **savais** que j'**étais** malade parce que je n'**avais** pas envie de manger.	*I didn't feel well yesterday. I knew that I was sick because I didn't feel like eating.*
Quand ma sœur **avait** quinze ans, elle **voulait** devenir championne de patinage.	*When my sister was fifteen, she wanted to become an ice-skating champion.*

> ★ You will learn more about the imperfect in **Grammaire 6.8, 8.6,** and **12.2.**

Exercice 5 Une semaine difficile

Raoul décrit sa semaine. Utilisez un des verbes indiqués à l'imparfait.

avoir, devoir, être
Le semaine dernière _____[1] une semaine très difficile. J'_____[2] un peu malade et je n'_____[3] pas le temps de dormir suffisamment. Donc, j'_____[4] très sommeil pendant tous mes cours. J'_____[5] beaucoup de devoirs, et en plus je _____[6] travailler tous les jours.

avoir, être, savoir, vouloir
Un ami canadien était de passage à Bâton Rouge. Je _____[7] sortir avec lui, mais ce n'_____[8] pas possible. Je _____[9] que j'_____[10] besoin de me reposer, mais je ne _____[11] pas manquer mes cours, puisque c'_____[12] la dernière semaine du semestre. Vive les vacances!

6.4 Linking ideas: RELATIVE PRONOUNS

A. Relative pronouns are used to make one sentence out of two. There are three relative pronouns in English: *that, who(m),* and *which.*

> This is a high school. I attended this high school. →
> This is *the high school that* I attended.
> Mr. Langdon is a teacher. He taught me the most. →
> Mr. Langdon is *the teacher who* taught me the most.

B. In French, the relative pronoun **qui** is used for both people and inanimate things. **Qui** is used when the preceding noun is the *subject* of the following verb.

> ➤ **Qui** is usually followed by a verb.

J'avais **un ami** *qui* jouait dans l'orchestre. (**Mon ami** jouait...)

I had a friend who played in the orchestra.

Je cherchais **le livre** *qui* était sur mon lit. (**Le livre** était...)

I was looking for the book that was on my bed.

▶ **Que** is usually followed by a subject + verb.

C. The relative pronoun **que (qu')** is also used for both people and things. **Que** is used when the preceding noun is the *direct object* of the following verb.

Comment s'appelait **le garçon** *que* nous rencontrions tous les jours à la bibliothèque? (Nous rencontrions **le garçon**...)

What was the name of the boy we used to meet every day in the library?

Elle était **le magazine** *que* je lisais quand j'étais au lycée. (Je lisais **le magazine**...)

Elle *was the magazine (that) I used to read when I was in high school.*

▶ **Où** can refer to a place or a time.

D. Use the relative pronoun **où** to refer to a place where something happens or to a point in time when something happens.

Maman, comment s'appelle **le magasin** *où* tu achetais tous nos vêtements?

Mom, what's the name of the shop where you used to buy all our clothes?

J'étais malade **le jour** *où* Daniel m'a téléphoné.

I was sick the day (that) Daniel called me.

E. Note that the relative pronoun may sometimes be omitted in English, but it is always present in French.

Denise, tu portes la robe **que** je voulais acheter.

Denise, you're wearing the dress (that) I wanted to buy.

Exercice 6 Définitions

Complétez les définitions avec un mot de la liste à droite, puis avec le pronom **qui** ou **que**.

MODÈLE: *Un ordinateur* est une machine *qui* obéit à des programmes.

1. _____ est un animal _____ on ne trouve que dans les mythes.
2. _____ est l'ensemble d'habitants _____ vivent dans un pays.
3. _____ est un jeu _____ nous passons et auquel (*which*) nous jouons à la télé.
4. _____ est un véhicule _____ navigue sur les eaux.
5. _____ est une personne _____ fait le clown.
6. _____ est la tâche ménagère _____ les enfants détestent.
7. _____ est un petit cahier _____ on utilise pour écrire des adresses.
8. _____ est le terrain _____ entoure une maison.

a. un pitre
b. un carnet
c. la vaisselle
d. un jardin
e. une licorne
f. un peuple
g. un jeu vidéo
h. un bateau

Exercice 7 Journées d'hiver

Raoul raconte des souvenirs de son enfance à Montréal. Complétez les phrases par le pronom relatif **qui**, **que** ou **où**.

Quand j'étais petit, nous habitions une ville _____¹ était très belle en hiver. C'était le silence du matin et le mystère du paysage blanc _____² j'aimais surtout. Je n'aimais pas sortir les jours _____³ il faisait très froid. Je restais à la maison _____⁴ je lisais des livres _____⁵ j'empruntais à la bibliothèque. Mon frère, _____⁶ n'aimait pas non plus sortir, restait lui aussi à la maison. En général, il chantait et jouait de la guitare. Mon père, _____⁷ travaillait, nous téléphonait toujours vers quatre heures. En fin d'après-midi, je passais de très bons moments dans la cuisine, _____⁸ ma mère préparait le dîner. Les gâteaux _____⁹ elle nous faisait sentaient si bon!

Voilà les bons souvenirs _____¹⁰ je garde de ces journées d'hiver.

Exercice 8 Souvenirs d'enfance

Sarah et Agnès racontent leurs souvenirs. Combinez les deux phrases en employant un pronom relatif (**qui, que, où**).

MODÈLE: Je ne vais jamais oublier les gâteaux. Ma grand-mère faisait ces gâteaux. →
Je ne vais jamais oublier les gâteaux que ma grand-mère faisait.

1. J'avais deux cousines. Elles nous racontaient des histoires fascinantes.
2. Près de chez nous, il y avait un parc. Nous jouions souvent dans ce parc.
3. Je faisais aussi des promenades à bicyclette. J'aimais beaucoup ces promenades.
4. Il y avait une maîtresse. Elle nous apprenait les noms de toutes les plantes.
5. Je jouais avec une petite fille. Elle avait un gros chien.
6. J'adorais la colonie de vacances. J'allais dans cette colonie de vacances en été.
7. À l'école, j'avais une copine. J'aimais beaucoup cette copine.
8. Il y avait une piscine près de chez nous. Je nageais souvent dans cette piscine.

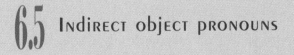

6.5 Indirect object pronouns

A. In French, an indirect object noun is always preceded by the preposition **à**.

Je posais beaucoup de questions **à Mᵐᵉ Kaffès.**

Mᵐᵉ Kaffès expliquait les problèmes de maths **aux élèves.**

I asked Madame Kaffès a lot of questions.

Madame Kaffès explained the math problems to the pupils.

Definition: An indirect object is a noun indicating to whom or for whom an action is performed.

★ Review **Grammaire 4.5.**

B. Indirect object pronouns are used to avoid repeating an indirect object noun. You already know most of these pronouns, because they are the same as the direct object pronouns. The only forms that are different are **lui** and **leur**.

INDIRECT OBJECT PRONOUNS

me/m' *(to) me*	**nous** *(to) us*
te/t' *(to) you (familiar)*	**vous** *(to) you (formal, plural)*
lui *(to) him, (to) her*	**leur** *(to) them*

➤ **lui** = *him* or *her,* depending on context

J'étais à côté de Madeleine, et je **lui** disais toujours la réponse.

I was next to Madeleine, and I always told her the answer.

Emma et Florence étaient de l'autre côté de la salle. Je **leur** écrivais souvent des petits mots.

Emma and Florence were on the other side of the room. I often wrote them little notes.

C. Indirect object pronouns, just like reflexive and direct object pronouns, are placed before conjugated verbs or between a conjugated verb and an infinitive.

Georges **m'a expliqué** la leçon de français.

Georges explained the French lesson to me.

Je ne peux pas **te donner** la réponse maintenant.

I can't tell you the answer now.

✳ *Review* **Grammaire 2.2** *(C and D) and 4.5 (C and D).*

D. In negative sentences, indirect objects precede their verb and are placed between **ne** and the verb.

Je ne **lui** parle pas souvent.

I don't talk to him/her often.

Elle ne **leur** a pas dit ça.

She didn't tell them that (say that to them).

E. Some verbs require an indirect object in French although the equivalent English verb takes a direct object:

obéir à… , répondre à… , téléphoner à…

—Tu as été poli quand tu as répondu **au professeur?**

Were you polite when you answered the instructor?

—Mais oui, je **lui** ai répondu très poliment!

Oh yes, I answered him (her) very politely!

F. Some verbs have both a direct object and an indirect object with **à: donner quelque chose à quelqu'un.**

demander qqch. à qqn. *to ask (for)*	**dire qqch. à qqn.** *to say, tell*
emprunter qqch. à qqn. *to borrow (from)*	**prêter qqch. à qqn.** *to lend*
offrir qqch. à qqn. *to offer, give*	**rendre qqch. à qqn.** *to give back*
promettre qqch. à qqn. *to promise*	

—Est-ce que tu demandes de l'argent **à tes amis?**

Do you ask your friends for money?

—Non, je ne **leur** demande jamais d'argent.

No, I never ask them for money.

Exercice 9 Ton adolescence

Un camarade vous pose des questions. Répondez en employant **lui** ou **leur.**

MODÈLE: Tu obéissais à tes parents, même si tu ne voulais pas? →
Oui, je leur obéissais toujours (en général). (Non, je ne leur obéissais pas toujours.)

1. Si tu voulais sortir, est-ce que tu devais demander la permission à tes parents?
2. Est-ce que tu pouvais téléphoner à ton meilleur ami (ta meilleure amie) tous les soirs?
3. Est-ce que tu écrivais à ton acteur favori (ton actrice favorite)?
4. Au lycée, est-ce que tu écrivais des mots à tes camarades pendant les cours?
5. Est-ce que tu posais beaucoup de questions à tes professeurs?
6. Est-ce que tu offrais des cadeaux à ton professeur favori?
7. Est-ce que tu empruntais souvent des livres à tes camarades?
8. Est-ce que tu demandais de l'argent à tes copains?
9. Est-ce que tu rendais souvent visite à tes grands-parents?

Exercice 10 La vie d'un enfant d'autrefois

Joël Colin pose des questions à son grand-père, Francis Lasalle, sur son enfance. Complétez les phrases avec **nous, vous** ou **leur.**

JOËL: Papi, est-ce que tu obéissais toujours à tes parents?
FRANCIS: Euh... oui, d'habitude je _____[1] obéissais, mais pas toujours, tu sais.
JOËL: Est-ce que tes frères et toi, vous receviez de l'argent de poche?
FRANCIS: Non, nos parents ne _____[2] donnaient pas d'argent régulièrement, mais ils _____[3] donnaient de la petite monnaie de temps en temps.
JOËL: Et à Noël, ils _____[4] offraient beaucoup de cadeaux, non?
FRANCIS: Oui, ils _____[5] offraient des cadeaux, mais pas autant qu'à vous aujourd'hui.

Exercice 11 Interrogatoire

Claudine Colin pose des questions à son fils. Mettez-vous à la place de Joël et répondez au négatif.

MODÈLE: Est-ce que tu as téléphoné à ton père? →
Non, maman, je ne lui ai pas téléphoné.

1. Est-ce que tu as écrit à ton grand-père?
2. As-tu rendu les cassettes à Clarisse et Marise?
3. Tu m'as promis de rester à la maison cet après-midi, n'est-ce pas?
4. Tu nous as dit, à ton père et à moi, que tu avais des devoirs à faire, n'est-ce pas?
5. Je t'ai prêté mon stylo, non?
6. Est-ce que tu as donné de l'eau au chien?
7. Est-ce que tu nous as laissé un morceau de gâteau?

8. Est-ce que Marise t'a demandé un service?
9. Tu as rendu visite à Mme Avôké, n'est-ce pas?
10. Enfin, est-ce que tu as obéi à ton père et moi?

6.6 Idiomatic reflexive verbs

★ *Review* **Grammaire 2.2.**

For most of the reflexive verbs you have seen so far, the subject and object refer to the same person: the subject is acting on himself or herself. **(Il se rase. Elle s'habille.)** However, some verbs are used with reflexive pronouns even though they have no obvious reflexive meaning; that is, the subject is not acting on himself or herself. Here are some examples.

> **s'en aller** *to leave, to go away*
> **se battre** avec quelqu'un *to fight with someone*
> **se disputer** avec quelqu'un *to quarrel with someone*
> **s'énerver** *to be annoyed*
> **s'ennuyer** *to be bored*
> **s'entendre** avec quelqu'un *to get along with someone*
> **se fâcher** avec quelqu'un *to get angry with someone*
> **s'inquiéter de** quelque chose *to worry about something*
> **s'intéresser à** quelque chose *to be interested in something*
> **s'occuper de** quelque chose *to take care of something*
> **se rappeler** quelque chose *to remember something*
> **se sentir** *to feel*
> **se souvenir de** quelque chose *to remember something*

Sentir means to smell but in the reflexive it means to feel

Je **m'entendais** assez bien avec ma sœur, mais nous **nous disputions** quelquefois.

I got along pretty well with my sister, but we used to quarrel sometimes.

—Est-ce que tu **te rappelles** le prof de maths?

Do you remember the math teacher?

—Tu veux dire M. Morin, le professeur qui **se fâchait** tout le temps?

You mean Mr. Morin, the teacher who was always getting angry?

Exercice 12 Souvenirs d'adolescence

Comparez votre adolescence avec celle de Raoul Durand. Posez des questions et donnez les réponses.

MODÈLE: Raoul ne se battait pas avec ses frères et sœurs.
—*Tu te battais* avec tes frères et sœurs?
—*Oui, je me battais* avec mes frères et sœurs. (*Non, je ne me battais pas* avec mes frères et sœurs.)

Les souvenirs de Raoul:

1. Il s'entendait très bien avec ses professeurs et ses camarades de classe.
2. Il s'inquiétait de ses notes aux examens.
3. Il ne se fâchait jamais avec ses copains.
4. Il se disputait de temps en temps avec ses parents.
5. Il s'occupait de la voiture de ses parents.
6. Il s'intéressait beaucoup aux sports d'hiver.
7. Il s'ennuyait parfois en été.

Maintenant, posez les mêmes questions à votre professeur.

MODÈLE: Est-ce que vous vous battiez avec vos frères et sœurs, madame (monsieur)?

6.7 THE VERBS **VOIR** AND **CROIRE**

A. The verbs **voir** and **croire** have the same conjugation pattern. Notice that the **i** changes to **y** in the **nous** and **vous** forms.

voir (*to see*)		**croire** (*to believe*)	
je vois	nous voyons	je crois	nous croyons
tu vois	vous voyez	tu crois	vous croyez
il/elle/on voit	ils/elles voient	il/elle/on croit	ils/elles croient
PASSÉ COMPOSÉ: j'ai **vu,** j'ai **cru**			

B. When **croire** is used with **à,** it has the meaning *to believe in.*

Quand j'étais petit, je **croyais au** père Noël.
Elle **croit aux** licornes.

When I was little, I believed in Santa Claus.
She believes in unicorns.

➤ Exceptions: **croire en Dieu** = to believe in God; **croire en qqn** = avoir confiance en qqn.

C. If **croire** or **voir** is followed by a statement, the statement must be introduced by **que.**

Je **crois qu'**elle a eu une enfance très heureuse.
Je **vois que** j'avais tort.

I think (that) she had a very happy childhood.
I see (that) I was wrong.

D. Here are a few useful expressions with **croire** and **voir:**

Je crois que oui (non).
Tu crois? Moi, je ne crois pas.
Tu vois? Je te l'avais dit!

I think so. (I don't think so.)
Do you think so? I don't.
You see? I told you so!

Exercice 13 Principes

Faites des phrases en employant le présent de **croire à.**

MODÈLES: Je suis toujours très poli(e). (les bonnes manières) →
Je crois aux bonnes manières.
Mes parents sont mariés depuis trente-deux ans. (le divorce) →
Ils ne croient pas au divorce.

1. Agnès Rouet est féministe. (l'égalité des sexes)
2. Les Lasalle ne donnent jamais de fessées à Nathalie. (la punition corporelle)
3. Toi et moi, nous votons à toutes les élections. (la démocratie)
4. Tu as beaucoup d'amis. (l'amitié)
5. J'adore toutes les fêtes de l'année. (les traditions)
6. Vous êtes fiancé(e). (le mariage)

Exercice 14 Les fêtes et les traditions

Complétez par **voir** ou **croire** au présent.

1. À Noël, on _____ des arbres de Noël et des cadeaux enveloppés de papier coloré.
2. Aux États-Unis, nous _____ des enfants en costumes de toutes sortes à Halloween.
3. Dans votre famille, est-ce que vous _____ que la dinde est indispensable au repas principal le jour d'Action de grâce?
4. Moi, je ne _____ pas pourquoi on associe des lapins et des œufs colorés à la fête de Pâques.
5. Les musulmans _____ qu'il faut s'abstenir de manger entre le lever et le coucher du soleil pendant le Ramadan.
6. Dans les familles juives, on _____ à la tradition de l'hospitalité à Pâques.

6.8 Different perspectives on the past: SUMMARY of PASSÉ COMPOSÉ and imperfect

➤ **imparfait** = *used to do, did, would do regularly*

A. The imperfect is used to say what one *used to do* or *did regularly* in the past. In English, this is sometimes expressed with *would*.

À Noël, **nous allions** chez mes grands-parents.

Every Christmas, we went (would go) to my grandparents' house.

➤ **imparfait** = description of past state

B. The imperfect is often used to describe states of being and feelings in the past.

Quand **j'avais** dix ans, **je détestais** encore les garçons.

When I was ten, I still hated boys.

➤ **passé composé** = completed past event

C. The **passé composé,** in contrast to the imperfect, presents an action as a single event, completed at one time in the past. It is used to say *what happened.*

À l'âge de six ans, **j'ai découvert**
    que le père Noël n'existait pas.
Quand j'avais dix ans, nous
    sommes allés à Dakar.

At age six, I discovered that Santa
    Claus did not exist.
When I was ten, we went to Dakar.

Exercice 15 Mes activités du passé

Dites les activités de cette liste que vous avez faites hier. Ensuite, dites si vous les faisiez quand vous étiez petit(e) et avec quelle fréquence.

Vocabulaire utile: souvent, tous les jours, de temps en temps, une fois par semaine

MODÈLES: Hier, j'ai mangé des spaghettis. →
        Quand j'étais petit(e), je mangeais souvent des spaghettis.
        Hier, je ne suis pas allé(e) à la banque. →
        Quand j'étais petit(e), je n'allais jamais à la banque.

1. Hier, je me suis levé(e) avant 8 h.
2. Hier, j'ai porté un jean et un tee-shirt.
3. Hier, je suis allé(e) à l'université.
4. Hier, j'ai parlé au téléphone avec des amis.
5. Hier, j'ai conduit une voiture.
6. Hier, j'ai regardé la télé.
7. Hier, je me suis couché(e) à minuit et demi.
8. Hier, j'ai lu les bandes dessinées dans le journal.

CHAPITRE 7

À table!

Le fromage français: on a l'embarras du choix!

Objectifs

IN **CHAPITRE 7**, *you will learn to talk about food, purchasing ingredients, preparing meals, and eating in restaurants.*

activités

Les aliments et les boissons

On fait les provisions

L'art de la cuisine

Au restaurant

lectures

Les francophones sur le vif   Farida Abdel

La langue en mouvement   Emprunts gastronomiques

Info: Société   Gastronomie québécoise

Lecture   «Le Corbeau et le Renard»

grammaire

7.1   Review of articles

7.2   The verb **boire**

7.3   Expressing quantities: The pronoun **en**

7.4   More on asking questions: **Qui, que, quoi**

7.5   Ongoing actions: **Être en train de**

7.6   Ordering events: **Avant, après**

Activités *et* *lectures*

Attention! Étudier Grammaire 7.1 et 7.2

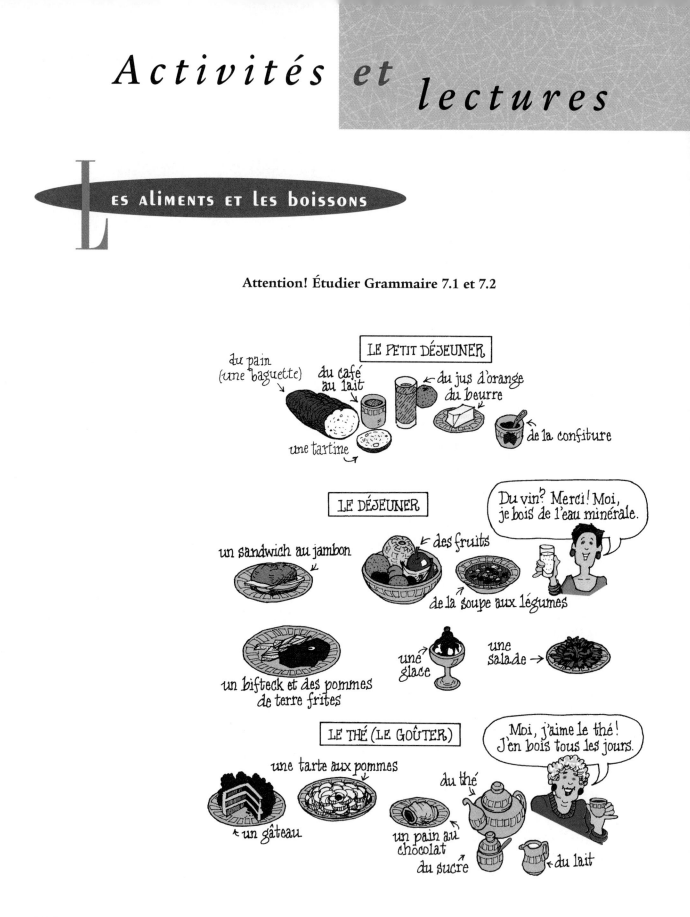

LE PETIT DÉJEUNER

du pain (une baguette)
du café au lait
du jus d'orange
du beurre
une tartine
de la confiture

LE DÉJEUNER

Du vin? Merci! Moi, je bois de l'eau minérale.

un sandwich au jambon
des fruits
de la soupe aux légumes
un bifteck et des pommes de terre frites
une glace
une salade →

LE THÉ (LE GOÛTER)

Moi, j'aime le thé! J'en bois tous les jours.

une tarte aux pommes
du thé
un gâteau
un pain au chocolat
du sucre
du lait

226

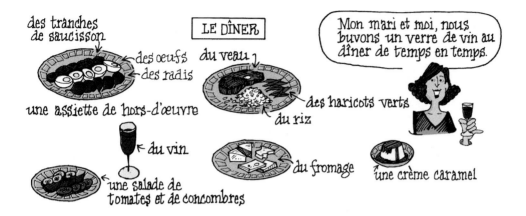

des tranches de saucisson

LE DÎNER

Mon mari et moi, nous buvons un verre de vin au dîner de temps en temps.

des œufs
du veau
des radis

une assiette de hors-d'œuvre

des haricots verts
du riz

du vin

du fromage
une crème caramel

une salade de tomates et de concombres

Activité 1 Discussion: La nourriture et les boissons

Que prenez-vous pendant une journée typique?

MODÈLES: Je prends (toujours, souvent, quelquefois, rarement)...
Je ne prends pas (jamais)...

1. Pour le petit déjeuner...
   a. des toasts avec de la confiture
   b. du café au lait avec des croissants
   c. des céréales
   d. des œufs et du bacon
   e. -?-
2. Comme déjeuner...
   a. un sandwich au fromage
   b. un hamburger et des frites
   c. de la pizza
   d. une salade
   e. -?-

3. Comme goûter,...
   a. des bonbons
   b. du gâteau
   c. un fruit
   d. des yaourts
   e. -?-
4. Pour le dîner...
   a. de la soupe aux légumes
   b. du poulet avec du riz
   c. un bifteck grillé
   d. un plat végétarien
   e. -?-

Activité 2 Enquête: Les aliments

Passez cette petite épreuve pour déterminer si vous êtes bien, passablement ou mal informé(e) sur la nutrition.

1. Lesquelles de ces boissons ne sont pas sucrées?
   a. l'eau minérale
   b. le café noir
   c. le jus d'orange
   d. le chocolat
   e. la limonade
2. Lequel de ces desserts a le moins de calories?
   a. une tranche de tarte aux pommes
   b. des fruits frais en compote
   c. un morceau de gâteau au chocolat
   d. un sorbet à l'orange
   e. une glace à la vanille

3. Lesquels de ces casse-croûte donnent le plus d'énergie?
   a. des biscottes avec du fromage
   b. du yaourt sans sucre
   c. une tranche de pizza
   d. des bonbons et un coca
   e. un petit pain au chocolat

4. Lesquels de ces aliments sont riches en protéines?
   a. le bifteck
   b. les spaghettis
   c. le poisson
   d. le bacon
   e. la soupe aux légumes

5. Lesquels de ces plats ont peu de matières grasses?
   a. un blanc de poulet
   b. du rosbif au jus
   c. du gâteau à la crème
   d. une salade de fruits
   e. une portion de porc rôti

Activité 3 Dans le monde francophone: Un vrai repas

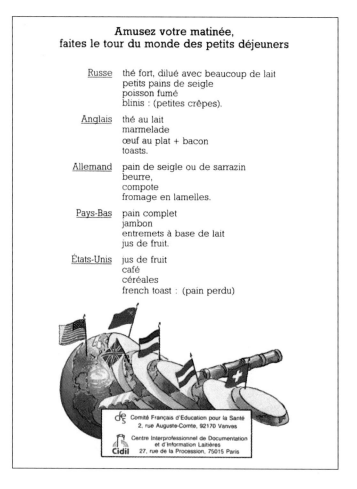

Amusez votre matinée,
faites le tour du monde des petits déjeuners

Russe — thé fort, dilué avec beaucoup de lait
petits pains de seigle
poisson fumé
blinis : (petites crêpes).

Anglais — thé au lait
marmelade
œuf au plat + bacon
toasts.

Allemand — pain de seigle ou de sarrazin
beurre,
compote
fromage en lamelles.

Pays-Bas — pain complet
jambon
entremets à base de lait
jus de fruit.

États-Unis — jus de fruit
café
céréales
french toast : (pain perdu)

cfes Comité Français d'Éducation pour la Santé
2, rue Auguste-Comte, 92170 Vanves

Centre Interprofessionnel de Documentation
et d'Information Laitières
Cidil 27, rue de la Procession, 75015 Paris

1. Dans quel pays est-ce qu'on mange du fromage au petit déjeuner?
2. Où est-ce qu'on mange des œufs au plat avec du bacon?

3. Comment dit-on «french toast» en français?
4. Où mange-t-on du poisson fumé et des blinis?
5. Quel type de pain est-ce qu'on mange aux Pays-Bas?
6. Dans quels pays est-ce qu'on boit du thé?
7. Où est-ce qu'on prend un petit déjeuner léger? Et un petit déjeuner copieux?

Activité 4 Entrevue: Mes habitudes

Posez les questions à votre camarade de classe, en lui demandant de vous expliquer ses réponses.

MODÈLE: É1: Qu'est-ce que tu bois quand tu vas au restaurant?
É2: Normalement, je bois de l'eau. Si c'est une grande occasion, je prends parfois du vin.

Qu'est-ce que tu bois quand...

1. tu ne peux pas dormir?
2. tu retrouves tes amis au café?
3. tu es fatigué(e) après le sport?
4. tu as froid?
5. tu as sommeil le matin de bonne heure?

Qu'est-ce que tu manges...

6. comme petit déjeuner quand tu es pressé(e)?
7. quand tu comptes les calories?
8. si tu as la grippe ou un rhume?
9. le soir, avant de te coucher?
10. maintenant mais que tu détestais quand tu étais petit(e)?

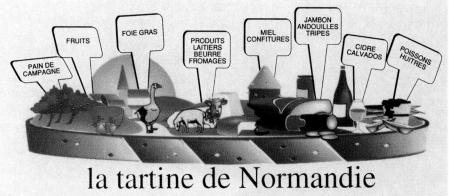

On fait les provisions

Attention! Étudier Grammaire 7.3

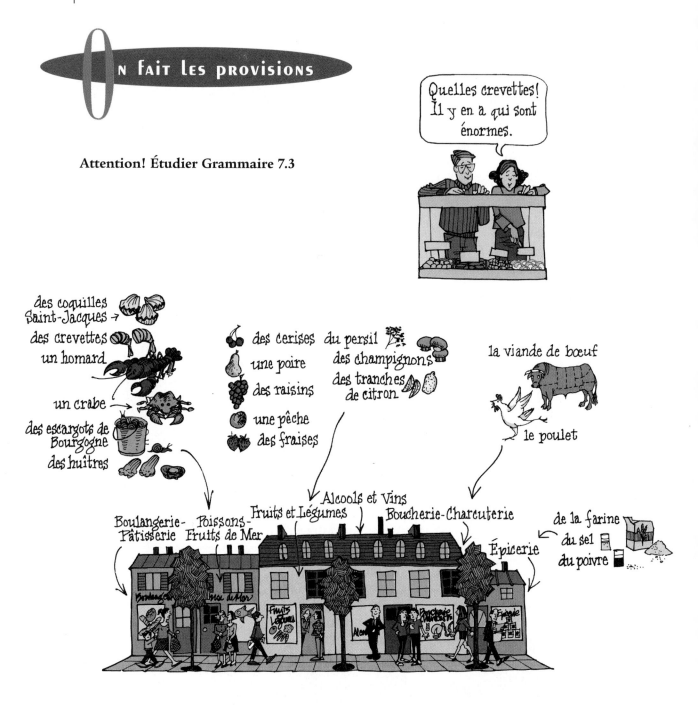

Quelles crevettes! Il y en a qui sont énormes.

des coquilles Saint-Jacques →
des crevettes
un homard
un crabe
des escargots de Bourgogne
des huîtres

des cerises
une poire
des raisins
une pêche
des fraises

du persil
des champignons
des tranches de citron

la viande de bœuf
le poulet

de la farine
du sel
du poivre

Boulangerie-Pâtisserie
Poissons-Fruits de Mer
Fruits et Légumes
Alcools et Vins
Boucherie-Charcuterie
Épicerie

Activité 5 Échanges: Les magasins d'alimentation

Regardez les dessins et posez des questions à votre camarade de classe.

MODÈLE: É1: Où est-ce qu'on peut trouver des pommes?
          É2: Chez le marchand de fruits et légumes.
          É2: Où est-ce qu'on vend des crevettes?
          É1: On vend des crevettes chez le marchand de poisson.

Activité 6 Casse-têtes: Les aliments

De quel aliment s'agit-il dans chacune de ces définitions?

1. C'est un légume long et orange. Nous en mangeons la racine.
2. C'est un fruit de mer. D'habitude, nous en mangeons les pinces.
3. C'est une poudre à base de céréales. On l'utilise dans le pain.
4. C'est un délice du printemps à l'arôme délicat. Nous en prenons comme dessert avec de la crème.
5. Nous mettons ce condiment blanc et poudré dans presque tous nos plats.
6. Il faut casser cet ingrédient avant de le mettre dans une omelette.
7. Pâtisserie croustillante, elle est délicieuse avec un café au lait.
8. Cette boisson, riche en vitamine C, vient d'un fruit.
9. En France, on la mange après le plat principal, souvent avec une sauce vinaigrette.
10. Ce produit laitier est riche en protéines et contient peu de calories.
11. Cet aliment ne contient pas de chlorophylle et se propage par des spores.
12. Nous mettons ces petits fruits rouges dans des tartes et des confitures.

Réponses possibles: le jus d'orange, le sel, le yaourt, une carotte, la salade, le homard, les fraises, la farine, un croissant, les œufs, les cerises, les champignons

> ## *Ça fait penser*
>
> Quelques proverbes «alimentaires»
>
> - On reconnaît l'arbre à ses fruits.
> - Il vaut mieux aller au boulanger qu'au médecin.
> - On ne fait pas d'omelette sans casser des œufs.
> - Il faut garder une poire pour la soif.

Activité 7 Entretien: Le supermarché Casino

Vous allez faire des courses à Casino. Pour chaque liste, calculez combien vous allez dépenser. Attention aux quantités! (Un kilo = 1000 grammes.)

MODÈLE: Le jambon coûte 52 F le kilo. 250g, ça fait un quart de kilo. Alors, ça fait 13 F (à peu près 2€).

LISTE 1	LISTE 2	LISTE 3
250 grammes de jambon	1 bouteille de beaujolais	1 pot de moutarde
3 boîtes de petits pois	3 kilos d'oignons	500 grammes de beurre
2 avocats	250 grammes de gruyère	4 yaourts aux fruits
½ kilo de viande hachée	2 kilos de pommes	1 kilo de tomates
2 kilos de mandarines	6 boîtes de jus de tomate	500 grammes de citrons

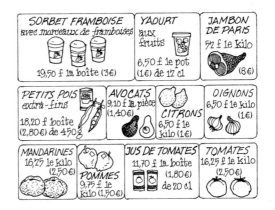

LES FRANCOPHONES SUR LE VIF

Farida Abdel, 25 ans, réceptionniste à Lyon

Où préférez-vous faire vos provisions?

Pour les fruits et les légumes, et aussi les fromages, je préfère aller au petit marché en plein air[1] qui se tient sur la place de mon quartier le mardi et le jeudi matin. Les produits sont très frais, de bonne qualité, mais pas trop chers, et l'ambiance est sympathique parce que les marchands adorent discuter avec leurs clients. Pour les autres achats, je vais dans un hypermarché en banlieue. Bien que je n'aime pas beaucoup ça—c'est si impersonnel!—, il faut admettre que c'est pratique: on y trouve de tout, pas seulement de la nourriture: des vêtements, de l'électro-ménager,[2] du vin et des alcools, des livres ou des accessoires auto. J'aime bien fréquenter[3] les petits magasins de quartier, mais je n'ai pas toujours le temps, et je ne veux pas dépenser trop pour des achats ordinaires.

[1]**en...** à l'extérieur
[2]**l'électro-ménager:** appareils électriques pour la maison (grille-pain, four à micro-ondes, etc.)
[3]aller régulièrement dans

L'ART DE LA CUISINE

Attention! Étudier Grammaire 7.4

Des invités à dîner

Bernard et Christine cherchent des recettes intéressantes.

Ils font les provisions ensemble.

Bernard achète du pain
à la boulangerie.

De retour chez eux, Christine
commence à préparer les plats.

C'est Bernard qui met le couvert.

Ils vérifient que tout est prêt
avant l'arrivée des invités.

Tout le monde se met à table
et ils servent le dîner.

Activité 8 Échanges: Savez-vous cuisiner?

Nommez autant d'ingrédients que possible pour chaque plat.

MODÈLE: Dans une purée de pommes de terre, il y a des pommes de terre, du
lait, du beurre, du sel et un peu de poivre.

1. Avec quoi est-ce qu'on fait une omelette aux champignons?
2. Qu'est-ce qui est indispensable pour faire les crêpes?
3. Que met-on dans la sauce tomate à l'italienne?
4. Avec quoi est-ce qu'on fait un gâteau au chocolat?
5. Qu'est-ce qu'on met dans le steak au poivre?
6. Quels sont les ingrédients dans une tarte aux cerises?
7. De quoi est-ce qu'on a besoin pour une sauce vinaigrette?

Suggestions

du beurre	du sucre	de la farine	du lait	du sel
des œufs	du vin	de l'huile	des épices	du poivre
de l'ail	des oignons			

*A*ctivité 9 Discussion: Quelques plats français

Que savez-vous de la cuisine française? Essayez d'identifier la description de chacun de ces plats traditionnels.

1. le coq au vin
2. la crème caramel
3. la sauce hollandaise
4. la salade niçoise
5. les coquilles Saint-Jacques
6. la bouillabaisse
7. le steak au poivre
8. la quiche lorraine

_____ **a.** C'est un bifteck bien poivré et grillé, servi avec une sauce au vin.

_____ **b.** Ce dessert léger est composé d'œufs, de sucre et de lait. Il est recouvert d'une sauce au sucre caramélisé.

_____ **c.** Cette tarte n'est pas sucrée, mais salée! Elle est faite d'œufs battus et de crème.

_____ **d.** C'est une soupe composée de poissons, de fruits de mer et d'épices.

_____ **e.** Le nom de ce plat vient de la ville de Nice. On le sert comme hors-d'œuvre ou comme déjeuner en été.

_____ **f.** On sert cette sauce très riche avec des œufs, du poisson ou des légumes.

_____ **g.** On sert ce plat avec des pommes de terre ou du riz; le poulet en est un des ingrédients principaux.

_____ **h.** C'est un plat recouvert d'une sauce à la crème et servi dans des coquilles.

Cliquez là!

Cherchez une recette de cuisine en tapant le nom de votre aliment préféré (exemples: le chocolat, l'agneau, les recettes végétariennes).

La bouillabaisse, spécialité de Provence

Activité 10 Dans le monde francophone: Les œufs miroir aux tomates provençales

Mettez dans le bon ordre toutes les étapes pour préparer les œufs miroir.

_____ Faites glisser les œufs sur les tomates.
_____ Parsemez les tomates de persil et d'ail.
_____ Versez l'huile d'olive dans la poêle.
_____ Salez et poivrez les œufs.
___1___ Coupez l'ail en quatre.
_____ Laissez les tomates, le persil et l'ail mijoter dix minutes.
_____ Attendez que le blanc de l'œuf recouvre le jaune.
_____ Faites cuire les œufs cinq minutes à feu vif.
_____ Mettez du sel et du poivre sur les tomates.
_____ Mettez les rondelles de tomates dans la poêle.

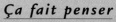

Œufs Miroir Aux Tomates Provençales

Pour 4 personnes, 4 tomates, 8 œufs extra-frais, 1/2 bouquet de persil, 2 gousses d'ail, 2 c. à soupe d'huile d'olive, sel, poivre.
Épluchez les gousses d'ail. Lavez le persil. Mixez les gousses d'ail coupées en 4 avec les feuilles de persil.
Faites chauffer l'huile dans une large poêle. Mettez-y les tomates découpées en rondelles. Poivrez, salez, parsemez de persillade. Couvrez la poêle et laissez mijoter 10 mn. Cassez les œufs dans 2 bols. Faites-les glisser sur les tomates. Couvrez de nouveau la poêle et faites cuire à feu vif environ 5 mn. Le jaune de l'œuf doit être recouvert de blanc. Salez et poivrez.

Activité 11 Échanges: Que servir?

Considérez les invités et choisissez un menu. Précisez les modifications éventuelles à faire.

vendredi 6: Mme Dubois, doit maigrir/adore le sucre
samedi 14: Pierre et Jean, cyclistes/doivent participer à une course le 15
mercredi 18: les Delachaux, riches/aiment bien manger!
samedi 28: les Grognon, le patron!/Madame ne mange pas de viande rouge

MENU 1

une soupe de poissons, une salade de tomates et de concombres, des spaghettis à la bolognaise avec du fromage et un gâteau au chocolat

MENU 2

une soupe iranienne à base de yaourt, une assiette de crudités, des filets de sole pochés, des haricots verts et une tarte aux pêches

MENU 3

une soupe aux tomates et au basilic, des escargots de Bourgogne, des blancs de poulet à la crème et aux champignons et une crème caramel

MENU 4

une soupe aux légumes, des coquilles Saint-Jacques, un rôti de porc avec des pommes de terre vapeur, des fraises avec de la crème chantilly

La langue en mouvement

Emprunts gastronomiques

Au cours des siècles, beaucoup de mots sont passés du français en anglais et vice versa. Par exemple, il est facile de reconnaître les origines françaises de mots comme «menu», «cuisine», «gastronomy» et «gourmet». Il est intéressant de remarquer que «cuisine» et «kitchen» viennent du même mot latin, mais que «kitchen» est arrivé par la route des langues germaniques. Reconnaissez-vous les mots français qui sont à l'origine des mots «puree», «saute» et «blanch»?

AU RESTAURANT

Attention! Étudier Grammaire 7.5 et 7.6

Claudine et Victor vont au restaurant.

Cliquez là!

Consultez un annuaire du vin ou une carte des vins sur Internet. Ensuite, choisissez une région à présenter en classe. Comment sont le climat et le terrain?

Des crudités, des escalopes de veau à la crème et aux champignons et des pommes vapeur, s'il vous plaît.

Moi, je voudrais la terrine de saumon et le gigot aux flageolets.

Le maître d'hôtel les conduit à leur table.

Maintenant, ils sont en train de passer leur commande.

Le sommelier leur propose un vin de Bourgogne.

Le serveur leur apporte le dîner.

Avant le dessert, Victor prend du fromage.

Ça fait penser

- En 600 avant J.-C., les Grecs se sont installés à Marseille. Ils ont planté les premiers pieds de vigne.

Maintenant, le serveur est en train de donner l'addition à Victor.

Avant de partir, ils laissent un pourboire généreux.

Info: Société

Gastronomie québécoise

Il y a beaucoup d'excellents restaurants de style français au Québec, mais on peut aussi y goûter une cuisine populaire et originale, à base d'ingrédients locaux.[1] Par exemple, la «tourtière» est une sorte de tarte à la viande et aux légumes; chaque famille a sa recette particulière. De nombreuses spécialités sont préparées avec le «sucre» (c'est le nom du sirop d'érable[2] au Québec), et notamment la fameuse «tarte au sucre». Le plat national populaire le plus insolite[3] est sans doute la «poutine», une assiette de frites avec des morceaux de viande de bœuf fumée et une sauce au fromage. Ce n'est pas très léger, mais c'est absolument délicieux!

[1]pluriel de **local**
[2]un arbre: le symbole du Canada est une feuille d'érable
[3]original et un peu étrange

Dans la vieille ville de Québec

Activité 12 Discussion: Dans un restaurant

En France, quand est-ce qu'on fait ces choses dans un restaurant?

1. On prend la salade...
   a. après avoir terminé le plat principal.
   b. avant de prendre le plat principal.

2. On mange du fromage...
   a. après avoir terminé la soupe.
   b. avant de prendre le dessert.

3. On prend des hors-d'œuvre...
   a. après avoir pris le dessert.
   b. avant de manger le plat principal.

4. On boit du café...
   a. après avoir pris le dessert.
   b. avant de prendre le fromage.

5. Le sommelier fait goûter le vin...
   a. après l'avoir servi.
   b. avant de le servir.

6. On mange le plat principal...
   a. après l'entrée.
   b. avant l'entrée.

Activité 13 Entretien: Se débrouiller au restaurant

Vous êtes dans un restaurant français pour la première fois avec votre partenaire et vous vous sentez un peu mal à l'aise. Vous posez des questions à votre ami(e). Ensuite votre ami(e), à son tour, va vous poser des questions.

Étudiant(e) 1

1. Comment s'appelle le monsieur qui sert le vin?
2. Qu'est-ce que c'est que l'addition?
3. «Des crudités», qu'est-ce que ça veut dire?
4. C'est qui, cette femme qui sert à la table à côté de nous?

Étudiant(e) 2

1. C'est quoi, le plat du jour?
2. Qu'est-ce que c'est qu'un pourboire?
3. Ça veut dire quoi, «service compris»?
4. L'entrée, c'est quoi?

Suggestions le pourboire est compris dans le prix du repas; la note qu'on paie après le repas; le sommelier; le plat spécial offert aujourd'hui; le plat qui précède le plat principal; l'argent qu'on laisse au serveur; des légumes crus (pas cuits); la serveuse

Activité 14 Entretien: Formules de politesse

Vous avez dîné chez un ami (une amie) et vous avez trop mangé et trop bu. Qu'est-ce que vous lui répondez pour ne pas le (la) vexer?

MODÈLE: Tu veux encore du vin? →
Merci, il est délicieux mais j'en ai assez pris.

1. Un peu de cognac?
2. Tu as goûté ces chocolats?
3. Encore du rôti à l'ail?
4. Tu veux du café?
5. Essaie ces escargots! Ils sont délicieux.
6. Encore de la salade?

Suggestions

Plus de (café), merci. J'en ai déjà trop pris.
Merci. Il est délicieux mais je n'ai plus faim.
Rien de plus, merci. J'ai très bien mangé!
Plus rien, merci. J'ai (bu) un peu trop de (vin).
Merci. Je ne prends pas d'(alcool).

Activité 15
Entretiens: Au restaurant «Chez Michel»

Lisez le menu et choisissez des plats pour...

1. quelqu'un qui évite les matières grasses.
2. une personne robuste qui mange de tout.
3. une personne qui ne prend jamais de viande rouge.
4. des végétariens.

À vous la parole! **Situation:** Vous dînez avec des amis au restaurant «Chez Michel», un très bon restaurant parisien. Avec votre partenaire, jouez les rôles du client (de la cliente) et du serveur (de la serveuse).

LE SERVEUR: Vous désirez, (mademoiselle)?
VOUS: Comme hors-d'œuvre, je voudrais...
LE SERVEUR: Et comme salade... ?
VOUS: ...
LE SERVEUR: ...
LE SERVEUR: Et avec ça, c'est tout?
VOUS: ...

Suggestions

Est-ce que le service est compris?
Il est comment, le canard à l'orange?
Monsieur (Madame, Mademoiselle), l'addition, s'il vous plaît!
Quelle est la spécialité de la maison?

Chez Michel
Menu à 350 francs (54 €)*

Entrée au choix

Hors-d'œuvre
terrine du chef
œufs en gelée
terrine de saumon
consommé de légumes
crème d'asperges
avocat vinaigrette

Salades
salade du jardin
salade d'endives aux noix
salade niçoise
salade du chef

Plat garni au choix

Viandes
châteaubriand aux pommes
tournedos béarnaise
gigot d'agneau aux flageolets
escalope de veau aux morilles

Volailles
coq au vin
cailles aux raisins
canard à l'orange

Poissons et fruits de mer
sole meunière pommes vapeur
turbot à l'oseille
homard à l'américaine
moules marinières
gratin d'écrevisses

Fromages
camembert
brie
plateau assorti

Desserts
mousse au chocolat
île flottante
orange givrée
crème caramel
tarte maison

Café ou thé

* boissons non comprises
service compris

un bifteck cru

saignant

bien cuit

à point

Cliquez là!

En vous servant du mot *restaurants*, visitez un restaurant francophone intéressant. Ensuite, préparez une description du restaurant.

LECTURE

«*Le Corbeau et le Renard*»

Maître Corbeau, sur un arbre perché,
 Tenait en son bec un fromage.
Maître Renard, par l'odeur alléché,[1]
 Lui tint à peu près ce langage:[2]
 «Hé! Bonjour, Monsieur du Corbeau,
Que vous êtes joli! que vous me semblez beau!
 Sans mentir, si votre ramage[3]
 se rapporte[4] à votre plumage,[5]
Vous êtes le phénix[6] des hôtes[7] de ces bois.»[8]
À ces mots, le Corbeau ne se sent pas de joie;
 Et pour montrer sa belle voix,
Il ouvre un large bec, laisse tomber sa proie.[9]
Le Renard s'en saisit[10] et dit: «Mon bon
 Monsieur,
 Apprenez que tout flatteur
 Vit aux dépens de celui qui l'écoute.[11]
Cette leçon vaut bien un fromage, sans doute.»
 Le Corbeau, honteux[12] et confus,
Jura,[13] mais un peu tard, qu'on ne l'y prendrait
 plus.[14]

Le Corbeau et le Renard

Extrait des *Fables* (Livre I) de Jean de la Fontaine (1621–1695)

[1]attiré
[2]**tint...** a parlé à peu près comme ça
[3]voix, chant
[4]est proportionnel
[5]les oiseaux ont des plumes, qui forment
 un plumage
[6]oiseau mythique
[7]habitants

[8]**ces...** cette forêt
[9]victime (le fromage)
[10]**s'en...** l'a pris rapidement
[11]**vit...** dépend de sa victime
[12]qui a honte
[13]a affirmé
[14]**on...** il a appris sa leçon

Avez-vous compris?

1. Que veut le renard?
   a. manger le corbeau
   b. prendre le fromage du corbeau
   c. se moquer du corbeau
   d. entendre le corbeau chanter
2. Quelle est la stratégie du renard?
   a. amuser le corbeau
   b. distraire le corbeau
   c. flatter le corbeau
   d. intimider le corbeau
3. Pourquoi est-ce que le corbeau accepte de chanter?
   a. Il est très sympathique.
   b. Il est très heureux.
   c. Il est vaniteux.
   d. Il a peur.
4. Comment est le corbeau à la fin de l'histoire? Il est...
   a. furieux.
   b. honteux.
   c. triste.
   d. surpris.

5. Quelle est la morale de cette fable?
   a. Les corbeaux sont idiots.
   b. Les flatteurs ont souvent des intérêts personnels.
   c. Les renards sont manipulateurs.
   d. Les corbeaux n'aiment pas la flatterie.

À vous la parole!   La suite de l'histoire: Maître Corbeau rentre chez lui sans son fromage, et raconte ses mésaventures à sa femme. Imaginez leur dialogue.

MME CORBEAU: Qu'est-ce qui est arrivé? Où est ton fromage?
MAÎTRE CORBEAU: Quelle histoire! J'étais perché sur un arbre, avec mon fromage dans mon bec,…

www.mhhe.com/deuxmondes

À explorer: www.mhhe.com/deuxmondes/ pour obtenir plus d'informations sur les thèmes du chapitre.

 À vous d'écrire

Préparez un petit article publicitaire au sujet de votre restaurant préféré. Dans votre article, donnez des renseignements importants aux clients potentiels, tels que les heures, le décor, les spécialités et les prix. (Inventez les détails si vous n'en êtes pas certain[e].)

Vidéothèque

Espace vidéo

Commander au restaurant. Dans ce segment vidéo, Aimée, Claire et Jacques prennent un verre au café. Aimée est en train de dessiner son copain Jacques. Qu'est-ce que le serveur demande à Aimée? Qui commande un citron pressé? Qui prend un café crème? Qu'est-ce que le serveur recommande? Est-ce qu'Aimée suit ses suggestions?

Vocabulaire

Les légumes

Vegetables

l'ail (*m.*)	garlic
un avocat	an avocado
le basilic	basil
les champignons (*m.*)	mushrooms
les haricots (*m.*) verts	green beans
la laitue	lettuce
le persil	parsley
une pomme de terre	a potato
le riz	rice

Mots apparentés: les asperges (*f.*), une carotte, le céleri, un concombre, un oignon, un radis, une tomate

Les fruits et les desserts

Fruit and desserts

une cerise	a cherry
un citron	a lemon
une fraise	a strawberry
une framboise	a raspberry
une pêche	a peach
une poire	a pear
une pomme	an apple
un raisin	a grape
la crème caramel	flan, custard with a caramel sauce
la crème Chantilly	whipped cream
une galette	a puff pastry cake
un gâteau	a cake
une pâtisserie	a piece of pastry
une tarte aux pommes	an apple pie

Mots apparentés: l'abricot (*m.*), la banane, la crêpe, le melon, la mandarine, l'orange (*f.*), le sorbet

Le pain, l'épicerie et les produits laitiers

Bread, grocery, and dairy products

une baguette	a long, thin loaf of bread
le beurre	butter
la confiture	jam, jelly

les épices (*f.*)	spices
la farine	flour
le fromage	cheese
la glace	ice cream
le lait	milk
les œufs (*m.*)	eggs
un pain au chocolat	a chocolate-filled roll
le pain complet	whole-grain bread
le poivre	pepper
le riz	rice
le sel	salt
le sucre	sugar
le yaourt	yogurt

Mots apparentés: des céreales (*f.*), le chocolat, la crème, le croissant, l'huile (*f.*) d'olive, la moutarde, la vanille

La viande, le poisson et les fruits de mer

Meat, fish, and seafood

l'agneau (*m.*)	lamb
le bœuf (haché)	beef (ground)
les coquilles (*f.*) Saint-Jacques	scallops
une côtelette de porc	a pork chop
les crevettes (*f.*)	shrimp
les escargots (*m.*)	snails
un gigot	a leg of lamb
le homard	lobster
les huîtres (*f.*)	oysters
le jambon	ham
le poulet (un blanc de)	chicken (breast)
le saucisson	salami (hard sausage)
le veau	veal

Mots apparentés: le bifteck, un crabe, le rosbif, une sole

Pour parler de la nourriture

Talking about food

à point	medium (*meat cookery*)
beurré(e)	buttered
croustillant(e)	crusty, crunchy

cru(e)	raw
cuit(e); bien cuit(e)	cooked; well-done (*meat*)
épicé(e)	spicy
frais/fraîche	fresh
fumé(e)	smoked
haché(e)	chopped, ground
léger/légère	light, fluffy, delicate
poché(e)	poached
recouvert(e) de	covered with
saignant(e)	rare (*meat*)
salé(e)	salty, salted
sucré(e)	sweet

la graisse	fat, grease
les matières (*f.*) grasses	fat, fat content
un régime	a diet

Mots apparentés: **acide, un arôme, des calories** (*f.*), **caramélisé(e), le cholestérol, composé(e), en compote, la fibre, fin(e), flambé(e), garni(e), les protéines, riche (en), les vitamines**

Magasins d'alimentation

Food stores

une boucherie	a butcher shop
une boulangerie	a bakery
une charcuterie	a delicatessen (pork)
une épicerie	a grocery store
un(e) marchand(e)	a merchant
une pâtisserie	a pastry shop
une poissonnerie	a fishmonger's

Pour faire la cuisine

Cooking terms

les aliments (*m.*)	food items
les frites (*f.*)	French fries
un goût	a taste, flavor
une recette	a recipe
une tranche	a slice (*of fruit, etc.*)

couper	to cut
faire les provisions	to buy groceries
goûter	to taste
poivrer	to pepper
saler	to salt
verser	to pour

Mots apparentés: **griller, un ingrédient, un liquide, un livre de cuisine**

Les boissons

Drinks

l'eau (*f.*)	water
le thé	tea
le vin	wine

Mots apparentés: **le café au lait, le champagne, le cidre, le jus d'orange**

Les repas et la table

Meals and the table

une assiette	a plate
un couteau	a knife
une cuillère	a spoon
le déjeuner	lunch
le dîner	dinner
une fourchette	a fork
le casse-croûte	snack
le petit déjeuner	breakfast
une serviette	a napkin
une tasse	a cup
un verre	a glass

se mettre à table	to sit down at the table
mettre le couvert	to set the table

Au restaurant

In a restaurant

l'addition (*f.*)	tab, bill
l'entrée (*f.*)	first course
le maître d'hôtel	host (maître d')
le plat du jour	today's special
le plat principal	main course
le pourboire	tip
le serveur/la serveuse	waiter, waitress
le sommelier/ la sommelière	wine waiter

Encore du/de la/ de l'... ?	Would you like more . . . ?
Est-ce que le service est compris?	Is the tip included in the tab?
J'ai très bien mangé!	That was really good!
J'en ai assez/trop pris.	I've had enough/too much.
Je n'ai plus faim.	I'm no longer hungry.
Plus de (café), merci.	No more (coffee), thanks.
Rien de plus, merci.	Nothing else, thanks.

c'etait délicieux, mais je n'ai plus faim
vous avez un sac pour mon chien?

boire	to drink
commander	to order
coûter	to cost
laisser un pourboire	to leave a tip
maigrir	to get thin
se mettre à (+ *inf.*)	to start
passer la commande	to place an order
prendre (perdre) du poids	to gain (lose) weight

Mots apparentés: **conseiller, distinguer, fréquenter, payer, recommander, souffrir, suggérer, vexer**

LE MENU

Menu items

la bouillabaisse	fish stew
le coq au vin	chicken cooked in wine

un croque-monsieur	grilled ham and cheese sandwich
les crudités (*f.*)	raw vegetables served as appetizer
une escalope de veau	a veal cutlet
un gigot aux flageolets	leg of lamb with beans
le pâté de foie gras	meat paste of goose liver
le potage	soup
la salade niçoise	salad of rice, vegetables, tuna
le steak au poivre	pepper steak
une terrine de saumon	cold salmon pâté

Mots apparentés: **la choucroute, les crêpes** (*f.*), **les hors-d'œuvre** (*m.*)

Grammaire et exercices

7.1 Review of articles

A. Definite articles (**le, la, l', les**) are used as the equivalent of *the* in English.

✹ Review **Grammaire A.3** and **A.5.**

➤ Definite articles: **le, la, l', les**

> **Le** lait que j'ai acheté est dans **le** réfrigérateur.

> *The milk I bought is in the refrigerator.*

Definite articles are also used to talk about people or things in general. In such cases, English usually uses no articles at all.

> **La** mousse au chocolat est mon dessert préféré.

> *Chocolate mousse is my favorite dessert.*

> **Les** hommes fument plus de cigarettes que **les** femmes.

> *Men smoke more cigarettes than women (do).*

B. Remember that indefinite articles (**un, une, des**) are used for countable nouns (*des* **croissants**), whereas partitive articles (**du, de la, de l'**) are used for mass nouns (*de la* **confiture**).

✹ Review **Grammaire 3.6.**

➤ Count nouns take indefinite articles: **un, une, des.** Mass nouns take partitive articles: **du, de la, de l'.**

> J'ai acheté **des** provisions pour le petit déjeuner. J'ai pris **des** croissants, **du** beurre et **de la** confiture.

> *I bought groceries for breakfast. I got (some) croissants, butter, and jam.*

C. To choose the appropriate article, look at the kind of verb used in the sentence. With verbs describing likes or dislikes, such as **aimer, adorer, détester,** and **préférer,** use the definite article because you are talking about things in a general sense.

> Nathalie **aime** beaucoup **les** carottes et **les** petits pois, mais elle **déteste les** épinards.

> *Nathalie likes carrots and peas a lot, but she detests spinach.*

> Je n'**aime** pas **le** café fort.

> *I don't like strong coffee.*

On the other hand, if the verb deals with having, obtaining, or consuming, use **du, de la, de l',** or **des,** because you are talking about some amount of a thing. Such verbs include **avoir, acheter, manger, boire, prendre,** and many others.

➤ Verbs of preference: definite article
Verbs of "consumption": indefinite or partitive article

> Les Français **boivent du** café après le dîner.

> *The French drink coffee after dinner.*

> Nous **mangeons de la** pizza tous les vendredis soir.

> *We eat pizza every Friday night.*

D. In negative sentences, the indefinite or partitive article becomes **de.** Definite articles do not change.

➤ Tu *n'aimes pas le* chocolat.
➤ Je *mange du* chocolat.
➤ Tu *ne* manges *pas de* chocolat.
➤ Je mange *trop de* chocolat!

> Je **n'**achète **jamais de** crème, et je **n'**ai **plus de** lait. Est-ce que vous pouvez boire votre café noir?

> *I never buy cream, and I don't have any milk left. Can you drink your coffee black?*

De is also used after expressions of quantity.

> QUELQUES EXPRESSIONS DE QUANTITÉ
>
> | | |
> |---|---|
> | beaucoup de   *a lot of* | un peu de   *a little* |
> | assez de   *enough* | trop de   *too much, too many* |
> | une livre de   *a pound of* | un kilo(gramme) de   *a kilogram of* |
> | un litre de   *a liter of* | une douzaine de   *a dozen* |
> | un verre de   *a glass of* | une tasse de   *a cup of* |

Agnès a acheté **un litre de** lait et **un kilo de** gruyère.	*Agnès bought a liter of milk and a kilo of gruyère cheese.*

Exercice 1 Vos goûts

Répondez par **oui** ou **non,** et puis indiquez un autre aliment de la même catégorie que vous préférez.

> MODÈLE: Tu aimes le jus d'orange? →
> Oui, j'aime le jus d'orange, mais je préfère le jus de raisin. (Non, je n'aime pas le jus d'orange. Je préfère le jus de pomme.)

1. Tu aimes les petits pois?
2. Tu aimes les cerises?
3. Tu aimes le jambon?
4. Tu aimes la bière?
5. Tu aimes les huîtres?
6. Tu aimes le lait?
7. Tu aimes la tarte aux pommes?
8. Tu aimes le porc?
9. -?-

Exercice 2 Les courses

Avec votre ami(e), vous allez préparer un dîner pour des amis français. Votre ami(e) ne sait pas faire la cusine, mais il/elle va faire les courses. Répondez à ses questions.

Le menu: des spaghettis à la bolognaise, de la salade, une crème caramel

> MODÈLES: J'achète des pâtes? →
> Oui, achète des pâtes (pour les spaghettis).
> J'achète du poisson? →
> Non, n'achète pas de poisson. (Ce n'est pas nécessaire.)

1. J'achète de la sauce tomate?
2. ... du riz?
3. ... du bifteck?
4. ... du bœuf haché?
5. ... de la laitue?
6. ... des pommes de terre?
7. ... de l'huile et du vinaigre?
8. ... des oignons?
9. ... de la glace?
10. ... du lait?
11. ... des œufs?
12. ... du sucre?

Exercice 3 Combien en consommez-vous?

Utilisez l'expression de quantité appropriée.

Vocabulaire utile: assez de, trop de, beaucoup de, (un) peu de, une (demi-)livre de, un kilo de, un (deux, trois,...) litre(s) de, une (demi-)douzaine de, une tasse de, un verre de, une bouteille de, une (deux, trois) portion(s) de...

1. Je bois _____ café(s) par jour.
2. Je bois _____ eau chaque jour.
3. Je consomme _____ œufs par semaine.
4. Je consomme _____ beurre chaque mois.
5. Je mange _____ viande chaque semaine.
6. Je mange _____ fruits par jour.
7. Je mange _____ légumes par jour.

Exercice 4 Les préférences et les habitudes

Faites des questions et des réponses, en employant la forme appropriée de l'article.

MODÈLE: manger souvent / frites (*f.*) →
  É1: Est-ce que tu manges souvent des frites?
  É2: Oui, je... (Non, je...)

1. acheter quelquefois / bonbons au chocolat
2. aimer / escargots
3. manger souvent / dinde (*f.*)
4. consommer beaucoup / fromage (*m.*)
5. détester / poisson (*m.*)
6. adorer / glace (*f.*)

7.2 THE VERB **boire**

The verb **boire** is similar to **croire** and **voir**. Note, however, its irregular plural forms.   ✳ *Review* **Grammaire 6.7.**

boire (*to drink*)	
je bois	nous b**uv**ons
tu bois	vous b**uv**ez
il/elle/on boit	ils/elles boivent
PASSÉ COMPOSÉ: j'ai **bu**	

—Monsieur, que voulez-vous **boire?**   *Sir, what would you like to drink?*

—Du thé, s'il vous plaît.   *Tea, please.*

Les Français **boivent** souvent de l'eau minérale.   *The French often drink mineral water.*

Exercice 5 Boissons favorites

Répondez aux questions par des phrases avec **boire**.

MODÈLE: Que boivent vos parents avec les repas? →
Ils boivent du thé glacé (du café).

1. Que buvez-vous le matin?
2. Que boivent vos amis quand ils se retrouvent au restau-u?
3. Quand vous sortez avec des amis, que buvez-vous? (nous)
4. Qui boit plus de thé, à votre avis, les Anglais ou les Français?
5. Qu'est-ce que vous avez bu ce matin avant d'aller en cours?
6. Que buviez-vous avec vos repas quand vous étiez petit(e)?
7. Qui buvait du café chez vous quand vous étiez petit(e)?
8. Qu'est-ce qu'on a bu à la dernière fête où vous êtes allé(e)?

7.3 Expressing quantities: THE PRONOUN EN

★ *Review Grammaire B.1.*

➤ Uses of **en: Tu as des œufs?**

—J'*en* ai trois.
(I have three of them.)
—J'*en* ai.
(I have some.)
—Je n'*en* ai pas.
(I don't have any.)
—J'*en* ai beaucoup.
(I have many.)

A. You are already familiar with the use of the pronoun **en** to replace a noun preceded by a number.

—Avez-vous trois enfants?	*Do you have three children?*
—Non, j'en ai **quatre.**	*No, I have four (of them).*

B. En also replaces a noun with a partitive article (**du, de la, de l'**) or an indefinite article (**un, une, des**). The English equivalent is *some* or *any.*

—Est-ce que Raoul prend toujours du café après le dîner?	*Does Raoul always have coffee after dinner?*
—Oui, il **en** prend toujours.	*Yes, he always has some.*
—As-tu des fruits pour le dessert?	*Do you have some fruit for dessert?*
—Non, je n'**en** ai pas, mais Daniel va **en** apporter.	*No, I don't have any, but Daniel is going to bring some.*

In this use, **en** can refer to people or things.

C. Use **en** to replace nouns preceded by other expressions of quantity such as **un peu, beaucoup, assez, trop.**

—Est-ce qu'il y a encore de la glace au chocolat?	*Is there still some chocolate ice cream?*
—Oui, il y **en** a encore **beaucoup.**	*Yes, there's still a lot (of it).*
—Je dois acheter du lait à l'épicerie?	*Should I buy some milk at the grocery store?*
—Non, j'**en** ai déjà **trop.**	*No, I already have too much.*

D. **En** is also used to replace the preposition **de** + the name of a thing. This often happens with expressions that require **de**, such as **avoir besoin (envie, peur) de.**

> —Tu as besoin **de poivre** pour cette recette?   *Do you need pepper for this recipe?*
>
> —Oui, j'**en** ai besoin.   *Yes, I need it (some).*

> ➤ **En** also replaces the preposition **de** + a thing: j'**en** ai peur.
>
> **Rappel: Je veux en manger.**

Exercice 6 Habitudes alimentaires

Vous passez quelques jours chez une nouvelle amie. Elle vous pose beaucoup de questions pour connaître vos goûts. Répondez-lui en utilisant le pronom **en.**

> MODÈLE: Tu mets du lait dans ton café le matin? →
> Oui, j'en mets. (Non, je n'en mets pas.)

1. Est-ce que tu voudrais des croissants pour ton petit déjeuner?
2. Tu bois du café le matin?
3. Tu aimes prendre de la viande à tous les repas?
4. Tu prends du vin à tous les repas?
5. Tu manges du poisson de temps en temps?
6. Tu manges beaucoup de desserts?

Exercice 7 Combien?

Répondez aux questions en utilisant **en.**

> MODÈLE: Il y a combien d'œufs dans une douzaine? → Il y en a douze.

1. Combien de grammes y a-t-il dans un kilo?
2. Est-ce qu'on a besoin de beurre pour faire une omelette?
3. Est-ce que les enfants ont souvent envie de bonbons?
4. Est-ce qu'il y a beaucoup de caféine dans le café?
5. Y a-t-il de la caféine dans le thé?
6. Combien d'œufs est-ce qu'il y a dans une demi-douzaine?
7. Est-ce qu'il y a du fromage dans la glace?

7.4 More on asking questions: Qui, que, quoi

A. You are already familiar with various kinds of questions. Here is a summary of how to form questions with **qui, que,** and **quoi.** Notice that the question form depends not only on whether you are asking about people or things but also on the function of the person or thing in the sentence: as subject, direct object, or object of a preposition.

> ✳ *Review* **Grammaire B.2** *and* **3.2.**

ASKING ABOUT PEOPLE

Subject: **Qui... ?**

Qui fait la vaisselle?	Who's doing the dishes?
Qui fait les meilleures crêpes?	Who makes the best crepes?

Direct object: **Qui est-ce que... ?, Qui** + inversion... ?

Qui est-ce que tu as rencontré au restaurant?
Qui as-tu rencontré au restaurant? } Who(m) did you meet at the restaurant?

Object of a preposition: Preposition + **qui est-ce que... ?**
Preposition + **qui** + inversion... ?

Avec qui est-ce qu'il déjeune?
Avec qui déjeune-t-il? } With whom is he having lunch? (Who is he having lunch with?)

ASKING ABOUT THINGS

Subject: **Qu'est-ce qui... ?**

Qu'est-ce qui brûle?	What's burning?
Qu'est-ce qui se passe?	What's going on?

Direct object: **Qu'est-ce que... ?, Que** + inversion... ?

Qu'est-ce que tu bois au petit déjeuner?
Que bois-tu au petit déjeuner? } What do you drink at breakfast?

Object of preposition: Preposition + **quoi est-ce que... ?**
Preposition + **quoi** + inversion... ?

Avec quoi est-ce qu'on boit du vin blanc?
Avec quoi boit-on du vin blanc? } With what do you drink white wine?

➤ In French questions, the preposition must come first:
De quoi/qui... ?
À quoi/qui... ?
Avec quoi/qui... ?
Pour quoi/qui... ?

B. English questions of the form "What is (something)?" are expressed in two different ways in French, depending on the meaning:

1. If you are asking for a definition or explanation of an unfamiliar term, use **Qu'est-ce que c'est que... ?**

—**Qu'est-ce que c'est qu'**une aubergine?	What's an eggplant?
—C'est un gros légume à la peau violet foncé.	It's a large vegetable with a dark purple skin.

2. If you are asking someone to identify a particular item from a set of possible items, use **Quel(le) est... ?**

   —**Quel est** ton dessert préféré?   *What's your favorite dessert?*
   —C'est la tarte aux pêches.   *Peach pie.*

Exercice 8 «Jeopardy»

Trouvez et complétez la question qui correspond à chaque réponse.

MODÈLE: des œufs et de l'huile →
                *Qu'est-ce qu'*on met dans une sauce mayonnaise?

1. le sel	**a.** _____ on prend quand on a très chaud?
2. les enfants	**b.** Avec _____ est-ce qu'on fait une omelette?
3. un dessert	**c.** _____ donne plus de goût aux aliments?
4. des œufs	**d.** _____ on met dans une bouillabaisse?
5. la dinde	**e.** Avec _____ est-ce qu'on sert du vin rouge?
6. de la viande rouge	**f.** _____ mange le plus de bonbons?
7. de la limonade	**g.** _____ on prend à la fin d'un bon dîner?
8. des toasts	**h.** Sur _____ est-ce qu'on met de la confiture?
9. des fruits de mer	**i.** _____ prépare les repas dans un restaurant?
10. le chef de cuisine	**j.** _____ est au four, le jour d'Action de grâce?

Exercice 9 Une soirée

Les étudiants de Mme Martin arrivent chez Jacqueline pour une soirée. Voici les réponses de Jacqueline. Formulez les questions.

MODÈLE: *Denise* n'est pas encore là. → Qui n'est pas encore là?

1. Louis doit venir *avec Daniel.*
2. J'ai fait *une mousse au chocolat.*
3. J'ai demandé *à Denise* d'apporter des chips.
4. Nous avons besoin *de glace et de verres.*
5. *Louis* a apporté des cassettes de musique acadienne.
6. Je voudrais parler *du film que nous avons vu hier.*
7. *Le café* sent si bon.
8. Raoul va amener *son camarade de chambre.*

Exercice 10 Questions gastronomiques

Vous êtes au restaurant avec des amis français et vous parlez de la nourriture. Trouvez la question appropriée pour chaque réponse.

MODÈLES: La spécialité d'Alsace, c'est la choucroute. → Quelle est la spécialité d'Alsace?
                Le calvados, c'est une liqueur faite de cidre. → Qu'est-ce que c'est que le calvados?

1. Les carottes sont mon légume favori.
2. Le plat du jour, c'est les coquilles Saint-Jacques.

3. Une boulangerie, c'est un magasin où on ne vend que du pain.
4. La boisson que je préfère, c'est le lait.
5. Le meilleur type de café, c'est l'arabica.
6. Une mandarine, c'est une sorte de petite orange douce et parfumée.

7.5 Ongoing actions: ÊTRE EN TRAIN DE

➤ **je mange** = *I eat* or *I am eating*

A. As you know, the present tense in French (**je parle**) has several English equivalents, including the simple present (*I speak*) and the progressive present (*I am speaking*). Notice that where English uses the progressive present to indicate that an action is going on at the time of speaking, French generally uses just the simple present tense.

—Mme Martin est dans son bureau?　　*Is Madame Martin in her office?*
—Oui. Elle **parle** avec Albert.　　*Yes. She's speaking with Albert.*

➤ **je suis en train de manger** = *I am in the process of eating*
➤ **j'étais en train de manger** = *I was in the process of eating*

B. If you wish to emphasize that the action is going on as you are speaking, you can use the expression **être en train de** + infinitive.

—Tu vas payer l'addition, Charles?　　*Are you going to pay the bill, Charles?*
—Oui, je **suis en train de** le **faire** maintenant.　　*Yes, I'm doing it (right) now.*

Exercice 11 Qu'est-ce qu'ils sont en train de faire?

Pour chaque dessin, dites ce que Bernard et Christine sont en train de faire.

MODÈLE:　(Numéro 1.) Christine est en train de réserver une table.

Suggestions

arriver au restaurant
se baigner
bavarder avec leurs amis
commander leur dîner
entrer dans le restaurant
demander l'addition
s'habiller
goûter le vin
régler l'addition
retrouver leurs amis
rentrer chez eux après avoir laissé le pourboire

7.6 Ordering events: AVANT, APRÈS

A. The prepositions **avant** (*before*) and **après** (*after*) are often used with nouns to indicate the order of events.

> **Avant le dessert,** nous avons pris du fromage.
>
> *We had cheese before dessert.*
>
> Nous avons pris l'entrée **après la salade.**
>
> *We had the first course after the salad.*

B. To express *before doing something*, use **avant de** followed by an infinitive.

> On casse les œufs **avant de faire** une omelette.
>
> *One breaks the eggs before making an omelet.*

➤ **avant de** + infinitive

C. To express *after doing something*, use **après** followed by a past infinitive. A past infinitive = **avoir** or **être** + past participle. With **être,** the past participle agrees with the understood subject.

> **Après avoir dîné** au restaurant chinois, nous sommes rentrés.
>
> *After eating at the Chinese restaurant, we went home.*
>
> **Après être allés** à l'épicerie, nous avons dû passer à la boulangerie.
>
> *After going to the grocery store, we had to go to the bakery.*

➤ Past infinitive:
avoir parlé
être sorti(e)(s)
➤ **après** + past infinitive

Exercice 12 Du monde à dîner

Vous invitez des amis à dîner chez vous. Dans quel ordre faites-vous les actions suivantes? Répondez avec **avant de** + infinitif.

> MODÈLE: téléphoner aux amis/faire une liste des invités →
> Je fais une liste des invités avant de téléphoner aux amis.

1. inviter des amis / choisir un menu
2. faire les provisions / lire la recette
3. aller au supermarché / faire une liste
4. m'habiller pour la soirée / faire la cuisine
5. mettre la table / préparer le repas
6. servir le dessert / débarrasser la table (≠ mettre la table)

Exercice 13 Priorités

Que fait l'étudiant typique dans ces situations? Employez **après avoir/être** + un participe passé.

> MODÈLE: passer des examens / étudier →
> Un étudiant typique passe des examens après avoir étudié.

1. finir ses devoirs / regarder la télé
2. aller en cours / étudier

3. lire des articles / écrire une thèse
4. regarder son manuel de laboratoire / écouter les cassettes
5. écrire une composition / réfléchir au sujet
6. répondre aux questions du prof / écouter les questions du prof
7. aller à la bibliothèque / aller prendre un café
8. se coucher / sortir pour voir un film

$\mathbf{P}$arlons de la terre!

léocrates
sez de
tre en péril
enir de
enfants !

Une
manifestation
d'écologistes
contre l'énergie
nucléaire à Paris

Objectifs

IN **CHAPITRE 8,** *you will talk about geographical and ecological features of the Earth, and about environmental issues. You will learn more about the Francophone world and more about how to describe past time.*

activités

En France et ailleurs
Questions écologiques
Écologie humaine

lectures

Info: Société   La France dans sa diversité
Les francophones sur le vif   Yolande
   Madec
La langue en mouvement   Mots raccourcis
Lecture   La vie sauvage

grammaire

8.1 Expressing *all* and *everything:* Using **tout**

8.2 Expressing location, destination, and origin: Prepositions + place names

8.3 The verb **vivre**

8.4 Review of direct and indirect objects: More on object pronouns

8.5 Expressing *should:* More on **devoir**

8.6 What was going on: More on the imperfect

Activités *et* lectures

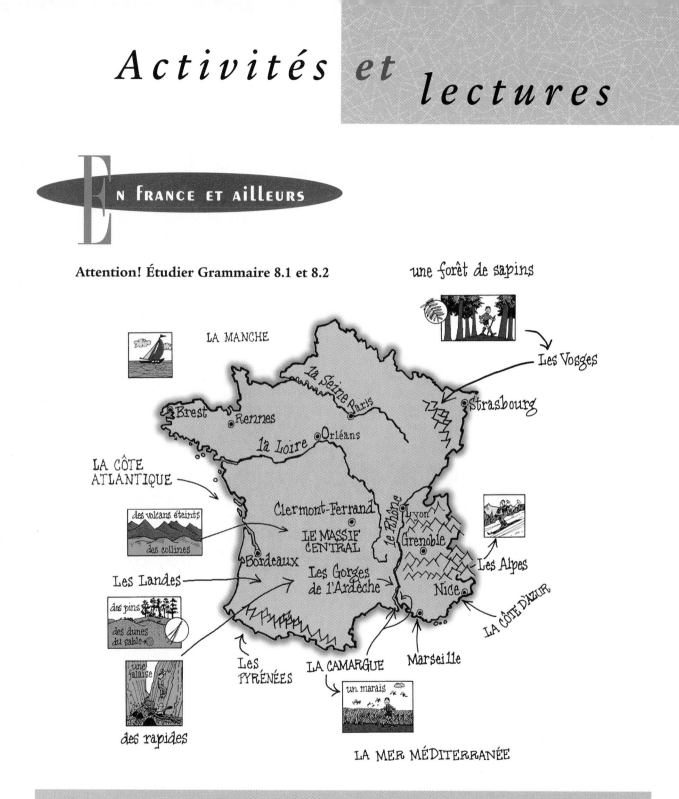

EN FRANCE ET AILLEURS

Attention! Étudier Grammaire 8.1 et 8.2

une forêt de sapins

LA MANCHE

la Seine Paris

Les Vosges

Strasbourg

Brest   Rennes

Orléans

la Loire

LA CÔTE
ATLANTIQUE

des volcans éteints

des collines

Clermont-Ferrand

LE MASSIF
CENTRAL

le Rhône

Lyon

Grenoble

Les Alpes

Bordeaux

Les Landes

Les Gorges
de l'Ardèche

Nice

LA CÔTE D'AZUR

des pins

des dunes
du sable

une
falaise

LES
PYRÉNÉES

LA CAMARGUE

Marseille

un marais

des rapides

LA MER MÉDITERRANÉE

Ça fait penser

- La France est le pays le plus étendu de l'Europe occidentale. Elle a 3000 km de frontières maritimes, 1000 km de frontières montagneuses et 195 km de frontières fluviales.
- La France possède le sommet le plus élevé d'Europe occidentale et la principale forêt de l'Union européenne.

Activité 1 Échanges: La carte de France

Regardez la carte et les dessins et répondez aux questions.

Comment s'appelle…

1. la capitale qui se situe aux bords de la Seine?
2. le terrain humide (marécageux) en Camargue?
3. la région sablonneuse avec des forêts de pins dans le sud-ouest?
4. le grand fleuve qui se jette dans la Manche?
5. la ville au Nord-Est, siège du Parlement européen?
6. la côte méditerranéenne près de Nice?
7. la région où on peut trouver des rapides et des falaises?
8. le fleuve qui commence dans les Alpes et descend vers la Méditerranée?
9. le large bras de mer formé par l'Atlantique entre la France et l'Angleterre?
10. les montagnes à la frontière de la France et de l'Espagne?

Paul Gauguin (1848–1903), *Mahana Maa,* 1892

L'île de Tahiti, en Polynésie française (Pacifique sud), est l'un des plus célèbres territoires d'outre-mer.

Info: Société

La France dans sa diversité

Quand on parle de la France, on pense souvent à l'«Hexagone». En réalité, le territoire francais est morcelé sur l'ensemble de la planète, avec ses départements et territoires d'outre-mer (D.O.M.-T.O.M.) et une île en Méditerranée, la Corse. La France est donc présente

- dans les Antilles (Martinique et Guadeloupe)
- dans l'océan Indien (Réunion et Mayotte)
- en Amérique du Nord (Saint-Pierre-et-Miquelon, Terre-Neuve)
- en Amérique du Sud (Guyane)
- dans le Pacifique (Wallis-et-Futuna, Polynésie française, Nouvelle-Calédonie)

Naturellement, le français y est langue officielle, mais on y parle aussi de nombreuses langues locales, comme le créole, le kanak et le swahili. Dans l'Hexagone, on ne parle pas uniquement français non plus, mais aussi breton, alsacien, basque, arabe ou occitan; de même, beaucoup de Corses s'expriment dans leur langue. L'unité française cache donc une grande diversité géographique, linguistique et culturelle.

Activité 2 Définitions: Termes géographiques

_____ **1.** étendue de sable au bord de la mer
_____ **2.** cours d'eau important qui aboutit à la mer
_____ **3.** cours d'eau faible qui se jette dans un autre cours d'eau
_____ **4.** petit golfe
_____ **5.** étendue de terre entourée d'eau
_____ **6.** étendue de terrain couverte d'arbres
_____ **7.** grande masse de pierre dure
_____ **8.** accumulation de neige transformée en glace qui se déplace lentement

a. une falaise
b. un glacier
c. une plage
d. une île
e. un fleuve
f. une rivière
g. une forêt
h. une baie

Activité 3 Entretien: Voyages dans le monde

Dans quel pays et dans quelle ville est-ce qu'on peut faire les activités suivantes?

> MODÈLE: visiter le Kremlin →
> É1: Où est-ce qu'on peut visiter le Kremlin?
> É2: À Moscou, en Russie.

1. visiter le musée du Prado
2. voir les pyramides et le Sphinx
3. faire une promenade en bateau sur le Grand Canal
4. écouter du bon jazz et goûter à la cuisine cadienne
5. visiter le Palais Impérial
6. voir le Parthénon
7. parler français en faisant une descente du St-Laurent
8. faire des achats dans un souk et visiter une kasbah

VILLES		PAYS	
à Montréal	à Casablanca	au Québec	au Maroc
à Athènes	à La Nouvelle-Orléans	en Égypte	en Grèce
au Caire	à Tokyo	en Espagne	en Italie
à Madrid	à Venise	aux États-Unis	au Japon

Activité 4 Associations: Identifiez le pays

1. _____ Ce pays, de culture multi-ethnique et de langue portugaise, occupe la moitié de la superficie de l'Amérique du Sud.
2. _____ Cet état d'Asie orientale, l'ancienne Formose, est séparé de la Chine continentale par un détroit.
3. _____ Cette île, capitale de la Polynésie française, est située dans un archipel du Pacifique sud.
4. _____ Ce pays désertique, qui a un quart des réserves pétrolières du monde, se situe entre la mer Rouge et le golfe Persique.

a. l'Arabie saoudite
b. Taïwan
c. la Louisiane
d. Tahiti
e. la Suisse
f. le Brésil

5. _____ Au cœur de l'Europe, ce pays montagneux
connu pour sa neutralité politique a quatre langues
officielles.

6. _____ Cet état américain marécageux, traversé par un
grand fleuve, est fier de son héritage français.

Activité **5** **Dans le monde francophone: Les Seychelles**

LES SEYCHELLES

*« Je ne veux pas que vous alliez aux Seychelles. Ces 92 îles de rêve, éparpillées sur plus de
400 000 km² sont vraiment trop belles. Pas question de découvrir ces splendides plages,
douces et chaudes, blotties sous les cocotiers. Jamais je ne vous laisserai vous prélasser dans
les eaux turquoises de cet océan, à quelques degrés de l'équateur et ne comptez pas sur moi
pour vous offrir un de ces savoureux punch coco dans la lumière dorée au coucher du soleil.
Je vous interdis d'assister à la ponte des grandes tortues de mer, à l'Île Curieuse ou de
surprendre les oiseaux rares de Frégate. Je ne vous permets pas non plus d'explorer les fonds
sous-marins d'une rare richesse de Desroches. Et que je ne vous surprenne pas sur une de
ces vedettes puissantes qui vous emmènent à la pêche à l'espadon ou au marlin. Le grand
Catamaran luxueux qui permet le mouillage dans les baies désertes n'est pas non plus pour
vous. Et si j'apprends que les spécialistes VPS ont obtenu une petite île privée uniquement
pour vous, je ne le supporterai pas ».*
Certains peuvent croire que le paradis leur est réservé : Bienvenue aux Seychelles.

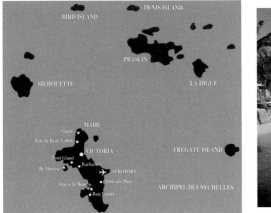

En conseillant de ne pas aller aux Seychelles, cette publicité donne justement
envie d'y aller. Pourquoi? Lisez-la et décidez si les phrases sont vraies ou fausses.

1. Le climat de la région est doux et tropical.
2. On peut voir les grandes tortues de mer en train de pondre des œufs.
3. Il n'y a pas de plages, mais des forêts de cocotiers.
4. On peut observer des oiseaux rares.
5. Il est dangereux de faire des explorations sous-marines près des îles.
6. Le coucher du soleil est vraiment très beau.
7. Malgré la proximité de l'équateur, les eaux de l'océan sont froides.
8. On peut se baigner dans des baies désertes.

Allons plus loin! Avec d'autres étudiant(e)s, essayez la même formule.
Créez une publicité «négative» pour un lieu qui vous plaît beaucoup, dans votre
ville, votre état ou ailleurs.

Cliquez là!

Visitez les
Seychelles. Qui
habitait là avant
l'arrivée des
Européens? Quels
pays ont colonisé
ces îles?

Attention! Étudier Grammaire 8.3 et 8.4

On peut contribuer au bon fonctionnement d'un écosystème.

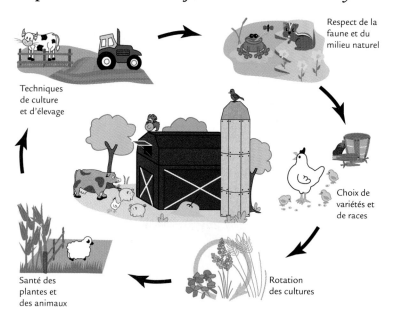

Techniques de culture et d'élevage

Respect de la faune et du milieu naturel

Choix de variétés et de races

Rotation des cultures

Santé des plantes et des animaux

On peut interrompre le fonctionnement d'un écosystème.

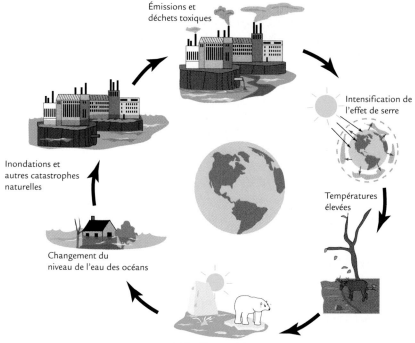

Émissions et déchets toxiques

Intensification de l'effet de serre

Températures élevées

Réchauffement de la Terre

Changement du niveau de l'eau des océans

Inondations et autres catastrophes naturelles

Activité 6 Définitions: Termes écolos

Avec un(e) partenaire, cherchez la bonne définition pour chaque terme.

_____ **a.** un écosystème   _____ **d.** la faune   _____ **g.** un écoproduit
_____ **b.** la biodiversité   _____ **e.** la chaîne alimentaire   _____ **h.** la flore
_____ **c.** l'effet de serre   _____ **f.** les déchets   _____ **i.** l'écologie

1. monde des fleurs et des plantes
2. phénomène naturel, déséquilibré par un excès de gaz carbonique
3. étude des relations des êtres vivants avec leur environnement
4. interaction d'espèces vivantes et de leur environnement
5. relation nutritionnelle entre les êtres vivants d'un écosystème
6. débris sans valeur, restes de quelque chose
7. produit fabriqué de façon à respecter l'environnement
8. diversité des espèces vivantes et de leurs caractéristiques génétiques
9. ensemble des animaux qui vivent dans un milieu determiné

Activité 7 Discussion: Questions importantes

Dites si vous êtes d'accord ou non avec les opinions exprimées sur les pratiques suivantes. Ensuite, mettez-vous en groupes pour comparer vos réponses et vos raisons.

1. *La construction de quartiers résidentiels dans le désert*
   a. On utilise des terrains sans grande valeur.
   b. La création de jardins dans le désert donne de l'oxygène.
   c. Cela nous permet de loger plus de gens.
   d. -?-
2. *L'urbanisation des espaces ruraux autour des grandes villes*
   a. Cela nous permet de vivre loin des problèmes urbains.
   b. Ça va stimuler le développement des transports en commun.
   c. En détruisant les espaces ruraux, on détruit aussi des habitats.
   d. -?-
3. *Le drainage des zones humides au profit de l'agriculture*
   a. Il faut le faire, pour nourrir la population croissante.
   b. Cette pratique augmente le risque d'inondations.
   c. On peut éliminer les moustiques en détruisant leur habitat.
   d. -?-
4. *La construction de villas sur les versants de montagne*
   a. Cela peut provoquer des glissements de terrain.
   b. Les constructeurs contribuent à l'économie de la région.
   c. C'est une triomphe de la technologie moderne.
   d. -?-

Maintenant, c'est à vous!

Pourquoi pas?   Ça fait preuve de...
C'est une bonne idée.   C'est (dangereux, insensé...)

MODÈLE: → La construction dans le désert est contre l'environnement. Elle
nécessite énormément d'eau.

Ça fait penser

En France...

- 38.000 hectares de la superficie rurale disparaissent sous la construction chaque année.
- Entre 1991 et 1997, les espaces agricoles ont diminué de 430.000 hectares.
- Entre 1991 et 1997, les forêts ont progressé de 150.000 hectares.
- 7 % des prairies disparaissent tous les cinq ans.

Activité 8 Sondage: Épreuve écolo

Testez vos connaissances écologiques. Dites si les phrases sont vraies (V) ou fausses (F). Ensuite, comparez vos réponses avec celles d'un(e) partenaire.

_____ **1.**   Le feu peut être utile à la forêt.
_____ **2.**   La forêt tropicale ne recycle pas l'eau de pluie.
_____ **3.**   Les marais contribuent au cycle de l'eau.
_____ **4.**   Un écosystème s'adapte toujours aux espèces introduites.
_____ **5.**   Les éruptions volcaniques ont parfois un effet sur le climat.
_____ **6.**   Un lac et une forêt sont des exemples d'écosystèmes.
_____ **7.**   L'emballage ménager contribue beaucoup aux déchets.
_____ **8.**   L'effet de serre est un phénomène naturel.

MODÈLE: É1: L'effet de serre est un phénomène naturel.
          É2: Mais non! Il est provoqué par certains déchets toxiques.
          É1: Mais si! C'est naturel. Mais...

Activité 9 Discussion: Décisions écologiques

Vous êtes directeur d'une agence bénévole qui reçoit et distribue des milliards de francs pour la protection de l'environnement. Aujourd'hui, vous allez faire votre budget pour l'année prochaine. Voici les catégories. Décidez comment diviser l'argent dont vous disposez et justifiez vos choix.

_____% la protection des paysages, des plages et de la montagne
_____% la protection des sites historiques
_____% la gestion de la chasse et de la pêche en eau douce
_____% la préservation de la qualité de l'air
_____% la lutte contre l'effet de serre
_____% l'information des citoyens sur la pollution du bruit
_____% le sauvetage d'espèces en danger de disparition
_____% le développement de nouvelles sources d'énergie

Menacé,
le moineau friquet, un petit piaf des campagnes. Au banc des accusés : les pesticides. Son cousin des villes, le moineau commun, ne se porte pas très bien non plus, surtout dans le nord de l'Europe.

Écologie humaine

Attention! Étudier Grammaire 8.5 et 8.6

On ne devrait pas cultiver de l'herbe dans le désert.

Il est interdit de jeter les déchets par terre.

En ville, le bruit peut déranger les autres.

Jean-Yves a vu un film sur les fleuves.

Il s'est rendu compte qu'il contribuait à la pollution des eaux.

Il a acheté un détergent sans phosphates.

Activité 10 Interro: Transformations écologiques

Qu'est-ce qui a influencé ces personnes? Que faisaient-elles jusque-là? Qu'est-ce qu'elles ont fait après?

MODÈLE: É1: Qui a lu un article sur le jardinage naturel?
É2: Francis Lasalle.
É1: Que faisait Francis jusque-là?
É2: Il se servait d'insecticides.

	LE MOMENT CLÉ	AVANT	LE RÉSULTAT
Francis Lasalle	a lu un article sur le jardinage naturel	se servait d'insecticides	a acheté des coccinelles pour son jardin
Marie Lasalle	a assisté à une conférence sur le recyclage	jetait tous ses déchets à la poubelle	a commencé à recycler les objets en verre et en plastique
Julien Leroux	a vu un film sur la réduction de la couche d'ozone	allait au travail en voiture	a décidé de prendre l'autobus
Emmanuel Colin	a appris que le bruit est une forme de pollution	écoutait sa radio au volume maximum	a baissé le volume de sa radio

Activité 11 Récit: Faux-pas écolos

Identifiez les erreurs que Raoul est en train de commettre et dites ce qu'il devrait faire pour ne pas contribuer à la dégradation de l'environnement.

MODÈLE: Il est en train de jeter une boîte en aluminium par terre. →
Il devrait recycler les objets en aluminium recyclable.

Faux-pas et habitudes écolos

- gaspiller l'eau
- laisser couler l'eau
- laisser les lampes allumées
- jeter les bouteilles en plastique
- trier les déchets
- réutiliser les sacs en plastique
- jeter des ordures par terre
- déposer les ordures dans une poubelle
- acheter des détergents sans phosphates
- utiliser les transports en commun
- faire du covoiturage
- se déplacer en vélo

Ça fait penser

Plus de 3/4 des Français jugent que les problèmes actuels d'environnement sont réellement préoccupants. Il y a 40.000 associations de défense de la nature et de l'environnement en France. Seulement 2 à 3 % de la population fait partie de ces associations.

LES FRANCOPHONES SUR LE VIF

Yolande Madec, 45 ans, propriétaire d'un magasin d'alimentation bio et membre des Verts,[1] Plougastel (Bretagne)

Pourquoi militez-vous dans une association de défense de l'environnement?

C'est évident, non? Regardez autour de vous: marées noires[2] sur la côte atlantique, pics de pollution de plus en plus fréquents dans les grandes villes, nitrates dans l'eau potable... et bien sûr nos 56 centrales nucléaires! Heureusement que les Français se rendent compte aujourd'hui que la préservation de la nature est une affaire sérieuse, depuis les succès électoraux des Verts. Nous voulons faire prendre conscience à nos concitoyens que l'écologie n'est pas une mode,[3] mais un mode de vie; il faut apprendre à recycler le verre, le plastique et le papier, à utiliser moins d'eau, à ne pas jeter d'ordures dans les parcs et sur les plages, à prendre les transports en commun, ou sa bicyclette pour se déplacer. C'est beaucoup d'efforts, mais notre belle planète en vaut la peine,[4] vous ne trouvez pas?

[1]parti politique des écologistes
[2]**marées...** versements de pétrole dans la mer
[3]*fad*
[4]**en...** mérite cet effort

Exprime-toi!

J'en ai marre!
C'est dégoûtant!
On délire ou quoi?
Tout le monde fait
   pareil!
Ce n'est pas une raison!
On devrait l'interdire!
On a tort! (tort de...)
C'est pas juste!
Ça suffit!

Activité 12 Échanges: Au milieu du XXᵉ siècle

Voici comment vivaient les Américains il y a 50 ans. Est-ce que la vie a changé depuis? Si oui, dites ce qui a provoqué le changement. Si non, expliquez votre avis.

MODÈLE: *Il y a 50 ans, on pensait très peu à conserver l'énergie.* →

É1:   Aujourd'hui, tout le monde en parle mais la situation n'a pas changé. Regarde ces grosses voitures, par exemple!

É2:   Peut-être. Pourtant, nous avons fait des progrès dans certains domaines. Par exemple...

Il y a 50 ans...

1. les voitures étaient grandes et consommaient beaucoup d'essence.
2. l'équipement ménager utilisait beaucoup d'électricité ou de gaz.
3. le covoiturage n'était pas une priorité.
4. on rêvait de créer une source perpétuelle d'énergie à partir de l'atome.
5. les rues n'étaient pas bien éclairées, sauf au centre-ville.
6. on utilisait très peu le vélo comme moyen de transport.
7. beaucoup de gens voyageaient en train et en autocar.
8. la plupart des familles possédaient seulement une voiture.
9. l'essence coûtait plus cher proportionnellement aux salaires.

> **Ça fait penser**
>
> En France...
>
> - chaque habitant produit en moyenne 352 kg d'ordures ménagères par an.
> - le bruit qui touche le plus les gens provient de la circulation.
> - chaque habitant consomme en moyenne 282 litres d'eau potable chaque année.

Activité 13 Sondage: La vie en société

Voici des actes et des habitudes qui ont des effets sur notre environnement quotidien. Dites pourquoi chaque action est mal vue.

Suggestions

C'est impoli.
Ça peut mettre quelqu'un en danger.
C'est mauvais pour l'environnement.
C'est illégal.
C'est embêtant mais pas grave.
Ce n'est pas hygiénique.

1. utiliser son portable pendant qu'on conduit
2. laisser son chien faire des saletés sur le trottoir
3. refuser de recycler, malgré les règlements
4. fumer en présence d'un(e) malade
5. stationner sa voiture dans un espace interdit ou privé
6. faire des graffiti sur les murs des endroits publics
7. faire du bruit qui dérange ses voisins
8. jeter des déchets par terre
9. refuser d'entretenir sa maison
10. s'impatienter souvent et se disputer avec les autres

MODÈLE: conduire une petite distance →
C'est mauvais pour l'environnement de conduire quand on peut se déplacer à pied ou en vélo.

Allons plus loin! Pourquoi est-ce que ces actes sont gênants? Avec votre partenaire, ajoutez à la liste d'autres actions ou habitudes qui vous étonnent ou vous choquent même.

La langue en mouvement

Mots raccourcis

Le mot *écolo,* forme abrégée d'*écologiste,* illustre un phénomène très fréquent en français courant: l'emploi de mots qui ont perdu leur dernière syllabe (ou leurs deux ou trois dernières syllabes). Par exemple, on entend souvent *foot, télé, aprèm, météo, fac* et *apparte.* Pour certains mots, la forme courte est devenue plus courante que la forme longue, comme dans *métro* (< *métropolitain*), *vélo* (< *vélocipède*) et *cinéma* (< *cinématographe*), qui devient en français courant *ciné*!

Activité 14 Discussion: Le rôle du planning

Vous êtes responsable de l'équipement pour la municipalité. Qu'est-ce que vous allez proposer au Conseil Municipal pour améliorer l'environnement dans votre ville et pour procurer plus d'emplois dans la région?

Les problèmes

- dépense excessive pour le ramassage des ordures ménagères
- détérioration du centre (trop de construction à l'extérieur de la ville)
- air malsain au centre-ville (circulation trop intense)
- manque de logements à prix modéré
- délinquance (parmi les adolescents)

Vos idées

1. création de plus de pistes pour cyclistes, de rues piétonnes, de transports en commun, de restaurants, de musées, de boutiques, de parcs...
2. règlements pour limiter toutes sortes de bruit...
3. primes pour l'architecture écologique et le développement d'écoproduits, d'écoemballage et d'écomarketing...
4. restauration des vieux quartiers...
5. amendes pour excès d'emballage, infraction aux lois du recyclage...
6. -?-

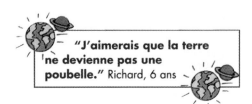

"J'aimerais que la terre ne devienne pas une poubelle." Richard, 6 ans

LECTURE

La vie sauvage

Le narrateur, quand il était enfant, habitait à la campagne. Il était fasciné par l'univers mystérieux de la rivière qui passait près de chez lui. Grâce à un jeune Bohémien,[1] Gatzo, il découvre les plaisirs de la vie sauvage quand ils vont camper ensemble sur une île au milieu de la rivière.

«C'est là que sera notre feu, a décidé Gatzo. Il y a du bois mort. Creusons[2] un four.»

On l'a creusé. Nous avons fait un tas de bois mort et de brindilles.[3]

«Et maintenant pêchons notre dîner», a ordonné Gatzo.

Il a armé deux lignes. J'étais novice dans l'art de pêcher. Il m'a enseigné. [...]

«Regarde-moi faire et tais-toi», m'a-t-il ordonné.

Rien ne bougeait. Pas un souffle sur les roseaux.[4] Pas un courant dans l'onde.[5] [...]

Gatzo a pris quatre éperlans et une loche.

Moi, un vairon.[6]

Dès lors[7] nous avons mené une vie passionnante. Nous avions dans nos mains la nourriture! Quelle nourriture! Car ce n'était pas là un aliment banal, acheté, préparé, offert par d'autres mains, mais notre nourriture à nous, celle

[1]un Rom, du peuple nomade originaire d'Europe centrale
[2]Faisons une cavité dans la terre
[3]petites branches
[4]plantes aquatiques
[5]l'eau (poétique)
[6]**éperlans**... types de poissons
[7]**Dès...** à partir de ce moment

que nous avions pêchée nous-mêmes, et qu'il nous fallait nettoyer, assaisonner,[8] cuire nous-mêmes.

Or, les pouvoirs secrets de cette nourriture donnent à celui qui la mange de miraculeuses facultés. Car elle unit sa vie à la nature. C'est pourquoi entre nous et les éléments naturels un merveilleux contact s'est établi aussitôt. L'eau, la terre, le feu et l'air nous ont été révélés.[9]

L'eau qui était devenue notre sol naturel: nous habitions sur l'eau; nous en tirions la vie.

La terre, à peu près invisible, mais qui tenait les eaux entre ses bras puissants. L'air d'où viennent les vents, les oiseaux, les insectes.

L'air où les nuages circulent si légèrement. L'air paisible[10] et orageux. L'air où s'étendent la lumière et l'ombre. L'air où se forment les présages.

Le feu, enfin, sans quoi la nourriture est inhumaine. Le feu qui réchauffe[11] et rassure. Le feu qui fait le campement. Car sans le feu il manque un génie à la halte. Elle n'a plus de sens. Elle perd tout son charme; elle n'est plus une vraie halte, avec son repas chaud, ses causeries,[12] son loisir entre deux étapes, ses rêves et son sommeil bien protégé.

Jusqu'à ce jour, je ne connaissais pas le feu, le vrai feu, le feu de plein air. Je n'avais jamais vu que des feux apprivoisés,[13] des feux captifs [...] On les mesure, on les tue, on les ressuscite et, pour tout dire, on les avilit.[14] Ils sont uniquement utiles. Et si l'on pouvait s'en passer,[15] pour chauffer et cuire, on n'en verrait plus chez les hommes. Mais là, en plein vent, au milieu des roseaux et des saules, notre feu était vraiment le feu, le vieux feu des camps primitifs.

Adapté d'Henri Bosco, *L'Enfant et la rivière*. Paris, Gallimard, 1953.

[8]mettre du sel, du poivre, des épices
[9]< révélation
[10]tranquille
[11]donne de la chaleur
[12]discussions
[13]domestiqués
[14]dégrade
[15]**s'en...** vivre sans lui (le feu)

Avez-vous compris?

A. Dites qui a fait l'action dans chaque phrase: (a) Gatzo, (b) le narrateur, ou (c) les deux.

Qui...

_____ **1.** a trouvé un endroit où on pouvait faire un feu?
_____ **2.** a trouvé du bois mort et des brindilles pour faire le feu?
_____ **3.** a creusé un four dans la terre pour cuire les poissons?
_____ **4.** a pris seulement un poisson?
_____ **5.** a pris cinq poissons?
_____ **6.** a décidé que la nourriture qu'on attrape soi-même a des pouvoirs miraculeux?
_____ **7.** a apprécié le feu en plein air similaire à celui des camps primitifs?

B. Citations. Choisissez la meilleure interprétation.

1. Elle unit sa vie à la nature. (Elle = la nourriture au camp/sa vie = la vie de celui qui la mange)

a. La nourriture cuite au feu de camp a des pouvoirs magiques.

    b. La nourriture qu'on attrape, qu'on prépare et qu'on mange en plein air crée un merveilleux contact avec la nature.

    c. Certaines personnes ont des facultés miraculeuses.

2. Nous en tirions la vie. (en = de l'eau)

    a. On ne peut pas vivre sans eau.

    b. Avant d'évoluer, nous vivions dans l'eau.

    c. L'eau offre le transport et la nourriture aux garçons.

3. Jusqu'à ce jour, je ne connaissais pas... le vrai feu...

    a. Il y a deux types de feu: celui de la vie moderne et celui du monde primitif.

    b. Dans leur camp, le feu semblait plus libre.

    c. En regardant leur feu, entouré de la nature, le narrateur avait l'impression de voir le feu pour la première fois.

À vous d'écrire

Vous venez d'arriver à Dakar au Sénégal. Vous vous êtes promené(e) un peu et maintenant, vous écrivez à votre ami(e). Vous voudriez lui dépeindre une image très vive de ce que vous avez vu: des touristes avec leurs appareils photos, des vendeurs de fruits, des hommes d'affaires en costume traditionnel, des clients élégants dans les boutiques, une circulation intense dans les rues... Dans votre lettre, employez l'imparfait pour dire ce qui se passait autour de vous.

MODÈLE: *Cher (Chère)...*

Me voilà enfin, confortablement installé(e) dans ma chambre. Il me semble que je vais aimer Dakar. Je me suis promené(e) un peu cet après-midi. Il faisait un temps splendide. Il y avait des gens qui... Beaucoup de personnes...

Avec toutes mes amitiés,

www.mhhe.com/deuxmondes

À explorer: www.mhhe.com/deuxmondes/ pour obtenir plus d'informations sur les thèmes du chapitre.

Vidéothèque

Espace vidéo

Échanger une marchandise. Jacques a décidé d'utiliser seulement des produits écolos. Le voilà en train d'échanger un bloc de papier à lettres. Pourquoi veut-il rapporter le papier à lettres au magasin? Quelle est l'attitude du vendeur dans le magasin? Qu'est-ce que Jacques accepte à la place du papier à lettres?

Vocabulaire

La géographie et la terre
Geography and the Earth

entouré(e) (de)	surrounded (by)
marécageux/ marécageuse	swampy
montagneux/ montagneuse	mountainous
sablonneux/ sablonneuse	sandy
la côte	the coast
un cours d'eau	a stream, river
un détroit	a strait
l'est (*m.*)	east
un état	a state
une falaise	a cliff
un fleuve	a river
une frontière	a border (*between states*)
un golfe	a gulf
se jeter	to flow into
la Manche	the English Channel
un marais	a swamp
le nord	north
l'ouest (*m.*)	west
la pierre	stone
un pin	a pine tree
une rivière	a stream, brook
un sapin	a fir tree
se situer	to be located
le sud	south
un volcan éteint	an extinct volcano

Mots apparentés: **un archipel, une baie, un désert, désertique, une dune, la faune, une forêt, un glacier, une île, une péninsule, une plaine, des rapides** (*m.*)**, un terrain, tropical(e)**

La nature et la production agricole
Nature and farming

une coccinelle	a ladybug
la culture	cultivation (*of crops*)

l'élevage (*m.*) **(des bovins)**	the raising (*of cattle*)
entretenir	to maintain
l'herbe (*f.*)	grass
le jardinage	gardening
un moustique	a mosquito

Mots apparentés: **agricole, cultiver**

Préoccupations environnementales
Environmental concerns

la chaîne alimentaire	the food chain
la couche d'ozone	the ozone layer
le déboisement de la forêt	clearing of forest land
la dégradation	deterioration
le drainage des zones humides	draining of wetlands
l'effet (*m.*) **de serre**	the greenhouse effect
l'emballage (*m.*) **ménager**	commercial packaging
une espèce introduite	an introduced species
les êtres (*m.*) **vivants**	living beings (creatures)
des déchets (*m.*) **toxiques**	toxic wastes
la gestion des ressources	resource management
un glissement de terre	a landslide
le niveau de l'eau	the water level
une population croissante	a growing population
le réchauffement de la Terre	global warming
le sauvetage des habitats	saving of habitats

Mots apparentés: **la biodiversité, la désertification, la détérioration, les écosystèmes** (*m.*)**, une éruption volcanique, la faune, la flore, les gaz** (*m.*) **carboniques, une inondation, les insecticides** (*m.*)**, le milieu naturel, les phosphates** (*m.*)**, la réduction d'émissions, l'urbanisation** (*f.*)

Responsabilités de l'individu
Personal responsibilities

améliorer	to improve, better
baisser le volume	to lower the volume

déranger	to disturb, bother
détruire	to destroy
embêtant(e)	annoying
gaspiller	to waste
gênant(e)	disturbing, embarrassing
interrompre	to interrupt
jeter des déchets	to toss out trash
laisser couler	to let flow
malsain(e)	unhealthy
trier les déchets	to sort trash

Mots apparentés: s'adapter, la délinquance, déséquilibré(e), s'impatienter

Solutions et buts écolos

Ecological solutions and goals

le covoiturage	carpooling
l'écoemballage (*m.*)	ecopackaging
un écoproduit	an ecoproduct
payer une amende	to pay a fine
une piste pour cyclistes	a bicycle path
une poubelle	a trashcan
une prime	a bonus

le ramassage des ordures	garbage collection
se rendre compte	to realize
une rue piétonne	pedestrian street only
un trottoir	a sidewalk

Mots apparentés: l'écomarketing (*m.*), recycler, la restauration, un résultat, stimuler

Mots et expressions utiles

Useful words and expressions

au profit de	to the advantage of
autour de	surrounding, around
Ça fait preuve...	That shows (proves) . . .
Ça suffit!	That's enough!
en comparaison (de)	in comparison (with)
J'en ai marre!	I've had enough! I'm fed up.
le moment clé	the key time
On délire ou quoi?	Are they crazy or what?
pourtant	however
sauf	except

Grammaire et exercices

Expressing *all* and *everything:* Using **TOUT**

Tout can be used as an adjective or as a pronoun.

A. As an adjective, **tout** corresponds to *all* or *the whole* in English. It agrees in gender and number with the word it modifies: **tout, toute, tous, toutes.**

Tout le problème de la pollution est dû à des facteurs économiques.	*The whole problem of pollution is due to economic factors.*
Tous les pays du monde sont touchés par la pollution.	*All the countries of the world are affected by pollution.*
On trouve **toutes** sortes de paysages en France.	*One finds all kinds of landscapes in France.*

Pronunciation Hint:

tout, toute, tous, toutes

B. As a pronoun, **tout** corresponds to *everything* in English. It is invariable in form.

Aujourd'hui **tout** va mal.	*Today everything is going badly.*
Tu as **tout** vu à Paris?	*Did you see everything in Paris?*

Exercice 1 Connaissances géographiques

Complétez la phrase avec **tout, tous, toute** ou **toutes.** Ensuite, dites si c'est vrai, et justifiez votre réponse.

MODÈLE: *Tous* les habitants de la France ont le français comme première langue. →
Non, ce n'est pas vrai. Il y a des habitants en France qui parlent d'autres langues, comme l'arabe ou l'alsacien.

1. _____ la France est couverte de montagnes.
2. _____ les départements français se trouvent dans l'Hexagone.
3. _____ les forêts (*f.*) de France ont déjà été détruites.
4. _____ les fleuves (*m.*) de France se jettent dans l'Atlantique.
5. _____ les côtes (*f.*) de France sont sauvages.
6. _____ la planète est menacée par la pollution et ses effets.
7. _____ l'argent (*m.*) du monde ne peut pas recréer une espèce perdue.

8.2 Expressing location, destination, and origin: PREPOSITIONS + PLACE NAMES

A. Cities. Use **à** (*to, at, in*) and **de** (*from*) with names of cities.

> Agnès Rouet habite **à Paris.**   *Agnès Rouet lives in Paris.*
> Julien Leroux vient **de Bruxelles.**   *Julien Leroux comes from Brussels.*

B. Continents, Countries, and Provinces. The preposition used depends on whether the name is masculine, feminine, or plural. In general, names of continents, countries, and provinces that end in **-e** are feminine, and all others are masculine: **la Tunisie, l'Égypte, la Côte-d'Ivoire; le Maroc, le Danemark, le Québec.** (Exception: **le Mexique.**) A few place names are plural: **les États-Unis, les Pays-Bas.**

	all feminines, masculines starting with a vowel	other masculines	plural
	PREPOSITIONS WITH COUNTRIES, CONTINENTS, AND PROVINCES		
in, to *from*	**en** Suède, **en** Iran **de** France, **d'**Israël	**au** Canada **du** Sénégal	**aux** États-Unis **des** États-Unis

> Nous allons **en Allemagne** et **au Luxembourg.**   *We're going to Germany and Luxemburg.*
> Leila vient **de Tunisie**, et son mari vient **du Maroc.**   *Leila comes from Tunisia, and her husband comes from Morocco.*
> Julien est rentré **des États-Unis** hier.   *Julien came back from the U.S. yesterday.*

C. U.S. States. Most states are masculine because their names do not end in **-e**: **le Connecticut, le Kentucky, le Maryland,** etc. (Exception: **le Maine**). Nine states change their spelling in French and thus become feminine: **la Californie, la Caroline du Nord et du Sud, la Floride, la Géorgie, la Louisiane, la Pennsylvanie, la Virginie, la Virginie-Occidentale.**

With feminine names, use **en** and **de** as previously explained: **en Californie; de Louisiane.** Likewise, masculine names take **du (de l')**, but **dans le** is usually preferred to **au**: **dans le Michigan, dans l'Ohio; du Texas, de l'Iowa.**

> ➤ Cities: Use **à** and **de.**
> ➤ Countries:
>   **en/de** + fem.
>   **au/du** + masc.
> ➤ Most country names ending in **-e** are feminine. To check gender, see the maps in the front of this book. **Shortcut:** If country names start with a vowel or end in **-e**, use **en/de.** Otherwise, use **au/du.** **Exception: le Mexique**

> ➤ U.S. states:
>   **en/de** + fem.
>   **dans le/du** + masc.

Exercice 2 Tour de France

Vous allez visiter la France et vous décrivez votre itinéraire. Suivez le modèle.

> MODÈLE: (Paris) → Je vais d'abord à Paris, en Île-de-France. (Reims) →
>   De Paris, je vais à Reims, en Champagne.

1. Strasbourg (Alsace)
2. Dijon (Bourgogne)
3. Grenoble (Savoie)
4. Arles (Provence)

5. Carcassonne (le Languedoc)
6. La Rochelle (le Poitou)
7. Tours (Loire)

Exercice 3 Le tour du monde

Posez des questions à un jeune globe-trotter. Donnez aussi ses réponses.

MODÈLE: l'Amérique du Sud/le Pérou →
          —Est-ce que tu vas en Amérique du Sud?
          —Oui, je vais au Pérou.

1. l'Europe/le Portugal et l'Espagne
2. l'Asie/la Chine et l'Inde
3. l'Afrique/la Côte-d'Ivoire et le Sénégal
4. l'Afrique du Nord/la Tunisie et le Maroc
5. la Louisiane/Baton Rouge et La Nouvelle-Orléans
6. le Canada/Montréal et Toronto
7. l'Amérique du Sud/le Brésil et l'Argentine
8. l'Amérique du Nord/les États-Unis: la Californie et le Texas

Exercice 4 Le marché international

Savez-vous de quels pays viennent les produits et les aliments suivants?

MODÈLES: les stylos Waterman →
           D'où viennent les stylos Waterman?
           Les stylos Waterman viennent de France.

           le sushi →
           D'où vient le sushi?
           Le sushi vient du Japon.

1. les Volkswagens
2. les appareils Sony
3. le jambalaya
4. les vins de Bourgogne
5. les enchiladas et les tacos
6. le cappuccino
7. les Cadillacs
8. le sucre d'érable

8.3 THE VERB VIVRE

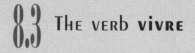

★ *Review* **Grammaire 6.1.**   The verb **vivre** is irregular but is similar to **écrire** in the present and imperfect. Like **vivre: survivre (à)** (*to survive*).

vivre (*to live*)	
je **vis**	nous **vivons**
tu **vis**	vous **vivez**
il/elle/on **vit**	ils/elles **vivent**
PASSÉ COMPOSÉ: **j'ai vécu**	
IMPARFAIT: **je vivais**	

➤ **Vivre** has two present stems: plural stem = **viv**; singular stem = **vi-**
➤ Singular endings in present: **-s, -s, -t**
➤ Irregular past participle: contrast: **j'ai écrit,** but **j'ai vécu.**

Je **vis** à La Nouvelle-Orléans depuis dix ans.	*I've been living in New Orleans for ten years.*
Mes parents **vivaient** à Toronto quand je suis né.	*My parents were living in Toronto when I was born.*
L'accident était horrible, mais miraculeusement, tout le monde **a survécu.**	*The accident was horrible, but miraculously, everyone survived.*

Exercice 5 Les oiseaux et l'environnement

Employez une des formes de **vivre** ou **survivre.**

Il y a près de 9.000 espèces d'oiseaux qui _____[1] dans le monde. Chaque espèce _____[2] dans un milieu particulier. Par exemple, les pics,* oiseaux à becs longs, pointus et solides, _____[3] dans les forêts. L'aigle royal _____[4] en haute montagne, dans les Alpes et les Pyrénées. Le flamant rose, grand oiseau au long cou, ne peut _____[5] qu'au bord de lacs salés peu profonds.

Toutes ces espèces _____[6] (*passé composé*) dans une paix relative jusqu'à récemment. Mais aujourd'hui, celles qui _____[7] (*p.c.*) sont souvent menacées par la destruction de leur habitat ou la pollution des eaux. Pourtant, certaines espèces se sont bien adaptées au milieu humain. Par exemple, la cigogne† blanche, qui autrefois _____[8] (*imparfait*) exclusivement dans les rochers ou les arbres, aujourd'hui construit souvent ses nids énormes sur des toits de maison, surtout en Alsace.

Puisque nous _____[9] tous sur la même planète, nous devrions tous aider à protéger ces belles créatures à plumes.

8.4 Review of direct and indirect objects: MORE ON OBJECT PRONOUNS

A. Me, te, nous, and **vous** are used as both direct and indirect objects. The remaining forms, however, are different for direct and indirect objects.

✳ Review **Grammaire 4.5** *and* **6.5.**

---

*woodpeckers
†stork

DIRECT OBJECTS	INDIRECT OBJECTS
le (l')	lui
la (l')	leur
les	

B. Remember that in French, a direct object will have no preposition before it, whereas an indirect object is preceded by **à**.

➤ A direct object has *no* preposition: verb + noun. **J'adore *les oiseaux.***

DIRECT OBJECT

J'ai beaucoup aimé **ce film.** → 　　*I really liked that film.*
Je **l'**ai beaucoup aimé. 　　　　*I really liked **it**.*

➤ An indirect object is preceded by **à**: verb + **à** + noun. **Je parle *à mon chat.***

INDIRECT OBJECT

Christine écrit souvent **à ses 　*Christine often writes to her parents.*
　parents.** →
Elle **leur** écrit souvent. 　　　*She often writes to **them**.*

C. The kind of object a French verb takes is not necessarily the same as that for the corresponding English verb. Some French verbs require prepositions where their English counterparts do not, and vice versa.

➤ D.O.: **J'écoute** *les oiseaux.*
I.O.: **Je ressemble** *à ma mère.*

DIRECT OBJECTS IN FRENCH	INDIRECT OBJECTS IN FRENCH
attendre *to wait for*	**obéir à** *to obey*
chercher *to look for*	**plaire à** *to please*
écouter *to listen to*	**répondre à** *to answer*
regarder *to look at*	**ressembler à** *to resemble*
	téléphoner à *to telephone*

D. Many verbs can be used with both a direct and an indirect object.

➤ **Le/la/les** come before **lui/leur.**

✷ *You will learn more about the order of object pronouns in **Grammaire 10.4.***

—Camille, montre **ton dessin à 　*Camille, show your drawing to
　papa.** 　　　　　　　　　　　Daddy.*
—Je ne veux pas **le lui** montrer. 　*I don't want to show it to him.*

Some other verbs that often occur with two pronoun objects: **apporter, dire, donner, emprunter, expliquer, montrer,** and **prêter.**

Exercice 6 Questions pour un(e) militant(e)

Vous interviewez un(e) militant(e) pour l'environnement. D'abord, complétez la question avec la préposition **à,** si nécessaire, sans oublier de faire les contractions nécessaires. Puis jouez le rôle de l'activiste et répondez avec le pronom correct.

MODÈLE: Expliquez-vous __à__ vos amis les causes des problèmes écologiques?
Oui, je leur explique les causes des problèmes.

1. Allez-vous écrire _____ cette compagnie qui construit un cinéma à quatorze salles en pleine campagne?
2. Écoutez-vous _____ les gens qui disent que le trou dans l'ozone ne pose pas de vrai danger?

3. Téléphonez-vous toutes les semaines _____ vos représentants dans le gouvernement?

4. Regardez-vous _____ les documentaires sur la nature à la télévision?

5. Que voudriez-vous dire _____ une personne qui ne fait rien pour sauvegarder l'environnement?

6. Donnez-vous de l'argent _____ les associations qui luttent pour la protection des espèces en danger?

Exercice 7 Décisions environnementales

Vous êtes président (présidente) et aujourd'hui, vous considérez des demandes qui vont avoir un effet sur l'environnement. Quelle décision prenez-vous dans chaque cas?

> MODÈLE: Une industrie d'exploitation agricole voudrait la permission de drainer des zones humides importantes. (donner) →
> Je la lui donne. (Je ne la lui donne pas.)

1. Un entrepreneur demande la permission exception pour construire dans une zone protégée. (donner)

2. Les membres d'un club écologiste cherchent les noms de compagnies qui construisent avec des produits naturels. (envoyer)

3. Une femme voudrait votre signature sur sa pétition pour sauver les oiseaux en danger. (promettre)

4. Les élèves d'une école primaire demandent un centre de recyclage dans leur quartier. (accorder)

5. Une industrie demande un brevet* d'invention pour un plastique qui se décompose en matière organique. (donner)

8.5 Expressing *should:* MORE ON **devoir**

A. You already know that the present tense of **devoir** is used with an infinitive to express obligation or probability.

★ Review **Grammaire 3.4.**

Est-ce que nous **devons** finir le chapitre pour demain?	*Do we have to finish the chapter for tomorrow?*
Albert est absent. Il **doit** être malade aujourd'hui.	*Albert is absent. He must be sick today.*

B. One of the most frequent uses of **devoir** is to convey the notion of *should or ought to.* To express *should*, use **devoir** in the conditional tense + an infinitive.

➤ **je dois + inf.** = *I must*
je devrais + inf. = *I should*

➤ Notice that conditional endings are the same as for **imparfait.**

➤ Conditional stem of **devoir = devr-**

CONDITIONAL OF **devoir** *(should, ought to)*	
je devrais	nous devrions
tu devrais	vous devriez
il/elle/on devrait	ils/elles devraient

---

*patent

★ *You will learn more about the conditional tense in* **Grammaire 11.1.**

On **devrait** recycler les boîtes en aluminium.

People should recycle aluminum cans.

Nous **ne devrions pas** gaspiller l'électricité.

We shouldn't waste electricity.

Exercice 8 Qu'est-ce que nous devrions faire?

Complétez par des formes de **devoir** au conditionnel. Ensuite, dites **oui** ou **non** et expliquez votre opinion.

MODÈLE: Pour conserver les ressources naturelles...
Nous *devrions* recycler les journaux et les magazines.
Oui, je suis d'accord, parce que c'est vraiment facile. (Non, je ne suis pas d'accord: il faut surtout en consommer moins.)

1. Pour aider à diminuer la pollution de l'air...
   a. nous _____ limiter les émissions toxiques.
   b. je _____ marcher ou prendre les transports en commun.
2. Pour éviter de gaspiller de l'eau...
   a. je ne _____ pas laisser couler l'eau quand je me brosse les dents.
   b. les gens ne _____ pas arroser leur jardin tous les jours.
3. Pour diminuer la contamination de la terre et des eaux...
   a. les agriculteurs ne _____ pas se servir d'insecticides.
   b. nous _____ acheter des détergents sans phosphates.
4. Pour résoudre le problème des déchets...
   a. tout le monde _____ trier les déchets et recycler.
   b. le gouvernement _____ limiter l'usage du plastique.

8.6 What was going on: MORE ON THE IMPERFECT

The **passé composé** and the **imparfait** are both past tenses. The tense you use depends on how you regard the past action, for instance, as a single completed action or as an ongoing situation in the past.

★ *Review the formation of the imperfect in* **Grammaire 6.2.**

★ *Review* **Grammaire 6.2** *on the use of the imperfect to describe habitual past actions.*

★ *Review* **Grammaire 6.3** *on the use of the imperfect to describe a past state.*

➤ The imperfect is used to describe a past action in progress.

A. *Habitual* or *repeated past actions* are expressed with the **imparfait.** Adverbs that often occur with the **imparfait: souvent, d'habitude, tous les jours, tous les ans.**

Autrefois, les gens **jetaient** tous leurs déchets. On ne **recyclait** rien.

In the past, people used to throw away all their trash. They didn't recycle anything.

B. A *past state* or *ongoing condition* is also described with the **imparfait.**

Autrefois, nous ne **savions** pas que beaucoup de produits ordinaires **étaient** toxiques.

In the past, we didn't know that many everyday products were toxic.

C. Another use of the **imparfait** is to describe an action that was *in progress* at a particular time in the past.

> Quand j'ai visité la classe de mon frère, le professeur **parlait** de l'écologie et les élèves **faisaient** des projets sur l'environnement.

> When I visited my brother's class, the teacher was talking about ecology and the pupils were doing projects on the environment.

Pendant que (*while*) may be used to emphasize that several actions were happening simultaneously.

> **Pendant qu'**on **utilisait** des produits pleins de phosphates, les algues **se multipliaient** dans les mers.

> While people were using products full of phosphates, algae were multiplying in the seas.

D. The **passé composé** presents an action as *a single event*, completed at one time in the past. Adverbs that often occur with the **passé composé: puis, ensuite, soudain, tout à coup** (*all at once*).

> ✹ *Review **Grammaire 6.8** on the use of the **passé composé** to present a single past action.*

> Les astronomes **ont découvert** un trou dans la couche d'ozone.
> Soudain, tout le monde **a commencé** à s'inquiéter.

> Astronomers discovered a hole in the ozone layer.
> Suddenly, everyone began to worry.

E. The **imparfait** and **passé composé** are often used together to describe what was going on **(imparfait)** when something else happened **(passé composé)**.

> Je **lisais** un article sur l'écologie quand les lumières **se sont éteintes.**

> I was reading an article on ecology when the lights went out.

> Je **cherchais** des bougies quand les enfants **ont commencé** à pleurer.

> I was looking for some candles when the kids started crying.

SUMMARY OF PAST TENSE USES	IMPARFAIT	PASSÉ COMPOSÉ
Habitual past action	Autrefois, on **jetait** tout à la poubelle.	
Single past action		Finalement, on **a compris** la nécessité de conserver les ressources naturelles.
Description of past state	Il y a trente ans, il n'y **avait** pas de centres de recyclage.	
Past action in progress	Il y a vingt ans, on **commençait** à trier les déchets pour les recycler.	
Ongoing past action + interrupting action	Je **vivais** en France...	... au moment où la centrale nucléaire de Tchernobyl **a explosé.**

Exercice 9 Science-fiction ou possibilité?

C'est l'an 3050 et un grand-père et sa petite-fille discutent la question suivante: *Qu'est-ce que c'est qu'un arbre?* Changez les verbes à l'imparfait.

MODÈLE: Les arbres (couvrir) la terre. →
Les arbres couvraient la terre.

1. Beaucoup d'animaux (vivre) dans les arbres.
2. Les arbres (empêcher) l'érosion.
3. Ils (émettre) de l'oxygène.
4. Les enfants (monter) dans les arbres.
5. Les gens (pique-niquer) sous leurs branches.
6. Tout le monde les (trouver) très beaux.
7. Mais les arbres n'(être) pas appréciés.
8. Les gens ne (comprendre) pas leur importance.

Exercice 10 Panne d'électricité

Chez les Colin, chacun s'occupait à sa façon un dimanche soir, quand il y a eu une panne d'électricité. Conjuguez les verbes au temps approprié (**imparfait** ou **passé composé**).

MODÈLE: Joël *lisait* (lire) des bandes dessinées, quand la lumière *s'est éteinte* (s'éteindre).

1. Marise _____ (faire) la vaisselle quand le lave-vaisselle _____ (s'arrêter).
2. Victor _____ (envoyer) du courrier électronique à un ami canadien quand son ordinateur _____ (s'éteindre).
3. Claudine _____ (écouter) les informations quand tout à coup elle n' _____ plus rien _____ (entendre).
4. Emmanuel _____ (parler) au téléphone quand la communication _____ (être) coupée.
5. Clarisse _____ (écouter) une symphonie de Beethoven quand la cassette _____ (s'arrêter).

CHAPITRE 9

L'enseignement, les carrières et l'avenir

Les étudiants
discutent de leurs
cours devant la
fac

Objectifs

IN **CHAPITRE 9**, *you will talk about university life, jobs,
and career plans. You will also learn more about how to express future time.*

Activités et lectures

L'enseignement et la formation professionnelle

Attention! Étudier Grammaire 9.1 et 9.2

Agnès a réussi au bac à l'âge de 18 ans. Elle a dû bûcher dur avant de le passer.

La cousine d'Agnès n'a pas été reçue. Elle a échoué à certains examens.

Agnès s'est inscrite à la faculté des Sciences Humaines et Sociales de l'Université Paris VII.

Elle a assisté à des conférences. Parfois, elle a séché ses cours.

Cliquez là!

Visitez le site du lycée Pierre Reverdy, Sablé-sur-Saône (France) ou celui d'un autre lycée francophone. Qui a créé le site? Pourquoi? Qu'est-ce qu'on peut y faire?

Au bout de deux ans, elle a reçu un DEUG.

Maintenant, elle fait sa troisième année d'études. Elle est en train de préparer une licence en sociologie.

Activité 1 Casse-têtes: L'université française

1. On les paie quand on s'inscrit aux cours.
2. On y réfléchit, et puis on y répond.
3. Pour y réussir, il faut étudier.
4. On s'y inscrit au début de l'année scolaire.
5. C'est le domaine dans lequel on se spécialise.
6. En France, chaque étudiant à l'université y a réussi.
7. On le reçoit à la fin de deux ans d'études.
8. C'est l'état d'avoir réussi à un examen.
9. C'est le contraire d'être reçu(e). On doit repasser l'examen.

a. les examens
b. les cours
c. être reçu(e)
d. la spécialité
e. les frais d'inscription
f. le bac
g. échouer à une épreuve
h. le DEUG
i. les questions d'un examen

Activité 2 Discussion: Conseils aux futurs étudiants

Qu'est-ce que vous recommandez à ceux qui vont entrer en fac l'année prochaine? Dites *oui* ou *non*. Si vous n'aimez pas les suggestions, proposez-en une autre.

1. On se sent perdu. L'université paraît énorme.
   a. Trouvez un étudiant de deuxième année et suivez-le.
   b. Ne ratez pas les séances d'orientation.
2. On n'est pas certain d'avoir choisi les bons cours.
   a. Parlez avec les conseillers d'orientation.
   b. Téléphonez à vos parents.
3. On a peur de rater les examens.
   a. Travaillez régulièrement.
   b. Amusez-vous pendant l'année et bûchez avant les examens.
4. Au lycée, on est encadré. À la fac, on ne sait pas s'organiser.
   a. Observez vos copains, puis faites comme eux.
   b. Trouvez la manière d'étudier qui vous convient.
5. Quelqu'un propose une petite sortie à la fin de la semaine de cours.
   a. Restez à la maison. Au boulot!
   b. Il faut s'amuser! Sortez avec lui, mais n'exagérez pas.

Activité 3 Sondage: Que pensez-vous de l'université?

Donnez des mentions à votre université. Regardez les catégories, et ensuite, comparez vos réponses avec celles des autres étudiant(e)s. Enfin, expliquez vos raisons.

Vocabulaire utile: Très Bien, Bien, Assez Bien, Passable, Insuffisant, Nul

1. le système d'inscription
2. l'accès aux professeurs
3. la qualité des cours
4. les résidences universitaires
5. le service de stages et d'emplois
6. les salles informatiques en libre service
7. le service de santé pour étudiants
8. le service information et orientation

À vous la parole! Avec des camarades de classe, préparez le texte d'une brochure promotionnelle sur votre université.

Activité 4 Dans le monde francophone: Paroles de jeunes

Voici des étudiants choisis pour représenter la voix de la jeunesse à la Foire de Marseille en 1998. Écoutez votre professeur et dites le nom de la personne en question.

Mandine GUILLAUME (ALPES-MARITIMES) :

« *J'aime la rencontre, celle avec le public, celle avec les personnages* ».

22 ans - En maîtrise arts du spectacle à Nice.
Signe particulier : dingue de théâtre.
S'intéresse de près à la mise en scène.

Hugo MUSELLA (ALPES-MARITIMES) :

« *Me nourrir du quotidien pour vivre au gré de ma plume* ».

21 ans - En maîtrise arts du spectacle à Nice.
Signe particulier : jeune homme de plume.
Aime raconter des histoires.

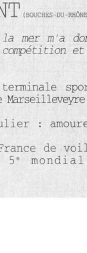

Jean-Matthieu CONSTANT (BOUCHES-DU-RHÔNE) :

« *L'amour de la mer m'a donné le goût de la compétition et du voyage* ».

17 ans - en terminale sport-études au lycée Marseilleveyre de Marseille.
Signe particulier : amoureux de la Mer.
Champion de France de voile, série 420, 5e mondial - 6e européen.

Aurélie GILLY (VAR) :

« *Apprendre pour réaliser de belles choses et transmettre son savoir* ».

20 ans - En 1ère année de CAP-BEP menuiserie au CFA des Compagnons du devoir à Marseille.
Signe particulier : aime le bois sous toutes ses formes.
Entend assurer la relève de sa famille de menuisiers de père en fille.

1. Quel jeune homme prépare une maîtrise en arts du spectacle?
2. Qui aime la rencontre avec le public?
3. Qui voudrait devenir écrivain?
4. Lesquelles de ces quatre personnes s'intéressent au théâtre?
5. Qui fait un bac en sport-études dans un lycée à Marseille?
6. Qui aime raconter des histoires?
7. Qui veut poursuivre le métier de son père et travailler le bois?
8. Qui s'intéresse à la production de pièces de théâtre?
9. Qui apprend pour pouvoir créer de belles choses?
10. Lequel de ces jeunes gens a le goût de la compétition et du voyage?

À vous la parole! En groupes de cinq, préparez des questions d'interview pour chacun des étudiants présentés dans ce texte. Ensuite, créez un scénario dans lequel un animateur (ou une animatrice) pose des questions et les jeunes Français y répondent. Enfin, jouez votre scénario pour la classe.

Ça fait penser

Aujourd'hui, beaucoup d'étudiants choisissent de préparer un diplôme tout en recevant un salaire. Cela leur permet d'alterner des périodes de travail et de formation sous un contrat d'alternance proposé par une entreprise. On peut préparer une licence, une maîtrise ou un DESS (diplôme d'études supérieures spécialisées).

Info: Société

Passe ton bac d'abord!

S'il existe un symbole du système éducatif français, c'est bien le diplôme du baccalauréat. Chaque année en juin, pendant plusieurs jours, les candidats dans toute la France passent simultanément des examens écrits et oraux[1] dans diverses matières: littérature et langue françaises, philosophie, histoire, géographie, langues vivantes, mathématiques, sciences et autres matières plus spécialisées.

Pour réussir, il faut obtenir au moins 10/20 de moyenne[2] sur l'ensemble des épreuves.[3] Seuls ceux qui réussissent (environ 70 % d'une classe d'âge) ont le droit[4] de s'inscrire à l'université. Si «le bac» reste important, il a perdu une grande partie de son prestige parce qu'il ne représente plus une garantie d'emploi: près de la moitié[5] des bacheliers[6] n'ont toujours pas trouvé de travail au bout de[7] six mois.

[1]pluriel d'**oral** [2]**la moyenne...** *average* [3]parties d'un examen [4]la possibilité
[5]50% [6]personnes qui ont le bac [7]**au...** après une période de

---

Activité 5 **Dans le monde francophone: Comment préparer le bac**

Le magazine *Phosphore* propose une méthode pour préparer le bac. Groupez les détails qui font partie de chaque stratégie.

Stratégies

_____ Faites un planning efficace.	_____ Musclez votre écriture.
__8__ Boostez votre mémoire.	_____ Révisez à plusieurs.
_____ Trouvez le bon tempo pour vous.	_____ Attention aux procédés mnémotechniques.

Détails

1. Soyez réaliste; faites une liste de vos priorités.
2. Reposez-vous souvent pour recharger vos batteries.
3. Profitez des moments de la journée où vous travaillez le mieux.
4. Développez des méthodes pour réactiver votre mémoire.
5. Évitez le stress; ne faites rien à la dernière minute.
6. Exprimez-vous d'une manière simple et claire.
7. Gardez dix minutes à la fin d'une épreuve pour vous relire.
8. Réexpliquez la matière à d'autres étudiants pour mieux la comprendre.
9. Préparez-vous avant de participer aux séances en groupe.
10. Inventez des exercices mentaux afin de mieux retenir la matière.

Cliquez là!

Visitez le site web de *Phosphore*, la revue des 15–25 ans. Quelles sortes d'articles y trouve-t-on? Est-ce que les renseignements vous semblent utiles?

LE TRAVAIL ET LES MÉTIERS

Attention! Étudier Grammaire 9.3 et 9.4

Une avocate défend les accusés.

Un fonctionnaire travaille pour le gouvernement.

Une conseillère conjugale aide
les mariages en difficulté.

Un instituteur
enseigne aux enfants.

Cette ouvrière travaille
dans le bâtiment.

Un photographe prend des photos.

Un pompier éteint des incendies.

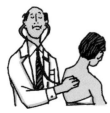

Un médecin s'occupe des malades.

Un cuisinier prépare des repas.

Un coiffeur coupe les cheveux.

Des agents de police à Paris

Activité 6 Discussion: Qui est-ce?

Regardez les dessins à la page 289 et écoutez le professeur. Ensuite, identifiez la personne dans la description. (C'est un/une... Ce sont des...)

> MODÈLE: Il travaille dans un salon de beauté et il coiffe les gens.
> → C'est un coiffeur.

1. Elle présente des arguments pour défendre ses clients.
2. Cette personne risque parfois sa vie pour éteindre des incendies.
3. Nous consultons cette personne si nous ne nous sentons pas bien.
4. Elle donne des conseils aux époux qui s'entendent mal.
5. Cette personne est le chef d'équipe dans un bon restaurant.
6. Elle fait un métier exigeant et peut-être dangereux.
7. Cette personne travaille avec des enfants pendant l'année scolaire.
8. Les membres de cette profession sont parfois des artistes qui exposent leurs œuvres.
9. Il a peut-être suivi une formation en comptabilité ou en commerce.

Activité 7 Associations: Les métiers

Dites ce que font ces personnes, et les qualités importantes pour leur travail.

Suggestions: calme, courageux, en bonne forme, patient, bien informé...

> MODÈLE: Les instituteurs enseignent aux enfants. Ils ont besoin d'être patients et bien informés.

1. les professeurs
2. les facteurs
3. les chauffeurs de taxi
4. les vétérinaires
5. les mécanicien(ne)s
6. les pompiers/pompières
7. les comptables
8. les chirurgien(ne)s
9. les ingénieurs informaticiens
10. les serveurs/serveuses

a. servent à table
b. éteignent les incendies
c. s'occupent des finances
d. opèrent les malades
e. s'occupent des animaux malades
f. distribuent le courrier
g. conduisent un taxi
h. enseignent à l'université ou au lycée
i. réparent les voitures
j. s'occupent des systèmes d'exploitation de l'ordinateur

Ça fait penser

En 1995, 434.000 personnes étaient employées dans les secteurs de la protection de l'environnement. En 1999, à peu près 674.024 personnes étaient employées dans ces secteurs.

$\mathcal{A}$*ctivité 8* Discussion: Les études et la formation

Avec un(e) partenaire, décidez ce que ces personnes ont dû faire pour atteindre leur niveau d'expertise.

MODÈLE: Jacques Cousteau, océanographe
É 1: Jacques Cousteau a dû faire des études universitaires en sciences et mathématiques.
É 2: C'est vrai. En plus, il a dû faire des stages en océanographie et il a dû faire des recherches en biologie et en géologie.

1. Paul Bocuse, chef cuisinier
2. Surya Bonaly, patineuse olympique
3. Camara Laye, romancier guinéen
4. Yves Duteil, chanteur
5. Émilie Ndogo, journaliste radio camerounais
6. Denis Hallier, pisteur secouriste suisse
7. Pierre Chaline, éducateur de rue (pour adolescents SDF)

- faire des études universitaires (dans quelles matières?)
- faire un stage (une période d'apprentissage) (en quoi? où?)
- suivre un programme d'entraînement physique (lequel?)
- faire des recherches (à quel sujet?)
- prendre des leçons particulières (de quoi?)
- s'entraîner (à faire quoi?)
- -?-

À vous la parole! En groupes de quatre, comparez les programmes d'études que vous devez suivre pour préparer la carrière de votre choix. Décidez quel programme est le plus compliqué.

La langue en mouvement

La féminisation des noms de métier

Que faire quand les femmes commencent à exercer des professions traditionnellement masculines? Pour certaines professions, une désignation féminine a été trouvée et acceptée, comme *une avocate, une chirurgienne, une architecte*. Pourtant, pour d'autres, l'Académie française et une grande partie de la société française ont résisté à toute innovation, et on continue à dire *un professeur, un écrivain* et *un juge*, même pour des femmes. Par contre, d'autres pays et régions francophones, comme la Belgique, la Suisse et notamment le Québec, ont procédé assez rapidement à l'adoption de nouvelles formes telles qu'*une professeure, une écrivaine* et *une pompière*, formes qui sont employées par certains Français d'esprit plus ouvert, mais qu'on ne trouvera pas dans un dictionnaire français de France.

Activité 9 Casse-têtes: Devinez leur métier

LES PERSONNES	LES MÉTIERS	
les Hubert (Jacques et Anne)	médecin	instituteur/
les Potin (René et Cécile)	avocat(e)	institutrice
les Bodard (Serge et Michèle)	ingénieur	secrétaire
	dentiste	

1. Anne travaille dans un hôpital mais elle n'est pas médecin.
2. Serge enseigne à des enfants.
3. Jacques travaille avec des infirmiers et des infirmières.
4. La secrétaire est mariée au médecin.
5. Le mari de l'avocate est ingénieur.
6. Le mari de la dentiste travaille dans une école.

Activité 10 Enquête: Le poste idéal

Déterminez l'ordre de priorité que ces critères vont avoir pour vous quand vous chercherez un poste à la fin de vos études.

——— 1. un salaire élevé
——— 2. des chances d'avancement
——— 3. la possibilité de voyager
——— 4. les vacances et les congés
——— 5. la possibilité de travailler à la maison
——— 6. le niveau de tension
——— 7. l'autonomie
——— 8. le prestige de l'entreprise
——— 9. la proximité de ma famille
——— 10. une voiture fournie par l'employeur

À vous la parole!   Maintenant, comparez vos réponses avec celles de votre partenaire.

MODÈLE: É1: J'ai mis le niveau de tension en premier parce que je ne veux pas travailler où les gens sont inquiets et stressés.
          É2: Moi non plus, mais un peu de tension est normal, à mon avis. Si le salaire est bon, je peux supporter un peu de stress.

Activité 11 Discussion: Les métiers et le passage du temps

Depuis combien de temps (approximativement) existent ces métiers? Que font les gens qui les exercent?

MODÈLE: commerçant → Ce métier existe depuis le début de la civilisation. Les commerçants achètent et revendent des marchandises.

1. programmeur/programmeuse
2. agriculteur/agricultrice
3. photographe
4. psychiatre
5. chauffeur
6. animateur/animatrice à la télé
7. couturier/couturière
8. professeur de lycée
9. chef d'orchestre
10. facteur

Vocabulaire utile: depuis (cinquante) ans, depuis le début (du XXème siècle), depuis l'époque de (Jules César)

LES FRANCOPHONES SUR LE VIF

Manuel Benoit, 23 ans, employé en Contrat à Durée Déterminée (CDD) dans une entreprise de transports, Clermont-Ferrand

Quelle est votre stratégie pour trouver un travail stable?

Oh, vous savez, j'ai essayé pas mal de stratégies, sans beaucoup de résultats. D'abord, j'ai été chômeur[1] pendant deux ans. Bien sûr, je me suis inscrit à l'ANPE,[2] qui m'a indiqué des possibilités d'emploi; mais c'était toujours la même musique, «qualifications insuffisantes, pas d'expérience». Comment accumuler de l'expérience sans avoir l'occasion de travailler? Je regrette un peu d'avoir arrêté mes études au bac, mais j'ai des amis qui ont des diplômes et qui ne sont pas mieux lotis[3] que moi.

Ensuite, j'ai fait des stages,[4] comme tout le monde: informatique, gestion, comptabilité... Finalement, je suis arrivé à décrocher[5] des petits boulots,[6] un CDD après l'autre: six mois ici, neuf mois là—impossible de se faire embaucher[7] définitivement, ça coûte trop cher au patron.[8] En ce moment, je fais de gros efforts pour montrer que ça vaut la peine[9] de me garder. Mes employeurs apprécient ma bonne volonté et mes initiatives; est-ce que ce sera suffisant? Je reste optimiste, mais sans trop d'illusions.

[1]personne qui n'a pas d'emploi
[2]l'Agence nationale pour l'emploi
[3]**qui...** dont la situation n'est pas meilleure
[4]formations professionnelles courtes et spécifiques
[5]obtenir (*fam.*)
[6]jobs (*fam.*)
[7]**faire...** faire prendre comme employé
[8]chef d'entreprise
[9]**ça...** l'effort est justifié

Activité 12 Échanges: Les secrets d'un CV réussi

Un curriculum vitæ peut vous ouvrir la porte à l'emploi que vous désirez. Avec un(e) partenaire, décidez si vous êtes d'accord ou non avec ces conseils. Sinon, expliquez pourquoi et corrigez la phrase.

1. Le CV doit paraître impeccable, imprimé au laser si possible.
2. Ne suivez pas l'ordre classique pour présenter les informations. Mélangez les détails.
3. La clarté est essentielle. Soyez précis au lieu de généraliser.
4. Précisez où vous avez étudié et les domaines d'activités dans lesquels vous avez travaillé.
5. Utilisez le maximum de termes techniques.
6. L'honnêteté est essentielle. Vous devez être responsable du contenu du CV si l'on vous interroge.
7. Il faut que le CV soit aussi long que possible pour augmenter vos chances d'être lu(e).
8. Montrez que votre formation a suivi un cours logique et que vous êtes une personne organisée.

Attention! Étudier Grammaire 9.5

L'année dernière, Raoul a pris la décision de préparer un doctorat.

Au mois de janvier, Sarah et Agnès ont décidé de voyager ensemble cet été.

Julien vient de recevoir une offre de poste. Acceptera-t-il de devenir vice-président chargé des relations publiques à TF1?

 **ctivité 13** **Discussion: Que faire pour s'améliorer?**

Vous avez promis à vos parents et à vos amis de changer certaines de vos mauvaises habitudes. Maintenant, vous dressez la liste de ce que vous changerez. Dites *oui* ou *non*.

1. Pour améliorer ma santé...
   a. j'arrêterai de fumer.
   b. je ferai plus de gymnastique.
   c. je mangerai moins d'aliments salés.
   d. je boirai plus d'eau et moins de coca.
2. Dans mes rapports avec les autres...
   a. je passerai plus de temps avec mes parents.
   b. je ne me disputerai avec personne.
   c. je serai plus généreux/généreuse.
   d. je chercherai à connaître plus de gens.
3. Pour améliorer ma situation financière...
   a. je ferai des économies.
   b. je chercherai un travail.
   c. j'achèterai moins de vêtements.
   d. je mangerai moins souvent au restaurant.
4. Pour perdre moins de temps...
   a. je ne regarderai pas la télé.
   b. je me lèverai plus tôt le matin.
   c. je sortirai moins le soir.
   d. j'apprendrai à étudier d'une manière plus efficace.

Activité 14 Sondage: Prédictions

Est-ce que nous verrons les changements suivants dans les 25 ans à venir? Écoutez le professeur et dites *oui* ou *non*. Si vous dites *non*, expliquez pourquoi.

1. Nous trouverons le moyen d'éliminer les virus informatiques.
2. Tous les pays d'Amérique du Nord auront le même gouvernement.
3. Les médecins traiteront beaucoup de maladies par la thérapie génétique.
4. Les transports en commun auront plus d'importance que la voiture.
5. Avant de louer une chambre d'hôtel, on l'inspectera par visite virtuelle sur son ordinateur portable.
6. Grâce à l'enthousiasme pour le recyclage, il n'y aura plus de déchets.
7. Il y aura moins de divorces et plus de mariages.
8. Les cours se feront sur ordinateur. Il n'y aura plus de profs ni de salles de classe.
9. Le tabac sera important dans la production des médicaments.
10. On ne pourra plus rouler en voiture dans le centre des grandes villes.

À vous la parole! En groupes, préparez une liste de prédictions pour vos camarades de classe et pour votre professeur. Présentez-les à la classe.

Activité 15 Récit: L'avenir de Jean-Yves

Jean-Yves, Sarah et Agnès ont consulté une voyante. Racontez ce qu'elle a prédit à Jean-Yves. Utilisez le futur: **Vous aurez (serez, ferez, etc.)...**

Activité 16 **Entretien: Le travail et l'avenir**

1. Est-ce que tu travailles maintenant? Si oui, où et depuis combien de temps? Qu'est-ce que tu fais? Est-ce que ton travail te plaît?
2. Quel type de poste vas-tu chercher quand tu auras fini tes études? Quels facteurs seront les plus importants dans ta décision?
3. Est-ce que tu aimerais travailler à la maison? Pourquoi?
4. Comment est-ce que ta vie va changer quand tu auras trouvé un travail stable et que tu commenceras à gagner un bon salaire?
5. Tu penses faire le même travail toute ta vie? Pourquoi?
6. Que veut dire «réussir dans la vie» pour toi?

Destins croisés

Khaled et Jean-Marc, copains d'enfance, ont suivi des voies différentes: l'un a réussi le bac et poursuit ses études universitaires, l'autre a suivi une filière technique courte et a cherché du travail. Ils continuent à s'écrire pour échanger des nouvelles et garder le contact.

Le port d'Ajaccio en Corse

Grenoble, le 8 novembre 20...

Cher Jean-Marc,

Je suis désolé d'avoir tardé à t'écrire, mais j'ai été super occupé ces derniers mois. La vie à la fac demande énormément d'organisation; de toute évidence, ce n'est plus le lycée! Il faut savoir s'organiser tout seul, parce que les profs ne nous donnent pas beaucoup de directives: ils viennent, ils font leur cours et ils repartent. On est libre de travailler ou pas... responsables, quoi. L'important c'est d'arriver préparé aux examens, à la fin de l'année.

À part ça,[1] je passe pas mal de temps à discuter avec mes nouveaux copains, de politique, de cinéma, de littérature... L'ambiance est très bonne, mais la fac est surpeuplée: il y a huit cents personnes dans l'amphi[2] pour les cours magistraux[3]!

Bon, je te quitte pour aujourd'hui: donne-moi de tes nouvelles. Est-ce que tu as finalement trouvé du boulot?

Bien à toi,
Khaled

[1]**À...** Pour changer de sujet   [2]grande salle de classe
[3]**cours...** cours formels donnés à l'ensemble des étudiants d'une classe

Ajaccio, le 15 novembre 20...

Cher Khaled,

Merci de ton mot de la semaine dernière. Je suis content de savoir que tu aimes la fac, mais je ne regrette pas ma décision, même si j'ai cherché du travail sans succès pendant six mois. Tu vois la photo? Eh oui, mon vieux, je suis en Corse trois jours par semaine; j'ai été embauché[4] comme apprenti-mécanicien sur un bateau qui fait la ligne Nice-Ajaccio. Moi qui voulais voyager, je suis servi! J'ai des tonnes de responsabilités aussi, et chaque traversée est un véritable «examen» de mes talents... Au fond, ce n'est pas trop différent de ta propre expérience.

J'aime bien ce travail, et surtout il y a de bonnes chances de promotion pour les gens sérieux et travailleurs. Peut-être que je finirai capitaine! Je t'inviterai à faire des croisières,[5] ça sera sympa...

Pour le moment, je dois descendre à la machine: commençons par le commencement! À très bientôt; tiens-moi au courant[6] de tes brillantes études.

Avec toutes mes amitiés,

Jean-Marc

---

[4]employé   [5]voyages en bateau   [6]**tiens-moi...** informe-moi

Avez-vous compris?   Déterminez la signification de ces mots et expressions et donnez votre définition en français.

MODÈLE: énormément d'organisation →
            beaucoup d'organisation

1. super occupé
2. pas mal de temps
3. la fac
4. un amphi
5. du boulot
6. je suis servi
7. des tonnes de responsabilités
8. sympa

Allons plus loin!   Poursuivre ses études ou chercher du travail? C'est parfois une décision difficile à prendre... Avec un(e) partenaire, déterminez les avantages et les inconvénients de chaque possibilité.

MODÈLE: Si on poursuit ses études, on n'est pas assuré de...
            Si on cherche un travail, on est plus...

À vous d'écrire

Vous décidez de sortir et vous laissez un mot pour votre camarade de chambre. Utilisez des verbes au futur pour donner quelques détails importants sur vos projets, où vous serez, comment on pourra vous contacter, si vous rentrerez tard ou non, l'heure à laquelle vous comptez retourner, etc.

MODÈLE: *Cher (Chère)...*
            J'ai décidé de... ce soir. Je... Si tu as besoin de me contacter, ...
            À bientôt,

Vidéothèque

Espace vidéo

Passer une entrevue. Claire vient de poser sa candidature pour un poste en entreprise. Au début de ce clip, nous la trouvons en train de répondre à des questions d'interview. Où est-ce qu'elle a déjà travaillé? Qu'est-ce qu'elle a fait comme travail, et dans quel type d'entreprise? A-t-elle aimé le travail? Décrivez la formation qui lui a permis de le faire.

www.mhhe.com/deuxmondes

À explorer: www.mhhe. com/deuxmondes/ pour obtenir plus d'informations sur les thèmes du chapitre.

Vocabulaire

L'université et le lycée

The university and high school

une bourse	a scholarship
un conseil	a piece of advice
un domaine	an area (of study)
une épreuve	a quiz, test
la formation	training
les frais (*m.*) d'inscription	enrollment fees
une matière	a school subject
une mention	a distinction (grade)
une séance d'orientation	an orientation meeting
une spécialité	a major (*subject*)
un stage	an internship
le baccalauréat (bac)	*national exam at the end of* **lycée**
le brevet	*certificate awarded for successful completion of a course of study*
le DEUG (Diplôme d'études universitaires générales)	*degree awarded after a two-year university program*
la licence	*diploma awarded upon successful completion of third-year university exams*
abandonner	to drop (*a course, class*)
bûcher	to cram, study hard
devenir	to become
échouer à	to flunk, fail (*an exam*)
être reçu(e) (à)	to pass (*a course, exam*)
faire des recherches	to do research
s'inscrire à (la fac)	to enroll in (college)
passer un examen	to take a test
rater (une conférence)	to miss (a lecture)
recevoir un diplôme	to get a degree
réussir à un examen	to pass a test
sécher un cours	to cut class

Mots apparentés: **l'année** (*f.*) **scolaire, un diplôme, le doctorat, se spécialiser**

Les métiers

Jobs

un animateur/ une animatrice	a talk show host
un(e) avocat(e)	a lawyer
un chanteur/une chanteuse	a singer
un(e) chirurgien(ne)	a surgeon
un(e) commerçant(e)	a merchant
un(e) comptable	an accountant
un conseiller/une conseillère	a counselor
un couturier/ une couturière	a fashion designer
un facteur/une factrice	a letter carrier
un(e) fonctionnaire	a government employee
un ingénieur informaticien	a computer engineer
un instituteur/ une institutrice	a primary school teacher
un médecin	a doctor
un ouvrier/une ouvrière	a worker
un patineur/ une patineuse	a skater
un photographe	a photographer
un pompier/ une pompière	a firefighter
un romancier/ une romancière	a novelist
une vedette	a star (actor, etc.)

Mots apparentés: **un agriculteur/une agricultrice, un coiffeur/une coiffeuse, un(e) dentiste, un(e) journaliste, un(e) mécanicien(ne), un programmeur/une programmeuse analyste, un(e) psychiatre, un(e) secrétaire, un(e) vétérinaire**

Le travail

Jobs and work

un congé	a leave, time off
un emploi	a job, employment

un métier exigeant	a demanding job
un niveau	a level, echelon
une réussite	a success
un salaire élevé	a high salary

compter	to count (*number*)
couper les cheveux	to cut hair
distribuer le courrier	to carry the mail
enseigner (aux enfants)	to teach (children)
éteindre un incendie	to extinguish a fire
être chargé(e) de	to be in charge of
exposer une œuvre	to exhibit a piece of work
traiter une maladie	to treat an illness

Mots apparentés: **l'autonomie** (*f.*), **l'avancement** (*m.*), **défendre les accusés, un employeur, une entreprise, inspecter, une offre, opérer un(e) malade, un poste, réparer**

La description

Descriptive words

encadré(e)	sheltered
équilibré(e)	balanced
insuffisant(e)	insufficient
malade	sick
nul(le) (en chimie)	weak (in chemistry)

Mots apparentés: **courageux/courageuse, énorme, financier/financière, généreux/généreuse, passable, portable**

Mots et expressions utiles

Useful words and expressions

Au boulot!	Get to work!
au bout de	at the end of
au début	in the beginning
Ça te plaît?	Do you like that?

grâce à	thanks to
Depuis combien de temps?	For how long? (How long?)

Substantifs

Nouns

le gouvernement	government
un médicament	a medication
les relations (*f.*) publiques	public relations
un risque	a risk
la santé	health
un virus informatique	a computer virus

Mots apparentés: **un argument, une capacité, l'enthousiasme** (*m.*), **l'exploitation** (*f.*), **l'océanographie** (*f.*), **une orientation, une prédiction, la proximité, la thérapie**

Verbes

Verbs

améliorer	to improve
arrêter de fumer	to stop smoking
avoir lieu	to take place
se détendre	to relax
dresser une liste	to make a list
établir	to establish
former des liens	to form contacts
fournir une voiture	to provide a car
paraître	to seem
perdre du temps	to waste time
perdre intérêt	to lose interest
prendre une décision	to make decision
recevoir	to receive

Mots apparentés: **accepter de, diminuer, distribuer, éliminer, exagérer, faire des économies**

Grammaire et exercices

9.1 OTHER USES OF y: J'y pense

A. The pronoun **y** is used to replace a prepositional phrase referring to a place. In this case, **y** is equivalent to English *there*. It must be used in French, although *there* is sometimes omitted in English.

> —As-tu fait des études **en France?** — *Did you study in France?*
> —Oui, j'**y** ai fait deux ans d'études. — *Yes, I studied there for two years.*

✳ *Review **Grammaire 2.3.***

B. **Y** can also replace any phrase made up of **à** + a noun indicating an idea or thing.

> —Est-ce qu'Albert réussit **à tous ses examens?** — *Does Albert pass all his exams?*
> —Oui, il **y** réussit toujours. — *Yes, he always passes them.*
>
> —Pensez-vous déjà **à votre profession future?** — *Are you already thinking about your future profession?*
> —Oui, j'**y** pense beaucoup. — *Yes, I think about it a lot.*

➤ **Rappel: y** comes just before the conjugated verb. **je + y = j'y**

C. Here are some of the verbs with which you are likely to use **y**.

assister à *to attend*	**réfléchir à** *to think about*
participer à *to participate in*	**répondre à** *to answer*
penser à *to think about*	**réussir à un examen** *to pass a test*

➤ **Y** has two uses:
y = *there* (**à Lyon, dans ma chambre**)
y = **à** + a thing (**j'y pense**)

Exercice 1 Votre vie à l'université

Répondez en employant le pronom **y**.

MODÈLE: En général, réussissez-vous à vos examens? →
Oui, j'y réussis. (Non, je n'y réussis pas.)

1. Habitez-vous à la cité universitaire?
2. Est-ce que vous êtes déjà allé(e) au labo de français cette semaine?
3. Est-ce que vous participez beaucoup aux discussions en classe?
4. Répondez-vous souvent aux questions?
5. Assistez-vous parfois aux matchs de basket?
6. Pensez-vous souvent à votre future carrière?

9.2 EMPHATIC PRONOUNS

A. The emphatic pronouns (**pronoms accentués**) are **moi, toi, lui** (*him*), **elle, nous, vous, eux** (*them, m.*), **elles.** They are often used to emphasize the subject, and after **c'est.**

> **Moi,** je m'appelle Denise.   *My name is Denise.*
> Est-ce que c'est Étienne? Oui,   *Is that Étienne? Yes, that's him.*
> c'est **lui.**

➤ Emphatic pronouns:

moi	nous
toi	vous
lui/elle	eux/elles

➤ Use emphatic pronouns after all prepositions except **à**: avec eux, pour elles, sans moi.

★ Review **Grammaire 4.2** on how to make comparisons.

B. Emphatic pronouns also replace nouns after prepositions other than **à.**

> —Tu sors avec tes copains ce soir?   *Are you going out with your friends tonight?*
>
> —Oui, je sors **avec eux.**   *Yes, I'm going out with them.*
>
> Tu peux faire des courses **pour moi?**   *Can you do some errands for me?*

C. Emphatic pronouns are used in comparisons, after **que.**

> Mes amis sont plus sérieux **que moi.**   *My friends are more serious than I.*

D. Emphatic pronouns are used to form short questions and answers and can be combined with **aussi** and **non plus.**

> J'ai reçu une bonne note. Et **toi?**   *I got a good grade. And you?*
>
> —Je n'aime pas bûcher avant un examen.   *I don't like to cram for a test.*
> —**Moi non plus!**   *Me neither!*

E. They also replace subject pronouns if there is more than one subject.

> Charles et **moi,** nous sommes copains.   *Charles and I are good friends.*

Exercice 2 Comparaisons

Écrivez les réponses en utilisant des pronoms accentués. En classe, posez les questions à des camarades et comparez vos réponses.

> MODÈLE: Tu es aussi conservateur (conservatrice) que tes parents? →
>   Oui, je suis aussi conservateur (conservatrice) qu'*eux.* (Non, je suis moins...)

1. Tu es plus intelligent(e) que ton père?
2. Tu es moins intéressant(e) que tes frères et sœurs?
3. Tu es aussi dynamique que ton meilleur ami (ta meilleure amie)?
4. Est-ce que tes camarades de classe sont aussi intelligents que toi?
5. Est-ce que tes professeurs sont aussi sympathiques que tes parents?
6. Tu es aussi équilibré(e) que ton meilleur ami (ta meilleure amie)?
7. Est-ce que tes frères et sœurs sont plus courageux que toi?

Exercice 3 À l'université: Tu as déjà... ?

Répondez aux questions avec des pronoms accentués. Ensuite, posez les questions à votre partenaire.

> MODÈLE: Est-ce que tu as déjà déjeuné avec la vice-présidente? →
>   Oui, j'ai déjeuné avec elle. (Non, je n'ai jamais déjeuné avec elle.) Et toi?

1. Est-ce que tu as déjà dîné avec le président de l'université?
2. Tu ne t'es jamais disputé(e) avec les conseillers d'orientation?
3. Tu as fait du travail supplémentaire pour ton/ta prof de français?
4. Tu as fait des courses pour tes camarades de chambre?
5. Tu t'es fâché(e) avec ton/ta professeur préféré?
6. Tu as joué au tennis avec tes ami(e)s?

Exercice 4 Opinions

Formulez une seule phrase avec des pronoms accentués.

> MODÈLE: Céline Dion chante bien. Yves Duteil aussi chante bien. →
> Elle et lui, ils chantent bien.

1. Mon copain va au cinéma ce soir. Sa petite amie va au cinéma avec lui.
2. Le professeur lit le journal tous les jours. Son mari le lit aussi.
3. Les enfants aiment Astérix. Nous aussi, nous aimons Astérix.
4. Emmanuelle Béart est star de cinéma. Gérard Depardieu est star aussi.
5. Tu paniques avant les examens. Moi aussi, je panique avant les examens.
6. L'écrivain Daniel Pennac a du talent. L'écrivaine Catherine Clément en a aussi.
7. Marie-José Perec est dynamique. Yannick Noah est dynamique aussi.

9.3 Identifying and describing: C'EST vs. il/elle EST

A. **C'est** and **ce sont** are used with *nouns* to identify people and things.

> —Qu'est-ce que c'est? *What is that?*
> —**C'est un ordinateur.** *It's a computer.*

➤ C'est/Ce sont + article + noun

B. **Il/elle est** and **ils/elles sont** are used with *adjectives* to describe people and things.

> —Cet ordinateur est cher? *Is this computer expensive?*
> —Oui, **il est cher.** *Yes, it's expensive.*

➤ Il/Elle est, Ils/Elles sont + adjective

C. Either of these constructions can be used to identify someone's profession. Note that with **c'est** and **ce sont,** an article is always used; with a proper name or **il/elle,** no article is used.

> Adrienne **est secrétaire.** *Adrienne is a secretary.*
> Jean-Yves? **Il est étudiant.** *Jean-Yves? He's a student.*
> Mme Martin? **C'est un professeur.** *Madame Martin? She's an instructor.*
> Ces gens-là? **Ce sont des ouvriers.** *Those people? They are workers.*

➤ C'est/Ce sont + article + profession
➤ Il/Elle est + profession
Note: No article is used here.

D. If an adjective is included to describe the person or profession, **c'est/ce sont** is used instead of **il/elle est, ils/elles sont.**

➤ **C'est/Ce sont** + article
+ profession/person
+ adjective

Raoul Durand? **C'est un étudiant très sérieux.**
Ces femmes-là? **Ce sont des journalistes canadiennes.**

Raoul Durand? He's a very serious student.
Those women? They are Canadian journalists.

Exercice 5 Personnages célèbres

Identifiez le métier de ces gens. Utilisez **il/elle est** ou **il/elle était.**

MODÈLE: Jean-Paul Sartre → Il était philosophe.

1. Céline Dion
2. Marie Curie
3. Charlemagne
4. Simone de Beauvoir
5. Yves Duteil
6. Charles de Gaulle

a. empereur
b. écrivain(e)
c. général
d. chanteur/chanteuse
e. physicien(ne)
f. homme/femme d'État

Exercice 6 Qui est-ce?

Identifiez les personnages dans la liste à gauche et puis ajoutez quelques détails. (Si vous en avez besoin, consultez la liste des personnages dans «To the Student» au début du livre.)

MODÈLE: Sarah Thomas →
C'est une étudiante américaine. C'est la camarade de chambre d'Agnès Rouet.

1. Claudine Colin
2. Victor Colin
3. Bernard Lasalle
4. Clarisse Colin
5. Joël Colin
6. Jean-Yves Lescart

a. petit garçon
b. étudiant à l'Université Paris VII
c. professeur dans un lycée
d. cadre dans une entreprise
e. étudiante en hôtellerie
f. ingénieur

9.4 Saying what you've been doing: PRESENT TENSE + depuis

➤ Use *present tense* +
depuis + *time expression* for
an action that continues
into the present.

A. To talk about an action or state that began in the past and is still going on, use the *present* tense + **depuis** + a length of time or a date.

Agnès **étudie** l'anglais **depuis six ans.**

Agnès has been studying English for six years.

B. To ask a question about an action or situation continuing in the present, use **depuis quand... ?** or **depuis combien de temps... ?** + the *present* tense.

—**Depuis quand étudies**-tu le génie civil?

Since when have you been studying civil engineering?

—**Depuis** l'année dernière.   *Since last year.*

—**Depuis combien de temps**   *How long have you lived in*
    est-ce que tu **habites** à La   *New Orleans?*
    Nouvelle-Orléans?

—**Depuis** trois **ans.**   *Three years.*

C. Note the contrast with the **passé composé** + **pendant,** which is used for an action or situation that *ended* at some time in the past.

> ➤ Use **passé composé** + **pendant** + *time expression* for an action that ended in the past.

    J'**habite** ici **depuis** dix ans.   *I have lived here for ten years.*
    Avant, j'**ai habité pendant** deux   *Before that, I lived for two years in*
    ans dans l'Ohio.   *Ohio.*

Exercice 7 L'histoire de Julien Leroux

Reformulez chaque phrase pour changer le point de vue du passé au présent. *À noter*: Julien a maintenant trente-deux ans.

> MODÈLE: Julien est venu habiter à Paris à l'âge de vingt-deux ans.
>   (Julien/habiter à Paris...) →
>   Julien habite à Paris *depuis dix ans.*

1. Julien a acheté un appartement à la Défense à l'âge de vingt-huit ans. (Julien/habiter à la Défense...)
2. Sa mère est venue habiter à Paris il y a cinq ans. (Sa mère/être à Paris...)
3. Julien a pris un poste à TF1 à l'âge de vingt-cinq ans. (Julien/travailler pour TF1...)
4. Il a rencontré Bernard il y a huit ans. (Il/connaître Bernard...)
5. Julien a appris à faire de la voile à l'âge de vingt ans. (Julien/faire de la voile...)

Exercice 8 À ton tour!

Répondez, en employant le présent + **depuis.**

1. Depuis quand fais-tu des études dans cette université?
2. Où habites-tu? Depuis combien de temps y habites-tu?
3. Où habitent tes parents? Depuis combien de temps?
4. Depuis combien de temps est-ce que tu étudies le français?
5. Depuis quand as-tu ton permis de conduire? ta propre voiture?

9.5 Saying what you will do: The future tense

A. You have already learned to talk about plans and future actions with **aller** + infinitive.

> ✳ Review ***Grammaire 2.3*** on ***aller*** + *infinitive for a future action.*

    Je **vais sécher** mes cours demain.   *I'm going to cut class tomorrow.*

➤ Future stems:
parler-
finir-
attendr-

B. Both French and English have a future tense (*will go, will read*, etc.). To form the French future tense, add the following endings to the future stem. For most verbs, the future stem is the infinitive. Infinitives ending in **-re** drop the final **-e** before adding the future endings.

✱ *See* **Appendix C** *for spelling changes in* **acheter, appeler,** *etc.*

➤ Future endings: **nous, vous** = same as present tense endings (**-ons, -ez**); others = same as present tense forms of **avoir** (**-ai, -as, -a, -ont**)

FUTURE TENSE		
parler	**finir**	**attendre**
je parler**ai**	je finir**ai**	j'attendr**ai**
tu parler**as**	tu finir**as**	tu attendr**as**
il/elle/on parler**a**	il/elle/on finir**a**	il/elle/on attendr**a**
nous parler**ons**	nous finir**ons**	nous attendr**ons**
vous parler**ez**	vous finir**ez**	vous attendr**ez**
ils/elles parler**ont**	ils/elles finir**ont**	ils/elles attendr**ont**

J'en **parlerai** à mon patron demain matin.

I'll speak to my boss about it tomorrow morning.

Nous **finirons** ce projet cette semaine.

We'll finish this project this week.

Tu **comprendras** mieux dans quelques jours.

You will understand better in a few days.

➤ All future stems, both regular and irregular, end in **-r.**

C. Some verbs form the future tense with an irregular stem.

IRREGULAR FUTURE STEMS					
aller	**ir-**	j'**ir**ai	devoir	**devr-**	je **devr**ai
être	**ser-**	je **ser**ai	recevoir	**recevr-**	je **recevr**ai
faire	**fer-**	je **fer**ai	venir	**viendr-**	je **viendr**ai
avoir	**aur-**	j'**aur**ai	vouloir	**voudr-**	je **voudr**ai
savoir	**saur-**	je **saur**ai	voir	**verr-**	je **verr**ai
pouvoir	**pourr-**	je **pourr**ai	envoyer	**enverr-**	j'**enverr**ai

Après mes études, je **ferai** un voyage en Europe.

After college, I will take a trip to Europe.

Est-ce que ton ami **pourra** t'accompagner?

Will your friend be able to go with you?

➤ **quand, lorsque** = *when*
➤ **aussitôt que, dès que** = *as soon as*
➤ If the action introduced by **quand**, etc. takes place in future time, French requires use of the future tense.

D. The future tense is generally used in the same way as the English future with *will*. However, in some cases French requires the future tense where English uses the present: in particular, after **quand** and **lorsque** (*when*), and after **aussitôt que** and **dès que** (*as soon as*).

Quand j'**aurai** plus de temps, je t'**écrirai.**

When I have more time, I'll write you.

Nous **pourrons** partir **aussitôt que** Sarah **arrivera.**

We can (will be able to) leave as soon as Sarah arrives.

E. Use **dans** with a length of time to say when something will happen in the future.

> Albert **finira** ses études **dans deux ans.**
>
> Sarah **rentrera** aux États-Unis **dans trois mois.**

Albert will finish his studies in two years.

Sarah will go back home to the United States in three months.

> ➤ C'est aujourd'hui le 1er juin. Je partirai en France le 1er juillet. Je partirai *dans* un mois.

Exercice 9 Intentions et impossibilités

Faites des questions et répondez-y vous-même, en employant le futur. Ensuite, interrogez votre partenaire.

> MODÈLE: aller au restaurant ce soir →
> Est-ce que tu iras au restaurant ce soir?
> Oui, j'irai au restaurant ce soir. (Non, je n'irai pas...) Et toi?

1. te coucher tôt ce soir
2. dormir jusqu'à 10 h demain
3. finir tous tes devoirs avant le week-end
4. réussir à tous tes examens ce semestre
5. sortir ce week-end
6. gagner beaucoup d'argent cet été
7. acheter une voiture cette année
8. prendre des vacances la semaine prochaine

Exercice 10 Études à Montpellier

Vous assistez à une réunion pour les étudiants de votre université qui vont aller faire des études à Montpellier, dans le sud de la France, le semestre prochain. Vous posez beaucoup de questions. Employez le futur des verbes indiqués.

> MODÈLE: Est-ce que nous (aller) visiter Paris? →
> Est-ce que nous irons visiter Paris?

1. Est-ce que nous (être) tous ensemble dans les cours?
2. Est-ce que nous (faire) des activités avec des étudiants français?
3. Est-ce que nous (recevoir) d'autres renseignements avant le départ?
4. Est-ce que nous (voir) souvent la directrice du programme?
5. Est-ce que nous (avoir) le temps de voyager dans le reste de l'Europe?
6. Est-ce que nous (savoir) bientôt quels cours nous (pouvoir) suivre?

Exercice 11 Quel avenir!

Les étudiants de Mme Martin imaginent l'avenir de leurs camarades. Employez le futur des verbes indiqués.

DENISE ALLMAN

Denise _____[1] de la chance. Elle _____[2] la première femme candidate à la présidence américaine. Elle _____[3] les élections, et son mari et elle _____[4] vivre à la Maison Blanche.

aller
avoir
être
gagner

Denise _____[5] travailler de longues heures, mais son mari et elle _____[6] visiter beaucoup de pays dans le monde. En France, elle _____[7] un discours en français qui _____[8] tous les Français.

devoir
faire
impressionner
pouvoir

LOUIS THIBAUDET

Un jour, en faisant un dîner pour des amis, Louis _____[9] ses talents culinaires. Il _____[10] en France pour travailler avec un chef, et puis il _____[11] en Louisiane. Il _____[12] un restaurant, où nous _____[13] tous dîner.

aller
découvrir
ouvrir
revenir

Au bout de quelques années, Louis _____[14] un des chefs les plus connus des États-Unis, du monde même! Il _____[15] beaucoup de livres, et il _____[16] sa propre émission à la télé, qui _____[17] «Thibaudet's Kitchen».

s'appeler
avoir
devenir
écrire

Exercice 12 Soyez plus optimiste!

Le pessimiste parle de son avenir, mais sans beaucoup de confiance. L'optimiste essaie de l'encourager. Faites les réponses de l'optimiste en employant le futur.

MODÈLE: Je serai surpris si mes copains se souviennent de mon anniversaire. →
Tu seras surpris quand tes copains se souviendront de ton anniversaire.

1. Je serai heureux si je réussis à l'examen demain.
2. Je serai très surpris si je reçois un A en cours de français.
3. Je serai surpris si mes amis m'invitent à sortir ce week-end.
4. Je serai étonné si j'ai assez d'argent pour payer mes études.
5. Je serai surpris si je finis mon devoir d'histoire ce soir.

La cérémonie du
thé au Maroc

CHAPITRE 10

Les voyages

Objectifs

IN **CHAPITRE 10,** *you will talk about travel experiences, needs, and situations that arise during trips. You will also learn a new way to express necessity.*

activités

Voyages à l'étranger

En voiture!

Comment se débrouiller

Les achats, les produits et les matières

lectures

Les francophones sur le vif   Paul-Henri
   Jurieu

Info: Vie quotidienne   Se loger en voyage

La langue en mouvement   Comment
   comptez-vous?

Lecture   L'arrivée en ville

grammaire

10.1   Expressing obligation: **Il faut que** +
   subjunctive

10.2   More about the subjunctive: Irregular-
   stem verbs

10.3   Verbs for traveling: **Conduire** and
   suivre

10.4   Double object pronouns

10.5   Expressing extremes: The superlative

10.6   Making distinctions: **Lequel** and **celui**

VOYAGES À L'ÉTRANGER

 les chèques de voyage

 le billet d'avion le passeport

Attention! Étudier Grammaire 10.1 et 10.2

Au départ, il faut enregistrer ses bagages.

Parfois, il faut que les passagers attendent le départ d'un vol.

Pendant un vol international, il faut que les passagers remplissent la déclaration de douane.

À l'arrivée, il faut que les passagers fassent la queue au contrôle des passeports.

Même si l'on n'a rien à déclarer, le douanier fouille parfois les bagages.

Il est essentiel que le voyageur apprenne à se débrouiller.

Activité 1 Ordre logique: Avant de partir en voyage

Déterminez l'ordre logique de ces préparatifs.

_____ **a.** On demande un passeport.
_____ **b.** On fait ses bagages.
_____ **c.** On fait les réservations.
_____ **d.** On achète tout le nécessaire.
_____ **e.** On étudie les renseignements.
_____ **f.** On prend des chèques de voyage.
_____ **g.** On économise de l'argent.
_____ **h.** On s'assure d'avoir une carte bancaire valable.
_____ **i.** On s'assure de ne pas oublier les billets.
_____ **j.** On vérifie que le vol va partir à l'heure.

Allons plus loin! Avec deux partenaires, imaginez une scène entre un agent de voyages et deux personnes qui vont voyager ensemble. Les deux voyageurs ne sont pas toujours d'accord sur les détails. Présentez votre scénario à la classe.

Activité 2 Échanges: Le voyage organisé

Imaginez que vous allez partir en France en voyage organisé et que vous répondez au conseils de votre professeur de français. Jouez les deux rôles avec un(e) camarade de classe.

MODÈLE: PROF: Il faut que vous vous inscriviez bientôt dans le programme.
VOUS: Pas de problème, monsieur (madame). Je m'inscrirai demain.

1. Il est essentiel que vous emportiez assez d'argent.
2. Il vaut mieux que vous ne preniez pas trop de bagages.
3. Il faut que vous demandiez tout de suite un passeport.
4. Il faut que vous emportiez des chaussures confortables pour faire des excursions.
5. Il est essentiel que vous suiviez les instructions du guide.
6. Il faut que vous ne parliez que français entre vous.
7. Il est important que vous ne sortiez pas seul(e) le soir.
8. Il vaut mieux que vous gardiez l'esprit ouvert.
9. Il faut que vous soyez à l'heure pour les activités organisées.
10. Il faut que vous vous amusiez bien pendant le voyage.

Activité 3 **Récit: Le voyage d'Adrienne Petit**

Adrienne Petit est partie à Tahiti l'année dernière. Qu'est-ce qu'elle a fait avant son départ?

MODÈLE: (Numéro un.) Avant de partir, Adrienne a lu des brochures.

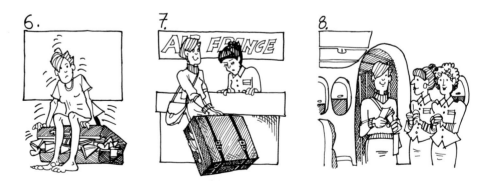

Ça fait penser

- Les salariés français ont droit à cinq semaines de vacances.
- On peut visiter plus de 38.000 monuments historiques en France.
- En 1990, le TGV a battu le record de vitesse en train, avec 515 km/h (kilomètres à l'heure).

Les francophones sur le vif

Paul-Henri Jurieu, 46 ans, professeur d'économie à l'Université Charles-de-Gaulle/Lille III

Vous travaillez à Lille, mais vous habitez Paris; est-ce raisonnable?

Tout à fait raisonnable, oui, et je ne suis pas le seul «turbo-prof» dans ce cas. J'ai toujours habité Paris et je voulais y rester, mais comme il était difficile d'y trouver un poste en fac, j'ai décidé de chercher dans une autre ville. C'était justement l'époque où la SNCF a mis en service le TGV «Thalys», entre Paris et Bruxelles. À partir de la gare du Nord, on est à une heure de Lille et c'est donc très facile de faire deux aller-retours par semaine. Ajoutez à ça que le train est confortable et relaxant: on peut y lire, écouter la radio, travailler sur son ordinateur... et, contrairement à l'avion, il circule par tous les temps et vous conduit au cœur[1] de la ville. D'ailleurs, je ne possède pas de voiture, puisqu'avec le métro à Paris et 34.000 kms de chemin de fer sur l'ensemble du territoire français, je peux aller pratiquement n'importe où,[2] plus vite—le TGV atteint les 300 km/h[3]!—et à meilleur marché. À l'exception des grèves[4] de cheminots, c'est un système vraiment formidable.

[1]centre
[2]**n'importe...** dans presque tous les endroits
[3]kilomètres à l'heure
[4]*strikes*

Activité 4 Entretien: Les voyages

1. Tu aimes voyager? Où est-ce que tu vas souvent?
2. Tu as déjà visité un autre pays? Quel pays? Quand? Sinon, quel pays est-ce que tu voudrais visiter?
3. Est-ce que tu préfères les voyages organisés ou les voyages individuels? Pourquoi?
4. Où est-ce que tu aimerais aller si tu pouvais? Qu'est-ce que tu voudrais faire?

EN VOITURE!

Attention! Étudier Grammaire 10.3

Faites le plein et vérifiez le niveau d'huile, s'il vous plaît.

Donnez-moi une voiture qui ne consomme pas trop d'essence.

Oui, dites-lui de mettre de nouveaux pneus. Les vieux sont en très mauvais état.

Tu vois ce feu rouge? Ne le brûle pas!

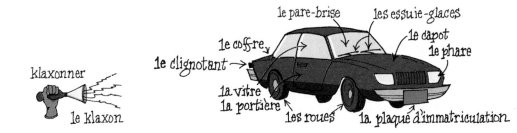

Activité 5 Associations: La art de la conduite

Identifiez la suggestion pour chaque objet, personne ou règle.

1. les freins
2. les limitations de vitesse
3. un mécanicien
4. le feu rouge
5. le klaxon
6. de l'essence
7. les clignotants
8. la ceinture de sécurité

a. Mettez-les si vous changez de direction.
b. Racontez-lui les problèmes de votre voiture.
c. Ne les employez pas trop quand il y a du verglas.
d. Utilisez-le en cas d'urgence mais n'en abusez pas.
e. Arrêtez-vous quand vous le voyez. Ne le brûlez jamais.
f. Mettez-en dans le réservoir, sinon votre voiture ne marchera pas.
g. C'est la règle numéro un. Attachez-la chaque fois que vous vous mettez au volant.
h. Ne les dépassez pas, sinon vous allez recevoir une contravention.

Cliquez là!

Votre voiture ne fonctionne pas parfaitement? Consultez un mécanicien francophone en vous servant des mots clés *conseils automobiles*. À la prochaine réunion de la classe, racontez votre problème et la solution proposée.

Activité **6** Échanges: L'entretien d'une voiture

Avec quelle fréquence devrait-on faire ces choses?

1. changer l'huile dans le moteur
2. vérifier la pression des pneus
3. mettre de l'eau dans le radiateur
4. vérifier la batterie
5. faire le plein d'essence
6. changer les balais d'essuie-glace
7. acheter des pneus
8. faire l'équilibrage des pneus
9. changer le liquide de freins

a. chaque semaine
b. toutes les (deux) semaines
c. trois fois par an
d. tous les mois
e. quand il le faut
f. jamais

Activité **7** Entretien: Ta voiture

1. Quel type de voiture conduis-tu? Elle te plaît ou pas?
2. Si tu n'as pas de voiture, comment est-ce que tu te déplaces? En vélo? À pied?
3. Est-ce que tu fais partie d'un club automobile? Pourquoi (pas)?
4. Tu as déjà eu un accident? C'était de ta faute?
5. Combien de contraventions as-tu reçues? Pourquoi?

ATTACHONS LA CEINTURE DE SÉCURITÉ !

Activité 8 Échanges: Pour mieux conduire

Imaginez que vous et votre partenaire devez passer une épreuve de conduite. Posez-vous des questions et puis, discutez ensemble de chaque réponse.

MODÈLE: É1: Qu'est-ce qu'on doit faire s'il commence à neiger très fort?
É2: Eh bien, on doit conduire lentement. C'est tout?
É1: Non, il ne faut pas freiner non plus.

SITUATIONS

1. Il y a du verglas et la voiture commence à glisser.
2. Il pleut et il y a du brouillard.
3. On décide de tourner à gauche.
4. Un enfant se précipite dans la rue pour aller chercher son ballon.
5. On roule vite et, tout d'un coup, le feu passe à l'orange.
6. Une voiture te suit de trop près.
7. -?-

IDÉES

- mettre la ceinture de sécurité
- freiner aussi vite que possible
- ralentir / accélérer
- brûler le feu rouge
- rouler (plus lentement)
- mettre (les essuie-glaces)
- mettre le clignotant
- arrêter la voiture
- klaxonner
- changer de vitesse
- -?-

Activité 9 Récit: Julien n'a pas de chance!

Julien Leroux a reçu une invitation pour passer le week-end chez des amis à la campagne. Il a décidé d'y aller en voiture. Est-ce qu'il s'est bien amusé pendant la visite? Pourquoi?

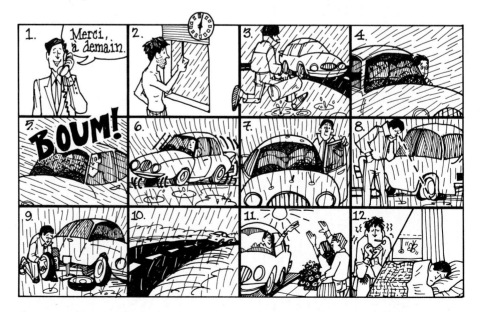

Vocabulaire utile: avoir du mal à, entendre un bruit, tomber malade

COMMENT SE débrouiller

Attention! Étudier Grammaire 10.4

Raoul Durand a reçu son courrier à la poste restante. L'employé le lui a donné.

Pendant qu'il était au bureau de poste, il a passé un coup de fil interurbain.

Sarah Thomas a acheté une télécarte dès son arrivée à Paris. Elle s'en est souvent servie.

Jean-Yves s'est trouvé sans argent à Dakar. Ses parents lui en ont envoyé.

À l'hôtel

Je suis désolé, monsieur. Nous n'avons plus de chambres de libres.

Voici votre note, monsieur. Vous avez des suppléments à payer.

Activité 10 Échanges: Le savoir-faire

Discutez ces situations avec un(e) camarade de classe. Donnez vos réactions et expliquez-les.

MODÈLE: É1: Un clochard s'approche de toi et te demande de l'argent. Est-ce que tu lui en donnes? →

É2: Oui, je lui en donne. Il a l'air d'avoir faim. (Non, je ne le connais pas. Je ne lui en donne pas.)

1. À la banque, la caissière demande à voir ton passeport. Tu le lui montres?
2. Des gens que tu ne connais pas bien te demandent le numéro de ta chambre d'hôtel. Est-ce que tu le leur donnes?
3. Tu remercies le chauffeur de taxi. Lui offres-tu aussi de l'argent?
4. Un étranger te demande le chemin pour aller au musée d'Orsay. Est-ce que tu le lui dis?
5. L'employé à la réception de ton hôtel demande à garder ton passeport. Tu le lui laisses?
6. Le serveur dans un restaurant est très désagréable. Est-ce que tu lui laisses un pourboire?
7. Un ami excentrique demande à se servir de ton nouvel appareil photo. Tu le lui prêtes?
8. Une copine qui a perdu son portefeuille demande à se servir de ta carte de crédit. Est-ce que tu la lui donnes?

Activité 11 Récit: Vacances en Corse

Qu'est-ce qu'Adrienne a fait dès son arrivée à l'hôtel?

Info: Vie quotidienne

Se loger en voyage

Partir avec tout le monde, comme tout le monde, pour voir la même chose que tout le monde, est-ce bien raisonnable?

Lorsqu'on voyage dans un pays inconnu, l'une des principales difficultés consiste à trouver un logement adapté à ses goûts[1] et surtout à son budget. Dans presque tous les pays européens, vous trouverez au centre-ville—généralement tout près de la gare—un bureau appelé «syndicat d'initiative» ou «office du tourisme». Là, on vous aidera à trouver un hôtel selon vos désirs et, généralement, on téléphonera pour vous réserver une chambre.

Pour ceux qui aiment préparer leurs vacances en détail, il existe de nombreux guides qui vous informent sur la qualité des hôtels et—très important en France!—des restaurants. Les plus connus sont les guides *Michelin* et *Gault-Millau,* dont les évaluations gastronomiques[2] («étoiles» ou «toques»[3]) font autorité. Le *Guide du Routard* donne d'excellents trucs[4] pour se loger et manger à bon marché. Pour les plus fortunés,[5] le *Guide des Relais et Châteaux* propose ses hôtels de grand luxe dans des sites prestigieux. Même si vous n'avez pas de guide, vous pouvez toujours juger un hôtel grâce au système de catégorisation officiel, qui attribue entre une et cinq étoiles selon le niveau de confort. À partir de deux étoiles, vous disposerez d'une salle de bains/W.C. dans la chambre et, le plus souvent, d'un téléphone et d'une télévision.

[1]préférences
[2]qui a rapport avec la grande cuisine
[3]chapeaux portés par les cuisiniers
[4]conseils pratiques
[5]riches

Activité 12 Discussion: Débrouillez-vous!

Imaginez que vous voyagez avec votre partenaire. Décidez comment vous allez vous débrouiller dans ces situations.

MODÈLE: Il n'y a plus de chambres dans une petite ville.

É1: Nous pouvons aller au café pour demander s'il y a quelqu'un qui loue des chambres avec petit déjeuner.

É2: Oui, mais si tout est fermé...

Vocabulaire utile: l'ambassade de votre pays, l'annuaire téléphonique, le bureau des objets trouvés, le numéro d'urgence, la pharmacie de garde

Situations

1. Vous perdez votre passeport.
2. Vous désirez aller dans un magasin qui vend du matériel électronique.
3. Vous avez besoin d'un médicament à deux heures du matin.
4. Vous désirez recevoir des lettres mais vous n'avez pas d'adresse.
5. Vous avez oublié votre carte d'identité dans un grand magasin la veille.
6. Votre voiture tombe en panne en pleine nuit.
7. ?

Ça fait penser

- En 1997, la France a gardé sa place de première destination mondiale, en recevant 64 millions de touristes. En plus de cela, elle a reçu environ 86 millions de visiteurs qui sont venus pour y passer une journée.
- L'industrie touristique joue un rôle important dans l'économie française et représente plus de 660.000 emplois salariés.
- Disneyland Paris est le site le plus fréquemment visité en France, avec 11,7 millions de visiteurs. Le Louvre est en 4e place, avec 4,7 millions de personnes, et le Parc Astérix, en 11e place, n'a accueilli que 1,7 millions de personnes.

LES ACHATS, LES PRODUITS ET LES MATIÈRES

Attention! Étudier Grammaire 10.5 et 10.6

Un marché à Lomé, au Togo

Un souk à Fès, au Maroc

Une boutique à Paris, en France

Un marché aux puces, à Bruxelles, en Belgique

*A*ctivité *13* Associations: **Les matières et les objets**

Dites en quoi sont faits les objets suivantes.

Vocabulaire utile: en terre cuite, en cristal, en soie, en laine, en acier, en cuir, en argent, en plastique, en verre...

1. une fourchette
2. des ciseaux
3. un manteau
4. de la poterie
5. un chandelier
6. un parachute
7. une poubelle
8. des lunettes
9. une tasse
10. des chaussures
11. un verre à vin
12. des sous-vêtements
13. les pare-brise
14. des boucles d'oreille
15. les carreaux d'un parquet
16. un ordinateur

La langue en mouvement

Comment comptez-vous?

Les chiffres français ne sont pas les mêmes dans tous les pays francophones. En Belgique et en Suisse, au lieu de dire *soixante-dix* et *quatre-vingt-dix*, on dit *septante* (avec le *p* prononcé) et *nonante*. De même, en Suisse uniquement, *huitante* remplace *quatre-vingts*. Quel serait l'équivalent des chiffres suivants en français de France: *huitante-trois, septante et un, nonante-huit?*

Activité 14 Échanges: Décisions à prendre

Imaginez que vous allez acheter des cadeaux pour votre famille et vos amis. Faites votre choix et comparez-le avec celui de votre partenaire. Expliquez vos raisons.

> MODÈLE: É1: Moi, je prends le portefeuille en cuir pour mon père. Mon père a beaucoup de goût!
>
> É2: Et moi, je prends celui en plastique pour mon petit frère. C'est le moins cher.

1. le foulard en coton, celui en soie ou celui en polyester?
2. les assiettes en terre cuite, celles en cristal ou celles en acier?
3. la bague en or avec un diamant, celle en argent avec des turquoises ou celle faite à la main en cuivre?
4. les boucles d'oreille avec des perles, celles avec des pierres polies ou celles avec des rubis?
5. le pantalon en cuir, celui en coton ou celui en laine?
6. la montre en or, celle en argent ou celle en acier?

Vocabulaire utile

C'est le/la plus durable (pratique, insolite...)
C'est le/la moins cher/chère (facile à nettoyer...)
C'est le meilleur (la meilleure).
Ça ne se casse pas (se lave bien).

Activité 15 Échanges: Les achats

Quand et pourquoi est-ce que vous achetez les objets suivants? Est-ce qu'il y a d'autres achats que vous faites? Lesquels?

> MODÈLE: É1: Moi, j'achète des bottes vers la fin de l'hiver quand elles sont en solde.
>
> É2: Tu as de la chance. Ma pointure est très difficile à trouver. Alors, je suis obligé(e) d'acheter des bottes quand je peux trouver ma pointure.

LES OBJETS	LES RAISONS POSSIBLES
1. des vêtements	Il/Elle est (Ils/Elles sont) en solde.
2. des chocolats	Quand j'ai assez d'argent.
3. des sous-vêtements	Quand on m'a offert de l'argent en cadeau.
4. des chaussettes	Quand j'en ai besoin.
5. des CD	Quand je trouve (ma taille, ma pointure).
6. du parfum	Si je dois acheter un cadeau.
7. des livres	-?-
8. des gants	

L'arrivée en ville

Amoin, une jeune fille de quatorze ans, habite dans un petit village de Côte-d'Ivoire. À l'invitation de son oncle, professeur dans une école d'Abidjan, elle a l'occasion d'aller séjourner dans la grande ville. Mais son taxi-brousse arrive à la gare routière très en retard.

Seulement, c'est déjà le crépuscule[1] quand le taxi-brousse[2] atteint la ville. Déjà les lampes sont allumées dans les rues encombrées de voitures.

Amoin est éblouie[3] par ces innombrables voitures aux phares allumés, ces panneaux électriques aux couleurs vives[4] qui signalent les vitrines des magasins. [...] Cette entrée dans la ville est très agréable car, avec les embouteillages,[5] le taxi roule très lentement et Amoin écarquille[6] les yeux pour mieux prendre contact avec cet univers merveilleux. Enfin, le taxi-brousse s'arrête à la gare. Amoin descend du véhicule, récupère sa valise et se met à chercher son oncle.

Très vite, Amoin se rend compte que cela risque de ne pas être facile de le trouver. En effet, la gare de la ville est très animée. Les gens se bousculent pour descendre des taxis ou pour y monter, pour charger ou décharger les voitures. C'est un continuel mouvement de va-et-vient de voitures, de cris [...] et de commerçants ambulants qui vendent de tout: jouets, assiettes, lampes de poche, pommades,[7] chaussettes, biscuits, etc.

Tout ce mouvement étourdit[8] un peu Amoin qui, pour éviter la bousculade, se met à l'écart[9] avec l'espoir que son oncle la verra plus facilement. Elle remarque que les autres passagers qui sont venus du village dans la même voiture qu'elle s'en vont déjà. Certains sont accueillis par leurs parents, d'autres prennent l'autobus ou les taxis de la ville, les fameux taxi-compteurs. Amoin attend et commence à se sentir seule. «Je pourrais bien partir comme eux, se dit-elle. Mais je ne connais pas chez Tonton.»

[...] Les heures passent. La nuit est complètement tombée. La gare est un peu moins animée maintenant, et Amoin ne voit toujours pas son oncle. [...] Alors, Amoin s'approche de la dernière vendeuse de pain sucré. Comme la vendeuse est petite comme elle, cela encourage Amoin à lui parler:

—Est-ce que tu n'as pas vu mon oncle, M. Joseph Konan, un homme grand et mince, portant des lunettes?

—Oui, j'ai bien vu un homme comme ça ici vers deux heures. Il a attendu longtemps, mais il est parti.

—C'est lui! soupire Amoin, qu'est-ce que je vais faire maintenant?

Texte adapté de *Pain Sucré* de Mary Lee Martin-Koné (1983)

[1]coucher du soleil
[2]en Afrique, taxi qui va d'une ville à une autre
[3]elle ne peut plus voir à cause de la lumière

[4]brillantes
[5]quand la circulation automobile est bloquée
[6]ouvre très grand

[7]médicament sous forme de crème
[8]trouble
[9]à... dans un endroit plus tranquille

Avez-vous compris? Répondez aux questions sur le texte.

1. Quelle impression Amoin a-t-elle quand elle voit la ville pour la première fois?
2. Comment est l'ambiance à la gare routière? Quelle est la réaction d'Amoin?
3. Que font les passagers du taxi-brousse après leur arrivée?
4. En principe, qui doit accueillir Amoin? Pourquoi n'est-il pas là?
5. Imaginez les pensées et les sentiments de la jeune fille à la fin de ce passage.

Allons plus loin! Aidez Amoin! Elle est seule à Abidjan; elle ne connaît pas la ville, ni l'adresse de son oncle. Elle a juste un peu d'argent. Qu'est-ce qu'elle peut faire? Proposez diverses solutions pour aider la jeune fille.

 À vous d'écrire

L'été dernier, les Maegt, un couple belge aux moyens modestes, vous ont demandé de leur préparer un itinéraire de vacances. Ils comptaient passer trois jours et trois nuits dans votre ville, et vous avez essayé de leur laisser une impression positive mais réaliste de la région.

Maintenant, faites la description de leur visite. Dites où ils ont logé, où ils ont mangé, les plats et les produits régionaux qu'ils ont découverts, les magasins et les endroits qu'ils ont visités, etc. Est-ce qu'ils ont eu du mal à changer leur argent ou à conduire la voiture qu'ils avaient louée?

www.mhhe.com/deuxmondes

À explorer: www.mhhe.com/deuxmondes/ pour obtenir plus d'informations sur les thèmes du chapitre.

MODÈLE: Les Maegt sont arrivés, jeudi matin, le 23 juin et ils ont loué une voiture. Ils ont logé à l'hôtel Carson (au motel Super Rest) parce que... Le premier jour de leur visite, ils sont allés...

Vidéothèque

Espace vidéo

Réserver une chambre d'hôtel. Aimée a décidé de peindre des châteaux dans la vallée de la Loire. Dans cet épisode vidéo, elle téléphone à un hôtel pour réserver une chambre pour la visite. Pour combien de nuits et de personnes? Quel type de chambre est-ce qu'elle désire? Y a-t-il une chambre de libre? À quel prix? Avec bain ou douche? Pourquoi est-ce que la réceptionniste décide de lui faire un prix spécial?

Vocabulaire

Partir en voyage

Going on a trip

un agent de voyages	a travel agent
une arrivée/un départ	an arrival/a departure
un billet aller-retour	a round-trip ticket
une carte bancaire	a bank card
une carte d'embarquement	a boarding pass
une démarche	a step, action
des renseignements (*m.*)	information
une salle d'attente	a waiting room
un vol	a flight
économiser	to save
emporter	to carry, take
enregistrer les bagages	to check in luggage
faire les valises	to pack (*luggage*)
s'informer	to find out information

Mots apparentés: **une ambassade, une brochure, une carte d'identité, un chèque de voyage, confirmer, un consulat, un passeport, les réservations** (*f.*)**, réserver, vérifier**

Le logement et les services

Lodging and services

l'annuaire (*m.*) **téléphonique**	phone book
le bureau des objets trouvés	lost and found office
une cabine à cartes	a phone booth accepting calling cards
le combiné	telephone receiver
l'expédition (*f.*) **des colis**	sending packages
une femme de chambre	a maid
le fente	deposit slot
le/la gérant(e)	the director
un mandat postal	a postal money order
la note	the bill (*hotel*)
le numéro des urgences	emergency phone number
la pharmacie de garde	after hours pharmacy
la poste restante	general delivery mail
la réception	reception desk
une télécarte	a phone calling card

Mots apparentés: **une cabine téléphonique, payer un supplément, un télégramme**

Les parties de la voiture

The parts of a car

le capot	hood
la ceinture de sécurité	seatbelt
le clignotant	turn signal
le coffre	trunk
les essuie-glaces (*m.*)	windshield wipers
le frein	brake
le klaxon	horn
le levier de vitesse	gearshift lever
le pare-brise	windshield
le phare	headlight
le pneu	tire
la portière	car door
le réservoir	gas tank
la vitre	car window
le volant	steering wheel

Mots apparentés: **la batterie, le moteur, le radiateur**

L'entretien d'une voiture

Car maintenance

changer l'huile	to change the oil
consommer de l'essence	to burn gas
faire le plein (d'essence)	to fill up (with gas)
vérifier la pression des pneus (la batterie)	to check the air pressure (the battery)

Mots apparentés: **une station-service**

La conduite d'une voiture

Driving a car

un cas d'urgence	an emergency
la chaussée glissante	slippery pavement
une contravention	a speeding ticket
un permis de conduire	a driver's license
abuser des règlements	to break the rules
aller doucement	to go slowly
arrêter	to stop
avertir	to warn
brûler le feu rouge	to run a red light
changer de vitesse	to change gears
démarrer	to start, start off

dépasser les limitations de vitesse	to exceed the speed limit
doubler	to pass another vehicle
éviter de (freiner)	to avoid (braking)
freiner	to brake
glisser	to slide
klaxonner	to blow the horn
marcher	to work, run
passer à l'orange	to turn yellow
se précipiter	to run, speed
ralentir	to slow down
suivre (de trop près)	to follow (too closely)

Mots apparentés: **accélérer, décélérer**

SE débrouiller en voyage

Getting by during a trip

un appareil photo	a camera
un(e) clochard(e)	street person
le contrôle des passeports	passport check
la douane	Customs
le douanier/la douanière	customs officer
l'eau (*f.*) **du robinet**	tap water
un étranger/une étrangère	a stranger, foreigner
un geste	a gesture

Mots apparentés: **une excursion, un(e) guide, une maladie parasitaire, un microbe, purifié(e), la surveillance**

attirer l'attention	to attract attention
éviter les vols	to avoid theft
fouiller les bagages	to search luggage
garder l'esprit ouvert	to keep an open mind
manger sain	to eat healthily
remercier	to thank
remplir la déclaration de douane	to fill out the customs form
se renseigner	to inform oneself

Mots apparentés: **s'approcher, s'assurer, s'intégrer, payer à l'avance, profiter de la visite, se rincer les dents**

LES MATIÈRES

Materials

l'acier (*m.*)	steel
l'argent (*m.*)	silver
le bois	wood
le cuir	leather
le cuivre	copper
la laine	wool
l'or (*m.*)	gold
la soie	silk
la terre cuite	clay pottery
le verre	glass

Mots apparentés: **le ciment, le coton, le cristal, un diamant, le nylon, une perle, le plastique, le polyester, la porcelaine, la poterie, un rubis, une turquoise, le velours**

LES objets et LES vêtements

Objects and clothing

un ballon	a large ball
un bibelot	a trinket
un bijou	a jewel
les boucles (*f.*) **d'oreille**	earrings
un caleçon	boxer shorts
une ceinture	a belt
des chaussettes (*f.*)	socks
des ciseaux (*m.*)	scissors
un collier	a necklace
une combinaison	a slip
une culotte	women's underpants
un foulard	a scarf
des gants (*m.*)	gloves
un marché aux puces	a flea market
le matériel électronique	electronic equipment
un plateau	a platter
une pointure	shoe size
un portefeuille	a wallet
un slip	briefs, underpants
un soutien-gorge	a bra
une taille	a size

Mots apparentés: **un bracelet, un chandelier, un détergent, un parachute, une pyramide, des ruines** (*f.*), **un véhicule**

MOTS ET EXPRESSIONS UTILES

Useful words and expressions

je suis désolé(e)	I'm sorry
n'importe où	anywhere
sinon	otherwise, if not
tous les trois mois	every three months
tout d'un coup	all at once
tout de suite	right away
toutes les deux semaines	every two weeks
tout le nécessaire	all the necessities

Grammaire et exercices

10.1 Expressing obligation: Il FAUT QUE + SUBJUNCTIVE

A. **Il faut** is followed by an infinitive when obligation is stated in a general sense without mentioning a specific person.

> **Il faut faire** de l'exercice pour maigrir.
>
> *One (People) must get some exercise to lose weight.*

B. If a specific person *is* mentioned, then **il faut** is followed by the conjunction **que** and a conjugated verb. This verb is conjugated in the subjunctive.

> **Il faut que tu choisisses** la date de ton départ.
>
> *You must choose your departure date.*

C. To form the present subjunctive of most verbs, add the endings shown in the following chart to the stem. The subjunctive stem is usually the same as the stem for the **ils/elles** present indicative form.

★ Review **Grammaire 3.4** on **il faut** + *infinitive.*

➤ All other tenses presented so far (**présent, passé composé, imparfait, futur**) are in the *indicative* mood.

Definition: A conjunction connects words, phrases, or sentences: **et, mais,** etc.

parler	finir	vendre
Indicative ils **parl**ent	*Indicative* ils **finiss**ent	*Indicative* ils **vend**ent
Subjunctive que je parl**e** que tu parl**es** qu'il/elle/on parl**e** que nous parl**ions** que vous parl**iez** qu'ils/elles parl**ent**	*Subjunctive* que je finiss**e** que tu finiss**es** qu'il/elle/on finiss**e** que nous finiss**ions** que vous finiss**iez** qu'ils/elles finiss**ent**	*Subjunctive* que je vend**e** que tu vend**es** qu'il/elle/on vend**e** que nous vend**ions** que vous vend**iez** qu'ils/elles vend**ent**

➤ For **nous** and **vous**, subjunctive endings are the same as imperfect endings (**-ions, -iez**).

➤ For subjects other than **nous/vous**, subjunctive endings are the same as present tense endings of regular **-er** verbs (**-e, -es, -e, ent**).

> Il faut que je **parle** à l'agent de voyages.
>
> *I have to talk to the travel agent.*
>
> Joël, il faut que tu m'**obéisses**.
>
> *Joël, you must obey me.*
>
> Il faut qu'on **vende** la voiture.
>
> *We need to sell the car.*

Pronunciation Hint:

Notice that all the subjunctive forms other than **nous** and **vous** are pronounced the same. This is true for all verbs.

D. Some verbs that are irregular in the present tense of the indicative are conjugated like regular verbs in the subjunctive. Irregular verbs of this type include **conduire, connaître, dire, dormir, écrire, lire, mettre, partir, sentir, servir, sortir,** and **suivre.**

★ You will learn about irregular subjunctives in **Grammaire 10.2** and **12.1.**

329

écrire	
Indicative	
ils **écriv**ent	
Subjunctive	
que j'**écriv**e	que nous **écriv**ions
que tu **écriv**es	que vous **écriv**iez
qu'il/elle/on **écriv**e	qu'ils/elles **écriv**ent

Il faut qu'on **parte** avant le 1ᵉʳ juin.	*One has to leave before the first of June.*

✳ *You will learn about other expressions that require the subjunctive in **Grammaire 12.1, 13.3,** and **14.4.***

E. The subjunctive is also used after other expressions denoting obligation or necessity, such as **il est nécessaire que.**

Vous êtes fatigué. **Il est nécessaire que** vous vous **reposiez** un peu.	*You're tired. You must rest a little.*

Here are some other expressions that require the use of the subjunctive.

il est essentiel que
il est important que
il est indispensable que
il vaut mieux que *(it's better, best)*

Emmanuel est malade. **Il vaut mieux qu'**il **reste** chez lui.	*Emmanuel is ill. It's best that he stay home.*

F. Note that **il ne faut pas que** always means *must not*. To say that someone *doesn't have to* do something, use **il n'est pas nécessaire que** + the subjunctive.

Il ne faut pas que vous sortiez seul(e) la nuit.	*You musn't go out alone at night.*
Il n'est pas nécessaire que tu dormes dix heures par jour.	*You don't have to sleep ten hours a day.*

G. The present subjunctive is also used following expressions of necessity in a past tense.

Il a fallu que nous **dormions** dans la voiture.	*We had to sleep in the car.*
Il était nécessaire que j'**apprenne** un peu d'allemand.	*It was necessary that I learn a little German.*

𝐄xercice 1 Le voyage de Sarah Thomas

Sarah pense à tout ce qu'elle doit faire pour préparer son voyage au Maroc. Faites des phrases en utilisant le subjonctif, d'après le modèle.

MODÈLE: chercher plus de renseignements sur le Maroc →
Il faut que je cherche plus de renseignements sur le Maroc.

1. passer à la banque
2. écrire des instructions pour la voisine
3. demander des prospectus au consulat marocain
4. choisir une valise neuve
5. lire les prospectus sur le Maroc
6. finir ma dissertation de français
7. rendre des livres à la bibliothèque
8. organiser mes affaires

Exercice 2 Le voyage de Bernard et Christine Lasalle

À l'aéroport, Bernard est nerveux avant le départ et il répète tout ce que dit Christine. Utilisez le subjonctif et suivez le modèle.

MODÈLE: Nous devrions vérifier le numéro de notre porte de départ. →
Oui, il faut que nous vérifiions le numéro de notre porte.

1. Nous devrions demander si le vol va partir à l'heure.
2. Nous devrions acheter des magazines.
3. Nous ne devons pas oublier la valise en consigne.
4. Nous devrions téléphoner aux enfants ce soir.
5. Nous devrions écrire une carte postale à Julien ce soir.
6. Nous ne devrions pas laisser nos chèques de voyage dans la valise.
7. Nous devrions relire les brochures.
8. Nous devrions nous reposer en avion.

Exercice 3 Pour faire un bon voyage

Pour vous, qu'est-ce qui est important quand vous voyagez? Exprimez votre opinion en utilisant une des expressions: **il (n')est (pas) indispensable/il est essentiel/il est important/il vaut mieux/il ne faut pas que** + le subjonctif.

MODÈLE: partir pour au moins une semaine →
Il vaut mieux que je parte pour au moins une semaine. (Il n'est pas indispensable que je parte pour au moins une semaine.)

1. connaître des gens du pays
2. écrire à mes amis et à ma famille
3. bien dormir chaque nuit
4. voyager dans une voiture confortable
5. acheter de beaux souvenirs
6. rapporter beaucoup de belles photos
7. sortir tous les soirs
8. faire des projets à l'avance

10.2 More about the subjunctive: IRREGULAR-STEM VERBS

A. Faire does not follow the regular subjunctive pattern, but uses an irregular stem instead.

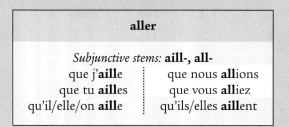

faire

Subjunctive stem: **fass-**

que je **fass**e	que nous **fass**ions
que tu **fass**es	que vous **fass**iez
qu'il/elle/on **fass**e	qu'ils/elles **fass**ent

B. A few verbs use two different stems in the subjunctive: one for the **nous** and **vous** forms and another for all the other forms.

aller

Subjunctive stems: **aill-, all-**

que j'**aill**e	que nous **all**ions
que tu **aill**es	que vous **all**iez
qu'il/elle/on **aill**e	qu'ils/elles **aill**ent

Pronunciation Hint:

The L-forms **(aille-)** are pronounced like the second syllable of **(je) trav*aille*.**

boire

Subjunctive stems: **boiv-, buv-**

que je **boiv**e	que nous **buv**ions
que tu **boiv**es	que vous **buv**iez
qu'il/elle/on **boiv**e	qu'ils/elles **boiv**ent

prendre

Subjunctive stems: **prenn-, pren-**

que je **prenn**e	que nous **pren**ions
que tu **prenn**es	que vous **pren**iez
qu'il/elle/on **prenn**e	qu'ils/elles **prenn**ent

C. The subjunctive forms of **avoir** and **être** have irregularities in both the stem and the endings.

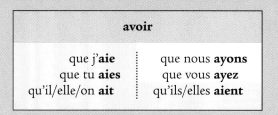

avoir

que j'**aie**	que nous **ayons**
que tu **aies**	que vous **ayez**
qu'il/elle/on **ait**	qu'ils/elles **aient**

être	
que je **sois**	que nous **soyons**
que tu **sois**	que vous **soyez**
qu'il/elle/on **soit**	qu'ils/elles **soient**

Pronunciation Hint:

Avoir: The L-forms and the **ay-** stem are all pronounced like **(j')ai**. **Être:** The L-forms and the **soy-** stem are pronounced /swa/.

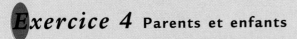 **xercice 4** **Parents et enfants**

Imaginez des parents typiques et écrivez les conseils qu'ils voudraient donner à leur enfant qui va partir en Europe en voyage organisé.

MODÈLES: manger des repas équilibrés →
Il faut que tu manges des repas équilibrés.
être impoli(e) →
Il ne faut pas que tu sois impoli(e).

1. boire beaucoup d'alcool
2. aller dans les cabarets
3. sortir seul(e)
4. t'endormir à une heure raisonnable
5. faire du bruit à l'hôtel
6. être ponctuel(le)
7. avoir ton passeport sur toi à tout moment
8. nous écrire souvent
9. prendre des vitamines

xercice 5 **Conseils au voyageur**

Faites des questions et répondez. Utilisez le subjonctif.

MODÈLE: dormir ou non, pendant un long voyage en avion? →
Est-ce qu'il vaut mieux que je dorme ou non pendant un long voyage en avion?
Il vaut mieux que vous dormiez. Comme ça, vous n'arriverez pas trop fatigué(e). (Il vaut mieux que vous ne dormiez pas...)

Est-ce qu'il vaut mieux...

1. prendre les billets à l'aéroport ou aller à l'agence de voyages?
2. mettre mon passeport dans ma petite valise ou dans ma poche?
3. être à l'aéroport trois heures avant le départ ou non?
4. boire beaucoup ou non, pendant le voyage en avion?
5. utiliser des chèques de voyage ou une carte de crédit?
6. avoir du liquide (de l'argent) pour laisser des pourboires?
7. faire mes valises deux ou trois jours avant ou à la dernière minute?
8. aller prendre des brochures avant mon départ ou non?

10.3 Verbs for traveling: CONDUIRE AND SUIVRE

A. **Conduire** and **suivre** have similar present-tense forms, especially in the singular.

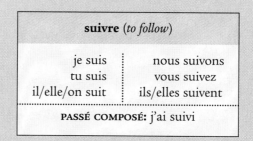

conduire (*to drive*)	
je conduis	nous conduisons
tu conduis	vous conduisez
il/elle/on conduit	ils/elles conduisent
PASSÉ COMPOSÉ: j'ai conduit	

suivre (*to follow*)	
je suis	nous suivons
tu suis	vous suivez
il/elle/on suit	ils/elles suivent
PASSÉ COMPOSÉ: j'ai suivi	

Raoul **conduit** bien; il **suit** toujours le code de la route.
En général, les Français **conduisent** de petites voitures économiques.

Raoul drives well; he always follows the traffic rules.
In general, the French drive small economy cars.

Pronunciation Hint:

As always, final consonants are silent. The **-s-** of the plural forms of **conduire** is pronounced *z*.

B. Other uses: **suivre un cours; se conduire** (*to behave*).

En France, on **suit** des cours pour apprendre à conduire.
Essaie de bien **te conduire** à l'école, Nathalie.

In France, people take classes to learn to drive.
Try to behave well at school, Nathalie.

Like **conduire: produire** (*to produce*), **reproduire** (*to reproduce*), **traduire** (*to translate*).

Like **suivre: poursuivre** (*to pursue, chase*).

Exercice 6 Façons de conduire

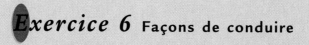

Dites comment conduisent les personnes suivantes.

MODÈLE: votre frère →

Mon frère conduit imprudemment. Il suit rarement le code de la route.

1. un jeune homme (une jeune fille) de 18 ans
2. les chauffeurs de taxi
3. votre meilleur ami (meilleure amie)
4. vos copains
5. les personnes âgées
6. les gens de votre ville
7. un agent de police
8. vous

Suggestions

assez bien	ne... pas toujours
bien	prudemment
en général	toujours
lentement	trop vite
mal	comme un fou (une folle)

10.4 Double object pronouns

A. When two object pronouns occur together, they always follow a fixed order. When the indirect object is **me, te, se, nous,** or **vous,** it always comes first, before the direct object.

> *Review **Grammaire 4.5** (direct object pronouns) and **6.5** (indirect object pronouns).*

Quand je demande mon courrier, l'employé **me le** donne.	When I ask for my mail, the postal employee gives it to me.
Vos photos, monsieur? Je peux **vous les** rendre demain.	Your pictures, sir? I can give them to you tomorrow.
Nous savons nous servir d'Internet. Adrienne **nous l'**a expliqué.	We know how to use the Internet. Adrienne explained it to us.

B. If the indirect object is **lui** or **leur,** it comes last, after **le/la/les.**

Si un étranger demande votre nom, **le lui** donnez-vous?	If a stranger asks for your name, do you give it to him?
—Tu as envoyé ta lettre à tes parents, Raoul?	Did you send the letter to your parents, Raoul?
—Oui, je **la leur** ai envoyée.	Yes, I sent it to them.

C. **Y** and **en** always come last, after any other object pronouns. Except in the phrase **il y en a,** they do not occur together in the same sentence.

> *Review **Grammaire 7.3 (en), 8.4** (review of direct and indirect objects), and **9.1(y).***

Des magazines? Bien sûr, **il y en a** beaucoup.	Magazines? Of course, there are lots of them.
De l'argent? Mes parents **m'en** ont envoyé cette semaine.	Money? My parents sent me some this week.
Mes bagages sont à la consigne. Je **les y** ai laissés hier.	My bags are in the luggage check. I left them there yesterday.

D. Here is a summary of the order of object pronouns in a declarative sentence or a question.

OBJECT PRONOUNS

$$
\left.\begin{array}{l} \text{me (m')} \\ \text{te (t')} \\ \text{se} \\ \text{nous} \\ \text{vous} \end{array}\right\} \text{before} \left\{\begin{array}{l} \text{le (l')} \\ \text{la (l')} \\ \text{les} \end{array}\right\} \text{before} \left\{\begin{array}{l} \text{lui} \\ \text{leur} \end{array}\right\} \text{before} \left\{\begin{array}{l} \text{y} \\ \text{en} \end{array}\right\} + \text{verb}
$$

Exercice 7 Que faites-vous, d'habitude?

Faites des questions et répondez. Utilisez **le (la, les) + lui,** ou **le (la, les) + leur.**

> MODÈLE: donner ton adresse à une personne que tu ne connais pas →
> Est-ce que tu la lui donnes?
> Oui, je la lui donne. (Non, je ne la lui donne pas.)

1. donner ton manteau à un clochard
2. montrer ton passeport à des agents de police
3. laisser tes derniers sous (*pennies*) à un serveur désagréable
4. prêter ta brosse à dents à ta camarade de chambre

Faites des questions et répondez, en utilisant **lui en** ou **leur en.**

5. donner des fleurs à une bonne serveuse
6. demander des conseils à un agent de police
7. offrir du vin au barman
8. laisser de l'argent aux employés du bureau de poste

10.5 Expressing extremes: THE SUPERLATIVE

▶ Adverb: always **le**
le **moins souvent**
le **plus lentement**

A. The superlative (*large* → *largest; interesting* → *most interesting*) is formed by adding **le plus/moins, la plus/moins,** or **les plus/moins** to an adjective or **le plus/moins** to an adverb.

> J'aime cette robe. C'est **la plus jolie** et **la moins chère!**
> C'est la cravate que je mets **le moins souvent.**

> *I like that dress. It's the prettiest and the least expensive!*
> *This is the tie I wear the least often.*

★ Review **Grammaire 4.2** *on comparisons.*

B. When used in the superlative, adjectives keep their normal position either before or after the noun. Note that when the superlative expression follows the noun, *there will be two definite articles.*

Voilà **le plus grand** marché de Dakar.	*Here's the biggest market in Dakar.*
Ça, c'est le magasin **le plus cher** de la ville.	*That's the most expensive store in town.*

C. The irregular comparative forms of **bon** and **mauvais** are also used as superlatives.

L'été est **la meilleure** saison pour visiter la Côte-d'Ivoire, mais **la pire** pour les tarifs d'avions.	*Summer is the best time to visit the Ivory Coast, but the worst for airfares.*

D. To indicate the extent of a comparison, use **de** + noun.

Ce pays a l'hiver le plus froid **d'**Europe.	*This country has the coldest winters in Europe.*
Ce sont les plus belles plages **du** monde.	*These are the most beautiful beaches in the world.*

E. To compare quantities of things, use **le plus de** and **le moins de. Le** is always used, regardless of noun gender.

J'aime aller au magasin qui a **le plus de** vêtements en laine.	*I like to go to the store that has the most wool garments.*
Quel collier a **le moins de** turquoises?	*Which necklace has the fewest turquoises?*

> Adjective: **le/la/les** agrees with noun
> If adjective precedes noun:
> **le plus grand** musée
> **la moins belle** église
> **les plus vieux** bâtiments
> If adjective follows noun:
> **le** musée **le moins intéressant**
> **l'**église **la plus ancienne**
> **les** trains **les plus rapides**

> Quantity: always use
> **le plus/moins de**
> **le plus de** chance
> **le moins de** talent

Exercice 8 Avantages et inconvénients

Complétez ces commentaires avec les superlatifs **le/la/les plus** ou **moins.**

MODÈLE: La vaisselle en porcelaine est _____ luxueuse, mais aussi _____ pratique. →
La vaisselle en porcelaine est *la plus* luxueuse, mais aussi *la moins* pratique.

1. Le coton est le tissu _____ confortable quand il fait chaud.
2. Le polyester est le tissu _____ pratique, mais _____ confortable en été.
3. La laine est le tissu naturel _____ chaud.
4. Les vêtements en soie sont _____ luxueux, mais ils ne sont pas _____ pratiques.
5. Les portefeuilles en cuir sont _____ beaux et aussi _____ durables.
6. L'or est le métal _____ précieux.

Exercice 9 Connaissez-vous les matières?

MODÈLE: Lequel dure le plus longtemps: le ciment, le papier ou le bois? →
Le ciment dure le plus longtemps.

1. Lequel coûte le moins cher: le cuir, le polyester ou le coton?
2. Lequel se lave le mieux: la laine, le cuir ou le nylon?

3. Lesquels coûtent le plus cher: les perles, les diamants ou les turquoises?
4. Lequel se casse le plus facilement: la porcelaine, l'argent ou le bois?
5. Lequel s'utilise le moins dans les vêtements pour enfants: le coton, le cuir ou la laine?

Exercice 10 **Pays francophones**

Comparez ces pays en faisant des phrases au superlatif.

MODÈLE: le Mali / la Suisse / le Luxembourg →
La Suisse a le plus d'habitants francophones.
Le Luxembourg en a le moins.

PAYS	HABITANTS FRANCOPHONES
le Canada	8,1 millions
le Congo	720.000
le Luxembourg	200.000
le Mali	1,5 million
la Suisse	2,5 millions

1. le Canada / le Mali / le Congo
2. le Mali / le Congo / le Luxembourg
3. le Congo / la Suisse / le Mali

10.6 Making distinctions: LEQUEL AND CELUI

A. The interrogative **lequel?** (*which one?*) is used to ask about a choice among several objects or people. The form used must agree in gender and number with the noun to which it refers.

	SINGULAR	PLURAL
Masculine	**lequel**	**lesquels**
Feminine	**laquelle**	**lesquelles**

Voici plusieurs modèles de manteaux en laine. **Lesquels** voudriez-vous essayer?

Here are several styles of wool coats. Which ones would you like to try on?

—Voici tous nos répondeurs téléphoniques.

Here are all our answering machines.

—**Lequel** est le modèle le plus récent?

Which one is the latest model?

B. Demonstrative pronouns are used to point out a previously mentioned object or person. They also agree in gender and number with the noun to which they refer.

	SINGULAR	PLURAL
Masculine	**celui**	**ceux**
Feminine	**celle**	**celles**

C. French demonstrative pronouns have several equivalents in English, depending on how they are used.

—Bernard, regarde ces pulls. Lequel préfères-tu?
—**Ceux en laine** sont très beaux.

Bernard, look at these sweaters. Which one do you prefer?
The wool ones are very beautiful.

Je sais que ma montre retarde, mais **celle de Christine** est toujours en avance.

I know that my watch is slow, but Christine's is always fast.

Tu vois ces garçons? **Celui qui porte l'anorak** est le cousin de Barbara.

Do you see those boys? The one wearing the windbreaker is Barbara's cousin.

D. The suffixes **-ci** (*here*) and **-là** (*there*) can be used with demonstrative pronouns to point out the location of things being talked about.

Quelle montre prenez-vous? **Celle-ci** ou **celle-là?**

Which watch do you want? This one or that one?

—Je ne sais pas quel rasoir choisir.
—**Celui-ci** est bien meilleur.

I don't know which razor to choose.
This one is a lot better.

Exercice 11 Quel cadeau?

Posez des questions et répondez en utilisant les formes de **lequel** et **celui**.

MODÈLE: une robe →
Laquelle de ces robes préfères-tu?
Celle en soie parce que j'aime la couleur.

1. une montre
2. une bague
3. un portefeuille
4. un foulard
5. un vase

a. celui en cuir marron
b. celui en terre cuite
c. celle avec une turquoise
d. celle en or
e. celui en soie

Exercice 12 Préférences

Complétez les questions, puis répondez-y.

MODÈLE: les livres: Tu préfères *ceux* qui sont sérieux ou *ceux* qui sont
amusants?
Moi, je préfère *ceux* qui sont amusants.

1. les cadeaux (*m.*): Tu préfères _____ qui coûtent cher ou _____ qui sont
personnalisés?
2. les cartes (*f.*) d'anniversaire: Tu aimes _____ qui ont un message
sentimental ou _____ qui sont comiques?
3. les cravates (*f.*): Tu achètes _____ aux couleurs vives ou _____ qui sont plus
discrètes?
4. les portefeuilles (*m.*): Tu aimes mieux _____ en cuir ou _____ en plastique?
5. les meubles (*m.*): Tu préfères _____ qui sont confortables ou _____ qui ont
beaucoup de style?

Les moyens de communication

Des jeunes «branchés» au Café Orbital (Paris)

Objectifs

CHAPITRE 11 *helps you talk about the Internet, the cinema, and the spoken media. You will learn about trends in electronics and the pleasures and pitfalls of the information highway. You will also learn how to say what you would do in certain situations, using the conditional mood.*

activités

L'univers de l'électronique
On se distrait, on s'informe
Les pièges de l'inforoute

lectures

La langue en mouvement La lutte contre les anglicismes
Info: Société La «toile» francophone
Les francophones sur le vif Yolande Madec
Lecture Gérard et moi

grammaire

11.1 Saying what you would do: The conditional

11.2 The relative pronoun **dont**

11.3 More on relative pronouns: **Ce qui, ce que, ce dont**

11.4 Giving orders: Commands with pronouns

11.5 Talking about hypothetical situations: More on the **imparfait**

Activités et lectures

L' UNIVERS DE L'ÉLECTRONIQUE

Attention! Étudier Grammaire 11.1

L'ordinateur me permet de travailler chez moi. Autrement, je ferais deux heures d'autoroute pour aller au bureau.

Sans Internet, je serais obligée d'aller à la fac pour m'inscrire aux cours.

J'aurais des contacts moins fréquents avec ma collègue qui voyage si elle n'avait pas son PC de poche.

Ce mobile minuscule permet l'accès à Internet. Je peux même faire ma correspondance e-mail.

Grâce à mon ordinateur portable, j'ai organisé toutes mes affaires. Maintenant je peux consulter mes fichiers n'importe où.

Bientôt, nous pourrons naviguer sur le web de notre fauteuil favori, en nous servant de la télé et de la télécommande.

Activité 1 Définitions: Se servir d'un ordinateur

1. réseau mondial de communication entre les ordinateurs et les centres d'informations
2. programme qui fait fonctionner un ordinateur
3. surface où se forment les images
4. service d'échanges écrites par voie d'ordinateur
5. code secret permettant l'usage d'un programme d'accès limité
6. touches permettant d'écrire à l'ordinateur
7. signe mobile qui indique la position sur l'écran
8. instrument qui sert à connecter un ordinateur et une ligne téléphonique
9. appareil qui crée des impressions sur papier à partir de documents sur ordinateur
10. appareil qui lit un disque compact à lecture laser

a. l'écran
b. l'imprimante
c. le mot de passe
d. Internet
e. le lecteur de cédérom
f. le modem
g. le clavier
h. le courrier électronique
i. le curseur
j. le logiciel

La langue en mouvement

Computer ou *ordinateur*? La lutte contre les anglicismes

Avec les nouvelles inventions technologiques, beaucoup de mots anglais ont été adoptés par les Français. Parce que certains Français s'inquiétaient des effets de cette «invasion» de l'anglais sur la langue française, des commissions officielles ont été établies, à partir des années soixante, afin de proposer de nouveaux mots français pour remplacer les mots anglais. Maintenant, on entend beaucoup plus *ordinateur* que *computer*, et *matériel* et *logiciel* ont plus ou moins remplacé *hardware* et *software*, respectivement. *Logiciel* a donné naissance à d'autres mots apparentés comme *gratuiciel, partagiciel, didacticiel,* et *ludiciel*. Pouvez-vous deviner le sens de ces mots?

Activité 2 Discussion: Le monde sans l'électronique

Comment serait le monde sans les innovations technologiques? Dites *oui* ou *non*.

1. À l'université...
   a. l'inscription serait plus facile.
   b. il y aurait plus d'employés à la bibliothèque.

Savoir où prendre le train pour Shanghai*.

Retenir 100 000 numéros de téléphone.

Entendre le rire de votre enfant.

Lire et répondre à vos mails de l'autre bout de la planète*.

Visiter des millions de sites internet*.

Connaître les gens, les lieux, les choses.

Découvrir le nouveau PC de poche HP Jornada.

En savoir toujours plus. Les solutions numériques hp.

www.france.hp.com

hp invent

2. S'il n'y avait pas de portables...
   a. les gens passeraient plus de temps à écrire des lettres.
   b. il y aurait moins d'accidents de voiture.
3. Si on n'avait pas inventé le magnétoscope...
   a. nous irions plus souvent au cinéma.
   b. les gens passeraient moins de temps devant leur télé.
4. Sans le répondeur téléphonique...
   a. on répondrait moins à des coups de fil embêtants.
   b. on manquerait plus de coups de fil importants.
5. Si les satellites de télécommunication n'existaient pas...
   a. le web et Internet n'existeraient pas.
   b. on ne pourrait pas se servir de son portable.

Allons plus loin! Faites une liste des trois appareils électroniques qui vous semblent les plus utiles. Puis, en discussion générale, faites la liste des dix appareils qui ont le plus d'importance pour toute la classe. Enfin, demandez à votre professeur s'il (si elle) est d'accord avec vous.

A*ctivité* **3** Entretien: On est branché ou pas?

1. Tu te sers souvent de l'ordinateur? Pour faire quoi? Quel est ton logiciel préféré?
2. Est-ce que tu aimes surfer sur le web? Qu'est-ce que tu y fais?
3. Est-ce que tes parents utilisent l'ordinateur autant que toi? Pourquoi (pas)?
4. Tu as un portable? Pourquoi? Quand est-ce que tu t'en sers? Tu peux accéder à Internet avec le tien?
5. Tu as plus de musique sur cassette ou sur cédérom? Tu as plus de vidéocassettes ou de DVD? Pourquoi?
6. Quel matériel électronique est-ce que tu aimerais acheter? Pourquoi?

Cliquez là!

Cherchez un journal ou un magazine francophone sur Internet. Dites à la classe le nom et l'adresse du site, et le type d'articles qu'on peut y trouver.

A*ctivité* **4** Discussion: L'histoire d'Internet

Pour chaque description du web des années 1960 (le premier Internet), choisissez la phrase qui décrit mieux la situation aujourd'hui. Si vous dites *autre réponse,* expliquez pourquoi.

1. Aux années 1960, peu de gens se servaient d'Internet.
   a. Proportionnellement à la population mondiale, c'est encore vrai.
   b. Tout a changé. Aujourd'hui, il y a des millions d'utilisateurs.
   c. Autre réponse

2. Les premiers utilisateurs croyaient à la liberté de la communication.
   a. On y croit toujours mais il y a des gens qui aimeraient la limiter.
   b. On n'y croit plus; il est dangereux de tout permettre sur Internet.
   c. Autre réponse

3. On se servait du web surtout pour des raisons pédagogiques, pour partager ses recherches et ses idées.
   a. Les chercheurs continuent à se servir d'Internet.
   b. Ce n'est plus le cas. Les internautes cherchent à s'amuser et à trouver des infos pratiques.
   c. Autre réponse

4. Il existait un sentiment de solidarité parmi les utilisateurs.
   a. On y trouve des groupes solidaires, mais pas une solidarité générale.
   b. Internet est un phenomène mondial, alors une sorte de solidarité existe toujours.
   c. Autre réponse

5. Le web n'appartenait à personne.
   a. Le web n'appartient à personne, mais on cherche à changer cela.
   b. Le web appartient aux fournisseurs d'accès et aux moteurs de recherche.
   c. Autre réponse

Info: Société

La «toile» francophone

Après des débuts hésitants, la langue française a imposé sa présence sur Internet. Beaucoup plus avancés sur le plan technique que les autres pays de la francophonie, les Québécois ont joué le rôle de pionniers: ils ont créé des milliers de sites, mais surtout développé un vocabulaire approprié pour éviter d'utiliser trop de mots anglais «importés» (voir le site de l'Office de la langue française, http://www.olf.gouv.qc.ca). On dit, par exemple, «courriel» (et non *e-mail*), «toile» (et non *web*), «bogue» (et non *bug*), «didacticiel» (et non *courseware*), «babillard» (et non *chat room*). On trouve maintenant, dans tous les domaines, de très nombreuses ressources en français, comme par exemple les grands journaux (*Le Monde, Libération* de Paris, *Le Soir* de Bruxelles, *La Presse de Montréal,* Télé 5, France 2, etc.), les radios et les chaînes de télévision qui émettent en continu (France Inter, Radio France Internationale), les bibliothèques, les ministères ou les universités—sans oublier les services commerciaux (vente par correspondance de vêtements, de vins, de livres...) et les innombrables sites touristiques ou culturels. On peut très bien fonctionner en virtuel entièrement en français!

---

38 SPÉCIAL CYBER   FICHIER   PRÉSENTATION   ÉDITION

▶ Rubriques

rubrique Internet, CD-ROM, **cybermonde...**
rubrique Ces mots nouveaux nous envahissent.
rubrique Ils accompagnent la **révolution**
culturelle et industrielle
de ce début de siècle >Christophe Agnus

Voyage dans la planète Cyber

Activité 5 Définitions: Vocabulaire d'internaute

Identifiez le terme Internet décrit dans chaque phrase.

Les outils

1. première page d'un site web
2. logiciel qui aide à naviguer sur le web
3. mot qu'on écrit pour signaler ce qu'on désire rechercher
4. adresse web qui permet d'accéder à un autre site

    a. le mot clé
    b. un lien
    c. la page d'accueil
    d. le navigateur

Les fonctions

5. utiliser un moteur de recherche pour retrouver des informations
6. mettre en marche l'ordinateur
7. copier des fichiers d'un site Internet
8. consulter ou «surfer» sur Internet ou le web

    e. télécharger
    f. rechercher
    g. naviguer
    h. démarrer

ON SE DISTRAIT, ON S'INFORME

Attention! Étudier Grammaire 11.2 et 11.3

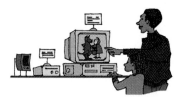

Voilà ce que je te racontais! On peut acheter des contes de fées sur cédérom et DVD.

Les intrigues me fascinent. C'est ce que j'aime le mieux dans les feuilletons.

Les accros du web exagèrent de temps en temps. Ils s'abonnent à trop de listes.

Ah! Le voilà! Sur ce site, on peut voir le PC de poche dont je t'ai parlé.

Activité 6 Échanges: Que ferais-tu?

Demandez combien de temps votre partenaire voudrait consacrer aux activités suivantes si on lui donnait un jour de libre supplémentaire chaque semaine.

MODÈLE: É1: Tu regarderais plus la télé?
         É2: Oui, je la regarderais au moins une heure de plus. (Je ne pense pas. Je n'aime pas tellement la télé.)

Activités

1. regarder la télé
2. lire des livres
3. lire un journal ou une revue
4. écouter de la musique ou un livre enregistré
5. surfer sur Internet
6. louer des vidéos ou des DVD
7. aller au cinéma
8. envoyer des lettres par courrier électronique
9. participer à des groupes de discussion sur le web

Suggestions

au moins (une heure)
moins de (deux heures)
pendant (la matinée)
un après-midi
toute la journée
quelques (minutes)
-?-

À vous la parole! Maintenant, posez les mêmes questions à votre professeur pour voir si vous avez les mêmes goûts.

MODÈLE: Est-ce que vous regarderiez plus la télé, monsieur (madame)?

Cliquez là!

En utilisant la rubrique *Actualités et média,* ajoutez des chaînes de radio et de télévision francophones à vos signets.

Activité 7 Discussion: Si j'allais au cinéma ce soir

Dites *oui* ou *non*. Si vous n'aimez aucune des possibilités, donnez la réponse qui vous convient.

1. Si j'allais au cinéma ce soir, j'irais plutôt pour...
   a. me distraire avec des copains.
   b. échapper à la réalité.
   c. d'autres raisons.
2. J'aimerais voir...
   a. un film d'aventures.
   b. un film d'épouvante.
   c. un film étranger sous-titré.
3. Je m'intéresserais surtout...
   a. à la cinématographie.
   b. aux effets spéciaux.
   c. au talent des acteurs.
4. Mon choix de film serait probablement influencé par...
   a. le nom du metteur en scène.
   b. les noms des vedettes.
   c. l'avis des critiques.

Allons plus loin! Comment s'appelle votre film préféré? Pourquoi aimez-vous ce film? À qui le recommanderiez-vous? Pour quelles raisons?

Cliquez là!

Visitez la Maison du Cinéma à Paris pour découvrir des ressources sur le cinéma français, francophone et mondial.

Ça fait penser

- Les Francais consacrent 3 h 12 mn par jour à la télévision, le même temps à la radio, et lisent en moyenne 6,4 magazines par an. 53 % lisent régulièrement un journal quotidien.
- Des chiffres d'affaires français, 1999: l'industrie du livre a rapporté 25 milliards de francs. L'industrie du cinéma a rapporté 5,5 milliards de francs et l'industrie du disque, 12 milliards.

Activité 8 Sondage: Le petit écran

Y a-t-il des choses qu'on ne devrait pas passer à la télé? Qu'est-ce qui est acceptable? Dites si vous êtes d'accord ou pas, en expliquant votre réponse.

1. On devrait éliminer les interviews de contenu trop personnel.
2. On ne devrait pas rediffuser les épisodes de séries anciennes.

3. On devrait nous montrer les exécutions. Ça fait réfléchir.
4. La violence à la télé est responsable des crimes violents.
5. On devrait éliminer tous les feuilletons. Ils sont si bêtes!
6. C'est une perte de temps de passer les séances de l'Assemblée nationale.
7. On ne devrait pas repasser constamment les mêmes informations à chaque fois qu'il y a une catastrophe.
8. La naissance d'un bébé à la télé est très éducative pour les enfants.

Suggestions

Je suis d'accord avec toi.   C'est ce qui m'inquiète (me fâche).
Moi, je trouve que...   C'est ce que j'aime (je n'aime pas).

MODÈLE: É1: À mon avis, les pubs à la télé sont des mensonges commerciaux.
                   On devrait les éliminer.
               É2: Je suis d'accord avec toi. Et pourtant, elles sont très amusantes
                   de temps en temps...

LES FRANCOPHONES SUR LE VIF

Yolande Madec, 45 ans, propriétaire de magasin, Plougastel (Bretagne)

Que regardez-vous à la télévision?

Quand j'étais jeune, la télévision française n'offrait qu'une chaîne, publique, gratuite, et en noir et blanc: il était facile de faire un choix. Aujourd'hui, c'est bien plus compliqué... Moi, je continue de préférer les trois: France 2, France 3 et La Sept, parce que leurs émissions sont d'une plus grande qualité. J'aime aussi beaucoup les émissions artistiques et les documentaires sur ARTE. En revanche, je trouve TF1 trop commerciale (il y a de la publicité tout le temps), et je ne supporte pas du tout le format de M6, le défilement rapide d'images colorées. Je ne vois pas l'intérêt de La Cinquième qui ne passe presque que des séries américaines. Mes enfants, eux, n'hésitent pas à payer pour avoir Canal+ et d'autres chaînes câblées, surtout pour les films récents ou en V.O.,[1] et bien sûr le sport. Mes petits-enfants regardent des chaînes à thème, comme Canal Jimmy, Télétoon et Muzzic. Finalement, notre seul point commun, c'est de pratiquer le *zapping* entre toutes ces chaînes!

[1]version originale

LES pièges de l'inforoute

Attention! Étudier Grammaire 11.4 et 11.5

Tiens! Des pirates d'Internet ont fermé le plus grand serveur du monde hier!

Mesdames, messieurs, surveillez vos enfants! Apprenez-leur à limiter la diffusion de leur adresse électronique.

Ça me tente. Si j'allais sur leur site web, peut-être que je rencontrerais l'homme de mes rêves.

Sois plus optimiste! Ne crois pas tout ce que tu lis dans le journal.

J'en ai marre de ces chaînes privées et de leurs interruptions pour les pubs!

Vous gagneriez plus d'argent si vous étiez diplômé de notre école.

Ça fait penser

En France, la plainte de l'UEJF (l'union des étudiants juifs de France) contre l'hébergement d'un site Internet nazi a été rejeté en tribunal. Pourtant, la responsabilité des hébergeurs reste très discutée en France et ailleurs.

Activité 9 Sondage: La sécurité en ligne

Lisez les règles suivantes et, pour chacune, dites si vous êtes d'accord ou non. Ensuite, expliquez vos réponses à un(e) autre étudiant(e).

1. Soyez présent(e) pendant que vos enfants découvrent le web.
2. Ne donnez jamais vos coordonnées personnelles sur le web.
3. Utilisez une adresse e-mail gratuite pour écrire aux inconnus.
4. Expliquez aux enfants les dangers du web et apprenez-leur à limiter la diffusion de leur adresse électronique.
5. N'attachez jamais votre photo à un message e-mail.
6. Les enfants sont curieux; encouragez-les à explorer le web avec leurs copains.
7. Si vous pensez former une relation web sérieuse, vérifiez que la personne correspond bien à sa description.
8. Utilisez un pseudonyme pour tout ce que vous écrivez en ligne.
9. Contactez le serveur si vous n'aimez pas le contenu de certains sites.
10. N'oubliez jamais que vous avez une vie en dehors du cyber-espace.

Activité 10 Discussion: Êtes-vous trop crédule?

Dites *oui* ou *non* et comparez vos réponses avec celles de vos camarades de classe.

1. Si quelqu'un me demandait de l'argent pour aider à payer les frais médicaux de son bébé malade...
   a. je lui en donnerais.
   b. je refuserais de lui en donner.
   c. j'essaierais de vérifier son histoire avant de lui en donner.
2. Si quelqu'un offrait de me vendre une chaîne stéréo avec un lecteur de disques compacts pour 25 dollars...
   a. je réfléchirais avant de me décider.
   b. je lui dirais non tout de suite.
   c. j'irais à la police.
3. Si je recevais une lettre exigeant que j'envoie une copie de cette lettre à cinq autres personnes...
   a. je ferais ce que la lettre me demande de faire.
   b. je jetterais la lettre à la poubelle.
   c. je me plaindrais aux services postaux.
4. Si on me demandait d'investir de l'argent dans un projet où je pourrais doubler mon investissement en un mois...
   a. je le ferais si je connaissais bien la personne.
   b. je n'investirais pas, même si je connaissais la personne.
   c. je demanderais beaucoup de détails, même si je connaissais la personne.
5. Si quelqu'un qui venait de trouver l'amour de sa vie m'encourageait à visiter le site web d'Amour Parfait...
   a. je le ferais tout de suite.
   b. ça me tenterait, mais je ne le visiterais probablement pas.
   c. j'aurais peur et je refuserais.

A*ctivité 11* Dans le monde francophone: Les malfaiteurs du web

Lisez les commandements. Ensuite, identifiez ceux que les internautes suivant(e)s n'ont pas respectés, en expliquant pourquoi.

1. les pirates d'Internet qui volent de l'argent ou de la musique
2. les personnes qui copient les logiciels achetés par leurs amis
3. les saboteurs d'opérations militaires et policières
4. les gens dont l'identité n'est pas ce qu'ils disent sur Internet
5. les pornographes et les contrebandiers
6. les gens qui envoient des e-mails transmettant des virus
7. les «livreurs de pizza» qui s'attaquent aux serveurs
8. les entreprises qui implantent des cookies pour garder une trace des visites sur leur site

Cliquez là!

Approfondissez votre connaissance de la Netiquette sur Internet. Pourquoi est-ce que cette question mérite tant de discussion?

LE NET: TRAITÉ DE SAVOIR-VIVRE ET NETIQUETTE

Adaptation française d'un document d'Arlene Rinaldi par Christine Vercken

LES DIX COMMANDEMENTS du Computer Ethics Institute

1) Tu n'utiliseras point l'ordinateur pour causer un préjudice à autrui.
2) Tu ne t'immisceras point dans le travail informatique d'autrui.
3) Tu ne fouineras point dans les fichiers d'autrui.
4) Tu n'utiliseras point un ordinateur pour voler.
5) Tu n'utiliseras point un ordinateur pour porter un faux témoignage.
6) Tu n'utiliseras ou ne copieras pas un logiciel que tu n'as point payé.
7) Tu n'utiliseras point les ressources d'autrui sans autorisation.
8) Tu ne voleras pas la propriété intellectuelle d'autrui.
9) Tu réfléchiras aux conséquences de ton programme pour l'humanité.
10) Tu n'utiliseras l'ordinateur qu'avec considération et respect pour autrui.

Département Informatique de l'École Nationale Supérieure des Télécommunications

$\mathscr{A}$*ctivité 12* Échanges: Le monde sans publicité

Dites si vous êtes d'accord ou non, en donnant vos raisons. S'il n'y avait pas de pubs...

1. les consommateurs auraient moins de choix.
2. la télé serait moins amusante.
3. il serait plus facile d'aller sur un site web.
4. nous pourrions regarder nos émissions préférées sans interruption.
5. les enfants n'apprendraient pas à être matérialistes.
6. nous ne reconnaîtrions pas les noms des produits.
7. nous n'aurions pas d'émissions de radio.
8. l'économie mondiale en souffrirait.

Véritable porte d'entrée sur Internet, Voila vous permet d'approfondir vos connaissances en toute liberté. Idéal pour tout trouver grâce à son moteur de recherche, c'est aussi un ensemble d'outils de communication et un média pour vivre en direct vos passions dans le monde entier.

ROSIÈRES, ROSIÈRES,
DIS-MOI CE QUE NOUS ALLONS
LUI MIJOTER CE SOIR

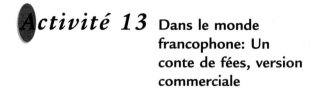

Activité 13 Dans le monde francophone: Un conte de fées, version commerciale

Regardez de très près cette pub et répondez aux questions suivantes.

1. Est-ce que cette femme est séduisante? Pourquoi?
2. Pour vous, est-ce qu'elle ressemble à une sorcière?
3. À qui est-ce que cette pub est destinée, à votre avis?
4. Diriez-vous que cette pub est plutôt féministe ou traditionaliste?
5. Comment s'appelle le conte de fées dont s'inspire cette pub?

LECTURE

Gérard et moi

A nnick Bouvier, professeur de français en Normandie, raconte une aventure qui lui est arrivée, pendant le tournage[1] du film Cyrano de Bergerac *de Jean-Paul Rappeneau.*

J'adore le cinéma, surtout les films d'aventures historiques. Imaginez donc ma réaction quand j'ai vu une petite annonce dans le journal pour recruter les figurants[2] de *Cyrano de Bergerac,* avec Depardieu en vedette! C'était l'occasion ou jamais, et j'ai tout de suite téléphoné au numéro indiqué par l'annonce. Une dame m'a annoncé: «Il nous faut absolument des figurants en plus... aucune qualification n'est nécessaire. On tourne jeudi prochain, à partir de huit heures du matin; vous pouvez y être?» J'ai répondu que oui, d'une voix hésitante—j'avais du mal à y croire.

Pourtant, la semaine suivante je me suis retrouvée sur le lieu du tournage. On m'a habillée avec un bonnet et une robe de paysanne.[3] Mon rôle était simple: il fallait que je discute avec les autres figurantes, pendant que le héros passait devant nous.

Les techniciens ont installé et réglé[4] les caméras et les projecteurs, les assistants ont vérifié que les accessoires étaient tous à leur place... Finalement, le metteur en scène est arrivé, l'air très impatient. Enfin, Depardieu a fait son appari-

[1]acte de tourner (faire) un film
[2]acteurs qui jouent un petit rôle, souvent sans texte
[3]femme qui vit et travaille à la campagne
[4]ajusté

tion, et la prise[5] a commencé. J'ai essayé de parler avec les autres, mais mon regard était irrésistiblement attiré par mon idole.

Le metteur en scène a crié «Coupez!» et m'a regardée avec fureur: «Mademoiselle! Vous êtes une paysanne! Vous devez discuter avec les autres, pas dévisager[6] Cyrano!» Plusieurs personnes ont ri, et je me suis sentie horriblement gênée.[7] Nous avons aussitôt commencé une seconde prise, et je me suis concentrée sur mon rôle... mais à nouveau, le met-

Gérard Depardieu à Paris

teur en scène a hurlé[8] «Coupez!», l'air encore plus furieux. «Votre montre, mademoiselle! Enlevez votre montre! On ne portait pas de montre-bracelet au XVIIème [dix-septième] siècle!»

J'étais catastrophée, mais—surprise! Depardieu lui-même est venu vers moi et m'a dit: «C'est la première fois, hein? N'ayez pas peur, on est tous un peu nerveux la première fois, moi aussi, vous savez!» La troisième prise s'est passée sans problème, mais c'est la dernière fois que j'ai fait du cinéma. Je m'en souviendrai toujours, non pas à cause de mes gaffes,[9] mais de l'attitude si sympathique de Depardieu. À la fin de la journée, il m'a même signé un autographe!

[5]tournage de la scène
[6]regarder avec insistance
[7]embarrassée

[8]crié très fort
[9]actes maladroits

Avez-vous compris?

A. Résumé de l'histoire

1. Pourquoi est-ce qu'Annick a voulu travailler comme figurante dans le film *Cyrano de Bergerac*?
2. Quelles qualifications étaient nécessaires pour être figurant?
3. Qu'est-ce qu'on a donné à Annick comme costume?
4. Quel était son rôle dans le film?
5. Que faisait Annick au lieu de parler avec les autres paysannes?
6. Pourquoi est-ce que le directeur a coupé le tournage une deuxième fois?
7. Qu'est-ce que Gérard Depardieu a fait après la deuxième interruption?
8. Quel souvenir Annick a-t-elle gardé de cette expérience?

B. Expressions synonymes

Reformulez les expressions suivantes ou trouvez une expression équivalente.

> MODÈLE: C'était l'occasion ou jamais... →
> C'ést le bon moment. Allez-y!

1. d'une voix hésitante
2. J'avais du mal à y croire.
3. Depardieu a fait son apparition.
4. mon idole
5. Je me suis concentrée sur mon rôle.
6. J'étais catastrophée.

À vous la parole!   Vous êtes l'ami(e) de la narratrice, Annick, qui vous a raconté cette aventure. À votre tour, vous allez raconter l'anecdote à un(e) camarade de classe, mais sans donner plus d'un élément d'information à la fois. Chaque partenaire doit faire progresser activement la conversation pour que l'histoire soit entièrement reconstituée.

> MODÈLE: É1: Tu te souviens de ma copine Annick?
> É2: Annick... ah oui, celle qui est folle de cinéma!
> É1: Exactement! Figure-toi qu'elle a vu une annonce dans le journal pour recruter des figurants...
> É2: Pas possible! Pour quel film?...

À vous d'écrire

Êtes-vous doué(e) pour la publicité? Imaginez que vous êtes chargé(e) du marketing des produits suivants à la télé. Choisissez-en deux, puis identifiez la clientèle qui va s'intéresser aux produits. Ensuite, pensez aux heures et aux jours où vous allez faire passer vos pubs. Enfin, décidez du genre des pubs (le type de scénario, les acteurs...) et écrivez vos idées.

Suggestions: un jeu vidéo, une bière, de l'aspirine, un produit qui fait maigrir, une voiture, un fournisseur d'accès à Internet...

> MODÈLE: *des céréales en forme d'animaux →*
> *Les petits enfants aimeraient ces céréales. Je passerais la pub le samedi matin ou en fin d'après-midi quand il y a des émissions pour enfants. Je recommande un scénario amusant avec des dessins animés ou des animaux qui savent parler.*

www.mhhe.com/deuxmondes

À explorer: www.mhhe.com/deuxmondes/ pour obtenir plus d'informations sur les thèmes du chapitre.

Vidéothèque

Espace vidéo

Exprimer son désaccord. Dans cet épisode, Aimée et Claire discutent des films de Cyril Collard, et surtout de son film «Les nuits fauves». Claire ne l'aime pas; elle n'aime pas, en fait, le cinéma français. Aimée, par contre, adore les films de Collard. Pourquoi est-ce que Claire est frustrée? Qu'est-ce qu'elle n'aime pas dans le cinéma français? Et pourquoi est-ce qu'Aimée n'est pas d'accord avec elle? Pourquoi est-ce qu'Aimée se fâche avec Claire à la fin de la séquence?

Vocabulaire

L'ordinateur et le matériel électronique

The computer and electronic equipment

un appareil	an appliance, piece of equipment, machine
une chaîne stéréo	a sound system
le clavier	keyboard
un coup de fil (*fam.*)	a phone call
l'écran (*m.*)	screen
l'imprimante (*f.*)	printer
un lecteur cédérom	a CD-ROM player
un logiciel	a software program
un magnétoscope	a VCR
un mot de passe	a password
un PC de poche	an Internet-accessing PDA
un portable (un mobile)	a cellular phone
un répondeur téléphonique	an answering machine
la souris	mouse
une télécommande	a TV remote control
les touches (*f.*)	keys (*on a keyboard*)

Mots apparentés: **l'accès** (*m.*) **limité, un centre d'informations, un code, le curseur, fonctionner, (se) former, une image visuelle, indiquer, une interaction manuelle, un modem, un signe, l'usage** (*m.*)

Internet et le web

The Internet and the Web

un(e) accro du web	a Web addict
le courrier électronique	e-mail
des données (*f.*)	information, data
un fichier	a file
un fournisseur d'accès	a service provider
un(e) internaute	an Internet user
un lien	a link
un mot clé	a keyword
un moteur de recherche	a search engine
la page d'accueil	home page

un serveur	a service provider
un signet	a bookmark
l'utilisateur/ l'utilisatrice	the user
s'abonner (à)	to subscribe to
accéder (à)	to access
se brancher	to link onto, to get plugged in
démarrer	to boot up
mettre en marche	to start, put into action
rechercher	to research
retrouver	to find, locate
télécharger	to download

Mots apparentés: **activer, consulter, le cyber-espace, le navigateur, naviguer, signaler, transférer, visualiser**

Le cinéma et la télévision

Movies and television

une chaîne	a channel
un conte de fées	a fairy tale
le contenu	contents
l'a diffusion	broadcasting
se distraire	to enjoy oneself
échapper à	to escape
les effets (*m.*) **spéciaux**	special effects
une émission	a program (TV or radio)
un feuilleton	a soap opera
un film étranger	a foreign film
l'intrigue (*f.*)	plot
le metteur en scène	director
la mise en scène	production
le réalisateur/ la réalisatrice	producer
une réalisation	a production
rediffuser	to rerun
sous-titré	subtitled

Mots apparentés: **la cinématographie, un clip, un(e) critique, un documentaire, éducatif/éducative, un épisode, fasciner, un film d'aventures, inspirer, une publicité (pub), un rôle, le script**

LE COMPORTEMENT EN LIGNE

On-line behavior

un commandement	a commandment
la conduite	behavior, conduct
consacrer	to devote, use
un don	a talent, gift
s'en prendre (à)	to get upset (with, at)
l'esprit (*m.*)	spirit
éviter	to avoid
s'exprimer	to express oneself
un point faible	a weak point
raconter	to tell, say
un terme grossier	a vulgar term

Mots apparentés: **contacter, destiner, éliminer, exagérer, inconscient(e), insultant(e), modifier, la netiquette**

L'INFOROUTE: LES PIÈGES ET LES PRÉCAUTIONS

The information highway: pitfalls and safety precautions

un contrebandier/ une contrebandière	a smuggler
les coordonnées (*f.*)	personal data
crédule	gullible
un(e) inconnu(e)	a stranger
un livreur de pizza (*fam.*)	a hacker
un pirate d'Internet	a hacker
garder une trace	to keep a record, trail
se plaindre (de)	to complain (about)
reconnaître	to recognize
souffrir	to suffer
surveiller	to watch over
tenter	to tempt

Mots apparentés: **s'attaquer à, doubler un investissement, investir, menacer, un**

pornographe, un pseudonyme, un saboteur, transmettre un virus, vérifier, violer

LA DESCRIPTION

Descriptive words

bête	stupid
mondial(e)	worldwide
séduisant(e)	appealing

Mots apparentés: **clairement, diplômé(e), féministe, matérialiste, pédagogique, traditionaliste, violent(e)**

SUBSTANTIFS

Nouns

un bouquin (*fam.*)	a book
un chercheur/ une chercheuse	a researcher
le consommateur/ la consommatrice	consumer
une lettre majuscule	a capital letter
un mensonge	a lie
la naissance d'un bébé	birth of a baby
une perte de temps	a waste of time
la solidarité	unity
un sorcier/une sorcière	a sorcerer, witch

Mots apparentés: **un(e) collègue, un désastre, une interruption, la violence**

MOTS ET EXPRESSIONS UTILES

Useful words and expressions

C'est ce qui m'inquiète.	That's what worries me.
en dehors de	outside of, beyond
Je suis d'accord avec toi.	I agree with you.
par voie de	by means of
plutôt	rather

Grammaire et exercices

11.1 Saying what you would do: The conditional

A. You have already used some conditional verb forms, such as **je voudrais, j'aimerais,** and **je devrais.** The conditional is most often used to express the result of some hypothetical situation, that is, what would happen "if something were true." In English, this is expressed by *would* + verb.

B. The conditional is formed in French by using the future stem + the **imparfait** endings, as shown in the following chart. Remember that the future stem of regular verbs is the same as the infinitive, except for **-re** verbs, which drop the final **-e.**

✹ Review *Grammaire 2.5* and **8.5** for special uses of the conditional of **vouloir/aimer** and **devoir.**

✹ Review **Grammaire 9.5** for the form of the future stem.

➤ The conditional tells what you *would* do in a hypothetical situation.

➤ conditional = future stem + imperfect endings

CONDITIONAL			
	parler	**finir**	**vendre**
je	parler**ais**	finir**ais**	vendr**ais**
tu	parler**ais**	finir**ais**	vendr**ais**
il/elle/on	parler**ait**	finir**ait**	vendr**ait**
nous	parler**ions**	finir**ions**	vendr**ions**
vous	parler**iez**	finir**iez**	vendr**iez**
ils/elles	parler**aient**	finir**aient**	vendr**aient**

Nous **parlerions** plus souvent le français si nous avions des amis francophones.

À ta place, je **finirais** mon travail avant de sortir.

Cet ordinateur se **vendrait** mieux sous un autre nom.

We would speak French more often if we had some French-speaking friends.

If I were you, I'd finish my work before going out.

This computer would sell better under another name.

C. Because the conditional stem is the same as the future stem, any verb that is irregular in the future is also irregular in the conditional.

aller	j'**ir**ais	pouvoir	je **pourr**ais
avoir	j'**aur**ais	recevoir	je **recevr**ais
devoir	je **devr**ais	savoir	je **saur**ais
envoyer	j'**enverr**ais	venir	je **viendr**ais
être	je **ser**ais	voir	je **verr**ais
faire	je **fer**ais	vouloir	je **voudr**ais

Si vous alliez en France cet été, vous **pourriez** rendre visite à nos amis à Strasbourg. Moi, je **viendrais** vous rejoindre en août, et on **irait** ensemble à Londres.

If you went to France this summer, you could visit our friends in Strasbourg. I would come and join you in August, and we'd go together to London.

➤ The conditional is used to make polite requests.

D. The conditional is also used to make requests without appearing too direct.

Est-ce que vous **pourriez** nous recommander un bon restaurant?

Could you (Would you be able to) recommend a good restaurant?

Auriez-vous l'heure?

Would you have the time? (Could you tell me what time it is?)

Exercice 1 Un monde sans télé

Imaginez le monde sans télévision. Complétez les phrases avec le conditionnel, et dites si vous êtes d'accord ou non.

MODÈLE: Moins de couples _____ (divorcer). →
Moins de couples divorceraient. Oui, c'est vrai, parce qu'il n'y aurait pas de football américain à la télé. (Non, ce n'est pas vrai...)

1. Il y _____ (avoir) moins de crimes violents.
2. Je _____ (lire) beaucoup plus.
3. Les Américains _____ (être) en meilleure santé.
4. Nous ne _____ (savoir) pas ce qui se passe dans le monde.
5. On _____ (connaître) moins bien les autres pays du monde.
6. Les candidats _____ (faire) leur campagne de façon plus intelligente.
7. Nous _____ (dormir) plus.

Exercice 2 Par politesse

Sarah Thomas se trouve dans une maison de la presse à Paris, où elle veut demander beaucoup de choses. Reformulez ses phrases pour les rendre plus polies, en employant le conditionnel.

MODÈLE: *Avez*-vous de la monnaie? → Auriez-vous de la monnaie?

1. *Pouvez*-vous m'indiquer la station de métro la plus proche?
2. Est-ce que vous *avez* l'heure?
3. Je *veux* aussi *Le Nouvel Observateur*.
4. Est-ce que vous *pouvez* me commander ce livre?
5. Quand est-ce que je *dois* revenir le chercher?
6. Est-ce que je *peux* prendre un catalogue?
7. *Savez*-vous où se trouve le Bistro de la Sorbonne?

Exercice 3 Si le monde était idéal,...

Transformez les phrases en employant le conditionnel pour décrire un monde idéal.

MODÈLE: Dans le monde réel, on a besoin de se méfier des inconnus. →
          Dans un monde idéal, on n'aurait pas besoin de se méfier des
          inconnus.

Dans le monde réel...

1. on ne peut pas toujours croire ce qu'on vous dit.
2. nous sommes souvent influencés par des messages subtils ou subliminaux.
3. on profite quelquefois de la crédulité des gens.
4. les gens dépensent beaucoup d'argent pour des produits inutiles.
5. le travail occupe une très grande partie de notre vie.
6. il n'y a pas assez d'emplois pour tous ceux qui veulent travailler.
7. mentir est quelquefois utile.

11.2 THE RELATIVE PRONOUN **dont**

A. You are already familiar with the relative pronouns **qui, que,** and **où.** Like **qui** and **que,** the relative pronoun **dont** is used for both people and things. **Dont** is used to replace the preposition **de** + a noun.

WITH **DE**	WITH **DONT** (RELATIVE CLAUSE)
J'ai besoin **de** ce magazine.	Je n'ai pas acheté le magazine **dont** j'ai besoin.
I need this magazine.	*I didn't buy the magazine (that) I need.*
Ils parlaient **de** cet homme à la télé.	C'est l'homme **dont** ils parlaient à la télé.
They were talking about this man on TV.	*That's the man (whom) they were talking about on TV.*

B. When used in a possessive construction, **dont** corresponds to English *whose.*

WITH **DE**	WITH **DONT** (RELATIVE CLAUSE)
Je connais le frère **de** cette journaliste.	C'est la journaliste **dont** je connais le frère.
I know that reporter's brother.	*That's the reporter whose brother I know.*
Les émissions **de** cette chaîne sont en anglais.	C'est la seule chaîne **dont** les émissions sont en anglais.
This station's broadcasts are in English.	*It's the only station whose broadcasts are in English.*

C. Dont is used frequently with verbs or verbal expressions that require **de,** for example: **parler, avoir besoin, avoir envie, avoir peur, se servir, se souvenir.**

L'émission **dont** je me souviens, c'est «La Rue Sésame».	*The program I remember is "Sesame Street."*
L'ordinateur **dont** il se sert est très vieux.	*The computer he uses is very old.*

✳ *Review* **Grammaire 6.4** *for the uses of the relative pronouns* **qui, que,** *and* **où.**

➤ The relative pronoun **dont** replaces **de** + noun: **C'est le livre** *dont* **j'ai parlé. C'est la personne** *dont* **j'ai besoin.**

➤ **Dont** may refer to people or things.

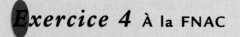

Exercice 4 À la FNAC

Sarah et Agnès visitent la FNAC, un magasin spécialisé dans les médias. Reformulez leurs phrases (en italique) en employant **dont.**

> MODÈLE: *J'ai entendu parler de cet auteur cette semaine.*
> *C'est l'auteur...* →
> C'est l'auteur dont j'ai entendu parler cette semaine.

1. *Je parlais de ce magazine l'autre jour.* C'est le magazine...
2. *On discutait de ce livre à la télé.* C'est le livre...
3. *Je connais d'autres films de ce metteur en scène.* C'est un metteur en scène...
4. *J'ai vu tous les films de cette vedette.* C'est une vedette...
5. *Je ne me souviens jamais de ce titre.* C'est un titre...

11.3 More on relative pronouns: CE QUI, CE QUE, CE DONT

★ *Review **Grammaire 6.4** and **11.2.***

A. **Ce qui, ce que,** and **ce dont** are called indefinite relative pronouns. They are used in the same way as **qui, que,** and **dont,** but they are used when the thing referred to is not specified. They usually correspond to English *what*.

SPECIFIC REFERENCE	UNSPECIFIED REFERENCE
noun + **qui**	**ce** + **qui**
Les films qui m'intéressent...	Ce qui m'intéresse...
noun + **que**	**ce** + **que**
Les livres que j'aime...	Ce que j'aime...
noun + **dont**	**ce** + **dont**
L'ordinateur dont je me sers...	Ce dont je me sers...

Sais-tu **ce qui** s'est passé dans le dernier épisode?	*Do you know what happened in the last episode?*
Je ne vois pas **ce que** tu aimes dans cette émission.	*I don't see what you like about that show.*
Ces reportages sont trop techniques—je ne comprends jamais **ce dont** ils parlent.	*These reports are too technical— I never understand what they're talking about.*

B. **Ce qui, ce que,** and **ce dont** are often combined with **tout,** meaning *everything.*

—Ça t'ennuie qu'il regarde la télé?	*Does it bother you that he watches TV?*

—Non, mais c'est **tout ce qu**'il veut faire!

No, but that's all he wants to do.

C. The indefinite relatives are also frequently used in conversation to introduce a new idea.

Ce qui compte, c'est que le travail lui plaise.

What counts is that he likes the work.

Ce que j'aime, c'est voir un vieux film dans une salle de cinéma.

What I like is to see an old movie in a movie theater.

Exercice 5 Définitions

Complétez chaque définition avec **ce qui** ou **ce que**. Ensuite, choisissez la bonne définition pour chaque type d'émission ou de film.

1. _____ fait parfois pleurer les téléspectateurs
2. _____ donne des frissons aux adolescents
3. _____ les enfants préfèrent
4. _____ explique quel temps il va faire demain
5. _____ on regarde pour s'informer
6. _____ on cherche si on veut rire
7. _____ fait peur
8. _____ on regarde avant de faire un long voyage en voiture

a. C'est une comédie.
b. C'est un documentaire.
c. Ce sont les feuilletons.
d. Ce sont les dessins animés.
e. C'est le bulletin météorologique.
f. C'est un film d'épouvante.

Exercice 6 «Ma meilleure amie m'a piqué mon copain!»

Adrienne parle de l'intrigue de son feuilleton favori avec Fatima, une collègue de travail. Complétez leur conversation en employant **ce qui, ce que (ce qu')** ou **ce dont**.

ADRIENNE: La pauvre Jacqueline! Elle ne sait pas _____[1] elle doit faire. Elle vient d'apprendre que son mari Maurice est parti en vacances avec sa meilleure amie, Évelyne.

FATIMA: Et sait-elle _____[2] se passe au bureau avec Annick, la secrétaire?

ADRIENNE: Non, ça, elle ne le sait pas encore. _____[3] l'énerve vraiment, c'est qu'ils ont pris sa voiture quand ils sont partis. Alors elle va chez sa mère pour lui demander _____[4] elle pense de tout cela. Mais tout _____[5] intéresse sa mère, c'est l'argent. Alors naturellement, puisque Maurice est très riche, elle trouve qu'elle devrait rester avec lui.

FATIMA: Et c'est _____[6] elle fait?

ADRIENNE: Pour l'instant, oui. Mais tu sais _____[7] va se passer? Elle va apprendre qu'elle attend un bébé. Et ça, ce n'est pas du tout _____[8] elle avait envie.

FATIMA: Quel drame! Je ne vois vraiment pas pourquoi tu regardes ces bêtises!

11.4 Giving orders: COMMANDS WITH PRONOUNS

➤ Most commands = present-tense forms without the subject

A. Commands (imperative forms) are formed by dropping the subject from the verb form. They exist for **vous, tu,** and **nous; nous** commands are used for making suggestions.

Commandez votre exemplaire aujourd'hui!	*Order your copy today!*
Ne **mets** pas la radio maintenant, Joël.	*Don't turn on the radio now, Joël.*
Allons au nouveau cinéma ce soir.	*Let's go to the new movie theater tonight.*

➤ All **-er** verbs: **tu** form drops the final **-s.** Exception: **Vas-y!**

B. For regular **-er** verbs and **aller,** the imperative **tu** form drops the **-s** from the present-tense form.

Victor, n'**allume** pas la télé, s'il te plaît.	*Victor, please don't turn the TV on.*
Va allumer l'imprimante, s'il te plaît.	*Go turn on the printer, please.*

➤ **Être** and **avoir** imperatives = present subjunctive forms

➤ **Rappel: aie** and **ay-** are pronounced just like **(j')ai.**

C. **Être, avoir,** and **savoir** have irregular command forms.

	être	avoir	savoir
tu	sois	aie	sache
vous	soyez	ayez	sachez
nous	soyons	ayons	sachons

Ne **sois** pas si crédule, Claudine.	*Don't be so gullible, Claudine.*
Ayez l'intelligence de bien réfléchir avant d'acheter.	*Have enough intelligence to think carefully before buying.*
Sachez que je ne me sers pas de cartes de crédit.	*I'll have you know that I don't use credit cards.*

✳ Review **Grammaire 2.2, 4.5,** and **6.5.**

➤ Affirmative commands: verb + object pronoun

D. Object pronouns and reflexive pronouns are placed after the verb in affirmative commands. They are attached to the verb form with a hyphen.

Quelle belle page d'accueil! Regardez-**la!**	*What a beautiful home page! Look at it!*
Abonnez-**vous** dès aujourd'hui à ce serveur!	*Sign up for this ISP today!*

➤ Affirmative commands: **me, te → moi, toi**

Me and **te** become **moi** and **toi** in affirmative commands.

Dépêche-**toi** de finir, Victor!	*Hurry up and finish, Victor!*
Écoutez-**moi,** s'il vous plaît.	*Listen to me, please.*

➤ Negative commands: **ne** + object pronoun + verb + **pas**

E. In negative commands, object pronouns and reflexive pronouns are placed *before* the verb.

Ne **me** parle pas pendant que je lis le journal.	*Don't talk to me while I'm reading the newspaper.*
Ne **te** mets pas en colère contre l'ordinateur!	*Don't get angry with the computer!*

✳ Review **Grammaire 7.3** and **9.1.**

F. **Y** and **en** follow the same placement rules as other pronouns.

Vous êtes prêt? Allons-**y!**	*Are you ready? Let's go!*
Du papier? Oui, prenons-**en.**	*Some paper? Yes, let's get some.*
Encore un virus? N'**en** parlez pas!	*Another virus? Don't talk about it!*

Pronunciation Hint:

Note obligatory liaison: **Allons‿y, prenons‿en.**

Exercice 7 Les sept commandements du HTML

Voici quelques-uns des «dix commandements» pour construire une page web.
Mettez-les à l'impératif, en suivant le modèle.

> MODÈLE: Tu n'oublieras pas de tester ta page avec différents navigateurs. →
> N'oublie pas de tester ta page avec différents navigateurs.

1. Tu auras quelque chose à dire dans ta page web. (Informe et intéresse le
   visiteur, ne le déçois point!)
2. Tu ne feras pas une liste de listes.
3. Tu te rappelleras que tous tes visiteurs ne sont pas équipés d'un modem
   puissant. (Et tu ne fourniras pas trop d'informations dans la même page.)
4. Tu vérifieras tes liens pour éliminer les culs-de-sac.
5. Tu permettras les commentaires par courrier électronique sur ta page.
6. Tu amélioreras constamment tes connaissances en HTML.
7. Tu seras créatif/créative, malgré toutes ces directives.

Exercice 8 Les six commandements de la famille informatisée

Voici «Les six commandements du parfait parent pour les petits utilisateurs
(d'ordinateurs)». Transformez les conseils à l'impératif, en suivant le modèle.

> MODÈLE: Je m'assurerai que tous les membres de la famille savent qu'un
> ordinateur est un objet précieux et coûteux. →
> Assurez-vous que tous les membres de la famille savent...

1. Je leur montrerai donc comment bien l'utiliser.
2. En cas d'invasion de très jeunes, je bloquerai les fentes de disquettes et de
   CD-ROM, je rangerai le clavier et je mettrai la souris en cage.
3. Je n'apporterai mon travail à la maison qu'en cas de nécessité absolue.
4. Je m'assiérai souvent avec mes enfants quand ils utiliseront l'ordinateur.
5. Si les enfants sont branchés en ligne, je saurai où ils vont et combien cela
   va coûter.
6. Je m'assurerai qu'ils ont une chaise confortable. J'essaierai aussi de placer
   l'ordinateur dans un endroit facile d'accès.

Exercice 9 Conseils pour l'acheteur en ligne

Voici des conseils sur le commerce électronique. Dites si vous êtes d'accord ou
non avec chaque conseil et répétez-le (ou changez-le) avec un pronom.

> MODÈLE: Méfiez-vous des pages qui demandent le numéro de votre carte de
> crédit dès votre arrivée. →
> C'est une bonne idée. Méfiez-vous-en. (Ce n'est pas nécessaire. Ne
> vous en méfiez pas.)

1. Posez des questions avant d'acheter.
2. Vérifiez la sécurité. (Regardez le petit icône (le cadenas) de votre navigateur, qui doit être en position fermée.)
3. Appréciez la qualité du service. (Les achats en ligne doivent être plus faciles et plus agréables que les achats dans les magasins.)
4. Pour les achats à l'étranger qui peuvent attendre, vérifiez le cours des changes.
5. Groupez vos commandes. (Vous réduirez très sensiblement les frais de port.)
6. Parlez de vos expériences—en particulier des mauvaises, autour de vous et sur le web.

11.5 Talking about hypothetical situations: MORE ON THE imparfait

We often talk about what we would do *if* something else were true. The statement "if something were true" describes an unreal or hypothetical situation; this is expressed in French by **si** (*if*) + a verb in the **imparfait. Si** + **imparfait** is often used when a result statement is in the conditional.

Si mes parents **achetaient** un ordinateur, je **pourrais** leur envoyer des messages électroniques.	*If my parents bought a computer, I could send them e-mail.*
Monsieur Vincent, que **feriez**-vous **si** vous **aviez** un million de francs?	*Mr. Vincent, what would you do if you had a million francs?*

Exercice 10 Habitudes de consommateur

Un ami parle de ses habitudes quand il fait des achats. Comparez vos habitudes, en expliquant ce que vous feriez et en employant des phrases au conditionnel.

MODÈLE: Quand je reçois de l'argent, je le dépense tout de suite. →
Moi aussi, si je recevais de l'argent, je le dépenserais tout de suite.
(Moi non, si je recevais de l'argent, je ne le dépenserais pas tout de suite.)

1. Quand je veux vraiment acheter quelque chose, je suis très impatient(e).
2. Quand je suis déprimé(e), j'ai envie de faire des achats.
3. Quand j'ai envie de faire des achats, je laisse mes cartes de crédit à la maison.
4. Quand je fais beaucoup d'achats, je suis encore plus déprimé(e).
5. Quand j'achète quelque chose de cher, je vais dans tous les magasins pour trouver le meilleur prix.
6. Quand je n'aime pas quelque chose, je le rapporte au magasin.

CHAPITRE 12

La santé et les urgences

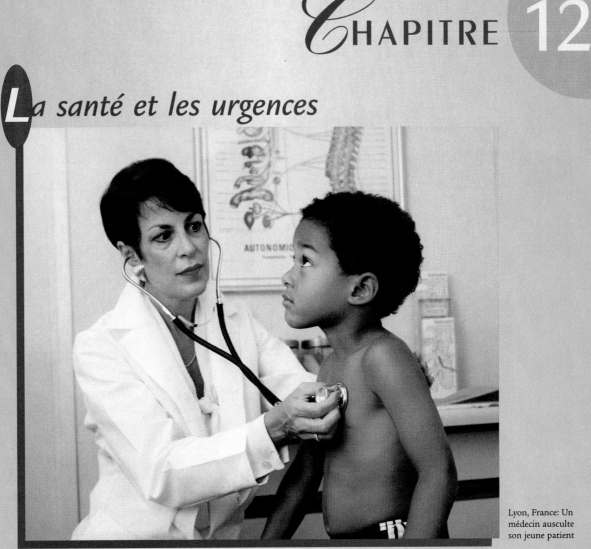

Lyon, France: Un médecin ausculte son jeune patient

Objectifs

IN **CHAPITRE 12,** *you will talk about fitness and staying healthy. You will learn how to describe illnesses and accidents, and more ways to talk about past experiences.*

Activités et lectures

LA SANTÉ

Attention! Étudier Grammaire 12.1

Je voudrais que vous mangiez plus de fruits et de légumes.

Mon entraîneur exige que je fasse de l'exercice tous les jours.

Les médecins recommandent que nous ne consommions pas trop d'alcool.

Je suggère que vous vous détendiez tous les jours.

Il vaut mieux que vous ne maigrissiez pas trop.

Les dentistes préfèrent que leurs clients aient un peu de courage!

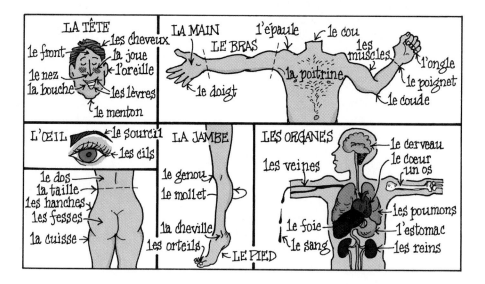

LA TÊTE — les cheveux, le front, la joue, le nez, l'oreille, la bouche, les lèvres, le menton

LA MAIN — LE BRAS — l'épaule, le cou, les muscles, l'ongle, la poitrine, le doigt, le poignet, le coude

L'ŒIL — le sourcil, les cils

le dos, la taille, les hanches, les fesses, la cuisse

LA JAMBE — le genou, le mollet, la cheville, les orteils, LE PIED

LES ORGANES — le cerveau, le cœur, un os, les veines, les poumons, le foie, l'estomac, le sang, les reins

Activité 1 Interros: Les parties du corps

Regardez les dessins et dites quelles parties du corps on utilise pour faire les activités suivantes.

1. jouer au tennis
2. jouer aux échecs
3. dormir
4. conduire une voiture
5. faire de l'escalade
6. danser
7. aimer
8. digérer un repas
9. passer un examen
10. -?-

Dites comment s'appellent ces parties du corps.

a. la masse nerveuse contenue dans le crâne
b. les organes de la respiration
c. les poils fins qui protègent l'œil
d. le liquide rouge qui circule dans les veines et les artères
e. l'articulation principale de la jambe
f. l'organe central du système de circulation
g. -?-

La langue en mouvement

Le latin: lien entre le français et l'anglais

Le latin constitue un lien utile entre l'anglais et le français, parce que les deux langues ont beaucoup utilisé le latin comme source de mots techniques. Par exemple, l'origine commune des adjectifs *pulmonary* et *pulmonaire* est évidente; comme le nom *poumon*, ces deux adjectifs viennent du latin *pulmo = lung*. Pouvez-vous trouver les mots apparentés dans ces deux listes?

Mots français: (1) doigt (2) pied (3) dos (4) cerveau (5) vertige (6) os
Mots anglais: (a) cerebral (b) dorsal (c) pedicure (d) osteoporosis (e) digit (f) vertigo

Activité 2 Discussion: La santé

Quelles recommandations vous semblent les plus logiques? Pourquoi?

1. Qu'est-ce que le médecin nous dit si nous voulons perdre du poids?
   a. Je veux que vous évitiez les matières grasses.
   b. Je suggère que vous fassiez deux heures de gym chaque jour.
   c. Je propose que vous preniez des pilules.

2. Que dit un médecin à ceux qui voudraient améliorer leur mémoire?
   a. Il faut que vous suiviez un régime équilibré.
   b. Je voudrais que vous fassiez de la lecture et des casse-têtes.
   d. Il vaut mieux que vous ne fassiez pas beaucoup d'exercice.
3. Que recommande l'entraîneur à son équipe de tennis?
   a. J'aimerais que vous dormiez huit heures par nuit.
   b. Je voudrais que vous mangiez une nourriture riche en acides.
   c. J'insiste pour que vous buviez un verre de vin rouge tous les jours.
4. Que propose la conseillère à l'étudiant stressé?
   a. Il vaut mieux que vous vous couchiez à la même heure tous les soirs.
   b. Je suggère que vous n'étudiiez pas.
   c. J'aimerais que vous appreniez des techniques pour vous détendre.

Ça fait penser

- Plus de 80 % des Français disent pratiquer au moins une activité pour rester en forme.
- Il semble y avoir un rapport entre la consommation de tabac et la tendance politique. On fume plus lorsqu'on est de gauche que de droite, et beaucoup plus si l'on se situe à l'extrême gauche ou à l'extrême droite.

Activité 3 Enquête: Êtes-vous facile à vivre?

Répondez aux questions suivantes, puis calculez vos points pour savoir comment les autres vous perçoivent.

• Je m'énerve quand je perds mes affaires.	**oui**	**non**	**parfois**
• Je me mets en colère quand on me contredit.	**oui**	**non**	**parfois**
• Je me fâche si le téléphone sonne pendant que je suis sous la douche.	**oui**	**non**	**parfois**
• Je m'impatiente aux feux rouges.	**oui**	**non**	**parfois**
• Je m'irrite d'être obligé(e) d'attendre quelqu'un.	**oui**	**non**	**parfois**
• Je m'inquiète avant un examen.	**oui**	**non**	**parfois**

Valeurs: oui = 2 points, **parfois** = 1 point, **non** = 0 points

De 8 à 12 points: Il faut que vous vous détendiez. La tension est mauvaise pour la santé.

De 6 à 10 points: Vous avez un tempérament assez équilibré.

De 0 à 4 points: Vous êtes une personne très calme et équilibrée.

Activité 4 Dans le monde francophone: Marchez, nagez, roulez...

MARCHEZ, NAGEZ, ROULEZ...

La sédentarité, le travail de bureau sont les pires ennemis de votre forme. Même si vous ne pouvez pratiquer un sport régulièrement, vous pouvez au moins marcher. Prenez l'habitude de descendre à la station précédente, ne vous garez pas juste devant chez vous, montez vos étages à pied (c'est bon pour les chevilles), accroupissez-vous pour ramasser quelque chose (c'est bon pour les cuisses), respirez plusieurs fois par jour très profondément pour oxygéner tout votre corps.

Et le week-end essayez d'aller à la piscine avec les enfants ou faites un peu de bicyclette : vous vous sentirez tellement mieux après.

LE GUIDE PRATIQUE DE VOTRE LIGNE

MAIGRIR EN FORME

Corrigez les phrases incorrectes.

L'auteur de ce guide pratique recommande que...

1. nous garions notre voiture tout près de chez nous.
2. nous nous accroupissions quand nous ramassons des objets.
3. nous prenions l'escalier au lieu de l'ascenseur.
4. nous courions si nous ne pouvons pas pratiquer un sport régulièrement.
5. nous respirions profondément plusieurs fois par jour.
6. nous menions une vie sédentaire.

Allons plus loin! Faites-vous assez d'exercice tous les jours? Est-ce que vous suivez les conseils offerts par ce guide? Quelles autres formes d'exercice faites-vous chaque semaine?

Activité 5 Entretien: Pour rester en forme

1. Combien d'heures est-ce que tu dors la nuit, d'habitude? Tu fais parfois la sieste?
2. Qu'est-ce que tu fais pour combattre le stress? Quand est-ce que tu te sens le plus stressé(e)? Pendant les examens?

3. Pour toi, est-ce que manger est plus un plaisir ou une nécessité? Tu manges sainement, d'habitude? Où manges-tu? Pourquoi?
4. Tu fumes de temps en temps? Est-ce que tu fumais quand tu étais plus jeune? À ton avis, est-ce qu'on devrait interdire de fumer dans les restaurants et les bars?
5. Qu'est-ce que tu aimes faire pour te remonter le moral quand tu te sens triste ou déprimé(e)? Tu te fâches facilement? Que fais-tu pour rester calme?

La randonnée, c'est bon pour la forme.

LES MALADIES ET LES TRAITEMENTS

Attention! Étudier Grammaire 12.2 et 12.3

Il se mouche.

un rhume

la toux

Il a mal à la gorge.

la fièvre

la grippe

Il a mal au ventre.

du sirop

des gouttes

de la pommade

des comprimés

des gélules

Aïe! Non, merci! Les fleurs me rendent malade!

le nez bouché

une allergie

Info: Société

Vivre bien, vivre bio

Après avoir pris le goût du sport, les Français du début du XXIe siècle ont celui des produits naturels. Pas les produits allégés[1] qui faisaient fureur[2] il y a dix ans (à l'époque de l'aérobic et du jogging), mais les produits authentiques. La nourriture bio[3] (légumes, volailles, fromages—même le vin!) envahit[4] les supermarchés et les restaurants, particulièrement depuis que les problèmes de la «vache folle» et du maïs transgénique[5] ont renforcé le sentiment que la qualité des produits de base était essentielle. Les succès politiques du parti écologiste (les Verts) et les manifestations contre la globalisation à Seattle en 1999 ont accentué cette tendance. L'ennemi désigné est maintenant «le Macdo», symbole de la «mal-bouffe»,[6] à l'opposé des produits régionaux élaborés selon des méthodes traditionnelles. La mode du bio s'allie ainsi à la recherche des racines culturelles.

[1]avec moins de matières grasses
[2]**faisaient...** avaient beaucoup de succès
[3]cultivée ou élevée sans produits chimiques
[4]< invasion
[5]génétiquement modifié
[6]le mal-manger (*fam.*)

C'est important de savoir ce qu'a mangé le bœuf qu'on va manger.

LA SÉCURITÉ DES PRODUITS CARREFOUR PASSE PAR LE PRINCIPE DE TRAÇABILITÉ. Pour être certain qu'un produit est sûr, il faut pouvoir connaître son cheminement complet en remontant jusqu'à son origine première. Cette traçabilité est précisément un des principes fondateurs des "Filières Qualité" de Carrefour dont le cahier des charges identifie et décrit rigoureusement toutes les étapes d'élaboration du produit, des matières premières utilisées jusqu'à sa présentation en magasin. Ainsi, la viande bovine "Filières Qualité" de Carrefour est issue de la sélection de six races de terroir français. Les animaux sont nourris en priorité d'herbe de pâture et de fourrage en provenance de la région d'élevage.

Carrefour
Parce qu'on se construit chaque jour.

Activité 6 Discussion: Les remèdes

Identifiez le meilleur remède dans chaque situation. Si vous n'êtes pas d'accord avec les suggestions, proposez-en d'autres à leur place.

1. On peut arrêter une toux persistante...
   a. en prenant des somnifères.
   b. en prenant du sirop.
2. On peut se déboucher le nez...
   a. en prenant des comprimés.
   b. en y mettant des gouttes.
3. On guérit la grippe intestinale...
   a. en prenant des antibiotiques.
   b. en se reposant et en attendant que ça passe.
4. Les insomniaques peuvent dormir mieux...
   a. en buvant du lait chaud avant de se coucher.
   b. en regardant la télé avant d'aller au lit.
5. On peut guérir un mal de tête...
   a. en mettant du vinaigre sur les tempes.
   b. en prenant de l'aspirine.
6. On peut soulager des muscles endoloris...
   a. en les frottant avec de l'alcool.
   b. en y passant une pommade chauffante.
7. On peut soigner une tendinite au poignet...
   a. en faisant des exercices pour étirer le tendon.
   b. en buvant des tisanes.
8. On guérit une foulure à la cheville...
   a. en prenant de la vitamine D.
   b. en y mettant de la glace.

Cliquez là!

Vous avez des questions de nature médicale? Allez sur le *Médisite* ou utilisez le mot clé *questions médicales* pour trouver des réponses.

Activité 7 Échanges: Les maladies et les symptômes

Identifiez les symptômes de ces maladies.

MODÈLE: la rougeole →
　　　　 On a des rougeurs et une température élevée. Parfois, on a mal à la gorge et on tousse.

1. un rhume
2. une grippe intestinale
3. une entorse
4. une tendinite
5. l'appendicite
6. une piqûre de guêpe

Suggestions

le nez bouché	des rougeurs	des vertiges	des maux de
la fièvre	des vomissements	un gonflement	tête
des douleurs	une toux	des frissons	mal (partout)

LES FRANCOPHONES SUR LE VIF

Ange Simeoni, 37 ans, médecin généraliste, Bastia (Corse)

Vos patients viennent vous voir souvent?

«Disons que la majorité vient régulièrement, c'est-à-dire une fois par mois, parfois deux, selon la saison: en hiver, on consulte plus souvent à cause de la grippe, des bronchites. Les personnes du troisième âge[1] sont les plus fidèles, bien sûr, et certaines ne manquent jamais leur visite hebdomadaire[2]... Bien sûr, les personnes âgées ont beaucoup de petits problèmes de santé; rien de grave, mais ça les rassure de venir me parler. Je les écoute, je leur donne quelques conseils, et surtout je leur fais une ordonnance.[3] Pour se sentir mieux, les Français doivent repartir de chez leur médecin avec une ordonnance, même si, le plus souvent, ils ne finiront pas les médicaments qu'on leur a prescrits. Que voulez-vous que j'y fasse?»

[1]les personnes âgées (à partir de 65 ans environ)
[2]qui se répète chaque semaine
[3]formulaire indispensable pour obtenir certains médicaments

Activité 8 Sondage: Savez-vous vous soigner?

Dites *oui* ou *non*. Ensuite, discutez de vos réponses avec d'autres étudiant(e)s, pour savoir si vous avez raison.

1. Si un médicament est bon pour vous, il est bon pour votre ami(e).
2. Pour avoir un bon diagnostic, il faut consulter un second médecin.
3. On se soigne en pratiquant une activité physique.
4. Il faut arrêter de prendre un antibiotique quand on se sent mieux.
5. Il ne faut pas ennuyer le médecin en lui racontant tous vos symptômes.
6. On doit prendre un médicament quand l'estomac est vide.
7. On peut réduire la fièvre en prenant de l'aspirine.
8. La gymnastique d'entretien aide à rester en forme.
9. Les vaccins sont dangereux. Il vaut mieux prendre des pilules.
10. On peut éviter les rhumes en se lavant fréquemment les mains.

*A*ctivité *9* Échanges: Quand je ne vais pas bien

Avec un(e) partenaire, discutez de ce que vous préférez faire quand vous avez les maladies ou les problèmes suivants.

> MODÈLE: É1: Quand j'ai un rhume, je prends de la vitamine C.
> É2: Quelle superstition! Moi, je nourris les rhumes. Je mange beaucoup quand j'ai un rhume.
> É1: Tu parles de superstition! Ça, c'est...

1. Quand je tousse beaucoup, je...
2. Si j'ai mal à la tête...
3. Quand j'ai les sinus bouchés...
4. Si j'ai mal au cœur...
5. Quand j'ai mal à la gorge...
6. Pour la grippe, je préfère...
7. Les nuits où j'ai des insomnies...
8. Quand je suis trop stressé(e)...

Cliquez là!

Allez sur le site du Ministère des Affaires Étrangères et cliquez sur «Voici la France» pour en apprendre plus sur les services de santé en France. Qui peut s'en servir? Est-ce que ça coûte cher?

*A*ctivité *10* Situations: Chez le docteur

Vous ne vous sentez pas bien et vous allez consulter le médecin. Avec votre partenaire, jouez les rôles du médecin et du malade. Le médecin aura besoin de faire un diagnostic et de prescrire un traitement.

MÉDECIN: Comment allez-vous aujourd'hui?

VOUS: Je ne me sens pas très bien, docteur. J'ai...

MÉDECIN: Et depuis quand est-ce que vous... ?

VOUS: Depuis...

MÉDECIN: Eh bien, je pense que vous avez... Il faut que vous... et vous avez besoin de...

VOUS: Et quand est-ce que je pourrai... ?

MÉDECIN: ...

Ça fait penser

- Il y a environ 5.000 centenaires en France. Plus de la moitié de ces personnes d'âge vénérable sont en bonne santé.
- L'espérance de vie moyenne des Français augmente d'environ 100 jours chaque année.
- Les démographes prédisent que la moitié des filles qui naissent en France aujourd'hui deviendront centenaires.

LES ACCIDENTS ET LES URGENCES

Attention! Étudier Grammaire 12.4 et 12.5

Qu'est-ce qui s'est passé?

Moi, je me suis cassé le bras!

un plâtre

le bras cassé

Je viens de me blesser! Je me suis coupé au bras!

une blessure

Moi aussi! J'ai une belle cicatrice!

Envoyez une ambulance, s'il vous plaît! C'est une urgence!

le témoin

Au secours!

Ils allaient trop vite et n'ont pas pu s'arrêter à temps.

Le conducteur allait bien, mais l'enfant avait l'air blessé.

le pouls

Il s'est évanoui.

L'enfant était sans connaissance quand on lui a pris le pouls.

le blessé

la civière

L'ambulance est arrivée et on a emmené l'enfant à l'hôpital.

Activité 11 Discussion: Au service des urgences

Lesquelles de ces victimes ont probablement reçu les soins indiqués? Pourquoi?

1. Qui a été opéré d'urgence?
   a. un homme qui vient d'avoir une crise cardiaque
   b. une femme qui vient de se fouler la cheville
2. Qui a dû se faire faire une piqûre?
   a. un campeur qui vient de se couper à la main
   b. une fille qui vient d'être mordue par un chien
3. Qui est sorti de l'hôpital avec des béquilles?
   a. à un petit garçon qui vient de tomber d'un arbre
   b. à un homme qui vient de souffrir d'une réaction allergique
4. À qui a-t-on mis un pansement?
   a. à un coureur souffrant d'une tendinite
   b. à quelqu'un qui vient de se brûler la main
5. Qui a dû passer la nuit à l'hôpital?
   a. quelqu'un qui vient de se casser le poignet
   b. un pompier qui a respiré trop de fumée

Activité 12 Récits: Voilà ce qui s'est passé.

Voici des accidents qui sont arrivés à quelques personnages de ce livre. Expliquez tout ce qui se passait avant et au moment de leur accident, puis dites ce qui s'est probablement passé à la fin.

MODÈLE: Claudine descendait l'escalier avec une collègue. C'était une journée normale. Elles parlaient et elles ne faisaient pas très attention. Tout à coup, Claudine a fait un faux pas et... Finalement, elle a dû téléphoner à Victor pour qu'il vienne la chercher.

1. Jean-Yves a avalé une arête. Il...
2. Joël a eu un accident de vélo. Il...
3. Charles s'est cassé la jambe. Il...
4. Agnès s'est évanouie pendant une manifestation. Elle...
5. Emmanuel s'est foulé la cheville. Il...

4.

5.

Emmanuel

À vous la parole!
Demandez à votre partenaire de vous décrire un accident qu'il (qu'elle) a eu et de vous expliquer la cause de cet accident. Ensuite, changez de partenaire et décrivez-lui ce même incident.

Activité 13 Échanges: **Accidents**

Connaissez-vous quelqu'un (peut-être vous-même) qui a eu un accident? Qu'est-ce qui s'est passé? Décrivez les circonstances en utilisant les suggestions suivantes.

Suggestions: glisser, tomber, se heurter contre, se couper, se casser le bras, laisser tomber, renverser

1. à la maison
2. à l'université
3. pendant des vacances

4. à l'école primaire
5. dans la rue
6. dans une salle de gym

Activité 14
Récit: **Une mauvaise expérience**

Dites quels événements ont eu lieu et ce qui se passait à chaque fois.

MODÈLE: (Numéro un.) Francis est sorti de la maison. Il faisait beau...

Vocabulaire utile: une civière, être étendu(e) par terre, une échelle, être sans connaissance, des béquilles

LECTURE

Le Malade imaginaire

*L*e Malade imaginaire (1673) est la dernière comédie de Molière, le plus grand auteur dramatique français. Molière jouait le rôle d'Argan, mais il était vraiment malade et il est mort à la fin d'une représentation de cette pièce.

Dans la pièce, Argan croit qu'il est très malade et consulte de nombreux médecins. Son frère Béralde n'est pas du tout d'accord avec lui. (Acte III, scène 3)

BÉRALDE: Est-il possible que vous serez toujours embéguiné[1] de vos apothicaires[2] et de vos médecins, et que vous vouliez être malade en dépit des[3] gens et en dépit de la nature?

ARGAN: Comment l'entendez-vous mon frère?

BÉRALDE: J'entends, mon frère, que je ne vois point d'homme qui soit moins malade que vous, et que je ne demanderais point une meilleure constitution que la vôtre. C'est qu'avec tous les soins que vous avez pris,

[1]passionné   [2]pharmaciens   [3]**en...** malgré les

Argan et Béralde discutent de la médecine

vous n'avez pu parvenir[4] encore à gâter[5] la bonté de votre tempérament, et que vous n'êtes point crevé[6] de toutes les médecines qu'on vous a fait prendre.

ARGAN: Mais savez-vous, mon frère, que c'est cela qui me conserve, et que Monsieur Purgon dit que je succomberais s'il était seulement trois jours sans prendre soin de moi?

BÉRALDE: Si vous n'y prenez garde,[7] il prendra tant de soin de vous qu'il vous enverra en l'autre monde.

ARGAN: Mais raisonnons un peu, mon frère. Vous ne croyez donc point à la médecine? [...] Vous ne tenez pas véritable une chose établie par tout le monde, et que tous les siècles ont révérée?

BÉRALDE: Bien loin de la tenir véritable, je la trouve, entre nous, l'une des plus grandes folies qui soit parmi les hommes, et à regarder les choses en philosophe, je ne vois point de plus plaisante momerie,[8] je ne vois rien de plus ridicule qu'un homme qui se veut mêler[9] d'en guérir un autre.

ARGAN: Les médecins ne savent donc rien, à votre compte?

BÉRALDE: Si fait, mon frère. Ils savent parler en beau latin, savent nommer en grec toutes les maladies, les définir et les diviser; mais pour ce qui est de les guérir, c'est ce qu'ils ne savent point du tout.

[4]arriver à
[5]**gâter...** affecter, altérer
[6]mort
[7]**Si...** Si vous ne faites pas attention
[8]mascarade, spectacle ridicule
[9]**qui...** qui veut essayer

Avez-vous compris?

A. Pour ou contre les médecins?

Dans chaque cas, dites s'il s'agit de l'opinion de Béralde ou d'Argan.

1. Les pharmaciens et les médecins sont des charlatans.
2. Il y a des gens en bonne santé qui veulent être malades.
3. Si une personne est très malade, il faut qu'elle consulte un médecin.
4. Si on va tout le temps chez le médecin, on se rend malade.
5. Les médecins sont parfois dangereux et il leur arrive de tuer les malades.
6. La médecine est une science respectable qui existe depuis des siècles.
7. Les médecins ne comprennent rien au fonctionnement du corps humain.
8. Les médecins cherchent à mystifier les patients avec des mots grecs et latins.

B. Avez-vous compris ces expressions de la langue du XVIIe siècle?

1. *Comment l'entendez-vous... ?*
   a) Qui vous a dit cela?   **b)** Que voulez-vous dire?
   c) De quoi vous méfiez-vous?
2. *Il vous enverra en l'autre monde.*
   a) Il va vous tuer.   **b)** Il va vous envoyer en voyage.   **c)** Il va vous ruiner.
   d) Il va vous rendre fou.
3. *à votre compte*
   a) en conclusion   **b)** en général   **c)** à votre avis   **d)** dans votre intérêt

À vous la parole!   Avec un(e) partenaire, jouez le rôle d'un docteur et d'un patient (d'une patiente) qui ne se sent pas bien et qui ne mène pas une vie très saine: il/elle est sédentaire, fume, mange gras... Le docteur essaie de lui expliquer comment changer ses habitudes, mais le patient (la patiente) n'est pas très coopératif/coopérative: il/elle trouve l'exercice fatigant et ennuyeux, adore regarder la télé...

MODÈLE: DOCTEUR: Monsieur, il faut absolument que vous mangiez moins gras...

PATIENT(E): Mais docteur, je déteste la salade! J'aime mieux un bon bifteck avec des frites...

À vous d'écrire

La lettre que vous venez de recevoir de votre correspondant français contient le paragraphe suivant. Répondez à ses questions sur les Américains et la santé.

... Je viens de lire un autre article consacré aux Américains et à leur santé. Franchement, je n'arrive pas à les comprendre. Pourquoi est-ce qu'ils continuent à utiliser autant leur voiture alors qu'ils cherchent par tous les moyens à faire de l'exercice dans des clubs de gym? Pourquoi est-ce que les gens qui mangent du poisson afin de réduire leur taux de cholestérol vont aussi dans des fast-foods? Tu peux m'expliquer tout ça?

Vidéothèque

Espace vidéo

Décrire ses symptômes. Aujourd'hui, Jacques est malade et il con-sulte sa pharmacienne. Jacques pense qu'il a un rhume. Pourquoi? La pharmacienne trouve que le sommeil est le meilleur remède pour un rhume. Quels médicaments est-ce qu'elle lui vend? Est-ce que Jacques va se soulager avec une bière bien fraîche après la consultation?

www.mhhe.com/deuxmondes

À explorer: www.mhhe.com/deuxmondes/ pour obtenir plus d'informations sur les thèmes du chapitre.

Vocabulaire

LE CORPS HUMAIN

The human body

les articulations (*f.*)	joints
le cerveau	brain
les cils (*m.*)	eyelashes
la cheville	ankle
le cou	neck
le coude	elbow
la cuisse	thigh
le doigt	finger
les fesses (*f.*)	buttocks
le foie	liver
le front	forehead
le genou	knee
les hanches (*f.*)	hips
la joue	cheek
les lèvres (*f.*)	lips
le menton	chin
le mollet	calf
l'ongle (*m.*)	fingernail, toenail
l'orteil (*m.*)	toe
un os	a bone
le poignet	wrist
un poil	a body hair
la poitrine	chest
les poumons (*m.*)	lungs
les reins (*m.*)	kidneys
le sang	blood
le sourcil	eyebrow
la taille	waist

Mots apparentés: **l'artère** (*f.*), **le crâne, les sinus** (*m.*), **le tendon, la veine**

LES MALADIES ET LES ACCIDENTS

Illnesses and accidents

une blessure	a wound
une cicatrice	a scar
la grippe (intestinale)	the (intestinal) flu
le mal au cœur	nausea, heartburn
un mal de tête (des maux...)	a headache (-aches)

mordu(e)	bitten
une piqûre de guêpe	a wasp sting
la rougeole	rubella (German measles)
une urgence	an emergency
attraper un rhume	to catch a cold
avoir mal à la tête	to have a headache
se blesser	to get injured
se brûler	to get burned
se casser (le bras)	to break (an arm)
se couper	to cut oneself
être renversé	to be knocked over
se fouler la cheville	to sprain an ankle
se heurter contre	to hit, bump against
rendre malade	to make (*someone*) ill
se sentir	to feel
tomber	to fall

Mots apparentés: **une allergie, l'appendicite** (*f.*)**, une crise cardiaque, la tendinite**

LES SYMPTÔMES ET LES ÉMOTIONS

Symptoms and emotions

avoir mal à la gorge (au ventre)	to have a sore throat (a stomach ache)
une douleur	a pain
des frissons (*f.*)	chills
un gonflement	a swelling
le nez bouché	a stuffy nose
des rougeurs (*f.*)	a rash
une toux	a cough
sans connaissance (*f.*)	unconscious
des vertiges (*m.*)	dizziness

Mots apparentés: **la fièvre, l'insomnie** (*f.*)**, un muscle, sédentaire, des vomissements** (*m.*)

s'évanouir	to faint
souffrir	to suffer
tousser	to cough

LES REMÈDES, LES TRAITEMENTS ET LES SERVICES MÉDICAUX

Medications, treatments, and medical services

des béquilles (f.)	crutches
une civière	a stretcher
un comprimé	a tablet (pill)
une gélule	a capsule
des gouttes (f.)	drops
la gymnastique d'entretien	fitness exercise
un pansement	a bandage
une pilule	a pill
une piqûre	a shot
un plâtre	a cast
la pommade	ointment, cream
des soins (m.) médicaux	medical care
un somnifère	a sleeping pill
une tisane	an herbal tea

Mots apparentés: **les antibiotiques** (m.), **l'aspirine** (f.), **un remède efficace**, **le sirop**, **un vaccin**

se déboucher le nez	to unclog one's nose
défendre	to forbid
digérer (bien)	to digest
emmener à l'hôpital	to take (someone) to the hospital
exiger	to require
faire un diagnostic	to make a diagnosis
guérir	to heal; to recover
interdire	to forbid
manger sainement	to eat "healthy"
mener une vie équilibrée	to lead a balanced life
se moucher	to blow one's nose
prendre le pouls (de quelqu'un)	to take (someone's) pulse

prescrire un traitement	to prescribe a treatment
protéger	to protect
réduire	to reduce
rmonter le moral (à qq'un)	to cheer (someone) up
se soigner	to care for oneself
soulager	to ease, make feel better

Mots apparentés: **administrer, améliorer, nourrir, opérer, respirer**

SUBSTANTIFS

Nouns

les connaissances (f.)	knowledge
un coureur/une coureuse	a runner
une échelle	a ladder
des ennuis (m.)	troubles
la fin	the end
la fumée	smoke

Mots apparentés: **un campeur, une circonstance, un(e) insomniaque, la respiration**

VERBES

Verbs

accueillir	to accept, welcome
ennuyer	to bother
fumer	to smoke
laisser tomber	to drop (something)

MOTS ET EXPRESSIONS UTILES

Useful words and expressions

partout	everywhere
pour que	in order that

Grammaire et exercices

12.1 Saying what you want others to do: MORE ON THE subjunctive

A. The verb **vouloir** is used with an infinitive to tell what someone wants to do.

> Je **veux maigrir**.   I want to lose weight.

✳ Review **Grammaire 2.5.**

B. To say what someone wants *someone else* to do, you must use **que** + a subject (referring to the other person) and a verb in the subjunctive.

> Mon petit ami **veut que j'arrête** de fumer.
>
> Ma femme **voudrait que je mange** moins de viande.

> My boyfriend wants me to quit smoking.
>
> My wife would like me to eat less meat.

✳ Review **Grammaire 10.1** and **10.2** for the formation of the subjunctive.

C. Other verbs taking this same construction include:

demander que (*to ask*)	**proposer que**
désirer que	**recommander que**
exiger que (*to require*)	**souhaiter que** (*to want, wish*)
préférer que	**suggérer que**
j'aimerais (tu aimerais, etc.) que	
je voudrais (tu voudrais, etc.) que	

> Le médecin **recommande que je dorme** plus.
>
> Je **souhaite que tu te sentes** mieux bientôt.

> The doctor recommends that I get more sleep.
>
> I hope you'll feel better soon.

Exception: **espérer** (*to hope*) always takes a verb in the indicative: **J'espère que tu viendras demain.**

D. Here are the subjunctive forms of the verbs **pouvoir, savoir,** and **venir. Pouvoir** and **savoir** have only one subjunctive stem; **venir** (**devenir, revenir**) has two.

pouvoir (puiss-)	
que je **puiss**e	que nous **puiss**ions
que tu **puiss**es	que vous **puiss**iez
qu'il/elle/on **puiss**e	qu'ils/elles **puiss**ent

➤ Subjunctive stem of **pouvoir: puiss-**

➤ Subjunctive stem of
savoir: sach-

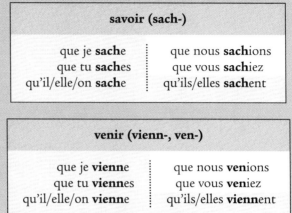

savoir (sach-)	
que je **sach**e	que nous **sach**ions
que tu **sach**es	que vous **sach**iez
qu'il/elle/on **sach**e	qu'ils/elles **sach**ent

➤ Subjunctive stems of
venir: ven- and **vienn-**

venir (vienn-, ven-)	
que je **vienn**e	que nous **ven**ions
que tu **vienn**es	que vous **ven**iez
qu'il/elle/on **vienn**e	qu'ils/elles **vienn**ent

Exercice 1 Les désirs des autres

Identifiez la personne qui s'intéresse le plus à votre vie: par exemple, votre mère, votre père, votre petit ami (petite amie). Posez des questions sur les choses que cette personne désire pour vous dans la vie et répondez-y.

MODÈLE: Est-ce que *ton père* voudrait que tu fasses plus d'exercice? →
           Oui, *mon père* voudrait que je fasse plus d'exercice. (Non, *mon père* ne voudrait pas que... Ça lui est égal.)

Est-ce que _____ voudrait que...

1. tu fasses plus de sport?
2. tu dormes moins?
3. tu perdes du poids?
4. tu sois plus sérieux/sérieuse dans tes études?
5. tu dépenses moins d'argent?
6. tu deviennes médecin?
7. tu puisses le/la voir plus souvent?

Exercice 2 Qu'en pensez-vous?

Qu'est-ce que votre université devrait faire pour améliorer la qualité de la vie sur le campus? Employez le subjonctif avec une des expressions suivantes: **je désire, je demanderais, j'aimerais, je préférerais, je voudrais.**

MODÈLE: L'université devrait interdire qu'on fume dans tous les bâtiments du campus. →
           Oui, je voudrais que l'université interdise qu'on fume dans tous les bâtiments du campus. (Non, je ne voudrais pas que...)

1. On devrait enlever toutes les nourritures malsaines des distributeurs.
2. On devrait servir des plats végétariens dans tous les restau-u.
3. On devrait installer une salle de gym dans chaque résidence.
4. L'université devrait dépenser moins d'argent pour le football américain et plus pour les cours de yoga et de taï chi.
5. Les cours ne devraient pas commencer avant 9 h du matin.
6. Les examens de fin d'année devraient être mieux espacés.

12.2 Changes of state: PASSÉ COMPOSÉ VS. IMPERFECT

A. As you know, the **imparfait** is used to describe an ongoing past state, whereas the **passé composé** expresses a well-defined punctual event in the past. Although verbs expressing states of being are more often used in the **imparfait,** they can be used in the **passé composé** to express a sudden change of state. Often a totally different verb is used in English to express this meaning.

✴ *Review **Grammaire 4.7** for **avoir** expressions describing states, and **Grammaire 6.8** and **8.6** for a summary of the uses of **passé composé** and **imparfait.***

➤ J'**avais** chaud, et tout à coup, j'**ai eu** froid.

IMPARFAIT	PASSÉ COMPOSÉ
j'avais *I had*	**j'ai eu** *I got, received*
je connaissais *I knew*	**j'ai connu** *I met*
je pouvais *I could*	**j'ai pu** *I was able, succeeded*
je savais *I knew*	**j'ai su** *I learned, found out*
je voulais *I wanted*	**je n'ai pas voulu** *I refused*

Je ne **savais** pas que Raoul était malade. Je l'**ai su** seulement hier.
J'**ai eu** peur quand j'ai entendu ce bruit.

I didn't know Raoul was sick. I found out only yesterday.
I became frightened when I heard that noise.

B. There is a similar difference in meaning when **devoir** is used in the **imparfait** or **passé composé: Je devais** often means *I was supposed to,* whereas **j'ai dû** means either *I had to* or *I must have.*

➤ je devais = I was supposed to

➤ j'ai dû = I had to, must have

Je **devais** aller au concert hier, mais **j'ai dû** rester à la maison à cause de mon rhume.
Mme Martin n'est pas là. Elle **a dû** tomber malade.

I was supposed to go to the concert yesterday, but I had to stay home because of my cold.
Madame Martin isn't here. She must have gotten sick.

Exercice 3 Une journée horrible!

Jacqueline raconte sa journée d'hier. Conjuguez le premier verbe à l'imparfait et le deuxième au passé composé.

MODÈLE: Le matin, *j'avais* (avoir) très mal à la tête, donc *j'ai pris* (prendre) des comprimés.

1. À midi, je _____ (ne pas avoir) faim, donc je _____ (ne rien manger).
2. L'après-midi, j'_____ (avoir) tellement sommeil que je _____ (s'endormir) en cours de français.
3. Je _____ (se sentir) si mal que j'_____ (devoir) rentrer tout de suite après mes cours.
4. Je _____ (devoir) aller à une soirée, mais évidemment, je _____ (ne pas pouvoir) y aller.

5. Je _____ (ne pas avoir) de voix, donc je _____ (ne pas téléphoner) à mes amies.

6. Je _____ (vouloir) voir un film, mais j'_____ (devoir) me coucher au milieu du film.

12.3 THE PRESENT PARTICIPLE

> **En parlant** = while/by speaking

A. Every French verb has a present participle form ending in **-ant**. This form is most commonly used with the preposition **en** to express a simultaneous action or the means of doing something.

Je me détends **en lisant** un bon roman.	*I relax by reading a good novel.*
Marise s'est cassé la jambe **en faisant** du ski.	*Marise broke her leg while skiing.*

B. Although the English equivalent is the *-ing* form of the verb, note that *-ing* forms have many other uses in English that are *not* expressed with the present participle in French.

Elle **souriait** quand je l'ai trouvée.	*She was smiling when I found her.*
Il parle **sans réfléchir** à ce qu'il dit.	*He talks without thinking about what he's saying.*

> Present participle stem = stem of present-tense **nous** form

> Present participle ending = **-ant**

C. To form the present participle, use the stem of the present-tense **nous** form with the ending **-ant**.

parler	**parl**ons → parl**ant**	partir	**part**ons → part**ant**
finir	**finiss**ons → finiss**ant**	faire	**fais**ons → fais**ant**
attendre	**attend**ons → attend**ant**		

D. Three verbs have irregular present participles.

avoir → **ayant**   être → **étant**   savoir → **sachant**

Exercice 4 Pour guérir

Associez l'action et le moyen de l'accomplir, puis faites une phrase avec **en** + un participe présent. Finalement, indiquez si vous êtes d'accord.

MODÈLE: confirmer un diagnostic/aller voir un deuxième médecin →
On peut confirmer un diagnostic en allant voir un deuxième médecin. Oui, c'est vrai. (Non, ce n'est pas vrai. Les médecins ne sont pas toujours d'accord.)

On peut...

1. soulager les yeux enflammés
2. transmettre des microbes
3. éviter les rhumes
4. guérir une grippe
5. arrêter le hoquet (*hiccups*)

a. tousser et éternuer
b. prendre beaucoup de vitamine C
c. y mettre des gouttes
d. se mettre un sac sur la tête
e. manger de la soupe au poulet

12.4 Expressing events in the recent past: VENIR DE + INFINITIVE

To express *to have just (done something)*, use the present tense of **venir + de +** infinitive.

✷ Review **Grammaire 1.4** for present-tense forms of **venir**.

Joël **vient de tomber** dans l'escalier.

Nous **venons de faire** de la gym.

Je **viens de voir** un reportage sur l'homéopathie.

Joël *just fell (has just fallen) down the stairs.*

We just (have just) worked out.

I've just seen a TV report on homeopathy.

➤ **Venir** (present) + **de** + infinitive = to have just done something

Note that the meaning of **venir de** + infinitive is completely different from that of **venir** (*to come*), and that the action you are talking about is expressed by the infinitive.

Exercice 5 Sur les lieux d'un incendie

Julien Leroux fait un reportage en direct d'un immeuble en flammes. Complétez ses phrases avec **venir de** + l'infinitif indiqué.

> MODÈLE: Nous _____ arriver sur place. → Nous *venons d'*arriver sur place.

1. Deux voitures de pompiers _____ arriver.
2. L'explosion que vous _____ voir provenait du sous-sol.
3. Nous _____ apprendre que l'immeuble était vide.
4. Le propriétaire de l'immeuble _____ arriver à l'instant.
5. Les pompiers _____ éteindre le feu.

12.5 Narrating in the past tense: PASSÉ COMPOSÉ VS. IMPERFECT

A. You have already seen some of the ways in which the two past tenses, the **passé composé** and the **imparfait,** are used to present different perspectives on a past action or state. Both of these past tenses are used to tell a story in the past.

✷ Review **Grammaire 8.6** on uses of **passé composé** and **imparfait.**

- The **imparfait** is used to *set the scene: to give background information* and *to describe a past action in progress.*

➤ **Imparfait** sets the scene and gives background information.

C'était le dernier jour de nos vacances à Megève. Il **faisait** froid, et les pistes **étaient** très glissantes.

Nous **descendions** la grande piste pour la dernière fois...

It was the last day of our vacation at Megève. It was cold, and the slopes were very slippery.

We were going down the big slope for the last time...

➤ **Passé composé** relates events of the main story line.

- The **passé composé** is used to relate a *single event* in the *main story line.*

... quand je **suis tombée** et je me **suis cassé** le bras. J'**ai dû** aller à l'hôpital.

... *when I fell down and broke my arm. I had to go to the hospital.*

B. Read the following narrative by Sarah Thomas and notice how the **passé composé** and **imparfait** are combined. Identify each past tense, and then tell why that tense is used.

Je n'oublierai jamais mon voyage à Châlon-sur-Saône. J'avais[1] deux changements de train à faire. À Lyon, je me suis trompée[2] de train et je suis partie[3] dans une direction opposée à celle de Châlon! Il était[4] déjà neuf heures et demie du soir et l'auberge où je devais[5] passer la nuit fermait[6] à neuf heures et demie! J'ai dû[7] téléphoner rapidement à l'auberge pour leur demander de m'attendre avant de fermer les portes. La dame qui a répondu[8] au téléphone était[9] vraiment aimable. Elle m'a dit[10] que je n'avais[11] pas à m'inquiéter. Quand je suis arrivée[12] à l'auberge, il était[13] une heure du matin! Mais la dame m'attendait[14] et elle m'a même offert[15] une tasse de thé à la camomille. Finalement, mon voyage s'est assez bien terminé.[16]

Exercice 6 Soir d'hiver au Canada

Raoul raconte une aventure qui lui est arrivée pendant des vacances d'hiver. Lisez les phrases, puis transformez son histoire du présent au passé.

MODÈLE: Il fait froid, alors nous mettons des vêtements chauds. →
Il faisait froid, alors nous avons mis des vêtements chauds.

1. C'est l'hiver, il ne fait pas froid et il y a un beau clair de lune.
2. Sylvie et moi, nous décidons d'aller faire une randonnée à ski.
3. Nous mettons nos skis et nous partons.
4. La neige est couverte d'une couche de glace et nos skis glissent très vite.
5. Après une demi-heure, nous arrivons en haut d'une colline très abrupte.
6. En descendant la colline, je tombe et un de mes skis se casse.
7. Heureusement, je n'ai rien de cassé.
8. Ensuite, nous devons faire une longue promenade à pied pour rentrer, mais nous sommes contents de notre soirée.

Exercice 7 Quels ennuis!

Marise Colin raconte les difficultés qu'elle a eues pour aller à la fac. Mettez les verbes entre parenthèses au passé composé ou à l'imparfait.

Ce (être)[1] un jeudi après-midi et j'(avoir)[2] cours à la fac. Je (prendre)[3] la voiture parce que j'(être)[4] pressée.

Malheureusement, je (ne pas trouver)[5] de place pour garer la voiture. Alors, je (prendre)[6] une petite rue à côté de la fac. La rue (être)[7] très petite et il y (avoir)[8] tant de voitures des deux côtés qu'il (être)[9] presque impossible de passer. Pas de chance! Une autre voiture venait dans l'autre direction et (s'avancer)[10] vers moi. J'(mal estimer)[11] les distances et ma voiture (toucher)[12] le côté de cette voiture. Je (chercher)[13] une place de stationnement quand j'(entendre)[14] quelqu'un m'appeler. C'(être)[15] la conductrice de l'autre voiture. Elle (penser)[16] que j'(aller)[17] partir sans m'arrêter. Quelle journée horrible!

CHAPITRE 13

La famille et les valeurs en société

«Oui, en général, on s'entend bien en famille... »

Objectifs

IN **CHAPITRE 13,** *you will talk about friendship, marriage, and other relationships. You will also learn new ways to state your feelings about what people do and more ways to express past events.*

Activités et lectures

L'amour, l'amitié et la famille

Attention! Étudier Grammaire 13.1 et 13.2

L'amitié

Elles s'embrassent.

Ils se sont rencontrés.

Ils se serrent la main.

LE MARIAGE TRADITIONNEL

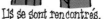

le maire   le prêtre   l'alliance   →le marié
la mariée

les demoiselles d'honneur   le garçon d'honneur

LE BAPTÊME
(la mère - le père)

la marraine

les arrière-grands-parents

le parrain

le filleul   la filleule

La famille

LA FAMILLE RECOMPOSÉE

le beau-père
la belle-mère

le beau-fils
la belle-fille

la demi-sœur   le demi-frère

LA FAMILLE MONOPARENTALE

le père célibataire

Activité 1 Définitions: Les cérémonies de la vie

1. Elle présente l'enfant au baptême et s'engage à s'occuper de lui.
2. C'est la période qui précède le mariage.
3. C'est le rapport qui existe entre amis.
4. Ce sont les premiers mois d'un mariage.
5. Cet homme est le témoin du marié.
6. Cet objet symbolise une union durable.
7. C'est le mari de la belle-mère.
8. Ce sont les parents des grands-parents.
9. C'est l'unité formée par le mariage du père d'une famille monoparentale avec la mère d'une autre.
10. C'est la personne qui célèbre la messe.

a. le prêtre
b. le beau-père
c. l'amitié
d. une famille recomposée
e. les fiançailles
f. la marraine
g. le garçon d'honneur
h. la lune de miel
i. les arrière-grands-parents
j. l'alliance

Activité 2 Enquête: L'amitié

Voici des questions extraites d'un sondage effectué par *L'Express*. Répondez-y avant d'écouter ce qu'ont dit les participants français. Ensuite, discutez de vos réponses avec des camarades de classe.

1. Quelle est l'importance de l'amitié pour votre équilibre personnel?
   a. indispensable
   b. importante
   c. peu importante
   d. inutile

2. Pour vous, l'amitié, c'est d'abord...
   a. s'entraider
   b. se confier
   c. agir ensemble
   d. s'amuser ensemble

3. Pour conserver une amitié, que seriez-vous prêt(e) à faire?
   a. changer ma façon de penser
   b. déménager
   c. sacrifier une relation amoureuse
   d. quitter mon travail

4. Pour qu'il existe une vraie amitié entre deux personnes, il est nécessaire...
   a. d'avoir des valeurs communes
   b. d'avoir le même niveau de vie
   c. d'avoir le même âge
   d. d'être du même sexe

5. Par amitié pour votre ami(e), seriez-vous prêt(e) à...
   a. l'héberger?
   b. lui remonter le moral à 3 h du matin?
   c. l'aider financièrement?
   d. lui prêter votre voiture?

6. Parmi les choses suivantes, quelles sont celles qui peuvent être un frein à vos amitiés?
   a. l'éloignement géographique
   b. le manque de temps
   c. des désaccords sur la façon de vivre
   d. des différences de situation familiale

*A*ctivité *3* Entretien: De meilleur(e)s ami(e)s

Comment sonts les rapports entre vous et votre meilleur ami(e)?

1. Est-ce que vous vous entendez toujours? Vous disputez-vous quelquefois?
2. Vous prêtez-vous de l'argent ou des vêtements?
3. Quels intérêts partagez-vous?
4. Est-ce que vous vous confiez vos secrets sans hésiter?
5. Mentez-vous l'un(e) pour l'autre de temps en temps?
6. Est-ce que vous vous voyez fréquemment?
7. Vous comprenez-vous parfaitement?
8. Vous critiquez-vous parfois?

*A*ctivité *4* Dans le monde francophone: L'amitié et le mariage

Est-ce que vous êtes d'accord ou non avec ces écrivains célèbres? Pourquoi?

Suggestions: cynique, sexiste, réaliste, surprenant, bête, équivoque

1. « En amour, celui qui guérit le premier est toujours le mieux guéri.» (le duc de la Rochefoucauld)
2. «Le mariage permet de résoudre à deux des problèmes qu'on ne se posait pas tout seul.» (Tristan Bernard)
3. «Le bonheur exige une qualité rare d'ignorance, d'incompréhension réciproque, pour que l'image merveilleuse que chacun avait inventée de l'autre demeure intacte, comme aux premiers instants.» (Romain Gary)
4. «Il y a des hommes qui n'ont que ce qu'ils méritent; les autres sont célibataires.» (Sacha Guitry)
5. «Quand un homme et une femme se marient, ils ne deviennent plus qu'un; la première difficulté est de savoir lequel.» (George Bernard Shaw)

Cliquez là!

Utilisez les mots-clés *marriage online, mariage virtuel,* ou *site du mariage* pour découvrir comment organiser un mariage à la française. Notez les URLs du site et les idées qui vous intéressent.

Ça fait penser

En France...

- L'âge moyen au premier mariage est 27 ans chez les femmes et 29 ans chez les hommes.
- Le nombre de mariages est passé de 6,2 pour 100 habitants en 1980 à 4,9 en 1997.
- Le nombre de divorces est passé de 22 pour 100 mariages en 1980 à 42 en 1996.

Activité 5
Récit: L'histoire de Bernard et Christine

Racontez l'histoire d'amour de Bernard et Christine Lasalle. Tout a commencé pendant une soirée chez Julien Leroux.

LES FRANCOPHONES SUR LE VIF

Yolande Madec, 45 ans, propriétaire d'un magasin d'alimentation bio et membre des Verts, Plougastel (Bretagne)

Politiquement, vous êtes à gauche ou à droite?

« Je dirais sans hésiter à gauche, puisque je suis membre des Verts... mais ce parti ne se résume[1] pas à une ligne politique. Parfois nous sommes d'accord avec les socialistes et les communistes, et parfois nous avons de grandes divergences d'opinion. Vous savez, depuis le début des années 90, les distinctions politiques traditionnelles ont moins d'importance qu'avant. L'opposition idéologique entre «la gauche» et «la droite», entre marxisme et capitalisme, si vous voulez, n'est plus aussi stricte, surtout au niveau local. Les politiques savent que les électeurs refusent de suivre systématiquement un parti; chacun garde la liberté de ses opinions. Regardez les priorités actuelles, elles sont souvent apolitiques: la lutte[2] contre la fracture sociale,[3] l'écologie, le développement des pays les plus pauvres, la construction de l'Europe. La politique traditionnelle n'offre pas de réponse aux questions que nous nous posons.»

[1]**se...** se limite
[2]effort fait pour combattre
[3]**fracture...** la différence excessive entre riches et pauvres

LA VIE DE FAMILLE

Attention! Étudier Grammaire 13.3

Activité 6 Entretien: Valeurs et décisions

1. Est-ce que tu demandes des conseils à quelqu'un dans ta famille? À qui? Tu peux parler de n'importe quoi avec cette personne, sans réserve?
2. Tu es ami(e) avec tes parents? Est-ce qu'il y a une différence entre cette amitié et celles que tu as avec des copains de ton âge?
3. Quelles qualités est-ce que tu recherches dans la personne avec qui tu espères passer ta vie? Si tu es déjà marié(e), ou si tu es déjà dans une relation stable, quelles qualités est-ce que tu apprécies le plus dans ton mari, ta femme ou ton/ta partenaire?
4. Tu comptes avoir ou adopter des enfants un jour? Est-ce que tu veux les élever comme tes parents t'ont élevé(e)? Qu'est-ce que tu feras de différent?

Activité 7 Échanges: Point de vue parental

Des étudiants de première année à la fac ont décrit ces situations à leurs parents. Mettez-vous à la place des parents et répondez pour eux.

> MODÈLE: Mon camarade de chambre me demande de lui prêter de l'argent mais il ne me le rend pas. →
> Nous ne voulons pas que tu lui prêtes de l'argent. Nous ne sommes pas riches!

1. Mon camarade de chambre invite ses amis dans notre chambre. Ça m'empêche d'étudier.
2. Nous passons des journées entières à discuter. C'est plus éducatif que d'aller en cours. Et puis, on peut toujours bûcher avant les examens.
3. J'ai rencontré des anarchistes, des athées! Tout ça me fait réfléchir!
4. Je ne sais pas quoi faire. Ma camarade de chambre vient de découvrir qu'elle est enceinte et elle a peur de le dire à ses parents.
5. Mes camarades de chambre ont installé des pots de marijuana dans notre apparte. Ça m'inquiète un peu.
6. Mon copain et sa petite amie ont décidé de partir ensemble.
7. Mes copains sont impressionnés! Je peux identifier le goût de n'importe quelle bière au bar du quartier.
8. Ma camarade de chambre fume dans notre chambre et ça me rend malade.

> **Exprime-toi!**
>
> Nous sommes ravis (déçus, étonnés, choqués, tristes, désolés...)
> Nous avons peur que tu...

Activité 8 Échanges: Opinions divergentes

Un jeune couple va avoir son premier enfant et il pose des questions à deux pédiatres qui offrent des opinions contraires. Jouez le rôle des parents et des pédiatres avec vos partenaires et répondez à leur place.

> MODÈLE: laisser pleurer le bébé ou le prendre dans les bras à chaque fois qu'il pleure?
> P1: C'est important que vous le preniez dans les bras. Il aura besoin de se sentir protégé.
> P2: Pas du tout! C'est indispensable que vous le laissiez pleurer. Il faut qu'il apprenne à être indépendant.

1. avoir un accouchement naturel ou sous anesthésie
2. allaiter le bébé ou lui donner le biberon
3. utiliser des couches jetables ou des couches lavables
4. mettre l'enfant dans une crèche ou décider qu'un des parents restera à la maison avec lui
5. sortir sans l'enfant de temps en temps, ou l'emmener partout
6. défendre ou permettre que l'enfant regarde la télé de temps en temps
7. permettre ou interdire que l'enfant joue avec des petits pistolets

À vous la parole!   En groupes de quatre, choisissez deux des questions adressées par ces docteurs érudits (ou d'autres questions que vous préférez) et faites un débat devant vos camarades de classe en donnant les arguments pour et contre.

Activité 9 Sondage: Hier et aujourd'hui

Dites (1) si on voyait ces situations il y a 50 ans, et (2) si elles sont typiques aujourd'hui. Ensuite, en groupe, comparez vos réponses en donnant les raisons. Quelle est votre opinion dans chaque cas?

(1)   (2)

_____ _____ **1.** Un couple qui s'entend mal divorce.

_____ _____ **2.** Deux époux habitent dans des régions différentes pour poursuivre leurs carrières.

_____ _____ **3.** Un mari décide qu'il restera à la maison et s'occupera des enfants.

_____ _____ **4.** L'épouse fait toutes les tâches ménagères.

_____ _____ **5.** Un(e) célibataire adopte un enfant.

_____ _____ **6.** Un homme de 26 ans épouse une femme de 49 ans.

_____ _____ **7.** Deux personnes fondent un foyer ensemble sans se marier.

_____ _____ **8.** Le mari travaille et la femme reste à la maison.

_____ _____ **9.** Deux fiancés signent un contrat de mariage avant de se marier.

_____ _____ **10.** Deux personnes du même sexe se marient.

Suggestions: bête, surprenant, étonnant, normal, choquant, immoral, raisonnable...

MODÈLE: É1: Il y a 50 ans, on trouvait impensable qu'une femme mariée garde son nom de jeune fille, mais c'est commun aujourd'hui. Moi, je trouve ça normal.

              É1: D'accord, c'est commun. Mais à mon avis, c'est bête...

Activité 10 Récit: Les Vincent se promènent

Les Vincent ont souvent des idées d'une autre époque. Avec votre partenaire, jouez les rôles de Florence et d'Édouard pendant ces sorties. Qu'est-ce qu'ils se disent?

—C'est terrible que les jeunes d'aujourd'hui...

—Oui, Édouard! Je regrette qu'ils...

—Je suis ravie que...

—Moi aussi, Florence. Je voudrais que tous les jeunes...

—C'est bizarre qu'on...
— Je suis d'accord, Édouard.
    Je m'étonne qu'on...

—Il est déplorable que...
—Ah, Florence, je suis
    heureux que...

Cliquez là!

Savez-vous ce qu'on met dans un contrat de mariage? Sinon, utilisez ce terme comme mot clé, ou visitez le site aufeminin.com. Jusqu'à quel point est-ce qu'on peut personnaliser son contrat?

—Tu sais, Édouard, je crains
    que l'influence américaine...
—Moi, j'ai peur que les enfants
    d'aujourd'hui...

—Il est absurde que les jeunes mères
    modernes...
—Tu as raison, Florence. Je trouve
    qu'il est impensable que...

La langue en mouvement

Les sigles

Les sigles, ou abréviations par les initiales d'un groupe de mots, sont beaucoup utilisés en France. Tous les Français comprennent «le TGV» (Train à grande vitesse), «l'EDF» (Électricité de France), «les SDF» (sans domicile fixe) et «les HLM» (habitations à loyer modéré). Les Français adorent les BD (bandes dessinées) et les JO (jeux Olympiques). Et, depuis 1999, les couples qui ne veulent ou ne peuvent pas se marier peuvent se pacser, c'est-à-dire, conclure un PACS. Le Pacte Civil de Solidarité est un contrat conclu entre deux personnes, de sexe différent ou de même sexe, pour organiser leur vie commune et pour bénéficier de certains avantages sociaux.

ALEURS ET d**é**CISIONS

Attention! Étudier Grammaire 13.4 et 13.5

Ma petite-fille a vingt-sept ans et elle est encore célibataire. Moi, à son âge, j'avais abandonné mes études et j'étais mère de famille!

—C'est la tienne?
—Mais non, ce n'est pas la mienne! C'est la sienne!

J'apprécie de nombreuses œuvres d'art, mais les leurs, pas du tout!

Je suis très déçu. Quand j'ai voté pour cette candidate, elle n'avait pas annoncé son soutien de l'énergie nucléaire.

*A*ctivité 11 Sondage: Que pense votre génération?

Est-ce que les jeunes d'aujourd'hui sont d'accord ou pas avec ceux qui ont le plus d'influence sur leur vie? Répondez à leur place. Ensuite, faites une enquête pour déterminer si la majorité de la classe pense comme vous.

1. Les valeurs de vos parents:
   a. En général, elles nous semblent raisonnables.
   b. Souvent, elles sont différentes des nôtres.
2. Les décisions du gouvernement:
   a. Elles nous paraissent très bonnes, normalement.
   b. Souvent, elles ne représentent pas nos idées.

3. Les priorités de votre université:
   a. En général, elles nous semblent acceptables.
   b. Les nôtres sont souvent différentes.
4. Les priorités de vos professeurs:
   a. Elles sont plus ou moins comme les nôtres.
   b. Les leurs sont souvent différentes des nôtres.
5. Les choix de ceux qui réalisent les émissions de télé:
   a. D'ordinaire, nous aimons leurs choix.
   b. Leurs idées ne correspondent pas aux nôtres.
6. Les buts et les valeurs des entreprises multinationales:
   a. Comme nous, elles désirent surtout la paix et la prospérité.
   b. Leurs valeurs sont différentes des nôtres. Elles ne pensent qu'aux profits.

Info: Société

L'exclusion et la solidarité

Les conditions économiques ont aggravé en France le phénomène de l'exclusion, qui concerne des gens aussi divers que les maghrébins, les chômeurs de longue durée, les SDF[1] et les victimes du sida.[2] Pourtant, une majorité de Français pense que l'exclusion est le problème de tous, car elle crée une société fracturée et hostile, et de nombreuses associations se sont formées pour lutter contre[3] ce mal: S.O.S. Racisme, Droit au Logement (qui aide les SDF), AIDES (qui soutient les malades du sida), etc. L'égoïsme n'est plus considéré comme acceptable, et la solidarité apparaît aujourd'hui comme une des valeurs les plus importantes. Cette solidarité s'étend aussi aux autres pays: la France envoie énormément d'aide humanitaire à l'étranger pour les victimes de catastrophes naturelles ou de conflits armés.

[1]personnes qui n'ont pas de logement
[2]**le sida:** le Syndrome Immuno-Déficitaire Acquis
[3]**lutter...** combattre

Activité 12 Enquête: Quelles sont vos valeurs?

Cette liste de mots vient d'une enquête réalisée en France par *Francoscopie*. Classez-les selon l'importance que vous leur donnez. Ensuite, essayez de peser l'importance de chacun pour l'ensemble de la classe.

_____ santé	_____ enfants
_____ travail	_____ amitié
_____ amour	_____ bonheur
_____ famille	_____ loisirs
_____ argent	_____ liberté

À vous la parole! Demandez à votre professeur comment les Français ont répondu dans cette enquête, et quelles différences se sont révélées entre les réponses des hommes et celles des femmes. Est-ce qu'on retrouve les mêmes différences (entre hommes et femmes) dans les réponses de la classe?

*A*ctivité *13* Dans le monde francophone: Le divorce en Europe

Lisez ce tableau sur les taux de divorces en Europe, imprimé dans *Francoscopie 1999*. Ensuite, répondez aux questions.

Evolution de la proportion de divorces pour 100 mariages dans les pays de l'Union européenne:

	1970	1980	1990	1995
Allemagne	—	—	—	33,0
• Allemagne de l'Ouest	12,2	22,7	29,2	—
• Allemagne de l'Est	20,7	32,0	23,5	—
Angleterre—Galles	16,2	39,3	42,5	46,0
Autriche	18,2	26,2	32,8	38,3
Belgique	9,6	20,8	31,9	58,1
Danemark	25,1	39,3	42,8	40,9
Espagne	—	—	8,0	12,0
Finlande	17,1	27,3	42,7	49,0
FRANCE	12,0	22,3	32,1	38,7
Grèce	5,0	10,8	12,0	17,0
Italie	5,0	3,2	8,0	8,0
Luxembourg	9,7	27,0	36,0	33,0
Norvège	13,4	25,1	42,9	46,0
Pays-Bas	11,0	25,7	29,1	37,0
Portugal	1,0	11,0	11,9	16,0
Suède	23,4	42,2	44,1	53,9

Eurostat, statistiques nationales

1. Dans quel pays est ce qu'il y a eu la plus grande augmentation du taux de divorce entre 1970 et 1980?
2. Où est-ce que le taux de divorce a diminué entre 1970 et 1980?
3. Où est-ce que le taux de divorce a le plus changé entre 1970 et 1990?
4. En 1995, quel pays avait le plus grand taux de divorces?
5. Quel pays avait la plus grande augmentation du taux de divorce entre 1990 et 1995?
6. Quel pays avait le même taux de divorce en 1995 qu'en 1990?
7. En 1995, dans quels pays est-ce que le taux de divorce a dépassé 40%?

Allons plus loin! À votre avis, quels facteurs ont probablement influencé l'accroissement des taux de divorce? En regardant le tableau, cherchez des exemples pour aider à expliquer vos raisons.

Activité 14 Discussion: Bonnes et mauvaises raisons

Julien Leroux a réalisé une émission sur la famille d'aujourd'hui. Lisez les raisons que ces personnes ont données pour justifier leurs décisions et décidez avec un(e) partenaire si celles-ci vous semblent logiques. Pourquoi (pas)?

Interviewés:
1. une femme qui s'est mariée à l'âge de dix-sept ans
   a. Je n'avais pas assez d'expérience puisque mes parents ne m'avaient pas permis de sortir avec des garçons auparavant.
   b. Toutes mes amies s'étaient déjà mariées.
   c. Je m'étais brouillée avec un petit ami et je voulais lui prouver qu'il n'avait plus d'importance pour moi.
2. un homme qui a insisté pour que sa femme reste à la maison
   a. Dans ma famille les femmes n'avaient jamais travaillé en dehors de la maison.
   b. J'avais toujours voulu gagner notre vie.
   c. Toutes les femmes de mes amis avaient choisi de rester à la maison.
3. un garçon qui a arrêté ses études à la fin du collège (à l'âge de seize ans)
   a. Personne dans ma famille n'était jamais allé à l'université.
   b. Mon père avait arrêté ses études à l'âge de seize ans.
   c. Je n'avais jamais aimé étudier et je trouvais que c'était une perte de temps et d'argent de continuer mes études.
4. une mère qui a décidé de travailler et de mettre ses enfants dans une crèche
   a. J'avais reçu un diplôme universitaire et je me voyais en femme indépendante. Je m'ennuyais à la maison.
   b. Ma sœur l'avait déjà fait et sa famille était contente de sa décision.
   c. Mon mari ne gagnait pas beaucoup; d'ailleurs, je voulais un peu d'argent pour pouvoir m'acheter des trucs.

Ça fait penser

- Dans les années 1960, on enregistrait 400.000 couples non-mariés en France. Aujourd'hui, il y en a plus de 2.000.000.
- Quatre naissances sur dix ont lieu hors du mariage en France.
- Bon nombre de personnes sans domicile fixe (SDF) n'ont plus de contacts avec leur famille.

Activité 15 Associations: Les valeurs et la politique

Est-ce que ces idées représentent les vues (1) d'un candidat conservateur ou (2) d'un candidat progressiste à votre avis? Pourquoi?

- diminuer la quantité de déchets
- arrêter et punir les criminels
- garantir le droit à l'IVG (l'interruption volontaire de grossesse)
- garantir le droit au travail aux groupes minoritaires
- créer des lois contre la pornographie
- dépenser plus pour les personnes atteintes du sida
- laisser la responsabilité de l'éducation sexuelle des enfants aux parents
- élargir l'accès aux ressources naturelles

Allons plus loin! Divisez la classe en groupes pour débattre des idées exposées dans l'Activité 15. Chaque groupe doit choisir une ou deux des idées et, dans le groupe, il faudra choisir les «progressistes» et les «conservateurs» qui vont représenter les deux côtés de chaque question. Préparez vos arguments et présentez-les à la classe.

LECTURE

La cohabitation

Le système politique français de la Ve République (depuis 1958) rend possible d'avoir un président et un premier ministre qui sont opposés politiquement: on appelle cela «cohabitation». La situation s'est produite[1] trois fois en moins de quinze ans. En 1998, Lionel Jospin, politicien de gauche (Parti socialiste) est ainsi devenu chef du gouvernement sous la présidence de Jacques Chirac, qui est de droite. Naturellement, les deux hommes ont souvent des opinions contraires, en particulier sur les questions économiques et sociales.

Par exemple, Jospin pense qu'il serait dangereux pour la société d'accepter le niveau actuel du chômage[2] (environ 11 % des actifs en France). Selon lui, le chômage brise[3] les solidarités sociales et mutile la vie de millions de familles. Il propose donc une politique de salaires plus favorable, pour consolider la consommation intérieure, et donc l'emploi. Il a aussi obtenu une réduction du temps de travail à 35 heures hebdomadaires, avec les mêmes salaires. Il juge la participation des entreprises nécessaire, mais il ne veut pas seulement avantager les patrons[4] en espérant qu'ils vont créer des emplois, parce qu'il affirme que cela n'arrive pas en réalité.

Pour Chirac, l'emploi est la dignité de l'homme, et sa meilleure protection sociale. À son avis, il ne faut pas laisser se développer une sorte de culture du

---

[1]**s'est...** est arrivée [2]**niveau...** *current level of unemployment* [3]détruit [4]**avantager...** favoriser les chefs d'entreprises

Jacques Chirac prononce un discours lors de la campagne pour les élections presidentielles en 1995

non-travail, qui conduirait tout droit à la décadence du pays. Il donne la priorité au traitement économique du chômage, grâce à une réforme fiscale qui favorise «l'argent qui investit» par rapport à «l'argent qui dort»; il veut que tous les Français investissent dans leur économie. Il croit que la réduction des impôts sur les entreprises incitera celles-ci à recruter davantage,[5] mais estime[6] que ce n'est pas l'État qui doit imposer le niveau des salaires.

(adapté d'interviews publiées dans *L'Express*)

[5] plus [6] pense, croit

Avez-vous compris? Lisez attentivement les phrases suivantes et décidez si on pourrait les attribuer à: (a) Lionel Jospin, (b) Jacques Chirac, (c) les deux, (d) ni l'un ni l'autre.

_____ **1.** Les chômeurs n'ont pas besoin de protection sociale.
_____ **2.** L'investissement crée des emplois.
_____ **3.** Il faut absolument réduire le chômage.
_____ **4.** Les Français devraient travailler moins, mais sans gagner moins.
_____ **5.** Il ne faut absolument pas augmenter le salaire minimum.
_____ **6.** L'État doit imposer aux entreprises des augmentations de salaire.
_____ **7.** Favoriser la consommation va sûrement contribuer à la création d'emplois.
_____ **8.** L'emploi est moins prioritaire que l'investissement.

À vous la parole!   Imaginez que vous êtes candidat(e) à une élection locale ou nationale. Trouvez dans la classe un(e) partenaire qui s'intéresse à un sujet particulier, et préparez un mini-débat sur le modèle de la lecture, avec des arguments aussi précis que possible.

Quelques suggestions de sujets

- l'immigration
- l'éducation
- la politique extérieure
- l'économie

- la défense nationale
- l'aide aux pays défavorisés
- l'environnement
- -?-

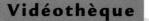 *À vous d'écrire*

Une jeune femme a écrit cette lettre à Mamie, au *Courrier du cœur*. Lisez la lettre et répondez à la place de Mamie.

Chère Mamie,
J'ai 20 ans, et depuis un an je sors avec un homme que j'adore. Nous avons des projets d'avenir très sérieux. Malheureusement, mes parents ne veulent pas le recevoir chez nous. (Nous avons peur que nos familles se fâchent entre elles.) Mon ami, très vexé et humilié, souffre de leur attitude. Du coup, il a décidé de ne plus se marier car il redoute que ma famille fasse un scandale le jour du mariage. Déjà mes parents ne sont pas très aimables avec ceux de mon ami. Nous ne savons plus du tout quoi faire tous les deux. J'ai peur que toutes ces histoires ne fassent craquer son amour pour moi. S'il vous plaît, Mamie, donnez-moi un conseil.

Dominique (Rouen)

Ma chère Dominique,
Le seul conseil que je puisse te donner, c'est de... Sinon,...
Bonne chance,
Dominique!

À explorer: www.mhhe. com/deuxmondes/ pour obtenir plus d'informations sur les thèmes du chapitre.

Vidéothèque

Espace vidéo

Exprimer ses opinions. Aimée n'aime pas la décision de son amie Sandrine de se marier. Claire essaie de raisonner avec Aimée, mais finalement elle doit trouver un moyen de parler d'autre chose. Que dit Claire pour introduire un autre sujet? De quels projets parlent ces deux copines à la fin de la conversation? Pourquoi est-ce que la décision de Sandrine n'a pas plu à Aimée?

Vocabulaire

Le mariage

Weddings

l'alliance (*f.*)	wedding ring
la demoiselle d'honneur	bridesmaid
les fiançailles (*f.*)	engagement
le garçon d'honneur	groomsman
la lune de miel	early weeks of marriage
le maire	mayor
le marié/la mariée	groom/bride
le prêtre	priest
le témoin	witness
le voyage de noces	wedding trip, honeymoon

La famille

Family members

les arrière-grands-parents (*m.*)	great-grandparents
la famille monoparentale	single-parent family
la famille recomposée	blended family
le/la filleul(e)	godchild
la marraine	godmother
le parrain	godfather
le père/la mère célibataire	single father/mother

Les enfants

Children

l'accouchement (*m.*)	childbirth
allaiter	to breastfeed
un biberon	a baby bottle
des couches (*f.*) **jetables**	disposable diapers
une crèche	a nursery school
élever	to bring up, raise
enceinte	pregnant
un pédiatre	a pediatrician

Mots apparentés: **adopter, l'anesthésie** (*f.*)**, le baptême**

Rapports personnels

Personal relationships

l'amitié (*f.*)	friendship
le bonheur	happiness
se brouiller (avec)	to quarrel, break up (with)
se confier à	to confide in (*someone*)
craindre	to fear
s'embrasser	to kiss, hug one another
s'engager (à)	to commit to
s'entendre	to get along well
s'entraider	to help one another
fonder un foyer	to start a household
mentir	to lie
se serrer la main	to shake hands
se voir	to see one another

Mots apparentés: **une dispute, le divorce, jaloux/jalouse, la passion, possessif/possessive**

Opinions, réactions et valeurs

Opinions, reactions, and values

C'est/il est/elle est...

bête	stupid, silly, dumb
choquant(e)	shocking
dégoûtant(e)	disgusting
étonnant(e)	astonishing
impensable	unthinkable
merveilleux/ merveilleuse	marvelous
surprenant(e)	surprising

Mots apparentés: **absurde, acceptable, déplorable, immoral(e), indispensable**

Je suis...

choqué(e)	shocked
déçu(e)	disappointed
désolé(e)	very sorry
étonné(e)	astonished
impressionné(e)	impressed

ravi(e)   delighted
surpris(e)   surprised

Mots apparentés: **conservateur/conservatrice, progressiste**

Substantifs

Nouns

un(e) athée	an atheist
un but	a goal
l'IVG (*f.*)	abortion
une œuvre d'art	a work of art
une perte de temps	a waste of time
la poursuite	pursuit, continuation
le sida	AIDS
le soutien	support
le taux	rate, statistic(s)
un truc	a gadget

Mots apparentés: **un anarchiste, la continuation, un(e) criminel(le), l'incomprehénsion** (*f.*)**, un pistolet, un point de vue, la pornographie, une priorité**

Verbes

Verbs

compter sur	to plan on
créer	to create

demeurer intact	to remain intact
élargir	to enlarge, broaden
empêcher	to prevent
s'enfuir	to flee, run away
s'étonner	to be astonished
gagner sa vie	to earn a living
paraître	to appear, seem
poursuivre une carrière	to pursue a career
réaliser	to achieve, accomplish
résoudre	to resolve
sembler	to seem

Mots apparentés: **garantir, prouver, questionner, représenter**

Mots et expressions utiles

Useful words and expressions

d'ailleurs	moreover, furthermore
le mien/la mienne	mine
le/la nôtre	ours
le sien/la sienne	his/hers
le tien/la tienne	yours (*fam.*)
puisque	since
sans réserve	without reservation
l'un et l'autre	both

Grammaire et exercices

13.1 Reciprocal actions: MORE ON REFLEXIVE PRONOUNS

Definition: A reciprocal action is expressed in English with *each other: They call each other often.*

✴ Review **Grammaire 2.2** and **6.6**.

➤ Reciprocal action: plural subject + reflexive pronoun
Vous vous reverrez.
Ils se sont quittés.
Elle se sont vues.

➤ Pierre et Marie se sont mariés.
Pierre and Marie got married.

Pierre s'est marié.
Pierre got married.

Marie s'est mariée avec Pierre.
Marie (got) married (to) Pierre.

A. You have often used reflexive pronouns in verbal constructions such as **je me lève, nous nous promenons,** and **elle se rappelle.** Another common use of the plural reflexive pronouns **(nous, vous, se)** is to express reciprocal actions.

—Depuis quand connais-tu ton mari?
—Nous **nous connaissons** depuis vingt ans.

How long have you known your husband?
We have known each other for twenty years.

C'est triste, mais mon frère et son patron **se détestent** cordialement.

It's sad, but my brother and his boss really hate each other.

B. Like other reflexive verbs, reciprocal expressions take **être** as the auxiliary verb in the **passé composé.** Remember, also, that the past participle usually agrees with the reflexive pronoun in gender and number.

Christine et Bernard **se sont connus** lors d'une fête chez Julien Leroux.

Christine and Bernard met at a party at Julien Leroux's.

C. The following verbs are commonly used with reciprocal meaning.

s'admirer	se connaître	se rencontrer
s'aider	se détester	se revoir
s'aimer	se quitter	se séparer
se comprendre	se regarder	se voir

D. You have already seen the expression **s'entendre (bien/mal) avec quelqu'un. S'entendre** can also be used as a reciprocal verb.

Je m'entends bien **avec** mon frère.
Mon frère et moi, **nous nous entendons** bien.

I get along well with my brother.
My brother and I get along well.

Other verbs that can be used in both of these ways include **se brouiller** (*to break up*), **se disputer, se fiancer, se marier.**

Exercice 1 Tout est bien qui finit bien

Choisissez un des verbes indiqués et conjuguez-le, s'il le faut, au temps correct.

Mes amis Fatima et Khaled ont une histoire assez drôle. La première fois qu'ils _____¹, ça n'a pas été du tout le coup de foudre. Au contraire, ils _____²! Naturellement, ils n'ont pas eu très envie de _____³ après.

se détester
se rencontrer
se revoir

410

Mais, quinze jours plus tard, ils _____⁴ une deuxième fois, à la bibliothèque. Ils avaient tous les deux des problèmes difficiles à faire en maths, alors ils _____⁵ avec leur travail. À la fin de cette soirée, ils ont pris rendez-vous pour le lendemain, et depuis, ils ne veulent plus _____.⁶ Aujourd'hui, ils sont mari et femme, et ils _____⁷ à merveille. Les premières impressions sont parfois fausses!

s'aider
s'entendre
se quitter
se rencontrer

Exercice 2 L'amitié

Dites ce qui se passe en amitié, en vous servant de verbes pronominaux réciproques.

MODÈLE: Toi et moi, _____ (envoyer) des cartes postales. →
Toi et moi, *nous nous envoyons* des cartes postales.

1. Toi et moi, _____ (dire) bonjour quand nous nous rencontrons.
2. Toi et ton/ta camarade de chambre, _____ (écouter) quand vous avez des problèmes.
3. Julien et Bernard _____ (parler) avec beaucoup de plaisir.
4. Sarah et Agnès _____ (téléphoner) souvent.
5. Toi et moi, _____ (inviter) souvent à dîner.
6. Raoul et sa petite amie _____ (embrasser) souvent.

13.2 Describing actions: Adverbs

A. You are already familiar with the most common French adverbs: **beaucoup, bien, encore, ici, mal, peu, souvent, toujours,** and related expressions.

B. Many French adverbs are formed with an adjective + **-ment,** which corresponds to the English *-ly* ending.

- If the adjective ends in a consonant, **-ment** is added to its feminine form: **certain(e) → certainement.**

actif, active → activement	certain, certaine → certainement
entier, entière → entièrement	lent, lente → lentement
franc, franche → franchement	long, longue → longuement
heureux, heureuse → heureusement	

Definition: Adverbs modify verbs, adjectives, or other adverbs. They usually tell *how, when, where,* or *how much.*

★ *Review* **Grammaire B.6** *on adjectives.*

➤ Adjective/adverb:
true/truly
slow/slowly
easy/easily

Malheureusement, il est déjà marié.

Unfortunately, he's already married.

Réfléchissez **longuement** avant de vous marier.

Think for a long time before you get married.

- If the adjective ends in a vowel, **-ment** is added directly to the masculine form.

absolu → absolument	facile → facilement

Vous croyez **vraiment** qu'ils vont divorcer?

Do you really think they're going to get divorced?

- If the adjective ends in **-ent** or **-ant,** remove that ending and add **-emment** or **-amment,** respectively.

constant → constamment	évident → évidemment
courant → couramment	fréquent → fréquemment

➤ To form an adverb from an adjective, add **-ment** to the appropriate form of the adjective:

    sérieux → sérieusement
    calme → calmement

Irregular:

    constant → constamment

Sarah parle **couramment** le français.

Sarah speaks French fluently.

Évidemment, il faut bien choisir son époux.

Obviously, you must choose your mate carefully.

Pronunciation Hint:

Both **-emment** and **-amment** are pronounced *ah* + **mẽn̸t̸.**

Exercice 3 Un mariage typique

Employez des adverbes en **-ment** pour compléter les phrases.

MODÈLE: Le garçon d'honneur ponctuel arrive... →
Le garçon d'honneur ponctuel arrive *ponctuellement.*

1. Les invités patients attendent...
2. Le prêtre sérieux parle...
3. Le marié nerveux répond...
4. La mariée attentive écoute...
5. La mère élégante de la mariée est habillée...
6. Le père très calme se conduit...
7. Les invités discrets parlent...

13.3 Expressing feelings: MORE ON THE SUBJUNCTIVE

✴ Review **Grammaire 10.1, 10.2,** and **12.1.**

A. You have already seen how subjunctive forms are used after expressions of necessity and desire when these pertain to the action of another person. Subjunctive forms are also used when expressing a feeling or an attitude about some event or state of affairs.

Je suis heureux que mes parents **puissent** voyager.

C'est dommage que tu **sois** si occupé(e).

I'm glad my parents can travel.

It's a shame you're so busy.

➤ Use subjunctive after expressions of
- necessity: **il faut que...**
- desire: **je voudrais que...**
- emotion or attitude: **je suis désolé(e) que...** , **c'est normal que...**

B. There are many different expressions that can be used this way. Here are some examples.

> avoir honte/peur que
> c'est dommage que
> être content/heureux/désolé/furieux/triste que
> être déçu que
> être étonné/surpris que
> être ravi que
> c'est (il est) bon/juste/naturel/rare/normal/préférable que
> regretter que

Exercice 4 Le conflit des générations

Exprimez votre réaction aux faits suivants, en employant une des expressions indiquées (à l'affirmatif ou au négatif) et le subjonctif.

Suggestions: C'est étonnant, honteux, inévitable, préférable, rare, regrettable que...

MODÈLE: Un Américain ne se sent pas obligé d'inviter ses parents âgés à habiter chez lui. →
C'est naturel qu'un Américain ne se sente pas obligé d'inviter ses parents âgés à habiter chez lui.

1. Les jeunes et les vieux ne s'entendent pas bien.
2. Les jeunes ne font pas attention aux conseils de leurs parents.
3. Les jeunes ne peuvent pas profiter de l'expérience de leurs aînés.
4. Nous sommes obligés de répéter les erreurs de nos parents.
5. Un jeune Américain a envie d'habiter longtemps chez ses parents.
6. Les personnes âgées ne croient plus pouvoir contribuer à la société.
7. Un certain nombre de personnes âgées sont abandonnées par leurs enfants.

Exercice 5 Que c'est triste!

Clarisse Colin rencontre une amie qu'elle n'a pas vue depuis longtemps. Employez le subjonctif pour exprimer ses réactions à chaque nouvelle que son amie lui raconte.

MODÈLE: Mon petit ami ne veut plus me voir. →
Je suis désolée que ton petit ami ne veuille plus te voir.

1. Mes parents sont séparés.
2. Mon grand-père est à l'hôpital.
3. Je n'ai pas encore mon baccalauréat.
4. Je dois repasser mes examens le mois prochain.
5. Tous mes amis partent à l'étranger cet été.
6. Moi, je ne peux pas y aller.
7. Je me sens vraiment triste.

13.4 A past in the past: The plus-que-parfait

Definition: A compound tense consists of a helping verb (auxiliary) + a past participle.

✳ Review **Grammaire 6.2.**

➤ **Plus-que-parfait = imparfait** of **avoir** or **être** + past participle

➤ The auxiliary required (**avoir** or **être**) is the same for all compound tenses of a given verb: *j'ai* **fait,** *j'avais* **fait;** je *suis* **allé,** *j'étais* **allé.**

A. French, like English, has several compound tenses, of which the most common is the **passé composé.** Other compound tenses are formed in the same way, but with the helping verb in a tense other than the present.

B. The **plus-que-parfait** (*pluperfect* or *past perfect*) is a compound tense with the helping verb in the **imparfait.** It is used to tell what *had* happened before something else in the past.

finir	aller
j' **avais** fini	j' **étais** allé(e)
tu **avais** fini	tu **étais** allé(e)
il/elle/on **avait** fini	il/elle/on **était** allé(e)
nous **avions** fini	nous **étions** allé(e)s
vous **aviez** fini	vous **étiez** allé(e)(s)
ils/elles **avaient** fini	ils/elles **étaient** allé(e)s

Reflexive verb: je m'**étais** endormi(e); nous nous **étions** levé(e)s

Le candidat a annoncé qu'il **avait réfléchi** au problème.	*The candidate announced that he had thought about the problem.*
On a annoncé que les mariés **étaient** déjà **partis.**	*They announced that the newlyweds had already left.*

C. In conversation, the **plus-que-parfait** is often used to explain why one did a particular action, or to indicate the time sequence of events in the past.

Ils ont divorcé parce qu'elle **était devenue** trop célèbre.	*They divorced because she had become too famous.*
Quand je lui ai parlé, il **avait** déjà **décidé** de partir.	*When I talked with him, he had already decided to leave.*

Exercice 6 Un mariage désastreux

Cherchez la terminaison logique pour chaque phrase. Ensuite, soulignez le verbe au plus-que-parfait.

1. Le marié s'est mis en colère parce que...
2. La mariée portait une robe rouge parce que...
3. Le père de la mariée s'est endormi parce que...
4. Le prêtre a fait beaucoup d'erreurs parce que...
5. On n'a pas servi de gâteau parce que...

a. il avait bu trop de champagne.
b. le garçon d'honneur avait perdu l'alliance.
c. le chien du prêtre l'avait mangé.
d. il avait oublié ses lunettes.
e. elle avait oublié sa robe blanche.

Exercice 7 **Une mauvaise journée**

Jean-Yves a passé une journée bien frustrante. Dites pourquoi en utilisant le plus-que-parfait.

MODÈLE: Jean-Yves a voulu faire du café au lait pour le petit déjeuner, mais il (oublier) d'acheter du lait. →
Jean-Yves a voulu faire du café au lait pour le petit déjeuner, mais il avait oublié d'acheter du lait.

1. Il est arrivé sur le quai du métro à 8 h 32, mais son train (partir) à 8 h 30.
2. Quand il a voulu rendre sa dissertation en cours d'anglais, il a découvert qu'il la (oublier) chez lui.
3. Il est allé chercher des petits pains à la boulangerie, mais le boulanger (vendre) les derniers petits pains.
4. Un ami l'a invité au cinéma, mais Jean-Yves (voir) le film la semaine précédente.
5. Quand il a téléphoné à Agnès à 10 h 30 du soir, elle (se coucher déjà) et elle s'est fâchée.

13.5 More on expressing possession: POSSESSIVE PRONOUNS

A. In French, a possessive pronoun agrees in gender and number with the noun it replaces. Thus, each pronoun has three or four possible forms.

Definition: Possessive pronouns replace a noun and a possessive adjective. Is that *your car*? Yes, it's *mine*.

✳ Review **Grammaire 1.1** on *possessive adjectives*.

	SINGULIER		PLURIEL	
	masculin	**féminin**	**masculin**	**féminin**
mine	le mien	la mienne	les miens	les miennes
yours	le tien	la tienne	les tiens	les tiennes
his	le sien	la sienne	les siens	les siennes
hers	le sien	la sienne	les siens	les siennes
its	le sien	la sienne	les siens	les siennes
ours	le nôtre	la nôtre	les nôtres	
yours	le vôtre	la vôtre	les vôtres	
theirs	le leur	la leur	les leurs	

—Tu as les mêmes **idées** que ton père?

—Non, **les miennes** sont différentes.

—Vous avez les mêmes **goûts?**

—Non, **les siens** sont plus conservateurs.

Do you have the same views as your father?

No, mine are different.

Do you have the same tastes?

No, his are more conservative.

B. Note that the choice of pronoun gender depends on *the noun it replaces*. It does *not* reflect the gender of the possessor **(la voiture de Raoul → la sienne; les lunettes de Raoul → les siennes).**

C. Remember that **le sien** and its other forms **(la sienne, les siens, les siennes)** can all express *his, hers,* or *its.* The context usually makes the meaning clear.

Est-ce que **ces livres** sont à ta grand-mère?

Oui, ce sont **les siens.**

Are these books your grandmother's?

Yes, they're hers.

Exercice 8 Comparaisons

As-tu beaucoup de choses en commun avec ton meilleur ami (ta meilleure amie)?

MODÈLE: Ton travail est intéressant ou ennuyeux? →
Le mien est intéressant.
Et celui de ton meilleur ami (ta meilleure amie)? →
Le sien est ennuyeux.

1. En général, ta voiture est propre ou sale?
Et celle de ton meilleur ami (ta meilleure amie)?
2. En général, ta chambre est en ordre ou en désordre?
Et celle de ton meilleur ami (ta meilleure amie)?
3. Tes vêtements sont chic ou pratiques?
Et ceux de ton ami(e)?
4. Ton/Ta camarade de chambre est facile ou difficile à vivre?
Et celui/celle de ton ami(e)?
5. En général, tes notes sont très bonnes ou moyennes?
Et celles de ton ami(e)?

CHAPITRE 14

Les enjeux du présent et de l'avenir

LES TELEVISIONS DE
L'ESPACE FRANCOPHONE

SOMMET DE CHAILLOT

MINISTÈRE DE LA FRANCOPHONIE
avec la participation de
TV5 EUROPE et - ESPACE FRANCOPHONE

SOMMET DE CHAILLOT

Début vingt et
unième siècle:
diversité et
vigueur de la
francophonie

Objectifs

IN **CHAPITRE 14,** *you will talk about current issues, decisions from the past, and what the future may be like. You will also learn more about expressing opinions and regrets.*

Activités et lectures

L' INTÉGRATION SOCIALE

Attention! Étudier Grammaire 14.1

Le monde idéal...

Dans le meilleur des mondes possibles, on vit en harmonie.

...et la réalité

On aurait dû accorder l'indépendance à la Côte-d'Ivoire avant 1960!

Les vestiges du système colonial nous laissent des problèmes à résoudre.

Parfois, je crois que je n'aurais pas dû immigrer dans ce pays.

L'exclusion reste un problème pour beaucoup de personnes.

Quel dommage! Les femmes auraient dû s'organiser en bloc.

Les ethnies qui vivent au sein d'une culture majoritaire risquent de perdre leur identité.

Les femmes sont en train de lutter pour obtenir l'égalité.

Dites-moi! Qui a élu ce chauvin imbécile?

L'extrême droite cherche à fermer la porte aux influences étrangères.

418

Activité 1 Entretien: Un monde plus divers

1. Est-ce que tu vois souvent des films étrangers? De quels pays?
2. As-tu un ami (une amie) qui a immigré d'un autre pays? D'où vient cette personne? Pourquoi est-ce qu'elle a immigré?
3. Que diraient tes parents si tu voulais épouser quelqu'un d'un autre pays?
4. Si tu épousais un étranger (une étrangère), quelle langue parleriez-vous chez vous? Quelle langue voudrais-tu que tes enfants parlent?
5. Est-ce qu'il y a beaucoup d'immigrés où tu habites? D'où viennent-ils? Pourquoi ont-ils immigré dans ta région?
6. Y a-t-il des quartiers «ethniques» dans ta ville? Vous avez une foire internationale de temps en temps? Si oui, comment est-elle?

Activité 2 Discussion: Les effets de l'immigration

Choisissez la réponse qui exprime le mieux votre point de vue. Si vous n'êtes pas d'accord avec les réponses, donnez-en une autre.

1. Les lois d'immigration nous empêchent de vivre dans le pays de notre choix.
   a. C'est vrai. Les pays développés n'auraient jamais dû limiter le nombre d'immigrés qu'ils acceptent.
   b. Peut-être, mais il faut contrôler l'immigration pour éviter le chômage.
2. Il est ridicule d'insister pour que les enfants des immigrés parlent anglais à l'école aux États-Unis.
   a. C'est vrai, et les Américains auraient dû établir plus d'écoles bilingues il y a longtemps.
   b. Peut-être, mais en apprenant l'anglais, les enfants s'intègrent mieux à la vie culturelle et économique du pays.
3. On ne peut plus rester une culture monolingue. Le monde a changé.
   a. C'est vrai, et nous aurions dû apprendre une langue étrangère dès l'école primaire.
   b. C'est faux. Chaque pays devrait établir une seule langue officielle.
4. Il est triste de ne pas permettre aux immigrés d'amener toute leur famille.
   a. C'est vrai. On aurait dû permettre à la famille d'immigrer ensemble.
   b. C'est vrai, mais il faut limiter le nombre d'immigrés pour protéger l'économie du pays.

Activité 3 Échanges: Ancienne colonie française

Imaginez que vous vivez dans le Kadoga, un pays fictif. Autrefois, votre pays consistait en plusieurs tribus qui parlaient des langues différentes. Les Français sont arrivés et ils ont «créé» votre pays. Ils ont uni les tribus sous leur système d'administration. Aujourd'hui, officiellement, tout fonctionne en français: l'enseignement, le gouvernement, les services.

Maintenant, on vous pose des questions. Choisissez la réponse qui vous semble la plus logique ou proposez-en une autre.

1. Pourquoi parlez-vous français avec vos amis kadogais?
   a. Nous aimons le français et nous trouvons que c'est une belle langue.
   b. Nos tribus n'ont pas la même langue, mais tout le monde parle français.
2. Pourquoi est-ce que vos parents vous ont fait éduquer en français?
   a. Dans le reste du monde, très peu de gens parlent la langue de notre tribu.
   b. Ils ont voulu que je ressemble autant que possible aux Français.
3. Pourquoi est-ce que votre pays fait partie de l'organisation des pays francophones?
   a. Ces pays ont des liens culturels et historiques.
   b. Ces pays s'entraident dans leurs affaires commerciales.
4. Pourquoi est-ce que les écrivains kadogais choisissent d'écrire en français?
   a. C'est la langue des affaires au Kadoga.
   b. Pour que plus de gens puissent lire ce qu'ils écrivent.
5. Vous trouvez facile d'être biculturel(le)?
   a. Oui, ça me semble normal.
   b. Non, je suis toujours déchiré(e) entre la culture de ma tribu et celle de Kadoga.

Activité 4 Associations: **Le chauvin**

Définition: (Le chauvin est une personne) *qui a ou qui manifeste un patriotisme excessif, souvent agressif; qui admire de façon exagérée, trop exclusive sa ville ou sa région.* (Petit Larousse illustré)

Identifiez les propos du chauvin.

- Je trouve que l'immigration a enrichi notre culture.
- Je trouve la cuisine étrangère bizarre!
- Je m'intéresse aux quartiers ethniques de ma ville.
- J'habite un quartier multiculturel et multi-ethnique.
- Ma langue est la plus belle du monde.

- Je pense que mon pays a toujours raison.
- J'adore voir des films d'autres pays.
- Je ne m'intéresse pas à l'actualité internationale.
- Je m'impatiente si un étranger prononce mal ma langue.
- J'apprends une autre langue.

À vous la parole! En groupe, créez des scènes qui pourraient se réaliser si le chauvin décidait de voyager à l'étranger.

Activité 5 Situation: **Vous avez émigré!**

Imaginez que vous avez quitté votre pays et que vous vous êtes installé(e) dans un autre pays, où vous avez un cousin. Vous ne parliez pas la langue du pays et vous aviez très peu d'argent quand vous avez quitté votre pays. Répondez aux questions posées par un journaliste.

1. Est-ce que vous vivez près d'autres gens qui parlent votre langue?
2. Vous avez de la difficulté à trouver un travail? Comment vivez-vous?

3. Restez-vous en contact avec vos amis et votre famille dans votre pays?
4. Vous avez parfois le mal du pays? Pourquoi?
5. Est-ce que vous êtes souvent invité(e) chez vos nouveaux compatriotes?
6. Comment vous débrouillez-vous, puisque vous avez de la difficulté avec la langue de votre pays d'adoption?

À vous la parole! Avec un(e) camarade, créez deux scènes dans lesquelles un(e) émigré(e) téléphone à son frère (ou à sa sœur) «chez eux». Dans la première, l'émigré(e) s'est très bien intégré(e) dans son pays d'adoption. Dans la deuxième, il (elle) a encore beaucoup de difficultés. Essayez d'imaginer ce qui s'est passé dans les deux cas.

Ça fait penser

Il y a 120 millions de migrants dans le monde aujourd'hui, contre 75 millions en 1965. Cela représente le flux des pays pauvres vers les pays riches.

LES FRANCOPHONES SUR LE VIF

Farida Abdel, 25 ans, réceptionniste à Lyon

Vous êtes une «Beurette»: qu'est-ce que cela signifie pour vous?

«Objectivement, ça signifie que mes parents ont immigré du Maghreb dans les années 60, mais que moi je suis née en France et que j'ai la nationalité française. En fait, j'ai l'impression d'appartenir à une génération dont l'identité est originale: nous, les Beurs, nous nous considérons de culture française, même si nous parlons arabe ou berbère[1] avec la famille ou si nous pratiquons l'Islam. Bien que je sois parfois aussi victime du racisme, je ne peux pas me sentir étrangère ici, puisque j'y suis née, alors que je n'ai jamais mis les pieds[2] en Algérie! Je ne cherche pas non plus à faire oublier mes origines, et d'ailleurs les «Français de souche»[3] acceptent de mieux en mieux l'idée d'une diversification de la société. L'immense popularité de Zinedine Zidane montre que toute la France peut s'identifier à un Beur—même les supporters de football, qui sont plutôt chauvins!»

[1]les Berbères (ou Kabyles) sont une ethnie indigène d'Afrique du Nord
[2]**je...** je ne suis jamais allée
[3]**Français...** qui ont des ancêtres français

Attention! Étudier Grammaire 14.2 et 14.3

Les gens vivraient mieux si nous avions dépensé moins pour les armements.

Tu n'aurais pas été victime de cette agression sans la vente libre des armes à feu.

Tiens! Les femmes n'avaient pas le droit de disposer de leur salaire avant 1907.

Nous n'aurions pas pu venir ici si on n'avait pas nettoyé cette plage.

Je me demande parfois ce que le monde serait devenu si on n'avait jamais lancé la première bombe atomique.

Activité 6 Discussion: La société: Hypothèses

Pour chaque choix, dites si vous êtes d'accord ou pas. Expliquez vos raisons.

1. Si on avait limité les échappements d'hydrocarbures dans l'atmosphère plus tôt...
   a. on aurait éliminé les pluies acides.
   b. le trou dans la couche d'ozone ne se serait pas élargi.

2. Si nous avions développé des voitures sans émissions toxiques...
   a. l'air des villes serait resté pur.
   b. la pollution n'aurait pas détérioré les gratte-ciel.
3. Si les industries avaient limité leurs déchets...
   a. les cours d'eau et les fleuves ne seraient pas aussi si pollués.
   b. le chômage serait devenu un problème encore plus grave.
4. Si nous avions reconnu l'importance des eaux et des forêts...
   a. nous aurions pu sauver les espèces animales disparues.
   b. nous aurions construit plus de centrales électro-nucléaires.
5. Si on avait adopté des lois limitant la vente des armes à feu...
   a. moins de gens seraient morts à cause des crimes passionnels.
   b. il y aurait eu moins de guerres.

Suggestions

Mais non! Ce n'est pas comme ça!   Oui, si tu veux, mais...
Ça, c'est un peu simpliste, non?   Oui, mais n'oublie pas que...

MODÈLE: É1: Si on n'avait pas inventé la laque à cheveux, on n'aurait pas
              causé le trou dans la couche d'ozone.
          É2: Tiens, c'est intéressant! Mais je pense que ce n'est pas la seule
              raison...

Qu'est-ce qui se joue entre la forêt et nous ?

Forêts du monde, forêts des hommes.

Exposition
22 juin 1995 - 25 mars 1996

GRANDE GALERIE DE L'EVOLUTION
36 rue Geoffroy Saint-Hilaire - Paris Vᵉ

Activité 7 Échanges: Une autre Amérique

Imaginez comment la vie américaine aurait été différente si les choses suivantes s'étaient passées.

MODÈLE: Si Santa Ana avait gagné la bataille de l'Alamo, moi, je pense que le Texas ne serait pas devenu un état américain et que l'espagnol aurait été la langue officielle de la région.

1. Si Napoléon n'avait pas vendu la Louisiane, ...
2. Si Seward n'avait pas acheté l'Alaska aux Russes, ...
3. Si les colonies américaines ne s'étaient pas révoltées, ...
4. Si le Nord n'avait pas gagné la guerre de Sécession, ...
5. Si les Russes avaient installé des armes nucléaires à Cuba, ...
6. Si les colonies avaient limité l'immigration des Anglais, ...
7. Si les Français n'avaient pas aidé les colons américains lors de leur révolte contre le roi d'Angleterre, ...
8. Si les Acadiens ne s'étaient pas établis en Louisiane, ...
9. Si les Européens n'avaient pas pris goût au tabac, ...

Ça fait penser

- Le français est la langue officielle, seul ou avec d'autres langues, dans dix-sept pays africains.
- Le français est la première langue de 120 millions de personnes.
- Presque 200 millions de personnes dans le monde parlent français comme deuxième langue.

La langue en mouvement

Le français en Louisiane

Depuis l'arrivée des Acadiens (Français chassés du Canada par les Anglais) en Louisiane au XVIIIe siècle, la langue française est au cœur de la culture cadienne. Pourtant, au XXe siècle, le français a été très menacé par l'anglais, au point où sa survie en Louisiane a été mise en question. Les années 1960 ont vu la renaissance du français. Bannie des écoles et des églises pendant les années 1920 et 30, la langue française a, depuis, été réintroduite dans les écoles. Il existe des stations de radio de langue française, et les musiques traditionnelles cadienne et zydeco, avec leurs chansons en français, aident à consolider la position du français.

Activité 8 Dans le monde francophone: Le deuxième sexe

Lisez ce tableau tiré de *Francoscopie* et déterminez si les phrases qui le suivent sont vraies ou non. Si une phrase est fausse, corrigez-la.

Les grandes batailles

1850 : admission des filles à l'école primaire

1880 : admission des filles au lycée

1907 : les femmes mariées peuvent disposer de leur propre salaire

1928 : capacité juridique de la femme mariée

1937 : garçons et filles suivent le même programme scolaire

1944 : les femmes obtiennent le droit de vote (96 ans après les hommes)

1965 : la femme peut travailler sans demander la permission à son époux

1967 : la loi autorise la contraception

1970 : partage de l'autorité parentale

1972 : l'égalité de rémunération entre hommes et femmes est inscrite dans la loi

1974 : la loi autorise l'interruption volontaire de la grossesse (IVG)

1982 : remboursement de l'IVG par la Sécurité sociale

1983 : loi sur l'égalité professionnelle entre hommes et femmes

1985 : possibilité d'administrer conjointement les biens familiaux

---

1. Sans la loi de 1850, le mari aurait eu le droit de contrôler les finances de la famille.
2. Sans la loi de 1974, l'avortement serait illégal aujourd'hui.
3. Sans la loi de 1937, les garçons auraient eu un programme d'études inférieur à celui des filles.
4. Sans la loi de 1880, les filles n'auraient pas eu le droit d'aller à l'école publique.
5. Sans la loi de 1972, les femmes recevraient aujourd'hui un salaire supérieur à celui des hommes pour le même travail.
6. Sans la loi de 1944, les femmes ne pourraient pas voter.
7. -?-

Cliquez là!

Utilisez le moteur de recherche *FemmeOnline.fr* pour avoir une autre perspective sur le web. Comparez les résultats que vous obtenez quand vous vous servez d'autres moteurs.

Info: Société

Femmes remarquables d'hier et d'aujourd hui

Historiquement, la société française n'a jamais manqué de femmes influentes dans des domaines variés comme la politique (Jeanne d'Arc, Marie de Médicis, Olympe de Gouges), la littérature (Mme de Lafayette, George Sand, Simone de Beauvoir, Marguerite Yourcenar), ou le sport (Suzanne Lenglen, Jeannie Longo, Surya Bonaly, Marie-Jo Pérec). Pourtant, depuis le XVIIIe siècle, le rôle des femmes restait très minime dans les milieux encore très masculins des affaires, des sciences et de la politique. Ce n'est plus vrai aujourd'hui: en 1991, Édith Cresson a été nommée premier ministre, et nombreuses sont les femmes qui occupent à présent des postes ministériels (Dominique Voynet à l'environnement, Martine Aubry aux affaires sociales, Élisabeth Guigou à la justice...). En 1999, Michèle Alliot-Marie a été élue

Claudie Deshays, astronaute

à la tête d'un des plus grands partis politiques français, le RPR. La loi sur la parité[1] récemment votée garantit qu'on trouvera toujours plus de femmes à des postes de responsabilité: elles sont déjà général d'armée, chef d'entreprise, et même spationaute[2] (Claudie Deshays). Il subsiste néanmoins un problème linguistique, car les noms de nombreuses fonctions et professions n'ont pas de féminin accepté en France (professeur, écrivain, médecin, ministre), contrairement à l'usage adopté dans d'autres pays francophones.

[1]l'égalité des sexes en termes légaux ou professionnels
[2]pilote d'un engin spatial

LES ENJEUX DU XXIE SIÈCLE

Attention! Étudier Grammaire 14.4

Le stress sera toujours un problème, à moins que nous apprenions à nous détendre.

Malgré nos discussions, on ne résoudra pas tous les problèmes sociaux.

On peut éviter la crise de la surpopulation, à condition que chacun fasse des efforts.

La génétique pourra nous aider, à condition que nous n'en abusions pas.

*A*ctivité *9* Discussion: Un siècle nouveau

Complétez les observations sur les problèmes de notre époque avec la solution que vous préférez, ou proposez-en une autre. Est-ce qu'il serait possible de résoudre ces problèmes dans les vingt prochaines années?

1. Il y aura moins de crimes violents à condition que...
   a. nous abolissions la vente des armes à feu.
   b. nous changions les idées de ceux qui commettent des crimes.
2. Nous ne pourrons pas arrêter la dégradation de l'environnement jusqu'à ce que...
   a. toutes les industries fassent des efforts sincères.
   b. tout le monde prenne conscience du gaspillage.
3. Nous ne pourrons pas compter sur des soins médicaux à l'avenir à moins que...
   a. nous n'établissions un système d'assurance nationale.
   b. nous ne dépensions moins pour la recherche et la technologie.
4. La drogue sera un danger pour la société jusqu'à ce que (qu')...
   a. nous trouvions et arrêtions tous les trafiquants.
   b. elle devienne une substance contrôlée comme l'alcool.
5. On ne pourra pas équilibrer le budget national sans que...
   a. les industriels acceptent de faire moins de profit.
   b. les individus fassent des sacrifices dans la qualité de leur vie.

MODÈLE: ...à condition que nous abolissions la vente d'armes à feu.

É1: Je suis d'accord, mais il faut ajouter que nous aurons moins de crimes à condition que nous changions la vie des pauvres et que nous...

É2: Moi, je trouve l'idée d'abolir la vente d'armes à feu complètement risible! Tout le monde...

Ça fait penser

«L'incroyable pique-nique» a eu lieu le 14 juillet 2000. Organisé par le gouvernement français pour célébrer l'an 2000, le pique-nique devait lancer une campagne de solidarité et de prévention contre le sida. Plus de 4 millions de personnes ont pique-niqué ensemble sur plus de 1000 kilomètres, ce qui reliait le nord et le sud de France.

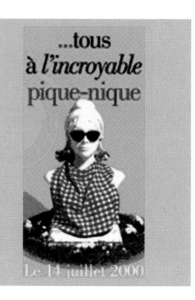

...tous à l'incroyable pique-nique

Le 14 juillet 2000

Activité 10 Discussion: Prédictions pour l'avenir

Nous allons voir des changements au XXIᵉ siècle. Avec votre partenaire, réagissez aux prédictions, en expliquant vos raisons.

1. Nous pourrons choisir le sexe, le QI et l'apparence physique des bébés.
2. Tous les ordinateurs et les logiciels seront compatibles.
3. La plupart des gens pourront travailler chez eux au lieu d'aller au bureau.
4. Il y aura très peu de pauvreté et de chômage dans le monde.
5. Le soleil deviendra notre source d'énergie principale.
6. La plupart des Américains parleront français, espagnol et anglais.
7. Nous aurons des matières grasses artificielles inoffensives.
8. Grâce à Internet, on arrêtera les criminels juste après le crime.
9. La carte génétique personnelle remplacera la carte d'identité.
10. On deviendra plus conscient de l'environnement et de sa santé. Tout le monde se déplacera à pied, en vélo ou par le train.

MODÈLE: Les chercheurs découvriront un médicament qui fait rajeunir.
É1: C'est merveilleux! Mais je doute que ma future carrière de chirurgienne esthétique soit très lucrative!
É2: Ça plairait à ma sœur! Elle ne veut pas vieillir!

Exprime-toi!

Ça me plairait
(m'étonnnerait, me surprendrait...).
Ce serait un désastre (un miracle...)!
Quelle catastrophe!
(joie!, horreur!...)
Il est temps!
C'est merveilleux!
(super!, révoltant!...)
Ça m'est égal!

Activité 11 Échanges: Un nouveau pays

En petits groupes, créez un pays où vous voudriez vivre. Présentez votre pays à la classe.

- Comment s'appelle le pays? Où est-il situé?
- Comment est sa topographie? Y a-t-il des montagnes, des forêts... ?
- Quel type de gouvernement a-t-il?
- Quelles sont les bases de l'économie? Fonctionne-t-elle bien?

- Qui habite dans ce pays? Quelle est son histoire?
- Est-ce qu'il y a une fête nationale? Pour quelle raison?
- Comment fonctionne son système d'enseignement?
- Comment sont ses habitants? Comment est leur vie?

Activité 12 Échanges: Qu'est-ce qu'on peut faire?

En groupes, décidez ce que les personnes suivantes peuvent faire pour aider à convaincre les gens à affronter les problèmes écologiques d'aujourd'hui.

- le rédacteur en chef d'un journal
- le chef du gouvernement
- un sportif ou une sportive célèbre
- une vedette de cinéma
- le président d'une université
- le/la P.-D.G. d'une entreprise internationale

MODÈLE: É1: Les profs de français peuvent discuter de ces problèmes en cours.
É2: Ils pourraient exiger que les étudiants lisent des articles et qu'ils écrivent sur ce sujet.
É3: Moi, à leur place, je passerais des films en français sur l'écologie dans mes cours.

LECTURE

Le voyageur du temps

Un inventeur génial de la fin du XIXᵉ siècle a conçu une machine à voyager dans le temps. Il s'arrête en 2000 et sort de sa machine en plein Paris. Très surpris de ce qu'il voit, il s'adresse à une passante.
—Excusez-moi, monsieur...
La passante le regarde d'un air étonné et réplique:
—Mademoiselle.
—Mademoiselle? Ah oui, c'est vrai... Je suis confus. Mais... pourquoi portez-vous un pantalon?
—Parce que je trouve ça confortable. Quelle drôle de question!
—Excusez-moi, je suis un peu désorienté... Dites-moi: nous sommes bien à Paris, n'est-ce pas?
—Oui, bien sûr.
—Et, euh... j'ai perdu ma montre, voyez-vous... pouvez-vous me dire la date?
La passante a l'air de plus en plus étonné.
—Le 1ᵉʳ avril. Ah, je comprends: c'est une blague, hein? Un poisson d'avril?[1]

---

[1]**un poisson d'avril** = une blague qu'on fait traditionnellement le 1ᵉʳ avril

—Non, non, je vous assure, je suis très sérieux, mais un peu distrait, voyez-vous. Et l'année?

—2000. Vous êtes sûr que vous vous sentez bien?

—2000!!! Mon dieu! Oui, merci, ça va. Je suis juste un peu déconcerté.

—Ah, je comprends; vous n'êtes pas d'ici...

—Oh, si, justement, c'est «ici» qui me semble avoir beaucoup changé. Regardez tous ces gens, tous ces étrangers! Toutes ces races! Est-ce qu'il y a de nouveau une Exposition Coloniale?

—Ce serait difficile: il n'y a plus de colonies, vous savez. Ces gens vivent et travaillent ici, et d'ailleurs, la plupart sont sans doute français.

—C'est vrai? Mais, alors, est-ce que la France est toujours un pays souverain? Nous n'avons pas été envahis par les Allemands, au moins?

La passante réfléchit quelques instants avec un sourire amusé.

—Pas exactement. C'est de l'histoire ancienne, tout ça. Les Allemands sont nos meilleurs amis à présent; ensemble, nous construisons l'Europe.

—Tiens! Quelle idée! Ahem... Vous savez, je suis ingénieur, je passe mes journées dans mon laboratoire et je ne suis pas l'actualité de très près. Expliquez-moi en quoi consiste cette Europe.

—Eh bien, l'Union européenne comprend quinze pays, depuis 1995, et il y en aura sans doute d'autres à l'avenir. Les frontières ont presque été abolies, et dans deux ans, nous aurons une monnaie unique, l'euro. Nous avons déjà une politique agricole commune, une force militaire multinationale...

—Vraiment? Et est-ce que cette Europe est unie politiquement aussi, avec un président?

—Non, pas encore, mais il y a des instances de gouvernement communes, comme la commission de Bruxelles, ou le parlement de Strasbourg... Vous n'avez vraiment jamais entendu parler de tout ça?

—Non, je suis très très distrait, vous savez. Mais tout ce que vous me dites m'intéresse beaucoup. J'espère seulement qu'avec tous ces changements, la France ne va pas devenir un petit pays sans importance.

—Ne vous inquiétez pas! La France aura encore un grand rôle à jouer, non seulement au sein de l'Union européenne, mais aussi dans le cadre de la francophonie...

—Je vous remercie beaucoup, jeune homme... euh, enfin, je veux dire, chère mademoiselle. Merci et bonne journée!

—Quel vieil original!— pense la jeune femme en s'éloignant, —et quel accoutrement[2] bizarre! C'est à croire que ce monsieur vit encore au XIXe siècle!

[2]costume

Avez-vous compris? Le voyageur du temps est déconcerté par les différences entre la fin du XIXe siècle et l'an 2000. Trouvez dans le texte des éléments qui sont nouveaux pour lui.

MODÈLE: À son époque, les femmes devaient porter des corsets, des robes et des jupons. →
En 2000, les femmes portent ce qu'elles veulent.

À son époque,...

1. la France et l'Allemagne étaient souvent en conflit.
2. la France possédait un immense empire colonial.
3. chaque pays européen avait des institutions totalement distinctes de celles des autres.
4. Strasbourg était sur le territoire allemand.
5. la population française était extrêmement homogène.
6. les frontières entre pays jouaient un rôle important.

À vous la parole!   Enthousiasmé par ce qu'il vient de voir, le voyageur du temps retourne dans sa machine pour rentrer dans son époque et tout raconter à ses amis. Malheureusement, il fait une erreur et se retrouve en 2098! Imaginez une scène où il rencontre un passant (une passante) du vingt et unième siècle.

MODÈLE: VOYAGEUR: Bonjour... monsieur? madame?
GOGI: Bonjour, je suis Gogi, robot à votre service. Vous désirez continuer en français?
VOYAGEUR: ...

À vous d'écrire

Interviewez quelqu'un qui a immigré d'un autre pays. Ensuite, écrivez un article au sujet de ses expériences.

Suggestions: son pays d'origine, sa raison pour partir, son travail et les changements que cette décision a provoqués dans sa vie (la langue, la culture, la nourriture, etc.)

MODÈLE: *La tante de mon ami Tuan Nguyen est venue aux États-Unis pendant les années 1980 après la guerre du Viêtnam. Elle avait été séparée de sa famille pendant la guerre et...*

Vidéothèque

Espace vidéo

Suggérer et conseiller. Claire a mauvaise conscience. Elle vient de refuser son aide à un sans-abri (SDF). Elle explique la situation à Aimée, qui lui dit comment se montrer plus généreuse envers cette personne et les pauvres en général. Qu'est-ce qu'Aimée lui propose de faire? Pourquoi est-ce qu'elle sait à qui il faut parler et quoi faire? Comment se sent Claire à la fin de leur conversation?

www.mhhe.com/deuxmondes

À explorer: www.mhhe.com/deuxmondes/ pour obtenir plus d'informations sur les thèmes du chapitre.

Vocabulaire

Le monde et ses habitants

The world and those who live there

bilingue	bilingual
chauvin(e)	chauvinistic, prejudiced
disparu(e)	gone, disappeared
monolingue	monolingual
peuplé(e)	inhabited by
puni(e)	punished

Mots apparentés: **biculturel(le), enrichir, ethnique, inférieur(e), majoritaire, multiculturel(le), pur(e)**

les droits (*m.*) de l'homme	human rights
les enjeux (*m.*)	stakes
un(e) immigré(e)	an immigrant
une foire internationale	an international fair
une tribu	a tribe

Mots apparentés: **l'harmonie** (*f.*), **l'intégration** (*f.*), **le quotient intellectuel (QI)**

commettre	to commit
faire partie de	to belong to
soutenir	to support, aid

Mots apparentés: **abuser, consister, disposer, éduquer, immigrer, s'intégrer, se révolter**

Les problèmes sociaux et l'opinion publique

Social problems and public opinion

les assurances (*f.*)	insurance
l'avortement (*m.*)	abortion
une bataille	a battle
le chômage	unemployment
le gaspillage	waste
la guerre	war
la pauvreté	poverty
l'IVG (*f.*)	abortion
les soins (*m.*) médicaux	medical care

Mots apparentés: **l'agression** (*f.*), **les armements** (*m.*), **une bombe atomique, un crime passionnel, la dégradation, la drogue**

L'environnement

The environment

abolir	to abolish
affronter	to confront, deal with
une centrale nucléaire	a nuclear power plant
un cours d'eau	a stream
une décharge	a (trash) dump
l'échappement (*m.*) d'hydrocarbures	hydrocarbon emissions
les espèces (*f.*) animales	animal species
l'exclusion (*f.*)	(state of) marginalization
la laque à cheveux	hairspray
la pluie acide	acid rain
risible	laughable
la solidarité	support, help for people in distress
la surpopulation	overpopulation
le trou dans la couche d'ozone	the hole in the ozone layer
la vente d'armes à feu	sale of firearms
les vestiges (*m.*) du passé	remains of the past

Mots apparentés: **appréhendé(e), enrichir, la génétique, lucratif/lucrative, révoltant(e), la révolte, simpliste**

Mots et expressions utiles

Useful words and expressions

au sein de	at the heart of, within
autant que possible	as much as possible
Ça m'est égal.	It doesn't matter to me.
les colons (*m.*)	colonials, colonists
le/la P.-D.G.	CEO
pire (le...)	worse (the worst)
le rédacteur en chef	executive editor

Grammaire et exercices

14.1 Should have: THE PAST CONDITIONAL OF devoir

✳ Review **Grammaire 8.5.**

A. You have already used the present conditional of **devoir** + an infinitive to express a judgment about a present or future action.

> Nous **devrions être** moins dépendants de la voiture.
> *We should be less dependent on cars.*

✳ You will learn more about the past conditional in **Grammaire 14.2.**

B. To express a judgment about a past action, use the past conditional of **devoir** + an infinitive.

PAST CONDITIONAL OF **devoir**	
j'aurais dû	nous aurions dû
tu aurais dû	vous auriez dû
il/elle/on aurait dû	ils/elles auraient dû

➤ **je dois** = I have to
➤ **je devrais** = I should
➤ **j'aurais dû** = I should have

Tu n'as pas voté? Tu **aurais dû** le faire.

Nous **aurions dû** penser à ces problèmes plus tôt.

You didn't vote? You should have.

We should have thought of these problems sooner.

Exercice 1 Erreurs du passé

La classe de Mme Martin parle de certains problèmes sociaux. Employez le conditionnel passé de **devoir.**

MODÈLE: On *aurait dû* accorder le droit de vote aux femmes beaucoup plus tôt.

1. Les scientifiques _____ nous avertir plus tôt des problèmes écologiques.
2. Nous _____ être informés plus tôt sur les dangers du tabac.
3. Vous _____ voter aux dernières élections.
4. On _____ prévoir les effets des nouvelles technologies sur les emplois.
5. Daniel, tu _____ acheter un vélo, au lieu de conduire ta voiture.
6. Moi, j'_____ recycler les déchets recyclables il y a très longtemps.

14.2 Saying what you would have done: THE PAST CONDITIONAL

✳ Review **Grammaire 11.1** on the present conditional.

A. The past conditional is used to tell what someone would have done in the past. It consists of the conditional form of **avoir** or **être** + the past participle.

CONDITIONNEL PASSÉ		
j'**aurais** fini	je **serais** arrivé(e)	je me **serais** levé(e)
tu **aurais** fini	tu **serais** arrivé(e)	tu te **serais** levé(e)
il/elle/on **aurait** fini	il/elle/on **serait** arrivé(e)	il/elle/on se **serait** levé(e)
nous **aurions** fini	nous **serions** arrivé(e)s	nous nous **serions** levé(e)s
vous **auriez** fini	vous **seriez** arrivé(e)(s)	vous vous **seriez** levé(e)(s)
ils/elles **auraient** fini	ils/elles **seraient** arrivé(e)s	ils/elles se **seraient** levé(e)s

Si j'avais vécu au XIXe siècle,
j'**aurais été** plus heureuse.
J'**aurais pu** vivre dans un
monde plus simple.

If I had lived in the 19th century,
I would have been happier. I could
have lived (would have been able to
live) in a simpler world.

➤ j'**aurais fait** = I would
have done
➤ je **serais allé(e)** = I
would have gone

B. You have seen how French expresses a hypothetical condition and its result by
using **si** + the **imparfait** and the conditional.

Si j'avais le temps, **je travaillerais**
pour ce candidat.

If I had the time, I would work for
that candidate.

✴ *Review **Grammaire 11.5***
on conditional sentences with
si + *imperfect and present*
conditional.

To express a *past* hypothetical condition and a *past* result, use **si** + the **plus-que-parfait** and the past conditional. Remember that the **plus-que-parfait** consists of
the **imparfait** of **avoir** or **être** + the past participle.

Si j'avais eu le temps, **j'aurais**
travaillé pour ce candidat.
Si tu étais resté(e) à la maison, **tu**
n'aurais pas eu cet accident.

If I had had the time, I would have
worked for that candidate.
If you had stayed at home, you
wouldn't have had this accident.

✴ *Review **Grammaire 13.4***
*on the **plus-que-parfait**.*

Exercice 2 Moi, j'aurais fait autrement!

Marie Lasalle est écologiste, mais elle a du mal à changer les habitudes de Francis.
Voici ce qu'elle lui dit quand il rentre du supermarché. Complétez les phrases en
mettant le verbe au conditionnel passé.

1. Moi, je _____ (ne pas acheter) ces sacs poubelle non-biodégradables.
2. Si tu avais pris le bus au lieu de la voiture, ça _____ (être) mieux pour
   l'environnement.
3. On _____ (ne pas jeter) tout ce plastique à la poubelle si tu n'avais pas
   choisi des légumes emballés dans du plastique.
4. Est-ce que tu sais que tu _____ (pouvoir) trouver une lessive sans
   phosphates?
5. Si tu avais emporté nos filets à provisions, tu _____ (ne pas rentrer) avec
   tous ces sacs en plastique.
6. Si tu avais réfléchi un peu plus, tu _____ (se rendre compte) qu'on vend
   beaucoup de produits «bio» au supermarché maintenant.

14.3 Conjunctions: More on the subjunctive

Definition: A *conjunction* is a word or expression that links one idea to another within a sentence: **et, mais,** etc.

A. Certain French conjunctions require the verb that follows to be in the subjunctive.

Il faudra prendre des mesures sévères, **pour que** tout le monde **comprenne** la gravité de la situation.

It will be necessary to take some drastic steps, so that everyone will understand the seriousness of the situation.

B. The conjunctions that require the use of the subjunctive generally include some element of uncertainty, in the sense that they introduce an event that may or may not actually take place. Here are the most commonly used conjunctions that require the subjunctive.

TIME	RESTRICTION
avant que *before*	**bien que, quoique** *although, even though*
jusqu'à ce que *until*	**à moins que** *unless*
PURPOSE	**pourvu que, à condition que** *provided that*
afin que, pour que *so that*	**sans que** *without*

J'espère lui parler **avant qu'**elle **prenne** une décision.

Bien que vous **ayez** de bonnes idées, je trouve que vous êtes trop optimiste.

I hope to speak to her before she makes a decision.

Although you have some good ideas, I think you are too optimistic.

Exercice 3 Que faut-il faire?

Complétez les phrases de façon logique en choisissant une des conjonctions indiquées.

bien que, à condition que, à moins que

1. La surpopulation de la terre va bientôt prendre des proportions catastrophiques, _____ tous les pays du monde se mettent d'accord sur les mesures à prendre.
2. Nous devrions aider les pays en voie de développement _____ ce développement se conforme à des priorités écologiques.
3. _____ les femmes aient le droit de vote depuis assez longtemps, il y a très peu de femmes dans notre législature.

jusqu'à ce que, pour que, quoique

4. Les jeunes défavorisés vont continuer à avoir des problèmes _____ nous dépensions plus pour les écoles que pour les prisons.

5. Notre gouvernement continue à aider ce pays, _____ ses leaders n'arrêtent pas d'emprisonner leurs adversaires politiques.

6. Il faudrait enseigner les principes de l'écologie à l'école, _____ les enfants les apprennent très jeunes.

14.4 Expressing doubt and uncertainty: MORE ON THE SUBJUNCTIVE

Another use of the subjunctive is to express doubt or uncertainty about some event or state of affairs. The following charts show possible beliefs one can have about the likelihood of some event. Notice that the indicative is used for something that is considered probable or certain, whereas the subjunctive is used for anything that is impossible, unlikely, or merely possible.

➤ Use subjunctive after expressions of
- necessity
- desire
- emotion, attitude
- doubt, uncertainty, impossibility

	SUBJUNCTIVE
Impossible	c'est impossible que ce n'est pas possible que
Unlikely, doubtful	c'est peu probable que c'est douteux que je doute que
Possible, uncertain	c'est possible que ce n'est pas certain que je ne suis pas certain(e)/sûr(e) que

	INDICATIVE
Likely, probable	c'est probable que je crois que, je pense que
Certain	c'est certain que c'est vrai que c'est sûr que c'est clair que je suis certain(e)/sûr(e) que

SUBJUNCTIVE

C'est impossible que tous les pays **se mettent** d'accord sur la solution.

Je doute que cela **soit** vrai.

C'est possible que le président **fasse** une conférence de presse ce soir.

It's impossible for all countries to agree on the solution.

I doubt that that is true.
It's possible the president will hold a press conference tonight.

➤ Subjunctive:

C'est **impossible** qu'il vienne.

C'est **peu probable** que tu aies raison.

C'est **possible** que je sois en retard.

➤ Indicative:

C'est **probable** que tu as raison.

C'est **certain** que je serai en retard.

INDICATIVE

C'est probable que la presse lui **posera** beaucoup de questions.

C'est certain que ces problèmes **vont** s'aggraver.

It's likely the press will ask him a lot of questions.

It's certain these problems are going to get worse.

Exercice 4 Prédictions pour l'an 2010

Complétez les phrases en utilisant l'indicatif ou le subjonctif. Ensuite, dites laquelle exprime le mieux votre opinion. Comparez vos réponses avec celles de vos camarades de classe.

MODÈLE: Tous les téléphones seront équipés d'un écran de télévision.
  a. C'est peu probable que tous les téléphones *soient* équipés d'un écran de télévision.
  b. C'est probable que tous les téléphones *seront* équipés d'un écran de télévision.

1. Les résidences universitaires auront un ordinateur dans chaque chambre.
   a. Il est impossible que...
   b. Je crois que...
2. Tous les Américains parleront anglais, français et espagnol.
   a. C'est impossible que...
   b. C'est probable que...
3. Nous éliminerons la pauvreté.
   a. J'espère que...
   b. C'est peu probable que...
4. Tout le monde travaillera à la maison.
   a. Je pense que...
   b. Ce n'est pas possible que...
5. Toutes les familles du monde auront Internet.
   a. C'est peu probable que...
   b. C'est possible que...

$\mathscr{A}$ppendix A:
Verbs ending in -er with spelling changes

A few regular **-er** verbs have minor spelling changes in the present-tense stem. Most of these changes correspond to changes in pronunciation that occur when the verb has an ending that is not pronounced.

- Verbs like **préférer:** The **é** just before the infinitive ending becomes **è** in all but the **nous** and **vous** forms; that is, in those forms where the verb ending is *not* pronounced: **préfère, préfères, préfèrent; préfère, préférons, préférez.**
- Verbs like **acheter:** the **e** of the stem **(achet-)** is not normally pronounced in the infinitive or in the **nous** and **vous** forms. However, it becomes an **è** in the other forms, where it *is* pronounced: **achète, achètes, achètent; achète, achetons, achetez.**
- Verbs like **appeler:** the final consonant of the stem is doubled in all but the **nous** and **vous** forms to indicate that the **e** of the stem is pronounced: **appelle, appelles, appellent; appelle, appelons, appelez.**
- Verbs like **manger:** an **e** is added to the **g** before **-ons** to preserve the correct pronunciation of the letter **g: mangeons.**
- Verbs like **commencer:** a cedilla (¸) is added to the **c** before **-ons** to preserve the *s* pronunciation: **nous commençons.**

A chart showing the full conjugation of these verbs, with lists of other verbs that have similar conjugation patterns, follows in Part 3 of Appendix C.

Appendix B:
Verb + verb constructions

1. Some verbs directly precede an infinitive, with no intervening preposition (**J'aime danser**).

aimer	espérer	pouvoir	valoir (il vaut
aller	faire	préférer	mieux)
désirer	falloir (il faut)	savoir	venir*
détester	laisser	souhaiter	vouloir
devoir	penser		

2. Some verbs require the preposition **à** before the infinitive (**Il commence à parler**).

aider à	commencer à	s'habituer à	se préparer à
s'amuser à	continuer à	hésiter à	réussir à
apprendre à	se décider à	s'intéresser à	servir à
arriver à	demander à	inviter à	tenir à
chercher à	encourager à	se mettre à	

3. Some verbs require the preposition **de** before the infinitive (**Nous essayons de travailler**).

accepter de	demander de	interdire de	proposer de
s'arrêter de	dire de	offrir de	refuser de
avoir peur de	empêcher de	oublier de	regretter de
cesser de	essayer de	parler de	remercier de
choisir de	éviter de	permettre de	rêver de
conseiller de	s'excuser de	persuader de	risquer de
décider de	finir de	promettre de	venir de*

---

*When used as a verb of motion, **venir** has no preposition before an infinitive: **Je viens vous aider.** *I'm coming to help you.* However, the preposition **de** is used before the infinitive in the **passé récent** construction: **Je viens de l'aider.** *I've just helped him/her.*

Appendix C:
Conjugations of regular and irregular verbs

1. Auxiliary verbs

VERB	INDICATIVE			CONDITIONAL	SUBJUNCTIVE	IMPERATIVE
	Present	*Imperfect*	*Future*	*Present*	*Present*	
avoir*	ai	avais	aurai	aurais	aie	
(*to have*)	as	avais	auras	aurais	aies	aie
ayant	a	avait	aura	aurait	ait	
eu	avons	avions	aurons	aurions	ayons	ayons
	avez	aviez	aurez	auriez	ayez	ayez
	ont	avaient	auront	auraient	aient	
	Passé composé		*Pluperfect*	*Past*		
	ai eu		avais eu	aurais eu		
	as eu		avais eu	aurais eu		
	a eu		avait eu	aurait eu		
	avons eu		avions eu	aurions eu		
	avez eu		aviez eu	auriez eu		
	ont eu		avaient eu	auraient eu		
	Present	*Imperfect*	*Future*	*Present*	*Present*	
être	suis	étais	serai	serais	sois	
(*to be*)	es	étais	seras	serais	sois	sois
étant	est	était	sera	serait	soit	
été	sommes	étions	serons	serions	soyons	soyons
	êtes	étiez	serez	seriez	soyez	soyez
	sont	étaient	seront	seraient	soient	
	Passé composé		*Pluperfect*	*Past*		
	ai été		avais été	aurais été		
	as été		avais été	aurais été		
	a été		avait été	aurait été		
	avons été		avions été	aurions été		
	avez été		aviez été	auriez été		
	ont été		avaient été	auraient été		

*The left-hand column of each chart contains the infinitive, the present participle, and the past participle of each verb. Conjugated verbs are shown without subject pronouns.

2. Regular verbs

VERB	INDICATIVE			CONDITIONAL	SUBJUNC-TIVE	IMPERATIVE
-er Verbs	*Present*	*Imperfect*	*Future*	*Present*	*Present*	
parler	parle	parlais	parlerai	parlerais	parle	
(*to speak*)	parles	parlais	parleras	parlerais	parles	parle
parlant	parle	parlait	parlera	parlerait	parle	
parlé	parlons	parlions	parlerons	parlerions	parlions	parlons
	parlez	parliez	parlerez	parleriez	parliez	parlez
	parlent	parlaient	parleront	parleraient	parlent	
	*Passé composé**	*Pluperfect*		*Past*		
	ai parlé	avais parlé		aurais parlé		
	as parlé	avais parlé		aurais parlé		
	a parlé	avait parlé		aurait parlé		
	avons parlé	avions parlé		aurions parlé		
	avez parlé	aviez parlé		auriez parlé		
	ont parlé	avaient parlé		auraient parlé		
-ir Verbs	*Present*	*Imperfect*	*Future*	*Present*	*Present*	
finir	finis	finissais	finirai	finirais	finisse	
(*to finish*)	finis	finissais	finiras	finirais	finisses	finis
finissant	finit	finissait	finira	finirait	finisse	
fini	finissons	finissions	finirons	finirions	finissions	finissons
	finissez	finissiez	finirez	finiriez	finissiez	finissez
	finissent	finissaient	finiront	finiraient	finissent	
	*Passé composé**	*Pluperfect*		*Past*		
	ai fini	avais fini		aurais fini		
	as fini	avais fini		aurais fini		
	a fini	avait fini		aurait fini		
	avons fini	avions fini		aurions fini		
	avez fini	aviez fini		auriez fini		
	ont fini	avaient fini		auraient fini		
-re Verbs	*Present*	*Imperfect*	*Future*	*Present*	*Present*	
perdre	perds	perdais	perdrai	perdrais	perde	
(*to lose*)	perds	perdais	perdras	perdrais	perdes	perds
perdant	perd	perdait	perdra	perdrait	perde	
perdu	perdons	perdions	perdrons	perdrions	perdions	perdons
	perdez	perdiez	perdrez	perdriez	perdiez	perdez
	perdent	perdaient	perdront	perdraient	perdent	
	*Passé composé**	*Pluperfect*		*Past*		
	ai perdu	avais perdu		aurais perdu		
	as perdu	avais perdu		aurais perdu		
	a perdu	avait perdu		aurait perdu		
	avons perdu	avions perdu		aurions perdu		
	avez perdu	aviez perdu		auriez perdu		
	ont perdu	avaient perdu		auraient perdu		

*Certain intransitive verbs are conjugated with **être** instead of **avoir** in compound tenses. Regular verbs conjugated with **être** include **arriver, monter, passer, rentrer, rester, retourner, tomber,** and **descendre.**

3. -er Verbs with spelling changes

Certain verbs ending in **-er** require spelling changes. Models for each kind of change are listed here. Forms showing stem changes are in boldface type.

VERB	PRESENT	IMPERFECT	PASSÉ COMPOSÉ	FUTURE	CONDITIONAL	PRESENT SUBJUNCTIVE	IMPERATIVE
commencer*	commence	**commençais**	ai commencé	commencerai	commencerais	commence	
(to begin)	commences	**commençais**	as commencé	commenceras	commencerais	commences	commence
commençant	commence	**commençait**	a commencé	commencera	commencerait	commence	
commencé	**commençons**	commencions	avons commencé	commencerons	commencerions	commencions	**commençons**
	commencez	commenciez	avez commencé	commencerez	commenceriez	commenciez	commencez
	commencent	**commençaient**	ont commencé	commenceront	commenceraient	commencent	
manger**	mange	**mangeais**	ai mangé	mangerai	mangerais	mange	
(to eat)	manges	**mangeais**	as mangé	mangeras	mangerais	manges	mange
mangeant	mange	**mangeait**	a mangé	mangera	mangerait	mange	
mangé	**mangeons**	mangions	avons mangé	mangerons	mangerions	mangions	**mangeons**
	mangez	mangiez	avez mangé	mangerez	mangeriez	mangiez	mangez
	mangent	**mangeaient**	ont mangé	mangeront	mangeraient	mangent	
appeler†	**appelle**	appelais	ai appelé	**appellerai**	**appellerais**	**appelle**	
(to call)	**appelles**	appelais	as appelé	**appelleras**	**appellerais**	**appelles**	**appelle**
appelant	**appelle**	appelait	a appelé	**appellera**	**appellerait**	**appelle**	
appelé	appelons	appelions	avons appelé	**appellerons**	**appellerions**	appelions	appelons
	appelez	appeliez	avez appelé	**appellerez**	**appelleriez**	appeliez	appelez
	appellent	appelaient	ont appelé	**appelleront**	**appelleraient**	**appellent**	
essayer††	**essaie**	essayais	ai essayé	**essaierai**	**essaierais**	**essaie**	
(to try)	**essaies**	essayais	as essayé	**essaieras**	**essaierais**	**essaies**	**essaie**
essayant	**essaie**	essayait	a essayé	**essaiera**	**essaierait**	**essaie**	
essayé	essayons	essayions	avons essayé	**essaierons**	**essaierions**	essayions	essayons
	essayez	essayiez	avez essayé	**essaierez**	**essaieriez**	essayiez	essayez
	essaient	essayaient	ont essayé	**essaieront**	**essaieraient**	**essaient**	
acheter‡	**achète**	achetais	ai acheté	**achèterai**	**achèterais**	**achète**	
(to buy)	**achètes**	achetais	as acheté	**achèteras**	**achèterais**	**achètes**	**achète**
achetant	**achète**	achetait	a acheté	**achètera**	**achèterait**	**achète**	
acheté	achetons	achetions	avons acheté	**achèterons**	**achèterions**	achetions	achetons
	achetez	achetiez	avez acheté	**achèterez**	**achèteriez**	achetiez	achetez
	achètent	achetaient	ont acheté	**achèteront**	**achèteraient**	**achètent**	
préférer§	**préfère**	préférais	ai préféré	préférerai	préférerais	**préfère**	
(to prefer)	**préfères**	préférais	as préféré	préféreras	préférerais	**préfères**	**préfère**
préférant	**préfère**	préférait	a préféré	préférera	préférerait	**préfère**	
préféré	préférons	préférions	avons préféré	préférerons	préférerions	préférions	préférons
	préférez	préfériez	avez préféré	préférerez	préféreriez	préfériez	préférez
	préfèrent	préféraient	ont préféré	préféreront	préféreraient	**préfèrent**	

*Verbs like **commencer**: dénoncer, divorcer, menacer, placer, prononcer, remplacer, tracer
Verbs like **manger: bouger, changer, dégager, engager, exiger, juger, loger, mélanger, nager, obliger, partager, voyager
†Verbs like **appeler**: épeler, jeter, projeter, (se) rappeler
††Verbs like **essayer**: employer, (s')ennuyer, nettoyer, payer
‡Verbs like **acheter**: achever, amener, emmener, (se) lever, promener
§Verbs like **préférer**: célébrer, considérer, espérer, (s')inquiéter, pénétrer, posséder, répéter, révéler, suggérer

4. Reflexive verbs

VERB	INDICATIVE			CONDITIONAL	SUB-JUNCTIVE	IMPERATIVE
	Present	*Imperfect*	*Future*	*Present*	*Present*	
se laver	me lave	me lavais	me laverai	me laverais	me lave	
(*to wash*	te laves	te lavais	te laveras	te laverais	te laves	lave-toi
oneself)	se lave	se lavait	se lavera	se laverait	se lave	
se lavant	nous lavons	nous lavions	nous laverons	nous laverions	nous lavions	lavons-nous
lavé	vous lavez	vous laviez	vous laverez	vous laveriez	vous laviez	lavez-vous
	se lavent	se lavaient	se laveront	se laveraient	se lavent	
	Passé composé	*Pluperfect*	*Past*			
	me suis lavé(e)	m'étais lavé(e)	me serais lavé(e)			
	t'es lavé(e)	t'étais lavé(e)	te serais lavé(e)			
	s'est lavé(e)	s'était lavé(e)	se serait lavé(e)			
	nous sommes lavé(e)s	nous étions lavé(e)s	nous serions lavé(e)s			
	vous êtes lavé(e)(s)	vous étiez lavé(e)(s)	vous seriez lavé(e)(s)			
	se sont lavé(e)s	s'étaient lavé(e)s	se seraient lavé(e)s			

5. Irregular verbs

VERB	PRESENT	PASSÉ COMPOSÉ	IMPERFECT	FUTURE	CONDI-TIONAL	PRESENT SUBJUNCTIVE	IMPERATIVE
aller	vais	suis allé(e)	allais	irai	irais	aille	
(*to go*)	vas	es allé(e)	allais	iras	irais	ailles	va
allant	va	est allé(e)	allait	ira	irait	aille	
allé	allons	sommes allé(e)s	allions	irons	irions	allions	allons
	allez	êtes allé(e)(s)	alliez	irez	iriez	alliez	allez
	vont	sont allé(e)s	allaient	iront	iraient	aillent	
boire	bois	ai bu	buvais	boirai	boirais	boive	
(*to drink*)	bois	as bu	buvais	boiras	boirais	boives	bois
buvant	boit	a bu	buvait	boira	boirait	boive	
bu	buvons	avons bu	buvions	boirons	boirions	buvions	buvons
	buvez	avez bu	buviez	boirez	boiriez	buviez	buvez
	boivent	ont bu	buvaient	boiront	boiraient	boivent	
conduire*	conduis	ai conduit	conduisais	conduirai	conduirais	conduise	
(*to lead,*	conduis	as conduit	conduisais	conduiras	conduirais	conduises	conduis
to drive)	conduit	a conduit	conduisait	conduira	conduirait	conduise	
conduisant	conduisons	avons conduit	conduisions	conduirons	conduirions	conduisions	conduisons
conduit	conduisez	avez conduit	conduisiez	conduirez	conduiriez	conduisiez	conduisez
	conduisent	ont conduit	conduisaient	conduiront	conduiraient	conduisent	
connaître	connais	ai connu	connaissais	connaîtrai	connaîtrais	connaisse	
(*to be*	connais	as connu	connaissais	connaîtras	connaîtrais	connaisses	connais
acquainted	connaît	a connu	connaissait	connaîtra	connaîtrait	connaisse	
with)	connaissons	avons connu	connaissions	connaîtrons	connaîtrions	connaissions	connaissons
connaissant	connaissez	avez connu	connaissiez	connaîtrez	connaîtriez	connaissiez	connaissez
connu	connaissent	ont connu	connaissaient	connaîtront	connaîtraient	connaissent	

*Verbs like **conduire: détruire, réduire, traduire**

VERB	PRESENT	PASSÉ COMPOSÉ	IMPERFECT	FUTURE	CONDI-TIONAL	PRESENT SUBJUNCTIVE	IMPERATIVE
courir	cours	ai couru	courais	courrai	courrais	coure	
(*to run*)	cours	as couru	courais	courras	courrais	coures	cours
courant	court	a couru	courait	courra	courrait	coure	
couru	courons	avons couru	courions	courrons	courrions	courions	courons
	courez	avez couru	couriez	courrez	courriez	couriez	courez
	courent	ont couru	couraient	courront	courraient	courent	
craindre*	crains	ai craint	craignais	craindrai	craindrais	craigne	
(*to fear*)	crains	as craint	craignais	craindras	craindrais	craignes	crains
craignant	craint	a craint	craignait	craindra	craindrait	craigne	
craint	craignons	avons craint	craignions	craindrons	craindrions	craignions	craignons
	craignez	avez craint	craigniez	craindrez	craindriez	craigniez	craignez
	craignent	ont craint	craignaient	craindront	craindraient	craignent	
croire	crois	ai cru	croyais	croirai	croirais	croie	
(*to believe*)	crois	as cru	croyais	croiras	croirais	croies	crois
croyant	croit	a cru	croyait	croira	croirait	croie	
cru	croyons	avons cru	croyions	croirons	croirions	croyions	croyons
	croyez	avez cru	croyiez	croirez	croiriez	croyiez	croyez
	croient	ont cru	croyaient	croiront	croiraient	croient	
devoir	dois	ai dû	devais	devrai	devrais	doive	
(*to have to,*	dois	as dû	devais	devras	devrais	doives	dois
to owe)	doit	a dû	devait	devra	devrait	doive	
devant	devons	avons dû	devions	devrons	devrions	devions	devons
dû	devez	avez dû	deviez	devrez	devriez	deviez	devez
	doivent	ont dû	devaient	devront	devraient	doivent	
dire**	dis	ai dit	disais	dirai	dirais	dise	
(*to say,*	dis	as dit	disais	diras	dirais	dises	dis
to tell)	dit	a dit	disait	dira	dirait	dise	
disant	disons	avons dit	disions	dirons	dirions	disions	disons
dit	dites	avez dit	disiez	direz	diriez	disiez	dites
	disent	ont dit	disaient	diront	diraient	disent	
dormir†	dors	ai dormi	dormais	dormirai	dormirais	dorme	
(*to sleep*)	dors	as dormi	dormais	dormiras	dormirais	dormes	dors
dormant	dort	a dormi	dormait	dormira	dormirait	dorme	
dormi	dormons	avons dormi	dormions	dormirons	dormirions	dormions	dormons
	dormez	avez dormi	dormiez	dormirez	dormiriez	dormiez	dormez
	dorment	ont dormi	dormaient	dormiront	dormiraient	dorment	
écrire††	écris	ai écrit	écrivais	écrirai	écrirais	écrive	
(*to write*)	écris	as écrit	écrivais	écriras	écrirais	écrives	écris
écrivant	écrit	a écrit	écrivait	écrira	écrirait	écrive	
écrit	écrivons	avons écrit	écrivions	écrirons	écririons	écrivions	écrivons
	écrivez	avez écrit	écriviez	écrirez	écririez	écriviez	écrivez
	écrivent	ont écrit	écrivaient	écriront	écriraient	écrivent	
envoyer	envoie	ai envoyé	envoyais	enverrai	enverrais	envoie	
(*to send*)	envoies	as envoyé	envoyais	enverras	enverrais	envoies	envoie
envoyant	envoie	a envoyé	envoyait	enverra	enverrait	envoie	
envoyé	envoyons	avons envoyé	envoyions	enverrons	enverrions	envoyions	envoyons
	envoyez	avez envoyé	envoyiez	enverrez	enverriez	envoyiez	envoyez
	envoient	ont envoyé	envoyaient	enverront	enverraient	envoient	

*Verbs like **craindre**: atteindre, éteindre, plaindre
Verbs like **dire: contredire (vous contredisez), interdire (vous interdisez), prédire (vous prédisez)
†Verbs like **dormir**: mentir, partir, repartir, sentir, servir, sortir. (**Partir, repartir,** and **sortir** are conjugated with **être.**)
††Verbs like **écrire**: décrire

VERB	PRESENT	PASSÉ COMPOSÉ	IMPERFECT	FUTURE	CONDITIONAL	PRESENT SUBJUNCTIVE	IMPERATIVE
faire	fais	ai fait	faisais	ferai	ferais	fasse	
(*to do,*	fais	as fait	faisais	feras	ferais	fasses	fais
to make)	fait	a fait	faisait	fera	ferait	fasse	
faisant	faisons	avons fait	faisions	ferons	ferions	fassions	faisons
fait	faites	avez fait	faisiez	ferez	feriez	fassiez	faites
	font	ont fait	faisaient	feront	feraient	fassent	
falloir	il faut	il a fallu	il fallait	il faudra	il faudrait	il faille	
(*to be*							
necessary)							
fallu							
lire	lis	ai lu	lisais	lirai	lirais	lise	
(*to read*)	lis	as lu	lisais	liras	lirais	lises	lis
lisant	lit	a lu	lisait	lira	lirait	lise	
lu	lisons	avons lu	lisions	lirons	lirions	lisions	lisons
	lisez	avez lu	lisiez	lirez	liriez	lisiez	lisez
	lisent	ont lu	lisaient	liront	liraient	lisent	
mettre*	mets	ai mis	mettais	mettrai	mettrais	mette	
(*to put*)	mets	as mis	mettais	mettras	mettrais	mettes	mets
mettant	met	a mis	mettait	mettra	mettrait	mette	
mis	mettons	avons mis	mettions	mettrons	mettrions	mettions	mettons
	mettez	avez mis	mettiez	mettrez	mettriez	mettiez	mettez
	mettent	ont mis	mettaient	mettront	mettraient	mettent	
mourir	meurs	suis mort(e)	mourais	mourrai	mourrais	meure	
(*to die*)	meurs	es mort(e)	mourais	mourras	mourrais	meures	meurs
mourant	meurt	est mort(e)	mourait	mourra	mourrait	meure	
mort	mourons	sommes mort(e)s	mourions	mourrons	mourrions	mourions	mourons
	mourez	êtes mort(e)(s)	mouriez	mourrez	mourriez	mouriez	mourez
	meurent	sont mort(e)s	mouraient	mourront	mourraient	meurent	
ouvrir**	ouvre	ai ouvert	ouvrais	ouvrirai	ouvrirais	ouvre	
(*to open*)	ouvres	as ouvert	ouvrais	ouvriras	ouvrirais	ouvres	ouvre
ouvrant	ouvre	a ouvert	ouvrait	ouvrira	ouvrirait	ouvre	
ouvert	ouvrons	avons ouvert	ouvrions	ouvrirons	ouvririons	ouvrions	ouvrons
	ouvrez	avez ouvert	ouvriez	ouvrirez	ouvririez	ouvriez	ouvrez
	ouvrent	ont ouvert	ouvraient	ouvriront	ouvriraient	ouvrent	
plaire	plais	ai plu	plaisais	plairai	plairais	plaise	
(*to please*)	plais	as plu	plaisais	plairas	plairais	plaises	plais
plaisant	plaît	a plu	plaisait	plaira	plairait	plaise	
plu	plaisons	avons plu	plaisions	plairons	plairions	plaisions	plaisons
	plaisez	avez plu	plaisiez	plairez	plairiez	plaisiez	plaisez
	plaisent	ont plu	plaisaient	plairont	plairaient	plaisent	
pleuvoir	il pleut	il a plu	il pleuvait	il pleuvra	il pleuvrait	il pleuve	
(*to rain*)							
pleuvant							
plu							
pouvoir	peux (puis)	ai pu	pouvais	pourrai	pourrais	puisse	
(*to be able*)	peux	as pu	pouvais	pourras	pourrais	puisses	
pouvant	peut	a pu	pouvait	pourra	pourrait	puisse	
pu	pouvons	avons pu	pouvions	pourrons	pourrions	puissions	
	pouvez	avez pu	pouviez	pourrez	pourriez	puissiez	
	peuvent	ont pu	pouvaient	pourront	pourraient	puissent	

*Verbs like **mettre: permettre, promettre, remettre**
Verbs like **ouvrir: couvrir, découvrir, offrir, souffrir

VERB	PRESENT	PASSÉ COMPOSÉ	IMPERFECT	FUTURE	CONDI-TIONAL	PRESENT SUBJUNCTIVE	IMPERATIVE
prendre* (*to take*) prenant pris	prends prends prend prenons prenez prennent	ai pris as pris a pris avons pris avez pris ont pris	prenais prenais prenait prenions preniez prenaient	prendrai prendras prendra prendrons prendrez prendront	prendrais prendrais prendrait prendrions prendriez prendraient	prenne prennes prenne prenions preniez prennent	prends prenons prenez
recevoir* (*to receive*) recevant reçu	reçois reçois reçoit recevons recevez reçoivent	ai reçu as reçu a reçu avons reçu avez reçu ont reçu	recevais recevais recevait recevions receviez recevaient	recevrai recevras recevra recevrons recevrez recevront	recevrais recevrais recevrait recevrions recevriez recevraient	reçoive reçoives reçoive recevions receviez reçoivent	reçois recevons recevez
rire† (*to laugh*) riant ri	ris ris rit rions riez rient	ai ri as ri a ri avons ri avez ri ont ri	riais riais riait riions riiez riaient	rirai riras rira rirons rirez riront	rirais rirais rirait ririons ririez riraient	rie ries rie riions riiez rient	ris rions riez
savoir (*to know*) sachant su	sais sais sait savons savez savent	ai su as su a su avons su avez su ont su	savais savais savait savions saviez savaient	saurai sauras saura saurons saurez sauront	saurais saurais saurait saurions sauriez sauraient	sache saches sache sachions sachiez sachent	sache sachons sachez
suivre (*to follow*) suivant suivi	suis suis suit suivons suivez suivent	ai suivi as suivi a suivi avons suivi avez suivi ont suivi	suivais suivais suivait suivions suiviez suivaient	suivrai suivras suivra suivrons suivrez suivront	suivrais suivrais suivrait suivrions suivriez suivraient	suive suives suive suivions suiviez suivent	suis suivons suivez
tenir (*to hold, to keep*) tenant tenu	tiens tiens tient tenons tenez tiennent	ai tenu as tenu a tenu avons tenu avez tenu ont tenu	tenais tenais tenait tenions teniez tenaient	tiendrai tiendras tiendra tiendrons tiendrez tiendront	tiendrais tiendrais tiendrait tiendrions tiendriez tiendraient	tienne tiennes tienne tenions teniez tiennent	tiens tenons tenez
venir†† (*to come*) venant venu	viens viens vient venons venez viennent	suis venu(e) es venu(e) est venu(e) sommes venu(e)s êtes venu(e)(s) sont venu(e)s	venais venais venait venions veniez venaient	viendrai viendras viendra viendrons viendrez viendront	viendrais viendrais viendrait viendrions viendriez viendraient	vienne viennes vienne venions veniez viennent	viens venons venez

*Verbs like **prendre: apprendre, comprendre, surprendre**
Verbs like **recevoir: apercevoir, s'apercevoir de, décevoir
†Verbs like **rire: sourire**
††Verbs like **venir: devenir (elle est devenue), revenir (elle est revenue), maintenir (elle a maintenu), obtenir (elle a obtenu), se souvenir de (elle s'est souvenue de...), tenir (elle a tenu)**

VERB	PRESENT	PASSÉ COMPOSÉ	IMPERFECT	FUTURE	CONDI-TIONAL	PRESENT SUBJUNCTIVE	IMPERATIVE
vivre*	vis	ai vécu	vivais	vivrai	vivrais	vive	
(*to live*)	vis	as vécu	vivais	vivras	vivrais	vives	vis
vivant	vit	a vécu	vivait	vivra	vivrait	vive	
vécu	vivons	avons vécu	vivions	vivrons	vivrions	vivions	vivons
	vivez	avez vécu	viviez	vivrez	vivriez	viviez	vivez
	vivent	ont vécu	vivaient	vivront	vivraient	vivent	
voir**	vois	ai vu	voyais	verrai	verrais	voie	
(*to see*)	vois	as vu	voyais	verras	verrais	voies	vois
voyant	voit	a vu	voyait	verra	verrait	voie	
vu	voyons	avons vu	voyions	verrons	verrions	voyions	voyons
	voyez	avez vu	voyiez	verrez	verriez	voyiez	voyez
	voient	ont vu	voyaient	verront	verraient	voient	
vouloir	veux	ai voulu	voulais	voudrai	voudrais	veuille	
(*to wish*,	veux	as voulu	voulais	voudras	voudrais	veuilles	veuille
to want)	veut	a voulu	voulait	voudra	voudrait	veuille	
voulant	voulons	avons voulu	voulions	voudrons	voudrions	voulions	veuillons
voulu	voulez	avez voulu	vouliez	voudrez	voudriez	vouliez	veuillez
	veulent	ont voulu	voulaient	voudront	voudraient	veuillent	

*Like **vivre**: survivre
Like **voir: prévoir, revoir

$\mathcal{A}$ppendix D:
Answers to grammar exercises

PREMIÈRE ÉTAPE

Ex. 1. 1. oui 2. non 3. non 4. oui 5. oui
6. non 7. oui 8. non **Ex. 2.** 1. c 2. a 3. b 4. d
Ex. 3. 1. petit, petite 2. grande, grand
3. vieille 4. beau 5. noir 6. moyen **Ex. 4.**
1. un, Le 2. un, L' 3. un, un, un, le 4. une,
une, une 5. une, la 6. une, la **Ex. 5.** 1. Je, je
2. Il 3. Elle, Ils 4. nous 5. Elles 6. Tu **Ex. 6.**
1. suis 2. est 3. sommes 4. sont 5. es 6. êtes
Ex. 7. 1. ne sont pas 2. n'es pas 3. n'êtes pas
4. ne suis pas 5. ne sommes pas 6. n'est pas
Ex. 8. 1. L' 2. Les 3. Les 4. La 5. Le **Ex. 9.**
1. une, une 2. une, une, un 3. des, des
4. un, des, un, des 5. une, un, une, un
Ex. 10. 1. a 2. a 3. b 4. a 5. b

DEUXIÈME ÉTAPE

Ex. 1. 1. des 2. un 3. des 4. un 5. des 6. de
7. de **Ex. 2.** 1. Oui, il y a une bicyclette.
(Non, il n'y a pas de bicyclette.) 2. Oui, il y a
une grande fenêtre. (Non, il n'y a pas de
grande fenêtre.) 3. Oui, il y a une horloge.
(Non, il n'y a pas d'horloge.) 4. Oui, il y a
une plante. (Non, il n'y a pas de plante.)
5. Oui, il y a un bureau. (Non, il n'y a pas
de bureau.) 6. Oui, il y a une lampe. (Non, il
n'y a pas de lampe.) 7. Oui, il y a un téléphone. (Non, il n'y a pas de téléphone.)
8. Oui, il y a un tableau noir. (Non, il n'y a
pas de tableau noir.) **Ex. 3.** 1. Qui est-ce
2. Qu'est-ce que c'est 3. Qui est-ce 4. Qui
est-ce 5. Qu'est-ce que c'est 6. Qu'est-ce que
c'est **Ex. 4.** 1. c 2. e 3. a 4. b 5. d **Ex. 5.** 1. Il
est six heures vingt. 2. Il est six heures et
quart. 3. Il est huit heures treize. 4. Il est
une heure dix. 5. Il est sept heures sept. 6. Il
est cinq heures et demie. 7. Il est dix heures
moins sept. 8. Il est quatre heures moins
vingt. 9. Il est midi. 10. Il est onze heures
moins le quart. **Ex. 6.** 1. Il est quinze
heures. Il est trois heures de l'après-midi.
2. Il est sept heures quinze. Il est sept
heures et quart du matin. 3. Il est treize
heures trente. Il est une heure et demie de
l'après-midi. 4. Il est vingt heures. Il est huit
heures du soir. 5. Il est vingt-deux heures
trente. Il est dix heures et demie du soir.
6. Il est dix heures quarante-cinq. Il est onze
heures moins le quart du matin. 7. Il est
dix-huit heures vingt. Il est six heures vingt
du soir. 8. Il est dix-neuf heures. Il est sept
heures du soir. 9. Il est seize heures
quarante-cinq. Il est cinq heures moins le
quart de l'après-midi. 10. Il est douze heures
cinquante. Il est une heure moins dix. **Ex. 7.**
1. avons 2. avons 3. ai 4. a 5. ont 6. avez
7. avez 8. as 9. as **Ex. 8.** 1. des, de 2. un, de
3. une, de 4. un, de 5. un, de 6. un, d' **Ex. 9.**

1. Oui, j'ai un dictionnaire français. (Non, je
n'ai pas de dictionnaire français.) 2. Oui, j'ai
un appartement. (Non, je n'ai pas d'appartement.) 3. Oui, j'ai une télévision dans ma
chambre. (Non, je n'ai pas de télévision
dans ma chambre.) 4. Oui, j'ai un ordinateur. (Non, je n'ai pas d'ordinateur.) 5. Oui,
j'ai un cours de maths. (Non, je n'ai pas de
cours de maths.) 6. Oui, j'ai une guitare.
(Non, je n'ai pas de guitare.) **Ex. 10.** 1. une
2. un 3. une 4. un 5. une 6. un 7. une 8. une
9. un 10. un **Ex. 11.** 1. Daniel est sympathique et intelligent. 2. Barbara est sportive
et généreuse. 3. Louis est beau et raisonnable. 4. Albert est grand et mince. 5. Denise est blonde et belle. 6. Jacqueline est petite et intelligente. **Ex. 12.** 1. Emmanuelle
Béart est (n'est pas) belle. Un tigre est (n'est
pas) beau. Une vieille Ford est (n'est pas)
belle. Une peinture de Matisse est (n'est
pas) belle. 2. Le chocolat est (n'est pas) bon.
La programmation à la radio publique est
(n'est pas) bonne. La télévision est (n'est
pas) bonne. Le fast-food est (n'est pas) bon.
3. Une motocyclette est (n'est pas) dangereuse. Une bombe est dangereuse. Le tennis
est (n'est pas) dangereux. La politique est
(n'est pas) dangereuse. 4. Un livre de
science-fiction est (n'est pas) amusant. La
politique est (n'est pas) amusante. Un examen de physique est (n'est pas) amusant.
Un film avec Gérard Depardieu est (n'est
pas) amusant. 5. L'astronomie est vieille. Le
Louvre est vieux. Le président américain est
(n'est pas) vieux. L'université où je suis est
(n'est pas) vieille. **Ex. 13.** 1. sérieux, nerveux,
intelligents, amusants. 2. patient, intéressant, raisonnable, amusant 3. long, compliqué, amusant, intéressant 4. beaux, amusants, sportifs, individualistes 5. belle,
compliquée, facile, mystérieuse

CHAPITRE 1

Ex. 1. l. ta, tes, Mon, mes 2. tes, Ma, mon
3. ta, son, ses 4. Ton, son **Ex. 2.** Answers
may vary. 1. Il y a 30 hommes dans notre
classe. 2. Nos camarades de classe sont timides (extravertis). 3. Notre professeur s'appelle... 4. Notre cours est à... heures. 5. Nos
devoirs sont difficiles (faciles). **Ex. 3.** 1. Ses
2. Sa 3. Son, son 4. Leur 5. ses, Son **Ex. 4.**
1. aime 2. aiment 3. aimons 4. aime 5. aimez 6. aimes **Ex. 5.** Answers may vary.
1. Mes amis aiment surfer sur Internet, mais
ils aiment aussi regarder la télé. (Mes amis
n'aiment pas surfer sur Internet, mais ils aiment regarder la télé.) 2. Ma mère aime
jouer du piano, mais elle aime aussi lire des

livres. (Ma mère n'aime pas jouer du piano,
mais elle aime lire des livres.) 3. Mon père
aime écouter du rock, mais il aime aussi
écouter de la musique classique. (Mon père
n'aime pas écouter du rock, mais il aime
écouter de la musique classique.) 4. Mon petit ami (Ma petite amie) aime faire une promenade, mais il (elle) aime aussi lire le journal. (Mon petit ami [Ma petite amie] n'aime
pas faire une promenade, mais il [elle] aime
lire le journal.) 5. Mon professeur de français aime aller au cinéma, mais il aime aussi
regarder la télé. (Mon professeur de français
n'aime pas aller au cinéma, mais il aime regarder la télé.) 6. J'aime jouer au tennis,
mais j'aime aussi danser. (Je n'aime pas
jouer au tennis, mais j'aime danser.) **Ex. 6.**
1. Quel âge a Francis Lasalle? Il a soixante-
dix ans. 2. Quel âge a Claudine Colin? Elle a
quarante-cinq ans. 3. Quel âge a Victor Colin? Il a quarante-sept ans. 4. Quel âge ont
Marise et Clarisse? Elles ont dix-neuf ans.
5. Quel âge a Charles? Il a dix-sept ans.
6. Quel âge a Emmanuel? Il a quatorze ans.
Ex. 7. 1. zéro deux, soixante-cinq, dix,
quatre-vingts, trente 2. zero trois, quatre-
vingt-sept, cinquante-trois, quarante, seize
3. zéro cinq, vingt, cinquante-cinq, soixante-
dix, quatre-vingt-un 4. zéro un, quatre-
vingt-dix-huit, soixante-quinze, vingt et un,
soixante 5. zéro deux, soixante-dix-sept,
trente-huit, quatre-vingt-deux, quatre-vingt-
dix-sept 6. zéro cinq, quatre-vingt-onze, dix-
huit, trente-neuf, soixante-dix-huit 7. zéro
quatre, quarante-cinq, soixante-deux,
quatre-vingt-six, quarante-trois 8. zéro trois,
quatre-vingt-trois, soixante-seize, soixante-
quatre, quatre-vingt-dix 9. zéro deux, cinquante-trois, soixante-sept, zéro zéro, onze
Ex. 8 1. Quand est l'anniversaire d'Elvis
Presley? C'est le 8 janvier 1935 (le huit janvier mille neuf cent trente-cinq). 2. Quand
est l'anniversaire de Martina Hingis? C'est le
30 septembre 1980 (le trente septembre
mille neuf cent quatre-vingt). 3. Quand est
l'anniversaire de Frédéric Chopin? C'est le
1er mars 1810 (le premier mars mille huit
cent dix). 4. Quand est l'anniversaire de
Ringo Starr? C'est le 7 juillet 1940 (le sept
juillet mille neuf cent quarante). 5. Quand
est l'anniversaire de Margaret Thatcher?
C'est le 13 octobre 1925 (le treize octobre
mille neuf cent vingt-cinq) 6. Quand est
l'anniversaire de Mickey Mouse? C'est le 18
novembre 1928 (le dix-huit novembre mille
neuf cent vingt-huit). 7. Quand est l'anniversaire de Magic Johnson? C'est le 14 août
1959 (le quatorze août mille neuf cent cin-

quante-neuf). 8. Quand est l'anniversaire d'Yves Saint-Laurent? C'est le 1er août 1936 (le premier août mille neuf cent trente-six). 9. Quand est l'anniversaire de Pete Rose? C'est le 14 avril 1941 (le quatorze avril mille neuf cent quarante et un). 10. Quand est l'anniversaire de B.B. King? C'est le 16 septembre 1925 (le seize septembre mille neuf cent vingt-cinq). **Ex. 9.** 1. quarante-quatre mille 2. soixante-sept mille 3. soixante-neuf mille neuf 4. treize mille deux 5. cinquante-neuf mille 6. soixante-quatre mille deux cents 7. soixante-quinze mille quatre 8. trente-trois mille **Ex. 10** 1. vient 2. viennent 3. vient, vient 4. viennent 5. venez, venons 6. viens, viens **Ex. 11.** 1. nage 2. parle 3. parles 4. dînons 5. travaille 6. habitent 7. chantons 8. voyage 9. jouent 10. invitent **Ex. 12.** 1. a. travailles (oui/non) b. parles (oui/non) 2. a. regardons (oui/non) b. dînons (oui/non) 3. a. écoutent (oui/non) b. jouent (oui/non) 4. a. étudiez (oui/non) b. préparez (oui/non) 5. a. habite (oui/non) b. déjeune (oui/non) 6. a. donnent (oui/non) b. parle (oui/non) **Ex. 13.** 1. de Paul 2. des petites filles 3. de la femme blonde 4. de Mme Haddad 5. du cousin de mon père 6. de Claire **Ex. 14.** 1. La grand-mère, c'est la femme du grand-père. 2. La tante, c'est la femme de l'oncle. 3. Le cousin, c'est le fils de l'oncle et de la tante. 4. La belle-sœur, c'est la femme du frère. 5. Le grand-père, c'est le père de la mère ou du père. 6. L'oncle, c'est le père du cousin (des cousins) (de la cousine) (des cousines).

CHAPITRE 2

Ex. 1. 1. font, font 2. fais, fais 3. fait 4. fait 5. faites, faites 6. faites. **Ex. 2.** 1. Est-ce que tu te lèves tôt? Oui, je me lève tôt. (Non, je me lève tard.) 2. Est-ce que tu te maquilles tous les jours? Oui, je me maquille tous les jours. (Non, je ne me maquille pas tous les jours.) 3. Est-ce que tu te laves les cheveux tous les jours? Oui, je me lave les cheveux tous les jours. (Non, je ne me lave pas les cheveux tous les jours. / Non, je me lave les cheveux trois fois par semaine.) 4. Est-ce que tu te brosses les dents trois fois par jour? Oui, je me brosse les dents trois fois par jour. (Non, je ne me brosse pas les dents trois fois par jour. / Non, je me brosse les dents deux fois par jour.) 5. Tu aimes te coucher tard? Oui, j'aime me coucher tard. (Non, je n'aime pas me coucher tard. / Non, j'aime me coucher tôt.) 6. Tu préfères te doucher le soir? Oui, je préfère me doucher le soir. (Non, je ne préfère pas me doucher le soir. / Non, je préfère me doucher le matin.) 7. Tu aimes te reposer après les cours? Oui, j'aime me reposer après les cours. (Non, je n'aime pas me reposer après les cours.) 8. Tu préfères te lever tard le week-end? Oui, je préfère me lever tard le week-end. (Non, je ne préfère pas me lever tard le week-end.) **Ex. 3.** 1. Oui, en général, les étudiants s'amusent beaucoup le vendredi soir. Mes copains et moi, nous nous amusons

beaucoup le vendredi soir (nous ne nous amusons pas le vendredi soir / nous nous amusons le samedi soir). 2. Oui, en général, les étudiants s'habillent toujours en jean. Mes copains et moi, nous nous habillons toujours en jean (nous ne nous habillons pas toujours en jean). 3. Oui, les étudiants ne se reposent pas assez. Mes copains et moi, nous ne nous reposons pas assez (nous nous reposons assez). 4. Oui, en général, les étudiants se couchent après minuit. Mes copains et moi, nous nous couchons après minuit (nous ne nous couchons pas après minuit). 5. Oui, en général, les étudiants se lèvent tard le week-end. Mes copains et moi, nous nous levons tard le week-end (nous ne nous levons pas tard le week-end). **Ex. 4.** 1. vais 2. allons 3. allez 4. vont 5. vas 6. va **Ex. 5.** Answers in all cases: Oui, j'y vais souvent / quelquefois. (Non, je n'y vais pas.) 1. Tu vas à la piscine? 2. Tu vas au théâtre? 3. Tu vas au bar? 4. Tu vas à l'hôpital? 5. Tu vas au gymnase? 6. Tu vas à la banque? 7. Tu vas au café? 8. Tu vas à l'église? **Ex. 6.** Answers may vary. 1. Ce soir, je vais faire mes devoirs. / Je vais sortir avec des amis. (Ce soir, je vais regarder la télé. Je suis fatigué[e].) 2. Demain matin, je vais me lever à 7 h. / Je vais dormir jusqu'à 9 h. (Demain matin, je vais rester au lit. C'est le week-end.) 3. Demain soir, je vais regarder mon émission favorite à la télé. / Je vais me coucher de bonne heure. (Demain soir, je vais sortir avec des amis.) 4. Ce week-end, ils vont faire du ski nautique. / Ils vont regarder un film ensemble. (Ce week-end, ils vont se promener à la campagne. Il va faire beau.) 5. Samedi soir, il (elle) va rester à la maison et jouer aux cartes. / Il (Elle) va aller à un concert symphonique. (Samedi soir, il (elle) va dîner au restaurant. Il (Elle) ne va pas faire la cuisine!) **Ex. 7.** 1. Oui, on regarde beaucoup la télévision. 2. Non, on ne mange pas toujours des hamburgers. 3. Non, on ne va pas au restaurant tous les jours. 4. Non, on ne dîne pas à huit heures du soir. 5. Oui, on aime les films français. 6. Non, on ne fait pas de promenades en famille le dimanche après-midi. 7. Oui, on aime parler de la politique. (Non, on n'aime pas parler de politique.) 8. Oui, on étudie beaucoup la géographie. **Ex. 8.** 1. Oui, je veux aller en Europe l'été prochain. (Non, je ne veux pas aller en Europe l'été prochain.) / Oui, je peux aller en Europe l'été prochain. (Non, je ne peux pas aller en Europe l'été prochain.) 2. Oui, mes parents veulent passer l'hiver en Floride. (Non, mes parents ne veulent pas passer l'hiver en Floride.) / Oui, mes parents peuvent passer l'hiver en Floride. (Non, mes parents ne peuvent pas passer l'hiver en Floride.) 3. Oui, le professeur veut se lever tard en semaine. (Non, le professeur ne veut pas se lever tard en semaine.) Oui, le professeur peut se lever tard en semaine. (Non, le professeur ne peut pas se lever tard en semaine.) 4. Oui, nous voulons comprendre un film en français. Oui,

nous pouvons comprendre un film en français. 5. Mon ami(e) _____ veut m'aider avec mes devoirs de français. (Non, mon ami[e] ne veut pas m'aider avec mes devoirs de français.) Oui, il/elle peut m'aider avec mes devoirs de français. (Non, il/elle ne peut pas m'aider avec mes devoirs de français.) **Ex. 9.** 1. Oui, je voudrais dîner dans un bon restaurant français. (Non, je ne voudrais pas dîner dans un bon restaurant français.) 2. Oui, je voudrais manger des escargots. (Non, je ne voudrais pas manger des (d')escargots.) 3. Oui, je voudrais habiter à Paris. (Non, je ne voudrais pas habiter à Paris.) 4. Oui, je voudrais faire de la plongée sous-marine. (Non, je ne voudrais pas faire de (la) plongée sous-marine.) 5. Oui, je voudrais visiter une autre planète. (Non, je ne voudrais pas visiter une autre planète.) 6. Oui, je voudrais être président(e) des États-Unis. (Non, je ne voudrais pas être président(e) des États-Unis.) **Ex. 10.** 1. savez; Oui, je sais faire du ski nautique. (Non, je ne sais pas faire du ski nautique.) 2. sait; Oui, il sait faire la cuisine. (Non, il ne sait pas faire la cuisine.) 3. sait; Oui, elle sait réparer une voiture. (Non, elle ne sait pas réparer une voiture.) 4. savez; Oui, nous savons jouer au bridge. (Non, nous ne savons pas jouer au bridge.) 5. savent; Oui, ils savent utiliser un ordinateur. (Non, ils ne savent pas utiliser un ordinateur.) 6. Savez; Oui, je sais / nous savons parler grec. (Non, je ne sais pas / nous ne savons pas parler grec.)

CHAPITRE 3

Ex. 1. 1. Le bureau de Mme Martin est devant le tableau noir. 2. Les livres de Mme Martin sont sur son bureau. 3. Elle est devant la classe. 4. Elle est près du tableau. 5. Le pupitre de Daniel est à côté du pupitre d'Albert. 6. Il regarde un match de football dans le parc en face du bâtiment des cours. 7. Barbara est trop loin du tableau noir. 8. La salle 300A se trouve entre les salles 300 et 301. **Ex. 2.** 1. Comment va maman? 2. Que fait Charles? 3. Où est papa? 4. Que fait Jean-Claude? 5. Qui est Michel? 6. Comment est-il? 7. Comment s'appelle le nouveau bébé des voisins? 8. Comment est ce bébé? 9. Comment va sa mère? 10. Quand commencent tes vacances? **Ex. 3.** 1. Où est-ce qu'ils logent? (Où logent-ils?) 2. Qu'est-ce qu'ils veulent visiter? (Que veulent-ils visiter?) 3. Quels musées est-ce qu'ils visitent? (Quels musées visitent-ils?) 4. Comment est-ce qu'ils se déplacent? (Comment se déplacent-ils?) 5. Pourquoi est-ce qu'ils sont contents? (Pourquoi sont-ils contents?) 6. Quels restaurants est-ce qu'ils préfèrent? (Quels restaurants préfèrent-ils?) 7. Qu'est-ce qu'ils achètent pour leurs amis? (Qu'achètent-ils pour leurs amis?) 8. Quand est-ce qu'ils quittent Paris? (Quand quittent-ils Paris?) **Ex. 4.** 1. prends 2. prennent 3. apprends 4. comprends 5. prendre 6. comprennent 7. apprenons

8. Prenez **Ex. 5.** 1. Julien et son amie prennent du vin. Moi, je prends du vin de temps en temps. (Moi, je ne prends jamais de vin.) 2. Denise voudrait apprendre à faire du ski. Moi, je (ne) voudrais (pas) apprendre à faire du ski. 3. Joël prend trop de risques. Moi, je prends quelquefois trop de risques. (Moi, je ne prends jamais trop de risques.) 4. Barbara ne comprend pas la leçon. Moi, je comprends toujours la leçon. (Moi, je ne comprends jamais la leçon.) 5. Raoul et ses camarades prennent un café. Moi, je prends rarement un café. (Moi, je ne prends jamais de café.) 6. Nathalie prend un bain. Moi, je prends quelquefois un bain. (Moi, je ne prends jamais de bain.) **Ex. 6.** 1. Alors, tu dois te déplacer à bicyclette. 2. Vous devez appeler un taxi. 3. Bon, vous devez étudier le plan du métro de la ville. 4. On doit arriver plus tôt. 5. Il doit aller au travail à pied. **Ex. 7.** 1. Ce, ces 2. Ces, ces 3. Cette 4. Ces, Cette, cet 5. Ces, cette 6. Cette **Ex. 8.** 1. Ces sandales-là 2. Ces chaussures-ci 3. Ces bottes-là 4. Ces chaussures-ci 5. ces tennis-ci **Ex. 9.** 1. du, des 2. des 3. de l', du, du, de la 4. de 5. du, de l' 6. du **Ex. 10.** 1. Je prends du lait / du café / du vin / de l'eau minérale. 2. Je prends une tasse de thé / de café / de chocolat chaud / d'eau chaude. 3. Je ne prends jamais de whisky / de champagne / de coca / de café. 4. J'aime commander de la bière / du vin / du coca / du jus de fruits. 5. J'aime prendre un verre de thé glacé / de coca / d'eau froide / de jus de fruits. 6. Je prends de l'eau / du jus de fruits / du thé / du coca. **Ex. 11.** 1. Tu pars en vacances en été? Oui, je pars en vacances en été. (Non, je ne pars pas en vacances en été.) 2. Tu sors du cinéma si un film est mauvais? Oui, je sors du cinéma si un film est mauvais. (Non, je ne sors pas du cinéma si un film est mauvais.) 3. Tu dors bien la nuit? Oui, je dors bien la nuit. (Non, je ne dors pas bien la nuit.) 4. Tu sers du vin chez toi? Oui, je sers du vin chez moi. (Non, je ne sers pas de vin chez moi.) 5. Tu mens quand tu ne veux pas révéler un secret? Oui, je mens quand je ne veux pas révéler un secret. (Non, je ne mens pas quand je ne veux pas révéler un secret.) 6. Tu sens les fruits au supermarché? Oui, je sens les fruits au supermarché. (Non, je ne sens pas les fruits au supermarché.) 7. Tu sors souvent le samedi soir? Oui, je sors souvent le samedi soir. (Non, je ne sors pas souvent le samedi soir.) 8. Tu dors quelquefois pendant la journée? Oui, je dors pendant la journée quelquefois. (Non, je ne dors jamais pendant la journée.) (*Second part of the exercise*) Answers may vary. 1. Vous partez en vacances en été? Oui, nous partons en vacances en été. (Non, nous ne partons pas en vacances en été.) 2. Vous dormez bien la nuit? Oui, nous dormons bien la nuit. (Non, nous ne dormons pas bien la nuit.) 3. Vous servez souvent des repas chez vous? Oui, nous servons parfois des repas chez nous. (Non, nous ne servons pas de repas chez nous.) 4. Vous mentez quelquefois?

Non, nous ne mentons jamais. 5. Vous sortez souvent le samedi soir? Oui nous sortons souvent le samedi soir. (Non, nous ne sortons pas souvent le samedi soir.) **Ex. 12.** Answers may vary. 1. Non, ils ne sortent pas seuls la nuit. (Si, ils sortent quelquefois seuls la nuit.) Moi, je ne sors jamais seul(e). 2. Beaucoup d'étudiants américains partent en vacances en Floride, mais la majorité des étudiants ne partent pas en vacances. Moi, je pars en vacances en Californie. 3. Non, la plupart des Américains ne partent pas en Europe. Moi, je pars à la campagne. 4. Non, ils ne sortent pas tous les soirs. Moi, je sors seulement le week-end. 5. Non, ils s'endorment vers dix heures. Moi, je m'endors vers onze heures. 6. Si, ils servent souvent du vin au dîner. Moi, je sers quelquefois du vin au dîner. **Ex. 13.** 1. Answers may vary. 1. Oui, je cours régulièrement. (Non, je ne cours pas régulièrement.) a. Je cours tous les matins, en été comme en hiver, dans un parc qui se trouve près de chez moi, et je cours entre cinq et huit kilomètres en général. b. Je ne cours pas parce que j'ai des problèmes de santé. Je fais d'autres sports. 2. Oui, il y a des membres de ma famille qui courent et il y en a d'autres qui ne courent pas. Ma mère court deux ou trois fois par semaine dans un gymnase. Elle court entre trois et cinq kilomètres. Mon père et mon frère ne courent pas. Ils préfèrent regarder des émissions de sport à la télé! 3. J'ai quelques amis qui courent, mais nous ne courrons pas souvent ensemble parce que nous n'avons pas les mêmes horaires. 4. Selon moi, on court pour rester en forme et pour oublier ses problèmes. On court aussi pour maigrir.

CHAPITRE 4

Ex. 1. 1. une vieille maison 2. une belle cheminée 3. un petit réfrigérateur 4. une bonne cuisinière 5. un grand sauna 6. un nouveau numéro de téléphone **Ex. 2.** 1. Tu as une petite chambre, n'est-ce pas? Mais non, j'ai une grande chambre. 2. Tu as un nouvel appartement, n'est-ce pas? Mais non, j'ai un vieil appartement. 3. Tu as un nouveau jean, n'est-ce pas? Mais non, j'ai un vieux jean. 4. Tu as de nouvelles chaussures, n'est-ce pas? Mais non, j'ai de vieilles chaussures. 5. Tu as une grande étagère, n'est-ce pas? Mais non, j'ai une petite étagère. 6. Tu as un bon dictionnaire de français, n'est-ce pas? Mais non, j'ai un mauvais dictionnaire de français. 7. Tu as un jeune professeur de français, n'est-ce pas? Mais non, j'ai un vieux professeur de français. 8. Tu as de nouveaux amis, n'est-ce pas? Mais non, j'ai de vieux amis. **Ex. 3.** Answers may vary. 1. Un lave-vaisselle est aussi utile qu'un réfrigérateur, mais un réfrigérateur est plus important qu'un lave-vaisselle. 2. Un appartement est moins cher qu'une maison, mais une maison est plus agréable qu'un appartement. 3. Un aspirateur est plus important qu'un four à micro-ondes, mais un four à

micro-ondes est plus pratique qu'un aspirateur. 4. Un immeuble moderne est plus confortable qu'un vieil immeuble, mais un vieil immeuble est plus beau qu'un immeuble moderne. 5. Une chaîne stéréo est plus amusante qu'une radio, mais une radio est moins chère qu'une chaîne stéréo. 6. Un répondeur téléphonique est plus utile qu'un magnétoscope, mais un magnétoscope est plus amusant qu'un répondeur téléphonique. **Ex. 4.** 1. plus de 2. autant de 3. moins de 4. plus de 5. autant de 6. plus de **Ex. 5.** 1. bon (mauvaise) 2. bonne (mauvaise) 3. bonne 4. bien (mal) 5. mauvaise 6. mal 7. bien (mal) **Ex. 6.** Answers may vary. 1. Oui, les étudiants d'aujourd'hui sont moins bons que les étudiants d'il y a vingt ans. (Non, les étudiants d'aujourd'hui sont meilleurs que les étudiants d'il y a vingt ans.) 2. Oui, les diplômés d'aujourd'hui sont moins bien préparés pour le monde du travail que leurs parents. (Non, les diplômés d'aujourd'hui sont mieux préparés pour le monde du travail que leurs parents.) 3. Oui, mes notes en maths sont meilleures que mes notes en français. (Non, mes notes en maths sont moins bonnes que mes notes en français.) 4. Oui, en général, les petites universités sont moins bonnes que les grandes. (Non, en général, les petites universités sont meilleures que les grandes.) 5. Oui, je travaille mieux à la bibliothèque que chez moi. (Non, je travaille moins bien à la bibliothèque que chez moi.) 6. Oui, les jeunes professeurs sont meilleurs que les professeurs plus âgés. (Non, les jeunes professeurs sont moins bons que les professeurs plus âgés.) **Ex. 7.** 1. réfléchit; Moi aussi, je réfléchis avant de parler. 2. finit; Moi, je finis toujours mes devoirs. 3. obéit; Moi aussi, j'obéis toujours à ma conscience. 4. choisissent; Dans notre classe, nous choisissons nos partenaires pour travailler en groupes. 5. réussissent; Dans notre classe, nous réussissons à nos examens. 6. finissent; Dans notre classe, nous allons au café quand nous finissons nos cours. **Ex. 8.** 1. Chez toi, est-ce que tu mets la table pour dîner? Oui, je mets la table pour dîner. (Non, je ne mets pas la table pour dîner.) 2. Chez toi, est-ce que tu prends le petit déjeuner dans la cuisine? Oui, je prends le petit déjeuner dans la cuisine. (Non, je ne prends pas le petit déjeuner dans la cuisine.) 3. Chez toi, est-ce que tu tonds le gazon en été? Oui, je tonds le gazon en été. (Non, je ne tonds pas le gazon en été.) 4. Chez toi, est-ce que tu permets au chien de dormir sur ton lit? Oui, je permets au chien de dormir sur mon lit. (Non, je ne permets pas au chien de dormir sur mon lit.) 5. Chez toi, est-ce que tu apprends à surfer le Net? Oui, j'apprends à surfer le Net. (Non, je n'apprends pas à surfer le Net.) 6. Chez toi, est-ce que tu mets ta chambre en ordre tous les jours? Oui, je mets ma chambre en ordre tous les jours. (Non, je ne mets pas ma chambre en ordre tous les jours.) 7. Chez toi, est-ce que tu réponds toujours au téléphone? Oui, je réponds toujours au téléphone? (Non, je ne réponds pas toujours au téléphone.) 8. Chez toi, est-ce que tu perds souvent tes livres? Oui, je perds souvent mes livres. (Non, je ne perds pas souvent mes livres.) *Maintenant* 1. Est-ce que vous mettez la table pour dîner? (See answers above.) 2. Est-ce que vous prenez le petit déjeuner dans la cuisine? 3. Est-ce que vous tondez le gazon en été? 4. Est-ce que vous permettez au chien de dormir sur votre lit? 5. Est-ce que vous apprenez à surfer le Net? 6. Est-ce que vous mettez votre chambre en ordre tous les jours? 7. Est-ce que vous répondez toujours au téléphone? 8. Est-ce que vous perdez souvent vos livres? **Ex. 9.** 1. vendent; a. vend (ne vend pas)... b. vendons (ne vendons pas)... 2. attendent; a. attend... b. attendons 3. remettent; a. remet... b. remettons... 4. perdent; a. perd... b. perdons... 5. permettent; a. permet... b. permet... 6. rendent; a. rend... b. rend... **Ex. 10.** 1. La voilà! 2. Les voilà! 3. La voilà! 4. Le voilà! 5. Les voilà! 6. La voilà! **Ex. 11.** 1. oui, je les arrose quelquefois / souvent / une fois par semaine. (Non, moi, je ne les arrose jamais, mais ma sœur les arrose.) 2. Oui, je la fais quelquefois / souvent / une fois par semaine. (Non, moi, je ne la fais jamais, mais mon père la fait.) 3. Oui, je le fais quelquefois / souvent / une fois par semaine. (Non, moi, je ne le fais jamais, mais mon père le fait.) 4. Oui, je les repasse quelquefois / souvent / une fois par semaine. (Non, moi, je ne les repasse jamais, mais ma sœur les repasse.) 5. Oui, je le fais quelquefois / souvent / une fois par semaine. (Non, moi, je ne le fais jamais, mais mes frères et sœurs le font.) 6. Oui, je la nettoie quelquefois / souvent / une fois par semaine. (Non, moi, je ne la nettoie jamais, mais ma mère la nettoie.) 7. Oui, je les achète quelquefois / souvent / une fois par semaine. (Non, moi, je ne les achète jamais, mais mon père les achète.) 8. Oui, je le passe quelquefois / souvent / une fois par semaine. (Non, moi, je ne le passe jamais, mais mon frère le passe.) **Ex. 12.** 1. Oui, je vais la ranger ce matin. (Non, je ne vais pas la ranger.) 2. Oui, je vais la faire aujourd'hui. (Non, je ne vais pas la faire.) 3. Oui, je vais les repasser. (Non, je ne vais pas les repasser. Ce n'est pas nécessaire.) 4. Oui, je vais les faire ce soir. (Non, je ne vais pas les faire ce soir. Je vais les faire demain.) 5. Oui, je les aime. (Non, je ne les aime pas.) 6. Oui, je les prends tous les jours. (Non, je ne les prends pas tous les jours.) 7. Oui, je vais venir vous voir demain. (Non, je ne vais pas venir vous voir demain.) 8. Je vais l'inviter à la maison la semaine prochaine. (Je ne vais pas l'inviter à la maison.) **Ex. 13.** 1. me; Oui, je te trouve belle! 2. m'; Oui, je t'écoute quand tu parles. 3. me; Oui, je te trouve intelligente. 4. m'; Oui, je veux t'aider à faire tes devoirs. 5. me; Oui, je te préfère à toutes les autres petites filles du monde. 6. me; Non, je ne te trouve

pas difficile. 7. m'; Oui, je vais toujours t'aimer! **Ex. 14.** 1. connaissez, connaissons 2. connais, connais 3. connaît, connaît 4. connaissez, connais 5. connaissent, connaissons **Ex. 15.** 1. sait; Moi aussi, je sais faire du canoë. (Moi, je ne sais pas faire du canoë.) 2. sait; Moi aussi, je sais la date de l'anniversaire de ma mère. (Moi, je ne sais pas la date de l'anniversaire de ma mère.) 3. sait; Moi aussi, je sais faire de l'escalade. (Moi, je ne sais pas faire de l'escalade.) 4. connaît; Moi aussi, je connais bien La Nouvelle-Orléans. (Moi, je ne connais pas bien La Nouvelle-Orléans.) 5. connaît; Moi aussi, je connais l'histoire de ma famille. (Moi, je ne connais pas l'histoire de ma famille.) 6. connaît; Moi aussi, je connais bien les poèmes de Jacques Prévert. (Moi, je ne connais pas bien les poèmes de Jacques Prévert.) **Ex. 16.** 1. besoin 2. envie 3. l'air 4. honte 5. peur 6. tort **Ex. 17.** 1. il a faim 2. il a soif 3. il a sommeil 4. il a chaud 5. il a froid 6. il a envie 7. il a besoin 8. il a peur

CHAPITRE 5

Ex. 1. 1. Est-ce que tu as acheté le journal hier? Oui, j'ai acheté le journal. (Non, je n'ai pas acheté le journal.) 2. Est-ce que tu as écouté de la musique hier? Oui, j'ai écouté de la musique. (Non, je n'ai pas écouté de [la] musique.) 3. Est-ce que tu as parlé français avec des amis hier? Oui, j'ai parlé français avec des amis. (Non, je n'ai pas parlé français avec des amis.) 4. Est-ce que tu as mangé un hamburger hier? Oui, j'ai mangé un hamburger hier. (Non, je n'ai pas mangé de hamburger.) 5. Est-ce que tu as préparé le dîner hier? Oui, j'ai préparé le dîner hier. (Non, je n'ai pas préparé le dîner.) 6. Est-ce que tu as promené ton chien hier? Oui, j'ai promené mon chien hier. (Non, je n'ai pas promené mon chien.) 7. Est-ce que tu as téléphoné à un ami/une amie hier? Oui, j'ai téléphoné à un ami/une amie hier. (Non, je n'ai pas téléphoné à un ami/une amie.) 8. Est-ce que tu as regardé un film hier? Oui, j'ai regardé un film hier. (Non, je n'ai pas regardé de film.) 9. Est-ce que tu as travaillé à la bibliothèque hier? Oui, j'ai travaillé à la bibliothèque hier. (Non, je n'ai pas travaillé à la bibliothèque.) 10. Est-ce que tu as nettoyé ta chambre hier? Oui, j'ai nettoyé ma chambre hier. (Non, je n'ai pas nettoyé ma chambre.) **Ex. 2.** Answers may vary. 1. Moi, je n'ai pas rendu visite à une amie. (Moi aussi, j'ai rendu visite à une amie. J'ai rendu visite à mon amie Claire.) 2. Moi, je n'ai pas fini de devoir pour mon cours d'anglais. (Moi aussi, j'ai fini un devoir pour mon cours d'anglais.) 3. Moi, je n'ai pas choisi de nouveau CD-ROM. (Moi aussi, j'ai choisi un nouveau CD-ROM.) 4. Moi, je n'ai pas répondu à mon courrier électronique. (Moi aussi, j'ai répondu à mon courrier électronique.) 5. Moi, je n'ai pas perdu mes clés. (Moi aussi, j'ai perdu mes clés.) 6. Moi, je n'ai pas dormi pendant un cours ennuyeux. (Moi aussi, j'ai dormi pen-

dant un cours ennuyeux. J'ai dormi pendant le cours de philosophie.) 7. Moi, je n'ai pas attendu le bus pendant une demi-heure. (Moi aussi, j'ai attendu le bus pendant une demi-heure.) 8. Moi, je n'ai pas réussi à un examen. (Moi aussi, j'ai réussi à un examen. J'ai réussi à l'examen de français.) 9. Moi, je n'ai pas servi de thé à mes amis. (Moi aussi, j'ai servi du thé à mes amis.) **Ex. 3.** 1. Daniel et Louis ont acheté des boissons. 2. Nous avons mangé des crêpes. 3. Barbara et Jacqueline ont apporté des CD français. 4. Tout le monde a parlé français. 5. Même Mme Martin a dansé. 6. Nous avons regardé les photos de cette année. 7. Denise a donné un album de photos à Pierre. 8. Quelques étudiants ont pleuré. **Ex. 4.** 1. Oui, j'ai fait mon lit. (Non, je n'ai pas fait mon lit.) 2. Oui, j'ai pris le petit déjeuner. (Non, je n'ai pas pris le petit déjeuner.) 3. Oui, j'ai lu le journal. (Non, je n'ai pas lu le journal.) 4. Oui, j'ai bu un coca. (Non, je n'ai pas bu de coca.) 5. Oui, j'ai reçu un coup de téléphone. (Non, je n'ai pas reçu de coup de téléphone.) 6. Oui, j'ai dû chercher mes affaires. (Non, je n'ai pas dû chercher mes affaires.) 7. Oui, j'ai conduit ma voiture. (Non, je n'ai pas conduit ma voiture.) 8. Oui, j'ai eu un accident. (Non, je n'ai pas eu d'accident.) 9. Oui, j'ai été en retard pour un cours. (Non, je n'ai pas été en retard pour un cours.) 10. Oui, j'ai mis un manteau pour sortir. (Non, je n'ai pas mis de manteau pour sortir.) *Maintenant.* 1. Est-ce que vous avez fait votre lit? 2. Est-ce que vous avez pris le petit déjeuner? 3. Est-ce que vous avez lu le journal? 4. Est-ce que vous avez bu un coca? 5. Est-ce que vous avez reçu un coup de téléphone? 6. Est-ce que vous avez dû chercher vos affaires? 7. Est-ce que vous avez conduit votre voiture? 8. Est-ce que vous avez eu un accident? 9. Est-ce que vous avez été en retard pour un cours? 10. Est-ce que vous avez mis un manteau pour sortir? **Ex. 5.** Answers may vary. 1. Les clients dans un bar ont pris un cocktail. 2. Les personnes devant un cinéma ont vu un film. 3. L'explorateur célèbre a découvert une ville perdue. 4. Les bons étudiants ont lu leurs leçons. 5. Le fils affectueux a offert un cadeau à sa mère. 6. Les acteurs ont appris leur rôle. 7. L'auteur connu a écrit un nouveau livre. 8. La femme élégante a mis une nouvelle robe. **Ex. 6.** 1. J'ai reçu... 2. J'ai rencontré... 3. Sarah nous a offert... 4. Nous avons eu... 5. ... nous avons pris... nous avons vu... 6. Je leur ai dit... j'ai dû courir... 7. J'ai ouvert... j'ai vu... j'ai été découragé 8. J'ai mis... j'ai fait... **Ex. 7.** Answers may vary. 1. Je suis sorti(e) sans prendre le petit déjeuner hier matin. (Je ne suis jamais sorti[e] sans prendre le petit déjeuner.) (Je ne me rappelle pas la dernière fois que je suis sorti[e]...) 2. Je suis allé(e) faire des courses au supermarché la semaine dernière. (Je ne suis jamais allé[e] faire des courses au supermarché.) (Je ne me rappelle pas la dernière fois que je suis allé[e]...) 3. Je suis monté(e) dans un ascenseur à la bibliothèque ce matin. (Je ne suis jamais monté[e] dans un ascenseur.) (Je ne me rappelle pas la dernière fois que je suis monté[e]...) 4. Je suis tombé(e) dans l'escalier l'année dernière. (Je ne suis jamais tombé[e].) (Je ne me rappelle pas la dernière fois que je suis tombé[e]...) 5. Je suis parti(e) à la campagne pour le week-end le mois dernier. (Je ne suis jamais parti[e] pour le week-end.) (Je ne me rappelle pas la dernière fois que je suis parti[e]...) 6. Je suis arrivé(e) en classe en retard hier. (Je ne suis jamais arrivé[e] en classe en retard.) (Je ne me rappelle pas la dernière fois que je suis arrivé[e]...) 7. Je suis devenu(e) furieux/furieuse contre un agent de police l'été dernier. (Je ne suis jamais devenu[e] furieux/furieuse contre un agent de police.) (Je ne me rappelle pas la dernière fois que je suis devenu[e]...) 8. Je suis entré(e) dans une discothèque vendredi soir. (Je ne suis jamais entré[e] dans une discothèque.) (Je ne me rappelle pas la dernière fois que je suis entré[e]...) 9. Je suis resté(e) au lit jusqu'à midi dimanche dernier. (Je ne suis jamais resté[e] au lit jusqu'à midi.) (Je ne me rappelle pas la dernière fois que je suis resté[e]...) 10. Je suis rentré(e) après minuit samedi dernier. (Je ne suis jamais rentré[e] après minuit.) (Je ne me rappelle pas la dernière fois que je suis rentré[e]...) **Ex. 8.** 1. Nous sommes partis à cinq heures vendredi soir. 2. Nous sommes arrivés à Megève vers dix heures. 3. Samedi matin, les enfants sont allés sur les pistes de bonne heure. 4. Victor et moi, nous sommes restés au lit un peu plus longtemps. 5. Marise et Clarisse sont montées et descendues plusieurs fois. 6. Elles ne sont pas tombées, heureusement. 7. Samedi soir, nous sommes revenus au chalet pour dîner. 8. Dimanche matin, les enfants sont retournés à la maison à 9 h. 9. Nous sommes rentrés à Clermont-Ferrand dimanche soir, fatigués mais très contents de notre week-end. **Ex. 9.** 1. Moi aussi, je suis allé(e) chez le coiffeur. (Je ne suis pas allé[e] chez le coiffeur.) 2. Moi aussi, je me suis reposé(e). (Je ne me suis pas reposé[e].) 3. Moi aussi, je me suis douché(e). (Je ne me suis pas douché[e].) 4. Moi aussi, je me suis brossé les dents. (Je ne me suis pas brossé les dents.) 5. Moi aussi, je me suis maquillée, mais je ne me suis pas rasée. (Moi aussi, je me suis rasé, mais je ne me suis pas maquillé.) 6. Moi aussi, je me suis habillé(e) en vitesse. (Je ne me suis pas habillé[e] en vitesse.) 7. Moi aussi, je me suis bien amusé(e) et je suis rentré(e) après minuit. (Je ne me suis pas bien amusé[e] et je ne suis pas rentré[e] après minuit.) 8. Moi aussi, je me suis couché(e) et je me suis tout de suite endormi(e). (Je ne me suis pas couché[e] et je ne me suis pas tout de suite endormi[e].) **Ex. 10.** 1. Caroline s'est baignée. 2. Caroline s'est séchée. 3. Caroline s'est brossé les dents. 4. Albert est arrivé chez elle. 5. Albert et Caroline sont sortis en-

semble. 6. Ils sont arrivés à la fête. 7. Ils sont partis à 2 h du matin. 8. Caroline s'est déshabillée. 9. Caroline s'est couchée. 10. Caroline s'est endormie. **Ex. 11.** 1. Dans la ville où tout va mal, les enfants n'obéissent jamais à leurs parents. 2. ...rien n'est simple et calme. 3. ...personne n'est dynamique. 4. ...on ne fait jamais la fête. 5. ...on n'a pas encore éliminé la pollution de l'air. 6. ...les habitants n'aiment personne. 7. ...on n'a rien d'intéressant à faire. 8. ...la ville n'est plus prospère. **Ex. 12.** Non, je n'ai qu'une chambre. 2. Non, je n'ai qu'une bicyclette. 3. Non, ils n'ont qu'un appartement. 4. Non, il n'y a que des autobus. 5. Non, ils n'ont que quinze jours de vacances. 6. Non, je n'ai étudié que le français. 7. Non, je n'ai visité que la côte est.

CHAPITRE 6

Ex. 1. 1. lisons (ne lisons pas) 2. écrivons (n'écrivons pas) d'exercices et de compositions) 3. lit (ne nous lit pas de) 4. lis (ne lis pas de) 5. dis (ne dis pas) 6. disent (ne disent pas de) 7. J'écris (Je n'écris jamais de phrases au tableau.) 8. écrit (n'écrit pas) **Ex. 2.** 1. Julien 2. Agnès 3. Jean-Yves 4. Julien 5. Jean-Yves 6. Julien 7. Agnès 8. Jean-Yves 9. Agnès **Ex. 3.** 1. j'allais 2. j'adorais 3. j'aimais 4. je m'amusais 5. je rentrais 6. nous allions 7. nous faisions 8. nous nous promenions 9. nous faisions 10. nous finissions **Ex. 4.** 1. Tous les matins, M. et Mme Rouet se levaient à cinq heures. 2. Mme Rouet prenait le bus pour aller au travail. 3. Elle devait attendre l'autobus une demi-heure. 4. M. Rouet allait au travail en voiture... 5. Il y avait toujours beaucoup de circulation. 6. M. Rouet arrivait au bureau furieux. 7. Il était obligé de déjeuner en ville et ça coûtait cher. 8. Leurs enfants allaient à l'école en bus. 9. Ils finissaient leurs cours à 6 h 30. 10. Ils rentraient à la maison et restaient seuls jusqu'à 9 h. **Ex. 5.** 1. était 2. étais 3. avais 4. avais 5. avais 6. devais 7. voulais 8. était 9. savais 10. avais 11. voulais 12. était **Ex. 6.** 1. (e) qui 2. (g) qu' 3. (f) que 4. (h) qui 5. (a) qu' 6. (b) qui 7. (c) que 8. (d) qui **Ex. 7.** 1. qui 2. que 3. où 4. où 5. que 6. qui 7. qui 8. où 9. qu' 10. que **Ex. 8.** 1. J'avais deux cousines qui nous racontaient des histoires fascinantes. 2. Près de chez nous, il y avait un parc où nous jouions souvent. 3. Je faisais aussi des promenades à bicyclette que j'aimais beaucoup. 4. Il y avait une maîtresse qui nous apprenait les noms des plantes. 5. Je jouais avec une petite fille qui avait un gros chien. 6. J'adorais la colonie de vacances où j'allais en été. 7. À l'école, j'avais une copine que j'aimais beaucoup. 8. Il y avait une piscine près de chez nous où je nageais souvent. **Ex. 9.** 1. Oui, je devais leur demander la permission. (Non, je n'avais pas besoin de leur demander la permission.) 2. Oui, je pouvais lui téléphoner tous les soirs. (Non, je ne pouvais pas lui téléphoner tous les soirs.) 3. Oui, je lui écrivais. (Non, je ne lui

écrivais pas.) 4. Oui, je leur écrivais des mots pendant les cours. (Non, je ne leur écrivais pas de mots pendant les cours.) 5. Oui, je leur posais beaucoup de questions. (Non, je ne leur posais pas beaucoup de questions.) 6. Oui, je lui offrais des cadeaux. (Non, je ne lui offrais pas de cadeaux.) 7. Oui, je leur empruntais souvent des livres. (Non, je ne leur empruntais pas de livres.) 8. Oui, je leur demandais de l'argent. (Non, je ne leur demandais pas d'argent.) 9. Oui, je leur rendais souvent visite. (Non, je ne leur rendais pas souvent visite.) **Ex. 10.** 1. leur 2. nous 3. nous 4. vous 5. nous **Ex. 11.** 1. Non maman, je ne lui ai pas écrit. 2. Non maman, je ne leur ai pas rendu les cassettes. 3. Non maman, je ne t'ai pas promis de rester à la maison. 4. Non maman, je ne vous ai pas dit que j'avais des devoirs à faire. 5. Non maman, tu ne m'as pas prêté ton stylo. 6. Non maman, je ne lui ai pas donné d'eau. 7. Non maman, je ne vous ai pas laissé de morceau de gâteau. 8. Non maman, elle ne m'a pas demandé de service. 9. Non maman, je ne lui ai pas rendu visite. 10. Non maman, je ne vous ai pas obéi. **Ex. 12.** 1. Tu t'entendais très bien avec tes professeurs et tes camarades de classe? Oui (Non), je m'entendais (ne m'entendais pas)... 2. Tu t'inquiétais de tes notes aux examens? Oui (Non), je m'inquiétais (ne m'inquiétais pas)... 3. Tu ne te fâchais jamais avec tes copains? Oui (Non), je me fâchais (ne me fâchais jamais)... 4. Tu te disputais de temps en temps avec tes parents? Oui (Non), je me disputais (ne me disputais pas)... 5. Tu t'occupais de la voiture de tes parents? Oui (Non), je m'occupais (ne m'occupais pas)... 6. Tu t'intéressais beaucoup aux sports d'hiver? Oui (Non), je m'intéressais (ne m'intéressais pas)... 7. Tu t'ennuyais parfois en été? Oui (Non), je m'ennuyais (ne m'ennuyais pas)... *Maintenant* 1. Est-ce que vous vous entendiez très bien avec vos professeurs et vos camarades de classe, madame (monsieur)? (See answers above) 2. Est-ce que vous vous inquiétiez de vos notes aux examens? 3. Est-ce que vous vous fâchiez avec vos copains? 4. Est-ce que vous vous disputiez de temps en temps avec vos parents? 5. Est-ce que vous vous occupiez de la voiture de vos parents? 6. Est-ce que vous vous intéressiez beaucoup aux sports d'hiver? 7. Est-ce que vous vous ennuyiez parfois en été? **Ex. 13.** 1. Elle croit à l'égalité des sexes. 2. Ils ne croient pas à la punition corporelle. 3. Nous croyons à la démocratie. 4. Tu crois à l'amitié. 5. Je crois aux traditions. 6. Vous croyez au mariage. **Ex. 14.** 1. voit 2. voyons 3. croyez 4. vois 5. croient 6. croit **Ex. 15.** Answers may vary. 1. Hier, je (ne) me suis (pas) levé(e) avant huit heures. Quand j'étais petit(e), je (ne) me levais (pas) souvent avant huit heures. 2. Hier, j'ai (n'ai pas) porté un jean et un tee-shirt. Quand j'étais petit(e), je portais quelquefois un jean et un tee-shirt. 3. Hier, je (ne) suis (pas) allé(e) à l'université. Quand j'étais petit(e), je n'allais pas à l'université. 4. Hier, j'ai (je n'ai pas) parlé au téléphone avec des amis. Quand j'étais petit(e), je parlais quelquefois au téléphone avec des amis. 5. Hier, j'ai (je n'ai pas) conduit une (de) voiture. Quand j'étais petit(e), je ne conduisais pas de voiture. 6. Hier, j'ai (je n'ai pas) regardé la télé. Quand j'étais petit(e), je la regardais souvent. 7. Hier, je ne me suis pas couché(e) à minuit et demi. Quand j'étais petit(e), je ne me couchais jamais a minuit et demi. 8. Hier, j'ai (je n'ai pas) lu les bandes dessinées dans le journal. Quand j'étais petit(e), je les lisais une fois par semaine.

CHAPITRE 7

Ex. 1. Answers will vary. 1. Oui, j'aime les petits pois, mais je préfère les (épinards). 2. Oui, j'aime les cerises, mais je préfère les (pommes). 3. Non, je n'aime pas le jambon. Je préfère (le poulet). 4. Non, je n'aime pas la bière. Je préfère (l'eau minérale). 5. Oui, j'aime les huîtres, mais je préfère (les crevettes). 6. Oui, j'aime le lait, mais je préfère le thé. 7. Oui, j'aime la tarte aux pommes, mais je préfère (la crème caramel). 8. Non, je n'aime pas le porc. Je préfère (le poulet). **Ex. 2.** 1. Oui, achète de la sauce tomate (pour les spaghettis). 2. Non, n'achète pas de riz. 3. Non, n'achète pas de bifteck. 4. Oui, achète du bœuf haché (pour les spaghettis). 5. Oui, achète de la laitue (pour la salade). 6. Non, n'achète pas de pommes de terre. 7. Oui, achète de l'huile et du vinaigre (pour la salade). 8. Oui, achète des oignons (pour les spaghettis et la salade). 9. Non, n'achète pas de glace. 10. Oui, achète du lait (pour la crème caramel). 11. Oui, achète des œufs (pour la crème caramel). 12. Oui, achète du sucre (pour la crème caramel). **Ex. 3.** Answers may vary. 1. deux tasses de 2. trois verres d' 3. une demi-douzaine d' 4. une livre de 5. un peu de 6. deux 7. trois portions de **Ex. 4.** 1. Est-ce que tu achètes quelquefois des bonbons au chocolat? Oui, j'achète quelquefois des... (Non, je n'achète pas de...) 2. Est-ce que tu aimes les escargots? Oui, j'aime les escargots. (Non, je n'aime pas les escargots.) 3. Est-ce que tu manges souvent de la dinde? Oui, je mange souvent de la dinde. (Non, je ne mange pas de dinde.) 4. Est-ce que tu consommes beaucoup de fromage? Oui, je consomme beaucoup de fromage. (Non, je ne consomme pas beaucoup de fromage.) 5. Est-ce que tu détestes le poisson? Oui, je déteste le poisson. (Non, je ne déteste pas le poisson.) 6. Est-ce que tu adores la glace? Oui, j'adore la glace. (Non, je n'adore pas la glace.) **Ex. 5.** Answers will vary. 1. Je bois du café. 2. Ils boivent de l'eau minérale. 3. Nous buvons du thé. 4. Les Anglais boivent plus de thé. 5. J'ai bu du jus d'orange. 6. Je buvais du lait. 7. Mes parents buvaient du café. 8. On a bu du champagne et de l'eau minérale. **Ex. 6.** 1. Oui, j'en voudrais. (Non, je n'en voudrais pas.) 2. Oui, j'en bois. (Non, je n'en bois pas.) 3. Oui, j'aime en

prendre à tous les repas. (Non, je n'aime pas en prendre à tous les repas.) 4. Oui, j'en prends à tous les repas. (Non, je n'en prends pas à tous les repas.) 5. Oui, j'en mange de temps en temps. (Non, je n'en mange pas.) 6. Oui, j'en mange beaucoup. (Non, je n'en mange pas beaucoup.) **Ex. 7.** 1. Il y en a 1,000. 2. Oui, on en a besoin. 3. Oui, les enfants en ont souvent envie. 4. Oui, il y en a beaucoup dans le café. 5. Oui, il y en a dans le thé. (Non, il n'y en a pas. Il y a de la théine.) 6. Il y en a six. 7. Non, il n'y en a pas dans la glace. **Ex. 8.** 1. c, Qu'est-ce qui 2. f, Qui 3. g, Qu'est-ce qu' 4. b, quoi 5. j, Qu'est-ce qui 6. e, quoi 7. a, Qu'est-ce qu' 8. h, quoi 9. d, Qu'est-ce qu' 10. I, Qui **Ex. 9.** 1. Avec qui est-ce que Louis doit venir? (Avec qui Louis doit-il venir?) 2. Qu'est-ce que tu as fait? (Qu'as-tu fait?) 3. À qui est-ce que tu as demandé d'apporter des chips? (À qui as-tu demandé d'apporter des chips?) 4. De quoi est-ce que vous avez besoin? (De quoi avez-vous besoin?) 5. Qui a apporté des cassettes de musique acadienne? 6. De quoi est-ce que tu voudrais parler? (De quoi voudrais-tu parler?) 7. Qu'est-ce qui sent si bon? 8. Qui est-ce que Raoul va amener? (Qui Raoul va-t-il amener?) **Ex. 10.** 1. Quel est ton légume favori? 2. Quel est le plat du jour? 3. Qu'est-ce que c'est qu'une boulangerie? 4. Quelle est la boisson que tu préfères? 5. Quel est le meilleur type de café? 6. Qu'est-ce que c'est qu'une mandarine? **Ex. 11.** 1. Christine est en train de réserver une table. 2. Christine est en train de se baigner. 3. Christine est en train de s'habiller. 4. Christine et Bernard sont en train d'arriver au restaurant. 5. Christine et Bernard sont en train de retrouver leurs amis. 6. Christine, Bernard et leurs amis sont en train d'entrer dans le restaurant. 7. Christine, Bernard et leurs amis sont en train de commander leur dîner. 8. Bernard est en train de goûter le vin. 9. Christine et Bernard sont en train de bavarder avec leurs amis. 10. Bernard est en train de demander l'addition. 11. Bernard est en train de régler l'addition. 12. Christine et Bernard sont en train de rentrer chez eux après avoir laissé le pourboire. **Ex. 12.** Answers may vary. 1. Je choisis un menu avant d'inviter des amis. (Avant d'inviter des amis, je choisis un menu.) 2. Je lis la recette avant de faire les provisions. 3. Je fais une liste avant d'aller au supermarché. 4. Je fais la cuisine avant de m'habiller pour la soirée. 5. Je prépare le repas avant de mettre la table. 6. Je débarrasse la table avant de servir le dessert. **Ex. 13.** 1. Un étudiant typique regarde la télé après avoir fini ses devoirs. 2. Un étudiant typique étudie après être allé en cours. 3. Un étudiant typique écrit une thèse après avoir lu des articles. 4. Un étudiant typique écoute les cassettes après avoir regardé son manuel de laboratoire. 5. Un étudiant typique écrit une composition après avoir réfléchi au sujet. 6. Un étudiant typique répond après avoir écouté les

questions du prof. 7. Un étudiant typique va à la bibliothèque après être allé prendre un café. 8. Un étudiant typique se couche après être sorti pour voir un film.

CHAPITRE 8

Ex. 1. Answers may vary. 1. Toute / Non, ce n'est pas vrai. Il y a aussi des plaines en France. 2. Tous / Non, ce n'est pas vrai. Il y a des départements français qui se trouvent en dehors de l'Hexagone, comme la Corse ou les départements d'outre-mer. 3. Toutes / Non, ce n'est pas vrai. Il y a des feux de forêts en France, mais il existe des forêts qui n'ont jamais été détruites. 4. Tous / Non, ce n'est pas vrai. Il y en a qui se jettent dans la Méditerranée ou dans la mer du Nord. 5. Toutes / Non, ce n'est pas vrai. Il y a des côtes très développées où tout ce qui était sauvage a été détruit. 6. Toute / Oui, c'est vrai, et c'est pourquoi il faut rester conscient de l'environnement. 7. Tout / Oui, c'est vrai. Il y a des choses que l'argent ne peut pas acheter. Il faut protéger les espèces en danger. **Ex. 2.** 1. De Reims, je vais à Strasbourg, en Alsace. 2. De Strasbourg, je vais à Dijon, en Bourgogne. 3. De Dijon, je vais à Grenoble, en Savoie. 4. De Grenoble, je vais à Arles, en Provence. 5. D'Arles, je vais à Carcassonne, dans le Languedoc. 6. De Carcassonne, je vais à La Rochelle, dans le Poitou. 7. De La Rochelle, je vais à Tours, dans la Loire. **Ex. 3.** 1. Est-ce que tu vas en Europe? Oui, je vais au Portugal et en Espagne. 2. Est-ce que tu vas en Asie? Oui, je vais en Chine et en Inde. 3. Est-ce que tu vas en Afrique? Oui, je vais en Côte-d'Ivoire et au Sénégal. 4. Est-ce que tu vas en Afrique du Nord? Oui, je vais en Tunisie et au Maroc. 5. Est-ce que tu vas en Louisiane? Oui, je vais à Baton Rouge et à La Nouvelle-Orléans. 6. Est-ce que tu vas au Canada? Oui, je vais à Montréal et à Toronto. 7. Est-ce que tu vas en Amérique du Sud? Oui, je vais au Brésil et en Argentine. 8. Est-ce que tu vas en Amérique du Nord? Oui, je vais aux États-Unis: en Californie et au (dans le) Texas. **Ex. 4.** 1. D'où viennent les Volkswagens? Les Volkswagens viennent d'Allemagne. 2. D'où viennent les appareils Sony? Les appareils Sony viennent du Japon. 3. D'où vient le jamabalaya? Le jambalaya vient de Louisiane. 4. D'où viennent les vins de Bourgogne? Les vins de Bourgogne viennent de France. 5. D'où viennent les enchiladas et les tacos? Les enchiladas et les tacos viennent du Mexique. 6. D'où vient le cappuccino? Le cappuccino vient d'Italie. 7. D'où viennent les Cadillacs? Les Cadillacs viennent des États-Unis. 8. D'où vient le sucre d'érable? Le sucre d'érable vient du Canada et du Vermont. **Ex. 5.** 1. vivent 2. vit 3. vivent 4. vit 5. survivre (vivre) 6. ont vécu 7. ont survécu 8. vivait 9. vivons **Ex. 6.** 1. à. Oui je vais lui écrire. 2.— / Non, je ne les écoute pas. 3. à / Oui, je leur téléphone toutes les semaines. 4. — / Oui, je les regarde. 5. à / Je voudrais lui dire que tout le monde doit participer à la sauvegarde de l'environnement. 6. aux associations / Oui, je leur donne de l'argent. **Ex. 7.** 1. Je la lui donne. (Je ne la lui donne pas.) 2. Je les leur envoie. (Je ne les leur envoie pas.) 3. Je la lui promets. (Je ne la lui promets pas.) 4. Je le leur accorde. (Je ne le leur accorde pas.) 5. Je le lui donne. (Je ne le lui donne pas.) **Ex. 8.** Answers may vary. 1. a. devrions / Oui, je suis d'accord parce que les émissions toxiques sont mauvaises pour la santé. (Non, je ne suis pas d'accord parce que les entreprises ne peuvent pas le faire sans réduire leur production.) b. devrais / Oui, je suis d'accord parce que j'habite près de mon lieu de travail. (Non, je ne suis pas d'accord parce que je préfère prendre la voiture.) 2. a. devrais / Oui, je suis d'accord parce que c'est facile à faire. (Non, je ne suis pas d'accord parce que je ne voudrais pas changer mes habitudes!) b. devraient / Oui, je suis d'accord parce que ce n'est pas nécessaire, sauf quand il fait très chaud! (Non, je ne suis pas d'accord parce que mon jardin a besoin d'être arrosé tous les jours.) 3. a. devraient / Oui, je suis d'accord parce que je préfère manger des produits naturels. (Non, je ne suis pas d'accord parce qu'il faut tuer les insectes.) b. devrions / Oui, je suis d'accord parce que ces détergents sont bons. (Non, je ne suis pas d'accord parce qu'ils ne sont pas aussi bons que les autres.) 4. a. devrait / Oui, je suis d'accord parce que c'est bon pour la planète. (Non, je ne suis pas d'accord parce que je n'aime pas le faire.) b. devrait / Oui, je suis d'accord parce qu'il y a trop de plastique. (Non, je ne suis pas d'accord. Il faut le recycler, c'est tout.) **Ex. 9.** 1. vivaient 2. empêchaient 3. émettaient 4. montaient 5. pique-niquaient 6. trouvait 7. étaient 8. comprenaient **Ex. 10.** 1. faisait, s'est arrêté 2. envoyait, s'est éteint 3. écoutait, a... entendu 4. parlait, a été 5. écoutait, s'est arrêtée

CHAPITRE 9

Ex. 1. 1. Oui, j'y habite. (Non, je n'y habite pas.) 2. Oui, j'y suis déjà allé(e) cette semaine. (Non, je n'y suis pas encore allé[e]...) 3. Oui, j'y participe beaucoup. (Non, je n'y participe pas beaucoup.) 4. Oui, j'y réponds souvent. (Non, je n'y...) 5. Oui, j'y assiste parfois. (Non, je n'y assiste jamais.) 6. Oui, j'y pense souvent. (Non, je n'y...) **Ex. 2.** 1. Answers may vary. 1. Oui, je suis plus intelligent(e) que lui. (Non, je suis moins/aussi...) 2. Oui, je suis moins intéressant(e) qu'eux. (Non, je suis plus/aussi...) 3. Oui, je suis aussi dynamique que lui / qu'elle. (Non, je suis moins/plus...) 4. Oui, mes camarades de classe sont aussi intelligents que moi. (Non, ils sont plus/moins...) 5. Oui, mes professeurs sont aussi sympathiques qu'eux. (Non, ils sont plus/moins...) 6. Oui, je suis aussi équilibré(e) que lui / qu'elle. (Non, je suis plus/moins...) 7. Oui, ils sont plus courageux que moi. (Non, ils sont moins/aussi...) **Ex. 3.** 1. Oui, j'ai dîné

avec lui. (Non, je n'ai jamais dîné avec lui.) 2. Si, je me suis disputé(e) avec eux. (Non, je ne me suis jamais disputé[e] avec eux.) 3. Oui, j'ai fait du travail supplémentaire pour lui/elle. (Non,...) 4. Oui, j'ai fait des courses pour eux/elles. (Non,...) 5. Oui, je me suis fâché(e) avec lui/elle. (Non,...) 6. Oui, j'ai joué au tennis avec eux/elles. (Non,...) **Ex. 4.** 1. Lui et elle, ils vont au cinéma. 2. Elle et lui, ils lisent le journal tous les jours. 3. Eux et nous, nous aimons Astérix. Moi, non! Je n'aime pas Astérix. 4. Elle et lui, ils sont stars de cinéma. 5. Toi et moi, nous paniquons avant les examens. 6. Lui et elle, ils ont du talent. 7. Elle et lui, ils sont dynamiques. **Ex. 5.** 1. Elle est chanteuse. 2. Elle était physicienne. 3. Il était empereur. 4. Elle était écrivain. 5. Il est chanteur. 6. Il était général (homme d'État). **Ex. 6.** Answers may vary. 1. C'est un professeur de lycée. C'est la femme de Victor. (C'est la sœur de Bernard.) 2. C'est un cadre dans une entreprise. C'est le beau-frère de Bernard Lasalle. 3. C'est un ingénieur. C'est le fils de Francis Lasalle. (C'est le frère de Claudine.) 4. C'est une étudiante en hôtellerie. C'est la sœur de Marise. 5. C'est un petit garçon. C'est le frère de Clarisse. 6. C'est un étudiant à l'Université Paris VII. C'est l'ami d'Agnès Rouet. **Ex. 7.** 1. Julien habite à la Défense depuis quatre ans. 2. Sa mère est à Paris depuis cinq ans. 3. Julien travaille pour TF1 depuis sept ans. 4. Il connaît Bernard Lasalle depuis huit ans. 5. Julien fait de la voile depuis douze ans. **Ex. 8.** Answers will vary. 1. Je fais des études à l'université depuis (deux ans). 2. J'habite (à la cité universitaire). J'y habite depuis (un an). 3. Mes parents habitent (à la campagne). Ils y habitent depuis (vingt-cinq ans). 4. J'étudie le français depuis (six mois). 5. J'ai mon permis de conduire depuis (l'année dernière). J'ai ma propre voiture depuis (l'année dernière). **Ex. 9.** 1. Est-ce que tu te coucheras tôt ce soir? Oui, je me coucherai tôt ce soir. (Non, je ne me coucherai pas...) Et toi? 2. Est-ce que tu dormiras jusqu'à 10 h demain? Oui, je dormirai... (Non, je ne dormirai pas...) 3. Est-ce que tu finiras tous tes devoirs avant le week-end? Oui, je finirai... (Non,...) 4. Est-ce que tu réussiras à tous tes examens ce semestre? Oui, je réussirai à... (Non,...) 5. Est-ce que tu sortiras ce week-end? Oui, je sortirai... (Non,...) 6. Est-ce que tu gagneras beaucoup d'argent cet été? Oui, je gagnerai... (Non,...) 7. Est-ce que tu achèteras une voiture cette année? Oui, j'achèterai... (Non,...) 8. Est-ce que tu prendras des vacances la semaine prochaine? Oui, je prendrai... (Non,...) **Ex. 10.** 1. serons 2. ferons 3. recevrons 4. verrons 5. aurons 6. saurons, pourrons **Ex. 11.** 1. aura 2. sera 3. gagnera 4. iront 5. devra 6. pourront 7. fera 8. impressionnera 9. découvrira 10. ira 11. reviendra 12. ouvrira 13. irons 14. deviendra 15. écrira 16. aura 17. s'appellera **Ex. 12.** 1. Tu seras heureux quand tu réussiras à l'examen demain. 2. Tu seras très

surpris quand tu recevras un A en cours de français. 3. Tu seras surpris quand tes amis t'inviteront à sortir ce week-end. 4. Tu seras étonné quand tu auras assez d'argent pour payer tes études. 5. Tu seras surpris quand tu finiras ton devoir d'histoire ce soir.

CHAPITRE 10

Ex. 1. 1. Il faut que je passe à la banque. 2. Il faut que j'écrive des instructions pour la voisine. 3. Il faut que je demande des prospectus au consulat marocain. 4. Il faut que je choisisse une valise neuve. 5. Il faut que je lise les prospectus sur le Maroc. 6. Il faut que je finisse ma dissertation de français. 7. Il faut que je rende des livres à la bibliothèque. 8. Il faut que j'organise mes affaires. **Ex. 2.** 1. Il faut que nous demandions si le vol va partir à l'heure. 2. Il ne faut pas que nous achetions des magazines. 3. Il ne faut pas que nous oubliions la valise en consigne. 4. Il faut que nous téléphonions aux enfants ce soir. 5. Il faut que nous écrivions une carte postale à Julien ce soir. 6. Il ne faut pas que nous laissions nos chèques de voyage dans la valise. 7. Il faut que nous relisions les brochures. 8. Il faut que nous nous reposions en avion. **Ex. 3.** Answers will vary. 1. Il est important que je connaisse des gens du pays. 2. Il faut que j'écrive à mes amis et à ma famille. 3. Il vaut mieux que je dorme bien chaque nuit. 4. Il n'est pas essentiel que je voyage dans une voiture confortable. 5. Il n'est pas indispensable que j'achète de beaux souvenirs. 6. Il faut que je rapporte beaucoup de belles photos. 7. Il n'est pas indispensable que je sorte tous les soirs. 8. Il ne faut pas que je fasse des projets à l'avance. **Ex. 4.** 1. Il ne faut pas que tu boives beaucoup d'alcool. 2. Il ne faut pas que tu ailles dans les cabarets. 3. Il ne faut pas que tu sortes seul(e). 4. Il faut que tu t'endormes à une heure raisonnable. 5. Il ne faut pas que tu fasses du bruit à l'hôtel. 6. Il faut que tu sois ponctuel(le). 7. Il faut que tu aies ton passeport sur toi à tout moment. 8. Il faut que tu nous écrives souvent. 9. Il faut que tu prennes des vitamines. **Ex. 5.** 1. Est-ce qu'il vaut mieux que je prenne les billets à l'aéroport ou que j'aille à l'agence de voyages? Il vaut mieux que vous alliez à l'agence de voyages pour éviter de longues queues à l'aéroport. (Il vaut mieux que vous preniez les billets à l'aéroport.) 2. Est-ce qu'il vaut mieux que je mette mon passeport dans ma petite valise ou dans ma poche? Il vaut mieux que vous le mettiez dans votre poche, parce qu'il faut que vous le montriez à la douane. (Il vaut mieux que vous le mettiez dans votre petite valise pour ne pas le perdre.) 3. Est-ce qu'il vaut mieux que je sois à l'aéroport trois heures avant le départ ou non? Il vaut mieux que vous arriviez trois heures avant le départ. Ainsi, vous aurez un peu de temps pour vous détendre avant votre départ. (Il vaut mieux que vous arriviez deux heures avant votre départ. Vous aurez assez de temps pour faire peser vos bagages.) 4. Est-ce qu'il vaut mieux que je boive beaucoup ou non, pendant le voyage en avion? Il vaut mieux que vous buviez beaucoup pour ne pas être déshydraté(e). (Il vaut mieux que vous ne buviez pas beaucoup de liquides.) 5. Est-ce qu'il vaut mieux que j'utilise des chèques de voyage ou une carte de crédit? Il vaut mieux que vous utilisiez des chèques de voyage. Ainsi, si vous les perdez, vous pourrez les remplacer facilement. (Il vaut mieux que vous utilisiez une carte de crédit. C'est plus pratique.) 6. Est-ce qu'il vaut mieux que j'aie du liquide (de l'argent) pour laisser des pourboires? Oui, il vaut mieux que vous en ayez pour laisser des pourboires. (Il vaut mieux que vous n'ayez pas trop de liquide. Mettez le pourboire sur votre carte de crédit.) 7. Est-ce qu'il vaut mieux que je fasse mes valises deux ou trois jours avant ou à la dernière minute? Il vaut mieux que vous les fassiez deux ou trois jours avant pour ne rien oublier. (Il vaut mieux que vous ne les fassiez pas trop tôt si vous voulez que vos vêtements soient en bon état.) 8. Est-ce qu'il vaut mieux que j'aille prendre des brochures avant mon départ ou non? Il vaut mieux que vous alliez prendre des brochures avant votre départ pour mieux vous préparer. (Il vaut mieux que vous n'en preniez pas avant le départ. Sinon vous ne serez pas surpris(e) à l'arrivée.) **Ex. 6.** Answers will vary. 1. Un jeune homme (Une jeune fille) de 18 ans conduit trop vite. Il/Elle suit rarement le code de la route. 2. Les chauffeurs de taxi conduisent prudemment. En général, ils suivent le code de la route. 3. Mon meilleur ami (Ma meilleure amie) conduit bien. Il/Elle suit toujours le code de la route. 4. Mes copains conduisent comme des fous. Ils suivent rarement le code de la route. 5. Les personnes âgées conduisent lentement. Elles suivent toujours le code de la route. 6. Les gens de ma ville conduisent assez bien. En général, ils suivent le code de la route. 7. Un agent de police conduit bien. Il suit toujours le code de la route. 8. Je conduis prudemment. Je suis toujours le code de la route. **Ex. 7.** 1. Est-ce que tu le lui donnes? Oui, je le lui donne. (Non, je ne le lui donne pas.) 2. Est-ce que tu le leur montres? Oui, je le leur montre. (Non, je ne le leur montre pas.) 3. Est-ce que tu les lui laisses? Oui, je les lui laisse. (Non, je ne les lui laisse pas.) 4. Est-ce que tu la lui prêtes? Oui, je la lui prête. (Non, je ne la lui prête pas.) 5. Est-ce que tu lui en donnes? Oui, je lui en donne. (Non, je ne lui en donne pas.) 6. Est-ce que tu lui en demandes? Oui, je lui en demande. (Non, je ne lui en demande pas.) 7. Tu lui en offres? Oui, je lui en offre. (Non, je ne lui en offre pas.) 8. Tu leur en laisses? Oui, je leur en laisse. (Non, je ne leur en laisse pas.) **Ex. 8.** 1. le plus 2. le plus, le moins 3. le plus 4. les plus, les plus 5. les plus, les plus 6. le plus **Ex. 9.** 1. Le polyester coûte le moins cher. 2. Le nylon se lave le mieux. 3. Les diamants coûtent le

plus cher. 4. La porcelaine se casse le plus facilement. 5. Le cuir s'utilise le moins dans les vêtements pour enfants. **Ex. 10.** 1. Le Canada a le plus d'habitants francophones. / Le Congo a le moins d'habitants francophones. 2. Le Mali a le plus d'habitants francophones. / Le Luxembourg a le moins d'habitants francophones. 3. La Suisse a le plus d'habitants francophones. / Le Congo a le moins d'habitants francophones. **Ex. 11.** Answers may vary. 1. Laquelle de ces montres préfères-tu? d (Celle en or parce que...) 2. Laquelle de ces bagues préfères-tu? c 3. Lequel de ces portefeuilles préfères-tu? a 4. Lequel de ces foulards préfères-tu? e 5. Lequel de ces vases préfères-tu? b **Ex. 12.** Answers may vary. 1. ceux, ceux / Moi, je préfère ceux qui sont personnalisés (qui coûtent plus). 2. celles, celles / Moi, je préfère celles qui sont comiques. 3. celles, celles / Moi, je préfère celles qui sont plus discrètes. 4. ceux, ceux / Moi, je préfère ceux en cuir. 5. ceux, ceux / Moi, je préfère ceux qui sont confortables.

CHAPITRE 11

Ex. 1. Answers will vary. 1. aurait / Oui, c'est vrai, parce qu'on n'aurait pas d'exemples de crimes violents. (Non, ce n'est pas vrai...) 2. lirais / C'est vrai, parce que je ne serais pas aussi distrait(e) par la télévision. (Non,...) 3. seraient / C'est vrai, parce qu'ils passeraient plus de temps à faire de l'exercice. (Non,...) 4. saurions / Ce n'est pas vrai, parce que nous aurions encore des journaux et des ordinateurs! (C'est vrai...) 5. connaîtrait / Ce n'est pas vrai, parce qu'on pourrait lire des journaux et des livres. (C'est vrai...) 6. feraient / C'est vrai, parce qu'il n'y aurait pas de publicité. (Non,...) 7. dormirions / C'est vrai, parce que nous ne regarderions pas d'émissions à minuit. (Non,...) **Ex. 2.** 1. Pourriez 2. auriez 3. voudrais 4. pourriez 5. devrais 6. pourrais 7. Sauriez **Ex. 3.** 1. Dans un monde idéal, on pourrait toujours croire ce qu'on vous dit. 2. Dans un monde idéal, nous ne serions pas influencés par des messages subtils ou subliminaux. 3. Dans un monde idéal, on ne profiterait jamais de la crédulité des gens. 4. Dans un monde idéal, les gens ne dépenseraient pas beaucoup d'argent pour des produits inutiles. 5. Dans un monde idéal, le travail occuperait une moins grande partie de notre vie. 6. Dans un monde idéal, il y aurait assez d'emplois pour tous ceux qui veulent travailler. 7. Dans un monde idéal, mentir ne serait jamais utile. **Ex. 4.** 1. C'est le magazine dont je parlais l'autre jour. 2. C'est le livre dont on discutait à la télé. 3. C'est un metteur en scène dont je connais d'autres films. 4. C'est une vedette dont j'ai vu tous les films. 5. C'est un titre dont je ne me souviens jamais. **Ex. 5.** 1. Ce qui: c 2. Ce qui: f 3. Ce que: d 4. Ce qui: e 5. Ce qu': b 6. Ce qu': a 7. Ce qu': f 8. Ce qu': e **Ex. 6.** 1. ce qu' 2. ce qui 3. Ce qui 4. ce qu' 5. ce qui 6. ce qu'

7. ce qui 8. ce dont **Ex. 7.** 1. Aies quelque chose à dire dans ta page web. 2. Ne fais pas une liste de listes. 3. Rappelle-toi que tes visiteurs ne sont pas tous équipés d'un modem 28.8. 4. Vérifie tes liens pour éliminer les culs-de-sac. 5. Permets les commentaires par courrier électronique sur ta page. 6. Améliore-toi constamment dans l'art de construire les html. 7. Sois créatif/créative malgré toutes ces directives. **Ex. 8.** 1. Montrez-leur donc comment... 2. ... bloquez les fentes de disquettes et de CD-ROM, rangez le clavier et mettez la souris en cage. 3. N'apportez votre travail à la maison qu'en cas... 4. Asseyez-vous souvent avec vos enfants... 5. ... sachez où ils vont. 6. Donnez-leur une chaise confortable. Essayez aussi de placer... **Ex. 9.** 1. C'est une bonne idée. Posez-en. (Ce n'est pas nécessaire. N'en posez pas.) 2. C'est une bonne idée. Vérifiez-la. (Regardez-le.) (Ce n'est pas nécessaire. Ne la vérifiez-pas. [Ne le regardez pas.]) 3. C'est une bonne idée. Appréciez-la. (Ce n'est pas nécessaire. Ne l'appréciez pas.) 4. C'est une bonne idée. Vérifiez-le. (Ce n'est pas nécessaire. Ne le vérifiez pas.) 5. C'est une bonne idée. Groupez-les. (Ce n'est pas nécessaire. Ne les groupez pas.) 6. C'est une bonne idée. Parlez-en. (Ce n'est pas nécessaire. N'en parlez pas.) **Ex. 10.** 1. Si je voulais vraiment acheter quelque chose, je serais (ne serais pas) très impatient(e). 2. Si j'étais déprimé(e), j'aurais (n'aurais pas) envie de faire des achats. 3. Si j'avais envie de faire des achats, je laisserais (ne laisserais pas) mes cartes de crédit à la maison. 4. Si je faisais beaucoup d'achats, je serais encore plus (ne serais plus) déprimé(e). 5. Si j'achetais quelque chose de cher, j'irais (je n'irais pas) dans tous les magasins pour trouver le meilleur prix. 6. Si je n'aimais pas quelque chose, je le rapporterais (ne le rapporterais pas) au magasin.

CHAPITRE 12

Ex. 1. 1. Oui, il/elle voudrait que je fasse plus de sport. (Non, il/elle ne voudrait pas que... / Ça lui est égal.) 2. Oui, il/elle voudrait que je dorme moins. (Non, il/elle ne voudrait pas que... / Ça lui est égal.) 3. Oui, il/elle voudrait que je perde du poids. (Non,...) 4. Oui, il/elle voudrait que je sois plus sérieux/sérieuse dans mes études. (Non,...) 5. Oui, il/elle voudrait que je dépense moins d'argent. (Non,...) 6. Oui, il/elle voudrait que je devienne médecin. (Non,...) 7. Oui, il/elle voudrait que je puisse le/la voir plus souvent. **Ex. 2.** Answers may vary. 1. Oui, je demanderais qu'on enlève toutes... (Non, je ne demanderais pas...) 2. Je désire qu'on serve des plats végétariens... (Non, je ne désire pas...) 3. J'aimerais qu'il y ait une salle... (Non, je n'aimerais pas...) 4. Je préférerais que l'université dépense moins d'argent... (Non, je ne préférerais pas...) 5. Oui, j'aimerais que les cours ne commencent pas avant 9 h... (Non, je n'exigerais pas que...) 6. Oui, je demande-

rais que les examens finals soient mieux espacés. (Non, je ne demanderais pas que...)
Ex. 3. 1. n'avais pas, n'ai rien mangé
2. avais, me suis endormie 3. me sentais, ai
dû 4. devais, n'ai pas pu 5. n'avais pas, n'ai
pas téléphoné 6. voulais, ai dû **Ex. 4.** 1. c /
On peut soulager les yeux inflammés en y
mettant des gouttes. Oui, c'est vrai. (Non,...)
2. a / On peut transmettre des microbes en
toussant et en éternuant. Oui, c'est vrai. 3. b
/ On peut éviter les rhumes en prenant
beaucoup de vitamine C. Oui, c'est vrai. 4. e
/ On peut guérir une grippe en mangeant
de la soupe au poulet. Oui, c'est vrai. 5. d /
On peut arrêter le hoquet en se mettant un
sac sur la tête. Non, ce n'est pas vrai. (Oui,...)
Ex. 5. 1. viennent d'arriver 2. venez de voir
3. venons d'apprendre 4. vient d'arriver
5. viennent d'éteindre **Ex. 6.** 1. était, faisait,
avait 2. avons décidé 3. avons mis, sommes
partis 4. était, glissait 5. sommes arrivés
6. suis tombé, s'est cassé 7. n'avais 8. avons
dû, étions **Ex. 7.** 1. était 2. avais 3. j'ai pris
4. étais 5. n'ai pas trouvé 6. j'ai pris 7. était
8. avait 9. était 10. s'avançait 11. J'ai mal es-
timé 12. a touché 13. Je cherchais 14. j'ai entendu 15. était 16. pensait 17. j'allais

CHAPITRE 13

Ex. 1. 1. se sont rencontrés 2. se sont détes-
tés 3. se revoir 4. se sont rencontrés 5. se
sont aidés 6. se quitter. 7. s'entendent **Ex. 2.**
1. nous nous disons 2. vous vous écoutez

3. se parlent 4. se téléphonent 5. nous nous
invitons 6. s'embrassent **Ex. 3.** 1. patiem-
ment 2. sérieusement 3. nerveusement 4. attentivement 5. élégamment 6. (très) calme-
ment 7. discrètement **Ex. 4.** Answers may
vary. 1. C'est regrettable que les jeunes et les
vieux ne s'entendent pas bien. 2. C'est inévitable que les jeunes ne fassent pas attention
aux conseils de leurs parents. 3. C'est regrettable que les jeunes ne puissent pas profiter
de l'expérience de leurs aînés. 4. C'est regrettable que nous soyons obligés de répéter les
erreurs de nos parents. 5. C'est rare qu'un
jeune Américain ait envie d'habiter longtemps chez ses parents. 6. C'est regrettable
que les personnes âgées ne croient plus
pouvoir contribuer à la société. 7. C'est honteux (étonnant) qu'un certain nombre de
personnes âgées soient abandonnées par
leurs enfants. **Ex. 5.** 1. Je suis triste que tes
parents soient séparés. 2. Je suis désolée que
ton grand-père soit à l'hôpital. 3. C'est
dommage que tu n'aies pas encore ton baccalauréat. 4. Il est regrettable que tu doives
repasser tes examens le mois prochain. 5. Je
suis heureuse que tous tes amis partent à
l'étranger cet été. 6. Je regrette que toi, tu ne
puisses pas y aller. 7. Je suis désolée que tu
te sentes vraiment triste. **Ex. 6.** 1. b / avait
perdu 2. e / avait oublié 3. a / avait bu 4. d /
avait oublié. c / avait mangé **Ex. 7.** 1. était
parti 2. l'avait oubliée 3. avait vendu 4. avait
vu 5. elle s'était déjà couchée **Ex. 8.** 1. La

mienne est propre/sale. La sienne est
propre/sale. 2. La mienne est en ordre/en
désordre. La sienne est en ordre/en
désordre. 3. Les miens sont chic/pratiques.
Les siens sont chic/pratiques. 4. Le mien (La
mienne) est facile/difficile à vivre. Le sien
(La sienne) est facile/difficile à vivre. 5. Les
miennes sont très bonnes/moyennes. Les
siennes sont très bonnes/moyennes.

CHAPITRE 14

Ex. 1. 1. auraient dû 2. aurions dû 3. auriez
dû 4. aurait dû 5. aurais dû 6. aurais dû
Ex. 2. 1. n'aurais pas acheté 2. aurait été
3. n'aurait pas jeté 4. aurais pu 5. ne serais
pas rentré 6. te serais rendu compte **Ex. 3.**
1. à moins que 2. à condition que 3. Bien
que 4. jusqu'à ce que 5. quoique 6. pour que
Ex. 4. Answers may vary. 1. a. Il est impossible que les résidences universitaires aient...
b. Je crois que les résidences universitaires
auront... 2. a. C'est impossible que tous les
Américains parlent... b. C'est probable que
tous les Américains parleront... 3. a. J'espère
que nous éliminerons... b. C'est peu probable que nous éliminions... 4. a. Je pense
que tout le monde travaillera... b. Ce n'est
pas possible que tout le monde travaille...
5. a. C'est peu probable que toutes les familles du monde aient... b. C'est possible
que toutes les familles du monde aient...

ℒexique: Vocabulaire
Français–anglais

This vocabulary contains French words and expressions used in this book, with their contextual meanings. The gender of nouns is indicated by the abbreviations *m.* and *f.* Both masculine and feminine forms of adjectives are shown.

All words and expressions from chapter vocabulary lists are included, with the exception of exact cognates. Conjugated verb forms, present participles, and regular past participles are not included. In general, regular adverbs do not appear if the adjectives upon which they are based are included (e.g., **lent[e], lentement**); regular past participles used as adjectives do not appear if the verbs upon which they are based are included (e.g., **varier, varié[e]**). Words beginning with aspirate *h* are preceded by an asterisk (*).

Abbreviations

A.	archaic	*fam.*	familiar, colloquial	*m.*	masculine noun
ab.	abbreviation	*fig.*	figurative	*pl.*	plural
adj.	adjective	*Gram.*	grammar term	*p.p.*	past participle
adv.	adverb	*interj.*	interjection	*prep.*	preposition
art.	article	*intr.*	intransitive	*pron.*	pronoun
conj.	conjunction	*inv.*	invariable	*s.*	singular
f.	feminine noun	*irreg.*	irregular (verb)	*subj.*	subjunctive
		lit.	literary	*trans.*	transitive

à *prep.* to; at; in; with

abandonner to drop (*a course of study, a class*); to give up; to abandon, desert

abattre (*like* **battre**) *irreg.* to cut down (*trees*)

abîmer to damage; to spoil

abolir to abolish, do away with

abonnement *m.* subscription; service contract

s'abonner (à) to subscribe (to)

aboutir (à) to end up (in)

abréger (j'abrège) to abbreviate, shorten

abricot *m.* apricot

abrupt(e) *adj.* abrupt; steep

absence *f.* absence; lack

absolu(e) *adj.* absolute

s'abstenir (*like* **tenir**) *irreg.* to abstain

abstrait(e) *adj.* abstract

absurde *adj.* absurd

abus *m.* abuse; misuse; **abus de la drogue** drug abuse

abuser de to misuse, abuse; **abuser des règlements** to break the rules

Acadie *f.* Acadia (Nova Scotia)

acadien(ne) *adj.* Acadian; **Acadien(ne)** *m., f.* Acadian (*person*)

acajou *m.* mahogany

accéder (j'accède) (à) to access

accélérer (j'accélère) to accelerate

accentué(e) accentuated, stressed

accentuer to increase; to emphasize

accepter (de) to accept; to agree (to)

accès *m.* access; **accès limité** limited access

accessoires *m. pl.* accessories

accompagner to accompany

accomplir to accomplish, fulfill, carry out

accord *m.* agreement; **d'accord** all right, O.K.; **être d'accord** to agree, be in agreement; **se mettre d'accord** to reconcile, come to an agreement

accorder to grant, bestow, confer

accouchement *m.* childbirth

accro (*m., f.*) **du Web** Web addict

accroché(e) *m., f., fam.* fanatic

accroissement *m.* (**de**) increase (in)

s'accroupir to squat, stoop over

accueil *m.* greeting, welcome; **page** (*f.*) **d'accueil** home page

accueillir (*like* **cueillir**) *irreg.* to welcome, greet

accumuler to accumulate

accusé(e) *m., f.* accused, defendant; **défendre les accusés** to defend the accused

achat *m.* purchase; **faire des achats** to go shopping

acheter (j'achète) to buy; **acheter des provisions** to buy groceries

acide *adj.* acid; tart, sour; *m.* acid; **pluie** (*f.*) **acide** acid rain

acier *m.* steel

acquérir (*p.p.* **acquis**) *irreg.* to acquire, obtain

acte *m.* act

acteur/actrice *m., f.* actor/actress

actif/active *adj.* active; working

action *f.* action, gesture; **jour** (*m.*) **d'Action de Grâce** Thanksgiving Day (*U.S., Canada*)

activité *f.* activity

actualité *f.* piece of news; news; current event; **suivre les actualités** to keep up with the news

actuel(le) *adj.* present, current

actuellement *adv.* now, at the present time

adapter to adapt

addition *f.* bill, tab (*in a restaurant*)

adieu *interj.* good-bye; **soirée** (*f.*) **d'adieu** farewell party

adjectif *m.* adjective

admettre (*like* **mettre**) *irreg.* to admit, accept

administratif/administrative *adj.* administrative

administrer to administer

admiratif/admirative *adj.* admiring

admirer to admire; **s'admirer** to admire oneself, one another

adopter to adopt

adorer to adore, worship; to admire; to be fond of

adresse *f.* address

adresser to address, speak to; **s'adresser à** to speak to; to appeal to; to inquire

adulte *m., f.* adult

adverbe *m.* adverb

adversaire *m., f.* opponent, adversary

aérobic *f.* aerobics; **faire de l'aérobic** to do aerobics

aéroport *m.* airport

affaire *f.* affair; (business) matter; *pl.* belongings; business; **chiffre** (*m.*) **d'affaires** total sales; **homme** (*m.*)/**femme** (*f.*) **d'affaires** businessman/woman

affecter to affect

affectueux/affectueuse *adj.* affectionate

affichage *m.:* **tableau** (*m.*) **d'affichage** display board

afficher to display, post

affirmatif/affirmative *adj.* affirmative

affirmation *f.* statement

affirmer to affirm, assert

affronter to confront, deal with, face

afin de *prep.* to, in order to; **afin que** *conj.* so, so that

africain(e) *adj.* African; **Africain(e)** *m., f.* African (*person*)

Afrique *f.* Africa

âge *m.* age; **Quel âge avez-vous?** How old are you?; **le moyen âge** Middle Ages; **personne** (*f.*) **du troisième âge** senior citizen

âgé(e) *adj.* aged; old; elderly

agence *f.* agency; **agence de voyages** travel agency; **agence bénévole** volunteer agency, organization; **agence matrimoniale** marriage/dating service

agent *m.* agent; **agent conservateur** (food) preservative; **agent de police** police officer; **agent de voyages** travel agent

aggraver to aggravate, worsen; **s'aggraver** to grow worse

agir to act, take action; **s'agir: il s'agit de** it is a question/matter of; it is about

agité(e) *adj.* agitated; **heures** (*f.*) **agitées** troubled times

agneau *m.* lamb; **gigot** (*m.*) **d'agneau** leg of lamb

agréable *adj.* pleasant, nice, agreeable

agréer to accept; **je vous prie d'agréer l'expression de mes sentiments distingués** yours truly

agressif/agressive *adj.* aggressive

agricole *adj.* agricultural, farming

agriculteur/agricultrice *m., f.* cultivator, farmer

ah bon? (ah oui?) *interj.* really? is that right?

aide *f.* help, assistance

aider (à) to help (to); to provide aid; **aider à la maison** to help around the house; **s'aider** to help one another

aigle (*m.*) eagle; **aigle royal** golden eagle

aigre *adj.* sour

aigu(ë) *adj.* acute; **accent** (*m.*) **aigu** acute accent

ail *m.* garlic

ailleurs *adv.* elsewhere; **d'ailleurs** *adv.* moreover; furthermore

aimable *adj.* likeable, friendly

aimer to like; to love; **aimer bien** to like; **aimer mieux** to prefer

aîné(e) *adj.* older, oldest (*child*)

ainsi *conj.* thus, so, such as; **ainsi que** *conj.* as well as, in the same way as

air *m.* air; look; tune; **avoir l'air (de)** to seem, appear; **en plein air** outdoors, in the open air; **hôtesse** (*f.*) **de l'air** flight attendant, stewardess

aise *f.* ease, comfort; **être mal à l'aise** to be uncomfortable; **se sentir à l'aise** to feel at ease

aisé(e) *adj.* comfortable; well-off; easy, effortless

ajouter to add

alcool *m.* alcohol; alcoholic beverage

Algérie *f.* Algeria

algérien(ne) *adj.* Algerian; **Algérien(ne)** *m., f.* Algerian (*person*)

algue *f.* seaweed

aliéner (j'aliène) to alienate

aliment *m.* food, nourishment; food item

alimentaire *adj.* alimentary, pertaining to food; **chaîne** (*f.*) **alimentaire** food chain

alimentation *f.* food, feeding, nourishment; **magasin** (*m.*) **d'alimentation** food store

allaiter to breastfeed

allécher (j'allèche) to allure; to attract

allégé(e) *adj.* light, low-fat

Allemagne *f.* Germany

allemand(e) *adj.* German; *m.* German (*language*); **Allemand(e)** *m., f.* German (*person*)

aller *irreg.* to go; **aller + *inf.*** to be going to + *inf.*; **allons-y!** let's go!; **aller-retour** *m.* round-trip; **comment allez-vous?** how are you?; **s'en aller** to leave

allergie *f.* allergy

allergique *adj.* allergic

alliance *f.* union; wedding ring

s'allier (à) to be/become united, allied (with)

allô *interj.* hello (*phone greeting*)

allocation *f.* allotment; pension; **allocations familiales** *pl.* family subsidy

allongé(e) *adj.* stretched out, lying (down)

allumer to light (*a cigarette, a fire*); **allumer la télé** to turn on the TV

alors *adv.* then, in that case, therefore; **alors que** *conj.* while, whereas

Alpes *f. pl.* the Alps

alpin(e) *adj.* alpine; **ski** (*m.*) **alpin** downhill skiing

alpiniste *m., f.* mountaineer, climber

Alsace *f.* Alsace (*eastern French province*)

alsacien(ne) *adj.* Alsatian, from Alsace; *m.* Alsatian (*language*); **Alsacien(ne)** *m., f.* Alsatian (*person*)

altérer (j'altère) to alter, change

alternance *f.* alternation; **des cours en alternance** cooperative education

alterner to alternate

amazonien(ne) *adj.* Amazonian

ambassade *f.* embassy

ambiance *f.* atmosphere, surroundings

ambitieux/ambitieuse *adj.* ambitious

ambulant(e) *adj.* able to walk, traveling

améliorer to improve, better; **s'améliorer** to improve (oneself), get better

aménagement *m.* planning, development; **aménagement du territoire** national and regional development

amende *f.* fine

amener (j'amène) to bring; to take (*a person*)

amer/amère *adj.* bitter

américain(e) *adj.* American; **Américain(e)** *m., f.* American (*person*)

Amérique *f.* America; **Amérique centrale** Central America; **Amérique du Nord (du Sud)** North (South) America

ami(e) *m., f.* friend; **petit(e) ami(e)** boyfriend/girlfriend

amitié *f.* friendship; **amitiés** your friend, best wishes (*in correspondance*)

amour *m.* love

amoureux/amoureuse *adj.* in love; **tomber amoureux/amoureuse (de)** to fall in love (with)

amphi *m., fam.* (**amphithéâtre**) amphitheater

amusant(e) *adj.* amusing, fun

amuser to entertain, amuse; **s'amuser (à)** to have fun, have a good time

an *m.* year; **avoir (vingt) ans** to be (twenty) years old; **jour** (*m.*) **de l'an** New Year's Day; **nouvel an** New Year('s); **par an** per year, each year; **tous les ans** every year

analyse *f.* analysis

anarchiste *m., f.* anarchist

ancêtre *m., f.* ancestor

ancien(ne) *adj.* old, antique; former; ancient

andouille *f. sausage made from pork tripe*

anesthésie *f.* anesthesia

anglais(e) *adj.* English; *m.* English (*language*); **Anglais(e)** *m., f.* English (*person*)

Angleterre *f.* England; **Nouvelle-Angleterre** New England

anglicisme *m.* anglicism

anglophone *adj.* English-speaking

animal (*m.*) **domestique** *m.* pet (*animal*)

animateur/animatrice *m., f.* host/hostess (*radio, TV*)

animé(e) *adj.* animated, lively; motivated; **dessins** (*m. pl.*) **animés** (*film*) cartoons

année *f.* year; **l'année dernière** last year; **l'année prochaine** next year; **l'année scolaire** academic, school year; **les années cinquante (soixante)** the fifties (sixties)

anniversaire *m.* anniversary; birthday

annonce *f.* announcement, ad; **petite annonce** (classified) ad

annoncer (nous annonçons) to announce, declare

annuaire *m.* directory; **annuaire téléphonique** phone book

annuel(le) *adj.* annual, yearly

anorak *m.* windbreaker; ski jacket

antarctique *adj.* antarctic

antérieur(e): futur (*m.*) **antérieur** *Gram.* future perfect (tense)

antibiotique *m.* antibiotic

Antilles *f. pl.* the West Indies

antiquité *f.* antiquity

août August

apéritif *m.* before dinner drink, aperitif

apolitique *adj.* apolitical

apothicaire *m.* pharmacist

apparaître (*like* **connaître**) *irreg.* to appear

appareil *m.* apparatus; device; appliance; **appareil photo** *m.* camera

apparemment *adv.* apparently

apparence *f.* appearance

apparenté(e) *adj.* related; **mot** (*m.*) **apparenté** cognate

apparition *f.* appearance

appartement *m.* (*fam.* **apparte**) apartment

appartenir (*like* **tenir**) **à** *irreg.* to belong to

appelé(e) *adj.* called; named

appeler (j'appelle) to call; to name; **comment s'appelle-t-il/elle?** what's his/her name? **comment vous appelez-vous?** what's your name? **je m'appelle...** my name is . . . ; **s'appeler** to be named, called

appendicite *f.* appendicitis

s'appliquer à to apply to

apporter to bring; to furnish

apprécier to appreciate, value

appréhender to seize, arrest

apprendre (*like* **prendre**) *irreg.* to learn; to find out; to teach; **apprendre à** to learn (how) to

apprentissage *m.* apprenticeship

apprivoisé(e) *adj.* tame(d)

s'approcher de to approach, draw near

approfondir to deepen; to increase

approprié(e) *adj.* appropriate, proper, suitable

approximativement *adv.* approximately

appuyer (j'appuie) sur les freins to step on the brakes

après *prep.* after; **après avoir (être)...** after having (being) . . . ; **après tout** after all; **d'après** *prep.* according to

après-midi *m.* afternoon

aquatique *adj.* aquatic

arabe *adj.* Arabic, Arab; *m.* Arabic (*language*); **Arabe** *m., f.* Arab (*person*)

Arabie (*f.*) **Saoudite** Saudi Arabia

arbre *m.* tree

arc *m.* arch

archéologie *f.* archeology

archipel *m.* archipelago

architecte *m., f.* architect

arête *f.* fishbone; **avaler une arête** to swallow a fishbone

argent *m.* money; silver; **argent de poche** allowance, pocket money; **déposer de l'argent** to deposit money

Argentine *f.* Argentina

arme *f.* weapon; **armes à feu** firearms

armée *f.* army

armer to arm; to equip

armement *m.* armament, arms

arménien(ne) *adj.* Armenian

arôme *m.* aroma

arranger (nous arrangeons) to arrange; to accommodate

arrêt *m.* stop; **arrêt d'autobus** bus stop

arrêter to stop; to arrest; **s'arrêter de** to stop (oneself)

arrière-grands-parents *m., pl.* great-grand-parents

arrivée *f.* arrival

arriver to arrive; to happen; **arriver à** (+ *inf.*) to manage to, succeed in

arrondissement *m.* ward, section (*of Paris*)

arroser to water (*plants*)

art *m.* art; **art dramatique** theater; **beaux-arts** *m. pl.* fine arts; **arts du spectacle** (*m.*) performing arts **œuvre** (*f.*) **d'art** work of art

artère *f.* artery

arthrose *f.* osteoarthritis

articulation *f.* joint (*limb*)

artifice *m.* artifice, scheme, strategy; **feu** (*m.*) **d'artifice** fireworks

artificiel(le) *adj.* artificial; synthetic

artiste *m., f.* artist

artistique *adj.* artistic

ascenseur *m.* elevator

asiatique *adj.* Asian

Asie *f.* Asia

asperge *f.* asparagus

aspirateur *m.* vacuum cleaner; **passer l'aspirateur** to vacuum

aspirine *f.* aspirin

assaisonner to season

assemblée *f.* assembly; **Assemblée nationale** French national assembly

asseoir (*p.p.* **assis**) *irreg.* to seat; **asseyez-vous** sit down; **s'asseoir** to sit down

assez (de) *adv.* enough; rather; quite; **j'en ai assez pris** I've had enough

assiette *f.* plate

assistant(e) *m., f.* assistant; helper; teaching assistant

assister à to attend, go to; be present at (*concert, etc.*)

associer to associate

assorti(e) *adj.* assorted

assumer to assume; to take on; to fulfil

assurance *f.* insurance

assuré(e) *adj.* ensured, assured

assurer to insure; to assure; **s'assurer** to make sure, check

astronaute *m., f.* astronaut

astronome *m., f.* astronomer

astronomie *f.* astronomy

athée *m., f.* atheist

Athènes Athens

Atlantide *f.* Atlantis

Atlantique *m.* Atlantic Ocean

atmosphère *f.* atmosphere

atome *m.* atom

atomique *adj.* atomic

attacher to tie; to attach; to buckle

attaquer to attack; **s'attaquer à** to attack; to tackle (*a problem*)

atteindre (*like* **craindre**) *irreg.* to attain; to reach, arrive at

atteint(e) *adj.* affected (by); stricken

attendre to wait, to wait for; to expect

attente *f.* wait; expectation; **salle** (*f.*) **d'attente** waiting room

attentif/attentive *adj.* attentive

attention *f.* attention; **attention à** *interj.* watch out for; **attirer l'attention** to attract attention; **faire attention à** to pay attention to

attirer to attract; to draw; **attirer l'attention** (*f.*) to attract attention

attraper to catch; **attraper un rhume** to catch a cold

attribuer to attribute

auberge *f.* inn; **auberge de jeunesse** youth hostel

aubergine (*f.*) eggplant

aucun(e) (ne... aucun[e]) *adj., pron.* none; no one, not one, not any; **aucune idée!** I've no idea

audacieux/audacieuse *adj.* daring, audacious

augmentation *f.* increase, raise

augmenter to increase, raise; to rise

aujourd'hui *adv.* today; nowadays; at present; **aujourd'hui encore** still

auparavant *adv.* previously

aussi *adv.* too, also; so; as; **aussi... que** as . . . as; **moi aussi** me too

aussitôt *conj.* immediately, at once; **aussitôt que** as soon as
austral(e) *adj.* southern, austral
Australie *f.* Australia
australien(ne) *adj.* Australian; **Australien(ne)** *m., f.* Australian (*person*)
autant *adv.* as much, so much, as many, so many; **autant de** as many . . . as; **autant que** *conj.* as much as, as many as
auteur *m.* author
authentique *adj.* authentic, genuine
auto *f.* car, auto; **salon** (*m.*) **de l'auto** auto show; **auto-école** *f.* driving school; **faire de l'auto-stop** to hitch-hike
autobus (*fam.* **bus**) *m.* bus; **arrêt** (*m.*) **d'autobus** bus stop; **ligne** (*f.*) **d'autobus** bus line
autocar *m.* (interurban) bus
autographe *m.* autograph
automne *m.* autumn, fall; **en automne** in autumn
autonomie *f.* autonomy
autorisation *f.* permission; autorization
autoriser to allow; to authorize
autorité *f.* authority; **faire autorité** to be authoritative, be accepted as an authority
autoroute *f.* freeway
autour (de) *prep.* around
autre *adj., pron.* other; another; **autre chose** *f.* something else; **d'autres** other(s); **l'un(e) l'autre** one another; **ni l'un(e) ni l'autre** neither one; **quelqu'un d'autre** somebody, someone else
autrefois *adv.* in the past; **d'autrefois** of the past; past
autrement *adv.* otherwise
Autriche *f.* Austria
autrichien(ne) *adj.* Austrian; **Autrichien(ne)** *m., f.* Austrian (*person*)
autrui *pron.* others (*pl. of* **autre**)
avaler to swallow
avance *f.* advance; **à l'avance** beforehand; **en avance** early
avancement *m.* promotion; advancement
avancer (nous avançons) to approach
avant *adv.* before (*in time*); *prep.* before, in advance of; *m.* front; **avant de** (+ *inf.*) *prep.* before; **avant que** *conj.* before
avantage *m.* advantage, benefit
avantager (nous avantageons) to favor, give an advantage to
avec *prep.* with
avenir *m.* future; **à l'avenir** in the future, henceforth
aventure *f.* adventure; **film** (*m.*) **d'aventure(s)** adventure movie
avertir to warn
avilir to degrade, debase, demean
avion *m.* airplane; **en avion** by plane

avis *m.* opinion; **à son (mon, votre) avis** in his/her (my, your) opinion
avocat *m.* avocado
avocat(e) *m., f.* lawyer
avoir (*p.p.* **eu**) *irreg.* to have; *m. s.* holdings, assets; **avoir à** to have to, be obliged to; **avoir (20) ans** to be (20) years old
avortement *m.* abortion
avouer to confess, admit
avril April; **poisson** (*m.*) **d'avril** April Fool's joke
azur *m.* azure, blue; **Côte** (*f.*) **d'Azur** French Riviera

babillard(e) *m., f.* chatterbox; *m.* chatroom
baccalauréat (*fam.* **bac**) *m. French secondary school degree*
bachelier/bachelière *m., f. holder of the secondary school degree* (**baccalauréat**)
bagages *m. pl.* luggage; **enregistrer les bagages** to check in luggage; **l'excédent** (*m.*) **de bagages** excess baggage
bague *f.* ring (*jewelry*)
baguette *f. long thin loaf of French bread, baguette*
baie *f.* bay
baigner to bathe; **se baigner** to take a bath, to swim
baignoire *f.* bathtub
bâiller to yawn
bain *m.* bath; **prendre un bain** to take a bath; **salle** (*f.*) **de bain(s)** bathroom
baisser to lower
bal *m.* dance, ball
se balader to stroll
baladeur (enregistreur) *m.* walkman (with tape recorder)
balai *m.* broom, brush; **balai d'essuie-glace** windshield wiper blade
balcon *m.* balcony
ballerines *f. pl.* flat shoes, slippers
ballon *m.* ball (*inflated*); balloon
banane *f.* banana
banc: au banc des accusés on trial, on the stand
bande *f.* group; gang; **bande dessinée** comic strip; *pl.* comics; **en bande** in a group
banlieue *f.* suburbs; **en banlieue** in the suburbs
banni(e) (de) *adj.* banished, banned (from)
banque *f.* bank
baptême *m.* baptism
baptiser to baptize, christen
baquet *m.* tub
barbant: c'est barbant *fam.* it's really boring
barbe *f.* beard
barman *m.* bartender

barrière: récif-barrière (*m.*) barrier reef
bas(se) *adj.* low; *m.* stocking(s); **en bas** at the bottom, below; **bas de nylon** nylon stocking(s); **là-bas** *adv.* over there; **Pays-Bas** *m. pl.* Holland, the Netherlands; **table** (*f.*) **basse** coffee table
base *f.* basis; **à base de produits naturels** natural-based products
basilic *m.* basil
basket *m., fam.* basketball; **jouer au basket** to play basketball
basque *adj.* Basque; *m.* Basque (*language*); **Basque** *m., f.* Basque (*person*); **pays** (*m.*) **Basque** the Basque country
bastide *f.* country house (*in Provence*)
bataille *f.* battle
bateau *m.* boat; **en bateau** by boat, in a boat; **faire du bateau** to go boating
bâtiment *m.* building
bâtir to build
batterie *f.* battery (*car*)
battre (*p.p.* **battu**) *irreg.* to beat; **se battre (avec)** to fight (with)
bavarder to chat; to talk
beau (bel, belle [beaux, belles]) *adj.* beautiful; handsome; **il fait beau** it's nice (weather) out
beaucoup *adv.* much, many
beau-fils *m.* son-in-law; stepson
beau-frère *m.* brother-in-law
beau-père *m.* father-in-law; stepfather
beauté *f.* beauty
beaux-arts *m. pl.* fine arts
bébé *m.* baby
bec *m.* beak; spout
belge *adj.* Belgian; **Belge** *m., f.* Belgian (*person*)
Belgique *f.* Belgium
belle-fille *f.* daughter-in-law; stepdaughter
belle-mère *f.* mother-in-law; stepmother
belle-sœur *f.* sister-in-law
bénéficier de (certains avantages) to have, enjoy (certain advantages)
bénévole: agence (*f.*) **bénévole** volunteer agency, organization
béquille *f.* crutch
berbère *adj.* Berber
besoin *m.* need; **avoir besoin de** to need
bête *adj.* silly; stupid, dumb
bêtise *f.* foolishness; foolish thing; **Quelle bêtise** *interj.* how silly
Beur/Beurette *m., f., fam. young North African born in France*
beurre *m.* butter; **beurre de cacahuètes** peanut butter
beurré(e) *adj.* buttered
bibelot *m.* trinket
biberon *m.* baby bottle
bibliothèque *f.* library
biculturel(le) *adj.* bicultural

bicyclette *f.* bicycle; **promenade** (*f.*) **à bicyclette** bicycle ride; **faire de la bicyclette** to ride a bike

bien *adv.* well, quite; comfortable; *m. pl.* goods, belongings; **bien que** *conj.* (+ *subj.*) although; **bien sûr** *interj.* of course; **eh bien!** *interj.* well!; **merci bien** thanks a lot; **ou bien** or else

bientôt *adv.* soon; **à bientôt!** *interj.* see you soon!

bienvenue *f.* welcome

bière *f.* beer

bifteck *m.* steak

bijou *m.* jewel

bijouterie *f.* jewelry

bijoutier/bijoutière *m., f.* jeweler

bilingue *adj.* bilingual

bilinguisme *m.* bilingualism

billard *m. s.* billiards, pool; **jouer au billard** to play pool

billet *m.* ticket; **billet aller-retour** roundtrip ticket

biodégradable *adj.* biodegradable

biodiversité *f.* biodiversity

biologie *f.* biology

biologique (*fam. inv.* **bio**) organic, natural (*foods, etc.*); biological

biscotte *f. type of cracker*

biscuit (sec) *m.* cookie

blague *f.* joke; **sans blague!** no kidding

blanc(he) *adj.* white; **blanc** (*m.*) **d'œuf** egg white; **blanc** (*m.*) **de poulet** breast of chicken

blessé(e) *adj.* wounded, injured; *m., f.* wounded person

blesser to injure; **se blesser** to get injured

blessure *f.* wound

bleu(e) *adj.* blue

bloc *m.* block; **en bloc** as a whole

blond(e) *adj.* blond

bloquer to block

blotti(e) *adj.* nestled, huddled up

blouson *m.* windbreaker; jacket

blue-jean *m. s.* jeans

bœuf *m.* beef; ox; **rôti** (*m.*) **de bœuf** roast beef; **bœuf haché** ground beef

boire (*p.p.* **bu**) *irreg.* to drink

bois *m.* wood; forest; **en bois** wooden

boisé(e) *adj.* wooded, woody

boisson *f.* drink, beverage

boîte *f.* box; can

bol *m.* bowl

bombe *f.* bomb

bon(ne) *adj.* good; right, correct; **bonne** *f.* maid, chambermaid; **ah bon?** is that right? really? **bon** well, okay; **bon anniversaire** happy birthday; **bonne chance** good luck; **bon chic bon genre (BCBG)** preppy; **bonne journée** good day; **bon marché** *adj. inv.* cheap, inexpensive; **bonne nouvelle** good news;

bon vivant pleasure-loving; **de bonne heure** early; **de bonne humeur** in a good mood; **en bonne forme** fit, healthy; **en bonne santé** in good health

bonbon *m.* (piece of) candy

bonheur *m.* happiness

bonjour *interj.* hello; good morning

bonnet (*m.*) **phrygien** cap worn by revolutionaries of 1789

bonsoir *interj.* good evening, good-bye

bonté *f.* kindness, goodness

bord *m.* edge; **au bord de la mer** at the beach (seashore)

botte *f.* boot

bouche *f.* mouth

bouché(e) *adj.* plugged up; **nez** (*m.*) **bouché** stuffy nose

boucherie *f.* butcher shop

boucle *f.* curl; **boucle d'oreille** earring

boue *f.* mud

bouger (**nous bougeons**) to move

bougie *f.* candle

bouillabaisse *f.* bouillabaisse (*fish soup from Provence*)

bouillir (*p.p.* **bouilli**) *irreg.* to boil; **faire bouillir** to boil, bring to a boil

bouilloire *f.* kettle; **bouilloire électrique** electric kettle

boulanger/boulangère *m., f.* baker

boulangerie *f.* bakery

boulot *m., fam.* job; work; **au boulot!** (let's) get to work!

bouquin *m., fam.* book

Bourgogne *f.* Burgundy (*French province*)

bourse *f.* scholarship; **Bourse** stock exchange

bousculade *f.* jostling, crush; rush

bousculer to push, bump against; **se bousculer** to jostle each other

bout *m.* end; **au bout (de)** at the end (of)

bouteille *f.* bottle

bovins *m. pl.* cattle

branche *f.* branch

branché(e) *adj., fam.* cool, trendy

bras *m.* arm

brasserie *f.* pub, bar

bref/brève *adj.* short, brief; **(en) bref** in short

Brésil *m.* Brazil

Brésilien(ne) *m., f.* Brazilian (*person*)

Bretagne *f.* Brittany (*region of France*)

breton(ne) *adj.* from Brittany (*French Province*); *m.* Breton (*language*); **Breton(ne)** *m., f.* Breton (*person*)

brevet *m.* diploma; certificate

bricolage *m.* do-it-yourself home projects

bricoler to putter around the house

brillant(e) *adj.* brilliant; shining

briller to shine, gleam

brin *m.* sprig; **brin de muguet** sprig of lily-of-the-valley

brindille *f.* twig

brique *f.* brick

briser to break; to shatter; to wreck, ruin

britannique *adj.* British

bronzer to tan, sunbathe

brosse *f.* brush; chalkboard eraser; **brosse à cheveux** hairbrush; **brosse à dents** toothbrush

brosser to brush; **se brosser les cheveux** to brush one's hair; **se brosser les dents** to brush one's teeth

brouillard *m.* fog; **il y a du brouillard** it's foggy

se brouiller (avec) to quarrel, break up (with)

brousse *f.* bush, wilderness

bruit *m.* noise

brûler to burn (up); **brûler le feu rouge** to run a red light; **se brûler** to get burned

brun(e) *adj.* brown; dark-haired

brunir to tan

Bruxelles Brussels

bruyant(e) *adj.* noisy

bûcher *fam.* to cram, study hard

buffet *m.* buffet (*piece of furniture*)

buissonnière: faire l'école buissonnière to play hooky

bureau *m.* office; (teacher's) desk; **bureau de change** (*foreign*) currency exchange; **bureau de poste** post office

ça this, that; it; **ça fait penser** it makes one think; **ça m'est égal** it's all the same to me; **ça te va?** is that OK with you? **ça va?** *fam.* how's it going? **ça va** fine; it's going well; **comme ci, comme ça** so-so

cabane *f.* hut; cabin

cabine *f.* cabin; booth; **cabine à cartes** *phone booth accepting calling cards;* **cabine téléphonique** phone booth

câble *m.* cable (*TV*)

câblé(e) *adj.* wired up

cacahuète *f.* peanut; **beurre** (*m.*) **de cacahuètes** peanut butter

cache-cache: jouer à cache-cache to play hide-and-seek

cacher to hide

cadeau *m.* present, gift; **offrir un cadeau** to give a present

cadien(ne) / cadjin(e) *adj.* Cajun; Acadian; **Cadien(ne) / Cadjin(e)** *m., f.* Cajun, Acadian (*person*)

cadre *m.* frame; setting; (business) executive, manager; **cadre de vie** lifestyle

café *m.* coffee; café; **café au lait** coffee with milk; **café en poudre** instant coffee; **café-tabac** *m.* bar-tobacconist

caféine *f.* caffeine

cafétéria *f.* cafeteria, dining hall, self-service

cafetière (*f.*) **expresso** expresso maker
cahier *m.* notebook, workbook
cahoter to jolt, shake, bump
caille *f.* quail
caillou *m.* (**poli**) (polished) stone
Caire (Le) *m.* Cairo
caisse *f.* cash register
caissier/caissière *m., f.* cashier
calculatrice *f.* calculator
calculer to calculate, figure
caleçon *m. s.* boxer shorts
calendrier *m.* calendar
Californie *f.* California
câlin *m.* cuddle, hug
calme *adj., m.* calm
camarade *m., f.* friend, companion; **camarade de chambre** roommate; **camarade de classe** classmate, schoolmate
Cambodge *m.* Kampuchea, Cambodia
cambriolage *m.* burglary
caméra *f.* movie camera
camomille *f.* chamomile
campagne *f.* countryside, country; campaign; **à la campagne** in the country; **en pleine campagne** out in the country
campement *m.* camp; encampment
camper to camp
campeur/campeuse *m., f.* camper
camping *m.* camping; campground; **faire du camping** to go camping
canadien(ne) *adj.* Canadian; **Canadien(ne)** *m., f.* Canadian (*person*)
canal *m.* channel; canal
canapé *m.* sofa, couch
canard *m.* duck; **canard à l'orange** duck with orange sauce
candidat(e) *m., f.* candidate; applicant
candidature *f.* candidacy; **poser sa candidature** to apply; to run (*for office*)
canne *f.* cane; **canne à sucre** sugar cane
canoë *m.* canoe; **faire du canoë** to canoe, go canoeing
cantine *f.* cafeteria (*school*)
caoutchouc *m.* rubber
capacité *f.* ability; capacity
capitaine *m.* captain
capital(e) *adj.* capital, chief; **capitale** *f.* capital (*city*)
capitalisme *m.* capitalism
capot *m.* hood (*of car*)
captif/captive *m., f.* captive, prisoner; *adj.* captive
captivité *f.* captivity; bondage
capturer to capture
car *conj.* for, because; *m.* (interurban) bus
caractère *m.* character; nature
caramel *m.* caramel; **crème** (*f.*) **caramel** caramel custard
caramélisé(e) *adj.* caramelized
caravane *f.* (camping) trailer

carbonique: gaz (*m.*) **carbonique** carbon dioxide
cardiaque *adj.* cardiac; **crise** (*f.*) **cardiaque** heart attack
Carême *m.* Lent
carnet *m.* booklet; **carnet d'adresses** address book
carotte *f.* carrot
carré *m.* square; **kilomètre** (*m.*) **carré** square kilometer
carreau *m.* (floor) tile
carrefour *m.* intersection, crossroad
carrière *f.* career
carte *f.* card; map; menu; playing card; **carte bancaire** bank card, credit card; **carte de crédit** credit card; **carte d'embarquement** boarding pass; **carte de vœux** greeting card; **carte d'identité** identification card; **carte orange** type of bus pass; **carte postale** postcard; **carte routière** road map; **jouer aux cartes** to play cards; **tireuse** (*f.*) **de cartes** fortune-teller
cas *m.* case; **cas d'urgence** emergency; **en cas de** in case of, in the event of
casque *m.* helmet
casquette *f.* cap
cassé(e) *adj.* broken
casse-croûte *m. inv.* snack
casse-pieds *m., f., inv., fam.* bore; pain in the neck
casse-tête *m. inv.* puzzle, brain teaser
casser *trans.* to break; **se casser le bras (la jambe)** to break an arm (a leg)
catalan *m.* Catalan (*language*)
catastrophé(e) *adj.* stunned
catastrophique *adj.* catastrophic, disastrous
catégorie *f.* category, class
catégoriser to categorize
cathédrale *f.* cathedral
catholique *adj.* Catholic
cauchemar *m.* nightmare
cause *f.* cause; **à cause de** because of
causer to cause
causerie *f.* discussion
cavalier/cavalière *adj.* cavalier; *m., f.* horseback rider
cave *f.* cellar; wine cellar; **cave à vin** winery
ce (cet, cette, ces) *adj.* this, that; these, those; *pron.* it, this; **c'est** he/she/it is
ceci *pron.* this
céder (je cède) to give up; to give away
cédérom: lecteur cédérom *m.* CD-ROM player
cédille *f., Gram.* cedilla
ceinture *f.* belt; **ceinture de sécurité** seat belt, safety belt
cela *pron.* that
célèbre *adj.* famous

célébrer (je célèbre) to celebrate
célébrité *f.* celebrity
céleri *m.* celery
célibataire *adj., m., f.* single, unmarried
celte *adj.* Celtic
celtique *adj.* celtic
celui (celle, ceux, celles) *pron.* the one, the ones; this one, that one; these, those
cendre *f.* ash
cendrier *m.* ashtray
cent one hundred
centaines *f. pl.* hundreds
centenaire *m., f.* hundred-year-old person
central(e) *adj.* central, main; **centrale** (*f.*) **nucléaire** nuclear power plant
centre *m.* center; **centre commercial** shopping center, mall; **centre-ville** *m.* downtown
cependant *conj.* yet, still, however, nevertheless
céréales *f. pl.* cereals; grains
cérémonie *f.* ceremony
cerise *f.* cherry
certain: d'un certain âge middle-aged
certifié(e) *adj.* certified, guaranteed
cerveau *m.* brain
cesser (de) to stop, cease, end
chacun(e) *pron.* each, each one, every one
chaîne *f.* TV or radio channel; chain; **chaîne alimentaire** food chain; **chaîne de montagnes** mountain range; **chaîne stéréo** stereo system
chaise *f.* chair
chaleur *f.* heat; warmth
chambre *f.* bedroom; room; **camarade** (*m., f.*) **de chambre** roommate; **chambre à coucher** bedroom
champignon *m.* mushroom
chance *f.* luck; possibility; opportunity; **avoir de la chance** to be lucky; **bonne chance** good luck; **pas de chance!** *interj.* no way; out of luck
Chandeleur *f.* Candlemas (*Catholic festival on February 2*), Ground Hog Day
changement *m.* change
changer (nous changeons) (de) to change; to exchange; **changer de l'argent** to exchange currency; **changer de vitesse** to change gears
chanson *f.* song
chant *m.* song; birdsong
chanter to sing
chanteur/chanteuse *m., f.* singer
chapeau *m.* hat
chapitre *m.* chapter
chaque *adj.* each, every
charcuterie *f.* cold cuts; deli; pork butcher's shop, delicatessen

chargé(e) (de) *adj.* in charge of, responsible for

charger (nous chargeons) to load

charmant(e) *adj.* charming

charme *m.* charm

chasse *f.* **(au bison)** (bison) hunting

chassé(e) *adj.* driven out, expelled

chasseur *m.* bellhop

chat(te) *m., f.* cat

châtain *adj. m.* chestnut-colored (*hair*)

château *m.* castle

chaud(e) *adj.* warm; hot; **avoir chaud** to feel warm, hot; **il fait chaud** it (the weather) is warm, hot

chauffage *m.* heat; heating system

chauffant(e) *adj.* warming, heating

chauffer to heat; **faire chauffer** to warm up, heat up; **se chauffer** to get warm

chauffeur *m.* chauffeur; driver; **chauffeur de taxi** taxi (cab) driver

chaussée *f.* pavement; **chaussée glissante** slippery pavement

chaussettes *f. pl.* socks

chaussures *f. pl.* shoes

chauvin(e) *adj.* chauvinistic, prejudiced; *m., f.* chauvinist

chef *m.* leader; head; *fam.* boss; **chef de cuisine** chef; **chef d'État** head of state; **chef de gouvernement** head of government; **chef-lieu** county seat (*town*)

chemin *m.* way; road; path; **chemin de fer** railroad; **montrer le chemin** to show the way (route)

cheminée *f.* chimney; fireplace

chemise *f.* shirt

chemisier *m.* blouse

chèque *m.* check; **chèque de voyage** traveler's check

cher/chère *adj.* dear; expensive; **coûter (se vendre) cher** to be expensive

chercher to hunt for; to go get; to look for; to pick up; **chercher à** to try to

chéri(e) *m., f.* darling

cheval *m.* horse; **monter à cheval** to ride, go horseback riding

cheveu *m.* (strand of) hair; **cheveux** *m. pl.* hair; **laque** (*f.*) **(à cheveux)** hair spray

cheville *f.* ankle; **se fouler la cheville** to sprain one's ankle

chez *prep.* at, to, in (*the house, family, business or country of*)

chien(ne) *m., f.* dog

chiffre *m.* digit, number; **chiffre d'affaires** total sales

chimie *f.* chemistry

chimique *adj.* chemical

Chine *f.* China

chinois(e) *adj.* Chinese; *m.* chinese (*language*); **Chinois(e)** *m., f.* Chinese (*person*)

chirurgien(ne) *m., f.* surgeon

chlorophylle *f.* chlorophyll

chocolat *m.* chocolate

choisir (de) to choose (to)

choix *m.* choice

cholestérol *m.* cholesterol

chômage *m.* unemployment

chômeur/chômeuse *m., f.* unemployed person

choquant(e) *adj.* shocking

choquer to shock

chorale *f.* choral society; choir

chose *f.* thing; **autre chose** something else; **pas grand-chose** not much; **quelque chose** something; **quelque chose de cher (d'intéressant)** something expensive (interesting)

choucroute *f.* sauerkraut

chrétien(ne) *adj.* Christian

chronologique *adj.* chronological

chute *f.* **(d'eau)** (water) fall

ciao! *interj.* ciao!, 'bye! (*Italian*)

cicatrice *f.* scar

ci-dessous *adv.* below

ci-dessus *adv.* above

cidre *m.* (apple) cider

ciel *m.* sky, heaven; **gratte-ciel** *m. inv.* skyscraper

cigogne *f.* stork

cil *m.* eyelash

ciment *m.* cement

cimetière *f.* cemetery

cinéaste *m., f.* film director, filmmaker

cinéma (*fam.* **ciné**) *m.* cinema, movies; **salle** (*f.*) **de cinéma** movie theater

cinémathèque *f.* film library; national cinema

cinématographie *f.* cinematography, filmmaking

cinquante fifty

circonflexe: accent (*m.*) **circonflexe** *Gram.* circumflex accent

circonstance *f.* circumstance; occurrence

circulation *f.* traffic

circuler to circulate; to travel

ciseaux *m. pl.* scissors

citadin(e) *m., f.* city dweller

citation *f.* quotation

cité *f.* (area in a) city; **cité universitaire** (*fam.* **cité-u**) university residential complex

citer to quote, cite

citerne *f.* cistern, tank

citoyen(ne) *m., f.* citizen

citron *m.* lemon; **citron pressé** lemonade

civière *f.* stretcher

civil(e) *adj.* civil; civilian; **génie** (*m.*) **civil** civil engineering; **guerre** (*f.*) **civile** civil war; **vie** (*f.*) **civile** civilian life

civilisation *f.* civilization

clair(e) *adj.* light, bright; light-colored; clear; evident

clarinette *f.* clarinet

clarté *f.* clarity

classe *f.* class; classroom; **salle** (*f.*) **de classe** classroom

classer to classify

classique *adj.* classical; classic; *m.* classic; **musique** (*f.*) **classique** classical music

clavier *m.* keyboard

clé, clef *f.* key; **moment-clé** (*m.*) key time; **mot-clé** (*m.*) key word

clément(e) *adj.* mild (*weather*)

client(e) *m., f.* customer, client

clientèle *f.* clientele, customers

clignotant *m.* turn signal; blinker

climat *m.* climate

climatisation *f.* air-conditioning

climatisé(e) *adj.* air-conditioned

clinique *f.* clinic; private hospital

clip *m.* video(clip), video segment

cliquer (sur) to click (on)

coca *m., fam.* cola drink

coccinelle *f.* ladybug

cocher to check off (*appropriate entry in a form*)

coco: noix (*f.*) **de coco** *f.* coconut

cocotier *m.* coconut tree

code *m.* code; **code de la route** highway regulations; **code postal** postal code, zip code

cœur *m.* heart; **mal au cœur** indigestion; **courrier** (*m.*) **du cœur** advice column

coffre *m.* trunk (*of car*)

coiffé(e) *adj.* **(d'un bonnet)** wearing (a bonnet, cap)

coiffer to style, do someone's hair

coiffeur/coiffeuse *m., f.* hairdresser

coin *m.* corner; **coin de la rue** street corner

coincé(e) *adj.* stuck

coïncidence *f.* coincidence; **quelle coïncidence!** *interj.* what a coincidence

coïncider to coincide

colère *f.* anger; **se mettre en colère (contre)** to get angry (at)

colis *m.* parcel, package; **expédition** (*f.*) **de colis** sending packages

collaborer to collaborate, work together

collectionner to collect

collectif/collective *adj.* public, group; collective

collectivité *f.* group; community; organization

collège *m.* junior high school in France

collègue *m., f.* colleague

collier *m.* necklace

colline *f.* hill

colocataire *m., f.* fellow tenant

colon *m.* settler, colonist, colonial

colonial(e) *adj.* colonial

colonie *f.* colony; **colonie de vacances** (*fam.* **colo**) summer camp

colonisateur/colonisatrice *m., f.* colonizer

colonisation *f.* colonization

coloniser to colonize

colonne *f.* column

coloré(e) *adj.* colorful; colored

combattre (*like* **battre**) *irreg.* to fight

combien (de) *adv.* how much; how many; **combien de temps?** how long?

combinaison *f.* combination; woman's slip

combiné *m.* telephone receiver

combiner to combine

comédie *f.* comedy; theater

comique *adj.* funny, comical, comic

commande *f.* order; **passer la commande** to place an order

commandement *m.* command; commandment

commander to order (*a meal, product, etc.*); to give orders

comme *adv.* as, like, how; **comme ci, comme ça** so-so; **comme d'habitude** as usual

commémorer to commemorate

commencement *m.* beginning

commencer (à) (nous commençons) to begin (to); **pour commencer** first of all

comment *adv.* how; **comment allez-vous?** how are you?; **comment ça va?** how are you? how's it going?; **comment est-il/elle?** what's he/she like?; **comment s'appelle... ?** what's . . . 's name?; **comment t'appelles-tu/vous appelez-vous?** what's your name?

commentaire *m.* commentary, remark

commerçant(e) *m., f.* merchant, storekeeper

commettre (*like* **mettre**) *irreg.* to commit

commissaire *m.* commissioner; superintendent (*police*); **commissaire-priseur** *m.* auctioneer

commissariat (de police) *m.* police station

commode *f.* dresser; *adj.* convenient, comfortable

commun(e) *adj.* ordinary, common, usual; popular; **transports** (*m. pl.*) **en commun** public transportation

communauté *f.* community

communiquer to communicate; to adjoin

compagnie *f.* company

compagnon/compagne *m., f.* companion

comparaison *f.* comparison; **en comparaison (de)** in comparison (with); **par comparaison (à)** compared to

comparer to compare

compatriote *m.* compatriot

compétent(e) *adj.* competent, able

compétition *f.* competition

complet/complète *adj.* complete; full; **pain** (*m.*) **complet** whole-grain bread

compléter (je complète) to complete, finish

compliqué(e) *adj.* complicated

comportement *m.* behavior

comporter to include

composé(e) *adj.* compound; **passé** (*m.*) **composé** *Gram.* present perfect

composer to compose (*music, a letter*)

compréhensif/compréhensive *adj.* understanding

comprendre (*like* **prendre**) *irreg.* to understand; to comprise, include

comprimé *m.* tablet, pill

compris: service (*m.*) **compris** tip included

comptabilité *f.* accounting

comptable *m., f.* accountant

compte *m.* account; **se rendre compte de/que** to realize (that); **à votre compte** in your opinion, according to you

compter (sur) to plan (on); to intend; to count (*on someone*); **ce qui compte pour moi** what counts for me

comptoir *m.* counter, bar (*in café*)

se concentrer (sur) to concentrate (on)

concentrique *adj.* concentric

concerner to concern

concevoir (*like* **recevoir**) *irreg.* to devise; to conceive

concitoyen(ne) *m., f.* fellow citizen

conclure (*p.p.* **conclu**) *irreg.* to conclude

concombre *m.* cucumber

concours *m.* competition; contest

condition *f.* condition; **à condition que** *conj.* (+*subj.*) provided that

conditionnel *m., Gram.* conditional

conducteur/conductrice *m., f.* driver

conduire (*p.p.* **conduit**) *irreg.* to drive; take; to conduct; **permis** (*m.*) **de conduire** driver's license; **se conduire** to behave

conduite *f.* behavior; conduct

conférence *f.* lecture; conference

confiance *f.* confidence

confier to confide; **se confier à** to confide in

confirmer to confirm

confiture *f.* jam, preserves

conflit *m.* conflict

se conformer à to conform to

conformiste *adj.* conformist

confort *m.* comfort; amenities

confortable *adj.* comfortable

confus(e) *adj.* embarrassed

congé *m.* leave (*from work*), time off

congelé(e) *adj.* (deep) frozen

conjointement *adv.* jointly

conjonction *f., Gram.* conjunction

conjugal(e) *adj.* conjugal, married; **conseiller/conseillère** (*f.*) **conjugal(e)** marriage counselor

conjuguer *Gram.* to conjugate

connaissance *f.* knowledge; acquaintance; consciousness; **faire connaissance** to get acquainted; **faire la connaissance de** to meet (*for the first time*); **sans connaissance** unconscious

connaître (*p.p.* **connu**) *irreg.* to know; to be acquainted (familiar) with; **se connaître** to get to know one another; to meet

connu(e) *adj.* known; famous

consacré(e) à *adj.* devoted to, used for

consacrer to devote, use

conscience *f.* consciousness; **prendre conscience de** to become aware of

conscient(e) *adj.* conscious

conseil *m.* (piece of) advice; council; **donner (suivre) des conseils** to give (follow) advice

conseiller (de) to advise (to); to counsel

conseiller/conseillère *m., f.* advisor; counselor; **conseiller/conseillère conjugal(e)** marriage counselor

conséquence *f.* consequence

conséquent: par conséquent *conj.* therefore, accordingly

conservateur/conservatrice *adj.* conservative; **agent** (*m.*) **conservateur** (food) preservative; **conservateur/conservatrice** (*m., f.*) **de musée** museum curator

conserver to conserve; to preserve

considérer (je considère) to consider

consigne *f.* baggage check

consister (à, en) to consist (in, of)

consommateur/consommatrice *m., f.* consumer

consommation *f.* consumption; consumerism

consommer to consume; to spend; **consommer de l'essence** to burn gas

consonne *f.* consonant

constamment *adv.* constantly

constant(e) *adj.* constant, unceasing

constituer to constitute

constructeur *m.* builder

construire (*like* **conduire**) *irreg.* to construct, build

consulat *m.* consulate

consulter to consult

contact *m.* contact; **verres** (*m. pl.*) **de contact** contact lenses

contacter to contact

conte *m.* tale, story; **conte de fées** fairy tale

contemporain(e) *adj.* contemporary

contenir (*like* **tenir**) *irreg.* to contain

content(e) *adj.* content; happy

contenu *m. s.* contents

continu(e) *adj.* continuous, uninterrupted

continuer (à, de) to continue (to)

contraire *adj.* opposite; *m.* opposite; **au contraire** on the contrary

contrat *m.* contract

contravention *f.* speeding ticket, traffic ticket

contre *prep.* against; contrasted with

contrebandier/contrebandière *m., f.* smuggler

contredire (*like* **dire,** *but* **vous contredisez**) *irreg.* to contradict

contribuer to contribute

contrôle *m.* control; checkpoint; **contrôle des passeports** passport check; **contrôle de police** police checkpoint

contrôler to control

contrôleur/contrôleuse *m., f.* conductor

controversé(e) *adj.* controversial

convaincre (*p.p.* **convaincu**) *irreg.* to convince

convenable *adj.* proper; appropriate

convenir (*like* **venir**) *irreg.* to be suitable, to fit

converger (nous convergeons) to converge

coopératif/coopérative *adj.* cooperative

coordonnées *f. pl.* personal data

copain/copine *m., f., fam.* close friend, pal

copie *f.* copy

copier to copy

copieux/copieuse *adj.* copious, abundant

coq *m.* rooster; **coq au vin** *chicken prepared with (red) wine*

coquille *f.* seashell; **coquilles Saint-Jacques** *scallop dish in shells*

coran *m.* Koran

corbeau *m.* crow; raven

cordialement *adv.* cordially

cordonnier/cordonnière *m., f.* shoemaker, cobbler; shoe repairperson

corporel(le) *adj.* corporal

corps *m.* body; **parties** (*f.*) **du corps** parts of the body

correspondant(e) *m., f.* correspondent; pen pal

correspondre to correspond

corriger (nous corrigeons) to correct

Corse *f.* Corsica

costaud(e) *adj.* sturdy, strong

costume *m.* man's suit; costume

côte *f.* coast; rib; side; **Côte d'Azur** French Riviera; **Côte-d'Ivoire** Ivory Coast

côté *m.* side; **à côté (de)** *prep.* beside, by, near, next to; at one's side; **de l'autre côté (de)** from, on the other side (of)

côtelette *f.* cutlet, (*lamb, pork*) chop

coton *m.* cotton; **en coton** (made of) cotton

cou *m.* neck

couchage: sac (*m.*) **de couchage** sleeping bag

couche *f.* layer; stratum; **couches (jetables, lavables)** (disposable, washable) diapers; **couche d'ozone** ozone layer

coucher to put to bed; **chambre** (*f.*) **à coucher** bedroom; **se coucher** to go to bed; to set (*sun*)

coucher (*m.*) **du soleil** sunset

coude *m.* elbow

coudre (*p.p.* **cousu**) *irreg.* to sew

couler to flow, run

couleur *f.* color; **de quelle couleur est... ?** what color is . . . ?

coup *m.* blow; coup; (gun)shot; influence; **coup de fil** *fam.* phone call; **coup de foudre** lightning bolt; *fig.* love at first sight; **coup de téléphone** telephone call; **du coup** thereupon; suddenly; **tout à coup, tout d'un coup** *adv.* suddenly, all at once

coupe *f.* (**du monde; Davis; Stanley**) (world; Davis; Stanley) cup

couper to cut; to divide; **se couper à la main** to cut one's hand; **se faire couper les cheveux** to have one's hair cut

coupon *m.* coupon; ticket stub

cour *f.* court, courtyard

courageux/courageuse *adj.* courageous

couramment *adv.* fluently; commonly

courant(e) *adj.* frequent; general, everyday; **se tenir au courant** to keep informed

coureur/coureuse *m., f.* runner

courgette *f.* zucchini squash

courir (*p.p.* **couru**) *irreg.* to run

courrier *m.* mail; **courrier du cœur** "lonely hearts" column; **courrier électronique** e-mail

cours *m.* course, class; rate; price; **sécher un cours** (*fam.*) to cut class, play hooky; **suivre un cours** to take a course

course *f.* race; errand; **faire les courses** to do the shopping (errands)

court(e) *adj.* short (*not used for people*)

cousin(e) *m., f.* cousin

coussin *m.* cushion

coût *m.* cost; **coût de la vie** cost of living

couteau *m.* knife

coûter to cost; **coûter cher** to be expensive

coûteux/coûteuse *adj.* costly, expensive

coutume *f.* custom

couturier/couturière *m., f.* seamster, seamstress; **grand couturier/grande couturière** fashion designer

couvert(e) *adj.* covered; cloudy; *m.* table setting; **couvert(e) de** covered with; **mettre le couvert** to set the table; **le ciel est couvert** it's cloudy

couvrir (*like* **ouvrir**) *irreg.* to cover

covoiturage *m.* carpooling; **faire du covoiturage** to carpool

crabe *m.* crab

craie *f.* chalk

craindre (*p.p.* **craint**) *irreg.* to fear

craquer to give (*under stress*), to break down

cravate *f.* necktie

crayon *m.* pencil

créateur/créatrice *adj.* creative; *m., f.* creator

créatif/créative *adj.* creative

crèche *f.* child care center, nursery school

crédit *m.* credit

crédule *adj.* gullible

crédulité *f.* gullibility

créer to create

crème *f.* cream; **crème caramel** caramel custard; **crème Chantilly** whipped cream

créole *adj.* Creole; *m.* Creole (*language*)

crêpe *f.* crepe, French pancake

crépuscule *m.* twilight

creuser to dig; to hollow out

creux/creuse *adj.* hollow; **creux** *m.* hollow

crevé(e) *adj.* punctured; **pneu** (*m.*) **crevé** flat tire

crevette *f.* shrimp

crier to cry out; to shout

criminel(le) *m., f.* criminal

crise *f.* crisis; recession; depression; **crise cardiaque** heart attack; **crise économique** recession; depression

cristal *m.* crystal

critère *m.* criterion

critiquer to criticize

croire (*p.p.* **cru**) *irreg.* to believe

croisé(e) *adj.* crossed; **mots** (*m. pl.*) **croisés** crossword puzzle

croisière *f.* cruise; **partir en croisière** to go on a cruise

croissance *f.* growth

croque-monsieur *m.* grilled cheese sandwich with ham

croustillant(e) *adj.* crusty, crunchy

cru(e) *adj.* raw

crudités *f. pl.* raw vegetables served as appetizer

cruel(le) *adj.* cruel

cuillère, cuiller *f.* spoon

cuir *m.* leather; **en cuir** (made of) leather

cuire (*p.p.* **cuit**) *irreg.* to cook; to bake; **cuire à feu vif** to cook on high heat; **cuire à la vapeur** to steam; **faire cuire** to cook

cuisine *f.* cooking; cuisine; kitchen; **chef** (*m.*) **de cuisine** head cook, chef; **faire la cuisine** to cook; **livre** (*m.*) **de cuisine** cookbook

cuisiner to cook

cuisinier/cuisinière *m., f.* cook; **cuisinière** *f.* stove, range
cuisse *f.* thigh; leg
cuisson *f.* cooking (*process*)
cuit(e) *adj.* cooked; **terre** (*f.*) **cuite** earthenware, clay pottery
cuivre *m.* copper; **en cuivre** (made of) copper
culinaire *adj.* culinary
culotte *f. s.* women's underpants
culte *m.* cult
cultiver to cultivate, grow
culturel(le) *adj.* cultural
Cupidon *m.* Cupid
curieux/curieuse *adj.* curious
curiosité *f.* curiosity
curseur *m.* cursor
cuvette *f.* basin, bowl
cyclisme *m.* bicycle riding

d'abord *adv.* first, first of all
d'ailleurs *adv.* besides, moreover
dame *f.* lady, woman
Danemark *m.* Denmark
dangereux/dangereuse *adj.* dangerous
dans *prep.* in; within
danse *f.* dance; dancing
danser to dance
danseur/danseuse *m., f.* dancer
dauphin *m.* dolphin
davantage *adv.* more, a greater amount
de *prep.* from, of, about
débarrasser to clear; **débarrasser la table** to clear the table
débat *m.* debate
débattre (*like* **battre**) *irreg.* to debate
déboisement *m.* deforestation; clearing
se déboucher (**le nez**) to unclog (one's nose)
débrouiller to disentangle; **se débrouiller** to manage, get along, cope
début *m.* beginning; **au début** (**de**) in, at the beginning (of)
décadence *f.* decadence, decline
déceler (**je décèle**) to disclose, divulge; to discover
décembre December
décevoir (*like* **recevoir;** *p.p.* **déçu**) *irreg.* to disappoint
décharge *f.* (trash) dump
décharger (**nous déchargeons**) to unload
déchets *m. pl.* (*industrial*) waste(s); debris; garbage, trash
déchiré(e) *adj.* torn
décider (**de**) to decide (to)
décisif/décisive *adj.* decisive
décision: prendre une décision to make a decision
déclaration *f.* declaration, statement; **déclaration de douane** customs declaration

déclarer to declare
déconcerté(e) *adj.* upset, disconcerted
décorer (**de**) to decorate (with)
découpé(e) *adj.* cut up
décourager (**nous décourageons**) to discourage
découvert(e) *adj.* discovered; **découverte** *f.* discovery
découvrir (*like* **ouvrir**) *irreg.* to discover, learn
décrire (*like* **écrire**) *irreg.* to describe
décrocher to pick up (*telephone receiver*); (*fam.*) to get, land (*a job*)
déçu(e) *adj.* disappointed
défavorisé(e) *adj.* at a disadvantage
défendre to defend; to forbid
défenseur *m.* defender, counsel for defense
défi *m.* challenge
défilé *m.* procession, parade
défilement *m.* continuous showing, rolling (*of film, videotape, etc.*)
défini(e) *adj.* definite; defined
définir to define
définitivement *adv.* for good, permanently
dégoûtant(e) *adj.* disgusting
se déguiser to disguise oneself, wear a costume
dehors *adv.* out-of-doors; outside; **en dehors de** outside of, besides
déjà *adv.* already
déjeuner to have lunch; *m.* lunch; **petit déjeuner** breakfast
délicat(e) *adj.* delicate
délice *m.* delight
délicieux/délicieuse *adj.* delicious
délirer to be delirious; **on délire ou quoi?** are they crazy or what?
deltaplane *m.* hang gliding
demain *adv.* tomorrow; **à demain** see you tomorrow
demande *f.* request; application
demander to ask (for); **demander le chemin** to ask the way (*to someplace*); **demander pardon à** to apologize to
démarche *f.* (*necessary*) step, action
démarrer to start (*a car*); to start off; to boot up
démêlant(e) *adj.*: **shampooing** (*m.*) **démêlant** conditioning shampoo
déménager (**nous déménageons**) to move out (*of a house, etc.*)
demeure *f.* residence
demeurer (**intact[e]**) to remain (intact)
demi(e) *adj.* half; **il est minuit et demi** it's twelve-thirty A.M.
demi-douzaine *f.* half-dozen
demi-frère *m.* half-brother; stepbrother
demi-sœur *f.* half-sister; stepsister
demi-heure *f.* half an hour

démocratie *f.* democracy
démographe *m., f.* demographer
demoiselle *f.* young lady; single (unmarried) woman
démolir to demolish, destroy
démonstratif/démonstrative *adj.* demonstrative
dent *f.* tooth; **brosse** (*f*). **à dents** toothbrush; **se brosser les dents** to brush one's teeth
dentifrice *m.* toothpaste
dentiste *m., f.* dentist
déodorant *m.* deodorant
départ *m.* departure
département *m.* French territorial; district; **départements et territoires d'outre-mer (D.O.M.-T.O.M.)** French overseas departments and territories
dépasser to go beyond; to pass, surpass; **dépasser la limite de vitesse** to exceed the speed limit
se dépêcher (**de**) to hurry (to)
dépeindre (*like* **craindre**) *irreg.* to depict
dépendance *f.* dependency
dépendant(e) *adj.* dependent
dépens: aux dépens de at the expense of
dépenser to spend
dépit: en dépit de in spite of
déplacer (**nous déplaçons**) to displace; to shift; to remove; **se déplacer** to move from place to place; to go someplace
déplorable *adj.* deplorable, lamentable
déporté(e) *adj.* deported
déposer to deposit; **déposer de l'argent** to deposit money
déprimé(e) *adj.* depressed; **être déprimé(e)** to be depressed
depuis *prep.* since; for; **depuis combien de temps** for how long; **depuis que** *conj.* since, now that
déranger (**nous dérangeons**) to disturb; to bother
dernier/dernière *adj.* last, most recent
se dérouler to take place
derrière *prep.* behind
désaccord *m.* disagreement
désagréable *adj.* disagreeable, unpleasant
désastre *m.* disaster
désastreux/désastreuse *adj.* disastrous
désavouer to disavow, disclaim, deny
descendre *intr.* to go down; *trans.* to take down; **descendre de** to get out of
descente *f.* descent, going down
descriptif/descriptive *adj.* descriptive
déséquilibré(e) *adj.* unbalanced
désert(e) *adj.* deserted; **désert** *m.* desert; wilderness
désertique *adj.* desert, pertaining to the desert
se déshabiller to undress

désigner to designate; to indicate

désir *m.* desire

désirer to want, desire

désolé(e) *adj.* very sorry

désordre *m.* disorder; **en désordre** disorderly, untidy

désorganisé(e) *adj.* disorganized

désorienté(e) *adj.* bewildered

dessin *m.* drawing; **dessin graphique** graphic arts; **dessin animé** (*film*) cartoon

dessiné(e) *adj.* drawn, sketched; **bande** (*f*). **dessinée** comic strip; *pl.* comics

dessiner to draw; to design

dessous *adv.* under, underneath; **au-dessous de** *prep.* below, underneath; **ci-dessous** *adv.* below

dessus *adv.* above; over; on; **au-dessus de** *prep.* above; **ci-dessus** *adv.* above, previously; **par-dessus** *prep.* over, above

destin *m.* fate, destiny

destiné(e) à *adj.* designed for, aimed at; intended to, for

se détendre to relax

détériorer to deteriorate

déterminer to determine

détester to detest; to hate

détritus *m. pl.* rubbish, refuse

détroit *m.* strait

détruire (*like* **conduire**) *irreg.* to destroy

D.E.U.G. (Diplôme d'études universitaires générales) *m. two-year university degree in France*

deux two; (**tous/toutes**) *m., f.* **les deux** both (of them)

deuxième *adj.* second

devant *prep.* before, in front of

développement *m.* development

développer to spread out; to develop; **se développer** to expand; to develop

devenir (*like* **venir**) *irreg.* to become

deviner to guess

devinette *f.* riddle, conundrum

dévisager (nous dévisageons) to stare at

devoir (*p.p.* **dû**) *irreg.* to be obliged to, have to; to owe; *m.* duty; *m. pl.* homework; **faire ses devoirs** to do one's homework; **rendre un devoir** to turn in a homework assignment

d'habitude *adv.* usually

diagnostic *m.* diagnosis; **faire un diagnostic** to make a diagnosis

diamant *m.* diamond

dictée *f.* dictation

dictionnaire (*fam.* **dico**) *m.* dictionary

didacticiel *m.* teachware (*type of software*)

dieu *m.* god; **croire en Dieu** to believe in God

difficile *adj.* difficult

difficulté *f.* difficulty

diffuser to broadcast

diffusion *f.* broadcast; distribution

digérer (je digère) to digest

digne (de) *adj.* worthy (of)

dignité *f.* dignity

dilué(e) *adj.* diluted

dimanche *m.* Sunday

diminuer to lessen, diminish

dinde *f.* turkey; **dinde rôtie** roast turkey

dîner to dine, have dinner; *m.* dinner

dingue (*adj., fam.*) (**de**) crazy (about)

diplomatie *f.* diplomacy

diplôme *m.* diploma

dire (*p.p.* **dit**) *irreg.* to tell; to say; to speak; **c'est-à-dire** that is to say, namely; **vouloir dire** to mean

direct(e) *adj.* direct; through; **en direct** live (*broadcasting*)

directeur/directrice *m., f.* director

direction *f.* direction; management; leadership

diriger (nous dirigeons) to direct; to govern, control

discipliner to discipline

discours *m.* discourse; speech

discret/discrète *adj.* discreet

discuter (de) to discuss

disparaître (*like* **connaître**) *irreg.* to disappear

disparu(e) *adj.* gone, disappeared, extinct

disponible *adj.* available

disposer de to have (available); to dispose, make use of

dispute *f.* quarrel

se disputer (avec) to quarrel (with)

disque *m.* record, recording; **disque compact** (*music*) CD, compact disc

disquette *f.* diskette

disséminé(e) *adj.* spread, disseminated

dissertation *f.* essay, term paper

distingué(e) *adj.* distinguished

distinguer to distinguish

distraction *f.* recreation; entertainment; distraction

se distraire *irreg.* to have fun, amuse oneself

distrait(e) *adj.* absentminded; inattentive

distribuer to distribute

distributeur/distributrice *m., f.* distributor; **distributeur** *m.* vending machine

divers(e) *adj.* changing; varied; diverse

diversité *f.* diversity

diviser to divide

divorcer (nous divorçons) to divorce

dizaine *f.* about ten, ten or so

docteur *m.* doctor

doctorat *m.* doctoral degree, Ph.D.

documentaire *m.* documentary

doigt *m.* finger

domaine *m.* domain; specialty

domestique *adj.* domestic; **animal** (*m.*) **domestique** pet (*animal*)

domicile *m.* domicile, place of residence; **sans domicile fixe (S.D.F.)** homeless

dommage: c'est dommage it's too bad; **quel dommage** what a shame

donc *conj.* then; therefore, so

données *f. pl.* information, facts; data

donner to give; **donner des conseils** to give advice; **se donner rendez-vous** to make a date (an appointment)

dont *pron.* whose, of whom, from whom; of which, about which; **ce dont** that (of) which

dormir *irreg.* to sleep; **dormir tard** to sleep late

dos *m.* back; **sac** (*m.*) **à dos** backpack

douane *f. s.* customs; **déclaration** (*f.*) **de douane** customs declaration, duty

douanier/douanière *m., f.* customs officer

doubler to pass (*another vehicle*); to double

doucement *adv.* gently, softly; sweetly; slowly

douche *f.* shower (*bath*)

se doucher to take a shower

doué(e) *adj.* talented, gifted; bright; **être doué(e) pour** to be talented in

douleur *f.* pain

douloureux/douloureuse *adj.* painful; aching

doute *m.* doubt; **sans doute** probably, no doubt

douter (de) to doubt

douteux/douteuse *adj.* doubtful, uncertain, dubious

doux/douce *adj.* sweet; mild; **eau** (*f.*) **douce** fresh water

douzaine *f.* dozen; about twelve

douze *adj.* twelve

douzième twelfth

dramatique *adj.* dramatic; **art** (*m.*) **dramatique** theater, drama

drame *m.* drama

dresser une liste to make a list

drogue *f.* drug

se droguer to take drugs

droit *m.* law; right; **avoir droit à** (+ *noun*) to have a right to; **avoir le droit de** (+ *inf.*) to be allowed to, to have the right to

droit *adv.* straight on; **tout droit** straight ahead

droite *f.* right; right-hand side; **à droite** on, to the right

drôle (de) *adj.* droll, funny, amusing; **faire une drôle de tête** to make a funny face

duc *m.* duke

dur(e) *adj.* hard; **travailler dur** to work hard

durée *f.* duration

durer to last, continue; to endure
dynamique *adj.* dynamic

eau *f.* water; **eau douce** fresh water; **eau minérale** mineral water; **eaux** *pl.* waters, bodies of water
ébloui(e) *adj.* dazzled
écarquiller les yeux (*m. pl.*) to stare wide-eyed
écart *m.:* **se mettre** (*irreg.*) **à l'écart** to move, to go and stand out of the way
échanger (**nous échangeons**) to exchange
échantillon *m.* sample, sampling
échappement *m.* leak; car exhaust; **échappement d'hydrocarbures** hydrocarbon emissions
échapper to escape
écharpe *f.* scarf
échecs *m. pl.* chess; **jouer aux échecs** to play chess
échelle *f.* ladder
échiquier *m.* chessboard; *fig.* **échiquier politique** political scene, field, affairs
échouer (**à**) to fail, flunk
éclairage *m.* lighting, illumination
éclairer to light
éclaireur/éclaireuse *m., f.* (boy/girl) scout, guide
s'éclater *fam.* to have a ball, blast
écoemballage *m.* ecopackaging
école *f.* school; **école maternelle** preschool, kindergarten; **école primaire (secondaire)** primary (secondary) school; **faire l'école buissonnière** to skip school, play hooky
écologie *f.* ecology
écologique (*fam.* **écolo**) *adj.* ecological
écologiste (*fam.* **écolo**) *m., f.* ecologist (*in politics*)
économe *adj.* thrifty, economical
économie *f.* economy; *pl.* savings; **faire des économies** to save (*money*)
économique *adj.* economic, financial; economical; **crise** (*f.*) **économique** recession, depression
économiser to save
écoproduit *m.* ecoproduct
écosystème *m.* ecosystem
écouter to listen (to)
écran *m.* screen; **petit écran** television
écraser to crush
écrevisse *f.* crayfish
écrire (*p.p.* **écrit**) *irreg.* to write
écrit(e) *adj.* written
écrivain(e) *m.* writer, author
éducatif/éducative *adj.* educational
éducation *f.* upbringing; breeding; education
éduquer to bring up; to educate

effet *m.* effect; **effets spéciaux** special effects; **effet de serre** greenhouse effect; **en effet** as a matter of fact, indeed
efficace *adj.* useful, efficacious
effort *m.* effort, attempt; **faire un (des) effort(s) pour** to try, make an effort to
effrayé(e) *adj.* frightened
égal(e) *adj.* equal; **ça lui est égal** he/she doesn't care, it's all the same to him/her
également *adv.* equally; likewise, also
égalité *f.* equality
église *f.* (Catholic) church
égoïsme *m.* egotism, selfishness
égoïste *adj.* selfish; *m., f.* selfish person
Égypte *f.* Egypt
eh! *interj.* hey!; **eh bien!** well! now then!
élaboré(e) *adj.* elaborate; complex
élargir to enlarge, broaden
électeur/électrice *m., f.* voter
électricité *f.* electricity
électrique *adj.* electric
électroménager *m.* household appliance(s)
électronique *adj.* electronic; *f. s.* electronics; **courrier** (*m.*) **électronique** e-mail
électronucléaire *adj.* electronuclear
élégant(e) *adj.* elegant, stylish
élément *m.* element
élevage *m.* raising, breeding
élève *m., f.* pupil, student
élevé(e) *adj.* high; (*children*) raised; brought up
élever (**j'élève**) to bring up, raise; to lift up
éliminer to eliminate
elle *pron.* she; her; **elle-même** herself
elles *pron. f.* they; them
élocution *f.* elocution; **cours** (*m.*) **d'élocution** speech class
éloge *m.* praise
éloignement *m.* distance; estrangement
s'éloigner to go away
élu(e) *adj.* elected
emballage *m.* packaging; **emballage ménager** common packaging materials
emballé(e) *adj.* wrapped
embarquement *m.* embarkation; **carte** (*f.*) **d'embarquement** boarding pass
embarras *m.* obstacle; embarrassment; **embarras du choix** too much to choose from
embarrassé(e) *adj.* embarrassed
embauché(e) *adj.* hired
embêtant(e) *adj.* annoying
embouteillage *m.* traffic jam
embrasser to kiss; to embrace; **s'embrasser** to kiss, hug one another
s'émerveiller to wonder, be amazed
émettre (*like* **mettre**) *irreg.* to emit
émigré(e) *m., f.* expatriate, émigré

émigrer to emigrate
émission *f.* program; broadcast; emission; **émission toxique** toxic waste
emmener (**j'emmène**) to take along; to take (*someone somewhere*); **emmener quelqu'un à l'hôpital** to take someone to the hospital
empêcher (**de**) to prevent; to preclude
empereur *m.* emperor
emploi *m.* use; job; **emploi du temps** schedule
employer (**j'emploie**) to use; to employ
employeur/employeuse *m., f.* employer
emporter to take with one, carry
emprisonner to imprison
emprunt *m.* borrowing
emprunter to borrow
en *prep.* in; to; within; into; at; like; in the form of; by; *pron.* of it, of them; some of it; any
encadré(e) *adj.* sheltered; framed; accompanied
enceinte *adj. f.* pregnant
enchanté(e) *adj.* delighted; enchanted; pleased
encore *adv.* still; again; yet; even; more; **ne... pas encore** not yet
encourager (**nous encourageons**) (**à**) to encourage (to)
endolori(e) *adj.* sore, painful
s'endormir (*like* **dormir**) *irreg.* to fall asleep
endroit *m.* place, spot
énergie *f.* energy
énergique *adj.* energetic
énerver to irritate; **s'énerver** to get upset, annoyed, irritated
enfance *f.* childhood
enfant *m., f.* child
enfantin(e): **chanson** (*f.*) **enfantine** children's song
enfermé(e) *adj.* locked up
enfin *adv.* finally, at last
enflammé(e) *adj.* blazing, ablaze
s'enfuir (*p.p.* **enfui**) *irreg.* to flee, run away
s'engager (**nous nous engageons**) to commit to
enjeu *m.* stake, ante
enlever (**j'enlève**) to take away; to remove, take off; **enlever de force** to remove forcibly, by force
ennemi(e) *m., f.* enemy
ennui *m.* trouble, worry; boredom; **avoir des ennuis** to have problems
ennuyer (**j'ennuie**) to bother; to bore; **s'ennuyer** to be bored, get bored
ennuyeux/ennuyeuse *adj.* boring; annoying
énorme *adj.* huge, enormous
énormément (**de**) *adv.* a great deal; a great many; enormously

enquête *f.* inquiry; investigation; opinion poll

enregistrement *m.* recording; registration

enregistrer to record; to register (*luggage*)

enregistreur: baladeur (*m.*) **enregistreur** walkman with tape recorder

enrichir to enrich; **s'enrichir** to get rich

enseignement *m.* teaching; education

enseigner to teach

ensemble *adv.* together; *m.* ensemble; whole; **tous ensemble** all together

ensuite *adv.* next; then

entendre to hear; **entendre parler de** to hear about; **s'entendre (bien, mal) avec** to get along (well, badly) with

enthousiasme *m.* enthusiasm

enthousiasmé(e) *adj.* thrilled

enthousiaste *adj.* enthusiastic

entier/entière *adj.* entire, whole, complete

entorse *f.* sprain

entourage *m.* circle of friends, set

entouré(e) de *adj.* surrounded by

entourer (de) to surround (with)

s'entraider to help one another

entraînement *m.* (*athletic*) training, coaching

s'entraîner to work out; to train

entraîneur/entraîneuse *m., f.* trainer, coach

entre *prep.* between, among

entrée *f.* entrance, entry; admission; first course (*in a meal*)

entremets *m.* sweet, dessert

entreprise *f.* enterprise, business

entrer (dans) to go into, enter

entretenir (*like* **tenir**) *irreg.* to maintain, keep up

entretien *m.* conversation; interview

entrevue *f.* (*job*) interview

envahir to invade

enveloppe *f.* envelope

enveloppé(e) *adj.* wrapped

envers *prep.* to; toward

envers: à l'envers backward, reversed

envie *f.* desire; **avoir envie de** to want; to feel like

environ *adv.* about, approximately; **environs** *m. pl.* neighborhood, surroundings; outskirts

environnement *m.* environment; milieu

environnemental(e) *adj.* environmental

envisageable *adj.* imaginable, conceivable

envoyer (j'envoie) to send

éparpillé(e) *adj.* scattered

épaule *f.* shoulder

éperlan *m.* smelt (*fish*)

épicé(e) *adj.* spicy

épicerie *f.* grocery store; grocery items

épices *f. pl.* spices

épinards *m. pl.* spinach

Épiphanie *f.* Epiphany, Twelfth Night

éplucher to peel

époque *f.* epoch, period, era; time

épouser to wed, to get married to

épouvante *f.* terror; **film** (*m.*) **d'épouvante** horror film

époux/épouse *m., f.* spouse; husband/wife

épreuve *f.* proof; trial; test

équateur *m.* equator

équilibrage *m.* balancing; **faire l'équilibrage des pneus** to balance the tires

équilibre *m.* equilibrium, balance

équilibré(e) *adj.* balanced, well-balanced

équilibrer to balance

équipe *f.* team; working group; **équipe rédactionnelle** editorial team

équipé(e) *adj.* equipped

équipement *m.* equipment; gear; **équipement ménager** household furnishings

équitation *f.* horseback riding

équivalent(e) *adj.* equivalent

équivoque *adj.* ambiguous; dubious, questionable

érable *m.* maple; **sirop** (*m.*) **d'érable** maple syrup; **sucre** (*m.*) **d'érable** maple sugar

éraflé(e) *adj.* scratched

érigé(e) *adj.* erected

erreur *f.* error; mistake

érudit(e) *adj.* erudite, scholarly

escalade *f.* climbing; **faire de l'escalade** to do rock climbing, mountain climbing

escalier *m.* stairs, staircase; **rampe** (*f.*) **de l'escalier** stair banister

escalope *f.* (**de veau**) (veal) cutlet

escargot *m.* snail; escargot

esclavage *m.* slavery

esclave *m., f.* slave

espace *m.* space

espacé(e) *adj.* spaced out, made less frequent

espadon *m.* swordfish

Espagne *f.* Spain

espagnol(e) *adj.* Spanish; *m.* Spanish (*language*); **Espagnol(e)** *m., f.* Spaniard

espèce *f.* type, kind; **espèces d'animaux** animal species; **une espèce de** a kind of

espérance (*f.*) **de vie** life expectancy

espérer (j'espère) to hope

espoir *m.* hope

esprit *m.* spirit; **garder l'esprit ouvert** to keep an open mind

essayer (j'essaie) (de) to try (to)

essence *f.* gasoline, gas; essence; **consommer de l'essence** to burn gas; **faire le plein d'essence** to fill up with gas

essentiel(le) *adj.* essential

essuie-glace (*pl.* **essuie-glaces**) *m.* windshield wiper

essuyer (j'essuie) to wipe

esthétique *adj.* esthetic

estimer to value; to estimate

estomac *m.* stomach

estudiantin(e) *adj.* student

et *conj.* and

établir to establish, set up

établissement *m.* settlement; establishment

étage *m.* floor (*of building*); **premier étage** second floor (*American*)

étagère *f.* shelf, shelving

étape *f.* stage; stopping place

état *m.* state; condition; **chef** (*m.*) **d'État** head of state; **en bon (mauvais) état** in good (bad) condition; **état civil** civil status; marital status; **garder en bon état** to maintain; **homme** (*m.*) **d'État** statesman

États-Unis *m. pl.* United States (of America)

été *m.* summer; **en été** in summer

éteindre (*like* **craindre**) *irreg.* to put out; to turn off; **éteindre un incendie** to put out a fire; **s'éteindre** to go out (*light*)

éteint(e) *adj.* extinguished; dead, extinct

s'étendre to extend; to spread; to expand

étendu(e) *adj.* extensive, wide, large; **étendu(e) par terre** lying down flat; **étendue** *f.* expanse, area

éternel(le) *adj.* eternal

éternuer to sneeze

ethnie *f.* ethnic group

ethnique *adj.* ethnic

étirer, s'étirer to stretch

étoile *f.* star

étonnant(e) *adj.* astonishing, surprising

s'étonner de to be surprised, astonished at

étourdir to stun, make dizzy

étrange *adj.* strange

étranger/étrangère *adj.* foreign; *m., f.* stranger; foreigner; **à l'étranger** abroad, overseas

être (*p.p.* **été**) *irreg.* to be; *m.* being; **être en train de** to be in the process of

étude *f.* study; research; *pl.* studies; **faire des études** to study

étudiant(e) *m., f.* student

étudier to study

euh *interj.* uh, um

euro *m.* euro (*European currency unit*)

européen(ne) *adj.* European; **Européen(ne)** *m., f.* European (*person*)

euthanasie *f.* euthanasia

eux *pron., m. pl.* them; **eux-mêmes** *pron.* themselves

s'évader to escape

s'évanouir to faint

s'évaporer to evaporate

événement *m.* event

évidemment *adv.* evidently, obviously

évident(e) *adj.* obvious, clear
évier *m.* (kitchen) sink
éviter to avoid
évoluer to evolve
évolution *f.* evolution, development
évoquer to evoke, call to mind
exagérer (j'exagère) to exaggerate
examen *m.* test, exam; **(re)passer un examen** to (re)take an exam; **préparer un examen** to study for a test; **rater un examen** to fail a test; **réussir à un examen** to pass a test
examiner to examine
excédent *m.* excess, surplus; **excédent de bagages** excess baggage
excentricité *f.* eccentricity
excentrique *adj.* eccentric
excès *m.* excess
excessif/excessive *adj.* excessive
exclu(e) *m., f.* social outcast
exclusivement *adv.* exclusively
excursion *f.* excursion, outing; **faire une excursion** to go on an outing
s'excuser (de) to excuse oneself (for); to apologize; **excusez-moi** excuse me, pardon me
exécution *f.* carrying out; execution
exemplaire *m.* copy (*book, magazine*)
exemple *m.* example; **par exemple** for example
exercer (nous exerçons) to exercise; to practice; **exercer un métier** to work at a particular job
exercice *m.* exercise; **faire de l'exercice** to do exercise(s), to work out
exigeant(e) *adj.* demanding
exiger (nous exigeons) to require; to demand
exister to exist; **il existe** (*inv.*) there is, are
exotique *adj.* exotic; foreign
expédition *f.* shipping; expedition; **expédition de colis** sending packages
explication *f.* explanation
expliquer to explain
exploitation *f.* working, operating; exploitation; **système** (*m.*) **d'exploitation** operating system (*computer*)
explorateur/exploratrice *m., f.* explorer
explorer to explore
exploser to explode
exporter to export
exposé(e) *adj.* exposed; set forth
exposer to exhibit; **exposer une œuvre** to exhibit a piece of work
exposition *f.* exhibition; show
exprimer to express; **s'exprimer** to express oneself
exquis(e) *adj.* exquisite
extérieur(e) *adj., m.* exterior; outside; **à l'extérieur** (on the) outside, out-of-doors

extrait(e) (de) *adj.* excerpted, extracted (from); **extrait** *m.* excerpt; extract
extraordinaire *adj.* extraordinary
extraterrestre *m., f.* alien, extraterrestrial
extraverti(e) *adj.* extroverted
extrême *adj.* extreme; intense
extrêmement *adv.* extremely, exceedingly
extrémiste *m., f.* extremist

fabrication *f.* manufacturing
fabriquer to manufacture
fabuleux/fabuleuse *adj.* fabulous; incredible
fac *f., fam.* **(faculté)** university department or school; **en fac** at the university
face *f.* face; façade; **en face (de)** *prep.* opposite, facing; **faire face à** to confront
fâché(e) *adj.* angry, annoyed
fâcher to anger; to annoy; **se fâcher** to get angry
facile *adj.* easy; **facile à vivre** easy to get along with
façon *f.* way, manner, fashion; **de façon (bizarre)** in a (funny) way; **de toute façon** anyhow, in any case
facteur *m.* factor; **facteur/factrice** *m., f.* mail carrier
facture *f.* bill (*to pay*)
faculté *f.* ability; (*fam.* **fac**) university department or school
faible *adj.* weak
faim *f.* hunger; **avoir faim** to be hungry
faire (*p.p.* **fait**) *irreg.* to do; to make; to form; to be; **faire beau (il fait beau)** to be nice out, good weather (it's nice out)
fait(e) *adj.* made; *m.* fact; **fait(e) à la main** handmade
falaise *f.* cliff
falloir (*p.p.* **fallu**) *irreg.* to be necessary; to be lacking; **il me faut** I need
familial(e) *adj.* family
familier/familière *adj.* familiar
famille *f.* family; **en famille** with one's family; **famille monoparentale** single-parent family; **famille nombreuse** large family; **famille recomposée** blended family
farine *f.* flour
fascinant(e) *adj.* fascinating
fasciner to fascinate
fast-food *m.* fast food restaurant; fast food
fatigant(e) *adj.* tiring
fatigué(e) *adj.* tired
fatiguer to tire; **se fatiguer** to get tired
fauché(e) *adj., fam.* broke, out of money
faune *f.* fauna
faute *f.* fault, mistake
fauteuil *m.* armchair
faux/fausse *adj.* false; **faux témoignage** *m.* perjury

faveur *f.* favor; **en faveur de** supporting, backing
favori(te) *adj.* favorite
favoriser to favor
fée *f.* fairy; **conte** (*m.*) **de fées** fairy tale
féminin(e) *adj.* feminine
féministe *adj.* feminist
femme *f.* woman; wife; **femme d'affaires** businesswoman
fenêtre *f.* window
fente *f.* slot
fer *m.* iron; **chemin** (*m.*) **de fer** railroad; **fer à repasser** (*clothes*) iron
ferme *adj.* firm; *f.* farm
fermé(e) *adj.* closed
fermer to close
fermeture *f.* closing; closure; **fermeture annuelle** annual closing
féroce *adj.* ferocious
fesse *f.* buttock
fessée *f.* spanking
fête *f.* celebration, holiday; party; **faire la fête** to party; **fête des Mères (des Pères)** Mother's (Father's) Day; **fête des Rois** Feast of the Magi, Epiphany; **fête du Travail** Labor Day; **fête nationale** July 14, Bastille Day
fêter to celebrate; to observe a holiday
feu *m.* fire; traffic light; **armes** (*f. pl.*) **à feu** firearms; **brûler le feu rouge** to run a red light; **cuire à feu vif** to cook on high heat; **feu d'artifice** fireworks
feuille *f.* leaf; sheet; **feuille d'érable** maple leaf; **feuille de papier** sheet of paper
feuilleton *m.* soap opera
fève *f.* bean; party (cake) favor
février February
fiançailles *f. pl.* engagement
fiancé(e) *m., f.* fiancé(e), betrothed
se fiancer (nous nous fiançons) to become engaged
fibre *f.* fiber, filament
fichier *m.* file
fictif/fictive *adj.* fictional
fidèles *m. pl.* faithful (*people*); congregation
fier/fière *adj.* proud; **être fier/fière de** to be proud of
fièvre *f.* fever
figue *f.* fig
figuier *m.* fig tree
figurant(e) *m., f.* extra (*in a film*)
figurer to appear
fil *m.* thread; cord; **passer un coup de fil (interurbain)** *fam.* to make a (long-distance) phone call
filet *m.* net; string bag; fillet (*beef, fish, etc.*)
filière *f.* channel, path; track, major (*in school*)
fille *f.* girl; daughter; **école** (*f.*) **de filles** girls' school; **jeune fille** girl, young

woman; **petite fille** little girl; **petite-fille** granddaughter

filleul(e) *m., f.* godchild

film *m.* film; movie; **passer un film** to show a movie; **tournage du film** film-making, film shooting

fils *m.* son; **petit-fils** grandson

fin(e) *adj.* fine; thin; *f.* end; purpose; **à la fin de** at the end of; **en fin d'après-midi** in the late afternoon; **fin de siècle** end of the century

final(e) *adj.* final

finalement *adv.* finally

financier/financière *adj.* financial; *m., f.* financier

finir (de) to finish; **finir par** to end up by (doing something)

finlandais(e) *adj.* Finnish; **Finlandais(e)** Finnish (*person*)

Finlande *f.* Finland

firme *f.* firm, company

fiscal(e) *adj.* fiscal

fixe *adj.* fixed; **sans domicile fixe (S.D.F.)** homeless

fixer to set

flageolet *m.* kidney bean

flamand *m.* Flemish (*language*); **Flamand(e)** Flemish (*person*)

flamant *m.* flamingo

flambé(e) *adj.* flambé, flaming

flamme: en flammes ablaze

flâner to stroll

flatterie *f.* flattery

flatteur/flatteuse *adj.* flattering; **flatteur** *m.* flatterer; sycophant

fleur *f.* flower

fleuriste *m., f.* florist

fleuve *m.* river (*flowing into the sea*)

flic *m., fam.* cop

flore *f.* flora

Floride *f.* Florida

flotter to float; **île** (*f.*) **flottante** *dessert made of beaten egg whites floating on cream*

fluvial(e) *adj.* river; fluvial

foie *m.* liver; **pâté** (*m.*) **de foie gras** goose liver pâté

foire *f.* fair

fois *f.* time, occasion; **chaque fois** each time; **la dernière (première) fois** the last (first) time; **une fois par semaine** once a week; **une (seule) fois** (only) once

folklorique *adj.* traditional; folk (*music, etc.*)

foncé(e) *adj.* dark (*color*)

fonction *f.* function; use, office

fonctionnaire *m., f.* government employee, civil servant

fonctionnement *m.* working order, functioning

fonctionner to function, work

fond *m.* bottom; back, background; **au fond** basically

fonder to found; **fonder un foyer** to start a home and family

fontaine *f.* fountain; spring

football (*fam.* **foot**) *m.* soccer

footballeur/footballeuse *m., f.* soccer player

force *f.* force; **enlever de force** to remove forcibly, by force

forcé(e) *adj.* forced

forêt *f.* forest

formation *f.* formation; education, training

forme *f.* form; shape; figure; **en (bonne, pleine) forme** physically fit; **en forme de** in the form (shape) of; **être (rester) en forme** to be (stay) in shape

former to form, shape; to train; **se former** to form, get organized

formel(le) *adj.* formal; strict

formidable *adj.* great

formulaire *m.* form (*to fill out*); **remplir un formulaire** to fill out a form

formule *f.* formula; form

formuler to formulate

fort *adv.* loudly, loud; hard

fort(e) *adj.* strong; heavy; plump; high (*heat*)

fortifié(e) *adj.* fortified

fossé *m.* gap, gulf

fou (fol, folle) *adj.* crazy, mad; **fou (folle)** *m., f.* crazy person

foudre *f.* lightning; **coup** (*m.*) **de foudre** thunderbolt; *fig.* love at first sight

fouiller to search; to look through (*luggage*)

fouiner to snoop, nose around

foulard *m.* scarf

foule *f.* crowd; **foule de gens** crowd of people

se fouler la cheville to sprain one's ankle

foulure *f.* sprain

four *m.* oven; **four à micro-ondes** microwave oven

fourchette *f.* fork

fourmi *f.* ant

fournir to provide, supply

fournisseur/fournisseuse *m., f.* provider, supplier

fourrure *f.* fur

foyer *m.* home

fracturé(e) *adj.* fractured

fraîcheur *f.* coolness; freshness

frais/fraîche *adj.* fresh; cool; *m. pl.* fees; expenses; **il fait frais** it's chilly

frais (*m. pl.*) **d'inscription (de scolarité)** school, university (tuition) fees

fraise *f.* strawberry

framboise *f.* raspberry

franc(he) *adj.* frank; truthful; honest; **franc** *m.* franc (*French, Swiss currency*)

français(e) *adj.* French; *m.* French (*language*); **Français(e)** *m., f.* Frenchman/Frenchwoman

Francfort Frankfurt

franchement *adv.* frankly

franco-allemand(e) *adj.* French-German

Franco-Américain(e) (*fam.* **Franco**) *m., f.* French-American (*person*)

francophone *adj.* French-speaking, of the French language

francophonie *f.* French-speaking world

frapper to strike; to knock

frein *m.* brake

freiner to brake

fréquemment *adv.* frequently

fréquence *f.* frequency

fréquent(e) *adj.* frequent

fréquenter to frequent, visit frequently

frère *m.* brother; **beau-frère** brother-in-law; **demi-frère** half-brother; step-brother

frigo *m., fam.* fridge, refrigerator

friquet: moineau (*m.*) **friquet** *species of sparrow*

frisé(e) *adj.* curly

frisson *m.* shiver, chill

frit(e) *adj.* fried; **frites** *f. pl.* French fries

froid(e) *adj.* cold; *m.* cold; **avoir froid** to be cold; **il fait froid** it's cold (*weather*)

frôler to touch lightly, brush

fromage *m.* cheese

front *m.* forehead; front

frontière *f.* frontier; border

frotter to rub

fruit *m.* fruit; **fruits** (*pl.*) **de mer** seafood; **jus** (*m.*) **de fruits** fruit juice

frustrant(e) *adj.* frustrating

frustré(e) *adj.* frustrated

fumé(e) *adj.* smoked

fumée *f.* smoke

fumer to smoke

fureur *f.* fury; **faire fureur** to be all the rage

furieux/furieuse *adj.* furious

futur(e) *adj.* future; **futur** *m., Gram.* future (*tense*); future (*time*)

gaffe *f., fam.* blunder

gagner to win; to earn; **gagner sa vie** to earn a living

galère *f.* mess, difficult situation

galerie *f.* gallery

galette *f.* puff pastry cake; **galette des rois** special cake for Epiphany

Galles: pays (*m.*) **de Galles** Wales

gants *m. pl.* gloves

garanti(e) *adj.* guaranteed; **garantie** *f.* guarantee; safeguard

garantir to guarantee

garçon *m.* boy; café waiter; **garçon d'honneur** best man; groomsman

garde *f.* watch; *m., f.* guard; **pharmacie** (*f.*) **de garde** all-night (emergency service) pharmacy

garder to keep, retain; to take care of

gare *f.* station (*train, bus*); **gare routière** bus station, depot

garer to park; **garer la voiture** to park the car

garni(e) *adj.* garnished

gaspillage *m.* waste

gaspiller to waste

gastronomie *f.* gastronomy

gâteau *m.* cake; **morceau** (*m.*) **de gâteau** slice of cake; **petit gâteau** cookie

gâter to ruin, spoil; to have a harmful effect on

gauche *adj.* left; *f.* left; **à gauche** on the left, to the left; **de gauche** leftist; **extrême gauche** *f.* extreme left (*politically*)

gaulois(e) *adj.* Gallic

gaz *m.* gas; **gaz carbonique** carbon dioxide

gazon *m.* lawn; **tondre le gazon** to mow the lawn

géant(e) *adj.* gigantic

gelée *f.* aspic, jelly

gélule *f.* capsule

gênant(e) *adj.* disturbing, embarrassing

gêné(e) *adj.* embarrassed; annoyed, bothered

généralement *adv.* generally

généralisation *f.* generalization

généreux/généreuse *adj.* generous

génétique *adj.* genetic

Genève Geneva

génial(e) *adj.* brilliant, inspired; *fam.* nice, cool, great

génie *m.* spirit; genius; genie; engineering; **génie civil** civil engineering; **génie mécanique** mechanical engineering

genou (*pl.* **genoux**) *m.* knee

genre *m.* gender; kind, type

gens *m. pl.* people; **foule** (*f.*) **de gens** crowd of people; **jeunes gens** young men; young people

gentil(le) *adj.* nice, kind

gentilhomme *m.* (*historical, fig.*) gentleman

géographie *f.* geography

géographique *adj.* geographic

géologie *f.* geology

Géorgie *f.* Georgia

gérant(e) *m., f.* manager, director

germanique *adj.* Germanic

germer to sprout, germinate

geste *m.* gesture

gestion *f.* management; **gestion des ressources** resource management

gigot (d'agneau) *m.* leg of lamb

givré(e): orange (*f.*) **givrée** *orange sorbet served in the orange peel*

glace *f.* ice cream; ice; mirror; **essuie-glace** *m.* windshield wiper

glacier *m.* glacier

glissant(e) *adj.* slippery; **chaussée** (*f.*) **glissante** slippery pavement

glissement (*m.*) **de terrain** landslide

glisser to slide; to slip; to skid

global(e) *adj.* global

globalisation *f.* globalization

golfe *m.* gulf; **petit golfe** bay

gomme *f.* eraser

gonflement *m.* swelling

gonfler to inflate; to swell; **gonfler les pneus** to inflate the tires

gorge *f.* throat; gorge; **mal à la gorge** sore throat; **soutien-gorge** *m.* bra, brassiere

gousse (*f.*) **d'ail** clove of garlic

goût *m.* taste, flavor; preference

goûter to taste; *m.* snack

goutte *f.* drop; **gouttes** (*f. pl.*) **pour le nez** nose drops

gouvernement *m.* government; **chef** (*m.*) **de gouvernement** head of state

gouverneur *m.* governor

grâce *f.* grace; pardon; **grâce à** *prep.* thanks to; **jour** (*m.*) **d'Action de Grâce** Thanksgiving Day (*U.S., Canada*)

graine *f.* seed

graisse *f.* grease, fat

grammaire *f.* grammar

gramme *m.* gram

grand(e) *adj.* great; large; big; tall; **grand-chose (pas grand-chose)** *pron. m.* much (not much); **grande surface** *f.* mall; superstore; **grandes vacances** *f. pl.* summer vacation; **grand magasin** *m.* department store; **Train** (*m.*) **à grande vitesse (T.G.V.)** *French high-speed bullet train*

grand-mère *f.* grandmother

grand-père *m.* grandfather

grandement *adv.* easily; amply; nobly

grands-parents *m. pl.* grandparents

graphique *adj.* graphic; **dessin** (*m.*) **graphique** graphic arts

gras(se) *adj.* fat; oily; rich; **gras** *m.* fat; **foie** (*m.*) **gras** goose liver; **matière** (*f.*) **grasse** fat content (*of food*)

gratte-ciel *m inv.* skyscraper

gratter to scratch

gratuiciel *m.* freeware (*software*)

gratuit(e) *adj.* free (*of charge*)

grave *adj.* grave, serious

gravité *f.* seriousness

grec(que) *adj.* Greek; *m.* Greek (*language*); **Grec(que)** *m., f.* Greek (*person*)

Grèce *f.* Greece

grève *f.* (labor) strike

grille-pain *m. inv.* toaster

griller to broil, toast, grill

grimper to climb

grippe *f.* flu; **attraper la grippe** to catch the flu

gris(e) *adj.* gray

grognon(ne) *m., f.* grumbler, grumpy person

gros(se) *adj.* big

grossesse *f.* pregnancy; **interruption** (*f.*) **volontaire de grossesse (IVG)** abortion

grossier/grossière *adj.* vulgar, gross; **terme** (*m.*) **grossier** vulgar term

grossir to gain weight

groupe *m.* group

se grouper to gather

gruyère *m.* Gruyère (*Swiss cheese*)

guêpe *f.* wasp; **piqûre** (*f.*) **de guêpe** wasp sting

guérir to cure; to heal; to recover; **guérir un malade** to cure a sick person

guerre *f.* war; **guerre de Sécession** American Civil War

guichet *m.* ticket window

guide *m., f.* guide; *m.* guidebook; instructions

Guinée *f.* Guinea

guitare *f.* guitar

Guyane *f.* Guyana

gymnase *m.* gymnasium

gymnastique (*fam.* **gym**) *f.* gymnastics; exercise; **faire de la gymnastique** to do gymnastics (exercises)

habiller to dress; **s'habiller** to get dressed

habitant(e) *m., f.* inhabitant; resident

habitation *f.* lodging, housing; **Habitation à loyer modéré (H.L.M.)** *French public housing*

habiter to live, dwell

habitude *f.* habit; **comme d'habitude** as usual; **d'habitude** *adv.* usually, habitually

*****haché(e)** *adj.* ground; chopped up (*meat*); **bœuf** (*m.*) **haché** ground beef

haïtien(ne) *adj.* Haitian

halogène: lampe (*f.*) **halogène** halogen lamp

*****halte** *f.* stop, break; stopping place

*****hanche** *f.* hip; haunch

*****Hanoukka** *f.* Hanukkah

*****haricot** *m.* bean; *****haricots verts** green beans

harmonie *f.* harmony

harmonieux/harmonieuse *adj.* harmonious

*****haut(e)** *adj.* high; **à *haute voix** out loud; **en *haut (de)** at the top (of); *****haut-parleur** *m.* (loud) speaker

hebdomadaire *adj.* weekly

hébergement *m.* lodging

héberger to lodge, put up

*****hein?** *interj.* eh? what?

hémisphère *m.* hemisphere
herbe *f.* grass
héritage *m.* inheritance; heritage
***héros** *m.* hero
hésitant(e) *adj.* hesitant
hésiter to hesitate
heure *f.* hour; time; **à la même heure** at the same time; **à l'heure** on time; per hour; **à quelle heure** (at) what time; **de bonne heure** early; **demi-heure** *f.* half-hour; **il est... heure(s)** it's . . . o'clock; **quelle heure est-il?** what time is it?
heureusement *adv.* fortunately
heureux/heureuse *adj.* happy; fortunate
se *heurter contre to hit, bump against
hexagone *m.* hexagon; **Hexagone** France
hier *adv.* yesterday; **hier après-midi (matin)** yesterday afternoon (morning); **hier soir** yesterday evening
histoire *f.* history; story
historique *adj.* historical, historic
hiver *m.* winter; **en hiver** in the winter
***hocher: *hocher la tête** to nod
***hockey** *m.* hockey; ***hockey sur glace** ice hockey
***hollandais(e)** *adj.* Dutch; **Hollandais(e)** **sauce** (*f.*) Hollandaise sauce (*butter, eggs, lemon juice*); ***hollandaise** Dutch (*person*)
***Hollande** *f.* Holland, Low Countries
***homard** *m.* lobster
homéopathie *f.* homeopathy
homme *m.* man; **homme d'affaires** businessman; **homme d'État** statesman
homogène *adj.* homogeneous
homosexualité *f.* homosexuality
honnête *adj.* honest
honnêteté *f.* honesty
honneur *m.* honor; **demoiselle** (*f.*) **d'honneur** bridesmaid; **garçon** (*m.*) **d'honneur** best man; groomsman
***honte** *f.* shame; **avoir *honte de** to be ashamed of
***honteux/honteuse** *adj.* shameful; ashamed
hôpital *m.* hospital
***hoquet** *m.* hiccup
horloge *f.* clock
horreur *f.* horror; **avoir horreur de** to hate, detest
horriblement *adv.* horribly
horrifié(e) *adj.* horrified
***hors de** *prep.* out of, outside of; ***hors saison** off-season
***hors-d'œuvre** *m. inv.* appetizer
hospitalité *f.* hospitality
hôtel *m.* hotel; public building, hall; **maître** (*m.*) **d'hôtel** maître d'; headwaiter
hôtellerie *f.* hotel trade

hôtesse *f.* hostess; **hôtesse de l'air** flight attendant, stewardess
huile *f.* oil; **changer l'huile** to change the oil
***huit** eight
huîtres *f. pl.* oysters
humain(e) *adj.* human; **humain** *m.* human being
humanitaire *adj.* humanitarian
humanité *f.* humanity
humeur *f.* temperament, disposition; mood; **être de mauvaise (bonne) humeur** to be in a bad (good) mood
humide *adj.* humid; damp
humilié(e) *adj.* humiliated
humoristique *adj.* humoristic
humour *m.* humor; **sens** (*m.*) **de l'humour** sense of humor
***hurler** to scream
hydrocarbure *m.* hydrocarbon; **échappement** (*m.*) **d'hydrocarbures** hydrocarbon emissions
hygiène *f.* hygiene
hypermarché *m.* superstore
hypothèse *f.* hypothesis

ici *adv.* here
icone *m.* icon
idéal(e) *adj.* ideal; **idéal** *m.* ideal
idéaliste *adj.* idealistic; *m., f.* idealist
idée *f.* idea; **aucune idée** I've no idea
identifier to identify
identité *f.* identity; **carte** (*f.*) **d'identité** identification card
idéologique *adj.* ideological
idiot(e) *adj.* idiotic, foolish
idole *f.* idol
ignorer to not know; to be ignorant of
il *pron., m.* he; it; there; **il y a** there is, there are; **il y a** (+ *time period*) ago; **il y a... que** (+ *period of time*); it's been . . . since
île *f.* island; **île flottante** *dessert made of beaten egg whites floating on cream*
illégal(e) *adj.* illegal
illustré(e) *adj.* illustrated
illustrer to illustrate
ils *pron., m.* they
image *f.* picture; image
imaginaire *adj.* imaginary; made-up
imaginer to imagine
imbécile *m., f.* idiot, imbecile
immatriculation *f.* registration; **plaque** (*f.*) **d'immatriculation** license plate
immédiat(e) *adj.* immediate
immeuble *m.* (apartment or office) building, highrise
immigré(e) *m., f.* immigrant
immigrer to immigrate
s'immiscer (nous nous immisçons) (dans) to interfere (in, with)

immobilier *m.* real-estate (business)
imparfait *m., Gram.* imperfect (*verb tense*)
s'impatienter to grow impatient, lose patience
impensable *adj.* unthinkable
impératif *m., Gram.* imperative, command
impersonnel(le) *adj.* impersonal
implanter to implant, introduce
impoli(e) *adj.* impolite, rude
important(e) *adj.* important; large, sizeable
importé(e) *adj.* imported
importer to be important; to matter; **n'importe où** anywhere; **n'importe quel(le)** no matter which; **n'importe quoi** anything
imposer to impose
impossibilité *f.* impossibility
impôts *m. pl.* direct taxes
impressionnant(e) *adj.* impressive
impressionner to impress
imprimante *f.* printer
imprimer to print
imprudemment *adv.* imprudently, unwisely
incendie *m.* fire, house fire
inciter to incite
incompétent(e) *adj.* incompetent
inconnu(e) *adj.* unknown; *m., f.* stranger
inconscient(e) *adj.* unconscious; thoughtless; unaware
inconvénient *m.* disadvantage
incroyable *adj.* unbelievable, incredible
Inde *f.* India; **Indes** *f. pl.* Indies
indéfini(e) *adj.* indefinite; **article** (*m.*) **indéfini** *Gram.* indefinite article
indépendance *f.* independence
indépendant(e) *adj.* independent
indéterminé(e) *adj.* unspecified; indeterminate
indicatif *m., Gram.* indicative (*mood*)
indien(ne) *adj.* Indian; *m., f.* **Indien(ne)** Indian (*person*)
indifférent(e) *adj.* indifferent
indigène *adj.* indigenous, native
indiqué(e) *adj.* indicated
indiquer to indicate; to point out
indirect(e) *adj.* indirect
indiscret/indiscrète *adj.* indiscreet; prying
individu *m.* individual, person
individualiste *adj.* individualistic, nonconformist
individuel(le) *adj.* private
industrie *f.* industry
industriel(le) *adj.* industrial
inévitable *adj.* unavoidable
inférieur(e) *adj.* inferior; lower
infinitif *m., Gram.* infinitive
infirmier/infirmière *m., f.* nurse
influencer (nous influençons) to influence

influent(e) *adj.* influential

information *f.* information, data; *pl.* news (*broadcast*)

informaticien(ne) *m., f.* computer scientist; **ingénieur** (*m.*) **informaticien** computer engineer

informatique *f.* computer science; *adj.* computer **virus** (*m.*) **informatique** computer virus

informatisé(e) *adj.* computerized

informer to inform; **s'informer** to find out information

inforoute *f.* information highway

ingénierie *f.* engineering

ingénieur *m.* engineer; **ingénieur informaticien** computer engineer; **ingénieur mécanicien** mechanical engineer

ingrédient *m.* ingredient

inhumain(e) *adj.* inhuman

initial(e) *adj.* initial, first; **initiale** *f.* initial (*letter*)

initiative *f.* initiative; **syndicat** (*m.*) **d'initiative** (local) chamber of commerce, tourist office

s'initier (à) to become initiated (into)

injuste *adj.* unjust, unfair

innombrable *adj.* countless

inondation *f.* flood

inoubliable *adj.* unforgettable

inquiet/inquiète *adj.* worried, anxious

inquiéter (j'inquiète) to worry; **s'inquiéter (de) (je m'inquiète)** to become uneasy; to be worried (about)

inquiétude *f.* anxiety, uneasiness

inscription *f.* matriculation; registration; **frais** (*m. pl.*) **d'inscription** university enrollment fees, tuition

s'inscrire (*like* **écrire**) **(à)** *irreg.* to join; to enroll; to register

insecte *m.* insect

insensé(e) *adj.* insane

inséparable *adj.* inseparable

insistance *f.* insistence

insister to insist; **insister sur** to stress

insolite *adj.* unusual

insomniaque *m., f.* insomniac

insomnie *f.* insomnia

inspecter to inspect

inspirer to inspire

installer to install; to set up; **s'installer (à)** to settle down, settle in

instituteur/institutrice *m., f.* elementary school teacher

insuffisant(e) *adj.* insufficient

insulter to insult

intact(e) *adj.* intact; **demeurer intact(e)** to remain intact

s'intégrer (je m'intègre) (à) to integrate oneself, get assimilated (into)

intellectuel(le) *adj.* intellectual

intensif/intensive *adj.* intensive

interdire (*like* **dire,** *but* **vous interdisez) (de)** to forbid (to); to prohibit

interdit(e) *adj.* forbidden, prohibited; **stationnement** (*m.*) **interdit** no parking

intéressant(e) *adj.* interesting

intéresser to interest; **s'intéresser à (quelque chose)** to be interested in (something)

intérêt *m.* interest, concern

intérieur(e) *m.* interior; **à l'intérieur** inside

intermédiaire: par l'intermédiaire de through

internaute *m., f.* Internet user

interpréter (j'interprète) to perform, interpret

interrogatoire *m.* interrogation, examination

interroger (nous interrogeons) to interrogate

interrompre (*p.p.* **interrompu**) *irreg.* to interrupt

interurbain(e) *adj.* interurban

interviewer to interview

intestinal(e) *adj.* intestinal; stomach

intrigue *f.* plot

introduire (*like* **conduire**) *irreg.* to introduce

introverti(e) *adj.* introverted

inutile *adj.* useless

inventer to invent

inventeur/inventrice *m., f.* inventor, discoverer

inversé(e) *adj.* opposite, inverted

investir to invest

investissement *m.* investment

invité(e) *adj.* invited; *m., f.* guest

inviter to invite

ironique *adj.* ironic

irrésistiblement *adv.* irresistibly

irriter to irritate

islamique *adj.* Islamic

isolé(e) *adj.* isolated

Israël *m.* Israel

Italie *f.* Italy

italien(ne) *adj.* Italian; **Italien(ne)** *m., f.* Italian (*person*)

itinéraire *m.* itinerary

ivoire: Côte-d'Ivoire (*f.*) Ivory Coast

jaloux/jalouse *adj.* jealous

jamais (ne... jamais) *adv.* never, ever

jambalaya *m. traditional Cajun rice stew*

jambe *f.* leg; **jambe cassée** broken leg

jambon *m.* ham

janvier January

Japon *m.* Japan

japonais(e) *adj.* Japanese; *m.* Japanese (*language*); **Japonais(e)** *m., f.* Japanese (*person*)

jardin *m.* garden; **jardin public** public park

jardinage *m.* gardening

jardiner to garden

jaune *adj.* yellow

jaunir to turn yellow

je *pron.* I

jean *m. s.* (blue) jeans

jetable *adj.* disposable

jeter (je jette) to throw; to throw away, toss; **jeter des déchets** to toss out trash; **jeter par terre** to throw down (on the ground); **se jeter (dans)** to flow (into)

jeu *m.* game; **jeu CD-ROM** computer game; **jeu vidéo** video game; **Jeux olympiques (JO)** Olympic games

jeudi *m.* Thursday

jeune *adj.* young; *m. pl.* young people, youth; **jeune fille** *f.* girl, young woman; **jeunes gens** *m. pl.* young men; young people

jeunesse *f.* youth

joie *f.* joy

joli(e) *adj.* pretty

joue *f.* cheek

jouer to play; **jouer à** to play (*a sport or game*); **jouer de** to play (*an instrument*)

jouet *m.* toy

joueur/joueuse *m., f.* player

jour *m.* day; **de nos jours** these days, currently; **il y a deux jours** two days ago; **jour d'Action de Grâce** Thanksgiving Day (*U.S., Canada*); **jour de Pâques** Easter; **jour férié** public holiday; **le jour de l'an** New Year's Day; **par jour** per day, each day; **plat** (*m.*) **du jour** today's special (*restaurant*); **tous les jours** every day

journal *m.* newspaper; journal, diary

journalisme *m.* journalism

journaliste *m., f.* reporter, newscaster, journalist

journée *f.* day, duration of a day; **toute la journée** all day

juger (nous jugeons) to judge

juif/juive *adj.* Jewish

juillet July

juin June

jumeau/jumelle *m., f.* twin

jupe *f.* skirt

jupon *m.* slip, petticoat

jurer to swear; to vow

juridique *adj.* legal

jus *m.* juice; **jus de fruits** fruit juice

jusqu'à *prep.* until, up to; **jusqu'à ce que** *conj.* (+ *subj.*) until; **jusqu'à présent** up to now, until now

juste *adj.* just, fair; right, exact; *adv.* just, precisely

justement *interj.* exactly

justifier to justify; to give proof

Kabyle *m., f.* Kabyle (*indigenous person from mountainous region of Algeria*)

kanak *m.* Kanak (*indigenous language of New Caledonia*)

kilo(gramme) *m.* kilogram

kilomètre *m.* kilometer

kiosque *m.* newsstand

klaxon *m.* (*car*) horn

klaxonner to blow the (*car*) horn

km *ab.* (**kilomètre**) *m.* kilometer

Koweït *m.* Kuwait

la *art., f.* the; *pron., f.* it, her

là: *adv.* there; **là-bas** *adv.* over there; **oh là là!** *interj.* good heavens! my goodness!

laboratoire (*fam.* **labo**) *m.* laboratory

lac *m.* lake

laid(e) *adj.* ugly

laine *f.* wool; **en laine** (*made of*) wool

laïque *adj.* nonreligious, secular

laisser to let, allow; to leave, leave behind; **laisser tomber** to drop (*something*)

lait *m.* milk; **café** (*m.*) **au lait** coffee with hot milk

laitier/laitière *adj.* pertaining to milk; **produits** (*m. pl.*) **laitiers** dairy products

laitue *f.* lettuce

lamelle: (couper) en lamelles (to cut) in(to) thin strips

lampe *f.* lamp; light fixture; **lampe halogène** halogen lamp; **lampe à huile** oil lamp; **lampe à pétrole** kerosene lamp; **lampe-tempête** *f.* hurricane lamp

lancer (**nous lançons**) to launch; to throw; to drop

langage *m.* language; jargon; specialized vocabulary

langue *f.* language; tongue; **langue étrangère** foreign language; **tirer la langue** to stick out one's tongue

lapin *m.* rabbit

large *adj.* wide

lasagnes *f. pl.* lasagna

latin(e) *adj.* Latin

lavable *adj.* washable

lavabo *m.* (*washroom, bathroom*) sink

laver to wash; **machine** (*f.*) **à laver** washing machine

lave-vaisselle *m.* (automatic) dishwasher

lavomatic *m.* laundromat

le *art., m.* the; *pron., m.* it, him

lèche-vitrines: faire du lèche-vitrines *fam.* to window-shop

leçon *f.* lesson; **leçon particulière** private lesson

lecteur/lectrice *m., f.* reader; **lecteur** *m.* disk drive; **lecteur (de) CD** CD player; **lecteur (de) CD-rom** CD-ROM player

lecture *f.* reading

légende *f.* legend

léger/légère *adj.* light; fluffy; delicate

légionnaire *m.* legionary; legionnaire

législature *f.* legislature

légume *m.* vegetable

lendemain *m.* next day, day after, following day

lent(e) *adj.* slow

lequel/laquelle (**lesquels/lesquelles**) *pron.* which, which one; who, whom

les *art., pl.* the; *pron., pl.* them

lessive *f.* laundry; **faire la lessive** to do the laundry

lettre *f.* letter; **boîte** (*f.*) **aux lettres** mailbox

leur *adj.* their; *pron.* to them; **le/la/les leur(s)** *pron.* theirs

lever (**je lève**) to raise, lift; **lever** (*m.*) **du soleil** sunrise; **levez la main** raise your hand; **se lever** to get up, stand up; to get out of bed

levier *m.* lever; **levier de vitesse** gear shift (*lever*)

lèvres *f. pl.* lips; **rouge** (*m.*) **à lèvres** lipstick

liaison *Gram. m.* joining, linking (*two words together*)

libération *f.* freedom; liberation

libérer (**je libère**) to free, liberate

liberté *f.* freedom

librairie *f.* bookstore

libre *adj.* free; available; open; vacant; **temps** (*m.*) **libre** leisure time; **vente** (*f.*) **libre** open sale

licence *f.* French university degree, equivalent to bachelor's degree; license; permission

licencié(e) *m., f.* degree holder; license holder

licorne *f.* unicorn

lié(e) *adj.* linked, tied

lien *m.* link, tie, bond; **former des liens** to form contacts, connections

lieu *m.* place; **au lieu de** *prep.* instead of, in the place of; **avoir lieu** to take place; **chef-lieu** county seat (*town*)

ligne *f.* line; bus line; figure; **en ligne** on-line

ligue *f.* league

limitation *f.* limit; restriction; **limitation de vitesse** speed limit

limite *f.* limit; boundary; **dépasser la limite de vitesse** to exceed the speed limit

limiter to limit

limonade *f.* lemonade; soft drink

limpide *adj.* limpid; clear

linguistique *adj.* language; linguistic

liquide *m.* liquid; **payer** (**je paie**) **en liquide** to pay in cash

lire (*p.p.* **lu**) *irreg.* to read

liste *f.* list

lit *m.* bed; **faire son lit** to make one's bed

litre *m.* liter

littérature *f.* literature

livre *m.* book; *f.* pound (*half-kilo*); **demi-livre** (*f.*) half pound; **livre** (*m.*) **de cuisine** cookbook

livreur (*m.*) **de pizza** pizza delivery man; *fam.* hacker (*computer*)

local(e) *adj.* local

localisation *f.* localization

locataire *m., f.* renter, tenant

logement *m.* housing, lodgings

loger (**nous logeons**) to house; to dwell; to lodge

logiciel *m.* program (*computer*); software

logique *adj.* logical

loi *f.* law

loin (de) *adv., prep.* far (from), at a distance (from)

lointain(e) *adj.* distant, faraway, remote

loisirs *m. pl.* leisure time activities

Londres London

long(ue) *adj.* long; slow; **de longue durée** long-term

longtemps *adv.* (for) a long time; **il y a longtemps** a long time ago

longuement *adv.* for a long time, lengthily

lorsque *conj.* when

loterie *f.* lottery

loti(e): être bien loti(e) to be well-off

louer to rent; to reserve; **à louer** for rent

Louisiane *f.* Louisiana

loyauté *f.* loyalty

loyer *m.* rent (*payment*)

lucratif/lucrative *adj.* lucrative

ludiciel *m.* gameware (*software*)

lui *pron.* he; it; to him; to her; to it; **lui-même** himself

lumière *f.* light

lumineux/lumineuse *adj.* luminous; **signal** (*m.*) **lumineux** flashing road sign

lundi *m.* Monday

lune *f.* moon; **lune de miel** honeymoon

lunettes *f. pl.* eyeglasses

lutte *f.* struggle, battle

lutter to struggle, fight

luxe *m.* luxury

luxueux/luxueuse *adj.* luxurious

lycée *m.* French secondary school (*high school*)

lycéen(ne) *m., f.* secondary, high school student

ma *adj., f. s.* my

mâcher to chew

machine *f.* machine; **machine à laver** washing machine

madame (mme) (*pl.* **mesdames**) madam; lady

mademoiselle (mlle) (*pl.* **mesdemoiselles**) Miss

magasin *m.* store; **grand magasin** department store; **magasin d'alimentation** food store

mages: les Rois (*m. pl.*) **mages** the Three Wise Men, Magi

Maghreb *m.* Maghreb (*French-speaking North Africa*)

maghrébin(e) *adj.* from French-speaking North Africa

magique *adj.* magic

magistral(e): cours (*m.*) **magistral** lecture course

magnétoscope *m.* videocassette recorder (VCR)

magnifique *adj.* magnificent

mai May

maigrir to grow thin, lose weight

main *f.* hand; **fait(e) à la main** handmade; **se serrer la main** to shake hands

maintenant *adv.* now

maintenir (*like* **tenir**) *irreg.* to maintain; to keep up

maintien *m.* maintenance; **maintien d'une voiture** car maintenance

maire *m.* mayor

mairie *f.* town hall

mais *conj.* but; *interj.* why

maison *f.* house; company, firm; **à la maison** at home; **maison de la presse** newsstand

maître/maîtresse *m., f.* master/mistress; elementary school teacher; **maître d'hôtel** maître d'; headwaiter

maîtrise *f.* mastery

majestueux/majestueuse *adj.* majestic; stately

majoritaire *adj.* of, in the majority

majorité *f.* majority

majuscule *f.* capital letter

mal *adv.* badly; *m.* evil; pain (*pl.* **maux**); **aller mal** to not be well; **avoir du mal à** (+ *verb*) to have a hard time; **avoir mal à la gorge** to have a sore throat; **mal de l'air** airsickness; **mal de mer** seasickness; **mal de tête** headache; **se faire (du) mal** to hurt oneself

malade *adj.* ill; *m., f.* sick person; **rendre malade** to make (*someone*) sick; **tomber malade** to get sick

maladie *f.* illness, disease; **guérir (traiter) une maladie** to cure (treat) an illness

maladroit(e) *adj.* clumsy

malfaiteur *m.* lawbreaker; burglar, thief

malgré *prep.* in spite of

malheureux/malheureuse *adj.* unhappy

malheureusement *adv.* unfortunately

malsain(e) *adj.* unhealthy

maman *f., fam.* mom, mommy

mamy (mamie) *f., fam.* grandma

Manche *f.* English channel

mandarine *f.* tangerine; mandarin orange

mandat *m.* mandate; **mandat postal** postal money order

manger (nous mangeons) to eat; **salle** (*f.*) **à manger** dining room

manière *f.* manner, way

manifestation *f.* (political) demonstration; manifestation

manifester to show, display

manipulateur/manipulatrice *m., f.* manipulator

manque *m.* lack, shortage

manquer (de) to miss

manteau *m.* coat, overcoat

manuel(le) *adj.* manual; *m.* manual; textbook

se maquiller to put on makeup

marais *m.* swamp, marsh

marbre *m.* marble

marchand(e) *m., f.* merchant, shopkeeper; **marchand** (*m.*) **de vins** wine seller; liquor store

marchander to bargain, haggle

marchandise *f.* merchandise

marche *f.* walk; walking, hiking; (stair) step; **mettre en marche** to start, put into action (*device*)

marché *m.* market; **marché aux puces** flea market; **bon marché** inexpensive

marcher to walk; to work, to run (*device*)

mardi *m.* Tuesday; **mardi gras** Mardi Gras, Shrove Tuesday, Fat Tuesday

marécageux/marécageuse *adj.* swampy, marshy

marée (*f.*) **noire** oil spill

marginalisation *f.* marginalization

marguerite *f.* daisy

mari *m.* husband

mariage *m.* marriage; wedding

marié(e) *m., f.* groom/bride; *adj.* married; **nouveaux mariés** *m. pl.* newlyweds

se marier (avec) to get married (to)

marin *m.* sailor; mariner

marinière: moules (*f. pl.*) **marinière** *mussels cooked in white wine*

Maroc *m.* Morocco

marocain(e) *adj.* Moroccan; **Marocain(e)** *m., f.* Moroccan (*person*)

marque *f.* brand

marquer to mark; to indicate, denote

marraine *f.* godmother

marre: en avoir marre (*fam.*) to be fed up (with)

marron *adj. inv.* brown; maroon

mars March

marxisme *m.* Marxism

masculin(e) *adj.* masculine

masse *f.* mass (*volume, form*)

massif/massive *adj.* massive

match *m.* game; **match de football (de rugby)** soccer (rugby) game

matérialiste *adj.* materialistic

matériel *m.* apparatus, equipment; **matériel électronique** electronic equipment

maternel(le) *adj.* maternal; **l'école** (*f.*) **maternelle** nursery school, preschool

mathématiques (*fam.* **maths**) *f. pl.* mathematics

matière *f.* academic subject; material; matter; **matière grasse** fat content (*of food*)

matin *m.* morning; **hier matin** yesterday morning

matinée *f.* morning (*duration*); **(faire) la grasse matinée** to sleep late

matrimonial(e): agence (*f.*) **matrimoniale** marriage/dating service

mauvais(e) *adj.* bad; wrong; **en mauvais état** in bad condition; **il fait mauvais** it's bad weather out; **la mauvaise réponse** the wrong answer

me (m') *pron.* me; to me

mécanicien(ne) *m., f.* mechanic; technician; **ingénieur** (*m.*) **mécanicien** mechanical engineer

mécanique *adj.* mechanical, power; **génie** (*m.*) **mécanique** mechanical engineering

méchant(e) *adj.* bad, evil; naughty; *m. pl.* bad guys

médecin *m.* doctor

médecine *f.* medicine (*study, profession*)

médias *m. pl.* media

médiatique *adj.* media-related

médical(e) *adj.* medical

médicament *m.* medication; drug

méditer to meditate

Méditerranée *f.* Mediterranean (Sea)

méditerranéen(ne) *adj.* Mediterranean

se méfier de to be wary of

meilleur(e) *adj.* better; best

mélanger (nous mélangeons) to mix, blend

mêlé(e) (*adj.*) **(à de)** mixed (with) **se mêler de** to meddle, interfere in/with; to get mixed up in

membre *m.* member

même *adj.* same; *adv.* even; **à même** right into; **de même** the same, likewise; **en même temps** at the same time; **même si** even if; **quand même** anyway; even though

mémoire *f.* memory; *m. pl.* memoirs

menacé(e) *adj.* threatened; **animaux** (*m. pl.*) **menacés** endangered animals

menacer (nous menaçons) (de) to threaten (to)

ménage *m.* housekeeping; household; **faire le ménage** to do the housework

ménager/ménagère *adj.* pertaining to the home; housekeeping **équipement** (*m.*)

ménager household furnishings; **tâches** (*f. pl.*) **ménagères** household tasks

mener (je mène) to take; to lead; **mener une vie équilibrée (sédentaire)** to lead a balanced (sedentary) life

mensonge *m.* lie

mention *f.* grade, evaluation, distinction (*school, university*)

mentir (*like* **dormir**) *irreg.* to lie

menton *m.* chin

menuiserie *f.* carpentry

menuisier *m.* carpenter

mer *f.* sea; **au bord de la mer** at the seashore; **fruits** (*m. pl.*) **de mer** seafood

merci *interj.* thanks; **merci bien** thanks a lot

mercredi *m.* Wednesday

mère *f.* mother; **belle-mère** mother-in-law; stepmother; **fête** (*f.*) **des Mères** Mother's Day; **grand-mère** *f.* grandmother

méridienne *f.* meridian line

mériter to deserve; to be worth

merveille *f.* marvel; delight; **à merveille** perfectly, marvellously

merveilleux/merveilleuse *adj.* marvelous

mes *adj. m., f., pl.* my

mésaventure *f.* misadventure

messagerie *f.* message/voicemail service; delivery service

messe *f.* (Catholic) Mass

mesure *f.* measure; **prendre des mesures** to take measures

mesurer to moderate, weigh (*one's words*)

métal *m.* metal

métallique *adj.* metallic

météorologie (*fam.* **météo**) *f.* weather forecasting.

météorologique: bulletin (*m.*) **météorologique** weather forecast

méthode *f.* method

métier *m.* trade, profession, job, occupation; **exercer un métier** to work at a particular job

mètre *m.* meter

métro *m.* subway (*train, system*); **plan** (*m.*) **du métro** subway map; **prendre le métro** to take the subway

métropole *f.* metropolis; mainland France

métropolitain(e) *adj.* metropolitan; referring to mainland; **métropolitain** *m.* subway (*train, system*)

metteur/metteuse en scène *m., f.* producer; film director

mettre (*p.p.* **mis**) *irreg.* to put, place; to put on; to turn on; to take (*time*); **mettre des vêtements** to put on clothes; **mettre (le) feu à** to set fire to; **mettre le couvert (la table)** to set the table; **se**

mettre à to begin to; **se mettre à la place de** to put oneself in the place of; **se mettre à table** to sit down at the table; **se mettre d'accord** to reach an agreement; **se mettre en colère** to get angry; **se mettre au volant** to get behind the steering wheel

meuble *m.* piece of furniture

meublé(e) *adj.* furnished

meunier/meunière: sole (*f.*) **meunière** *lightly breaded sole with lemon butter*

Mexique *m.* Mexico

mi- *prefix* half, mid-; **cheveux** (*m. pl.*) **mi-longs** medium-length hair

micro-onde *f.* microwave; **four** (*m.*) **à micro-ondes** microwave oven

midi *m.* noon; **Midi** (*m.*) south-central France; **à midi** at noon; **après-midi** (*m. or f.*) afternoon

miel *m.* honey; **lune** (*f.*) **de miel** early weeks of marriage

mien(ne) (le/la) *pron., m., f* mine

mieux *adv.* better; **aimer mieux** to prefer; **il vaut mieux** it's better; **le mieux** the best

mijoter to simmer; *fam.* to cook

milieu *m.* environment; background; milieu; middle; **au milieu de** in the middle of

militaire *m.* serviceman, soldier

militer to be a militant; to protest against

mille thousand

milliard *m.* billion

millier *m.* (around) a thousand

mince *adj.* thin; slender

minéral(e) *adj.* mineral; **eau** (*f.*) **minérale** mineral water

ministère *m.* ministry; department

ministériel(le) *adj.* ministerial

ministre *m.* minister; **Premier ministre** Prime minister

Minitel *m. French personal communications terminal*

minoritaire *adj.* minority

minorité *f.* minority

minuit midnight; **à minuit** at midnight

minuscule *adj.* tiny; small (*letter*)

miraculeusement *adv.* miraculously

miraculeux/miraculeuse *adj.* miraculous; wonderful

miroir *m.* mirror

mise *f.* putting; **mise en scène** setting (*theater, film*)

mixeur *m.* (*food*) mixer

mixte *adj.* mixed (*marriage*)

mnémotechnique *adj.* mnemonic

mobile *adj.* mobile; *m.* cellular phone

mobylette *f.* moped, scooter

mode *f.* fashion, style; **à la mode** in style; *m.* mode; method; **mode de vie** lifestyle

modèle *m.* model; pattern

modéré(e) *adj.* moderate; **Habitation** (*f.*) **à loyer modéré (H.L.M.)** *French public housing*

moderne *adj.* modern

moderniser to modernize

modifier to modify, alter

moi *pron.* I, me; **à moi** mine; **moi aussi (moi non plus)** me too (me neither); **moi non** not me

moineau *m.* sparrow

moindre *adj.* less, smaller, slighter

moins *adv.* less; **à moins que** *conj.* unless; **au moins** at least; **le moins** the least; **moins de/que** fewer/less than

mois *m.* month

moitié *f.* half

mollet *m.* calf (*of leg*)

moment *m.* moment; **à tout moment** always; **au moment de** at the time when; **en ce moment** now, currently; **le moment où** the time when (*something occurred*); **pour le moment** for the moment; **un petit moment** just a moment

momerie *f.* masquerade; farce

monde *m.* world; people; society; **carte** (*f.*) **du monde** map of the world; **coupe** (*f.*) **du monde** world cup (soccer); **faire le tour du monde** to go around the world; **tout le monde** everyone

mondial(e) *adj.* world; worldwide

monnaie *f.* change; coins; currency; **petite monnaie** small change

monolingue *adj.* monolingual

monoparental(e) *adj.* single-parent

monoski *m.* snowboard(ing); **faire du monoski** to snowboard

monsieur (m.) (*pl.* **messieurs**) mister; gentleman; sir; **croque-monsieur** *m. grilled cheese sandwich with ham*

montagne *f.* mountain(s); **à la montagne** in the mountains

montagneux/montagneuse *adj.* mountainous

monter to set up, organize; to put on; to carry up; to go up; to climb into; **monter à cheval** to go horseback riding; **monter dans un autobus** to get on a bus

monter un spectacle (une émission) to put on, perform a play (show)

montre *f.* watch; wristwatch

montrer to show; **montrer le chemin** to show the way (route)

se moquer de to make fun of; to mock

moquette *f.* wall-to-wall carpeting

moral(e) *adj.* moral; psychological; **moral** *m.* state of mind, morale, spirits; **remonter le moral** to cheer up (*someone*)

morale *f.* moral (*of a story*)

morceau *m.* piece

morcelé(e) *adj.* divided up
mordre to bite
mordu(e) *adj.* bitten
morille *f.* morel (*mushroom*)
mort(e) *adj.* dead, deceased; *m., f.* dead person; **mort** *f.* death
Moscou Moscow
mosquée *f.* mosque
mot *m.* word; note; **mot apparenté** related word, cognate; **mot-clé** keyword; **mot de passe** password; **mots croisés** crossword puzzle; **petit mot** note, brief letter
moteur *m.* motor; engine
motocyclette (moto) *f.* motorcycle, motorbike
motorisé(e) *adj.* motorized
se moucher to blow one's nose
mouillage *m.* anchoring
moules *f. pl.* mussels; **moules marinière** *mussels cooked in white wine*
moulin *m.* mill
mourir (*p.p.* **mort**) *irreg.* to die
mousse *f.* foam; **mousse au chocolat** chocolate mousse
moustache *f.* mustache
moustique *m.* mosquito
moutarde *f.* mustard
mouvement *m.* movement
moyen(ne) *adj.* average; **moyen** *m.* means; way; **de taille moyenne** of average height; **en moyenne** on average; **moyen âge** Middle Ages
muguet *m.* lily of the valley; **brin** (*m.*) **de muguet** sprig of lily of the valley
multiculturel(le) *adj.* multicultural
multiplier to multiply
multinational(e) *adj.* multinational
municipal(e) *adj.* municipal
municipalité *f.* municipality; town
mur *m.* wall
muscler to develop the muscle of
musculation *f.* weight training
musée *m.* museum
musique *f.* music; **musique classique** classical music
musulman(e) *adj.* Moslem; **Musulman(e)** *m., f.* Moslem (*person*)
mutiler to mutilate
mystère *m.* mystery
mystérieux/mystérieuse *adj.* mysterious
mythe *m.* myth
mythique *adj.* mythical

nager (nous nageons) to swim
naïf/naïve *adj.* naïve
naissance *f.* birth
naître (*p.p.* **né**) to be born
naïveté *f.* naïvete
nappe *f.* tablecloth
narrateur/narratrice *m., f.* narrator

nasal(e) *adj.* nasal
natal(e) *adj.* native
national(e) *adj.* national; **fête** (*f.*) **nationale** French national holiday, Bastille Day (July 14)
nationalité *f.* nationality
naturel(le) *adj.* natural
nautique *adj.* nautical; **faire du ski nautique** to go water skiing
navigateur/navigatrice *m., f.* navigator
naviguer to navigate
né(e) *adj.* born
nécessaire *adj.* necessary; **le nécessaire** what's necessary
nécessité *f.* necessity
néfaste *adj.* harmful
négatif/négative *adj.* negative
neige *f.* snow
neiger (il neigeait) to snow; **il neige** it's snowing
nerveux/nerveuse *adj.* nervous
nettoyer (je nettoie) to clean
neuf nine
neuf/neuve *adj.* new, brand-new; **quoi de neuf?** what's new?
neutralité *f.* neutrality
neuvième *adj.* ninth
neveu *m.* nephew
nez *m.* nose
ni neither; nor; **ne... ni... ni** neither . . . nor
niçois(e) *adj.* from Nice; **salade** (*f.*) **niçoise** *salad with tomatoes, tuna, and anchovies*
nid *m.* nest
nièce *f.* niece
niveau *m.* level; level of achievement
noces *f. pl.* wedding; **voyage** (*m.*) **de noces** honeymoon trip
Noël *m.* Christmas; **père** (*m.*) **Noël** Santa Claus
noir(e) *adj.* black; **marée** (*f.*) **noire** oil spill; **tableau** (*m.*) **noir** blackboard, chalkboard
noix *f.* nut
nom *m.* noun; name
nomade *m., f.* nomad
nombre *m.* number; quantity
nombreux/nombreuse *adj.* numerous; **famille nombreuse** large family
nommer to name; to appoint
non *interj.* no; not; **moi non plus** me neither, nor I
nord *m.* north; **Amérique** (*f.*) **du Nord** North America; **nord-africain(e)** *adj.* North African; **nord-américain(e)** *adj.* North American, **nord-est** *m.* Northeast; **nord-ouest** *m.* Northwest
normal(e) *adj.* normal
Normandie *f.* Normandy
Norvège *f.* Norway

nos *adj. m., f. pl* our; **de nos jours** these days, currently
notamment *adv.* notably; especially
note *f.* grade (*in school*); bill
noter to notice; **à noter** worth remembering
notoriété *f.* notoriety; fame
notre *adj. m., f., s.* our
nôtre (le/la) *pron.* ours; our own; **les nôtres** *pl.* ours; our people
nourrir to feed, nourish; **se nourrir (de)** to eat; to live (on)
nourrissant(e) *adj.* nutritious
nourrisson *m.* infant
nourriture *f.* food
nous *pron.* we; us
nouveau (nouvel, nouvelle) *adj.* new; different; **à nouveau** once more; **de nouveau** again; **nouvel an** New year('s); **nouveaux mariés** *m. pl.* newlyweds; **nouveaux venus** *m. pl.* newcomers; **nouvelle cuisine** *f. French low-fat cooking*
nouvelle *f.* piece of news; short story; **nouvelles** *pl.* news, current events; **bonne(s) nouvelle(s)** good news
Nouvelle-Calédonie *f.* New Caledonia
Nouvelle-Orléans (La) New Orleans
novembre November
nuage *m.* cloud
nucléaire *adj.* nuclear; **centrale** (*f.*) **nucléaire** nuclear power plant
nuit *f.* night; **table** (*f.*) **de nuit** night table
nuitée *f.* overnight stay
nul: c'est nul *fam.* it's awful
numération *f.* number system
numérique *adj.* digital; numerical
numéro *m.* number; **numéro de téléphone** telephone number; **numéro d'urgence/des urgences** emergency phone number(s)
nutritionnel(le) *adj.* nutritional
nylon: bas (*m. pl.*) **de nylon** (*m.*) stockings, nylons

obéir (à) to obey
obéissant(e) *adj.* obedient
objectif *m.* objective
objectivement *adv.* objectively
objet *m.* objective; object; **bureau** (*m.*) **des objets trouvés** lost and found office; **pronom** (*m.*) **d'objet direct (indirect)** *Gram.* direct (indirect) object pronoun
obligatoire *adj.* obligatory; mandatory
obligé(e) *adj.* obliged, required; **être obligé(e) de** to be obliged to
observateur/observatrice *m., f.* observer
observer to observe
obtenir (*like* **tenir**) *irreg.* to obtain, get
occasion *f.* opportunity; occasion; bargain; **à l'occasion de** on the occasion of
occidental(e) *adj.* western, occidental

occitan *m.* group of dialects spoken in the south of France

occupé(e) *adj.* occupied; held; busy

occuper to occupy; **s'occuper de** to look after, be interested in, take care of

océanographie *f.* oceanography

octobre October

odeur *f.* odor, smell

odorat *m.* (sense of) smell

œil (*pl.* **yeux**) *m.* eye; look; **coup** (*m.*) **d'œil** glance; **mon œil!** *interj.* I don't believe it!

œnologue *m., f.* oenologist, wine specialist

œuf *m.* egg; **blanc** (*m.*) **d'œuf** egg white; **œuf de Pâques** Easter egg; **œufs miroir** eggs fried in butter

œuvre *f.* work; artistic work; **hors-d'œuvre* *m. inv.* hors-d'oeuvre, appetizer; **œuvre d'art** work of art; **exposer une œuvre** to exhibit a piece of work

offert(e) *adj.* offered

officiel(le) *adj.* official

officier *m.* officer

offre *f.* offer

offrir (*like* **ouvrir**) *irreg.* to offer; **offrir des cadeaux** to give presents

oignon *m.* onion

oiseau *m.* bird

oléoduc *m.* pipeline

olive *f.* olive; **huile** (*f.*) **d'olive** olive oil

olivier *m.* olive tree

olympique *adj.* Olympic; **Jeux** (*m. pl.*) **olympiques (JO)** Olympic games

ombre *f.* shadow

omelette *f.* omelet

oncle *m.* uncle

onde *f.* wave; **four** (*m.*) **à micro-ondes** microwave oven

ongle *m.* (finger-, toe-)nail

onze eleven

opéra *m.* opera

opérer (**j'opère**) to operate

opinion *f.* opinion; **quelle est votre opinion sur... ?** what's your opinion of . . . ?

opposé(e) *adj.* opposing, opposite; *m.* opposite

s'opposer à to be opposed to

optimiste *adj.* optimistic; *m., f.* optimist

or *m.* gold

orage *m.* storm

orageux/orageuse *adj.* stormy

oral(e) *adj.* oral; **oral** *m.* oral exam

orange *adj. inv.* orange (*color*); *f.* orange (*fruit*); **carte** (*f.*) **orange** bus/métro pass; **jus** (*m.*) **d'orange** orange juice; **canard** (*m.*) **à l'orange** duck with orange sauce; **passer à l'orange** to turn yellow (*traffic light*)

oratoire *m.* small chapel; shrine

orchestre *m.* orchestra

ordinaire *adj.* ordinary

ordinateur *m.* computer

ordonnance *f.* prescription

ordonner to order, command

ordre *m.* order; command; **le bon ordre** correct order; **en ordre** orderly, neat

ordure *f.* filth; garbage; **ramassage** (*m.*) **des ordures** garbage collection **vider/sortir les ordures** to empty the garbage

oreille *f.* ear; **boucles** (*f. pl.*) **d'oreilles** earrings

organe *m.* (*body*) organ

organisation *f.* organization

organisé(e) *adj.* organized; **voyage** (*m.*) **organisé** guided tour

organiser to organize

organisme *m.* organism; **organisme génétiquement modifié (OGM)** genetically modified organism

oriental(e) *adj.* eastern; oriental

s'orienter to find one's bearings, get oriented

originaire (*adj.*) **de** originating from; **être originaire de** to be a native of

original(e) *adj.* eccentric; original

origine *f.* origin; **d'origine française (italienne)** of French (Italian) extraction; **à l'origine** originally, to begin with

orné(e) *adj.* **(de)** decorated (with)

orteil *m.* toe

orthographe *f.* spelling

os *m.* bone

oseille *f.* sorrel; **turbot** (*m.*) **à l'oseille** turbot (*type of fish*) with sorrel

otage *m.* hostage

ou *conj.* or; either; **ou bien** or else

où *adv.* where; *pron.* where, in which; **où est... ?** where is . . . ?; **D'où vient-il?** Where does he come from?

oublier (de) to forget (to)

ouest *m.* west; **nord-ouest** *m.* Northwest; **sud-ouest** *m.* Southwest

oui *interj.* yes

ouïe *f.* (sense of) hearing

ouragan *m.* hurricane

outil *m.* tool

outre *prep.* beyond, in addition to; **outre-mer** *adv.* overseas

ouvert(e) *adj.* open

ouverture *f.* opening; **heures** (*f. pl.*) **d'ouverture** business hours

ouvrier/ouvrière *m., f.* worker, factory worker

ouvrir (*p.p.* **ouvert**) *irreg.* to open

oxygène *m.* oxygen

oxygéner (j'oxygène) to oxygenate; to get some fresh air into

ozone *m.* ozone; **couche** (*f.*) **d'ozone** ozone layer

Pacifique *m.* Pacific; **Pacifique Sud** south Pacific

pacte *m.* pact; **pacte civil de solidarité (PACS)** domestic partnership agreement

page *f.* page; **page d'accueil** home page

paie *f. s.* wages, payment; **toucher sa paie** to get paid

paiement *m.* payment

pain *m.* bread; **pain au chocolat** chocolate-filled roll; **pain complet** whole-grain bread; **petit pain** hard roll

paisible *adj.* peaceful

paix *f.* peace

palace *m.* luxury hotel

palais *m.* palace

pâlir to turn pale

paniquer to panic

panne *f.* (*mechanical*) breakdown; **panne d'électricité** power failure; **tomber en panne** to have a (*mechanical*) breakdown

panneau *m.* road sign; billboard

pansement *m.* bandage

pantalon *m. s.* (pair of) pants

papeterie *f.* stationery store, stationer's

papi *m., fam.* grandpa

papier *m.* paper; **papier à lettres** letter paper, stationery; **papier d'emballage** paper wrapper

papillon *m.* butterfly

Pâques *f. pl.* Easter; **fête de Pâques** Easter

paquet *m.* package

par *prep.* by, through; **par ailleurs** in other respects, incidentally; **par an** per year, each year; **par jour** per day, each day; **par rapport à** with regard to, in relation to; **par semaine** per week; **par terre** on the ground; **par voie de** by means of

parachutisme *m.* parachuting

paradis *m.* paradise, heaven

paragraphe *m.* paragraph

paraître (*like* **connaître**) *irreg.* to appear, seem

parasitaire *adj.* parasitic

parc *m.* park; **parc d'attractions** amusement park; **parc résidentiel** residential complex

parcouru(e) *adj.* covered, travelled (*distance*)

pardon *interj.* pardon me; *m.* forgiveness, pardon

pare-brise *m. inv.* windshield

pareil(le) *adj.* similar; **pareil** *adv.* the same; **faire pareil** to do the same thing

parenthèse *f.* parenthesis

paresseux/paresseuse *adj.* lazy

parfait(e) *adj.* perfect

parfaitement *adv.* perfectly

parfois *adv.* sometimes; now and then; often

parfum *m.* perfume
parfumé(e) *adj.* fragrant
parisien(ne) *adj.* Parisian; **Parisien(ne)** *m., f.* Parisian (*person*)
parité *f.* parity
parking *m.* parking lot
parlement *m.* parliament
parler (à) to speak; to talk; **entendre parler de** to hear about; **parler au téléphone** to talk on the phone; **parler de** to talk about; **se parler** to speak to one another; **Tu parles!** You don't say!
parmi *prep.* among
parole *f.* word
parrain *m.* godfather
parsemer (je parsème) to sprinkle, strew
part *f.* share, portion; role; **à part** besides; **de la part de** from, on behalf of
partager (nous partageons) to share
partagiciel *m.* shareware (*software*)
partenaire *m., f.* partner
parti *m.* (*political*) party
participe *m., Gram.* participle; **participe (présent) passé** past (present) participle
participer à to participate in
particularisme *m.* local character; sense of identity
particulier/particulière *adj.* particular; **en particulier** *adv.* particularly; **leçon** (*f.*) **particulière** private lesson; **signe** (*m.*) **particulier** distinctive characteristic, sign, peculiarity
particulièrement *adv.* particularly
partie *f.* part; game, match; outing; **faire partie de** to be part of, belong to; **parties** (*pl.*) **de la voiture** parts of a car
partiellement *adv.* partially
partir (*like* **dormir**) *irreg.* to depart, leave; **à partir de** *prep.* starting from; **partir à l'étranger** to go abroad; **partir en vacances** to leave on vacation
partout *adv.* everywhere
parvenir (*like* **venir**) *irreg.* **à** to succeed in
pas (**ne... pas**) not; **ne... pas du tout** not at all; **pas grand-chose** not much
passable *adj.* passable, tolerable
passage *m.* passage; passing; **être de passage** to be passing through
passager/passagère *m., f.* passenger
passant(e) *m., f.* passerby
passe *f.* pass; **mot** (*m.*) **de passe** password
passé(e) *adj.* past, gone, last; spent; **passé** *m.* past
passeport *m.* passport; **contrôle des passeports** passport check
passer *intr.* to pass; to stop by; to pass by; *trans.* to pass; to cross; to spend (*time*); **Qu'est-ce qui se passe?** What's going on? **se passer** to happen, take place; **se passer de** to do without

passe-temps *m.* pastime, hobby
passionnant(e) *adj.* exciting, thrilling
passionné(e) *adj.* passionate; **être passionné(e) de (pour)** to be very excited by (interested in)
passionnel(le) *adj.* pertaining to the passions; **crime** (*m.*) **passionnel** crime of passion
passionner to fascinate, grip; **se passionner (pour)** to be excited (about)
pâté *m.* liver paste, pâté; **pâté de foie gras** goose liver pâté (meat paste)
pâtes *f. pl.* pasta, noodles
patience *f.* patience; **avoir de la patience** to be patient, have patience
patient(e) *adj.* patient; *m., f.* (*hospital*) patient
patinage *m.* skating
patiner to skate
patineur/patineuse *m., f.* skater
patins (*m. pl.*) **en ligne** in-line skates
pâtisserie *f.* pastry; pastry shop
patrimoine *m.* heritage
patriote *m., f.* patriot
patriotisme *m.* patriotism
patron(ne) *m., f.* boss, employer
pauvre *adj.* poor, needy; wretched, unfortunate
patrouiller to patrol
pauvreté *f.* poverty
pavillon *m.* pavilion; small house
payant(e) *adj.* paying, requiring payment
payer (je paie) to pay, pay for
pays *m.* country; land; **pays Basque** Basque country
paysage *m.* landscape, scenery
paysagiste *m., f.* landscaper
paysan(ne) *m., f.* peasant, farmer
Pays-Bas *m. pl.* Holland, the Netherlands
pc (*m.*) **de poche** Internet-accessing PDA
P.-D.G. *m.* (**Président-directeur général**) CEO
peau *f.* skin; **peaux-rouges** *m. pl.* American Indians
pêche *f.* fishing; peach
pêcher to fish
pêcheur/pêcheuse *m., f.* fisherman, fisherwoman
pédagogique *adj.* pedagogical
pédiatre *m., f.* pediatrician
peindre (*like* **craindre**) *irreg.* to paint
peine *f.* effort, trouble; **ça vaut la peine** it's worth the effort; it's worth it
peintre *m.* painter
peinture *f.* paint; painting
pendant *prep.* during; for; **pendant que** *conj.* while; **pendant un mois (une semaine)** for a month (a week)
péninsule *f.* peninsula
Pennsylvanie *f.* Pennsylvania

penser to think; to reflect; to expect, intend; **c'est ce que je pense** that's what I think; **faire penser à** to make one think of; **penser à** to think about (*something*); **penser de** to think about, have an opinion about
percevoir (*like* **recevoir**) *irreg.* to perceive
perché(e) *adj.* perched
perdre to lose; to waste; **perdre du poids** to lose weight; **perdre du temps** to waste time; **perdre intérêt dans** to lose interest in
perdu(e) *adj.* lost; wasted
père *m.* father; **beau-père** *m.* stepfather; father-in-law; **fête** (*f.*) **des Pères** Father's Day; **père Noël** Santa Claus; **grand-père** *m.* grandfather
période *f.* period (*of time*)
périodiquement *adv.* periodically
périphérie *f.* outskirts
perle *f.* pearl; bead
permanent(e) *adj.* permanent
permettre (de + *inf.*) to allow to; (**à** + *person*) to allow someone; (**de**)... (*to do something*)
permis(e) *adj.* allowed, permitted; **permis** *m.* license; **permis de conduire** driver's license
Pérou *m.* Peru
perpétuel(le) *adj.* perpetual, everlasting
persil *m.* parsley
persistant(e) *adj.* persistent
personnage *m.* (*fictional*) character; personage
personnaliser to personalize
personnalité *f.* personality; personal character
personne *f.* person; *pron. m.* **ne... personne** nobody, no one; **personne ne...** nobody, no one
personnel(le) *adj.* personal; **personnel** *m.* personnel; **rapports** (*m. pl.*) **personnels** personal relationships; **soins** (*m. pl.*) **personnels** personal care
persuader to persuade, convince
perte *f.* loss; **perte de temps** waste of time
peser (je pèse) to weigh
pessimiste *adj.* pessimistic
pétanque *f. game of bowling (south of France)*
petit(e) *adj.* little; short; small; very young; **petits** *m. pl.* young ones; little ones
petits-enfants *m. pl.* grandchildren
petite-fille *f.* granddaughter
petit-fils *m.* grandson
pétrole *m.* crude oil, petroleum
pétrolier/pétrolière *adj.* oil, petroleum
peu *adv.* little, not much; few, not many; not very; **à peu près** roughly, approxi-

mately; **il est peu probable que** it's doubtful that; **peu à peu** little by little; **très peu** very little; **un peu (de)** a little; **un peu de tout** a little bit of everything

peuple *m.* nation; people (*of a country*)

peuplé(e) *adj.* populated, inhabited

peur *f.* fear; **avoir peur** to be afraid

peut-être *adv.* perhaps, maybe

phare *m.* (*car*) headlight

pharmacie *f.* pharmacy, drugstore; **pharmacie de garde** all-night drugstore

pharmacien(ne) *m., f.* pharmacist

phénix *m.* phoenix (*mythical bird*)

phénomène *m.* phenomenon

philosophe *m., f.* philosopher

philosophie (*fam.* **philo**) *f.* philosophy

photo *f.* picture, photograph

photographe *m., f.* photographer

photographie (*fam.* **photo**) *f.* photograph; photography

photomaton *m.* self-service photo booth

phrase *f.* sentence

phrygien(ne): bonnet (*m.*) **phrygien** cap worn by 1789 revolutionaries

physicien(ne) *m., f.* physicist

physique *adj.* physical; *m.* physical appearance; *f.* physics

piaf *m., fam.* sparrow

pic *m.* woodpecker

pièce *f.* (theatrical) play; piece; coin; room (*of a house*); **deux-pièces** *m.* two-bedroom apartment (*in France*); **pièce de théâtre** (theatrical) play

pied *m.* foot; **à pied** on foot

piège *m.* pitfall; trap

pierre *f.* stone

piéton(ne) *adj., m., f.* pedestrian; **rue** (*f.*) **piétonne** pedestrian-only street

pile *f.* pile; battery

pilote *m., f.* pilot

pilule *f.* pill

pin *m.* pine (*tree*)

pince *f.* claw (*crab*)

pingouin *m.* penguin

pionnier/pionnière *m., f.* pioneer

pique-nique *m.* picnic; **faire un pique-nique** to have a picnic

pique-niquer to have a picnic

piquer to prick; *fam.* to steal

piqûre *f.* shot, injection; **piqûre de guêpe** wasp sting

pirate (*m.*) **informatique** hacker

pire *adj.* worse

piscine *f.* swimming pool

piste *f.* path, trail; course; slope

pisteur-secouriste *m.* emergency ski patrol worker

pistolet *m.* pistol

pitre *m.* idiot; clown; **faire le pitre** to act silly

pittoresque *adj.* picturesque

placard *m.* cupboard, cabinet; closet

place *f.* place; position; seat (*theater, train*); public square; **à ta place** in your place, if I were you; **sur place** on the spot, scene

plafond *m.* ceiling

plage *f.* beach

se plaindre (de) (*like* **craindre**) *irreg.* to complain (about)

plaine *f.* plain

plainte *f.* complaint

plaire (*p.p.* **plu**) **à** *irreg.* to please; **s'il te (vous) plaît** *interj.* please

plaisant(e) *adj.* pleasant

plaisir *m.* pleasure; **quel plaisir** *interj.* what a pleasure

plan *m.* plan; diagram; **plan de la ville** city map

planche *f.* board; **faire de la planche à voile** to go sailboarding (windsurfing)

plancher *m.* floor

planétaire *adj.* planetary

planète *f.* planet

plante *f.* plant

planter to plant; to set

plaque *f.* plate; tablet; **plaque d'immatriculation** license plate

plastique *m.* plastic

plat(e) *adj.* flat; *m.* dish; course; **plat du jour** today's special (*restaurant*); **plat principal** main course

plateau *m.* tray, platter

plâtre *m.* cast

plein(e) (de) *adj.* full (of); **en plein air** (in the) open air, outdoor(s); **en pleine campagne** out in the country; **faire le plein (d'essence)** to fill up (with gasoline)

pleurer to cry, weep

pleuvoir (*p.p.* **plu**) *irreg.* to rain; **il pleut** it's raining

plombage *m.* filling (*tooth*)

plongée *f.* diving; **faire de la plongée sous-marine** to scuba-dive

pluie *f.* rain; **pluie acide** acid rain

plupart: la plupart (de) most (of); the majority (of)

pluriel *m.* plural

plus (de) *adv.* more; (-er); plus; **de plus en plus** more and more; **en plus (de)** in addition (to); **le/la/les plus** + *adj. or adv.* the most; **le plus près** the closest; **plus tôt** earlier; **moi non plus** me neither; **ne... plus** no longer, not anymore; **non plus** neither, not . . . either; **plus... que...** more . . . than . . .

plusieurs *adj., pl. inv. pron.* several

plutôt *adv.* more; rather; sooner

pneu *m.* tire

poche *f.* pocket; **argent** (*m.*) **de poche** pocket money, allowance; **pc** (*m.*) **de poche** Internet-accessing PDA

poché(e) *adj.* poached (*in cooking*)

poêle *f.* frying pan, skillet

poème *m.* poem

poète *m.* poet

poids *m.* weight; **excédent** (*m.*) **de poids** excess weight (*luggage*); **mettre (perdre) du poids** to gain (lose) weight

poignet *m.* wrist

poil *m.* (body) hair; bristle

point *m.* point; period (*punctuation*); **point de vue** point of view; **ne... point** *neg. adv.* not

pointe *f.* peak; point; **heures** (*f. pl.*) **de pointe** rush hour(s)

pointu(e) *adj.* sharp, pointed

pointure *f.* shoe size

poire *f.* pear

pois *m.* pea; **petits pois** green peas

poisson *m.* fish; **poisson d'avril** April Fool's joke, hoax

poissonnerie *f.* fish market

poitrine *f.* chest; breasts

poivre *m.* pepper; **bifteck** (*m.*) **au poivre** pepper steak

poivrer to (add) pepper

poivron *m.* green pepper

polémique *adj.* controversial

poli(e) *adj.* polite; polished

police *f.* police; **agent** (*m.*) **de police** police officer; **commissariat** (*m.*) **de police** police station; **contrôle** (*m.*) **de police** police checkpoint

policier/policière *adj.* pertaining to police; **policier** *m.* police officer; **roman** (*m.*) **policier** detective novel

poliment *adv.* politely

politesse *f.* politeness; good breeding

politique *adj.* political; *f. s.* politics; policy; **homme/femme politique** *m., f.* politician

polluant(e) *adj.* polluting

polluer to pollute

Pologne *f.* Poland

polonais(e) *adj.* Polish; **Polonaís(e)** Polish (*person*)

Polynésie *f.* Polynesia

pommade *f.* ointment, salve

pomme *f.* apple; **pomme de terre** potato

pompier *m.* firefighter

ponctuel(le) *adj.* punctual

pondre to lay (*eggs*)

pont *m.* bridge

populaire *adj.* popular; common

porc *m.* pork; **côtelette** (*f.*) **de porc** pork chop

porcelaine *f.* porcelain; china

pornographe *m., f.* pornographer

pornographie *f.* pornography

portable *adj.* portable; *m.* cellular phone

porte *f.* door

portefeuille *m.* wallet

porter to carry; to wear

portier (*m.*) **électronique** "electronic doorman" with video surveillance

portière *f.* car door

portugais(e) *adj.* Portuguese; **Portugais(e)** *m., f.* Portuguese (*person*)

poser to put (down); to state; to pose; to ask; **poser sa candidature** (*f.*) to apply; to run (*for office*); **poser une question** to ask a question

positif/positive *adj.* positive

position *f.* position; stand

posséder (je possède) to possess

possessif/possessive *adj.* possessive

possibilité *f.* possibility

postal(e) *adj.* postal, post; **carte** (*f.*) **postale** postcard; **code** (*m.*) **postal** postal code, zip code; **mandat** (*m.*) **postal** postal money order

poste *m.* position; job; television, radio set; *f.* post office, postal service; **bureau** (*m.*) **de poste** post office; **poste** (*f.*) **restante** general delivery

pot *m.* pot; jar; **prendre un pot** *fam.* to have a drink

potage *m.* soup, stew

potentiel(le) *adj.* potential, possible

poterie *f.* pottery

poubelle *f.* garbage can

poudre *f.* powder

poudré(e) *adj.* powdered

poulet *m.* chicken; **blanc** (*m.*) **de poulet** chicken breast

pouls *m. s.* pulse; **prendre le pouls** to take (*someone's*) pulse

poumon *m.* lung

poupée *f.* doll

pour *prep.* for; on account of; in order; for the sake of; **pour que** *conj.* so that, in order that

pourboire *m.* tip, gratuity

pourquoi *adv., conj.* why

poursuivre (*like* **suivre**) *irreg.* to pursue

pourtant *adv.* however, yet, still, nevertheless

pourvu que *conj.* provided that

poussière *f.* dust; **faire la poussière** to dust (*furniture*)

pouvoir (*p.p.* **pu**) *irreg.* to be able; *m.* power, strength

pratique *adj.* practical

pratiquer to practice, exercise

précédent(e) *adj.* preceding

précéder (je précède) to precede, come before

précieux/précieuse *adj.* precious

se précipiter (dans) to hurry, rush over; to run, speed; to hurl oneself (into)

précis(e) *adj.* precise

précisément *adv.* precisely, exactly

préciser to specify

prédire (*like* **dire**, *but* **vous prédisez**) *irreg.* to predict, foretell

prédit(e) *adj.* predicted, foretold

préféré(e) *adj.* preferred, favorite

préférer (je préfère) to prefer; to like better

se prélasser to bask; to lounge

premier/première *adj.* first; principal; **la première fois** the first time; **le premier avril** April Fool's Day; **le premier étage** the second floor

prendre (*p.p.* **pris**) *irreg.* to take; to catch, capture; to choose; to eat, to drink; **j'en ai assez/trop pris** I've had enough/too much

se préoccuper de to concern oneself with, worry about

préparatifs *m. pl.* preparations; **préparatifs de voyage** travel preparations

préparatoire *adj.* preparatory

préparer to prepare; **préparer un examen** to study for a test; **se préparer à** to prepare oneself, get ready for (to)

près *adv.* by, near; **à peu près** roughly, approximately; **de près** closely; **le plus près** the closest; **près de** *prep.* near, close to; almost

présage *m.* omen

prescrire (*like* **écrire**) *irreg.* to prescribe; **prescrire un traitement** to prescribe a treatment

présence *f.* presence

présent(e) *adj.* present; **présent** *m.* present; **à présent** presently, now; **jusqu'à présent** until now

présenter to present; to introduce; to put on (*a performance*); **je vous (te) présente...** I want you to meet . . . ; **se présenter (à)** to present, introduce oneself (to); to appear; to arrive at

présidence *f.* presidency

président(e) *m., f.* president; **Président-directeur général (P.-D.G.)** CEO

présidentiel(le) *adj.* presidential

presque *adv.* almost, nearly

presse *f.* press (media); **maison** (*f.*) **de la presse** newsstand

pressé(e) *adj.* in a hurry, rushed; squeezed; **être pressé(e)** to be in a hurry

pressing *m.* dry cleaner's

pression *f.* pressure; **vérifier la pression des pneus** to check the tire pressure

prestigieux/prestigieuse *adj.* prestigious

prêt(e) *adj.* ready

prêter to lend, loan; **se prêter** to lend to one another

prêtre *m.* priest

preuve *f.* proof; **Ça fait preuve...** that shows . . . , proves . . .

prévoir (*like* **voir**) *irreg.* to foresee; to anticipate

prier to pray

primaire *adj.* primary; **école** (*f.*) **primaire** elementary school

primitif/primitive *adj.* primitive

principal(e) *adj.* principal, most important; **plat** (*m.*) **principal** main course

principe *m.* principle

printemps *m.* spring, springtime

prioritaire *adj.* (having) priority

priorité *f.* right of way; priority

pris(e) *adj.* taken; occupied; busy; caught; **prise** *f.* take (*in filmmaking*)

privation *f.* deprivation

privé(e) *adj.* private

prix *m.* price; prize

problème *m.* problem; **problèmes sociaux** societal issues

procédé *m.* process

procéder (je procède) to proceed

processus *m.* process

prochain(e) *adj.* next; near; following; **semaine** (*f.*) **prochaine** next week

proche *adj.*, near, close; **proches** *m. pl.* close relatives

proclamer to proclaim

producteur *m.* producer, grower

produire (*like* **conduire**) *irreg.* to produce

produit *m.* product; **produits laitiers** dairy products

professeur (*fam.* **prof**) *m.* professor; teacher

professionnel(le) *adj.* professional; *m., f.* professional

profil *m.* profile

profiter de to take advantage of

profond(e) *adj.* deep

profondeur *f.* depth

programmation *f.* programming (*TV, radio*)

programme *m.* program; course program; design, plan

programmeur/programmeuse *m., f.* programmer; program planner; **analyste-programmeur/analyste-programmeuse** *m., f.* software engineer

progrès *m.* progress

progresser to progress

progressiste *adj.* progressive

prohiber to prohibit, forbid

proie *f.* prey

projecteur *m.* projector (*film*)

projet *m.* project; plan; **faire des projets** to make plans; **projets d'avenir** plans for the future

se prolonger (il se prolongeait) to go on, extend

promenade *f.* promenade; walk; stroll; drive; excursion, pleasure trip; **faire une promenade (en voiture)** to go on an outing (car ride); **promenade à bicyclette** bicycle ride

se promener (je me promène) to take a walk, drive, ride

promettre (*like* **mettre**) **(de)** *irreg.* to promise

promotion: de promotion *adj.* on sale

promotionnel(le) *adj.* promotional

pronominal(e) *adj., Gram.* pronominal; **verbe** (*m.*) **pronominal** *Gram.* pronominal verb, reflexive verb

prononcer (nous prononçons) to pronounce

se propager (il se propageait) to spread; to propagate

proportionnel(le) *adj.* proportional

propos *m.* talk; *pl.* words; **à propos de** *prep.* with respect to, about

proposer to propose

propre *adj.* own; proper; clean

propriétaire *m., f.* property owner; landlord

propriété *f.* property

prospectus *m.* handbill, leaflet; brochure

prospère *adj.* prosperous

prospérité *f.* prosperity

protecteur/protectrice *adj.* protective

protéger (je protège, nous protégeons) to protect; **se protéger contre** to protect oneself against

protéine *f.* protein

protestation *f.* protest; objection

prouesse *f.* feat

prouver to prove; **ça ne prouve rien** that doesn't matter, prove anything

provençal(e) *adj.* from the Provence region of France

Provence *f.* Provence region (*southeastern France*)

provenir (*like* **venir**) **de** *irreg.* to proceed, result, arise from

provision *f.* supply; **provisions** *pl.* groceries; **faire (acheter) les provisions** to buy groceries

provoquer to provoke

proximité *f.* proximity, closeness; **à proximité** near, close by

prudemment *adv.* prudently, carefully

prudent(e) *adj.* prudent, cautious, careful

psychiatre *m., f.* psychiatrist

psychologie *f.* psychology

psychologique *adj.* psychological

public/publique *adj.* public; *m.* public; audience

publicitaire *adj.* pertaining to advertising

publicité (*fam.* **pub**) *f.* publicity; advertising

publier to publish

puce *f.* flea; **marché** (*m.*) **aux puces** flea market

puis *adv.* then, afterward, next; besides; **et puis** and then; and besides

puisque *conj.* since, as, seeing that

puissance *f.* power

puissant(e) *adj.* powerful, strong

puits *m. s.* well, hole

pull-over (*fam.* **pull**) *m.* pullover

pulmonaire *adj.* pulmonary, lung

punir to punish

punition *f.* punishment

pupitre *m.* (*school*) desk, desk chair

pur(e) *adj.* pure

purée *f.* purée; **purée de pommes de terre** mashed potatoes

purifié(e) *adj.* purified

pyjama *m. s.* pajamas

pyramide *f.* pyramid

Pyrénées *f. pl.* Pyrenees

quai *m.* quai; platform (*subway stop, train station*)

qualité *f.* quality; personal characteristic

quand *adv., conj.* when; **depuis quand?** since when? for how long is it since?; **quand même** even though; anyway

quantité *f.* quantity

quarante forty

quart *m.* quarter; quarter of an hour; fourth (*part*)

quartier *m.* neighborhood

quatorze fourteen

que *conj.* that; than; *pron.* whom; that; which; what; **ne... que** *adv.* only; **qu'est-ce que c'est?** what is it?

Québec *m.* Quebec (*Canadian province, city*)

québécois(e) *adj.* from, of Quebec

quel(le)(s) *adj.* what, which; what a

quelque(s) *adj.* some, any; a few; **quelque chose** *pron.* something; **quelque chose d'important** something important

quelquefois *adv.* sometimes

quelqu'un *pron.* someone, somebody; **passer chez quelqu'un** to stop by someone's house

queue *f.* line (*of people*); **faire la queue** to stand in line

qui *pron.* who, whom, that which; **qui est-ce?** who is it?

quinze fifteen

quitter to leave; to abandon, leave behind; **se quitter** to separate

quoi (**à quoi, de quoi**) *pron.* which; what; **de quoi vivre** something to live on; **je ne sais pas quoi faire** I don't know what to do; **n'importe quoi** anything; no matter what; **Quoi de neuf?** What's new?

quoique *conj.* although, even though

quotidien(ne) *adj.* daily everyday

quotient *m.* quotient; **quotient intellectuel (QI)** intelligence quotient (I.Q.)

raccourci(e) *adj.* shortened

race *f.* breed, type

racine *f.* root

racisme *m.* racism

raconter to tell; to relate

radiateur *m.* radiator

radical(e) *adj.* radical, extreme

radio *f.* radio; **écouter la radio** to listen to the radio

radio-réveil *m.* clock radio

radiographie *f.* x-ray

radis *m.* radish

raffermir to strengthen

raffiné(e) *adj.* refined, sophisticated

raffinement *m.* refinement, sophistication

raisin *m.* grape(s)

raison *f.* reason; **avoir raison** to be right

raisonnable *adj.* reasonable; rational

raisonnement *m.* reasoning, argument

raisonner to reason

rajeunir to make younger; to feel, look younger

ralentir to slow down

ramadan *m.* Ramadan (*Islamic holy days*)

ramage *m.* (bird) song

ramassage *m.* collection; **ramassage des ordures** garbage collection

ramasser to gather up, pick up

randonnée *f.* hike; **faire une randonnée** to go on a hike; to take a trip, tour

ranger (nous rangeons) to put in order; to arrange, categorize

rapide *adj.* rapid, fast; **rapides** *m. pl.* rapids (*in river*)

rappeler (je rappelle) to remind; to recall; **se rappeler** to recall; to remember

rapport *m.* connection, relation; report; **rapports** *pl.* relations; **par rapport à** concerning, regarding, in relation to

rapporter to bring back, return; to report; **se rapporter à** to relate to; to be in relation to

raser to shave; **se raser** to shave

rasoir *m.* razor

rassurer to reassure

rater to miss (*a class*); to fail (*a test*)

rationner to ration

ravagé(e) *adj.* ravaged

ravi(e) *adj.* delighted

réactiver to reactivate

réagir to react

réalisateur/réalisatrice *m., f.* (*TV, film*) producer

réalisation *f.* production

réaliser to achieve, accomplish; to realize; to carry out, fulfill; to produce

réaliste *adj.* realist; realistic

réalité *f.* reality; **en réalité** in reality

rebelle *adj.* rebellious

récemment *adv.* recently, lately

réception *f.* reception desk; welcome

réceptionniste *m., f.* receptionist

recette *f.* recipe

recevoir (*p.p.* **reçu**) *irreg.* to receive

recharger (nous rechargeons) to recharge

réchauffement *m.* warming; **réchauffement de la terre** global warming

réchauffer to warm (up)

recherche *f.* (piece of) research; search; **faire des recherches** to do research; **moteur** (*m.*) **de recherche** search engine

rechercher to seek; to search for

récif *m.* reef

réciproque *adj., Gram.* reciprocal; **verbes** (*m. pl.*) **pronominaux réciproques** reciprocal reflexive verbs

récit *m.* account, story

réclame *f.* advertisement, commercial

recommandation *f.* recommendation

recommander to recommend

recomposé(e) *adj.* reconstructed; **famille recomposée** blended family

reconnaître (*like* **connaître**) *irreg.* to recognize

reconstitué(e) *adj.* reconstructed

recouvert(e) (de) *adj.* covered (with), recovered

recouvrir (*like* **ouvrir**) *irreg.* to cover up

récréation (*fam.* **récré**) *f.* recess (*at school*); recreation

recruter to recruit

reçu(e) *adj.* received; **reçu** *m.* receipt; **être reçu(e)** to pass an exam

récupérer (je récupère) to retrieve; to get back

recyclage *m.* recycling

recycler to recycle

rédacteur/rédactrice *m., f.* writer; editor

redevenir (*like* **venir**) *irreg.* to become again

rediffuser to rerun (*TV program, etc.*)

redouter to fear, dread

réduire (*like* **conduire**) *irreg.* to reduce

réel(le) *adj.* real, actual

refaire (*like* **faire**) *irreg.* to redo

réfléchir to reflect; to think; **ça fait réfléchir** that makes one think

refléter (il reflète) to reflect

réforme *f.* reform

reformuler to reformulate

réfrigérateur *m.* refrigerator

refuser (de) to refuse (to)

regard *m.* glance; gaze, look

regarder to look at; **se regarder** to look at oneself (each other)

régime *m.* diet; system (of government)

régional(e) *adj.* local, of the district

règle *f.* rule

règlement *m.* rule, regulation; **abuser des règlements** to break the rules

régler (je règle) to regulate, adjust; to settle; **régler l'addition** to pay one's bill

regretter to regret; to be sorry for; to miss

regrouper to regroup; to contain

régulier/régulière *adj.* regular

rein *m.* kidney

reine *f.* queen

réintroduire (*like* **conduire**) *irreg.* to reintroduce, introduce again

rejeter (je rejette) to reject, throw out

rejoindre (*like* **craindre**) *irreg.* to join; to rejoin

relais *m.* inn

relatif/relative *adj.* relative; **pronom** (*m.*) **relatif** *Gram.* relative pronoun

relation *f.* relation; relationship

se relaxer to relax

relié(e) *adj.* tied, linked

relier to join, link together

religieux/religieuse *adj.* religious

relire (*like* **lire**) *irreg.* to reread

remarié(e) *adj.* remarried

remarquable *adj.* remarkable

remarque *f.* remark

remarquer to notice; to remark

remboursement *m.* reimbursement

remède *m.* remedy; medication

remercier (de) to thank (for)

remettre (*like* **mettre**) *irreg.* to hand in; to put back, to postpone

remonter to go back (up); to get back in; **remonter le moral** to cheer up (*someone*)

remplacer (nous remplaçons) to replace

remplir to fill (in, out, up); **remplir un formulaire** to fill out a form

remporter to carry (*something*) home

rémunération *f.* pay, salary

renaissance *f.* rebirth

renard *m.* fox

rencontre *f.* meeting, encounter

rencontrer to meet, encounter; **se rencontrer** to meet each other

rendez-vous *m.* meeting, appointment; date; meeting place; **prendre rendez-vous** to make a date, make an appointment

rendre to give (back); to submit; **rendre malade** to make (*someone*) ill; **rendre visite à** to visit (*people*); **se rendre (à, dans)** to go to; **se rendre compte de/que** to realize (that)

renforcer (nous renforçons) to reinforce

renier to renounce; to disown

renseignement *m.* (piece of) information

se renseigner (sur) to ask for, get information (about); to find out (about)

rentrée *f.* start of new school/academic year

rentrer *intr.* to return (*home*)

renversement *m.* reversal

renverser to overturn, upset (*something*); to run over; **être renversé(e)** to be knocked over

réparer to repair; **réparer un pneu crevé** to fix a flat tire

répartir (*like* **finir**) to share, divide

repas *m.* meal, repast

repasser to iron (*clothes*); to retake an exam; **fer** (*m.*) **à repasser** (*clothes*) iron

repeindre (*like* **craindre**) *irreg.* to repaint

repérer (je repère) to discover

répéter (je répète) to repeat

répliquer to reply

répondeur (*m.*) **téléphonique** telephone answering machine

répondre (à) to answer, respond

réponse *f.* answer, response

reportage *m.* reporting; commentary

reposer (sur) to put down again; to rest; **se reposer** to rest

représentant(e) *m., f.* sales representative

représenter to represent; to present again

reproduire (*like* **conduire**) *irreg.* to reproduce

république *f.* republic

réseau *m.* net; network

réservation *f.* reservation

réserve *f.* reserve; preserve; **sans réserve** without reservation, unhesitatingly

réserver to reserve, keep in store

réservoir *m.* reservoir; gas tank

résidence *f.* residence; apartment building

résidentiel(le) *adj.* residential; **parc** (*m.*) **résidentiel** residential complex

résister (à) to resist

résolution *f.* resolution; **prendre des résolutions** to resolve, make resolutions

résoudre (*p.p.* **résolu**) *irreg.* to resolve

respecter to respect, have regard for

respectivement *adv.* respectively

respiration *f.* respiration, breathing

respirer to breathe

responsabilité *f.* responsibility

responsable *adj.* responsible

ressembler à to resemble

ressources *f. pl.* resources; funds

restant(e): poste (*f.*) **restante** general delivery mail

restau-u *m., fam.* university restaurant

restauration *f.* restoration; restaurant business, industry

restauré(e) *adj.* restored

reste *m.* rest, remainder

rester to stay, remain; to be remaining; **rester à la maison** to stay home

résultat *m.* result

résumer to summarize

rétablir to restore, reestablish

retard *m.* delay; **en retard** late

retarder to be slow (*watch*)

retour *m.* return; **billet** (*m.*) **aller-retour** round-trip ticket

retourner to return

retraite (*f.*): **prendre la retraite** to retire

retraverser to recross; to cross back over

retrouver to find (again); to regain; **se retrouver** to find oneself, each other (again); to meet (by prearrangement)

réunion *f.* meeting; reunion

réussir (à) to succeed (in); to pass (*an exam*)

réussite *f.* success

réutiliser to reuse

revanche (*f.*): **en revanche** on the other hand

rêve *m.* dream; **une maison de rêve** an ideal house

réveil *m.* alarm; **radio-réveil** *m.* clock radio; **réveil-matin** alarm clock

se réveiller to wake up

réveillon *m.* Christmas Eve dinner

révéler (je révèle) to reveal

revendre to (re)sell

revenir (*like* **venir**) *irreg.* to return, come back

rêver to dream

révérer (je révère) to revere

réviser to review

revoir (*like* **voir**) *irreg.* to see (again); **au revoir** good-bye, see you soon

révolter to revolt, rebel

révolutionnaire *adj.* revolutionary

revue *f.* review; journal; magazine

rez-de-chaussée *m.* ground floor

rhumatismes *m. pl.* rheumatism

rhume *m.* cold (*illness*); **attraper un rhume** to catch a cold

riche *adj.* rich

richesse *f.* lushness, richness

rideau *m.* curtain

ridicule *adj.* ridiculous

ridiculiser to ridicule

rien (ne... rien) *pron.* nothing; **ça ne prouve rien** that doesn't prove anything; **de rien** you're welcome

rigoler *fam.* to laugh; to have fun

rigolo: c'est rigolo that's funny

rigoureux/rigoureuse *adj.* harsh, severe

se rincer (nous nous rinçons) les dents to rinse one's teeth

rire (*p.p.* **ri**) *irreg.* to laugh

risque *m.* risk

risquer (de) to risk

rive *f.* (river)bank

rivière *f.* river

riz *m.* rice

robe *f.* dress

robinet *m.* water faucet

robuste *adj.* robust, sturdy

rocher *m.* rock, crag

roi *m.* king; **les Rois mages** the Three Wise Men, Magi; **fête** (*f.*) **des Rois** Feast of the Magi, Epiphany; **galette** (*f.*) **des Rois** Twelfth Night cake

romain(e) *adj.* Roman; **Romain(e)** *m., f.* Roman (*person*)

roman *m.* novel

romancier/romancière *m., f.* novelist

rond(e) *adj.* round; *m.* **rond de fumée** smoke ring

rondelle *f.* slice; **couper en rondelles** to slice into rounds

rosbif *m.* roast beef

roseau *m.* reed

rose *f.* rose; *adj.* pink

rôti(e) *adj.* roast(ed); *m.* roast; **rôti de bœuf** beef roast

roue *f.* wheel

rouge *adj.* red; **rouge** (*m.*) **à lèvres** lipstick; **brûler le feu rouge** to run a red light

rougeole *f. s.* measles

rougeur *f.* rash, redness

rougir to blush, turn red

rouler to drive; to travel along; to roll (up)

Roumanie *f.* Romania

rouspéter (je rouspète) *fam.* to resist, protest, grumble

route *f.* road, highway; **code** (*m.*) **de la route** traffic code; **en route** on the way, en route

routier/routière *adj.* pertaining to the road; **signalisation** (*f.*) **routière** system of road signs

roux/rousse *adj.* red-haired; *m., f.* redhead

royal(e) *adj.* royal; **aigle** (*m.*) **royal** golden eagle

rubis *m.* ruby

rubrique *f.* headline; newspaper column

rue *f.* street; **coin** (*m.*) **de rue** street corner; **rue piétonne** pedestrian-only street

ruine *f.* ruin; decay; collapse; **en ruines** in ruins

rural(e) *adj.* rural

russe *adj.* Russian; *m.* Russian (*language*); **Russe** Russian (*person*)

Russie *f.* Russia

rythme *m.* rhythm

sable *m.* sand; **château** (*m.*) **de sable** sand castle

sablonneux/sablonneuse *adj.* sandy

sac *m.* sack; bag; handbag; **sac à dos** backpack; **sac de couchage** sleeping bag; **sac (de) poubelle** garbage bag

sacré(e) *adj.* sacred, holy

sacrifier to sacrifice

saignant(e) *adj.* rare (*meat*); bleeding

sain(e) *adj.* healthy

saint(e) *adj.* holy

Saint-Jacques: coquilles (*f. pl.*) **Saint-Jacques** scallops (*served in their shells*)

Saint-Sylvestre *f.* New Year's Eve

Saint-Valentin *f.* Valentine's Day

se saisir de to seize, grab

saison *f.* season; **hors saison** off-season

salade *f.* salad; lettuce; **salade niçoise** salad with tomatoes, tuna, and anchovies

salaire *m.* salary; paycheck; **Salaire minimum interprofessionnel de croissance** (SMIC) minimum wage increase; COLA

salarié(e) *m., f.* wage earner

sale *adj.* dirty

salé(e) *adj.* salted, salty

saler to salt

saleté *f.* dirtiness; dirt; excrement (*euphemism*)

salle *f.* room; auditorium; **salle d'attente** waiting room; **salle de bain(s)** bathroom; **salle de cinéma** movie theater; **salle de classe (de cours)** classroom; **salle d'entraînement** workout room; **salle à manger** dining room; **salle de séjour** living room

salon *m.* salon; drawing room; **salon de l'auto** auto show; **salon des jeux** betting, gambling area of casino

saluer to greet

Salut! *interj.* Hi!; 'Bye!

salutation *f.* greeting; closing (*letter*)

samedi *m.* Saturday

sanctuaire *m.* sanctuary

sandale *f.* sandal

sang *m.* blood

sans *prep.* without; **sans que** *conj.* without

santé *f.* health

sapin *m.* fir (*tree*)

sarrasin *m.* buckwheat

satisfaire (*like* **faire**) *irreg.* to satisfy

sauce *f.* sauce; gravy; salad dressing; **sauce à la crème** cream sauce; **sauce au fromage** cheese sauce; **sauce hollandaise** hollandaise sauce (*butter, eggs, lemon juice*)

saucisson *m.* hard sausage, salami

sauf *prep.* except

saumon *m.* salmon; **terrine** (*f.*) **de saumon** salmon terrine (*casserole*)

sauter to jump; **faire sauter des crêpes** to flip crepes

sauvage *adj.* wild

sauvegarder to safeguard, protect

sauver to save

sauvetage *m.* saving, rescue; **sauvetage des habitats** saving habitats

savoir (*p.p.* **su**) *irreg.* to know; to find out; **savoir** (+ *infinitive*) to know how (to do something)

savoir-faire *m.* ability, know-how; tact

savon *m.* soap

savoureux/savoureuse *adj.* tasty

scandale *m.* scandal

scandinave *adj.* Scandinavian

scénario *m.* scenario, script

scène *f.* stage; scenery; scene; **metteur/metteuse** (*m., f.*) **en scène** stage director; **mise** (*f.*) **en scène** setting, staging (*of a play*)

science *f.* science; **sciences humaines** social sciences; **sciences naturelles (sociales)** natural (social) sciences

scientifique *adj.* scientific; *m., f.* scientific researcher

scolaire *adj.* pertaining to schools, school, academic; **année** (*f.*) **scolaire** school year; **semaine** (*f.*) **scolaire** school week

se (s') *pron.* oneself; himself; herself; itself; themselves; to oneself, etc.; each other

S.D.F. (sans domicile fixe) *m. f. pl.* homeless (*people*)

séance *f.* meeting, session; **séance d'orientation** orientation meeting

sec/sèche *adj.* dry

sécession: guerre (*f.*) **de Sécession** American Civil War

sécher (je sèche) to dry; to avoid; **sécher un cours** to cut class, play hooky; **se sécher** to dry oneself

second(e) *adj.* second; **seconde** *f.* second (*unit of time*)

secondaire *adj.* secondary; **école** (*f.*) **secondaire** high school

secours *m.* help; **Au secours!** *interj.* Help!

secret/secrète *adj.* secret, private

secrétaire *m., f.* secretary

secteur *m.* sector

section *f.* section

sécurité *f.* security; safety; **ceinture** (*f.*) **de sécurité** safety belt; **Sécurité sociale** (SECU) *French social security system*

sédentaire *adj.* sedentary

séduisant(e) *adj.* attractive, seductive, appealing

seigle: pain (*m.*) **de seigle** rye bread

sein *m.* breast, bosom; **allaiter au sein** to breastfeed; **au sein de** at the heart of

seize sixteen

séjour *m.* stay, sojourn; **salle** (*f.*) **de séjour** living room

séjourner to spend time, stay

sel *m.* salt

selon *prep.* according to

semaine *f.* week; **la semaine dernière** last week; **la semaine prochaine** next week; **la semaine scolaire** school week

semblable (à) *adj.* like, similar (to)

sembler to seem; to appear; **ça me semble** it seems to me

semestre *m.* semester

séminaire *m.* seminary

Sénégal *m.* Senegal

sénégalais(e) *adj.* Senegalese; **Sénégalais(e)** *m., f.* Senegalese (*person*)

sens *m.* meaning; sense; way, direction; **dans les deux sens** in both directions

sensiblement *adv.* appreciably, noticeably

sentiment *m.* feeling

sentimental(e) *adj.* sentimental; mawkish

sentir (*like* **partir**) *irreg.* to feel; to smell; to smell of; **se sentir à l'aise** to feel at ease; **se sentir bien (mal)** to feel good (bad)

séparer to separate; **se séparer** to separate (*couple*)

sept seven

septembre September

série *f.* series

sérieux/sérieuse *adj.* serious

serre: effet (*m.*) **de serre** greenhouse effect

serrer to tighten; to grip; **se serrer la main** to shake hands

serveur/serveuse *m., f.* waiter/waitress

service *m.* service; service charge; favor; **service compris** tip included; **station-service** *f.* service station, filling station

serviette *f.* napkin, towel; briefcase

servir (*like* **partir**) *irreg.* to serve; to wait on; to be useful; **servir à** to be of use in, be used for; **servir de** to serve as, take the place of; **se servir de** to use

ses *adj. pl.* his; her; its; one's

seul(e) *adj.* alone; single; only; **tout(e) seul(e)** all alone

seulement *adv.* only

sève *f.* sap; **sève d'érable** maple tree sap

sévère *adj.* severe, stern, harsh

sexe *m.* sex

sexuel(le) *adj.* sexual

shampooing *m.* shampoo; **shampooing démêlant** conditioning shampoo

short *m. s.* shorts

si *adv.* so; so much; yes (*response to negative*); *conj.* if; whether; **même si** even if; **s'il vous (te) plaît** please

sida *m.* AIDS

siècle *m.* century

sien(ne) (le/la) *m., f. pron.* his/hers

sieste *f.* nap; **faire la sieste** to take a nap

sigle *m.* acronym, abbreviation

signaler to point out, draw one's attention to

signalisation *f.* system of road signs; **feu** (*m.*) **de signalisation** traffic light

signe *m.* sign, gesture; mark; **signe particulier** distinctive characteristic, sign, peculiarity

signer to sign

signet *m.* bookmark

signification *f.* meaning

signifier to mean

simplement *adv.* simply

simultanément *adv.* simultaneously

sincère *adj.* sincere

sinon *conj.* otherwise, if not

sirop *m.* syrup; **sirop d'érable** maple syrup

situé(e) *adj.* situated, located

se situer to be situated, located

ski *m.* skiing; **skis** *pl.* skis; **faire du ski** to ski; **ski alpin** downhill skiing; **ski nautique** waterskiing; **station** (*f.*) **de ski** ski resort

skier to ski

slip *m.* men's/women's briefs, underpants

Slovaquie *f.* Slovakia

SMIC (Salaire [*m.*] **minimum interprofessionnel de croissance)** minimum wage increase; COLA

smoking *m.* tuxedo

social(e) *adj.* social

société *f.* society; organization; firm

sociologie *f.* sociology

sœur *f.* sister; **belle-sœur** sister-in-law; **demi-sœur** half-sister; stepsister

soi (soi-même) *pron.* oneself

soie *f.* silk; **en soie** made of silk

soif *f.* thirst; **avoir soif** to be thirsty

se soigner to take care of oneself

soin *m.* care; **soins médicaux** medical care

soir *m.* evening; **à ce soir** farewell, until this evening; **demain (hier) soir** tomorrow (yesterday) evening; **du soir** in the evening

soirée *f.* party; evening **soirée d'adieu** farewell party

soixante sixty

soixante-dix seventy

sol *m.* soil; ground; floor; **sous-sol** *m.* basement, cellar

solaire *adj.* solar; **système** (*m.*) **solaire** solar system

solde: en solde on sale

soleil *m.* sun; **coucher** (*m.*) **de soleil** sunset; **il fait du soleil** it's sunny; **lunettes** (*f. pl.*) **de soleil** sunglasses

solidaire: être solidaire to show solidarity, stick together

solidarité *f.* solidarity; unity

solide *adj.* sturdy; *m.* solid

sommeil *m.* sleep; **avoir sommeil** to be sleepy

sommelier/sommelière *m., f.* wine steward

somnifère *m.* sleeping pill

son *adj., pron. m.* his/her, its; *m.* sound

sondage *m.* opinion poll

sonner to ring (*a bell*)

sorbet *m.* sorbet, sherbet

sorcier/sorcière *m., f.* sorcerer/witch
sorte *f.* sort, kind; manner
sortie *f.* going out; evening out; exit
sortir (like dormir) *irreg., intr.* to go out, come out; *trans.* to bring, take out
souci *m.* worry; **sans-souci** *adj.* carefree
soucieux/soucieuse *adj.* worried
soudain *adv.* suddenly
souffle *m.* breath of air
souffrir (like ouvrir) (de) *irreg.* to suffer (from)
souhaiter to desire, wish for
souk *m.* souk (*Arab market*)
soulager (nous soulageons) to ease, comfort, make feel better
souligner to underline
soupçonneux/soupçonneuse *adj.* suspicious
soupe *f.* soup
souper *m.* supper
soupirer to sigh
source *f.* spring; spa; source
sourcil *m.* eyebrow
sourire (like rire) *irreg.* to smile; *m.* smile
souris *f.* mouse
sous *prep.* under, beneath
sous-marin(e) *adj.* underwater; **sous-marin** *m.* submarine; **faire de la plongée sous-marine** to go scuba-diving
sous-sol *m.* basement, cellar
soutenir (like tenir) *irreg.* to sustain
souterrain(e) *adj.* underground
soutien *m.* support; **soutien-gorge** *m.* bra, brassiere
sous-titré(e) *adj.* subtitled
souvenir *m.* memory, remembrance, recollection; souvenir; **je ne me souviens pas** I don't remember; **se souvenir de (like venir)** *irreg.* to remember
souvent *adv.* often; **aussi souvent que possible** as often as possible
souverain(e) *adj.* sovereign
spécial(e) *adj.* special; **effets** (*m. pl.*) **spéciaux** special effects
spécialisé(e) *adj.* specialized
se spécialiser (en) to specialize (in)
spécialité *f.* speciality (*in cooking*); major (*subject*)
spectacle *m.* show, performance; spectacle; **arts** (*m. pl.*) **du spectacle** performing arts; **monter un spectacle** to put on (perform) a program
spectateur/spectatrice *m., f.* spectator; member of the audience
splendide *adj.* splendid, magnificent
spontané(e) *adj.* spontaneous
sport *m.* sport(s); **faire du sport** to do, participate in sports; **voiture** (*f.*) **de sport** sports car

sportif/sportive *adj.* athletic; sports-minded; *m., f.* athlete; sportsman, sportswoman
stabilité *f.* stability
stade *m.* stadium
stage *m.* training course; practicum, internship
station *f.* (*vacation*) resort; station; **station de métro** subway station; **station de ski** ski resort; **station-service** *f.* service station, filling station
stationnement (interdit) *m.* (no) parking
stationner to park
statistique *f. s.* statistic(s)
stéréo *adj., m., f.* stereo(phonic); **chaîne** (*f.*) **stéréo** stereo system
stéréotypé(e) *adj.* stereotyped
steward *m.* flight attendant
stimuler to stimulate
stratégie *f.* strategy
stressé(e) *adj.* stressed
strict(e) *adj.* strict; severe
studieux/studieuse *adj.* studious
style *m.* style; **style de vie** lifestyle
stylo *m.* pen, ballpoint
subjonctif *m., Gram.* subjunctive (*mood*)
subliminal(e) *adj.* subliminal
substantif *m., Gram.* noun
subtil(e) *adj.* subtle
succès *m.* success
succomber to succumb; to die
sucre *m.* sugar; **canne** (*f.*) **à sucre** sugar cane; **sucre d'érable** maple sugar
sucré(e) *adj.* sugared, sweetened
sud *m.* south; **Amérique** (*f.*) **du Sud** South America; **sud-est** *m.* Southeast; **sud-ouest** *m.* Southwest
sueur *f.* sweat, perspiration
suffire (like conduire) *irreg.* to suffice; **ça suffit** that's enough
suffisamment (de) *adv.* sufficiently, enough (of)
suffisant(e) *adj.* sufficient
suggérer (je suggère) to suggest
Suisse *f.* Switzerland; *m., f.* Swiss (*person*); **suisse** *adj.* Swiss
suite *f.* continuation; series; result; **tout de suite** immediately
suivant(e) *adj.* following
suivre (*p.p.* **suivi**) *irreg.* to follow; to take; **suivre les actualités** to keep up with the news; **suivre un cours** to take a class
sujet *m.* subject; topic; **au sujet de** concerning
superficie *f.* (surface) area
superficiel(le) *adj.* superficial
superflu(e) *adj.* superfluous
supérieur(e) *adj.* superior; upper
superlatif *m., Gram.* superlative
supermarché *m.* supermarket

supplément *m.* extra charge, fee, supplement
supplémentaire *adj.* additional, extra
supporter to tolerate, bear, stand
sur *prep.* on, on top of; upon; concerning; about
sûr(e) *adj.* sure; unerring, trustworthy; safe; **bien sûr** *interj.* yes, of course
surchargé(e) *adj.* overloaded, overworked
sûrement *adv.* certainly, surely
surf *m.* surfing; **surfer sur Internet** to surf the Internet
surface *f.* surface; **grande surface** shopping mall, superstore
surgelé(e) *adj.* frozen (*food*)
surmonter to surmount; overcome
surnom *m.* nickname
surnommé(e) *adj.* nicknamed
surpeuplé(e) *adj.* overpopulated
surpopulation *f.* overpopulation
surprenant(e) *adj.* surprising
surprendre (like prendre) *irreg.* to surprise
surpris(e) *adj.* surprised
surtout *adv.* above all, chiefly, especially
surveiller to watch over
survivre (like vivre) *irreg.* to survive
syllabe *f.* syllable
symbole *m.* symbol
symboliser to symbolize
sympathique (*fam. inv.* **sympa**) *adj.* nice, likeable
symphonie *f.* symphony
symphonique *adj.* symphonic
symptôme *m.* symptom
syndicat (*m.*) **d'initiative** (*local*) chamber of commerce, tourist office
systématiquement *adv.* systematically
système *m.* system; **système d'exploitation** operating system (*computer*); **système solaire** solar system

ta *adj., f. s.* your
tabac *m.* tobacco; tobacco shop; **café-tabac** *m.* café-tobacconist (*government-licensed*)
table *f.* table; **débarrasser la table** to clear the table; **mettre la table** to set the table; **se mettre à table** to sit down at the table; **table basse** coffee table; **table de nuit** bedside table
tableau *m.* picture; painting; chart; **tableau d'affichage** schedule display board; **tableau noir** blackboard, chalkboard
tâche *f.* task; **tâches ménagères** household tasks
taille *f.* size; waist; **de taille moyenne** average height
talon *m.* heel
tamponner to stamp

tant *adv.* so much; so many; **tant de** so many, so much; **tant... que** as much . . . as; **tant que** as long as; **tant pis** too bad

tante *f.* aunt

taper to type

tapis *m.* rug

taquiner to tease

tard *adv.* late; **dormir tard** to sleep late; **plus tard** later

tarif *m.* tariff; fare, price

tarte *f.* tart; pie; **tarte aux pommes** apple tart

tartine *f. slice of bread with butter and topping*

tas *m.* pile, heap

tasse *f.* cup

taux *m.* level; rate, statistic

taxi *m.* taxi; **chauffeur** *(m.)* **de taxi** cab driver

te (t') *pron.* you; to you

technicien(ne) *m., f.* technician

technique *adj.* technical

technologie *f.* technology

technologique *adj.* technological

teinture *f.* dye; color, tint

tel(le) *adj.* such; **tel(le) que** such as, like

télécarte *f.* phone calling card

télécharger (nous téléchargeons) to download

télécommande *f.* channel changer, remote

télégramme *m.* telegram

télégraphe *m.* telegraph

téléphone *m.* telephone; **téléphone mobile (portable)** cellular phone; **numéro** *(m.)* **de téléphone** telephone number; **parler au téléphone** to talk on the phone

téléphoner (à) to phone, telephone; **se téléphoner** to call one another

téléphonique *adj.* telephonic, by phone; **annuaire** *(m.)* **téléphonique** phone book; **cabine** *(f.)* **téléphonique** phone booth; **répondeur** *(m.)* **téléphonique** telephone answering machine

téléspectateur/téléspectatrice *m., f.* television viewer

téléviseur *m.* television set

télévision *(fam.* **télé)** *f.* television

tellement *adv.* so; so much

témoignage *m.* testimony, account; evidence; **faux témoignage** perjury

témoin *m.* witness

tempe *f.* temple *(head)*

tempérament *m.* temperament; constitution

température *f.* temperature

tempéré(e) *adj.* temperate *(climate)*

tempête *f.* tempest, storm; **lampe-tempête** *f.* hurricane lamp

temporaire *adj.* temporary

temps *m.* time; weather; *Gram.* tense; **depuis combien de temps** since when, how long; **de temps en temps** from time to time; **emploi** *(m.)* **du temps** schedule; **en même temps** at the same time; **gagner (perdre) du temps** to save (waste) time; **passe-temps** *m.* pastime, diversion; **perte** *(f.)* **de temps** waste of time; **quel temps fait-il?** what's the weather like?; **temps libre** leisure time; **tout le temps** always, the whole time

tendance *f.* tendency; trend; **avoir tendance à** to have a tendency to

tendinite *f.* tendinitis

tendre *adj.* tender, sensitive; soft

tendresse *f.* tenderness, affection

tenir *(p.p.* **tenu)** *irreg.* to hold; to keep; **tenir à** to care about; to be attached to; **tiens-moi au courant** keep me informed (up to date)

tennis *m.* tennis; *pl.* tennis shoes, athletic shoes, **court** *(m.)* **de tennis** tennis court

tentation *f.* temptation

tente *f.* tent

tenter (de) to tempt; to try, attempt (to)

terme *m.* term

terminaison *f.* ending *(of a word)*

terminé(e) *adj.* finished, terminated

terminer to end; to finish

terminus *m.* last stop, terminus *(subway, bus, train)*

terrain *m.* ground; land; **faire du vélo** *(m.)* **tout-terrain** to go mountain-biking; **glissement** *(m.)* **de terrain** landslide

terrasse *f.* terrace, patio

terre *f.* land; earth; the planet Earth; **pomme** *(f.)* **de terre** potato; **par terre** on the ground; **terre cuite** earthenware, pottery

Terre-Neuve *f.* Newfoundland

terrine *f.* terrine *(casserole)*

territoire *m.* territory; **aménagement** *(m.)* **du territoire** national and regional development

terroir *m.* soil

tes *adj., m., f., pl.* your

tester to test

tête *f.* head; mind; *fam.* face; **avoir mal à la tête** to have a headache; **faire la tête** to sulk; to make faces; **faire une drôle de tête** to pull a funny (wry) face; **mal** *(m.)* **de tête** headache

texte *m.* text; passage

Thaïlande *f.* Thailand

thé *m.* tea

théâtre *m.* theater; **pièce** *(f.)* **de théâtre** *(theatrical)* play

thème *m.* theme

théorie *f.* theory

thérapie *f.* therapy

tien(ne) (le/la) *m., f. pron., fam.* yours; **les tiens** *m. pl.* close friends, relatives

tiens! *interj.* well, well! *(expression of surprise)*

tiers *adj.* third; *m.* one-third

tigre *m.* tiger

timbre(-poste) *m.* (postage) stamp

timide *adj.* shy

tiret *m.* hyphen; dash; blank *(line)*

tisane *f.* herb tea

tissu *m.* material, fabric, cloth

titre *m.* title; degree

toast *m.* piece of toast

toi *pron.,* you; **toi-même** yourself

toile *f.* cloth; web; screen

toilette *f.* lavatory; grooming

toit *m.* roof

tomate *f.* tomato; **jus** *(m.)* **de tomate** tomato juice

tomber to fall; **laisser tomber** to drop; **tomber amoureux/amoureuse (de)** to fall in love (with); **tomber dans l'escalier** to fall down the stairs; **tomber en panne** to have a *(mechanical)* breakdown; **tomber malade** to become ill

ton *adj., m. s.,* your

tondre to mow; **tondre le gazon** to mow the lawn

tonne *f.* ton

topographie *f.* topography

toque *f.* **(de cuisinier)** chef's hat

tort *m.* wrong; **avoir tort** to be wrong

tortue *(f.)* **de mer** (sea) turtle

tôt *adv.* early; **plus tôt** earlier

total(e) *adj.* total

touche *f.* key *(on a keyboard)*

toucher (à) to touch; to affect; **toucher sa paie** to get paid; *m.* (sense of) touch

toujours *adv.* always; still; **pas toujours** not always

tour *f.* tower; *m.* turn; tour; trick; **à ton tour** in turn, your turn; **faire un tour du monde** to go around the world; **Tour de France** *annual bicycle race*

tourisme *m.* tourism

touriste *m., f.* tourist

touristique *adj.* tourist

tournage *m.* film shooting

tourner to turn; **tourner un film** to make, shoot a movie

tournoi *m.* tournament

Toussaint *f.* All Saints' Day (November 1)

tousser to cough

tout(e) *(pl.* **tous, toutes)** *adj., pron.* all; whole, the whole of; every; each; any; **tout** *adv.* wholly, entirely, quite, very, all; **ne... pas du tout** not at all; **tous ensemble** all together; **tous les ans** every year; **tous/toutes les deux** both (of

them); **tous les jours** every day; **tous les trois mois** every three months; **tout à coup** suddenly; **tout à fait** completely, entirely; **tout de suite** immediately; **tout droit** straight ahead; **toute la journée** all day long; **toutes les deux semaines** every other week; **tout le monde** everyone; **tout le temps** all the time; **tout près** very near; **tout(e) seul(e)** all alone; **un peu de tout** a little bit of everything
toux f. cough
toxique adj. toxic; **déchets** (m. pl.) **toxiques** toxic waste; **échappements** (m. pl.) **toxiques** toxic exhaust; **émission** (f.) **toxique** toxic emission
trace f. trace; **garder une trace** to keep a record, trail
traditionaliste adj. traditionalistic
traditionnel(le) adj. traditional
traduire (like **conduire**) irreg. to translate
trafiquant(e) m., f. trafficker
tragédie f. tragedy
tragique adj. tragic
train m. train; **en (par le) train** by train; **être en train de** + infinitive to be in the process of; **Train à grande vitesse (T.G.V.)** French high-speed train
traite f. trade, traffic (commerce)
traité m. treaty; treatise
traitement m. treatment; **prescrire un traitement** to prescribe a treatment
traiter to treat; **traiter une maladie** to treat an illness
traître/traîtresse m., f. traitor
tranche f. slice (of fruit, etc.); block, slab
tranquille adj. tranquil, quiet, calm
tranquillité f. quietness; tranquility
transférer (je **transfère**) to transfer
transformateur m. transformer
transformer to transform; to change
transmettre (like **mettre**) irreg. to transmit, pass on
transpiration f. perspiration, sweat
transport m. transportation; **moyen** (m.) **de transport** means of transportation; **transports** (pl.) **en commun** public transportation
travail (pl. **travaux**) m. work; project; job; employment; **fête** (f.) **du Travail** Labor Day (first of May); **travaux** (pl.) **ménagers** housework
travailler to work; **travailler dur** to work hard
traversée f. crossing
traverser to cross
treize thirteen
tréma m. dieresis
trente thirty

très adv. very; most; very much; **très bien, merci** very well, thank you
trésor m. treasure
tribu f. tribe
tribunal m. court
tricot m. knit; knitting
trier to sort; **trier les déchets** to sort waste products
trimestre m. trimester; (academic) quarter
triomphal(e) adj. trumphal
triomphe m. triumph
triste adj. sad
troisième adj. third; **personne** (f.) **du troisième âge** senior citizen
se tromper to be wrong; to be mistaken
trompette f. trumpet
trop (de) adv. too much (of), too many (of)
tropical(e) adj. tropical
trottoir m. sidewalk
trou m. hole
troupe f. troop
trouver to find; to deem; to like; **se trouver** to be; to be located
truc m., fam. thing; gadget; trick
tu pron. you (fam.)
tuer to kill
tuile (f.) roof tile
tulipe f. tulip
Tunisie f. Tunisia
tunisien(ne) adj. Tunisian; **Tunisien(ne)** Tunisian (person)
turbot (m.) **à l'oseille** turbot (type of fish) with sorrel
type m. type; fam. guy
typique adj. typical

un(e) art., num., pron. a/an, one; **l'un(e) l'autre** one another; **un peu** a little
uni(e) adj. united; close; **États-Unis** m. pl. United States
uniforme m. uniform
union f. union; marriage; **union libre** living together, common-law marriage
unique adj. only, sole
unir to unite
unité f. unity
univers m. universe
universel(le) adj. universal
universitaire adj. of or belonging to the university; **cité** (f.) **universitaire** student residence complex
urbain(e) adj. urban, city
urbanisation f. urbanization
urgence f. emergency; **cas** (m.) **d'urgence** emergency; **d'urgence** adv. urgently; **numéro** (m.) **d'urgence** emergency number
usage m. use
utile adj. useful
utilisateur/utilisatrice m., f. user

utilisation f. use
utiliser to use, utilize

vacances f. pl. vacation; **colonie** (f.) **de vacances** vacation camp; **grandes vacances** summer vacation; **partir (aller) en vacances** to leave on vacation
vacancier/vacancière m., f. vacationer
vaccin m. vaccine
vacciner to vaccinate
vairon m. minnow
vaisselle f. s. dishes; **faire la vaisselle** to wash, do the dishes; **lave-vaisselle** m. (automatic) dishwasher
val m. valley
valable adj. valid, good
Valentin: Saint-Valentin f. Valentine's Day
valeur f. value; worth
valide adj. valid
valider to authenticate; to ratify
valise f. suitcase; **faire les valises** to pack (luggage)
vallée f. valley
valoir (p.p. **valu**) irreg. to be worth; **il vaut mieux** it is better
vanille f. vanilla
vaniteux/vaniteuse adj. vain, conceited
vapeur f. steam; **cuire à la vapeur** to steam (in cooking)
varier to vary; to change
variété f. variety; **variétés** pl. variety show
vaste adj. vast, wide
veau m. veal; calf; **escalope** (f.) **de veau** veal cutlet
vedette f. star, celebrity (male or female)
végétarien(ne) m., f., adj. vegetarian
véhicule m. vehicle
véhiculer to transport
veille f. the day (evening) before; eve
veine f. vein
vélo m., fam. bike; **faire du vélo tout-terrain** to go mountain-biking
velours m. velvet, velours
vendeur/vendeuse m., f. salesperson
vendre to sell; **se vendre** to be sold
vendredi m. Friday
venir (p.p. **venu**) irreg. to come; **venir de** + infinitive to have just (done something)
Venise Venice
vent m. wind; **faire du vent (il fait du vent)** to be windy (it's windy)
vente f. sale; selling
ventilateur m. (électrique) (electric) fan
ventre m. belly, stomach
verbe m. verb
verdir to turn green
verglas m. sleet, frost; patch of ice
vérifier to verify; **vérifier le niveau d'huile** to check the oil (motor)

véritable *adj.* true; real

verlan *m. type of slang*

verre *m.* glass; **prendre un verre** to have a drink; **verres de contact** contact lenses; **verre à vin** wineglass

vers *prep.* toward(s); to; about

versant *m.* side, slope *(of mountain)*

verser to pour (in); to dispense

vert(e) *adj.* green; **vert** *m.* environmentalist, "green"; ***haricots** *(m. pl.)* **verts** green beans

vertige *m.* vertigo, dizziness; **avoir le vertige** to be dizzy

veste *f.* sport coat, suit coat

vestiges *m. pl.* remains, vestiges

vêtement *m.* garment; *pl.* clothes, clothing

vétérinaire *m., f.* veterinarian

veuf/veuve *m.* widower; *f.* widow

vexer to vex, annoy

viande *f.* meat; **viande hachée** ground meat

vibreur *m.* vibrator

vice-président(e) *m., f.* vice-president

victime *f.* victim *(male or female)*

victoire *f.* victory, win

vide *adj.* empty

vidéo *adj. inv.* video; *f.,* video(cassette); **jeu** *(m.)* **vidéo** video game

vider to empty; **vider les ordures** to empty the garbage

vie *f.* life; **espérance** *(f.)* **de vie** life expectancy; **gagner sa vie** to earn one's living; **mener une vie sédentaire** to lead a sedentary life

vieillir to grow old

vieillissement *m.* aging

vierge *f.* Virgin

vieux (vieil, vieille) *adj.* old; **vieux garçon** *m.* bachelor

vif/vive *adj.* lively, bright; **cuire à feu vif** to cook on high heat; **sur le vif** from/in real life

vigne: pied *(m.)* **de vigne** vine

vigueur *f.* vigor; strength

villa *f.* bungalow; single-family house; villa

ville *f.* city; **centre-ville** *m.* downtown; **en ville** in town, downtown; **plan** *(m.)* **de la ville** city map

vin *m.* wine; **cave** *(f.)* **à vins** winery; **coq** *(m.)* **au vin** *chicken cooked in (red) wine;* **marchand** *(m.)* **de vins** wine seller; **verre** *(m.)* **à vin** wineglass

vinaigre *m.* vinegar

vingt twenty

vingtième *adj.* twentieth

viol *m.* rape

violent(e) *adj.* violent

violer to violate, break; to rape

violet(te) *adj.* purple, violet; *m.* violet *(color)*

violon *m.* violin; **jouer du violon** to play the violin

Virginie *f.* Virginia; **Virginie-Occidentale** West Virginia

virgule *f.* comma

virtuel(le) *adj.* virtual

virus *m.* virus; **virus informatique** computer virus

visage *m.* face, visage; **se laver le visage** to wash one's face

vis-à-vis (de) *prep.* opposite, facing

visite *f.* visit; **rendre visite à** to visit *(people)*

visiter to visit *(a place)*

visiteur/visiteuse *m., f.* visitor

visualiser to visualize

visuel(le) *adj.* visual

vitamine *f.* vitamin

vite *adv.* quickly, fast, rapidly

vitesse *f.* speed; **changer de vitesse** to change gears; **dépasser la limite de vitesse** to exceed the speed limit; **levier** *(m.)* **de vitesse** gear shift *(lever)*

vitre *f.* pane of glass; car window

vitrine *f.* display window, store window; **faire les vitrines** *fam.* to window-shop

vivant(e) *adj.* living; alive; **bon vivant** *m.* bon vivant, who enjoys life

vivre *(p.p.* **vécu)** *irreg.* to live; **facile (difficile) à vivre** easy (difficult) to get along with

vocabulaire *m.* vocabulary

vœux *m. pl.* wishes, good wishes; **carte** *(f.)* **de vœux** greeting card

voie *f.* way, road; course; lane; railroad track; **par voie de** by means of

voilà *prep., adv.* there, there now, there is, there are, that is

voile *f.* sail; **faire de la planche à voile** to go windsurfing (sailboarding); **faire de la voile** to sail

voir *(p.p.* **vu)** *irreg.* to see; **aller voir** to go visit; **se voir** to imagine oneself, see oneself (one another)

voisin(e) *m., f.* neighbor

voiture *f.* car, auto

voix *f.* voice; **à haute voix** out loud, aloud

vol *m.* flight

volaille *f.* poultry

volant *m.* steering wheel

volcan *m.* volcano

volcanique *adj.* volcanic

voler *intr.* to fly

volet *m. (window)* shutter

volley-ball *(fam.* **volley)** *m.* volleyball

volontaire *adj.* voluntary; **interruption** *(f.)* **volontaire de grossesse (IVG)** abortion

volonté *f.* wish, will

vomissement *m.* vomiting

voter to vote

votre *adj. s.* your

vôtre (le/la) *m., f. pron.* yours

vouloir *(p.p.* **voulu)** *irreg.* to wish, want; **vouloir dire** to mean; **je veux bien** I'm willing

vous *pron.* you; yourself; to you; **chez vous** where you live; **s'il vous plaît** please; **vous-même** yourself

voyage *m.* trip; journey; **agence** *(f.)* **de voyages** travel agency; **agent** *(m.)* **de voyages** travel agent; **chèque** *(m.)* **de voyage** traveler's check; **partir en voyage** to leave on a trip; **préparatifs** *(m. pl.)* **de voyage** travel preparations; **voyage de noces** honeymoon, wedding trip

voyager (nous voyageons) to travel

voyageur/voyageuse *m., f.* traveler

voyant(e) *m., f.* fortune teller

voyelle *f.* vowel

vrai(e) *adj.* true, real; **c'est vrai?** is that right (correct)?

vraiment *adv.* truly, really

vue *f.* view; panorama; sight; **point** *(m.)* **de vue** point of view

wagon *m.* train car

y *(loc. pron.)* there

y: il y a *(inv.)* there is, there are; ago; **il n'y a pas de** there isn't, there aren't; **qu'est-ce qu'il y a dans... ?** what's in . . . ?; **y a-t-il... ?** is (are) there . . . ?; **j'y pense** I'm thinking about it

yaourt *m.* yogurt

yeux *(m. pl. of* **œil)** eyes

zéro *m.* zero

zone *f.* zone; **stationner dans une zone interdite** to park in a no-parking zone

zut *interj., fam.* darn

Index

Any abbreviations used in this index are identical to those used in the end vocabulary. Cultural topics and Vocabulary are listed at the end as separate categories.

About the Authors

Tracy D. Terrell, late of the University of California, San Diego, received his Ph.D. in Spanish Linguistics from the University of Texas at Austin. His extensive research publications are in the area of Spanish dialectology, with particular focus on the sociolinguistics of Caribbean Spanish. Professor Terrell's publications on second language acquisition and on the Natural Approach are widely known in the United States.

Mary B. Rogers holds her undergraduate and graduate degrees in French from Vanderbilt University. She teaches French and second language pedagogy at Friends University (Kansas) and works in teacher training. Professor Rogers has been a certified tester for the ACTFL Oral Proficiency Interview and has given numerous workshops and presentations on language teaching. She is a coauthor of *Bravo!,* a Natural Approach program for teaching Spanish in secondary and middle schools.

Betsy J. Kerr is an Associate Professor of French at the University of Minnesota, Minneapolis. She received her Ph.D. in French linguistics from Indiana University and has published in the areas of French syntax and pragmatics, specializing in the analysis of spoken French discourse. At the University of Minnesota, Professor Kerr (formerly Barnes) teaches all levels of French language and basic courses in French linguistics. She also served for many years as director of the Lower Division French Program.

Born and raised in Marseille, **Guy Spielmann** (Ph.D., Vanderbilt University) is Associate Professor of French at Georgetown University and Associate Director of the French School, Middlebury College. He has done research, lectured and published extensively on second language acquisition and performing arts in Early Modern Europe. He has also done pioneering work in the scholarly and pedagogical use of information technology. Visit *La Page de Guy* at www.georgetown.edu/spielmann